Internal Audit &
Organizational Capability

감사이론과
실무

21세기 글로벌시대

자체감사와
조직역량

김호 지음

박영사

서 문

이 책은 정부 부처, 지방자치단체, 공공기관의 자체감사실 직원들과 그들 기관의 관리자들에게 자체감사의 중요성을 설파하기 위해 만들었다. 21세기 글로벌시대에 걸맞은 국제적 감사기준과 선진국 감사기구의 모범사례들을 충분히 섭렵할 수 있으며 우리나라 감사기구의 문제점과 현실, 그리고 그에 대한 해답도 제공된다. 특히 24년 이상 감사현장을 누빈 저자의 경험과 탄탄한 감사이론이 적절하게 조합되어 있어 현재 감사 실무에 종사하는 감사직원뿐만 아니라 감사직 시험에 응시하고자 하는 수험생들에게도 도움이 되는 자료가 될 것이다. 한편, 이 책에서 소개한 역량모형을 일부 보완하면 민간기업 자체감사에도 적용가능하다. 민간부문에서도 내부통제 및 자체감사기능의 강화를 통해 부실요인을 조기에 진단하고 위험을 줄임으로써 이윤손실을 막아야 하기 때문이다.

이 책에서는 일단 공공기관에 한정하여 자체감사기구가 조직의 지배구조, 위험관리, 내부통제과정에 적절하게 기여하지 못하는 상황을 살펴보고 이를 개선할 목적으로 "21세기 자체감사기능이 크게 변화하고 있는데 우리나라 자체감사기구가 이에 부응하려면 어떤 감사역량을 보강해야 하는가? 또 자체감사활동에 대한 평가방법은 어떻게 적절하게 수정되어야 하는가?"라는 문제를 진술하고 그 해답을 찾고자 했다. 자체감사의 역량을 연구하는 목적은 자체감사기구 및 그 구성원이 보유 또는 유지해야 할 역량이 무엇인지 확인하고, 이를 제고하기 위해 어떤 조치들을 취해야 하는지를 명확히 알고자 하는 데 있다.

저자는 연구의 광범위성, 연구방법론, 연구내용면 등에서 그동안 이 분야에서 실행되어 왔던 국내외 연구수준의 한계를 극복하려고 노력하였다. 첫째, 국내외 학자들이 자체감사에 대해 연구한 경험적 연구물들을 고찰해 본 결과, 자체감사 역량들 중 독립성, 전문성에 치중하여 연구한 경우가 대부분이었다. 그에 비하면 이 연구는 독립성, 전문성 역량을 포함하여 7개 주요역량분야, 44개 세부역량요소를 찾아내 그 각각에 대해 유의미성을 증명해 보인 연구로서 다수의 연구자가 분야를 나누어 연구하고 연구결과를 종합해 완성해야 하는 중범위 연구에 해당한다고 할 수 있다.

둘째, 지난 20여 년 동안 국내외 학자들에 의해 연구된 경험적 연구물을 메타분석적 방법(meta-analytic method)으로 고찰하고 이를 비판적으로 평가하였으며 이로부터 찾아낸 자체감사기구의 역량요인들이 부족하다고 판단되어 추가적으로 2개의 출처를 더 선택하여 연구하였다. 그 하나는 국제적으로 통용되는 감사관련기구, 즉 세계최고감사기구협회 INTOSAI(International Organization of Supreme Audit Institutions), 자체감사자협회 IIA(Institute of Internal Auditors) 등이 만든 감사관련 기준에서 자체감사기구의 역량요인을 찾아내는 작업이었고, 다른 하나는 미국, 캐나다, 영국, 일본, 호주 등 선진국가의 자체감사기구들의 감사실례 및 모범사례를 연구하여 자체감사기구의 역량요인을 찾아내는 작업이었다. 이들 작업 역시 찾아낸 역량요인을 저자가 이론적 고찰을 통해 미리 설정해 놓은 자체감사기구 역량모형에 따라 분류 축적하는 메타분석 방법으로 진행하였다. 결국 저자는 위 3개 출처자료들로부터 얻어낸 자체감사기구의 역량들로 자체감사 역량지도를 작성할 수 있었으며 감사전문가들의 평가를 통해 위 역량요인들이 자체감사활동의 효과성에 기여하는 것임을 확인할 수 있었다.

그리고 특정한 자체감사기구를 선정하여 Case Study로 역량보유율과 역량수준을 수치로 계량화하는 과정에서 Window용 SPSS/PC 12.0K 프로그램을 활용한 기술통계, Microsoft Excel 2007로 만든 AHP(Analytic Hierarchy Process)기법 프로그램 등으로 양적연구를 시도하면서도 자체감사기구 직원, 조직의 관리자 등을 대상으로 심층면담을 실시하여 양적연구에서 소홀히 할 수 있는 실무내용들을 보완해서 설명하는 질적 연구를 병행하는 등 다중연구방법(multi-methodology)을 채택·활용하였다.

셋째, 이 연구는 연구의 내용면에서도 괄목할 만한 발전이 있었다. 그동안 자체감사기구 역량에 관한 국내 연구 실적이 많지 않은데다 독립성, 전문성 등 특정 역량요인 분석에 연구가 집중되어 있었고 그나마 대부분의 연구는 국내 감사기준 등에만 근거해서 진행되어 왔다. 그런데 저자는 이번 연구에서 국제적으로 통용되는 감사역량요인을 찾음으로써 연구의 수준을 국제적인 규범에 맞추는 데 기여할 수 있었다.

연구결과를 요약하면 다음과 같다. 첫째, 자체감사활동의 효과성에 기여하는 7개 주요역량분야, 44개 세부역량요소를 유의미하게 결정할 수 있었다.

① 7개 주요역량분야는 지배구조, 자체감사서비스와 역할, 전문성(사람관리), 전문적 감사활동, 성과관리 및 책무성, 조직간 관계 및 조직문화, 감사중복문제 해소 등이며 AHP기법을 활용한 감사전문가 평가결과 각 역량분야의 중요도가 0.104(10.4%)~0.182(18.2%)로 대체적으로 고르게 나타나 위 7개 주요역량분야 모두가 자체감사활동의 효과성 제고를 위해 필요한 역량분야임을 확인하였다.

또한 7개 주요역량분야 중 전문성 역량분야에는 전문성(사람관리)과 전문적 감사활동이 포함될 수 있으며 따라서 그 중요도는 0.315(31.5%)로서 중요도 우선순위 2위를 나타낸 지배구조 역량분야의 중요도 0.179(17.9%)보다도 1.8배 더 중요한 역량분야이며 7개 주요역량분야 중 가장 중요한 역량분야임을 확인하였다. 한편, 감사전문가들은 각각 중요도 1위, 2위로 평가된 전문적 감사활동 역량분야와 지배구조 역량분야를 빼고는 감사중복문제 해소와 관련한 역량분야를 3번째로 중요한 역량분야로 인식하고 있었다. 감사중복문제 해소와 관련한 역량분야의 중요도는 0.158(15.8%)로서 감사전문가들은 자체감사활동의 효과성 제고를 위해 우리나라에서 감사중복의 문제를 반드시 풀어야 할 큰 과제로 인식하고 있었다.

② 44개 세부역량요소의 중요도는 각각 0.055(5.5%)~0.360(36%)의 값을 나타내고 있어 정도의 차이는 있으나 세부역량요소가 자체감사활동의 효과성에 모두 기여할 수 있음을 확인했다.

둘째, 특정한 자체감사기구를 선정하여 역량수준을 측정한 결과, 본 연구에서 제시한 방법은 유의미하며 앞으로 외부평가기관이 자체감사활동 내용을 심사평가할 때 활용할 수 있는 실행력 있는 것으로 밝혀졌다.

Case Study 대상으로 선정한 A기관 자체감사기구의 역량수준은 0.543(54.3%)으로서 전반적으로 자체감사기구가 보유하고 있어야 할 역량의 절반 정도를 보유하고 있었다. 더 구체적으로 표현하면 주요역량분야별로 0.495(49.5%)~0.576(57.6%) 정도의 역량수준을 나타냈고 지배구조 역량분야 수준이 0.576(57.6%)으로 제일 높았으며, 전문성(사람관리) 역량분야 수준이 0.495(49.5%)로 가장 낮았다.

셋째, 기존의 경험적인 연구물들을 고찰하여 다음과 같은 연구결과를 얻었다.

① 감사를 '정해진 규칙, 정책, 합의된 요구조건 등에 부합되도록 일이 행해졌는지 확신하기 위해 산출물, 일의 과정, 그리고 시스템을 점검, 평가하는 일이며, 더 나아가 조직의 목표를 달성할 수 있는 능력의 보유여부를 확인하고 조직 내 변화를 증진시키는 일까지도 포함하는 것'이라고 정의하였다.

② 내부통제는 '조직이 조직의 목표와 임무를 달성하고 있다는 것을 적절하게 보증하기 위해 조직에서 함께 일하는 사람들이 보이는 행동, 계획, 태도, 정책, 시스템, 자원 및 노력의 통합'이라고 정의되는 반면, 자체감사는 '조직이 관리자의 정책에 순응하며 내부통제가 효과적이라는 것을 보증할 목적으로 기관의 활동을 검토하기 위해 관리자에 의해 만들어진 평가활동'으로 정의[1]된다는 차이를 알게 되었다.

③ 감사역량을 '특별한 감사환경 속에서 감사자와 감사기구가 어떤 상황이나 문제를 해결하는데 필요한 가장 적절하고 효과적인 지식, 기술, 태도, 가치, 행동 등을 선택·활용할 수 있는 능력을 말하며, 이는 감사자와 감사기구가 갖고 있는 내적인 특성, 즉 지식, 기술, 동기, 특질, 태도, 자아개념, 가치기준 등을 토대로 얻어지는 것으로서[2] 업무성과와 관련성이 높고, 조직에서 널리 받아들여지는 성과기준에 대비하여 측정할 수 있으며, 교육훈련과 개발을 통해 개선될 수 있는 것'이라고 정의할 수 있었다.

④ 우리나라의 경우 자체감사기구의 자체감사규정에 자체감사의 정의를 명시하지 않은 경우가 많고 자체감사의 정의를 명시한 「공공감사기준」조차도 자체감사에 대한 정의에 독립성, 정치적 중립성, 전문성 등 자체감사활동에 필수적인 주요 역량을 포함시키지 않았으며, 감사업무가 보증활동 이외에도 조직의 내부통제, 위험관리, 지배구조 과정을 평가하는 등 자문활동 영역까지 확장되어 있음에도 불구하고 자체감사의 정의에 이러한 변화를 담지 못했음을 확인할 수 있었다.

또한 2010년에 제정된 「공공감사에 관한 법률」에도 자체감사자협회 IIA 등 국제적으로 통용되는 감사관련 기관이 자체감사의 진화를 고려하여 제시한 자체감

---

1) State of New York, *Budget Policy & Reporting Manual B-350 Governmental Internal Control and Internal Audit Requirements*, http://www.budget.ny.gov/guide/bprm/b/b350.html, 2011. 11. 20. 검색.

2) Spencer, Lyle M. & Signe M. Spencer, *Competence at Work: Models for Superior Performance*, USA: John Wiley & Sons Inc., 1993.

사의 정의가 제대로 반영되지 않았으며, 「지방자치단체에 대한 행정감사규정」 제3조에서 규정한 감사의 종류와 「공공감사에 관한 법률 시행령」 제10조에서 규정한 감사의 종류가 서로 달라 혼선이 있다는 사실을 발견하였다.

한편, 자체감사의 대상범위에 대해서는 INTOSAI Lima 선언문에 따르면 감사기구가 조직내부에 편성되어 있는 경우 그 정부부서와 관련 기관을 대상으로 한다고 명확히 정의되어 있는데 「공공감사기준」과 '공공감사기준 주석서'에는 자체감사의 범위를 당해 기관·단체, 그 하급기관·단체 또는 산하기관·단체로 확대하여 정의함으로써 감사주체 간 업무갈등과 감사중복의 가능성이 많아지게 되었다.

⑤ 우리나라 공공감사체계는 최고감사기구인 감사원, 중앙부처 자체감사기구, 광역 및 기초 지방자치단체 자체감사기구, 기타 공공기관의 자체감사기구로 구성되어 있고, 국회와 국무조정실 등이 감독차원에서 감사기능을 활용한다. 그런데 감사기구별로 업무영역이 중첩되도록 개별 법률이 만들어져 있고, 실제로도 감사기구 간 업무의 조정과 협력이 제대로 이루어지지 않고 있기 때문에 공공감사체계의 하위기구로 갈수록 여러 감사기구로부터 감사를 받게 되어 감사중복에 따른 업무부담이 심각할 것으로 예상되었다.

우리나라에서 감사중복문제를 최소화하기 위해서는 미국, 캐나다, 영국, 호주의 모범사례와 같이 감사원, 중앙정부, 지방정부, 기타 공공기관의 자체감사기구 모두가 참여하는 감사포럼을 구성하고 수시로 만나 업무를 조정하며, 감사계획, 감사결과보고서, 감사사항, 감사실무 모범사례 등에 대한 정보를 공유하는 관리시스템을 만들어 운영하는 것이 가장 현실적인 대안이 되겠지만 이와 함께 미국의 「단일감사법」, 일본의 「지방분권일괄법」 등의 모범사례를 참고하여 공공감사체계 자체를 단순화시키는 정치 개혁적 조치를 병행해야 할 것이다.

⑥ 감사원은 감사자원의 한계 때문에 6만 6천여 개에 달하는 감사대상기관 중 매년 1.7%에 해당하는 대상기관에 대해서만 감사하고 있는 반면, 자체감사기구는 독립성, 전문성 등이 부족하고 조직의 내부통제에 대한 평가를 소홀히 하는 악순환이 계속되고 있다. 이러한 문제를 해결하기 위해 감사원은 자체감사기구의 독립성, 전문성 등을 강화시킬 수 있는 각종 수단들을 담은 「공공감사에 관한 법률」을 2010년에 제정하였다. 위 법률의 취지대로 최고감사기구, 자체감사기구, 감사관련 전문협회, 민간감사자 간의 협력이 강화되고 자체감사기구의 독립성, 전문성, 윤리성, 감사성과와 책무성 등 감사역량이 강화될 수만 있다면 최고감사기구는 자체감

사기구의 감사활동 결과를 신뢰하고 의지하며 자체감사활동의 효과성을 평가하는 선순환적인 감사구조가 형성될 수 있을 것이다.

⑦ 자체감사자협회 IIA가 만든 자체감사 역량모형 IA-CM에서는 독립성(지배구조), 자체감사의 역할 및 서비스, 전문성(사람관리), 전문적 감사활동, 성과관리와 책무성, 조직 간 관계 및 조직문화 등 6개 분야로 나누어 자체감사의 역량을 설명하였는데 여기에 감사중복성 해소 분야를 하나 더 추가하여 7개 분야로 분류하면 우리나라 자체감사의 역량을 설명하는 데 더 효과적일 수 있다는 사실을 발견하였다.

⑧ 감사원이 매년 자체감사기구를 대상으로 시행하는 운영심사는 자체감사기구의 효과성을 제고시킬 목적으로 시작하였으나 운영심사항목에 자체감사기구에 필요한 역량을 제대로 포함시키지 않았을 뿐만 아니라 운영과정에서 기관별로 순서를 나열하는 방식의 비교평가에 의존한 채 각 자체감사기구의 부족한 역량이 어떻게 개선되고 있는지 확인하고 지원하는 체제를 제대로 갖추지 아니함으로써 당초 예상하던 목표를 달성하기 어렵다는 사실을 확인하였다. 앞으로 외부평가기관이 자체감사기구를 평가할 때 외부적 시각의 평가에서 자체감사기구 스스로의 역량 평가로 평가방법을 전환하고 자체감사기구들에 대해 순서매기기식 비교평가를 하는 정책에서 각 자체감사기구의 역량수준을 절대평가하고 부족한 역량의 증진을 위해 지원하는 정책으로 전환하는 것이 바람직하다.

2013. 9
저자 씀

목 차

제 5 장   자체감사를 위한 제언   • 407

표 목차

그림 목차

제1장

본서의 목적 및
문제 풀이과정

제1장
본서의 목적 및 문제 풀이과정

I. 본서의 목적

본서에서는 "21세기 자체감사기능이 크게 변화하고 있는데 우리나라 자체감사기구가 이에 부응하려면 어떤 감사역량을 보강해야 하는가? 또 자체감사활동에 대한 평가방법은 어떻게 적절하게 수정되어야 하는가?" 라는 문제를 진술하고 그 해답을 찾고자 한다.

자체감사기구는 조직의 지배구조, 위험관리, 그리고 통제과정에 대해 독립적인 평가를 제공하기 위해 관련 증거를 모아 객관적으로 검사하는 보증(assurance) 업무를 기본임무로 가지고 있다. 이러한 보증활동의 예로는 재무(financial), 성과(performance), 순응(compliance), 시스템 안전(system security) 등과 관련된 업무가 있다.[1] 그런데 사회가 발달하고 복잡해지고 사회구성원들의 정치, 경제, 사회, 문화의식이 높아짐에 따라 그들이 속한 조직들은 사회구성원들의 욕구를 충족시키기 위해 더 많은 기능을 효과적으로 수행할 수 있는 지배구조를 형성하게 되었고 더 구체적으로 정의된 규범들을 만들어 활용하게 되었다. 자체감사기구도 내외부의 새로운 도전과 변화에 적응하기 위해 그 기능을 변경 또는 추가하는 모습을 뚜렷하게 보이고 있다. 미국에 근거지를 둔 자체감사자협회(Institute of Internal Auditors, 이하 'IIA'라고 함)[2]에서는 자체감사기구의 기능의 변경을 촉구하는 최근의 변화요인을 세계화, 기술의 진

---

1) Institute of Internal Auditors, *International Standards for the Professional Practice of Internal Auditing*, 2010., p.18 용어설명 참조.
2) 1941년 24개 회원으로 구성된 자체감사협회를 만든 이후 2010년 현재 전 세계 165개 국, 민간기업, 회계법인, 공공기관 등 17만 회원이 가입·활동 중. 자체감사기구 기준 제정, 교육 및 연구수행. IIA 2010 Annual Report 참조.

보, 조직의 가치를 높이는 감사에 대한 기대 등으로 설명하였다. 자체감사기구가 조직이 이미 행하였던 일에 대해 주로 과거지향적인 보증활동을 해 왔었지만 위와 같은 내적, 외적 변화요인은 자체감사기구가 조직의 운영과 성과를 평가하는 기능까지 수행하도록 하였고 급기야 최근에는 경영진들이 결정해야 할 중요사항들에 대해 자문을 하는 기능까지 갖게 되었다고 한다.3) 그런데 우리나라 각 부처 및 지방자치단체, 공공기관 등의 자체감사기구의 활동은 과연 이러한 내외부의 도전과 변화에 어떻게 대처하여 왔을까? 많은 조직의 관리자들이 지배구조, 내부통제, 위험관리 과정을 강화하여 운영의 효율화를 꾀하려고 노력하고 있음에도 불구하고 자체감사기구가 독립성과 전문성을 가지고 조직에 적절하게 조언 및 지원하고 있다는 긍정적인 답변을 얻기가 어려운 실정이다. 감사원의 감사, 검찰의 수사, 언론의 발표를 통해 공공기관의 비리와 부패, 부실운영과 방만한 경영 등이 자주 폭로되고 있는 상황에서 자체감사기구는 독립적이고 객관적이고 계획적으로 절차와 규정에 입각하여 활동하지 않고 그 때 그 때마다 기관장의 지시에 따라 민원성 조사를 하고 있으며, 본부조직의 지배구조, 내부통제, 위험관리에 대한 모니터링과 평가는 제대로 하지 아니한 채 관하기관, 산하기관 등 하급기관에 대한 감사에만 치중하면서 자체감사기구의 기능을 효과적으로 수행하지 못하고 있기 때문이다.

그렇다면 우리나라 자체감사기구가 효과적으로 작동하지 못하는 이유는 무엇일까? 많은 국내외 연구자들은 자체감사기구가 효과적으로 기능을 수행하고 책임성을 확보하려면 기관의 장이나 고위관리자에게 견제와 균형을 적정하게 행사할 수 있도록 자체감사활동의 독립성, 객관성, 전문성 등이 법률, 규정, 정책, 절차에 의해 보장되어야 한다고 지적하고 있다. 또한 자체감사기구의 장과 그 구성원들은 스스로의 전문성 유지를 위해 직업개발에 힘쓰고 업무절차, 업무내용, 업무의 성과를 자체평가, 외부평가 등을 통해 상시 평가하여 부족한 부분을 개선하려는 노력을 꾸준히 하여야 한다고 한다. 그런데 우리나라 자체감사활동의 현실은 이러한 주장들과 많이 동떨어져 있다. 각 기관에 감사활동의 독립성, 객관성, 전문성을 지원해 줄 법률, 규정, 정책, 절차가 체계적으로 확립되어 있지 않은데다 기관장, 자체감사기구의 장 및 그 구성원들조차 자체감사기구를 기관의 목표달성 및 가치창

---

3) Lemon, W. Morley & Kay W. Tatum, *International Auditing's Systematic: Disciplined Process*, Internal Auditors Research Foundation, 2003. 1.

출에 기여하는 독립적인 부서라고 인식하기보다는 조직의 활동을 견제하려고만 하는 조직 내에 존재하는 귀찮은 부속품 정도로 인식하고 자체감사활동의 전문성 확보를 소홀히 하는 경향이 있다. 또한 자체감사자들은 감사활동의 품질에 대해 부족한 부분이 무엇인지를 인식하는 시스템을 갖추지 않고 있다. 감사원이 2006년에 자체감사자들을 대상으로 자체평가 및 외부평가의 필요성에 관해 실시한 설문에서 설문에 응답한 151개 공공기관 중 119개 기관(78.8%)이 자체감사활동에 대해 품질을 평가하지 않는다고 답하였고, 향후 품질평가를 위한 자체평가, 감사원평가, 상급기관평가의 필요성에 대해 묻는 질문에도 각각 47.3%, 80.8%, 88.6%가 부정적 또는 보통이라고 답변[4]하였을 정도로 자체감사자들이 감사활동의 품질개선 및 자기개발에 무관심한 상태이다.

한편, 자체감사활동을 평가하는 감사원의 운영심사의 내용에도 개선해야 할 점이 많다. 감사원은 2010. 3. 22. 「공공감사에 관한 법률」을 제정하고 자체감사기구들에 관한 운영심사를 강화하고 있는데 이러한 활동은 자체감사기구의 역량을 개발, 유지하도록 하기 위한 것이다. 감사원이 매년 시행하고 있는 자체감사기구 운영심사를 위한 심사기준을 보면 전체 100점 만점 중 감사기구 설치 및 운영 20점(독립성 7점, 협력성 3점, 전문성 7점, 윤리성 3점), 감사의 실시, 결과보고 및 처리 20점(감사계획 및 실시의 적정성 10점, 감사결과의 보고 및 처리 내용의 적정성 10점), 감사성과 35점(재정상 성과, 신분상 성과, 행정상 성과 각 10점, 모범사례 발굴노력도 5점), 감사결과 사후관리 15점(처분요구사항 이행도 7점, 재심사 요구정도 3점, 감사결과 공개 투명성 5점), 비리예방활동 10점(일상감사 이행노력도 5점, 범죄발생 수준 5점) 등으로 구성되어 있어 심사기준에 자체감사기구가 갖추어야 할 역량들을 포함시켜 놓은 것을 알 수 있다. 그런데 일부 부처 및 지방자치단체에서는 이러한 운영심사기준이 자체감사에 필요한 역량들을 제대로 정의하지 아니한 채 일부 역량들에 대해서만 평가항목으로 삼음으로써 완전성과 통합성이 떨어지고, 운영심사가 자체감사에 있어 개선이 필요한 분야를 확인하고 부족한 역량을 보강하려는 목적으로 활용되기 보다는 단순히 자체감사기구들의 활동결과에 순위를 매기는 목적으로 활용되고 있어 자체감사 활동의 개선이라는 본래의 취지를 훼손시키고 있다고 이야기하고 있다. 또한 국제적인 감사기구들에서 제시하고 있는 감사역량을 제대로 반영하지 못하고 있는

---

4) 감사원, 「자체감사기구 운영 표준모델 개발에 관한 연구」, 2006. 12., 140~141면.

것도 사실이다. 앞에서도 언급했던 것과 같이 세계화, 기술의 진보, 조직의 가치를 높여주는 감사에 대한 기대 등 변화요인이 작용하여 자체감사기구가 전통적인 보증활동 수준을 탈피하여 조직의 운영 및 성과를 검사하는 기능까지를 담당하고 심지어 21세기에는 감사활동을 통해 경영진의 중요한 결정사항에 대해 자문을 하는 기능을 수행하고 있는 점을 고려하면 우리나라 공공기관의 자체감사기구들도 이러한 변화의 추세에 발맞추어 21세기형 감사기구로 탈바꿈하는 노력을 기울여야 한다. 차제에 감사원은 자체감사기구에 필요한 역량들을 국제기준에 부합하게 정의한 후 이를 반영하여 자체감사기구 운영심사기준을 수정, 보완하여야 할 것이다.

문제의 해답을 찾는 과정에서 국제적으로 통용되고 있는 글로벌 감사기준, 세계의 변화흐름에 적절하게 대응하고 있는 선진국 감사기구들의 역량강화 모범사례, 해당 분야 기존 이론 및 선행연구물들을 가능한 많이 찾아 소개함으로써 감사원을 포함한 우리나라 모든 감사기구들의 역량개발과 강화를 위해 기여하고자 한다. 정부 부처, 지방자치단체, 그리고 각 공공기관의 자체감사실 뿐만 아니라 감사원 등 공공감사기구들이 본서에서 제시한 연구결과를 참고하여 자체감사규정, 「공공감사에 관한 법률」, 「공공감사기준」 등 감사관련 법률을 합리적으로 개정하고 자체감사 역량과 관련한 규정, 정책, 절차 등을 새로 개발하거나 기존의 것을 손질하여 집행하는 한편, 자체감사활동 결과를 평가하는 감사원 등 외부평가기관도 본서에서 제시한 연구결과를 자체감사활동 심사 시 합리적으로 반영한다면 감사기구의 역량이 크게 제고될 수 있을 것으로 확신한다.

II. 자체감사 문제 풀이과정

문제를 풀어가는 과정은 먼저 자체감사역량에 관한 기존의 경험적 연구물을 분석하고 국제적으로 검증되어 활용되고 있는 감사기준들과 선진국가의 감사운영 모범사례로부터 자체감사역량들을 연구한 후 이로부터 자체감사기구에 필요한 역량을 찾아낸다. 그리고 우리나라 자체감사기구가 보유하고 있는 감사기준, 그들의 감사활동 및 감사성과에 대한 평가지표들과 비교하는 순으로 진행된다.

그 과정을 구체적으로 기술하면 첫째, 제2장에서는 기존문헌을 고찰하면서 감사와 자체감사, 그리고 공공감사체계와 자체감사의 관계를 살펴봄으로써 자체감사의 개념을 정의하였다. 또한 역량의 일반적인 정의를 살펴보았으며 21세기 자체감사기구가 수행해야 할 기능들을 중심으로 자체감사기구에 필요한 역량의 개념을 정의하였다.

둘째, 제3장에서는 기존의 선행연구물에 대한 고찰 및 분석결과로부터 본 연구에서 적용할 자체감사역량 분석틀을 도출해 내고 선행연구물에서 찾은 감사역량을 분석틀에 맞게 정리하였으며, 추가로 자체감사자협회 IIA(Institute of Internal Auditors), 미국감사원 GAO(Government Accountability Office), 영국감사원 NAO(National Audit Office), 캐나다감사원 OAG(Office of the Auditor General of Canada), 호주감사원 ANAO (Australian National Audit Office) 등 세계적으로 인정할 만한 감사기구들이 보유하고 있는 감사기준과 기존의 감사사례 등으로부터 자체감사기구들이 갖추어야 할 역량들을 찾아 위 분석틀에 맞게 정리하였다. 이러한 과정을 통해 자체감사기구에 필요한 역량을 종합적으로 기술한 자체감사 역량지도를 만들었다. 이 자체감사 역량지도를 만들 때는 여러 가지 출처로부터 공통적인 이론이나 주장을 확인하는 다중연구방법론(multi-methodology)을 적용함으로써 연구결과물의 타당성과 신뢰성을 높였다.

셋째, 제4장에서는 자체감사역량이 우리나라 자체감사기구에 어느 정도 내재되어 있는지를 확인하고 개선이 필요한 역량분야를 파악하기 위해 위 자체감사 역량지도를 기초로 설문지를 만든 후 Case Study 대상으로 선정한 A기관 자체감사기구의 장을 방문하여 자체감사기준, 조직구조, 감사활동 관련 자료 등을 수집하는 한편 사전 설문을 실시하였다. 더불어 사전 설문결과를 반영하여 설문지를 적절하게 수정하고 A기관의 자체감사기구에 근무하는 직원들을 대상으로 제2차 설문을 실시한 후 기술통계 방법으로 분석하였다. 필요한 경우에는 A기관 고위관리자, 자체감사자, A기관으로부터 감사를 받는 관하기관 및 산하기관 관계자 등을 직접 면담하여 의견을 들었다. 한편, 자체감사역량 분석틀을 가지고 감사전문가들을 대상으로 AHP(Analytic Hierarchy Process) 설문조사를 실시하여 자체감사역량들 간의 상대적 중요도를 측정하였다. 그리고 이와 같이 결정된 역량들의 상대적 중요도와 A기관 자체감사기구가 스스로 확인한 자신들의 역량보유율을 조합하여 A기관 자체감사기구의 역량보유수준을 수치로 측정하였다. 이러한 과정을 통해 각 역량들 간의 상대적 중요도를 고려한 자체감사기구 역량수준 측정방법을 개발하였다.

넷째, 제5장에서는 문제 풀이과정에서 확인된 사실과 연구결과를 요약하여 정리하였으며 개선이 필요한 내용이나 모범사례를 중심으로 정책적 함의를 기술했다.

위와 같은 연구과정을 (그림1-1)로 정리하였다.

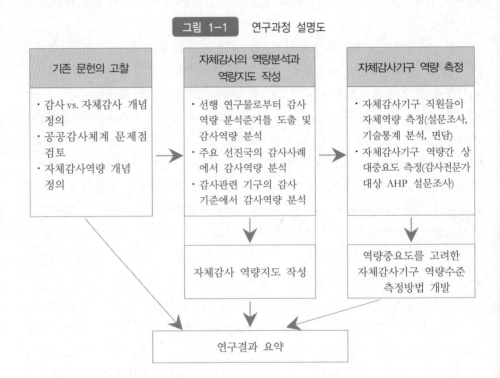

그림 1-1 연구과정 설명도

기존 문헌의 고찰	자체감사의 역량분석과 역량지도 작성	자체감사기구 역량 측정
· 감사 vs. 자체감사 개념 정의 · 공공감사체계 문제점 검토 · 자체감사역량 개념 정의	· 선행 연구물로부터 감사역량 분석준거를 도출 및 감사역량 분석 · 주요 선진국의 감사사례에서 감사역량 분석 · 감사관련 기구의 감사기준에서 감사역량 분석	· 자체감사기구 직원들이 자체역량 측정(설문조사, 기술통계 분석, 면담) · 자체감사기구 역량간 상대중요도 측정(감사전문가 대상 AHP 설문조사)
	자체감사 역량지도 작성	역량중요도를 고려한 자체감사기구 역량수준 측정방법 개발

연구결과 요약

제2장

기존문헌의 고찰 및
비판적 평가

제2장

기존문헌의 고찰 및 비판적 평가

Ⅰ. 감사의 정의 및 자체감사

1. 감사의 정의

감사의 어원은 영어의 'listen'을 의미하는 라틴어 'audire'에서 나왔다는 설이 현재로서는 가장 우세하다.[1] 약 5,000년 전, 메소포타미아 지방에는 그림문자로 곡식과 세금에 대한 정보를 서로 교환하는 사람들이 있었으며 이집트, 그리스, 멕시코 원주민, 중국, 페르시아, 히브리 문명 등에서도 재정적 교환, 재고, 판매량 등을 기록했었다는 증거물이 발견되었다. 이러한 사실로부터 고대에도 자산이 있고 거래가 발생될 때마다 기록을 해 두었다는 것을 추론할 수 있다. 고대 로마에는 업무를 하는 것과 행해진 업무의 적정성을 확인하는 사람이 나누어져 있었다. Dennis R. Arter는 2003년에 쓴 그의 저서 Quality Audits for Improved Performance에서 행해진 업무의 적정성을 확인하는 감사자들(auditors)은 왕을 대리하여 배에서 내리는 물건들의 내용과 양을 확인하고 화물에 대한 세금이 제대로 부과·징수되고 있음을 보증하였는데 이 때 감사자들이 선원들이 물건의 내용과 양을 말하면 이를 듣고 기록하였다하여 감사의 어원이 유래되었다고 한다.[2] Cecilia Nordin Van Gansberghe는 2005년에 쓴 논문 "Internal Audit: Findings Its Place in Public Finance Management"에서 A. D. 476년 서로마제국이 멸망한 이후부터는 한 동안 'audit'에 관한 기록들이 드물게 발견된다고

---

1) Cecilia Nordin Van Gansberghe가 2005년에 쓴 논문 "Internal Audit: Findings Its Place in Public Finance Management" 2면에서 주장. Dennis R. Arter는 2003년에 쓴 저서 Quality Audits for Improved Performance에서 영어의 'hear'를 의미하는 'audiral'에서 비롯되었다고 주장함.

2) Arter, Dennis R., Quality Audits for Improved Performance, American Society for Quality, 3rd edition, ASQ Quality Press, 2003.

한다. 그 후 1086년 영국의 William 왕은 영국의 땅과 자산을 조사하고 이를 토지대장(Domesday Book)에 옮겨 적게 하였는데 이 문서의 철저함은 당시의 초보적인 기술과 조사시간을 고려해 볼 때 가히 놀랄 만하였다고 한다.

한편 서구문명이 중세에서 르네상스 시대로 옮겨 갈 무렵, 무역을 하는 사람과 각국의 왕들 간에는 돈을 빌리고 빌려주는 일이 많아지게 되었는데 이 때 돈을 빌리는 사람과 빌려주는 사람들이 진실을 말하고 있는지를 확인할 필요가 있었기 때문에 회계검사가 처음 시작되었다.[3] 1314년 영국에서는 왕을 대신해 정부의 지출을 회계 및 감사하는 감사관(Auditor of the Exchequer)을 임명하였으며 1340년 영국 의회는 감사위원들을 임명하였고, 1870년대에는 스웨덴에 회계를 조사하고 그 결과를 보고하는 특별임무를 띤 사람이 확인된다.[4]

20세기 초에는 규모가 크고 복잡한 형태의 사기업들이 늘어나면서 현대식 자체감사가 싹트기 시작하였다. 1941년 자체감사자협회(Institute of Internal Auditors)가 설립되었고, 이 단체가 1947년 처음으로 책임성에 관한 보고서를 발간하였으며 1968년에는 윤리규정(Code of Ethics)을, 1979년에는 감사기준(The Standards)을 발간하였고, 1974년에 자체감사자 자격시험 CIA(Certified Internal Auditor)를 처음 치르기도 하였다. 이 같이 현대식 감사의 필요성은 공공영역보다 사적영역에서 먼저 발달하기 시작하였다. 공공영역의 경우, 미국이 1950년에 법령에 의해 각 행정기관으로 하여금 내부통제시스템에 자체감사를 포함하도록 조치하였으며, 캐나다에서는 1962년 정부조직에 관한 위원회(The Royal Commission on Government Organizations)가 GLASSCO라는 보고서를 통해 정부부처의 관리자들이 재정통제의 부적정한 사례를 감사원의 외부감사에 의존해 확인할 것이 아니라 자체감사시스템을 만들어 확인할 책임이 있다고 지적하였고 재무위원회(The Treasury Board)는 1973년부터 정부부처 내에 자체감사기구를 두도록 의무화하였다. 그리고 캐나다는 1978년에 정부부처 내 자체감사기구를 총괄할 재무회계감사원(The Office of the Comptroller General)도 신설하였다.[5]

---

3) Arter, Dennis R., *Quality Audits for Improved Performance*, American Society for Quality, 3rd edition, ASQ Quality Press, 2003., p.1.

4) Van Gansberghe, Cecilia Nordin, "Internal Audit: Finding Its Place in Public Finance Management," *World Bank Institute* Stock No. 37246, 2005.; http://www.nao.org.uk/about_us/history_of_the_nao.aspx, 2011. 11. 28. 검색.

5) Treasury Board of Canada Secretariat, http://www.tbs-sct.gc.ca/ia-vi/abu-ans/history-histoire-eng.asp,

Lennis M. Knighton은 1971년 그가 쓴 논문 "Integrated Framework for Conceptualizing Alternative Approaches to State Audit Programs"에서 재무감사와 성과감사로 구분하여 감사(auditing)의 개념을 논의하였다.

1977년 페루 Lima에서 개최된 제9차 세계 최고감사기구협회(International Organization of Supreme Audit Institutions, 이하 'INTOSAI'라고 함)[6] 총회에서는 공공자금의 체계적이고 효율적인 사용을 위해 독립적인 정부감사의 중요성을 촉구하였다. 이 Lima 선언문 1장 1절에는 감사의 목적을 '감사는 그 자체가 목적이 아닌 필수적인 규제시스템 인데 그 시스템의 목적은 허용된 기준으로부터의 편차와 재정운영의 합법성, 효율 성, 효과성, 경제성 원칙위반을 조기에 발견하여 개별사안에 대해 보정하는 행동 을 취하도록 하고, 책임 있는 자가 책임성을 인정하게 하며, 그런 편차나 위반에 대해 보상을 받거나 더 이상 발생하지 못하도록 조치를 하게 하는 것'이라고 명시

Lennis M. Knighton(1971년)의 감사개념

▷ 감사의 개념은 처음에는 재무감사(financial auditing)와 성과감사(performance auditing)로 분 류되었다. 성과감사는 순응감사(compliance auditing), 운영감사(operational auditing), 그리고 프로그램감사(program auditing)로 다시 나뉘었다.
  - 순응감사의 목적은 경영진이 정한 규칙이나 정책에 맞게 일하고 있다는 것을 확신할 수 있도록 설계된 통제들을 검사하는 것이다. 감사자들은 각종 규정들과 정책들에 관 한 자료를 모은 후 적절한 기법을 활용해 통제시스템을 평가하여야 한다.
  - 운영감사는 공공자원의 효율적인 사용 및 정부 프로그램의 적정한 수행과 관계가 있 다. 이러한 목적을 가지고 인사와 구매업무 등을 검토한다. 현장검사(onsite inspection), 플로우차트(flow charts), 프로그램 구성요소에 대한 시스템 분석기법 등이 동원된다.
  - 프로그램 감사는 모니터링 같은 경영통제시스템의 부가적인 요소들을 검사하고 프로 그램의 성과를 표시한 자료의 신뢰성 등을 평가하는 것이다. 그러나 성과보고서나 평 가기준이 제대로 마련되어 있지 않아 진정한 의미의 프로그램 감사는 좀처럼 이루어지 지 않는다.

※ 출처 : National Criminal Justice Reference Service, U.S. Department of Justice, http://www.ncjrs.gov/App/Publications/ abstract.aspx?ID=69836

2012. 1. 2. 검색.

6) 1953년 쿠바 Havana에서 34개 국 최고 감사기구가 모여 설립하였고 Austria Vienna에 본부 사무실이 있으며 2011년 현재 189개 나라의 최고 감사기구가 가입해 활동 중임. 우리나라 감사원은 2002년~2004년까지 INTOSAI 의장국 역할을 수행했음.

하고 있다.

미국 해군 장교로 오래 근무하다가 1984년부터 기업 품질자문가로 활동한 Dennis R. Arter는 2003년에 쓴 그의 저서 Quality Audits for Improved Performance 에서 감사를 두 가지 의미로 해석하였다.

첫째, 모든 것이 실제 존재하고 있고 정확한가를 확인하는 것, 즉 요구되는 기록들이 존재하고 있고 그 기록들이 정확성을 위해 체크되고 있는지를 확인하는 작업을 의미한다고 한다.

둘째, 수행된 어떤 활동이 규칙에 적합한지를 확인하는 것, 즉 그 활동이 계획한 업무에 적합한지, 요구되는 결과를 성공적으로 달성했는지를 확인하여 그 분석결과를 이해관계자들에게 설명하는 것을 의미한다고 한다. 그리고 그는 감사를 순응감사와 성과감사로 구분하고 이를 다시 시스템감사(system audit), 과정감사(process audit), 산출감사(product audit)와 연결하여 (표2-1) 'Dennis R. Arter의 6개 감사유형'에서와 같이 6개의 개념으로 설명하였다.

J. P. Russel은 2003년에 발간한 그의 저서 The Internal Auditing Pocket Guide: Preparing, Performing, and Reporting에서 '감사란 산출, 서비스, 일의 과정, 부서, 조직에 대한 공식적이고 독립적인 검사이며 합의된 요구조건들이 충족되었는지를 결정하기 위하여 조사 및 검사하는 과정'이라고 정의하였다.[7] 그는 감사유형을 산출

표 2-1   Dennis R. Arter의 6개 감사유형

구분	순응감사	성과감사
시스템감사	• 정의된 시스템이 일관되게 집행되고 있는지를 감사 • 안정성을 증진시키기 위한 감사	• 조직의 목표를 달성할 수 있는 능력을 보유하고 있는지 여부를 감사 • 변화를 증진시키기 위한 감사
과정(절차)감사	• 정해진 절차에 맞게 능력을 발현하는지 감사	• 요구되는 특성에 적합한 절차인지를 감사
산출감사	• 정의된 요구조건에 맞는 상품과 용역을 생산했는지를 감사	• 의도한 사용성에 맞는 상품과 용역인지 여부를 감사

※ 출처 : Arter, Dennis R., *Quality Audits for Improved Performance*, American Society for Quality, 3rd edition, ASQ Quality Press, 2003.

---

7) Russel, J. P., *The Internal Auditing Pocket Guide: Preparing, Performing, and Reporting*, American Society for Quality, ASQ Quality Press, 2003., pp.1, 7~11.

감사(product audit), 과정감사(process audit), 시스템감사(system audit) 등으로 나누고 산출감사 〈 과정감사 〈 시스템감사 순으로 포함관계가 있다고 하였다.

감사개념에 대한 위와 같은 주장들에서 몇 가지 흥미로운 사실을 발견할 수 있다. 첫째, 지금으로부터 약 40년 전 Lennis M. Knighton이 말한 재무감사 또는 회계감사는 예나 지금이나 여전히 굳건한 자리를 차지하고 있다. 하지만 오늘날 감사기구들이 회계감사와 더불어 많이 시행하고 있는 성과감사를 그 당시에는 순응감사, 운영감사, 프로그램감사로 나누어 인식하고 있었음을 알 수 있다. 또한 오늘날의 성과감사는 경제성(economy), 효과성(effectiveness), 효율성(efficiency) 등 3E를 명시적으로 추구하고 있지만 Lennis M. Knighton의 성과감사 개념 속에는 3E의 개념이 명시적으로 포함되어 있지 않다. 그리고 오늘날 감사원 또는 자체감사기구들에 의해 자주 실행되고 있는 프로그램 감사가 40년 전 당시에는 평가기준 등이 제대로 마련되지 않아 활성화되지 않았다는 사실이다. 한편, Lennis M. Knighton은 오늘날의 합법성 감사와 그 의미가 비슷한 순응감사를 성과감사의 개념 안에 포함시켰으나 오늘날 감사를 학문으로 연구하는 연구자들과 감사관계자들은 그의 주장에 동의하지 않으려는 경향이 있다. 이는 오늘날의 감사학 연구자들과 감사관계자들이 성과감사를 전통적인 순응감사보다 진화된 형태의 감사로 인식하고 조직의 가치를 높이는 감사(value added auditing)로 격을 높이고자 하는 의도가 있기 때문이다.

둘째, INTOSAI Lima 선언문에 따르면 감사를 규제시스템의 하나로 인식하고 있고, 감사의 유형을 크게 합법성 감사와 효율성, 효과성, 경제성을 강조하는 성과감사로 양분하고 있음을 알 수 있다.

셋째, Dennis R. Arter와 J. P. Russel이 정의한 감사의 유형은 품질을 중시하는 점에서 중요성을 가진다. 특히 Dennis R. Arter의 6개 감사유형은 다른 정의들에 비해 더욱 구체적으로 구조화되어 있어 감사의 개념을 이해하는 데 효과적이다.

감사의 정의는 위에서 언급한 것과 같이 관계되는 산업의 종류, 연구자가 처한 상황 및 경험에 따라 조금씩 차이를 보이고 있다. 하지만 대부분의 연구자들이 언급한 감사의 정의들을 토대로 이를 종합해 보면 '감사는 정해진 규칙, 정책, 합의된 요구조건 등에 부합되게 일이 되어졌는지 확신하기 위해 산출물, 일의 과정, 그리고 시스템을 점검, 평가하는 일이며, 더 나아가 조직의 목표를 달성할 수 있는 능력의 보유여부를 확인하고 조직 내 변화를 증진시키는 일까지도 포함하는 것'이라고 정의할 수 있다.

2. 외부감사와 자체감사

일반적으로 감사를 시행하는 팀이 속한 조직과 감사를 받는 대상들이 속한 조직이 다르면 이를 외부감사라 하고 같은 조직 내에 속해 있으면 자체감사라고 한다. 여기에서 같은 조직이란 감사를 시행하는 팀이 속해 있는 조직본부뿐만 아니라 관하기관, 산하기관, 산하단체를 모두 포함하는 개념이다. 외부감사 및 자체감사와 관련한 내용을 적은 권위 있는 출처들은 INTOSAI Lima 선언문, IIA 홈페이지 및 자체감사 국제기준, 우리나라 감사원이 1999. 8. 28. 만든 「공공감사기준」, 2010. 3. 22. 제정되고 같은 해 7. 1.부터 시행된 「공공감사에 관한 법률」 등이다.

INTOSAI의 감사수칙 지도서에 관한 Lima 선언문(The Lima Declaration of Guidelines on Auditing Precepts) 1장 Section 3에는 외부감사와 자체감사를 다음과 같이 설명하고 있다. "자체감사는 정부 부서와 관련 기관 안에서 성립한다. 반면 외부감사는 감사를 받는 기관의 조직구조의 한 부분이 아니다. 자체감사는 어쩔 수 없이 부서의 장에게 속해 있지만 입법적 테두리 안에서 가능한 기능적, 조직적으로 독립되어야 한다. 외부감사자로서 최고감사기구는 자체감사의 효과성을 검사하는 업무를 한다. 만일 자체감사가 효과적이라고 판단되면 최고 감사기구와 자체감사 사이에 가장 적절하게 일을 분리 또는 할당, 그리고 서로 협조하기 위한 노력들을 하여야 한다"는 이 문구들은 공공감사에 한정하여 작성된 것이다.

특징적인 것은 첫째, 자체감사와 외부감사의 차이를 감사조직이 감사를 받는 기관의 조직 내에 속해 있는지를 기준으로 구분 지었으며, 둘째, 자체감사의 기능적, 조직적 독립의 필요성을 강조하고 있고, 셋째, 최고감사기구가 자체감사의 효과성에 대한 평가를 하여 자체감사의 역량을 강화시키고 서로 협력해 감사업무를 분담케 함으로써 종국에는 국민들에게 정부가 하는 일에 대한 신뢰를 높이고자 한다는 사실이다.

한편, 자체감사자협회 IIA는 자체감사를 '조직의 가치를 높이고 조직운영을 개선시키기 위해 고안된 독립적이고 객관적인 보증활동(assurance activity)과 자문활동(consulting activity)이며, 이는 위험관리(risk management), 통제(control), 그리고 지배구조과정(governance process)의 효과성을 평가하고 개선시키기 위하여 체계적이고 잘 훈련받은 방법을 활용함으로써 조직의 목표를 달성하는데 도움을 주는 것' 이라고

정의하였다.8)

　여기서 중요한 것은 첫째, 자체감사활동에서 독립성과 객관성을 중요시하고 있다는 점이다.

　둘째, 자체감사활동을 보증활동과 자문활동으로 구분하였는데 앞에서 언급한 것처럼 보증활동의 개념에는 재정, 성과, 순응, 시스템 안전 등과 관련된 업무가 모두 포함되어 있으며 여기에 자체감사의 업무가 자문활동까지 확장된 것이다.

　셋째, 자체활동의 범위에 조직의 위기관리, 통제, 지배구조의 효과성을 평가하고 개선시키는 것까지 확장시켰으며 이를 위하여 체계적이고 잘 훈련된 방법을 이용한다는 점이다.

　넷째, 이러한 자체감사 활동은 조직의 목표와 연계성이 있어야 한다는 것이다.

　또한「공공감사기준」제2조 제4호의 규정에 따르면 자체감사는 '법에 의하여 감사원의 감사를 받는 기관·단체의 장(정부투자기관의 경우 감사)이 당해 기관·단체, 그 하급기관·단체 또는 산하기관·단체 등에 대하여 실시하는 감사'라고 정의되어 있고,「공공감사에 관한 법률」제2조 제1호의 규정에 따르면 '중앙행정기관, 지방자치단체 및 공공기관의 감사기구의 장이 그 소속되어 있는 기관(그 소속 기관 및 소관 단체를 포함한다) 및 그 기관에 속한 자의 모든 업무와 활동 등을 조사·점검·확인·분석·검증하고 그 결과를 처리하는 것'이라고 정의되어 있다. 그런데 이러한 자체감사의 정의는 INTOSAI Lima 선언문 및 IIA의 자체감사에 대한 내용에 비해 이론적으로 많이 후퇴한 느낌이다.

　첫째,「공공감사기준」과「공공감사에 관한 법률」의 자체감사 정의 속에는 감사의 주체와 객체, 그리고 감사활동 범위는 명시해 놓았으나 Lima 선언문과 IIA의 정의에서처럼 자체감사의 독립성, 객관성 등 속성을 명시하여 포함시키지 않았다. 비록「공공감사기준」과「공공감사에 관한 법률」의 개별 조항에 자체감사의 독립성 등에 대해 규정하고는 있지만 감사의 효과성을 담보하기 위해 반드시 필요한 속성인 독립성, 정치적 중립성, 전문성 등의 내용을 자체감사의 정의 속에 명시적으로 포함시키지 아니한 것은 마치 살과 뼈와 물과 피로 구성된 인간의 육신만 중

---

8) Institute of Internal Auditors, *Standards & Guidance-International Professional Practices Framework (IPPF)*, https://na.theiia.org/about-us/about-ia/pages/about-the-profession.aspx, 2012. 5. 3. 검색.

요시하고 인간의 정신을 소홀히 한 것과 같아 보인다. 특히 Lima 선언문의 주요 목적이 독립적인 정부감사를 촉구하기 위한 것이었음을 상기해 볼 때 감사의 정의 속에 최소한 독립성만이라도 명시하는 것이 바람직할 것이다.

둘째, 자체감사의 활동범위가 과거에 비해 더 확대되고 있는데도 우리나라 자체감사는 이를 적절히 수용하지 못하는 것 같다. IIA의 자체감사 정의 속에는 조직의 가치를 높이고 조직운영을 개선시키기 위해 보증활동과 자문활동을 하는 것으로 정의한 반면, 우리나라에서는 2010년 3월에 제정한 「공공감사에 관한 법률」에 자문활동을 자체감사의 업무범위에 포함시키지 않았다. 여기서 자문활동이란 조직의 지배구조, 위험관리 및 내부통제 과정을 개선시키고 가치를 더하기 위하여 수행하는 자문과 이에 관계되는 활동을 말하며 그 예로서는 조언(counsel), 충고(advice), 촉진(facilitation), 그리고 훈련(training) 등이 있다.9) 세계 많은 나라들이 정치, 경제, 사회, 문화의 벽을 헐어내고 있고 조직의 경영이 갈수록 복잡해져 가는 현대사회에서 자체감사가 조직의 지배구조, 위기관리시스템, 업무 통제과정 등을 점검·평가하고 그로부터 예상되는 중요한 문제점들과 개선대안을 최고경영자에게 자문해 주는 것은 아주 자연스러운 시대의 요청이라 생각한다.

셋째, 감사원이 2000년 12월에 발간한 '공공감사기준 주석서'에 따르면 「공공감사기준」 제2조 제4호에서의 자체감사를 ① 당해 기관·단체에 대한 순수한 내부감사, ② 하급기관·단체에 대한 준내부감사, ③ 산하기관·단체 등에 대한 외부감사를 모두 포함하는 개념으로 정의하고 이는 감사원법 제30조의2(자체감사의 지원 등)의 규정의 입법취지를 구현하기 위한 것이라고 설명10)하고 있다. 그러나 만약 이를 인정하면 기초자치단체인 시·군의 경우 실질적으로 자체 직제규정과 감사규칙을 만들어 자체감사를 수행하고 있는데도 또 다시 광역시·도의 자체감사의 대상이 되는 모순이 발생하고, 산하기관·단체 등에 대한 외부감사기구에 의한 감사가 자체감사에 포함되는 모순이 발생되며, INTOSAI Lima 선언문 제1장 3절의 내용 및 「공공감사에 관한 법률」 제2조 제1호의 규정과도 배치되므로 자체감사는 해당 조직의 직제규정 등에 근거하여 본부 및 소속기관과 소관단체에 대한 감사만으로 한정함이 더 합리적이라고 판단된다.11)

---

9) Institute of Internal Auditors, *International Standards for the Professional Practice of Internal Auditing*, 2010. 10., 용어설명 참조.
10) 감사원, 『공공감사기준 주석서』, 2000. 12., 13면.
11) 자체감사와 내부감사를 같은 개념으로 정의하면 자체감사기구가 수행하는 하급기관, 산하

따라서 향후 「공공감사기준」과 「공공감사에 관한 법률」 개정 시 위 논의한 3가지 사항을 고려해 자체감사의 정의 등을 합리적으로 개정할 필요가 있다.

3. 내부통제와 자체감사

자체감사를 더 효과적으로 이해하는 방법 중 하나로서 내부통제와 자체감사의 관계를 살펴보기로 한다. 1985년에 사기성 회계보고에 관한 국가위원회(The Treadway Commission)를 지원하기 위해 IIA 등 5개 단체가 공동으로 설립한 독립성 있는 순수 민간 단체인 COSO(The Committee of Sponsoring Organization of the Treadway Commission)[12]는 1992년 민간기업의 내부통제를 강화하는 내용의 내부통제에 관한 보고서 Internal Control-Integrated Framework를 만들었다. 위 준거틀에서는 내부통제를 조직의 목적(예컨대, 운영의 효과성과 효율성, 회계보고의 신뢰성, 적용되는 법과 규정에 순응 등)을 달성하였다는 것을 적절히 보증하기 위해 고안된, 그리고 이사회, 경영진, 또는 다른 직원들에 의해 영향을 받는 절차들로 정의하고 내부통제의 구성성분을 통제환경, 위험평가, 통제활동, 정보와 의사소통, 모니터링 등 상호 연관된 다섯 가지로 설명하고 있다. 여기에서 내부통제를 절차라고 한 것은 목적이 아닌 수단임을 의미하는 것이고, 내부통제가 조직의 목적달성과 관계된다는 것은 내부통제가 조직의 목적달성을 위해 만들어졌다는 것을 의미한다. 또한 적절히 보증하기 위한 것이라는 뜻은 경영진과 이사회에 절대적인 보증을 제공하는 것이 아니라 단지 어느 정도 적절한 보증을 제공하는 것이 기대된다는 의미이고, 사람에 의해 영향을 받는다는 것은 내부통제가 단순히 정책매뉴얼이나 양식이 아니라 조직의 모든 단계에 있는 사람들에게 관계된다는 의미이다.[13]

기관·단체 등에 대한 감사의 성격이 의문시 됨. 따라서 이는 다른 법령, 예컨대 「지방자치단체에 대한 행정감사규정」, 「지방공기업법」 등에 근거하여 자체감사기구가 외부감사를 하는 것으로 이해하여야 함.

12) 효과적인 내부통제체계를 확립하기 위해 1985년 IIA(The Institute of Internal Auditors), AICPA (The American Institution of Certified Public Accountants), AAA(The American Accountants Association), FEI(Financial Executives International), IMA(The Institute of Management Accountants)가 공동으로 설립한 민간단체. 1992년 내부통제-통합프레임워크, 2004년 기업위험관리-통합프레임워크 등을 만들어 보급. http://www.coso.org/ 참조.

13) COSO, *Internal Control-Integrated Framework*, AICPA, Jersey City, NJ., 1992., pp.13~78.

INTOSAI의 내부통제기준위원회(Internal Control Standard Committee)는 2001년에 '내부통제는 관리목표가 달성되고 있다는 것을 적절하게 보증하기 위해 사용하는 관리도구'라고 정의하면서 효과적인 내부통제를 만들고 유지하기 위한 준거틀을 제시하였다. 더 구체적으로 말하면 내부통제 또는 관리통제란 조직이 ① 법률, 규정, 관리지침 등을 잘 준수하고 있고, ② 경제적, 효율적, 효과적인 활동을 조장하고 계획한 목표를 달성하고 있으며, ③ 자원을 부정행위, 낭비, 남용, 부적정한 관리로부터 보호하고, ④ 조직의 임무에 부합하는 좋은 품질의 산출물과 서비스를 제공하며, ⑤ 믿을 만한 재무 및 관리정보를 만들고 유지하며 이를 보고서를 통해 시의 적절하게 공개하고 있다는 사실을 적절하게 보증하기 위해 관리자들이 사용하는 관리도구라는 것이다. 따라서 관리자는 효과적인 내부통제를 만들고 유지해야 하는 중요성을 알아야 한다고 한다. 그리고 내부통제와 자체평가 준거틀의 한 부분으로서 자체감사기구를 만들어 운용해야 한다고 한다.14)

Mustafa Baltaci와 Serdar Yilmaz(2006)는 이들이 쓴 논문, "Keeping an Eye on Subnational Government: Internal Control at Local Levels"에서 내부통제는 조직이 만들어 놓은 정책이나 절차를 의미한다고 한다. 그리고 조직은 내부통제를 활용하여 업무처리과정을 기록으로 남겨 유지하도록 하고, 자산을 보호하며, 운영효율성을 높이고, 조직의 활동이 이미 만들어 놓은 정책과 지침들에 부합하는지 살핌으로써 조직이 맡은 임무를 달성하는지 여부에 대해 확신을 얻으려 한다고 한다.15) 감사원은 자체감사기구 운영 표준모델(2008)에서 관리통제란 관리자가 공식적으로 설정한 계획, 규정, 방법, 절차 및 수단을 의미한다고 한다. 그리고 내부통제를 COSO가 설명한 것처럼 통제환경, 위험평가, 통제활동, 정보와 의사소통, 모니터링 등 다섯 가지의 요소로 구성되어 있다고 보았으며, 이들 구성요소를 자세히 설명하고 있다. (그림2-1) '내부통제의 구성요소'에서 이를 알기 쉽게 재구성해 놓았다.

---

14) International Organization of Supreme Audit Institutions, http://www.intosai.org/uploads/1brochleitfe. pdf, 2012. 1. 31. 검색.

15) Baltaci, M. & S. Yilmaz, "Keeping an Eye on Subnational Government: Internal Control at Local Levels," World Bank, Washington, D.C., 2006., p.7.

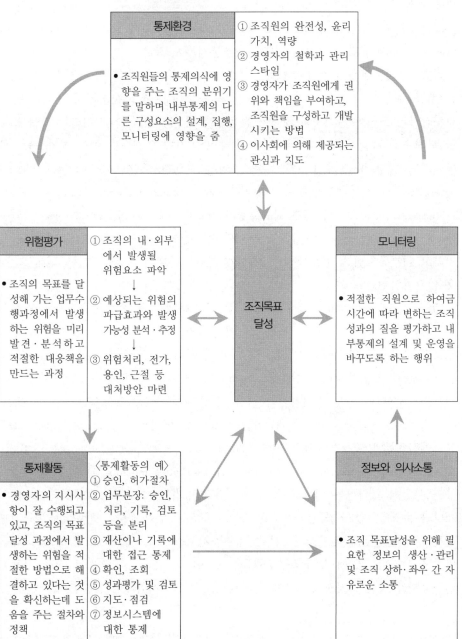

그림 2-1 | 내부통제의 구성요소

통제환경

• 조직원들의 통제의식에 영향을 주는 조직의 분위기를 말하며 내부통제의 다른 구성요소의 설계, 집행, 모니터링에 영향을 줌

① 조직원의 완전성, 윤리 가치, 역량
② 경영자의 철학과 관리 스타일
③ 경영자가 조직원에게 권위와 책임을 부여하고, 조직원을 구성하고 개발시키는 방법
④ 이사회에 의해 제공되는 관심과 지도

위험평가

• 조직의 목표를 달성해 가는 업무수행과정에서 발생하는 위험을 미리 발견·분석하고 적절한 대응책을 만드는 과정

① 조직의 내·외부에서 발생될 위험요소 파악
↓
② 예상되는 위험의 파급효과와 발생 가능성 분석·추정
③ 위험처리, 전가, 용인, 근절 등 대처방안 마련

조직목표 달성

모니터링

• 적절한 직원으로 하여금 시간에 따라 변하는 조직 성과의 질을 평가하고 내부통제의 설계 및 운영을 바꾸도록 하는 행위

통제활동

• 경영자의 지시사항이 잘 수행되고 있고, 조직의 목표달성 과정에서 발생하는 위험을 적절한 방법으로 해결하고 있다는 것을 확신하는데 도움을 주는 절차와 정책

〈통제활동의 예〉
① 승인, 허가절차
② 업무분장: 승인, 처리, 기록, 검토 등을 분리
③ 재산이나 기록에 대한 접근 통제
④ 확인, 조회
⑤ 성과평가 및 검토
⑥ 지도·점검
⑦ 정보시스템에 대한 통제

정보와 의사소통

• 조직 목표달성을 위해 필요한 정보의 생산·관리 및 조직 상하·좌우 간 자유로운 소통

※ 출처: 감사원, 「자체감사기구 운영 표준모델」, 2008. 3., 149~154면 재구성.

한편, 내부통제와 자체감사간의 차이를 알 수 있는 단서는 미국 뉴욕 주가 1987년에 제정한 「내부통제법(New York State Governmental Accountability, Audit and Internal Control Act)」과 뉴욕 주의 예산정책 및 보고 매뉴얼(Budget Policy and Reporting Manual Item B-350)에서 찾을 수 있다. 여기서 내부통제는 조직이 조직의 목표와 임무를 달성하고 있다는 것을 적절하게 보증하기 위해 조직에서 함께 일하는 사람들이 보이는 행동, 계획, 태도, 정책, 시스템, 자원 및 노력의 통합으로 정의되고 있는 반면, 자체감사는 조직이 관리자의 정책에 순응하며 내부통제가 효과적이라는 것을 보증할 목적으로 기관의 활동을 검토하기 위해 관리자에 의해 만들어진 평가활동으로 정의되고 있다.16) 2006년 9월 뉴욕 주에서 운영한 내부통제 태스크포스(Internal Control Task Force)는 「내부통제 프로그램 조정과 집행(Internal Control Program Coordination and Implementation)」, 「내부통제 교육훈련(Internal Control Education and Training)」이라는 두 개의 보고서를 통해 뉴욕 주 각 부처와 기관들이 내부통제시스템을 개발 및 유지하고 내부통제법에 순응할 수 있게 돕기 위해 필요한 지침을 만들었는데 그 내용을 요약하면 다음과 같다.

1987년 뉴욕 주 의회는 정부 각 기관의 내부통제와 책무성을 증진시킬 필요성을 인식하고 내부통제법을 한시적으로 제정하였고, 1999년부터는 이 법을 영구적으로 적용하도록 조치하였다. 정부 각 기관의 지배구조에서 두 개의 중요 축이 되는 내부통제와 자체감사의 발전은 곧 조직이 내부통제법에 순응하도록 촉진하는 것이므로 기관의 장은 관리자들과 함께 조직 내에 내부통제시스템이 잘 도입 및 운영될 수 있도록 노력해야 한다. 이를 돕기 위해 예산국(The Division of the Budget)은 「예산정책 및 보고 매뉴얼 BPRM(Budget Policy and Reporting Manual) Item B-350 'Governmental Internal Control and Internal Audit Requirements'」를 발행하였다.

「내부통제법」과 다음의 매뉴얼에 따르면 연방기관의 장들은 내부통제시스템의 개발과 운영을 위해 6가지의 책임을 다하도록 되어 있다. 첫째, 조직의 내부통제를 위한 지침을 만들고 유지할 것, 둘째, 내부통제시스템 및 내부통제 평가프로그램을 만들고 유지할 것, 셋째, 조직구성원들이 준수해야 하는 일반적으로 적용 가능한 내부통제를 위한 관리정책을 명확하고 핵심적으로 문서화하여 공지할 것, 넷째, 내

---

16) State of New York, *Budget Policy & Reporting Manual B-350 Governmental Internal Control and Internal Audit Requirements*, http://www.budget.ny.gov/guide/bprm/b/b350.html, 2011. 11. 20. 검색.

부통제의 책임을 다하고 그 결과를 평가하여 기관의 장 등에게 보고를 할 내부통제관을 지정할 것, 다섯째, 조직구성원이 내부통제를 인식하고 이해하고 이를 평가하는 기술도 얻을 수 있도록 교육과 훈련을 실시할 것, 여섯째, 주기적으로 자체감사기구의 설립, 유지, 변경의 필요성을 평가할 것 등이다. 예산국은 매년 각 기관에 예산안과 함께 내부통제증명서를 발부하는데 위 6가지의 책임을 다한 각 기관의 장은 매년 3월 31일 전까지 이 증명서에 서명하여 예산국에 제출해야 한다. 이 서류로 각 기관의 장은 조직의 내부통제와 관련하여 법률과 매뉴얼이 정한 책임을 다했음을 인정받는 것이며 서류에는 1년 동안 행한 내부통제를 요약하고 중요한 활동, 내부통제가 보강된 사항, 중요한 발견과 시정조치 등을 첨부하도록 되어 있다.17)

Mustafa Baltaci와 Serdar Yilmaz(2006)는 만일 조직의 정책과 절차들, 즉 내부통제가 제대로 작동하지 않으면 조직 내에 비윤리적, 비경제적, 비효율적, 비효과적인 운영이 발생되고, 책임성이 약해지며, 비합법적인 행위가 많아지고, 낭비, 오용, 경영 잘못, 실수, 비리, 규정위반 등의 문제가 발생될 수 있다고 한다. 이들은 오늘날 공공부문에서 통제의 패러다임(paradigm)은 전통적인 통제, 즉 재정분야에 대한 사전 통제시스템에서 진화하여 재정분야뿐만 아니라 비재정분야에 대한 사전, 사후 통제까지도 포함한다고 한다. 이들은 내부통제는 한 조직이 정해진 임무를 수행하기 위해 계획(예산계획, 전략계획)을 수립하고 예산을 집행하여 업무성과를 확보하는 과정에서 각 단계마다 내리는 의사결정에 모두 관계되지만 자체감사는 회계 및 보고과정에서만 작용하는 것으로 인식하였다.

또한 내부통제는 지출을 사전에 검토함으로써 위험을 경감시키는 포괄적인 보증을 제공하는 반면 자체감사는 주로 일이 끝난 후 순응감사, 재무감사, 성과감사 등으로 실현된다고 차이를 설명하였다. 그러면서 1990년 후반, 캐나다 Ontario 주정부 자체감사 등 몇 개의 자체감사기구를 시작으로 기능에 변화가 있었음을 소개하면서 오늘날의 자체감사의 모습은 과거의 감사자 기능에서 조직의 파트너 기능으로 바뀌었고, 과거에 재정확인에 중점을 두었다면 현대에는 조직 전반의 문제

---

17) State of New York, *The New York State Internal Control Act Implementation Guide: Strengthening Compliance with the Act and Standards*, September 2006, pp.1~43, http://www. osc.state.ny.us/agencies/ictf/docs/implement_guide_20060907.pdf, 2011. 11. 22. 검색.

확인에 중점을 두게 되었으며, 과거에 손에 잡히는 자산을 주로 다루었다면 현대에는 손에 잡히지 않는 무형의 자산까지도 다루게 되었고, 과거에는 순응하는지 여부를 살폈지만 현대에는 미래를 내다보는데 더 관심을 갖는 기능이 되었으며, 과거에 사전 통제의 기능을 담당하였다면 현대에는 사전, 사후까지 통제하는 기능을 갖게 되었다고 설명한다.[18]

4. 자체감사의 진화

인터넷이 보급된 1990년대부터 세계인들은 자신의 가정, 학교, 연구실, 사무실에 있는 컴퓨터 앞에 앉아 서로 정보를 주고받고 새로운 정보를 생산하는 놀라운 경험을 하게 되었다. 기술발전이 이와 같은 기적을 만든 것인데 그 여파는 그 후 상상을 초월한 것이었다. 세계인들은 과거보다 더 많고 더 정확한 정보를 접하면서 자신들이 오랫동안 깨닫지 못하고 있었던 구태와 악습을 새롭게 인식하기 시작하였고 이를 개선시키기 위해 노력하였다. 후진국 및 개발도상국을 중심으로 정치, 경제, 사회, 문화 등 모든 분야에서 불어 닥친 민주화 바람은 각 나라 정부가 공공자금을 사용하거나 국민들에게 서비스를 제공할 때 경제적, 효율적, 효과적으로 일을 하도록 책임성을 강하게 요구하기 시작했다. 또한 새로운 기술을 적용하는 공공기관과 기업들은 많은 자료를 더 빨리 분석할 수 있는 능력을 가지게 되었고 더 크고 복잡해진 조직체계를 갖게 되었다. 이들은 경쟁사회에서 살아 남기위해 자신들의 조직 내에서 발생된 문제에만 대처하던 수동적 자세에서 벗어나 가까운 미래에 발생될 문제들에 관심을 가지고 이를 미리 예측, 확인, 평가, 대응하는 사전 통제 및 위험관리를 하기 시작하였다. 또한 부족한 자원으로도 위험에 잘 대처하기 위해 전사적 자원관리 ERP(Enterprise Resources Planning)를 하기도 하였다. 따라서 감사기구들도 이와 같이 변화된 환경에 부합하여 기능과 감사방법 등을 변경할 수밖에 없었다.

IIA는 1992년, 독립성(independence), 직업숙련도(professional proficiency), 업무범위(scope of work), 감사성과(performance of audit work), 자체감사부서의 관리(management of the internal audit department) 등 5개 기준을 자체감사기준으로 정하였다.[19] 하지만

---

18) Baltaci, M. & S. Yilmaz, "Keeping an Eye on Subnational Government: Internal Control at Local Levels," World Bank, Washington, D.C., 2006., pp.11~14.

19) Van Gansberghe, Cecilia Nordin, "Internal Audit: Findings Its Place in Public Finance Manage-

21세기로 접어들면서 전자거래, 환경문제, 건강과 위생, 안전과 테러위험, 사기와 돈세탁, 자주 발생하는 금융위기, 고령화 및 저출산 심화 등이 세계인의 주요 관심 대상이 되었다. 결국 IIA는 1997년, 기존의 자체감사기준과 진화된 자체감사의 활동들 사이에 생긴 간격을 연구하기 위해 Guidance Task Force를 운영하였다. 이 Task Force가 1999년 자체감사의 정의를 개정하고 새로운 업무기준을 만들어야 한다고 권고하자 IIA는 자체감사의 업무범위가 확장되고, 위험관리, 통제, 지배구조의 절차를 새로 포함하며, 조직의 가치증진을 강조한 내용의 변경된 자체감사의 정의를 1999년 6월 승인하였고 2000년 12월에는 새로운 감사기준을 발간하였다.[20) 아래에는 IIA가 1999년 6월에 승인하여 2011년 현재에도 운용하고 있는 자체감사의 정의를 적었다.

또한 캐나다, 영국, 미국은 민간회계법인의 감사방법을 연구하기 위해 Joint Working Group을 만들었다. 이 팀은 연구를 통해 몇 개의 회계법인들의 감사방법은 감사자가 감사를 하는 조직의 전략목표, 관계되는 위험과 통제절차들을 이해하여야만 활용할 수 있는 것임을 알았다. 그래서 위 세 나라는 IIA가 자체감사의 정의를 변경하면서 중요하다고 강조하였던 위험관리, 통제, 지배구조의 과정 등을 자국의 감사기준 속에 적절한 방법으로 포함시켰다.

IIA의 자체감사 정의(1999년)

▶ Internal auditing is an independent, objective assurance and consulting activity designed to add value and improve an organization's operations. It helps an organization accomplish its objectives by bringing a systematic, disciplined approach to evaluate and improve the effectiveness of risk management, control, and governance processes.

▶ 자체감사란 조직의 가치를 높이고 조직운영을 개선시키기 위해 고안된 독립적이고 객관적인 보증활동과 자문활동이며, 이는 위험관리, 통제, 그리고 지배구조과정의 효과성을 평가하고 개선시키기 위하여 체계적이고 잘 훈련받은 방법을 활용함으로써 조직의 목표를 달성하는데 도움을 준다.

※출처: IIA 홈페이지, http://www.theiia.org/guidance/standards-and-guidance/ippf/definition-of-internal-auditing/

---

ment," *World Bank Institute* Stock No. 37246, 2005., p.4

20) Lemon, W. Morley & Kay W. Tatum, *Research Opportunities in Internal Auditing, Chapter 8*: *Internal Auditing's Systematic: Disciplined Process*, 2003. 1., pp.271~272.

한편 호주감사원 ANAO(Australian National Audit Office)에서는 1989년, 1993년 자체감사기구에 대한 감사를 실시한 바가 있었으나 자체감사기구 기능의 일부가 외부인에 의해 행해지는 아웃소싱 사례가 많아지자 1997년~1999년까지 3년 동안에는 매년 1번, 그리고 2000년과 2002년에도 각각 자체감사기구에 대한 효과성 감사를 실시하면서 자체감사기구의 업무성과 자료를 IIA가 전 세계 회원들을 대상으로 감사의 효과성 관련 자료를 모아 축적해 놓은 국제 감사정보 네트워크 GAIN(Global Audit Information Network)의 데이터베이스 자료들과 비교분석하는 방법인 벤치마킹 기법을 활용하여 자체감사기구의 효과성을 측정하였다. 감사결과, 호주감사원은 자체감사기구들로 하여금 IIA가 만든 자체감사의 정의에 부합하게 위험관리와 통제의 절차를 사용하도록 하고, 자체감사기구의 장은 감사위원회에 참석하며 감사위원들과 사적으로 최소 감사위원회 개최 횟수 이상 자주 만나 자체감사의 전략방향, 감사의 접근방법 및 감사성과에 대한 감사위원회의 의견 등에 대해 이야기를 나누도록 권고한 바 있다.[21]

또한 자체감사기구들은 보증활동 이외에 자문활동을[22] 하고 있는데, Sterck 등(2006)은 ANAO 산하의 14개 조직이 전체 업무 중 자문활동을 한 비율이 2000년-2001년 회계연도에 6% 정도였으며 캐나다 연방정부 내 자체감사기구들은 2003년에 10%의 자문활동을 하였음을 발견하였다.[23]

---

21) Australian National Audit Office, *Internal Audit*, 1998. 5., pp.18~22; *Benchmarking the Internal Audit Function*, Audit Report No. 14, 2000. 10.; *Benchmarking the Internal Audit Function Follow-on Report*, Audit Report No. 13, 2002. 10.
22) 조직의 구조조정 지원, 내부통제에 관한 자체평가 또는 내부통제프로그램의 집행, 각종 시스템개발 재검토와 문제해결식 task forces 활동 같은 업무의 질 개선활동, 업무성과에 대한 자체평가 등이 이에 해당.
23) Sterck, Miekatrien & Geert Bouckaert, *International Audit Trends in the Public Sector*, Internal Auditors Research Foundation, 2006.

Ⅱ. 우리나라 공공감사체계와 자체감사

1. 우리나라 공공감사체계

우리나라의 공공감사체계는 기본적으로 최고감사기구인 감사원, 그리고 중앙정부, 지방자치단체, 공공기관의 자체감사기구로 구성되어 있다. 또한 이와는 별도로 국회는 예산 및 결산심의 또는 법령 제·개정 과정에서 행정부에 자료요구, 질문, 조사 및 감사를 하고 국무조정실은 국정운영의 효율성 증진을 위해 필요할 때마다 중앙정부, 지방자치단체, 공공기관 등에 대한 감사를 한다.

먼저 감사원은 1948년부터 회계검사를 담당하던 심계원과 직무감찰을 하던 감찰위원회가 합쳐져 1963년 만들어진 우리나라 최고감사기구[24]로서 「헌법」 제97조~제100조의 규정에 근거한 헌법기관이며 자체감사 뿐만 아니라 「감사원법」 제22조~제24조, 「공공기관 운영에 관한 법률」 제52조의 규정 등에 따라 중앙정부, 지방자치단체, 그리고 공공기관 등에 대해 외부감사를 실시한다.

중앙정부 주무장관은 자체감사를 하기도 하지만 「지방자치법」 제171조의2 제2항, 「지방교육자치에 관한 법률」 제3조, 그리고 「지방자치단체에 대한 행정감사규정」 제3조의 규정에 따라 행정안전부장관과 함께 지방자치단체에 대하여 정부합동감사를 실시하고 필요한 경우에는 감사대상사무 중 특정분야에 대해서 특정감사도 할 수 있다. 특히 행정안전부장관은 지방자치단체에 대하여 정부합동감사, 특별감사 외에 복무감사도 할 수 있다. 그리고 「공공기관 운영에 관한 법률」 제48조의 규정에 따라 기획재정부장관은 공기업·준정부기관에 대한 경영실적 평가를, 제51조의 규정에 따라 중앙행정부처 주무장관은 공기업·준정부기관에 대한 지도감독을 할 수 있다.

한편 시·도지사는 「지방자치단체에 대한 행정감사규정」 제3조의 규정에 따라 시·군 및 자치구의 감사대상사무 전반에 대하여 시도종합감사를 실시하며 특정감사, 복무감사도 실시할 수 있다. 이와 별도로 지방자치단체에 소속된 지방의회는 「지방자치

---

24) 우리나라의 감사제도는 신라 태종무열왕 6년(659년) 중앙관부의 하나인 사정부가 중앙귀족의 기강 등을 규찰한데서 시작됨. 고려시대는 어사대, 조선시대에는 사헌부, 사간원에서 감사를 하였고 특히 조선 중종 4년(1509년)에 생겨나 고종 29년(1892년)까지 시행된 암행어사 제도는 현대에까지 회자되고 있음. 감사원, 『감사50년사』, 1998 참조.

법」제41조의 규정에 따라 지방자치단체에 대한 행정사무감사 및 조사를 할 수 있다.25) 그리고 공기업 및 준정부기관 등은 자체 규정에 따라 자체감사를 수행한다.

국회와 국무조정실도 중앙행정기관, 지방자치단체, 공공기관에 대해 외부감사를 실시한다. 국회는 「국회법」제121조~제122조의3 등의 규정에 따라 국무총리·국무위원·정부위원의 국회출석요구, 정부에 대한 서면질문, 국회 본회의 기간 중 대정부질문 및 긴급현안질문을 할 수 있고 같은 법 제127조의 규정에 따라 국정조사 및 국정감사를 할 수 있다. 더구나 2003년 2월에는 제127조의2의 규정을 신설하여 국회가 감사원에 감사를 요구할 수 있도록 하였다. 국회의 이와 같은 활동들은 18세기 프랑스 사상가였던 Montesquieu가 주장한 삼권분립의 파편으로서 행정부에 대한 입법부의 견제로 설명할 수 있지만 다분히 감사의 성격을 띤다. 국무조정실은 「국무조정실과 그 소속기관 직제」제3조(직무), 제11조(공직복무관리관)에서 정한 주요정책의 조정, 정책분석평가, 규제개혁, 공직사회 기강확립 등 업무와 관련하여 중앙정부, 지방자치단체, 공공기관의 업무에 관여하거나 점검을 한다. 이것도 외부감사의 성격을 띤다.

(부록2-1) '우리나라 공공감사체계 매트릭스'에서 감사주체와 감사대상기관별 감사의 종류를 한 눈에 살펴 볼 수 있다. 특이한 것은 기초자치단체의 경우는 감사원 등 8개의 감사주체 중 6개 감사주체로부터, 광역자치단체의 경우는 5개의 감사주체로부터 외부감사 및 자체감사를 받는 것으로 확인되어 공공감사체계 자체를 적절히 개선하지 않으면 감사중복에 의한 자치단체의 업무 부담이 불가피할 것으로 판단된다.

2. 우리나라 자체감사의 연혁

우리나라에서는 1962년 3월 10일 각령 제532호로 「행정감사규정」을 제정·시행함으로써 중앙행정기관과 지방자치단체에 대한 자체감사를 명문화하였다. 이 규정은 각급 행정기관이 당해 기관에 대한 자체감사와 하급기관에 대한 외부감사 등을 할 때 모두 적용할 수 있는 내용으로 구성되어 있었고 1974년 3월 9일 전부 개정

---

25) 지방의회는 「지방자치법」제41조의 규정에 따라 지방자치단체에 대해 행정사무감사 및 행정사무조사를 할 수 있으나 동시에 같은 법 제30조의 규정에 따라 지방자치단체의 소속기관이므로 해당 지방자치단체의 자체감사기구는 의회사무처를 감사함으로써 서로 견제와 균형을 이룸.

되는 등 총 10번의 개정작업을 거치면서 총 48년 동안 시행되었다. 그러나 2010년 3월 정부기관, 지방자치단체, 공공기관의 자체감사의 구성 및 운영 등에 관한 기본적인 사항과 효율적인 감사체계의 확립에 필요한 사항을 총괄적으로 정한 「공공감사에 관한 법률」이 제정되어 같은 해 7월부터 시행되자 「행정감사규정」에서는 자체감사의 내용이 제외된 채 주무부장관, 행정안전부장관 또는 특별시장·광역시장·도지사가 「지방자치법」 제167조, 제171조 및 제171조의2에 따라 지방자치단체나 그 장이 위임받아 처리하는 국가사무, 시·군 및 자치구나 그 장이 위임받아 처리하는 특별시·광역시 또는 도의 사무, 그리고 지방자치단체의 자치사무에 대하여 조사·점검·확인·분석·검증하고 그 결과를 처리26)하는 내용만을 담은 「지방자치단체에 대한 행정감사규정」으로 2010년 10월 13일 전부 개정되었다.

한편 정부투자기관은 1983년 12월 31일 법률3690호로 제정되고 1984년 3월 1일부터 시행된 「정부투자기관 관리기본법」 제29조의 규정에 따라 자체감사는 투자기관 감사가, 외부감사는 감사원이 담당하도록 함으로써 자체감사를 명문화하였었다. 반면 2003년 12월 31일 법률 제7057호로 제정되어 2004년 4월 1일부터 시행된 「정부산하기관 관리기본법」에는 자체감사에 대한 규정이 명문화되어 있지 않았고 제14조의 규정에 공인회계사에 의한 외부감사만이 명문화되었다. 그러던 것이 2007년 1월 19일 「공공기관의 운영에 관한 법률」의 제정으로 같은 해 4월 1일 「정부투자기관 관리기본법」과 「정부산하기관 관리기본법」이 폐지되었다. 「공공기관의 운영에 관한 법률」은 제32조 제5항에 공공기관 감사가 자체감사를 할 수 있도록 규정하고 있다.

우리나라 자체감사의 연혁을 살펴보면 몇 가지 중요한 변화를 확인할 수 있다. 첫째, 법령 제정의 목적에 변화가 있었다. 「행정감사규정」 제정의 목적은 당초에는 지방자치단체를 포함한 각 행정기관에 대한 통일적인 행정감사기준과 그 시행방법을 규정함으로써 국가시책의 철저한 구현과 그 효율적인 운영을 기하기 위하여

---

26) 주무부장관과 행정안전부장관이 지방자치단체에 대하여 같은 기간 동안 함께 실시하는 정부합동감사, 시·도지사가 시·군 및 자치구의 감사대상사무 전반에 대하여 실시하는 시도종합감사, 주무부장관, 행정안전부장관 또는 시·도지사가 지방자치단체의 감사대상사무 중 특정한 분야에 대하여 실시하는 특정감사, 그리고 행정안전부장관 또는 시·도지사가 감사대상 소속 직원들의 복무에 대해 실시하는 복무감사 등임.

단일의 행정감사체제를 확립하는 것을 목적으로 하고 있었다. 그랬던 것이 1974년 3월 9일 대통령령 제7082호로 전부 개정되면서 "행정기관이 당해 기관 또는 그 하급 기관에 대하여 실시하는 감사의 기준과 시행방법을 규정하여, 스스로 찾아내고 스스로 바로잡는 실효성 있고 체계 있는 행정감사 제도를 확립함으로써 행정운영의 적정 능률화 및 예산의 효율적 사용과 그 개선을 기함과 아울러 공무원의 기강유지를 도모함을 목적으로 한다"고 바뀌었다. 당초 규정 제정의 목적이 단일의 행정감사체제 확립이었던 것에 비하면 변경된 목적은 규정의 적용대상을 명확히 하였고, 단일의 행정감사체제 및 자율적인 행정감사체제를 확립한다는 의지를 담았으며, 감사의 중점을 행정운영의 능률성, 예산의 효율성, 공무원의 기강유지에 둔다는 것을 명백히 하는 등 발전적으로 변경되었음을 알 수 있다. 그리고 2010년 3월 「공공감사에 관한 법률」이 제정되면서 제1조(목적)의 내용이 "이 법은 중앙행정기관, 지방자치단체 및 공공기관의 자체감사기구의 구성 및 운영 등에 관한 기본적인 사항과 효율적인 감사체계의 확립에 필요한 사항을 정함으로써 중앙행정기관, 지방자치단체 및 공공기관의 내부통제제도를 내실화하고 그 운영의 적정성, 공정성 및 국민에 대한 책임성을 확보하는 데 이바지함을 목적으로 한다"로 바뀌었다. 이 역시 규정의 적용대상을 명확히 하였고, 자체감사체계의 기본 틀을 제시하고 있으며, 더 나아가 자체감사가 내부통제의 내실화에 기여할 것임과 조직운영의 적정성, 공정성 및 국민에 대한 책임성을 확보하는 데 기여할 것임을 천명함으로써 자체감사 기능의 진화를 법률에 어느 정도 반영하였다고 할 수 있다. 그러나 앞에서 쓴 IIA의 자체감사의 정의와 위 법률 제정의 목적을 비교해 보면 자체감사의 개념정립에 적지 아니한 차이가 발견된다. IIA는 자체감사를 함에 있어 독립성, 객관성 등의 속성이 필요함을 천명하였고, 자체감사의 범위에 보증활동 외에도 조직의 운영에 가치를 더할 수 있는 자문역할 등을 포함시켜 진화된 자체감사활동의 현 주소를 반영하였으며, 자체감사가 조직의 지배구조의 중요한 일부분으로서 조직의 위기관리, 통제, 지배구조의 효과성 평가 및 개선을 할 수 있고 이를 위해 체계적이고 잘 훈련받은 방법을 사용할 수 있으며, 자체감사활동은 궁극적으로 조직의 목표에 부합되어야 한다고 정의를 내린바 있다. 그런데 「공공감사에 관한 법률」 제1조(목적)에는 이러한 내용 대부분이 반영되어 있지 않다.

둘째, 감사의 종류구분에 변화가 있었다. 1962년 3월 제정된 「행정감사규정」 제3조에 감사의 종류는 전 행정기관에 대해 행정전반을 대상으로 1년에 1회 시행하는 종합감사와 각 중앙행정기관의 장이 계획하여 피감사기관을 대상으로 기본적으로 1년에 2번 이하의 횟수 내에서 시행하는 자체감사 등 2종류로 나뉘어져 있었다. 그런데 1974년 3월 위 법률이 전부 개정되었을 때 감사의 종류는 각 행정기관이 당해 기관 자체에 대해서 실시하는 자체감사, 하급기관(지방자치단체를 포함)에 대해서 실시하는 하급기관 감사, 그리고 각 행정기관이 사고 또는 비위사실이 발생하거나 발생할 우려가 있는 경우에 당해 사실에 대해 실시하는 기강감사로 구분하고 그 중 자체감사와 하급기관 감사는 일반감사와 특별감사로 다시 분류·시행하였다. 그 후 1982년 12월 위 법률을 다시 개정할 때 감사의 종류는 각 행정기관이 당해 기관에 실시하는 감사와 그 하급기관(지방자치단체를 포함)에 대하여 1~4년에 한 번씩 실시하는 종합감사, 감사실시기관의 장이 필요하다고 인정할 경우에 실시하는 부분감사, 그리고 기강감사로 바뀌어 2010년 3월 「공공감사에 관한 법률」이 제정될 때까지 유지하였다.

이에 대해 김명수 등(2006)과 노승용(2009)은 1974년 「행정감사규정」이 전부 개정되기 전까지는 자체감사기구가 기관 내에 별도로 구성되어 있지 않았다는 점과 자체감사를 연간 2회로 한정시켜 상시감사체제를 배제하였다고 주장한다.27) 그러나 1962년 3월 제정된 「행정감사규정」 제5조 제3항의 규정에 단장과 감사관으로 구성된 자체감사단의 설립을 명문화 하고 있으므로 법률 운영 초기에 한 동안 조직내부에 자체감사기구가 별도로 구성되지 않았을 경우는 있을지 몰라도 단언적으로 조직내부에 감사기구가 별도로 구성되지 않았다는 주장은 받아들이기 어렵다. 더구나 감사원에서 1963년 12월 13일 「감사원법」을 개정하면서 제28조에 감사의 생략에 관한 규정을 삽입하였는데 이에 따르면 "각 중앙관서의 장이 예산회계법 제92조의 규정에 의하여 실시한 내부통제 및 소속공무원에 대한 직무감사의 결과를 심사하여 자체감사가 적정하게 수행되고 있다고 인정할 때에는 결산에 지장이 없는 범위 내에서 감사원 감사의 일부 또는 전부를 하지 아니할 수 있다"라고 명시하고 있으므로 당시 자체감사기구가 기관 내에 별도로 구성되어 있지 않았다는 위 사람들의 주장은 설득력이 떨어지는 주장이라 아니할 수 없다. 또한 1962년 3월에 제정된 위 「행정감사규정」 제3조 제2항에 따르면 1년에 2회로 자체

---

27) 김명수·이영균·이희선·정윤수·장지호, 「자체감사기구 운영표준모델 개발에 관한 연구」, 감사원, 2006., 15면; 노승용, "자체감사기구 기능 재정립과 감사원의 역할," 국정과제 토론회 결과보고서(공공감사체계 재정립—자체감사의 바람직한 거버넌스 모색—), 2009., 77면.

감사를 제한하면서도 단서규정으로 부득이한 사유가 있을 경우에는 감사를 할 수 있도록 하였기 때문에 제도상으로는 자체감사기구의 상시감사체계를 배제하였다는 주장도 받아들이기 어렵다.

이와 함께 「지방자치단체에 대한 행정감사규정」 제3조에서는 감사의 종류를 정부합동감사, 시도종합감사, 특정감사, 복무감사로 분류하는 한편 「공공감사에 관한 법률 시행령」 제10조(자체감사의 종류)에서는 종합감사, 특정감사, 재무감사, 성과감사, 복무감사로 분류하는 등 서로 다르게 분류하고 있는데다 감사종류 중 중복되는 종합감사, 특정감사, 복무감사는 정의 내용이 서로 달라 혼란이 있다. 향후 이처럼 공공감사에 관계되는 제반 법령들을 비교분석하여 감사의 종류구분 및 정의 등에 대해서도 다음과 같이 체계적으로 정리를 할 필요가 있다.

지방자치단체에 대한 행정감사규정 제3조(감사의 종류) 개선안

주무부장관, 행정안전부장관 또는 시·도지사가 실시하는 감사는 다음 각 호와 같이 구분한다.

1. 정부합동감사 : 주무부장관과 행정안전부장관이 법 제171조의2 제2항에 따라 지방자치단체에 대하여 같은 기간 동안 함께 실시하는 감사
2. 시도종합감사 : 시·도지사가 시·군 및 자치구의 감사대상사무 전반에 대하여 실시하는 감사로서 대상기관의 주기능·주임무 및 조직·인사·예산 등 업무전반의 적법성·타당성 등을 점검하기 위하여 실시하는 감사
3. 특정감사 : 주무부장관, 행정안전부장관 또는 시·도지사가 지방자치단체의 감사대상 사무 중 특정한 업무·사업·자금 등에 대하여 문제점을 파악하여 원인과 책임소재를 규명하고 개선대책을 마련하기 위하여 실시하는 감사
4. 재무감사 : 예산의 운용실태 및 회계처리의 적정성 여부 등에 대한 검토와 확인을 위주로 실시하는 감사
5. 성과감사 : 특정한 정책·사업·조직·기능 등에 대한 경제성·능률성·효과성의 분석과 평가를 위주로 실시하는 감사
6. 복무감사 : 행정안전부장관 또는 시·도지사가 법 제167조, 제171조 및 제171조의2에 따른 감사대상 지방자치단체에 소속된 사람의 복무의무 위반, 비위(非違)사실, 근무실태 점검 등을 목적으로 실시하는 감사

※ 출처: 「지방자치단체에 대한 행정감사규정」 제3조의 규정을 토대로 작성.

3. 자체감사의 필요성

대부분의 국가들이 처음에는 국가 최고감사기구만으로 감사기능을 담당하게 하였으나 점차 최고감사기구의 감사수용능력 부족, 상급기관 감사의 부작용 등 여러가지 한계점이 발견되었고 반면, 자체감사가 가지고 있는 내부통제기능의 유효성이 부각되면서 자체감사기구가 설치되었다.[28]

이영균, 이균범(1998)은 자체감사는 내부통제장치 중 하나이므로 행정기관 스스로 자신을 통제하면서 업무수준을 유지·발전시킬 수 있는 제도적인 장치이며, 외부감사에 의한 지적을 기다리는 것이 아니라 행정기관이 스스로 행한 업무에 책임을 지려는 자율적 의지가 내포되어 있고, 사업이나 업무의 기획, 대안분석, 최적대안 결정, 집행, 평가 등 모든 단계에 대해 체계적이고 지속적인 검토를 하므로 사전적, 예방적 통제장치이며, 조직의 목표를 효과적으로 달성하기 위한 내부견제장치이므로 처벌보다는 시정이나 개선에 중점을 두는 특징 등이 있다고 한다. 그러면서 자체감사의 필요성에 대한 근거를 21세기 지방분권화에 수반된 감사기능의 분권화, 국가의 모든 행정기관에 대해 체계적이고 능률적인 감사를 할 수 없는 외부감사의 한계, 지속적이지 못하고 조직의 특수한 문화를 충분히 고려하지 못한 외부감사의 한계 등에서 찾고자 했다.[29]

강현호(2004)는 자체감사의 필요성을 다섯 가지 이유를 들어 설명하고 있다.

첫째, 행정기관 내부사정을 잘 아는 자체감사기구가 그 행정기관을 자율적으로 통제하는 것이 외부통제를 하는 것보다 합리적이라 한다.

둘째, 외부통제를 하는 감사원의 감사역량에 한계가 있어 자체감사기구가 이를 대신할 필요가 있다고 한다.

셋째, 감사의 목적이 조직의 목표를 달성하고 업무의 경제성과 능률성을 향상시키는데 있다면 사후적 적발 및 처벌보다는 사전적 개선이나 시정에 초점을 맞추어야

---

28) 미국은 1948년부터 자체감사 제도를 도입했으며(Sperry, Desmond, McGraw, & Schmitt, *An Administrative History: GAO 1966-1981*, GAO, 1981. 5., pp.56~58 참조), 우리나라는 1962년부터 이를 도입. 김명수·이영균·이희선·장지호·정윤수, 『자체감사론』, 대영문화사, 17면.

29) 이영균·이균범, "자체감사의 효율성 제고에 관한 연구: 공기업 자체감사요원에 대한 설문조사분석을 토대로," 『한국지방자치학회보』, 제10권 제1호(통권 22호), 1998. 4., 140~143면.

하는데 이렇게 하려면 외부감사기구보다는 자체감사기구가 더 적합하다는 것이다.

넷째, 지방자치의 확대 시행으로 국가위임사무 및 감사대상기관이 더 늘게 되었으므로 감사원의 감사공백을 자체감사기관들이 담당해야 한다는 것이다.

다섯째, 감사중복으로 인해 기초자치단체는 주민의 복리증진 및 생활의 질 향상을 위해 일하지 못하고 행정서비스의 질이 낮아질 가능성이 많으므로 이를 해소시키기 위해 자체감사기관이 자치단체에 대한 감사를 전담해야 한다는 것이다.30)

노승용(2009)은 자체감사 필요성의 논거를 세 가지로 들었다.

첫째, 감사원의 감사수용능력 한계 때문에 감사사각지대가 발생하는데 이를 효과적으로 해소시키기 위해 자체감사가 필요하다는 것이다.

둘째, 1995년부터 본격적으로 시작된 지방자치가 정착되고 지방정부의 권한이 확대됨에 따라 지방정부의 비리 및 부조리 가능성이 높아졌으므로 약해진 중앙정부의 통제권을 대신해서 자체감사의 통제가 필요하다는 것이다.

셋째, 상급기관에 의한 감사의 중복 등 부작용은 피감사자가 적극적인 업무수행을 기피하고 책임회피와 무사안일을 일삼는 원인이 되므로 이러한 문제점을 줄이는 방안으로 자체감사의 기능을 강화해야 한다는 것이다.31)

우리나라의 경우, 1970년 33조 원 규모였던 공공부문 예산이 2008년 800조 원 규모로 증가되었고 1970년 49만 명이었던 공공부문 인력이 2008년 124만 명으로 느는 등 공공부문이 크게 성장하였다. 이에 따라 감사수요가 늘게 되어 2009년 우리나라 감사원이 감사를 해야 하는 대상기관이 6만 6천여 개나 되었다.32) 감사원은 '선택과 집중의 원리'에 따라 상대적으로 더 중요하거나 국민 대다수에게 영향을 미치는 긴급한 사항 등에 우선순위를 두고 감사를 하여 왔으나 감사원의 감사인력 한계 때문에 실지감사를 할 수 있는 비율이 1.7%에 불과하다. 더구나 국회의 감사요구, 국민들의 감사청구 등도 계속 증가하고 있어 감사원의 감사부담이 더 커지고 있다. 또 다른 문제는 자체감사기구는 감사원보다 인력이 6배나 많은 4,958

---

30) 강현호, "자체감사제도의 공정성 확보방안," 『토지공법연구』, 제21권, 2004., 90~91면.
31) 노승용, "자체감사기구 기능 재정립과 감사원의 역할," 국정과제 토론회 결과보고서(공공감사체계 재정립―자체감사의 바람직한 거버넌스 모색―), 2009., 78~79면 참조
32) 감사원 감사연구원, 「공공감사체계 재정립: 자체감사의 바람직한 거버넌스 모색」, 공공감사에 관한 법률(안) 제정방향 설명자료, 2009. 5., 125면.

명33)이나 되는데도 독립성, 전문성이 부족한데다 내부통제에 대한 조사를 제대로 하지 아니하여 일부 중앙부처 공무원, 자치단체장, 공공기관의 장들에 의해 주도된 금품수수, 인사비리, 빚내어 사업하기, 사업비 횡령 및 목적 외 전용 등의 비리를 제대로 예방하지 못했고 감사원도 인적자원의 한계 때문에 자체감사기구가 속해 있는 조직의 내부통제에 대한 효과성을 평가하는데 역부족인 악순환이 계속되고 있다는 점이다. 따라서 감사기구가 중앙정부, 지방자치단체, 공공기관들이 행한 일의 타당성, 효율성, 효과성, 경제성 등을 제 때 제 때 확인하여 이를 국민들에게 바르게 알리는 책무성을 다하려면 자체감사의 독립성, 객관성, 전문성 등을 강화시키고 감사원과 자체감사기구가 협력하여 자체감사기구가 속해 있는 조직의 내부통제에 대한 조사 및 평가를 강화시키는 방안이 필요하다 하겠다. 이것이 우리나라에 자체감사기구가 필요한 실질적인 논고이다. 그래서 감사원이 주관하여 2010년 3월 제정된 「공공감사에 관한 법률」은 자체감사기구의 독립성, 전문성 등을 확보하고 감사원과 자체감사기구의 협력·지원체계를 구축하는 방향으로 구성되어 있다.

4. 자체감사의 효과성 확보를 위한 노력

앞의 '제2장 Ⅰ. 2. 외부감사와 자체감사'에서 쓴 것처럼 1977년 INTOSAI의 Lima 선언에 따라 최고감사기구인 감사원은 자체감사의 효과성을 검사하고 만일 자체감사가 효과적이라고 판단되면 감사원과 자체감사기구 사이에 가장 적절한 방법으로 일을 분리 또는 할당, 협조함으로써 중앙정부, 지방자치단체, 그리고 공공기관 등이 행한 일을 효율적으로 감사하여 국민들에게 책임을 다해야 한다.

또한 INTOSAI가 2004년에 개정한 '공공부문 내부통제 지도서(Guidelines for Internal Control Standards for the Public Sector)'에 따라 자체감사자는 조직의 내부통제의 효과성을 조사하고 평가나 권고 등을 통해 내부통제의 효과성 유지에 중요한 역할을 하여야 하며, 최고감사기구, 외부감사자, 입법가 등 외부기관들은 효과적인 내부통제를 위해 필요한 정보를 제공하거나 권고 등을 함으로써 내부통제의 효과성에 기여할 수 있다.

특히 감사원은 최고감사기구로서 어느 기관에 대해 합법성감사, 회계감사, 성과

---

33) 공공기관 감사인력을 제외한 수치임. 감사원 감사연구원, 「공공감사체계 재정립: 자체감사의 바람직한 거버넌스 모색」, 공공감사에 관한 법률(안) 제정방향 설명자료, 2009. 5., 125면.

감사 등을 할 때마다 그 기관의 내부통제를 평가하고 발견된 문제점과 개선방안에 대해 이해관계자들과 대화함으로써 자체감사기구를 도울 수 있다. 또한 이 지도서에 따르면 감사원은 독립성이 침해되지 않는 범위 내에서 인사파견, 교육훈련, 감사기법개발 등을 통해 자체감사를 최대한 지원해야 한다.[34]

그러나 우리나라 감사원은 그 동안 공공감사체계를 개선하고 자체감사를 지원하는 역할을 제대로 하지 못하고 있었다.

첫째, 감사원은 공공감사의 표준화 및 체계화를 위해 INTOSAI의 권고와 「감사원법」 제30조의 2 및 제52조의 규정에 따라 1999년 8월 28일 공공감사의 수행에 필요한 기본적인 사항을 정한 「공공감사기준」을 감사원 규칙 제137호로 제정하였다.[35] 그러나 이 규칙은 우리나라 공공감사의 수준을 높일 수 있는 좋은 도구가 될 수 있었으나 위 근거 법 조항만으로 중앙정부, 지방자치단체, 그리고 공공기관의 감사관련 제도의 변경, 예산의 집행을 강제하기에는 법적 근거가 미흡하였고 더구나 위 기준 제4조 제2항에 기준의 적용을 일시 유보할 수 있다는 내용을 규정하여 타협의 여지를 남김으로써 사실상 사문화 되었다.

둘째, 자체감사의 내실화와 전문성 제고를 위해 감사원의 감사기법 전수나 감사자문, 감사인력 지원 및 교류 등이 필요한데도 감사원은 감사교육원을 통해 행하는 자체감사인력에 대한 교육 말고는 다른 방법으로 자체감사를 지원하는 노력을 많이 하지 않았고 자체감사기구에서도 법률에 근거하지 아니한 감사원의 예외적인 교류신호를 외부통제의 일부분으로 생각하고 마땅치 않게 생각하는 일이 많았다. 따라서 그동안 감사원과 자체감사기구가 감사계획을 협의·조정하여 역할을 분담하거나 인사교류를 시행하는 일은 많지 않았으며 감사원이 자체감사기구에 감사를 위탁하거나 합동감사, 대행감사를 하는 일은 잘 실행되지 않았다.

그러나 그 후 감사원과 자체감사의 역할분담과 협력체계를 정한 「공공감사에 관한 법률」이 2010년 3월 제정되어 같은 해 7월부터 시행되면서 문제가 어느 정도 해소되고 있고 앞으로 위 법률 제정의 효과가 더욱 커질 것으로 예상된다.

먼저 이 법률은 감사원 규칙으로 만들어졌던 「공공감사기준」과는 달리 법률로

---

34) INTOSAI, *Guidelines for Internal Control Standards for the Public Sector*, 2004., pp.43, 46~47.
35) 감사원, 『공공감사기준 주석서』, 2000. 12., 1~3면.

제정되었기 때문에 법적 위상을 높임으로써 법 적용가능성을 높였다.「공공감사기준」에서 문제가 되었던 법 적용을 일시 유보하는 규정도 없으며 "…할 수 있다"는 형식의 재량규정보다는 "…해야 한다"는 형식의 의무규정이 더 많이 발견된다.

둘째, 자체감사의 독립성을 크게 보강하였다. 중앙행정기관, 자치단체 및 공공기관에는 규모, 관장사무 또는 자체감사 대상기관의 수 등을 고려하여 자체감사업무를 전담하여 수행하는 자체감사기구(합의제 감사기구도 가능)를 두도록 의무화하였고(제5조, 제6조), 중앙행정기관 및 지방자치단체의 감사기구의 장[36]은 감사활동의 독립성이 보장되도록 그 소속이 적정하게 정해지도록 하였다(제7조 제2항). 자체감사를 전담하는 자체감사기구를 두는 중앙행정기관과 지방자치단체의 장은 감사기구의 장을 개방형 직위로 임명하도록 하고(제8조 제1항) 그 임기는 5년 범위 내에서 임용권자가 정하되 최소 2년 이상으로 하도록 하였다(제9조). 또한 감사기구의 장을 임용한 자는 승진임용이나 휴직의 경우 등 특별한 사유가 아니면 감사기구의 장의 임기 내에 감사기구의 장을 채용계약 해지 등의 방법으로 인사조치 할 수 없다(제10조). 감사기구의 장은 감사기준과 감사활동 수칙을 준수하면서 독립적으로 감사하도록 규정하였고(제12조), 감사 대상기관의 공무원 또는 임직원의 직을 겸하거나 공무 외에 영리를 목적으로 하는 업무에 종사하지 못하도록 겸직금지 등의 의무를 부여하였으며(제13조), 임용직급은 자체감사 대상기관의 수, 소속 공무원의 규모, 예산규모 및 업무량 등을 고려하여 정하되 업무수행의 독립성이 보장되도록 관계법령 또는 조례에 따라 적정하게 부여하게 하였다(제14조).

셋째, 자체감사의 전문성을 높이려는 노력이 많았다. 감사기구의 장의 임용자격(제11조)과 결격사유(제15조)를 법률에 명시하고 민간인도 채용할 수 있도록 외부에 개방하여 전문성을 높이고자 하였으며, 감사담당자는 감사업무에 전문성과 그 직무수행에 필요한 자질과 적성을 갖춘 사람 중에서 감사기구의 장 또는 합의제 감사기구의 의견을 들어 임용하도록 하였고(제16조), 감사담당자에 대하여 근무성적평정, 임용 등에서 우대할 수 있도록 하였다(제18조).

넷째, 자체감사활동의 효과성을 높이려는 노력이 많았다. 감사활동을 위해 필요할 경우 자체감사 대상기관 또는 그 소속 공무원이나 직원뿐만 아니라 자체감사

---

36) 공공기관은「공공기관의 운영에 관한 법률」제20조 제1항 및 제24조 제1항의 규정에 따라 감사위원회 및 감사를 두는 방식으로 운영하고 있으므로「공공감사에 관한 법률」에서는 법 간 상충을 피하기 위해 일부 조항에서 공공기관을 제외하고 규정함.

대상기관이 아닌 중앙행정기관 등에게 자료 또는 정보를 제출하도록 요청할 수 있게 규정하였고(제20조), 중앙행정기관 등의 장(감사기구의 장이 집행기구와 독립하여 설치된 공공기관의 경우 감사기구의 장)은 자체감사가 끝나면 60일 이내에 감사결과를 자체감사 대상기관의 장과 감사원에 통보하도록 하였으며(제23조), 조사 중인 특정 사건에 대해 자체감사 대상기관에 조사개시 통보를 하면 징계 또는 문책의 시효가 정지되도록 하였다(제24조). 또한 내실 있는 자체감사활동을 위해 감사종류, 감사계획 수립 및 실시 등의 절차는 대통령령으로 규정하도록 하였고(제19조), 감사활동에서 준수해야 할 감사기준 및 감사활동준칙은 감사원규칙으로 규정하도록 하였으며(제37조), 감사결과의 보고 및 처리절차는 감사원법과 유사한 내용으로 규정(제23조 제2항, 제3항) 하는 등 감사절차 등을 표준화 시켰다. 그리고 감사결과에 대한 재심의 신청(제25조), 감사결과의 공개(제26조), 외부전문가 등의 참여보장(제27조) 등을 통해 권리구제 및 감사품질을 확보하고자 하였다.

다섯째, 공공감사체계 개선과 감사원의 자체감사기구 지원 관련 규정이 많이 포함되었다. 자체감사기구 간의 협조, 감사활동개선 종합대책 수립, 중복감사방지, 감사기준 등에 관한 사항을 협의·조정하기 위해 감사원에 감사활동조정협의회를 설치하게 했으며(제31조), 이미 감사한 사항은 대통령령으로 정한 경우를 제외하고는 중복 감사할 수 없도록 했고(제33조), 감사원과 중앙행정기관 등의 장은 감사계획을 협의 및 조정하도록 했으며(제34조), 감사원 감사사무의 일부를 자체감사기구로 하여금 대행할 수 있게 규정하였다(제35조). 또한 감사원이 자체감사기구에 감사계획 및 감사방법에 대한 자문, 감사인력 지원, 교육 등을 제공할 수 있게 규정하였고(제38조), 자체감사기구의 운영실태, 자체감사활동 등을 심사하고 제도개선 등의 조치를 할 수 있게 하는 등(제39조) 감사원의 자체감사활동 지원에 중점을 두었다.

Ⅲ. 자체감사 역량에 관한 경험적 연구

1. 역량과 감사역량의 개념

자체감사를 수행하는데 필요한 역량들을 구체적으로 살펴보기 전에 먼저 역량의 정의부터 살펴보자. 인터넷 사전 Wikipedia에 따르면 '역량은 업무를 수행하기 위한 개인의 능력'이라고 정의하면서 1970년도에 Craig C. Lundberg가 그의 논문 "Planning the Executive Development Program"에서 역량(Competence)이라는 단어를 처음 사용하였고,[37] 그 후 미국 하버드대학교 교수였던 McClelland가 1973년도에 대학 학생들의 역량측정 방법을 내용으로 세미나 보고서로 쓴 Testing for Competence Rather Than for Intelligence[38])에서 세간의 관심을 끌게 되었다고 기술하고 있다.

그러나 W. Westera(2001)는 그의 논문 "Competences in Education: A Confusion of Tongues"[39])에서 역량의 개념을 처음 학문적으로 의미 있게 정의한 사람은 Chomsky라고 설명하였다. Chomsky는 1965년에 쓴 책 Aspect of the Theory of Syntax에서 역량과 성과를 구분지었다고 한다. 그는 언어능력이란 말을 하기위해 필요한 인지구조와 인지규칙을 나타내며, 반대로 언어성과란 외부의 여러 인자들에 의해 영향을 받는 상황에서 말을 하는 방법을 의미한다고 했다. 예를 들면 어떤 사람이 긴 문장을 외워 남들 앞에서 그것을 낭송했을 때 한정된 기억능력 때문에 문장의 처음을 제대로 기억해내지 못하는 바람에 문법에 맞지 않게 문장을 낭송하였으나 그럭저럭 그 긴 문장을 모두 낭송했다면 언어성과는 조금 나빴는지는 몰라도 언어능력은 완벽한 것으로 보았다. 그 후 많은 사람들은 역량(competences)과 성과(performances)의 차이를 설명하는데 Chomsky의 접근법을 따른다고 한다.

R.M. Gagne는 1977년에 쓴 책 The Conditions of Learning에서 '역량이란 다소 자동화된 순서와 방법보다는 전략적 능력에 관계되는 것'이라고 언급했다. M.G.M. Ferguson-Hessler는 1989년 그의 박사학위 논문 "On Knowledge and Expertise in Physics: A Study of the Cognitive Aspects of Learning and Instruction in Physics(in Dutch)"에서, 그리고 H. Scheeres and P. Hager는 1994년 그들이 쓴 책 Competences and Curriculum에서 "역량이란 특정적이고 복잡한 상황에서 어떤 사람이 그의 지식과 기술을 효과적으로 사용할 수 있다는 것을 나타내는 가치 있는 자격이다. 역량이 있다는 것은 개인이 지식과 기술을 완벽히 배웠다는 것을 말하는 것이 아니

---

37) Wikipedia, http://en.wikipedia.org/wiki/Competence_(human_resources), 2011. 9. 29. 검색.
38) McClelland, David C., *Testing for Competence Rather Than for Intelligence*, Harvard University, 1973.
39) Westera, W., "Competences in Education: A Confusion of Tongues," *Journal of Curriculum Studies* Vol. 33, 2001.

라 어떤 특정상황에서 효율적이고 효과적인 행동을 하도록 유용한 지식과 기술을 선택할 수 있는 능력을 의미한다"라고 설명하였다. 또한 R. Barnett는 1994년에 쓴 책 The Limits of Competence, Knowledge, Higher Education and Society에서 "역량은 예측불가능하고 예측하지 않았던 상황에서 예측불가능한 행동과 관계된다"고 하였고, P. A. Kirschner 등도 1997년 그들이 쓴 글 The Design of a Study Environment for Acquiring Academic and Professional Competence에서 "역량은 특정 상황에서 만족할 만하고 효과적인 결정을 하는 능력이다"라고 설명함으로써 Barnett와 입장을 같이 했다.40)

한편 Lyle M. Spencer와 Signe M. Spencer(1993)는 그들이 쓴 책 Competence at Work: Models for Superior Performance41)에서 "역량이란 특정한 상황이나 직무에서 준거에 따른 효과적이고 우수한 업무수행의 원인이 되는 개인의 내적인 특성이고, 이때 내적인 특성(underlying characteristics)은 다양한 상황에서 일반적으로 나타나 장시간 지속되는 개인의 행동 및 사고방식을 의미하며 동기(motives), 특질(traits), 자아개념(self-concept), 지식(knowledge), 기술(skill)과 관계된다"고 한다. 그리고 캐나다 British Columbia주 감사원은 2002년 7월 직원들의 성과관리 및 자기개발을 지원하기 위해 자기평가 도구를 만들면서 "역량이란 일을 성공적으로 수행하는데 필요하고 궁극적으로는 사무실의 목표와 우선순위에 기여할 수 있는 지식, 기술, 속성들을 모두 통틀어 일컫는 용어이다"라고 정의하고 역량은 특히 눈으로 확인할 수 있고 일을 하는 과정에서 인지되며 행동에서 나타나고 주로 훈련, 개인교습, 그리고 프로젝트나 태스크포스에 참여하는 과정을 통해 개발된다고 언급하였다.42)

이홍민·김종인(2005)은 『핵심역량 핵심인재: 인적자원 핵심역량 모델의 개발과 역량평가』에서 "역량은 높은 성과를 창출한 고성과자(high performer)로부터 일관되게 관찰되는 행동특성으로서 지식, 기술, 태도, 가치의 상호작용에 의해 성공적 결

---

40) Westera, W., "Competences in Education: A Confusion of Tongues," *Journal of Curriculum Studies* Vol.33, 2001., p.78.

41) Spencer, Lyle M. & Signe M. Spencer, *Competence at Work: Models for Superior Performance*, USA: John Wiley & Sons Inc., 1993.

42) 캐나다 British Columbia주 감사원 자료.

과를 이끌어 낸 행동을 말한다"고 한다. 영국 재무부(2007년)에서 발행한 정부 자체 감사 역량준거틀(Government Internal Audit Competency Framework)에서는 역량을 '일을 효과적으로 수행하기 위해 필요한 행동, 기량, 지식의 무리들(clusters)'이라고 정의하였다.[43] 하미승·권용수·전영상(2007)은 Klemp(1980), Corbin(1993), Parry(1996), Doz(1997), Mirabile(1997), 신종국(2001)이 연구한 역량의 정의를 소개하면서 "역량이란 개인이 수행하는 업무의 중요부분에 영향을 주고, 업무성과와 관련성이 높고, 조직에서 널리 받아들여지는 성과기준에 대비하여 측정할 수 있으며, 교육훈련과 개발을 통하여 개선될 수 있는 지식, 기술, 태도, 능력의 집합체로서 직무를 효율적으로 수행케 하거나 직무성과를 향상시키는 개인의 특성이다"라고 정의하였다.[44]

따라서 앞에서 소개한 역량의 정의들을 종합해 보면 '역량은 개인들이 가지고 있는 지식이나 기술 등을 곧바로 의미하는 것이 아니라 어떤 특정한 상황이나 문제를 만났을 때 그 상황이나 문제를 해결하는데 필요한 가장 적절하고 효과적인 지식, 기술, 태도, 가치, 행동 등을 선택·활용할 수 있는 능력을 말하며, 이는 일회성이 아니라 개개인이 갖는 내적인 특성, 즉 지식, 기술, 동기, 특질, 태도, 자아개념, 가치기준 등을 토대로 개인의 행동이나 사고방식으로 장기간 지속되는 특징을 갖는다. 그리고 역량은 업무성과와 관련성이 높고, 조직에서 널리 받아들여지는 성과기준에 대비하여 측정할 수 있으며, 교육훈련과 개발을 통해 개선될 수 있는 것'이라고 정의할 수 있다. (표2-2) '역량에 관한 선행 연구내용 정리'에서 역량에 관한 정의들을 확인할 수 있다.

표 2-2 역량에 관한 선행 연구내용 정리

연구자	연구내용 및 역량의 정의
Chomsky(1965)	역량의 개념을 처음 학문적으로 의미 있게 정의
McClelland(1973)	대학 학생들의 역량측정방법 연구
Gagne(1977)	"역량이란 다소 자동화된 순서와 방법보다는 전략적 능력에 관계된다."
Klemp(1980)	"역량이란 효과적이고 우수한 성과를 내는 개인의 잠재적인 특성이다."

---

43) U.K. HM Treasury, *Government Internal Audit Competency Framework*, March 2007, p.5, http://www.hm-treasury.gov.uk/d/gov_internalaudit_competencyframework.pdf, 2011. 12. 7. 검색.
44) 하미승·권용수·전영상, "공무원 역량평가를 위한 사례비교연구," 『한국인사행정학회보』 제6권 제1호, 2007, 40면.

Ferguson-Hessler (1989); H. Scheeres and P. Hager(1994)	"역량이란 특정적이고 복잡한 상황에서 어떤 사람이 그의 지식과 기술을 효과적으로 사용할 수 있다는 것을 나타내는 가치 있는 자격이다. 역량이 있다는 것은 개인이 지식과 기술을 완벽히 배웠다는 것을 말하는 것이 아니라 어떤 특정 상황에서 효율적이고 효과적인 행동을 하도록 유용한 지식과 기술을 선택할 수 있는 능력을 의미한다."
Corbin(1993)	"역량이란 특정역할을 성공적으로 수행하는데 결정적인 역할을 해 주는 지식, 기능, 가치, 태도로 개인이 바람직한 성과나 목표를 달성하기 위해 알아야 하는 것과 할 수 있어야 하는 것을 포함하는 능력이다."
Lyle M. Spencer & Signe M. Spencer (1993)	"역량은 특정한 상황이나 직무에서 준거에 따르는 효과적이고 우수한 수행의 원인이 되는 개인의 내적인 특성이다."
Barnett(1994)	"역량은 예측불가능하고 예측하지 않았던 상황에서 예측불가능한 행동과 관계된다."
Parry(1996)	"역량은 개인이 수행하는 업무의 주요한 부분들에 영향을 주고, 업무성과와 관련성이 높고, 교육훈련과 개발을 통해 개선될 수 있는 지식과 기술, 태도의 집합체이다."
Mirabile(1997)	"역량이란 개인이 갖는 내적 특성으로 여러 가지 상황에서 비교적 장시간 동안 지속되는 사고 및 행동양식이다."
Kirschner(1997)	"역량은 특정 상황에서 만족할 만하고 효과적인 결정을 하는 능력이다."
Doz(1997)	"역량은 조직보다는 개인과 관련되어 있고, 기술, 체제, 자신, 가치 등의 통합을 가능케 하는 조직의 기본적 업무과정으로서 특정의 과제수행에서 보다 좋은 결과를 산출하게 함으로써 경쟁자에 대한 우위를 확보하게 하는 것이다."
신종국(2001)	"역량은 우수한 성과를 내는 사람들이 보통의 성과를 내는 사람들과 다르게 보여주는 행동이나 특성이다."
캐나다 British Columbia주 감사원 (2002)	"역량이란 일을 성공적으로 수행하는데 필요하고 궁극적으로는 사무실의 목표와 우선순위에 기여할 수 있는 지식, 기술, 속성들을 모두 통틀어 일컫는 용어이다."
이홍민·김종인 (2005)	"역량이란 높은 성과를 창출한 고성과자(high performer)로부터 일관되게 관찰되는 행동특성으로서 지식, 기술, 태도, 가치의 상호작용에 의해 성공적 결과를 이끌어 낸 행동을 말한다."
하미승·권용수· 전영상(2007)	"역량은 개인이 수행하는 업무의 주요한 부분들에 영향을 주고, 업무성과와 관련성이 높고, 조직에서 널리 받아들여지는 성과기준에 대비하여 측정할 수 있으며, 교육훈련과 개발을 통해 개선될 수 있는 지식과 기술, 태도, 능력의 집합체로서 직무를 효율적으로 수행케 하거나 직무성과를 향상시키는 개인의 특성이다."
영국 재무부(2007)	"역량은 일을 효과적으로 수행하기 위해 필요한 행동, 기량, 지식의 무리들(clusters)이다."

※ 출처: 본 연구자가 기존 문헌을 고찰하면서 역량의 정의들을 정리.

그렇다면 감사역량이란 무엇일까? 앞에서 정리한 역량의 정의를 감사의 상황과 접목해 보면 이를 새롭게 정의할 수 있다.

첫째, 감사는 분명히 특정상황이고 예측할 수 없는 상황의 연속이다. 감사는 감사자가 남이 행한 일을 검토하고 잘잘못을 파악하는 일이다. 그리고 감사자는 감사를 받는 사람이 어떤 법률, 규정, 기준 등에 따라 일을 했는지, 일을 행할 당시에 외부의 압력이나 비리의 요인들에 노출되지 않았는지를 확인하기 위해 여러 자료들을 수집하고 정리하고 추론하는 일을 반복한다. 이 과정에서 감사자는 감사를 할 때마다 서로 다른 대상, 서로 다른 내용의 문건을 만나게 된다. 감사자는 그의 지식과 기술, 성격, 태도, 신념, 가치, 문화 등을 총 동원하여 일을 행한 사람이 제출해 준 문서나 관련 자료를 근거로 일을 행한 그 사람의 지식과 기술, 그 사람의 성격, 태도, 신념, 가치, 문화 등을 들여다보게 된다. 당연히 이 과정에서 서로 다른 성격과 태도와 신념과 가치와 문화들 간에 작고 큰 충돌이 생긴다. 특히 감사자가 일을 한 당사자와 행한 일을 두고 의견을 달리 할 경우에는 이러한 충돌은 심각할 수 있다. 감사에 필요한 자료를 수집하기 위해 감사 대상기관 또는 다른 기관에 자료제공을 요청하는 과정에서도 예상치 못한 일들이 자주 발생한다. 상대에게 감사자가 원하는 내용을 충분히 설명하지 않으면 감사자는 원했던 자료와 다른 자료가 도착하거나 전혀 쓸모없는 자료가 생성되는 것을 경험할 수 있다. 어느 경우에는 노동조합원들이 감사를 방해하기 위해 감사장 안까지 들어와 농성을 하기도 한다. 이와 같이 감사자는 감사의 대상을 선정하는 과정에서, 감사를 진행하는 과정에서, 감사를 하고 난 후 감사결과를 정리하는 과정에서, 감사결과 보고서를 작성하고 이를 내·외부에 발표하는 과정에서 예상조차 할 수 없는 많은 특정한 상황들과 맞닥뜨리게 되는 것이다.

둘째, 감사자들은 어떠한 특정 상황이나 문제에 대해서도 문제해결에 필요한 가장 적절하고 효과적인 지식과 기술 등을 선택·활용하도록 훈련받고 있다. 감사자는 문제점으로 인식되고 있는 사항들이 감사를 받는 사람에게서 기인된 것인지, 아니면 이 사람이 속해 있는 팀 전체의 문제인지, 또는 조직 전체에 영향을 미치는 제도의 불합리가 만들어 낸 것인지를 여러 증거자료와 증언들로부터 판단하고 판단결과에 맞게 대안을 찾아내야 한다. 문제의 상황이 개인의 비리나 잘못된 결정 때문에 비롯된 것이면 개인에게 책임을 물어야 할 것이고, 만일 팀 전체의 바람직하지 못한 문화나 관행이 문제의 근본원인임이 밝혀지면 팀 구성원에 대한 교육을 강화시키거나 팀 내 통제과정을 강화하도록 주의를 촉구하며, 법률, 규정, 규칙, 기준 등이 현실에 맞지 않은 경우에는 조직의 장에게 건의하여 이를 개선하도록 조치하는 등 상황과 문제의 특성에 맞게 대안을 찾아야 한다. 이상과 같이 감사자는 어떤 특정한 상황이나 문제에 노출되어 있으며 문제해결을 위해 문제의 속성을 잘 이해하고 가장 적절하고 효과적인 해결책을 강구해야 한다는 점에서 감사역량이 필요하다고 할 수 있다.

이러한 의미에서 '감사역량이란 특별한 감사환경 속에서 감사자와 감사기구가 어떤 상황이나 문제를 해결하는데 필요한 가장 적절하고 효과적인 지식, 기술, 태도, 가치, 행동 등을 선택 활용할 수 있는 능력을 말하며, 이는 감사자와 감사기구가 갖고 있는 내적인 특성, 즉 지식, 기술, 동기, 특질, 태도, 자아개념, 가치기준 등을 토대로 얻어지는 것으로서 업무성과와 관련성이 높고, 조직에서 널리 받아들여지는 성과기준에 대비하여 측정할 수 있으며, 교육훈련과 개발을 통해 개선될 수 있는 것' 이라고 정의할 수 있다. 감사역량은 감사의 효과성을 높이고 조직의 목표를 달성하는데 크게 기여할 수 있다.

또 하나 분명히 짚고 넘어갈 문제는 감사역량의 개념 속에 감사자 또는 감사팀이 유지해야 할 독립성, 객관성, 능률성 등 속성요소와 완전성, 비밀유지 의무 등 윤리요소들이 포함될 수 있는가 하는 점이다. 앞에서 설명한 것처럼 감사란 감사의 전과정에서 만나는 어떤 특정한 상황에서 문제점을 인식하고 이에 대해 가장 적절하고 효과적인 해결책을 강구해야 하는 작업이므로 이러한 업무의 성과를 위해 필요한 독립성, 객관성, 능률성, 전문성 등 속성요소와 완전성, 비밀유지 의무 등 윤리요소는 감사역량의 전제요소인 지식과 기술처럼 효과적인 감사역량 발현을 위해 반드시 필요한 것이다. IIA의 윤리규정과 감사기준, INTOSAI의 Lima 선언과 윤리규정 및 감사기준 등에는 자체감사자가 갖추어야 할 태도와 가치들을 자세히 소개하고 있다.

2. 자체감사 역량에 관한 선행연구 분석

자체감사의 역량과 관련한 그동안의 연구는 지방의회가 만들어져 지방자치의 지평을 다시 열었던 1991년과 제1기 지방자치단체장 출범이 있었던 1995년 전후를 기점으로 본격적으로 나타나기 시작한다.

감사원 부정방지대책위원회(1993)는 자체감사 활성화 방안을, 이주희(1995)는 자치단체의 자체감사체제의 합리적 개편방안을 연구하였다. 이영균·이균범(1998)은 공기업 자체감사기구에 대해 설문조사를 한 후 빈도분석, 분산분석(ANOVA), 교차분석(Chi-Square) 등을 이용하여 자체감사의 활성화와 관계되는 결정요인을 찾아냈다. 그리고 다음 몇 가지를 제안하였다.

① 자체감사기구가 기관의 주요 정책프로그램의 진행상황을 점검하고 기관장에게 자문하는 서비스를 제공하는 한편 기관장과 자체감사요원 간 정례적인 회합을 해야 한다는 것이다.

② 감사원은 성과감사 위주의 감사를, 자체감사기구는 시정 및 개선이 가능한 업무분야 감사를 확대하고, 감사원은 과학적이고 계량화 된 감사방법을 자체감사기구에 제공하는 등 감사원과 자체감사기구 간 협력 및 역할분담을 해야 한다는 것이다.

③ 자체감사기구의 독립성을 강화시키기 위해 자체감사요원은 전문적 업무지식, 업무추진력 및 도덕성을 겸비한 인력으로 구성해야 한다는 것이다. 자체감사기구의 장은 산하기관 수감자 직급보다 높은 직급으로 보임하며, 감사요원에 대해서는 행정감사규정상의 근무성적 상위평정 시 일정비율을 정해 우대하도록 하고, 감사요원 순환보직 기간도 최소 기관장의 임기보다 긴 기간 동안으로 정하도록 명문화하며, 감사직렬을 제도화하고 기관 간 인사교류를 해야 한다는 것이다.

④ 자체감사기구의 전문성 제고를 위해 자체교육 강화, 외부교육기관 위탁교육, 해외파견훈련 등을 제도화하고, 외부전문가들에게 기관의 중요한 정책프로그램에 대해 감사위탁을 하며, 상급감사기관과 자체감사요원이 합동으로 감사를 수행하면서 감사경험 및 지식을 공유해야 한다는 것이다.

⑤ 전산감사시스템을 개발하여 상시 내부검증을 강화하여야 한다는 것이다.

이주희(1998)는 지방자치단체 자체감사의 독립성을 업무상의 독립성, 신분상의 독립성, 재정상의 독립성, 그리고 자체감사기구의 독립기관화 등 4가지로 정리하였고, 우리나라 자체감사기구 독립성 강화를 위해 자체감사기구 조직개편에 대한 6가지의 대안을 논한 후 그 중 자체감사기구를 집행기관 소속으로 하되 감사위원회를 두고 위원장은 의회의 동의를 얻어 임명하고, 감사위원의 1/2을 의회가 추천하여 자치단체장이 임명하는 안을[45] 추천하였다. 그런데 2년 후(2000) 그는 자체감

---

45) 연구자의 제안에 근거해 중앙행정기관의 경우를 유추해 보면, 자체감사기구의 독립성 강

사의 실효성을 확보하는 동시에 지방자치단체에 대한 감사체계의 단순화를 위해 4개의 대안을 언급한 후 현재 집행기관에 소속되어 있는 자체감사기구는 폐지하고 집행기관과 지방의회로부터 독립한 지방감사위원회를 설치하는 방안을 가장 합리적인 대안이라고 제시함으로써 연구결과에 큰 변화를 보였다.

송건섭(2002)은 1992년부터 1999년까지 여러 연구자들에 의해 연구된 공공감사기준 및 INTOSAI의 감사기준, 미국 GAO의 회계감사기준, UN의 공공부문에서의 감사기준 등에 대해 언급하면서 우리나라가 1999년 8월에 시행한 「공공감사기준」을 자체감사에 적용할 수 있는 지에 대해 연구한 후 결론적으로 위 기준 자체에 문제가 있는 것이 아니라 자체감사가 자율성이 부족한 상태에서 이 기준을 적용하기에는 한계가 있으므로 오히려 자체감사의 근본적인 한계, 즉 자체감사의 독립성·전문성 부족, 성과감사보다는 합법성감사 지향, 감사중복의 문제 등이 먼저 해결되어야 한다고 지적하였다.

그는 결론적으로 ① 자체감사기구의 감사 중복성을 해소하기 위해 외부감사는 감사원과 상급행정기관, 자체감사는 지방의회와 자체감사기구만 하도록 제한하고 정부합동감사와 국회 국정감사를 폐지하여야 하며, 각 지방자치단체는 공인회계사 등과 계약을 맺어 외부감사 형태로 감사하는 방안도 검토해야 한다고 한다. ② 독립성을 확보하기 위해 자체감사기구를 부단체장 또는 단체장 직속으로 하고 감사사무를 기획, 예산, 법무, 통계, 기타 업무로부터 독립시켜야 하며, 장기적으로는 자치사무에 대한 중앙정부, 상급단체의 외부감사권을 폐지해야 하고, 자체감사기구의 장의 임용자격을 설정한 후 개방형으로 임용하고 임기를 보장하며, 감사요원들은 감사직렬과 특수직렬로 균형 있게 보임해야 한다고 한다. ③ 감사서비스의 초점은 합법성 감사, 직무감찰 보다는 성과감사 위주로 해야 한다고도 주장하였다.

그런데 그는 이 연구에서 글로벌한 자체감사기준인 자체감사자협회 IIA의 자체감사기준(1992, 1999)을 검토하지 않는 등 글로벌 감사기준의 흐름을 자세히 살피지 않았다. 이러한 소홀함은 박희정·호진원·조형석(2008)의 연구가 있기 전까지는 국내 연구자들에게서 공통적으로 나타나고 있다.

화를 위해 중앙행정기관에도 감사위원회를 두되 위원장은 감사원장의 동의를 얻어 임명하고 감사위원의 1/2은 감사원장이 추천하여 중앙행정기관의 장이 임명하는 방식을 생각할 수 있음.

표 2-3	감사에서 민주성과 형평성의 판단근거 및 예상지적유형	
감사준거	판단의 근거	예상지적유형
민주성	여러 계층의 참여확대를 통한 민의반영, 합리적 정책결정 및 집행	민의수렴 부족한 비민주적인 정책, 정책 결정 및 행정과정 비공개, 국민의 수요 미대응
형평성	기회의 공평과 분배정의 실현, 합리적 정책대상 집단 선정	불공평한 업무추진, 비합리적 배분, 정책 집단 선정 불합리

※ 출처: 송건섭, "지방자치단체 자체감사의 감사준거와 방향," 『한국사회와 행정연구』 제13권 제93호, 2002. 11., 204면 〈표15〉 재정리.

그러나 송건섭은 같은 해(2002. 11) 「공공감사기준」을 자체감사에 적용하기 위해서는 자체감사 제도를 보완해야 한다고 하면서 이와 함께 감사준거로 고려되는 행정이념, 즉 합법성감사와 경제성, 능률성, 효과성 외에 민주성, 형평성도 자체감사에 폭넓게 적용해야 한다고 주장하여 자체감사의 역량개념을 확장시켰다. 그가 주장한 민주성과 형평성에 대한 구체적인 설명은 (표2-3)에서 확인할 수 있다.

한편 Jack Diamond(2002)는 IMF(International Monetary Fund) Working Paper인 The Role of Internal Audit in Government Financial Management: An International Perspective에서 OECD(Organization for Economic Cooperation and Development) 국가들의 자체감사를 연구한 후 자체감사는 국제적으로 여러 형태로 형성 및 발전되어 왔고 그래서 개발도상국에서 자체감사를 발전시키기 위해 수단을 강구할 때에는 세계 각 나라의 자체감사가 감사의 전통, 제도적 역량 등의 차이 때문에 서로 다르다는 것을 고려해야 한다고 언급하였다. 그는 개발도상국의 자체감사기구는 다음과 같은 점을 배워야 한다고 주장하였다.

① 자체감사는 정부재정을 보호할 목적으로 활동하는 조직내부의 재무통제기능이며 개발도상국들처럼 재정적 진통이 많은 나라들에서는 거시경제의 안정을 추구하기 위해 전통적인 순응감사, 합법성감사가 중요시 되지만 이러한 경제적 진통을 극복한 국가들에서는 순응감사, 합법성감사 이외에도 자원사용의 효율성과 효과성을 확인할 수 있는 테스트감사, 시스템감사, 성과감사, IT(Information Technology)감사 등도 수행하는 경향이 많다. 그리고 프랑스, 포르투갈, 룩셈부르크, 스페인 등은 재무부 등이 각 기관에 재무통제관(Financial Controller)을 파견하고 각 기관이 자금을 집행 및 수입할 때 이들로 하여금 사전통제를 받도록 하며 재무부에 속해 있는 재

무감찰관(Inspector General for Finance)으로 하여금 사후통제를 하고 그 결과를 재무부에 직접 보고하게 하는 방식으로 각 기관의 자금지출 및 자금수입에 직접 개입을 하며 각 기관은 자체감사기구를 두어 관하기관 등에 대해서 감사를 하는 집권적 지배구조를 가지고 있다. 그러나 영국, 네덜란드 등은 각 기관의 장이 자금지출 및 자금수입에 대해 전적으로 책임을 지고 재무부 등으로부터 사전통제를 받지 않으며 다만 자체감사기구가 자금이 효과적이고 효율적으로 쓰였는지에 대해 감사하고 각 기관의 장에게 이를 보증해 주는 분권적 지배구조를 가지고 있다. 꼭 그렇지는 않지만 순응감사와 합법성감사를 중요시 하는 국가들에서는 집권적 지배구조를 가지고 자체감사도 집권적 형태를 띠는 경우가 많은 반면, 자금집행의 효율성을 강조하는 국가들은 각 부처나 기관에 자체감사기구를 독립적으로 설치하여 자체감사를 수행하는 형태의 분권적 지배구조를 갖는 경우가 많고 그 기능도 성과감사까지 담당할 정도로 다양하다.

② 자체감사는 관리자로부터 분리되어 독립적으로 활동해야 하지만 활동결과 발견된 사실과 권고사항이 관리자가 취하는 조치에 반영되어야 하며 이를 위해 자체감사를 여러 형태로 지원하고 그 활동을 평가하여 개선을 유도하는 감사위원회를 설치할 필요가 있다. 또한 자체감사기구는 국제적으로 인정된 감사기준을 적용해야 한다.

③ 국가마다 형태는 달라도 자체감사의 전략적 관점, 즉 순응감사, 합법성감사 이외에도 자금지출의 효율성을 확신할 수 있는 여러 형태의 감사유형을 개발하고, 이렇게 개발된 전략적 관점에 따라 감사실무를 개편해야 한다.

④ 자체감사의 기능과 직원구성을 검토하고 조직구조와 책임을 재설계해야 한다.

⑤ 자체감사서비스의 새로운 비전에 근거해 활동에 필요한 매뉴얼을 준비하고 자체감사자들이 새로운 역할을 달성할 수 있게 돕기 위해 교육프로그램을 설계해야 한다.

⑥ 자체감사서비스를 담당할 직원을 고용하는 프로그램과 직원들의 능력을 개발시키는 프로그램을 개발해야 한다.

⑦ 조직에서 재무회계관리시스템을 개발할 때 자체감사기구를 참여시켜 적절한 내부통제 방안을 만들도록 조장해야 한다.

⑧ 자체감사와 외부감사의 책임을 명확히 구분하여 업무에 혼선이 생기지 않도록 하되 자체감사와 외부감사는 수평적 관계에서 서로 협력해야 한다. 자체감사와

외부감사의 협력을 증진시키는 방안은 감사의 사각지대와 감사중복이 없도록 업무를 조정하고 감사계획과 감사사항에 대한 정보에 접근할 수 있어야 하며, 공통 관심사를 논의하기 위해 주기적으로 만나는 방안을 마련하고 감사결과보고서를 서로 교환해 볼 수 있어야 하며, 감사기법과 감사방법을 교류하고 교육 및 직원교류도 할 수 있어야 하고, 외부감사자는 자체감사자의 성과, 자체감사활동의 품질 등을 평가하여 알려 줌으로써 자체감사기능을 강화시킬 수 있게 해야 한다.[46]

이기우(2002)는 자체감사기구와 감사자의 독립성을 제도적 독립성, 직무상 독립성, 인적 독립성 등 3가지로 분류하고 이를 확보하기 위해서는 ① 지방자치단체 자체감사기구를 지방의회 소속으로 설치하고 감사직렬화를 추진해야 하며, ② 감사자, 감사기구의 장을 임면할 때 감독관청의 승인을 받아야 하고, ③ 감사기관은 공개적인 토의에 의해 결정하는 합의제가 그렇지 아니한 독임제에 비해 독립성을 보장하기 쉬우며, 다만 감사기구의 장 등을 주민직선으로 뽑는 등 인사상 독립성을 기할 수 있는 경우에는 독임제로 하면 독립성도 보장하고 업무효율성도 높일 수 있다고 언급하였다. 백종인(2002)은 일본이 1946년 처음 시행한 지방자치단체 감사위원 제도는 지방자치단체의 집행기관의 하나인 감사위원이 지방자치단체 직원을 보조자로 사용하여 조직내부에서 감사를 하는 방식으로 운영되고 있어 전문성과 독립성의 한계에 부딪쳤고 이를 개선하기 위해 1997년에 외부감사제도를 도입하였음을 소개하였다.

권영주(2004)는 일본은 1999년 「지방분권일괄법」을 시행하면서 그동안 중앙행정기관에 주어졌던 지방자치단체에 대한 포괄적 지휘감독권을 폐지하고 관여의 일반원칙(법정주의 원칙, 일반법주의 원칙, 서면주의 원칙 등)에 근거하여 지방자치단체에 대한 관여를 대폭 줄임으로써 이제는 중앙행정기관이 지방자치단체를 감사하는 사례는 거의 없고[47] 국회는 국정조사권을 가지고 있으나 사용한 예가 없으며 일

---

46) Diamond, J., *The Role of Internal Audit in Government Financial Management: An International Perspective*, IMF Working Paper, May 2002, http://www.imf.org/external/pubs/ft/wp/2002/wp0294.pdf, 2012. 1. 28. 검색.
47) 다만 중앙행정기관이 지방자치단체에게 자치사무에 대한 조언·권고, 자료제출의 요구, 협의, 시정요구와 법정수탁사무에 대한 조언·권고, 자료제출의 요구, 협의, 동의, 허가·인가·승인, 지시, 대집행은 할 수 있음.

본의 최고감사기구인 회계검사원은 국가가 직접 또는 간접으로 보조금 등을 지원한 사무에 대해서만 감사[48]를 하기 때문에 우리나라에서처럼 감사의 중복이 일어나지 않는다고 지적한다. 그리고 우리나라 지방자치단체에 대한 감사중복 문제를 해결하기 위해서는 ① 지방자치단체에 대한 국정감사를 폐지하고, ② 중앙행정기관의 지방자치단체에 대한 포괄적 지휘감독권도 과감히 축소하며, ③ 감사원 감사도 중앙정부가 예산을 지원하는 사무에 한정하는 등 감사범위를 축소해야 하고, ④ 자체감사의 독립성을 위해서는 단체장으로부터 독립된 지위를 갖는 감사위원회 또는 지방감사원을 설립해야 한다고 대안을 제시하였다.

하상군(2004)은 지방자치단체의 자체감사 기능을 알아보기 위해 경상북도 자체감사기구의 사례를 연구하여 전체 감사에서 자체감사가 차지하는 비율(외부감사의 폐해), 자체감사기구의 법적지위(독립성), 감사요원의 인적역량(전문성) 등 3가지를 자체감사 기능개선을 위한 결정요인으로 제시하였다. 그리고 ① 자체감사의 점유비중을 높이기 위해 지방자치단체에 대한 감사는 감사원과 행정안전부가 담당하고 나머지 중앙행정기관 등에 의한 외부감사는 제한하여야 하며, ② 자체감사기구의 독립성 확보를 위해 감사위원회를 설치하고 감사직렬을 신설해야 하며, ③ 감사인력의 전문성 제고를 위해 전문교육 시행, 감사직렬의 개방형 지정 등의 조치를 해야 한다고 주장하였다.

강현호(2004)는 영국, 미국, 독일, 일본, 프랑스의 자체감사 제도를 연구한 후 자체감사기구의 위상을 강화하여 독립성을 높이는 방안을 제시하였다. ① 자체감사기구를 기관장 직속에 설치, 의회에 감사결과 정기보고, 감사관 인사·보수의 차별화를 제시하였을 뿐만 아니라 ② 자체감사기구의 장을 임용할 때 감사원과 의회가 관여하도록 하고 임기는 자체감사기구가 소속되어 있는 기관의 장의 임기보다 길게 규정하며, 감사요원들은 자체감사기관의 장의 의견을 들어 임명하는 방안을 제시하였다. 이와 함께 ③ 자체감사위원회를 설치하고 지방의회의 동의를 얻어 감사전문가를 위촉한 후 소속 공무원뿐만 아니라 단체장과 지방의회 의원에 대해서도

---

48) 일본의 감사조직은 이원화 되어 있는데 복무감찰은 지사의 지휘감독을 받으며 지사의 보조기관인 총무국의 행정감찰실에서 담당하고, 회계감사를 위주로 한 여타의 감사는 감사위원이 담당.

감사 및 조사를 할 수 있게 제도화 하는 방안, ④ 예산편성을 하는데 독립성을 확보하는 방안, ⑤ 감사결과 처리를 감사원에 보고하고 감사원은 감사계획을 조정·통제하며 자체감사 책임자의 교체를 권고하는 등 후견자적 관여를 하도록 제도화하는 방안도 제시하였다. 또한 감사기구 간 교류를 통한 역량강화를 위해 ⑥ 자체감사기구 협의회를 통한 경험교류, 감사원과 합동감사 실시, 감사직렬화 및 지방·중앙행정기관·공공기관·감사원의 감사요원 인사교류, ⑦ 자체감사기구의 상급기관을 감사원으로 하고 감사원이 지방감사원을 설립하여 시·도에 설치하는 감사위원회의 자체감사를 지원하는 방안 등을 제시하였다.

벨기에 Miekatrien Sterck 등(2006)은 2002년~2005년까지 미국, 영국, 호주, 캐나다, 네덜란드, 벨기에 등 6개 나라 자체감사기구의 독립성 등에 대해 연구하고 다음과 같이 주장하였다.

① 자체감사기구 설치에 관한 규정이 법률에 명시되어 있으면 예산확보 및 독립성 확보가 가능하다.

② 자체감사기구의 독립성을 위해 자체감사기구의 장이 직접 기관의 장에게 감사결과를 보고해야 하고 기관의 장이 자체감사기구의 활동에 관심을 가지고 지원해야 하며, 대부분의 나라에서 자체감사기구가 각 기관에 분산되어 설치되어 있으므로 자체감사의 정책을 총괄하고 자체감사기구들의 활동을 조정하는 기구가 있는 것이 효과적이다.

③ 자체감사기구의 장과 직원들은 일정한 기준 이상의 자격과 경험을 갖추어야 하며 필요한 예산은 독립적으로 편성하여 사용할 수 있어야 하고 전체 공무원 수 대비 자체감사자의 수가 충분해야 한다.

④ 자체감사활동의 계획, 활동결과의 평가, 감사결과 권고사항에 대한 follow-up, 자체감사기구의 조직개선 및 자체감사자의 임명, 자체감사자와 조직의 고위관리자와 외부감사자의 대화소통 촉진 등의 업무를 담당할 감사위원회를 두어 자체감사활동의 효과성을 제고할 수 있다.

⑤ 각 나라에서 법률에 의해 의무적으로 수행하도록 한 재무감사처럼 위험에 근거한 성과감사, 운영감사, 위험관리 등도 의무화시켜야 하고 조직의 관리자는 자체감사활동의 결과와 발견된 사실을 조직운영에 적극 활용하여야 한다는 것 등이다.

정윤수·추병주(2006)는 자체감사기구의 정보공유 필요성, 외부 전문인력 활용, 합동감사·교차감사의 활성화, 감사직원 워크숍, 기관 간 간담회, 감사요원 파견 및 교차근무 등 타 기관과의 협력을 중점적으로 연구하였다. 김용철(2006)은 자체감사의 실효성 확보를 위해 감사자의 전보제한기간(2년)[49] 확대, 감사인력에 외부전문가 대폭 수용이 필요하고, 합법성·합규성 감사에서 정책감사·성과감사로 전환이 요구되며, 지방자치단체 고유사무에 대해서는 국회, 감사원, 중앙행정기관의 감사권한에 대한 법률검토 및 개정을 통해 외부감사 대상에서 제외시켜 자치단체의 자율적인 관리와 통제를 실현해야 한다고 주장하였다.

이영균(2007)은 자체감사기구의 독립성 유지를 위한 방안들을 연구했는데 그 내용은 다음과 같다.

① 자체감사기구의 독립성 여건 조성을 위해서는 자체감사기구를 기관장 직속으로 위치시키고 집행부서와는 다른 별도의 기능과 역할을 수행하도록 하여야 한다.

② 자체감사기구의 장에 대한 독립성 여건 조성을 위해서는 자체감사기구의 장을 상급(감독) 기관장이 인사발령하고, 자체감사기구의 장에 대해 임기를 부여하며, 감사요원 인사·전보권 행사 시 자체감사기구의 장의 의견을 청취하여야 한다.

③ 자체감사직원에 대한 독립성을 보장하기 위해서는 감사요원의 보직 및 전보 시 자체감사기구의 장의 의견을 존중하고, 감사요원을 최소 2년 이상 근무하도록 원칙을 정하고 감사수당을 지급하며, 감사요원에 대한 근무평정을 자체감사기구의 장이 별도로 운영하되 우대하고, 전출 시 감사요원이 희망하는 부서에 우선 배치하며, 전문성을 근거로 감사요원을 임명하고 이 때 자체감사기구의 장의 선발권을 존중해야 한다.

④ 이 외에도 독립성 여건 조성을 위해서 감사결과보고서를 자체감사기구의 장의 결재로 최종 확정한 후 경영진에게 통보하고, 감사결과를 이사회나 감사위원회 같은 최고의사결정기구에 보고하고 기관장에게 통보하며, 감사규정을 마련해 두고 이에 따라 업무를 집행하며, 예산의 독립성을 유지하고 자체감사기구에 적정 규모로 조직과 인원을 확보하는 것을 제도화해야 한다고 제시하였다.

---

49) 「지방공무원 임용령」 제27조 제1항 참조.

김명수·이영균·노승용(2008)은 설문조사결과, 다음과 같은 사실을 확인했다. ① 감사원은 감사대상기관의 업무와 관련된 미래예측 및 위기관리기능(38%), 기관들이 수행하는 주요 정책에 대한 효과성 검토(47%), 기관운영의 성과와 평가(35%), 기관장의 정책사항 점검(39%) 등을 하여야 한다는 대답이 많은 반면, 자체감사기구는 회계검사업무(55%), 공직기강 및 사정업무(56%), 진정 및 비위사항 조사처리(62%), 비위사항 요인분석(59%) 등을 하여야 한다는 대답이 다수였다. ② 중앙행정기관은 국가위임사무에 대한 감사를 해야 한다는 대답(49%)이 많았으며 자체감사기구가 본부(본청)에 대한 감사비중을 현재보다 늘리고 하급기관, 산하기관에 대한 감사비율을 줄여야 한다는 의견이 많았다. ③ 지방자치단체에 대한 감사기능의 분권화·자율화를 위하여 자치단체장 또는 지방의회 소속으로 감사위원회를 설립하기 보다는 별도로 감사직렬을 신설하여 감사요원을 충원하거나 지방감사원을 설립하는 것이 적절하다는 의견이 많았다. 그리고 ④ 감사중복을 해소시키기 위해 중앙행정기관은 감사원, 지방자치단체는 지방감사원 신설 또는 지방자치단체 자체감사로 감사수요를 해결해야 하고 자체감사기구의 품질을 향상시키기 위해 감사원이 평가를 해야 한다.

박희정·호진원·조형석(2008)은 국내외 감사관련 기구에서 개발해 놓은 감사기준들에서 발견되는 48개 역량요소들을 확인하는 한편 이 중에서 중요도 평가, 피어슨 상관관계분석 등을 거쳐 ① 전문적인 감사요원 확보노력, ② 자체감사매뉴얼 활용도, ③ 감사기구 독립성, ④ 예산확보의 적정성, ⑤ 감사윤리강령의 제정, ⑥ 상급기관과의 협력도, ⑦ 피감기관과의 협력도, ⑧ 감사만족도 조사, ⑨ 감사정보의 전자적 관리비율, ⑩ 감사정보관리의 적정성 등 10개의 변수를 자체감사의 실효성과 관련성이 높은 변수로 얻어 냈다.

이 연구는 국내 자체감사기준 및 실태에만 한정하지 않고 상당히 넓은 시각을 가지고 국제적인 감사기준들까지 분석하였다는 점과 과학적인 통계기법을 활용해 객관적인 결과를 얻으려 했다는 점에서 이전의 연구들과 차별성이 크다. 그러나 연구자들이 48개 역량요소들을 어렵게 분석해 내고서도 자체감사자들이 설문에 답한 내용을 근거로 중요성과 적용가능성 판단이라는 기준을 적용하여 분석대상에서 제외50)하였거나 질적 자료를 확보하기 어려워 의도적으로 분석대상에서 제

---

50) 연구자들은 48개 평가기준에 대해 자체감사자들로부터 중요도 및 적용가능성에 대해 설문

외하였던 총 29개 역량요소들 중 적정 감사인력 투입, 외부전문가 활동, 품질관리 시스템, 정보 접근권, 공공감사기준 준수, 이해상충 회피, 적정 감사계획, 내부통제 제도 점검, 감사조서 기록보전, 적시 감사결과보고, 감사보고서의 적정성, 피감기관 견해 보고, 모니터링 시스템 등은 오히려 이름만 들어도 그 중요성을 알 수 있는 역량요소들이어서 이러한 역량요소들을 제외시킨 상태에서 48개 역량요소들 중 19 개(39.5%)의 역량요소들(독립변수)만을 대상으로 통계분석을 하여 종속변수인 자체 감사의 실효성과의 상관계수를 산출해 낸 것은 효과적이지 못한 연구방법이라고 판단된다. 향후 연구에서 이러한 문제를 개선[51]해야 할 것이다.

한편, 안영훈(2009)은 우리나라 자체감사 제도개선을 위한 향후 과제로서 ① 독립적인 감사직렬 설치·운영, 감사에 전문성 있는 인사의 명부를 만들어 자체감사 기구의 장 임명 시 활용 및 부처 간 인사교류, ② 자체감사기구의 장이 감사직원 을 조직하도록 인사권 부여, ③ 감사원이 자체감사기구의 장에 대한 인사추천권 또는 감사요원에 대한 인사추천권을 행사하는 방안 등을 제시하였다. 또한, 자체감 사 운영측면에서도 ④ 사후적인 감사보다는 예방차원의 감사, 성과유도를 위한 사 전감사, 감찰기능까지 담당하여 감사를 간소화하고, ⑤ 외부감사를 지원받는 지원 형 감사방식을 활용하며, ⑥ 자체감사기구와 기관장의 관계가 견제와 감시의 관계 이기 보다는 지원과 보완 관계가 되도록 개선하는 등의 방안을 제시하였다.

송건섭·서보강(2009)은 요인분석 기법을 활용하여 자체감사의 타당도 및 신뢰 도 분석을 하였다. 그리고 ① 감사행정의 안정성과 신뢰성, 객관성과 체계성, 감 사활동의 예측가능성 증대, 감사오류 최소화, 감사결과의 평가와 책임한계 판단 등을 위해 공공감사기준을 적용할 필요가 있다고 결론을 내린 뒤, ② 자체감사의 독립성을 위해 단기직으로는 집행기관 소속의 감사부시로 존치하되 감사자에게

을 하여 12개 평가기준을 1차로 제외하였으나, 설문에 응한 감사자들은 이들 평가기준을 적용할 경우 자신들이 속한 기관의 평가가 나쁘게 산출될 것으로 예상하여 이를 제외시키 려는 경향이 있을 수 있으므로 이들의 설문결과만을 근거로 평가기준의 중요도 및 적용가 능성을 판단한 연구방법은 신뢰성을 얻기 어려울 것임. 외부전문가 활용, 품질관리시스템, 이해상충 회피, 내부통제제도 점검, 감사보고서의 적정성, 피감기관 견해 보고 등은 이러한 사례로 볼 수 있음.

51) 통계분석에서 제외시킨 평가기준들을 포함시킨 후 질적 연구와 상관관계 분석을 병행하는 등 더 과학적이고 객관적인 방법을 적용하여 평가기준의 중요도 및 적용가능성을 분석해 야 할 것임.

자율성을 보장해 적정한 수준의 독립성을 확보하고 자체감사기구의 장에게도 직무에 있어서는 독립성을 보장하며 장기적으로는 감사위원회 제도의 도입을 고려하는 방안을 제안했다. 또한, ③ 자체감사의 전문성을 위해서는 감사직렬 신설, 감사요원을 개방형으로 지정하여 외부 전문가로 충원, 감사요원에 대한 실무교육 및 훈련 강화, 일정기간 감사원에 파견하여 전문성을 함양케 하는 방안 등을, ④ 자체감사의 주민공개성과 참여성을 위해서는 주민감사청구제도의 보완, 지역주민을 통한 감사정보의 수집, 전화신고제도 등의 활용을, ⑤ 자체감사의 중복성을 해소하기 위해서는 장기적으로 지방자치단체에 대한 감사원, 중앙행정기관 및 광역자치단체의 감사권한을 폐지 혹은 통합하거나 독립적인 기구를 설치할 것을 제안했다.

김성호(2009)는 ① 일본 감사위원회의 실패를 고찰하고 독임제 자체감사기구를 제안하였으며, ② 자체감사기구의 전문성을 위해 감사인력을 전문가로 충원하여 운영하고 자체감사기구의 장의 직급을 집행기관 부서책임자의 직급 정도로 상향 조정할 것을 제안했다. ③ 그리고 감사중복을 해소하기 위해 국회는 감사원, 행정안전부, 광역자치단체의 차하급기관에 대한 감사결과보고서를 매년 2회 보고 받고 특이사항이 있는 지역에 대해서만 국정감사를 하며 시·도에 대한 정기적인 국정감사를 폐지하고, 감사원은 시·도의 국고보조사업과 회계부문을 중점적으로 감사하며 중앙행정기관과 지방자치단체 자체 감사기관의 감사결과와 성과를 평가한 후 추가 감사여부를 결정하고, 행정안전부는 시·도의 복무인사 부문을 담당하며, 시·도는 시군구의 국비보조사업과 도비 보조사업을 감사하되 감사원과 행정안전부에 보고하도록 하는 방안을 제시하였다. ④ 이 외에도 감사원은 자체감사기구의 감사결과에 대한 성과평가를 실시하여 성과가 부진한 자체감사기구의 장에 대해서는 교체권고하며 자체감사기구의 감사실적 평가결과를 매년 국민들에게 공개하여 감사실효성을 제고하는 방안도 제시하였다.

노승용(2009)은 ① 자체감사기구의 독립성 및 전문성 제고를 위해 별도의 감사직렬 신설 방안을, ② 감사중복 해소를 위해 감사원은 중앙행정기관에 대해서만 감사하고 지방자치단체는 지방감사원을 설립하여 전담케 하거나 또는 지방자치단체 자체감사기구가 감사하도록 역할 재정립 방안을, ③ 감사원이 자체감사기구에 감사관련 지침 및 가이드라인을 제공하고 감사업무를 위임하거나 조정하며 협의기구 설치·운영 등 지원·협력시스템을 구축하는 방안을 제안하였다.

이혜승·조형석(2009)은 자체감사자협회인 IIA가 자체감사의 바람직한 운영방향과 발전전략을 마련하기 위해 2007년에 만든 역량성숙도 모형(IA-CMM: Internal Auditing Capability Maturity Model)[52]을 기초로 자체감사기구 역량강화에 기여하는 결정요인을 감사서비스 초점, 조직 및 거버넌스, 인사관리, 체계적 감사활동, 성과관리와 책무성, 파트너십 등 6개로 분류한 후 한국행정연구원이 2006년에 연구개발한 자체감사기구 운영 표준모델,[53] 감사원이 2008년에 발간한 「자체감사기구 운영 표준모델」[54]과 감사연구원이 2009년 발간한 「자체감사기구 운영실태 조사」[55]의 자료들을 활용하여 자체감사기구의 역량에 대한 실태분석을 하였다. 그리고 다음과 같이 자체감사기구 운영개선과제를 도출하였다.

그 내용을 살펴보면, ① 감사서비스 초점 개선을 위하여 자체감사기구는 재무·합법성 감사와 함께 성과감사도 수행해야 하고, 위험관리, 내부통제, 조직 지배구조의 효과성을 평가하고 개선하는데 기여해야 한다는 것이다.

② 조직 및 거버넌스 개선을 위해 자체감사기구는 가능한 기관장에 직접 소속되도록 하고, 조직, 인사, 예산편성의 독립성을 최대한 보장해야 하며, 감사(자문)위원회의 운영을 강화해야 한다는 것이다.

③ 인사관리의 개선을 위해 감사책임자 직급, 채용방식은 업무수행의 독립성과 감사의 실효성을 확보할 수 있는 수준으로 상향조정하며, 감사책임자 임용자격은 명시적으로 규정하고 감사담당자 추천권 등의 인사권을 부여해야 하며, 특별한 경우를 제외하고는 감사책임자의 임기는 보장되도록 법적으로 제도화해야 한다는 것이다.

④ 체계적 감사활동을 위해 자체감사매뉴얼을 지속적으로 개선 및 준수하도록 촉구하고, 동료평가, 외부평가, 자체평가 등을 통해 감사품질을 제고시켜야 한다는 것이다.

⑤ 성과관리와 책무성 개선을 위해 감사의 단기적 결과보다는 감사효과를 측정하는 노력을 하여야 하고, 감사결과는 공개하는 것을 원칙으로 하여야 한다는 것이다.

---

52) IIA Research Foundation, *Internal Auditing Capability Maturity Model(IA-CMM)*, Preliminary Draft, 2007.
53) 한국행정연구원, 「자체감사기구 운영 표준모델 개발에 관한 연구」, 2006. 12.
54) 감사원, 「자체감사기구 운영 표준모델」, 2008. 3.
55) 감사원 감사연구원, 「자체감사기구 운영 실태조사」, Executive Report 〔2009-07〕, 감사원 자료, 2009.

⑥ 파트너십을 개선하기 위해 감사정보가 원활히 공유되도록 통합감사정보시스템 등 제도적 장치를 마련하고, 감사기구협의회 등을 구성하여 감사기구 간 지원 및 협력에 노력하며, 대행·위탁감사, 합동·교차감사 등을 활성화시켜야 한다는 것이다.

허명순·박희정(2009)은 자체감사체계에 대한 국가별 비교의 틀을 제시하고 미국, 일본, 프랑스, 영국, 캐나다의 자체감사 성숙단계를 평가하였다. 국가 간 공공감사 체계 및 기능을 비교하기 위해 결정요인을 관리조직(법제화 여부, 감사기준 존재여부, 보고체계, 외부감사기구와 협력), 감사조직(집권화 또는 분권화, 감사책임자 위상), 감사인력(자격요건, 교육훈련), 감사서비스(초점, 서비스 유형) 등 4가지로 분류하였으며 이를 기준으로 평가하였다. 이들의 연구방법도 이혜승·조형석(2009)의 연구에서처럼 자체감사자협회인 IIA가 만든 자체감사 역량성숙모형을 기초로 하고 있다. 연구결과, 우리나라의 자체감사기구의 역량은 미국, 영국 등 선진국에 비해 여러 분야에서 초보수준으로 밝혀졌다.

송석록(2010)은 자체감사기구를 제주특별자치도의 감사위원회처럼 독립된 형태로 운영하는 것을 전제로 위원장의 임기는 4년 정도로 하여 독립성을 강화하고, 사무국 감사요원은 감사위원장이 지방자치단체장과 협의하여 선발·인사하며, 감사위원은 위원장이 추천하고 의회의 동의를 얻어 임명하는 방안을 제시하였다. 이태종·송건섭(2010)은 한국학술진흥재단, 한국과학재단, 그리고 국제과학기술협력재단의 통합을 계기로 자체감사의 기능강화 방안을 회귀분석 기법을 활용하여 연구하였다. 그리고 ① 자체감사의 패러다임을 한 일에 대한 감사에서 해야 할 일에 대한 감사로, 사후감사에서 사전예방감사로, 합법성, 적법성 감사에서 효율성(경제성, 능률성, 효과성), 합목적성, 형평성 감사로 전환하고, ② 자체감사규정을 명문화하며, ③ 전자문서화를 활용한 일상감사를 활성화하고, ④ 자체감사기구를 기관장과 수평적·병렬적으로 구성하며, ⑤ 감사인력 특별채용, 감사직렬 신설, 감사인력 우대방안 등을 시행하고, ⑥ 정책, 사업 전반에 대한 감사를 지양하는 대신 초점을 분명히 하고 판단기준을 정해 성과감사를 하여야 한다고 제안하였다.

노승용(2010)은 설문조사와 회귀분석을 통해 자체감사의 효과성에 영향을 미치는 결정요인이 자체감사의 독립성과 전문성임을 밝혀냈다. 그리고 ① 독립성을 제고하기 위해서는 감사직렬 신설, 지방감사원 설립, 감사책임자는 감사원 또는 의회에서 임명하는 방안을, ② 전문성을 제고하기 위해서는 지속적인 교육훈련을 통해 감사요원들의 감사기법 향상을 유도하는 방안을, ③ 감사중복을 해소시키기 위해서는 중앙행정기관은 감사원, 지방자치단체는 지방감사원 또는 지방자치단체 자체감사기구가 담당하는 방안을, ④ 자체감사는 회계검사, 공직기강 및 사정업무, 진정 및 비위사항에 대한 조사처리, 비위사항에 관한 요인분석 등에 집중하고 감사원은 외부감사를 통해 기관운영의 성과와 평가에 관한 사항에 집중하는 방안을 제시하였다.

이상과 같이 1990년대 초부터 2012년까지 약 20년간 자체감사 역량과 관련한 연구결과를 살펴보았는데 각 연구자들이 서로 비슷한 제안들을 한 경우가 많아 이를 알기 쉽게 분류하여 (부록2-2) '기존의 경험적 연구에서 찾은 자체감사 역량'으로 정리하였다. 분류방법은 이주희(1998)의 분류방법 및 자체감사자협회인 IIA가 2009년에 발행한 자체감사 역량모형 IA-CM(Internal Auditing Capability Model)[56])의 분류방법을 준용하였다. 다만 이주희(1998)는 자체감사의 독립성을 업무상의 독립성, 신분상의 독립성, 재정상의 독립성, 그리고 자체감사기구의 독립기관화 등 4가지로 정리하였는데 기존의 경험적 연구들을 고찰하면서 자체감사기구의 독립기관화는 업무상의 독립성과 특성이 비슷하여 이를 따로 구분할 실익이 많지 않음을 알았다. 따라서 (부록2-2)에서는 자체감사의 독립성(지배구조)을 업무상의 독립, 신분상의 독립, 재정상의 독립 등 3가지로만 분류하여 정리하였다. 또한 IIA의 자체감사 역량모형 IA-CM에서는 자체감사의 역량을 독립성(지배구조), 자체감사의 역할 및 서비스, 전문성(사람관리), 전문적 감사활동, 성과관리와 책무성, 조직 간 관계 및 조직문화 등 6개 분야로 나누어 설명하였는데 본 연구에서는 감사중복성 해소 분야를 하나 더 추가하여 7개 분야로 나누어 정리하였다.

---

56) IIA Research Foundation, *Internal Auditing Capability Model(IA-CM) for the Public Sector: Overview and Application Guide*, 2009. 9.

3. 자체감사 역량모형에 관한 선행연구 평가

역량모형에 관한 연구는 공공부문 뿐만 아니라 민간부문에서도 진행되어 왔다. 자체감사와 관련한 역량모형에 대해서는 주로 세계 최고감사기구협회인 INTOSAI 와 자체감사자협회 IIA가 2000년대 초부터 연구를 시작하였고 영국, 미국, 캐나다 등 주요 선진 국가들의 감사기구 등도 조직의 특성, 문화, 역사를 고려한 역량모형을 만들어 활용하기도 한다. 본 연구에서는 역량모형을 탐색적인 방법으로 찾아낸 후 자체감사자의 역량이 결국 자체감사기구의 역량과 직접적, 간접적으로 관계된다는 점을 고려하여 자체감사자에 관한 역량모형과 자체감사기구에 관한 역량모형으로 나누어 설명하고 역량의 내용에 대해서도 자체감사자 및 자체감사기구의 자질 및 속성, 관련 법, 규정과 절차, 업무실행 과정, 업무품질 등 자체감사와 관련된 내용이라면 가능한 광범위하게 수용하여 논의하고자 한다.

가. 자체감사자에 관한 역량모형

(1) 캐나다 British Columbia주 감사원이 개발한 자체감사자 역량평가모형

캐나다 British Columbia 주정부 감사원은 2002. 7. 10. 직원들을 위한 성과개발계획(Employee Performance and Development Plan)을 만들어 직원들이 자기 자신의 성과와 역량을 스스로 평가하도록 하는 조치를 내린바 있다. 이러한 조치는 단지 직원 개개인의 성과를 평가하는데 목적을 두는 것이 아니라 직원들의 자기역량평가를 통해 개개인의 장점을 더 발전적으로 키워 나가고 부족한 점은 교육, 훈련 등을 통해 개선시킴으로써 궁극적으로는 조직의 경쟁력을 높이려는 취지에서 이루어졌다. 주정부 감사원이 시행하는 업무성과평가는 기본적으로 동료, 상사들과 대화를 하면서 자신을 직접 평가한다는 점에서 민주성이 보장되고, 직원 개개인의 역량을 조직능력의 일부로 인정하고 이를 개발시키려고 노력한다는 점에서 통합성이 있으며, 평가대상의 역량과 이를 평가하는 방법이 명확히 정의되어 있다는 점에서 객관성이 보장된다.

전통적으로 성과관리란 과거 지향적이고 어느 특정기간을 정해 실시되었으며 문제 중심적이거나 1년에 한 차례 정도 실시하는 이벤트 성격이 짙었다. 그런데 2002년에 개발한 위 성과관리 사례는 미래지향적이고 자기개발에 관점을 두며 직

표 2-4	직원들에 대한 성과관리 사례의 변화
과거	현재
• 업무묘사에 중점을 둠 • 상사 주도 • 과정 중시 • 사후평가 • 평가가 끝난 후 계발방향을 결정 • 다른 계획들과 무관 • 가끔 계획방향과 다른 프로젝트 발생 • 1년에 1~2회 사용 • 문제가 있는 곳에 사용	• 업무계획에 중점을 둠 • 상사와 공조 또는 직원주도 • 결과 또는 성과중시 • 과정 과정별 토의, 중간검토, 재검토 • 계획수립의 한 부분으로 계발방향을 결정 • 팀의 목표 등 다른 계획과 긴밀히 연결 • 수행하는 프로젝트들을 고려하여 수정 • 항시 사용 • 직원과 상사의 상호 책임 • 자기개발을 위해 피드백이 꼭 필요

※ 캐나다 British Columbia 주정부 감사원 자료 정리.

원들과 그들의 상사들 간에 더욱 협조하고 공조하는 방향으로 바뀌었다. 성과개발 계획은 직원들을 미흡, 보통, 매우 잘함, 우수함 등으로 평가하여 순서를 정하려는 시스템이 아니다. 이것은 관리자와 직원들 사이에 양방향 대화에 초점을 맞추고 있다. 이와 같은 변화는 (표2-4) '직원들에 대한 성과관리 사례의 변화'에서 명확하게 살펴 볼 수 있다.

주정부 감사원이 개발한 성과개발계획의 목적은 첫째, 부서나 조직의 목표에 기여할 수 있는 특정한 그리고 계량할 수 있는 개인의 목표를 만들기 위한 것이다.

둘째, 주요 성과계획이나 자기개발계획에 대해 직원들과 그들 상사 사이에 대화를 통해 상호 기대치를 만들어 내기 위한 것이다.

셋째, 개인개발계획과 이력계획을 더 쉽게 만들기 위한 것이다.

넷째, 직원들이 스스로에게나 조직에 더욱 가치 있는 사람이 되도록 돕기 위한 것이다.

다섯째, 직원들의 성과에 대해 상시 피드백과 조언을 제공하고 직원들의 학습전략 또는 학습계획을 만들어 내기 위해서이다.

(그림2-2) '캐나다 British Columbia주 감사원 직원의 성과개발계획의 개념도'에서 성과개발계획의 절차와 개념을 확인할 수 있다.

이 그림에서 표현한 성과계획(planning), 검토(check-in), 평가(reviewing)의 구체적인 내용은 다음과 같다.

그림 2-2 캐나다 British Columbia주 감사원 직원의 성과개발계획의 개념도

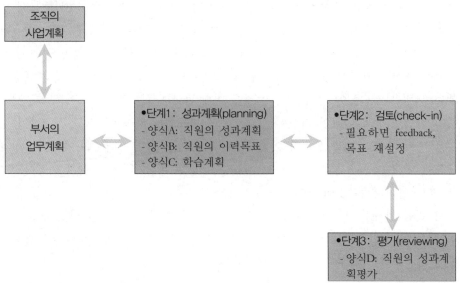

※ 출처: 캐나다 British Columbia 주정부 감사원 자료.

첫 단계로 성과계획은 직원들이 조직의 사업계획과 부서의 업무계획을 분석하여 업무목표와 개개인의 역량목표를 확인하고 이를 달성하기 위한 학습계획과 이력목표를 수립하는 과정을 거쳐 실행한다. 직원들은 성과개발계획에 사용하는 모든 목표들을 특정한(Specific), 계량이 가능한(Measurable), 성취할 수 있는(Achievable), 적절한(Relevant), 그리고 시간범위 내(Time bound)에 할 수 있는 것들로 정해야 하고 인사부서에서도 직원들이 수립한 성과계획의 목표들이 SMART(Specific, Measurable, Achievable, Relevant, Time bound)한지를 확인해야 한다.

두 번째 단계인 검토(check-in) 과정은 자신의 계획이 잘 수행되는지를 평가하고 조직이나 부서의 추가 지원이 필요한지를 확인하며 목표를 적절하게 재배열하기 위해 연중 상시 계속된다. 상급직원은 성과관리 차원에서는 정기적으로 직원들에게 자신의 성과계획 및 학습계획에 대한 피드백을 하도록 요구하는 것이 좋다. 특히 프로젝트 또는 특정업무를 마쳤을 때는 가능한 빨리 피드백을 하도록 요구하는 것이 유용하다. 피드백을 주고받는 것은 자신과 상사, 그리고 동료들 모두가 참여해야 할 과정이다. 성과평가의 의도는 개인의 성격이나 신체적 요소들을 논의하려는 것이 아니라 업무행태나 업무습관에 대해 발전이 필요한 역량과 분야를 논의하려는 것이다. 피드백을 받았을 때 자신에 대한 인신공격이라고 생각하지 말고 어떤 이야기들이 오고 가는지 정보로 인식하고 들어야 한다. 동료나 상사는 문제 상황에 초점을 맞추지 말고 긍정적인 사건들에 대해 피드백을 제공하는 것이 중요하다. 무엇을 말할 것인지 조심스럽게 계획하고 피드백 해 줄 내용을 꼭 적어 놓아 중요한 초점을 놓치지 않도록 해야 한다. 일반적인 모호한 말로 하지 말고 특정한 행동, 역량을 서술해야 하며 개인 성격에 대해 판단해서는 안 된다. 피드백을 제공하기 전에 입장을 바꾸어 자신이 상사로부터 피드백을 제공받는다고 가정하여 상황을 미리 상상해 보고 상대가 어떻게 수용할 것인지도 생각해 보아야 한다. 성과 목표에 대해 성공과 실패, 결점 또는 개인적으로 부족함 중 어느 것에 해당하는지를 말로 알려 주는 것이 좋다.

세 번째 단계인 평가(Reviewing) 과정은 지난 한 해 동안 목표를 달성해 오면서 겪은 성공과 도전에 대해 피드백을 논의하고 나누는 기회를 제공한다. 이 과정을 통해 자신의 학습욕구를 평가하는데 사용될 정보를 얻을 수도 있다.

위와 같이 성과계획, 검토, 평가를 거치는 과정에서 꼭 필요한 것이 자기역량평가서(Competency Self-Assessment Form)라는 자기평가도구이다. 자기역량평가서는 직원들이 보유한 역량의 수준을 스스로 평가하도록 하기 위해 사용하는 도구이다. 캐나다 British Columbia주 감사원은 직원들의 역량을 핵심역량, 리더십역량, 전문역량 등으로 구분하여 정의하였다. 핵심역량은 모든 직원들에게 요구되는 주요 경쟁력으로서 개개인의 효과성(personal effectiveness), 일에 대한 통찰력(business acumen), 대인관계(personal proficiency), 자기개발(self development), 고객관점(customer focus), 대화(communication) 등 6가지로, 리더십역량은 사무실 내 비공식적 또는 공식적으로 리더십을 가져야 할 직원들에게 요구되는 주요 경쟁력으로서 전략관점(strategic focus), 팀 리더십(team leadership), 변화주도(champions change), 직원개발(develops people) 등 4가지로, 전문역량은 각종 보증활동(감사, 분석, 평가 등)을 수행하는 직원들에게 요구되는 주요 경쟁력으로서 보증활동관리(assurance engagement management), 보증활동계획(assurance engagement planning), 보증활동수행(assurance engagement conducting), 보증활동보고(assurance engagement reporting) 등 4가지로 구분하였다. 직원들은 자기 자신, 동료, 상사, 그리고 그 외에 다른 사람들로부터 증거를 얻어 자신의 역량을 평가한다. 증거의 형식은 서면으로 작성될 수도 있고 대화를 통해 얻어질 수도 있다.

개개인은 자신의 기량수준을 객관적으로 평가할 수 있도록 균형 잡힌 정보들을 충분히 수집해야 한다. 충분한 정보를 수집했는가를 판단하는 것도 개개인의 책임이다. 수집된 정보는 편향되어서는 안 되며 따라서 수집된 증거를 인정할 것인지, 버릴 것인지, 아니면 보류해 둘 것인지를 스스로 결정해야 한다.

자기역량평가서(Competency Self-Assessment Form) 작성방법을 구체적으로 소개하면 (부록2-3) '2. 역량수준(1~4)별 역량을 표현한 행동들'에서처럼 각각의 역량구도에는 역량을 의미하는 세 개 또는 네 개 정도의 문장이 적혀 있는데 직원 개개인은 이를 참조하여 평가서 왼쪽에는 각각의 역량과 그 역량을 의미하는 정의된 진술을 열거해야 하며 오른쪽에는 개개인이 각 역량에 대해 발휘하고 있는 역량수준을 표시해야 한다. 그리고 얼마나 자주 자신이 표시한 역량수준에 걸 맞는 행동을 하는지에 대한 정보를 표시해야 한다. 예를 들면 자기 자신이 표시한 역량수준에 대해 자주(4) 또는 거의 항상(5) 이라는 행동지수를 표시했다면 이 사람은 그 역량수준에 도달했음을 의미하는 것인 반면, 거의 전혀(1), 자주 일어나지 않는(2), 또는 때때로(3)를 표시했다면 이 사람은 그 역량을 더 개발할 필요가 있음을 의미하는 것이다. 자기역량평가서 작성예시에 따라 (부록2-3) '2. 역량수준(1~4)별 능력을 표현한 행동들'을 참고하여 자기역량을 평가한 후 (표2-5)와 같은 용지에 그 결과를 기록하면 자신의 현재 역량형태를 한 눈에 확인할 수 있다.

자기역량평가서를 작성하다 보면 스스로 무슨 역량이 강하고 무슨 역량이 약한지를 알게 된다. 특히 현재 자신의 직급 또는 앞으로 승진하고 싶은 직급에서 갖추어야 할 역량 중에 자신이 특히 약하다고 느끼는 역량에 대해서는 교육훈련의 필요성과 그 시급한 정도를 자신의 상사에게 설명하고 의견을 구하는 것이 좋다. 상사는 부하직원과 주기적 또는 필요할 때마다 만나 평가과정에서 간과할 수 있는 절차의 잘못, 심하게 편향된 평가내용, 정의된 역량의 잘못된 해석 등을 지적해 주고 바로잡도록 권고하여야 한다. 평가결과 부하직원이 부족하다고 느끼는 역량이 있다면 이를 보완해 줄 수 있는 가장 좋은 방법에 대해 긍정적으로 논의하고 사무실의 업무역량이 허락하는 범위 내에서 교육훈련의 기회를 주도록 노력해야 한다. 교육이 승진을 위해 거쳐야 할 필요조건이 되어버린 우리나라의 경우에는 직원들이 자기 자신의 역량 중 정확히 어떤 역량이 부족한지를 제대로 알지 못하면서 교

구분	감사보조자 (역량수준)	감사관 (역량수준)	프로젝트 리더 (역량수준)	과장 (역량수준)	국장 이상 (역량수준)
표 2-5 캐나다 British Columbia주 감사원의 자기역량평가표

구분	감사보조자 (역량수준)	감사관 (역량수준)	프로젝트 리더 (역량수준)	과장 (역량수준)	국장 이상 (역량수준)
1. 전문역량					
1-1 보증활동 관리	1~2	2	2~3	3~4	4
1-2 보증활동 계획	1~2	2	2~3	3~4	4
1-3 보증활동 수행	1~2	2	2~3	3~4	4
1-4 보증활동의 보고	1~2	2	2~3	3~4	4
2. 핵심역량					
2-1 개인의 효과성	1~2	2	2~3	3~4	4
2-2 일에 대한 통찰력	1~2	2	2~3	3~4	4
2-3 대인관계	1~2	2	2~3	3~4	4
2-4 자기개발	1~2	2	2~3	3~4	4
2-5 고객관점	1~2	2	2~3	3~4	4
2-6 대화	1~2	2	2~3	3~4	4
3. 리더십역량					
3-1 전략관점	1~2	2	2~3	3~4	4
3-2 팀 리더십	1~2	2	2~3	3~4	4
3-3 변화주도	1~2	2	2~3	3~4	4
3-4 직원개발	1~2	2	2~3	3~4	4

※ 출처: 캐나다 British Columbia 주정부 감사원 자료 정리.

육점수 획득을 위해 자신이 보강하고 싶은 역량과 무관한 교육과정을 선택하는 상황이 계속 되고 있다. 따라서 직원들을 상대로 이루어지는 교육훈련이 개인의 역량배양뿐 아니라 사무실의 역량을 높이는데 기여하게 하기 위해서는 우선 사무실이 가지고 있는 비전, 임무, 목표, 전략 등에 직접 연결되는 역량들을 개발하고 이를 직급별 또는 직위별로 군집화하여 어떤 직급의 직원이 어떤 역량을 소유하는 것이 바람직한지 정의하는 것이 필요하다. 역량을 진술할 때는 가능한 알기 쉽고 대부분의 사람들이 공감할 수 있는 일과 관계된 실제적인 것이어야 하나 때로는 직원들이 갖추어야 할 기본예절, 덕목 등이 포함되어야 한다. 필요한 역량들이 진술되면 1~2년 정도 시범 운영기간을 거치면서 직원들로부터 의견을 들어 필요한 수정을 계속 하는 것이 좋다. 또한 한 곳에 여러 사람을 모아놓고 실시하는 현재의 집체교육을 최소화하고 직원들 개개인의 역량을 최대한 향상시킬 수 있는 교육훈련방법을 다양하게 개발할 필요가 있다. (부록2-3) '3. Learning Activity Options'를 참고하면 여러 가지 형태의 교육훈련방법이 있음을 알 수 있다. 특히 캐나다

British Columbia주 감사원은 경험이 많은 직원이 다른 직원을 지도(coaching), 조언 (mentor), 관찰(observing/shadowing) 하면서 돕는 형태의 교육훈련을 많이 시행하고 있고 이 과정에서 직원들 간에 친밀감이 생기고 서로 존경하는 경험을 쌓는다. 한편 감사원 내에 회계사시험을 준비하는 학생들을 뽑아 가르치는 과정을 만들어 학생들로 하여금 공부와 실무를 병행케 하는 견습(apprenticeship)제도를 실시함으로써 이를 새로운 형태의 직원 교육방법으로 정착시키고 있다.

자기역량평가서는 직원 개개인에 대한 인사평가 자료나 연봉조정 자료로 활용할 수도 있다.

1년 또는 1년 6개월 만에 한 번씩 전 직원을 대상으로 주기적으로 다시 작성하여 사무실에 비치된 직원 개개인의 인사파일에 철할 수도 있지만 특정 업무나 프로젝트가 끝난 후 그 업무나 프로젝트에 참여한 직원들에 대해 기여정도를 평가하기 위해 작성할 수도 있다. (부록2-3) '5. Probation Performance Assessment'는 신규 임용된 직원을, (부록2-3) '6. Employee Compensation Review Record'는 기존 직원들을 평가하는 평가서이다. 특히 (부록2-3) '6. Employee Compensation Review Record'는 사무실 업무에 공헌도가 큰 상위 10% 직원뿐 아니라 업무능률이 높은 차상위 10% 직원을 대상으로 적게는 1%, 많게는 6%까지 연봉을 조정하는 데 쓰인다. 평가를 준비하는 인사담당 매니저는 직원들이 수행한 감사사항이나 프로젝트를 대상으로 평가하되 평가대상 직원의 감독자에게 자문을 구하는 것이 좋다. 흥미로운 것은 직원들은 자신의 능력에 대해 자신을 감독하는 감독자와 상의하게 되는데 감독자와 의견이 다를 때는 평가된 내용에 대해 동의하지 못하겠다는 의견을 피력할 수도 있어 의견의 자유로운 개진을 보장받는다는 점이다.

사무실 내에 결원이 있을 때 그 직급과 직위에 알맞은 사람을 뽑는다는 것은 쉬운 일이 아니다. 결원이 발생하면 그 직책의 사람이 해야 할 일의 성격이 표현된 Job Description이 작성되어 공고되는데 그 직을 수행할 역량이 있다고 스스로 판단하는 외부 사람들이나 내부직원들이 응모를 할 수 있다. 이때 인사위원들은 응모한 외부 사람들에 대해서는 그동안의 경력에 대한 서류심사, 엄격하게 절차가 정해진 인터뷰 등을 통해 적격자를 뽑는 한편, 내부직원에 대해서는 직원들이 정기적 또는 프로젝트가 끝날 때마다 제출한 자기역량평가서를 참고하여 적격자를 결정할 수 있다. 한번 임용되거나 승진 대상자로 정해지면 일정기간(약 6개월) 직을 수행한 후 다시 자신의 역량을 평가해 부족한 역량을 확인하고 보완하는 과정을 거치는 것이 좋다.

(2) 영국 재무부가 만든 자체감사자 역량측정모형

영국 재무부가 2007년에 만든 정부 자체감사자 역량준거틀(Government Internal Audit Competency Framework)은 자체감사자를 Internal Auditor, Lead Internal Auditor, Senior Audit Staff(Grade 7 이상) 등 세 그룹으로 나누고 각각의 그룹들마다 7개의 역량(① 위험, 통제, 지배구조 ② 감사전략 ③ 감사관리 ④ 감사결과보고 ⑤ 대화소통 ⑥ 정부환경 ⑦ 전문성개발)을 갖추도록 정의해 두었다. 예를 들어 Senior Audit Staff(Grade 7 이상)이 되려는 자는 Lead Internal Auditor가 갖추어야 할 역량들을 모두 갖춘 자이면서 Senior Audit Staff가 갖추어야 할 역량들도 갖춘 자이어야 한다. 마찬가지 방법으로 Lead Internal Auditor 되려면 Internal Auditor 그룹이 갖추어야 할 역량들을 모두 갖추고 Lead Internal Auditor 그룹이 갖출 역량들을 갖추어야 한다. 이 준거틀은 직원 개개인이 해당 질문에 답하면서 자신이 어떤 역량을 얼마나 가지고 있는지를 확인하도록 설계되었는데 그 결과는 관리자에 의해 누적 관리되며 직원들의 채용, 승진, 평가, 교육훈련 계획수립 과정에서 광범위하게 쓰인다. 준거틀에 대한 개략적인 내용은 아래 (표2-6) '영국정부의 자체감사기구 직원들에 대한 역량준거틀'에서 살펴볼 수 있다.

| 표 2-6 | 영국정부의 자체감사기구 직원들에 대한 역량준거틀 |

역량	최고 수준자의 역량묘사
위험, 통제, 지배구조	조직의 위험, 내부통제, 지배구조를 이해하고 이것들이 어떻게 자체감사와 관계되는지를 이해한다.
감사전략	자체감사기구의 장은 조직의 위험관리, 내부통제, 지배구조에 대해 조직의 관리자에게 전반적인 의견을 제시하기 위해 필요한 자체감사업무를 결정하는데 직원들은 그 결정과정을 이해한다.
감사관리	감사의 목표를 달성할 수 있게 업무를 집행하는 전문적인 기량이 있다.
감사결과 보고	내부통제를 개선시키고 보증을 제공하기 위해 감사결과를 적절한 방법으로 소통할 줄 안다.
대화와 소통	명확하고 이해하기 쉽도록 소통한다.
정부환경	중앙정부와 관계되는 특별한 요인들과 이슈들을 이해한다.
전문성 개발	자체감사기구에 영향을 주는 업무환경의 변화 및 자체감사 전문성과 관련하여 최신의 기량을 가지고 있다.

※ 출처: U.K. HM Treasury, *Government Internal Audit Competency Framework*, 2007.

그리고 더 자세한 내용은 (부록2-4) '영국정부의 자체감사기구 직원들에 대한 역량평가표'에서 살펴 볼 수 있다.57)

(3) 자체감사자협회 IIA가 개발한 자체감사자 역량평가모형

IIA는 자체감사자기능을 효과적으로 수행하기 위해 자체감사자가 보유해야 할 최소한의 지식과 기량을 정의하고 이를 활용하여 자체감사자 역량평가모형을 만들었다. 위 모형은 자체감사자의 역량을 대인관계 역량(interpersonal skills), 도구와 기법(tools and techniques), 자체감사기준·이론·방법(internal audit standards, theory and methodology), 지식분야(knowledge areas) 등 4개 분야로 나누고 각각의 분야에 대해 관계된 역량을 진술하였으며 자체감사자를 자체감사기구의 장, 국장, 감사관리자(audit manager), 감사감독자(audit senior supervisor), 자체감사직원, 1년 이하 경력의 초보감사직원 등 6개 그룹으로 나누고 진술된 역량에 대해 각각의 그룹들이 보유해야 할 최소 역량수준을 제시하였다.

자체감사자들은 각 진술문을 읽고 자신이 현재 보유하고 있는 역량을 생각하면서 ① 인식만 하고 있음, ② 남의 도움을 받아서 기본적인 역량과 지식을 보유, ③ 일반적인 상황에서 독립적으로 해결하는 역량을 보유, ④ 독특하고 복잡한 상황에서 독립적으로 해결하는 역량을 보유 등 4가지 수준 중 하나를 선택하게 되며 그 결과가 위 모형에서 제시한 최소 역량수준 이상인지, 아닌지를 확인하게 된다. 대인관계 역량은 영향력, 대화소통, 관리(정책과 절차, 직원구성, 우선순위·계획·성과관리·고객중심), 리더십, 변화촉진, 갈등관리, 유대관계 형성, 공동작업·협력, 팀 역량 등 9개의 역량내용으로 세분화되고, 도구와 기법, 자체감사기준·이론·방법, 지식분야도 이와 같은 방법으로 역량내용이 세분화되며 각 역량내용에 대해 역량이 진술된다. (표2-7) '자체감사자협회가 개발한 자체감사자 역량모형 개요'에서 위 역량모형의 개략적인 구조를 확인할 수 있으며, (부록2-5) '자체감사자협회의 자체감사자 역량모형'에서 구체적인 역량진술문을 확인할 수 있다.

---

57) U.K. HM Treasury, *Government Internal Audit Competency Framework*, March 2007, http://www. hm-treasury.gov.uk/d/gov_internalaudit_competencyframework.pdf, 2011. 12. 9. 검색.

표 2-7	자체감사자협회가 개발한 자체감사자 역량모형 개요
역량분야	역량내용
대인관계 역량 (interpersonal skills)	• 영향력: 효과적인 설득전략 • 대화소통: 명확하고 확신 있는 메시지를 보내고 남의 말을 청취 • 관리(정책과 절차, 직원구성, 우선순위, 계획, 성과관리, 고객중심, 시간관리, 목표 및 업무성취, 조직기량) • 리더십: 그룹이나 사람에게 영감을 주고 이끌어 조직몰입 달성 • 변화촉진: 변화를 주도하고 관리 • 갈등관리: 협상 및 갈등해소 • 유대관계형성 • 공동작업, 협력 • 팀 역량: 그룹시너지 효과
도구와 기법 (tools and techniques)	• 조직 활동연구 및 관리연구 도구 • 예측 • 프로젝트관리 • 업무과정분석 • Balance Scorecard • 위험, 내부통제 평가기법 • 지배구조 위험 및 내부통제에 관한 도구, 기법 • 자료수집, 분석에 관한 도구와 기법 • 문제해결 도구, 기법 • 컴퓨터 지원을 받는 감사기법 CAATs(Computer Assisted Auditing Techniques)
자체감사기준·이론·방법 (internal audit standards, theory and methodology)	• 자체감사 실무를 위한 국제기준 • 자체감사의 정의 • 윤리규정 • 속성기준(감사의 목적·권위·책임, 감사의 독립성과 객관성, 감사의 효율성과 직업전문가로서의 정당한 주의, 감사 품질보증과 개선프로그램) • 성과기준(자체감사활동 관리, 지배구조·위험관리·내부통제, 감사업무계획, 업무의 성과평가, 감사결과에 대한 의사소통, 감사결과 조치에 대한 모니터링, 고위관리자의 위험수용)
지식분야(knowledge areas)	• 재무회계와 재정 • 관리회계 • 규정, 법률, 경제 • 품질: 조직의 품질준거틀 이해 • 윤리 및 부정행위 • 정보기술 • 지배구조, 위험, 내부통제 • 조직이론과 행동

※ 출처: Institute of Internal Auditors, *Internal Auditor Competency Framework*, 2007.

나. 자체감사기구에 관한 역량모형

(1) 우리나라 감사원이 자체감사기구에 대한 운영심사 때 적용한 모형들

우리나라 감사원은 자체감사활동의 내실화를 지원하기 위해 1999년 12월 감사원훈령 제223호 「자체감사의 심사 및 평가 등에 관한 규정」 제4장에 자체감사기구의 운영실태에 대한 평가를 규정하고 자체감사기구의 자체감사결과와 자체감사기구의 운영에 대해 평가하였다. 자체감사결과에 대한 심사는 감사원의 각 실·국이 해당 기관의 자체감사기구로부터 자체감사활동 결과를 매분기마다 제출받아 감사계획(25점), 감사활동(10점), 감사성과(45점), 감사결과처리(20점) 등 4개 분야에 대해 평가하며, 자체감사기구의 운영에 대한 심사는 감사원의 00부서가 주관하여 매년 한 번 기관장의 관심도(20점), 독립성(30점), 예방지도활동(20점), 감사기강(30점) 등 4개 분야에 대해 평가했다. 그리고 최종적으로 자체감사결과의 평가점수와 자체감사기구 운영의 평가점수를 60:40 비율로 환산하여 총점을 산출하였으며 평가된 점수에 순서를 매겨 우수기관과 우수 직원에게 포상을 하였다. (표2-8) '자체감사기구

표 2-8 　자체감사기구의 자체감사결과 심사항목 및 배점

심사항목	배점	세부심사요소	심사결과 평점		
			상	중	하
감사계획	25점	• 당원의 감사활동방향 및 감사실시 지침의 반영도(10) • 감사준비의 적정성(5) 　- 예비조사실시, 감사중점별 체크리스트 작성 등 • 감사반 편성의 적정성(10) 　- 기간, 사무분장의 적정성 　- 전문·기술인력 차출 등 활용여부	20점 이상	13~19 점	13점 미만
감사활동	10점	• 표본추출의 타당성(5) • 감사인력 가동률(5)	8점 이상	5~7 점	5점 미만
감사성과	45점	• 건수, 금액 인원 등 적출실적(15) • 주 기능, 주 임무의 제도개선기여도(10) • 취약분야 및 취약업무 척결실적(10) • 새로운 비리유형의 발굴실적(10)	36점 이상	24~35 점	24점 미만
감사결과 처리	20점	• 감사결과처리의 적시성, 공정성(15) • 모범사례의 발굴 및 전파·우대조치(5)	16점 이상	11~15 점	11점 미만
합계	100점				

※ 출처: 감사원 자료 재정리.

심사항목	배점	세부심사요소	심사결과 평점		
			상	중	하
기관장의 관심도	20점	• 기관장의 자체정화 의지(10) - 기관장의 자체정화 방침 - 이권부서 인사관리 실태 - 감사부서 품의사항 반영도 • 자체감사 활동지원(10) - 장비, 활동비 등의 지원 - 포상 등 인사상 우대조치 - 감사관련 애로사항 지원 등	16점 이상	11~ 15점	11점 미만
독립성	30점	• 연간 감사계획 적정성(10) - 사항수 및 선정된 사항의 우선순위 등 • 감사활동 수행능력 (10) - 인원수의 적정성 및 전문·경력자 확보여부 - 요원교체빈도 및 적기교육훈련 등 • 감사활동 및 결과처리의 독립성(10) - 감사부서 근무가 인사상 불이익으로 작용여부 - 압력·청탁에 의한 취약인물 비호(감사제외)여부 - 처분종류의 부당변경 유무 등	24점 이상	16~ 23점	16점 미만
예방지도 활동	20점	• 일상감사의 내실성 (10) - 실시종류, 방법 및 성과 등 • 비리예방활동의 적정성 (10) - 기강점검, 감사사례 전파 등 • 자체감사기구 이외의 기관에서 적발된 비리 및 사건·사고의 발생빈도 (5)	16점 이상	11~ 15점	11점 미만
감사기강	30점	• 감사책임자의 지휘능력(통솔력, 청렴도 등) (10) • 감사요원의 기강 〔성실성, 적극성, 청렴도 (금품수수, 이권개입, 압력, 청탁 등)〕(10) • 감사부작용 (감사경비 갹출, 지적사항 불문비율, 자료 과다징구 등) (10)	24점 이상	16~ 23점	16점 미만
합계	100점				

표 2-9 자체감사기구 운영평가 항목 및 배점

※ 출처: 감사원 자료 재정리.

의 자체감사결과 심사항목 및 배점'과 (표2-9) '자체감사기구 운영평가 항목 및 배점'에서는 심사항목과 배점을 자세히 확인할 수 있다.

그런데 과거에 감사원이 만든 자체감사결과와 자체감사기구 운영에 대한 심사항목 및 배점을 자세히 살펴보면 몇 가지 문제가 있다는 것을 알 수 있다.

첫째, 자체감사기구 및 자체감사자가 조직의 목표에 부합하여 효과적인 활동을 하기 위해서는 독립성, 전문성, 윤리성을 확보하기 위한 노력뿐 아니라 조직의 목표와 부합하는 감사성과지표를 개발하고 이 지표에 따라 감사활동결과를 평가하며 부족한 분야에 대해서는 개선을 하도록 하는 환류(feedback) 과정이 필요한데 위 심사항목에는 독립성과 관련한 항목은 있으나 전문성, 윤리성을 제고하기 위한 노력, 조직의 목표에 부합하는 감사성과지표 개발, 감사활동에 대한 자체평가 및 외부평가 등의 항목이 제대로 포함되어 있지 않아 위 심사도구가 자체감사기구의 기능개선을 위한 도구로는 부족한 점이 많다. 자체감사기구와 자체감사자가 효과적으로 활동하는데 필요한 역량을 확인하고 그 결과를 심사항목과 세부심사요소에 포함시키는 노력이 필요하다.

둘째, 세부심사요소들에 대해서도 구체적인 평가방법을 제시하지 않고 형식적인 준거에만 치중한 경향이 있다. 예를 들어 감사계획 항목에서 '당원의 감사활동방향 및 감사실시지침의 반영도(10점)', 감사활동 항목의 '표본추출의 타당성(5점)', 감사성과 항목에서 '주 기능, 주 임무의 제도개선기여도(10점)', 감사결과처리 항목에서 '감사결과처리의 적시성, 공정성(15점)'과 '모범사례의 발굴 및 전파·우대조치(5점)' 등의 경우 실제 심사자가 이를 심사할 때 어떤 기준을 적용하여 상, 중, 하를 정해야 하는지에 대해 구체적인 방법이 제시되어 있지 않다. 그 결과 심사자들은 자신의 지식정도와 인식경향에 따라, 그리고 평가에 너그러운 성격인지 아닌지 등에 따라 다분히 주관적으로 평가를 하게 된다. 따라서 세부심사요소별로 평가방법을 객관적이고 구체적으로 마련하여 시행하여야 할 것이다.

셋째, 감사계획에 대한 세부심사요소를 보면 3~5개년 단위로 감사의 방향을 정하는 감사전략계획, 위 전략계획에 근거하여 1년간의 감사활동 방향을 정하는 연간계획, 또 개별 감사사항을 위해 수립하는 감사실행계획에 대한 구분이 없고, 개별 감사사항을 위한 감사실행계획에 대해서도 어떠한 내용을 포함해야 하는지를 명확히 알 수 없게 구성되어 있다. 최소한 감사전략계획, 연간계획, 감사실행계획 간의 연관성, 계획을 수립할 때 위험분석에 기초하여 업무의 우선순위를 정하고 사용할 수 있는 감사자원을 고려하여 작성하였는지 여부 등을 세부심사요소에 포함시켜야 할 것이고, 특히 감사계획에는 감사목적, 감사범위, 대상기관, 감사기간, 감사기준 또는 원칙 등을 담았는지를 평가하여야 할 것이다.

넷째, 심사결과에 근거한 처분내용이 심사목적과 일치하지 않는다. 심사자는 각 기관을 국가기관, 지방자치단체, 교육자치단체, 공기업, 준정부기관, 기타 공공기관 등 5개 그룹으로 나누고 각 그룹 안에서 가장 점수를 많이 획득한 기관부터 순서로 나열하여 포상자료로 활용하는데 정작 심사결과 각 기관마다 어떤 항목에서 어떤 역량이 부족한지에 대해서는 구체적이고 객관적인 자료를 생산해 내지 못하기 때문에 이러한 심사결과를 기초로 각 기관이 자체감사기구의 활동을 개선하기는 어렵다. 또한 심사결과를 매년 누적 관리하여 연도별 역량분야별 개선정도를 확인하는 경우도 찾기 어렵다. 따라서 앞으로 자체감사기구에 대한 심사는 평가순위를 나열하려는 목적보다는 부족한 역량을 확인하여 개선시키려는 목적으로 활용되어야 하겠다.

감사연구원은 위와 같은 자체감사기구 평가도구가 여러 문제점을 가지고 있음을 인식하고 2007년 12월 자체감사기구 평가지표 개선을 위한 연구를 진행하였다. 감사연구원은 먼저 세계 최고감사기구협회 INTOSAI, 자체감사자협회 IIA, 미국감사원 GAO 등의 감사기준 등 국제적인 감사기준들과 감사원의 공공감사기준, 구 행정자치부의 행정감사기준, 구 기획예산처의 공기업·준정부기관 감사기준 등 국내 감사기준들을 폭넓게 비교 분석한 후 자체감사기구에 규범적으로 필요한 48개 평가항목을 찾아냈다. 그리고 2단계로 평가항목의 중요성과 현실적용도를 확인하기 위해 자체감사기구 직원들을 대상으로 설문, 면담 등을 실시하고 설문결과를 근거로 영향요인분석을 하였다. 그리고 이해관계자들에 대해 워크숍과 면담과정을 거쳐 평가지표를 (표2-10) '자체감사기구 평가기준 및 평가지표(감사연구원, 2007)'에서와 같이 3개 분야 13개 평가기준에 맞추어 최종 21개 항목으로 압축하여 정리하였다.[58]
다음 평가기준 및 평가지표는 과거의 평가도구에 비해 여러 면에서 개선되었음을 알 수 있다.
첫째, 사체감사기구에 대한 평가기준을 국제적 기준으로 격상시키려는 노력이 있었다. INTOSAI, IIA, GAO의 감사기준 등 국제적으로 통용되는 선진화된 기준을 연구하여 국내 자체감사기구의 평가지표에 독립성, 전문성, 윤리성, 협력성, 감사계획의 충실성, 감사결과 보고 및 감사결과 사후관리 등의 기준을 반영하였기 때문이다. 또한 각 평가항목별로 현황, 측정지표의 논리, 적용대상, 측정방법, 유의사항을 제시함으로써 현실적용성을 높였다. 이러한 노력은 학문적으로나 실무적으로나 자체감사 발전에 큰 영향을 줄 것이다.

---

58) 감사원 감사연구원, 「자체감사기구 평가지표 개선연구」, 2007. 12.

표 2-10	자체감사기구 평가기준 및 평가지표(감사연구원, 2007)	
분야	평가기준	평가지표
일반분야	1. 독립성	인사상 독립성(정성)
		감사인력의 충분성
	2. 전문성	감사인의 경력
		교육훈련의 적정성
	3. 윤리성	감사인의 윤리성 확보노력(정성)
	4. 협력성	관계기관과의 협력노력
감사실시분야	5. 연간감사계획의 충실성	감사환경분석의 적정성(정성)
		성과감사 비중
		감사순기 준수율
		연간감사계획 이행률
	6. 개별감사의 준비성	감사계획 예고기간 준수율
		감사준비 충실도
보고 및 성과분야	7. 감사보고의 적시성	감사결과보고의 적시성
	8. 감사보고의 완전성	보고내용의 적정성(정성)
	9. 감사결과의 공개	감사결과의 공유노력도
	10. 감사결과 사후관리	장기 미집행 사항 해소노력
	11. 재정상 조치	합법성 감사의 재무적 성과
		성과감사의 재무적 성과
	12. 신분상 조치	징계 실적
	13. 행정상 조치	조치 실적
		개선 사항

※ 출처: 감사연구원, 「자체감사기구 평가지표 개선연구」, 2007. 12., 68면 재인용.

　둘째, 자체감사기구에 대한 평가지표를 연구하면서 여러 가지 연구방법을 사용하여 연구결과의 타당성과 신뢰성을 높이려고 노력하였다. 각종 감사기준에서 자체감사기구에 필요한 역량요소를 찾아내는 규범적인 연구방법, 이렇게 찾아낸 평가항목의 중요도와 현실 적용도를 확인하기 위해 실시한 설문, 면담, 워크숍, 설문결과에 기초한 영향요인분석 등은 연구자가 동원할 수 있는 여러 연구방법을 사용한 모범사례라고 할 수 있다.

　하지만 이 연구에서 많은 노력을 들여 찾아낸 자체감사역량들 중 많은 부분이 평가항목의 중요도와 현실 적용도를 확인하는 과정에서 자체감사기구 직원들의 인식도가 낮다는 이유만으로 평가기준에서 제외된 것은 애석한 일이라 하지 않을 수 없다. 자체감사기구 평가도구가 자체감사자가 갖추어야 할 역량과 제대로 연결되지 못하는 결과를 가져왔고 따라서 필요한 역량을 개발하기 위한 기회를 놓쳤기 때문이다.

감사원은 2009년 자체감사운영 실무심사 때 감사연구원이 2007년 12월 연구한 자체감사기구 평가기준을 조금 변형하여 (표2-11) '자체감사운영 심사기준(감사원, 2009)'에서와 같이 5개 분야 12개 심사항목 15개 심사기준으로 구성된 자체감사기

표 2-11 자체감사운영 심사기준(감사원, 2009)

심사항목	항목	심사기준	심사지표
감사기구 설치 및 운영(20)	감사기구 및 기관장 관심도(10)	독립성	감사전담부서 설치 및 개방수준, 양정기준의 구체적 수준
		협력성	관계기관 협력수준
	감사인력(10)	전문성	우수인력 유인 및 감사역량 강화방안 수준
		윤리성	감사부서 직원범죄 또는 비리여부
감사실시 및 결과보고 (20)	감사계획 및 실시 (10)	적정성	조직과 업무의 성격을 충분히 고려한 정도
	감사활동 및 감사결과 보고내용(10)	적정성	감사보고 내용의 적정수준
감사성과 (35)	재정상 성과(10)	재무조치 성과	재무조치 성과수준
	신분상 성과(10)	신분조치 성과	신분상 조치실적
	행정상 성과(10)	행정조치 성과	행정상 조치실적
	모범사례(5)	발굴노력도	모범사례 발굴·조치실적
감사결과 사후관리 (15)	감사결과 이행노력(10)	처분요구사항 이행정도	장기 미집행률 및 미집행사항 해소노력(정성)
		재심사 요구정도	부당감경 등에 대한 재심사 요구실적
	감사결과 공개(5)	투명성	감사결과 외부공개수준
비리예방 활동(10)	일상감사(5)	이행노력도	의견제시 실적
	범죄발생(5)	복무기강 확립도	기관소속 임직원의 범죄발생 수준

※ 출처: 감사원, 「'08년 자체감사운영 실무심사계획」, 2009.

구 평가도구를 마련하여 시행하였다.[59] 감사원은 자체감사운영 실무심사기준을 만들면서 위 감사연구원의 연구결과를 수용하면서도 감사실무에서 중요하다고 판단한 감사성과 제고를 위한 모범사례 발굴노력도(5점), 비리예방활동을 위한 일상감사 이행노력도(5점) 및 복무기강확립도(5점) 등을 추가한 것으로 추론된다.

(2) IIA가 발행한 자체감사 역량모형 IA-CM(Internal Auditing Capability Model)

이 역량모형은 특히 정부와 공공부문에서 효과적인 자체감사에 필요한 기본요소들을 확인하는 매트릭스 구조형태의 결정틀이며, 자체감사의 효과성을 높이기 위해서 국제적으로 적용할 수 있는 원칙, 감사활동, 절차 등을 비교할 수 있게 한 일반화된 모형이다. 역량모형의 세로축에는 자체감사 서비스와 역할(services and role of IA), 사람관리(people management), 전문적 감사활동(professional practices), 성과관리와 책무성(performance management and accountability), 조직간 관계 및 조직문화(organizational relationships and culture), 지배구조(governance) 등 6가지의 자체감사의 요소가 적혀있고, 가로축에는 아래에서 위 방향으로 1단계(초기단계), 2단계(인프라구축단계), 3단계(통합단계), 4단계(관리단계), 5단계(최적화단계) 등 자체감사 활동의 완성단계가 묘사되어 있다. 그리고 매트릭스의 가로축과 세로축이 만나는 곳에는 각 자체감사 요소별, 자체감사 활동의 완성단계별로 자체감사의 특성과 역량이 적혀 있는데 이를 KPA(Key Process Area)라고 한다. KPA에는 목적(purpose), 필수적인 활동(essential activities), 산출물(outputs), 산출성과(outcomes), 일상화된 업무(institutionalized practices) 등으로 표현되어 있어 자체감사의 특성이나 역량을 이해하는데 도움이 된다. IA-CM은 ① 효과적인 자체감사가 무엇을 의미하는지, 자체감사기구가 조직과 이해관계자들에게 어떻게 봉사하는지를 알게 해주며, 정책결정자에게 자체감사의 중요성을 알리는 데에도 효과적이기 때문에 소통의 기능을 가진다. ② 전문화된 자체감사 기준과 업무사례에 대비하여 자체감사의 역량을 평가하는 결정틀 기능도 할 수 있다. ③ 자체감사의 활동개선을 추구하기 위한 로드맵 기능도 한다.[60] IA-CM에 대한 개략적인 구조는 (표2-12) '자체감사 역량모형 IA-CM 개요'에서 볼 수 있다.

---

59) 감사원, 「'08년 자체감사운영 실무심사계획」, 2009.
60) IIA Research Foundation, *Internal Auditing Capability Model(IA-CM) for the Public Sector: Overview and Application Guide*, 2009. 9.

표 2-12	자체감사 역량모형 IA-CM 개요					

구분	서비스와 역할	사람관리	전문적 감사활동	성과관리와 책무성	조직간 관계 및 조직문화	지배구조
5단계: 최적화 단계	• 변화의 주체로 인정된 자체감사	• 감사기구의 장을 전문기구 리더가 되도록 촉진·지원 • 장래 감사수요에 맞게 인력 계획 수립	• 전문적 감사활동의 지속적인 개선 • 현재와 미래요구에 부응하는 전략적 감사계획	• 자체감사 효과성에 대한 공개보고	• 감사기구의 장의 효과적, 상시적인 관계관리	• 자체감사기구의 독립성, 권한, 권위
4단계: 관리 단계	• 지배구조, 위험관리, 통제에 대한 전반적인 보증	• 관리자들 개발에 기여 • 감사관의 전문기구 참여지원으로 리더십 및 직업 개발기회 제공 • 감사수행을 위한 인력계획	• 감사전략과 조직의 위험관리를 연계	• 질적, 양적 성과측정치 통합	• 감사기구의 장이 최고 관리층에 권고하고 영향행사	• 자체감사 활동을 독립적으로 감독 • 감사기구의 장이 최고 관리자에게 보고
3단계: 통합 단계	• 자문서비스 • 성과감사/ Value-for-Money Audit	• 팀 환경에서 능력개발 • 전문자격소유자, 최소역량보유자로 직원구성 • 인력사정에 맞게 감사계획 조정	• 품질관리 준거틀 • 위험을 고려한 감사계획	• 감사성과 측정 • 자체감사 활동과 관련한 비용정보	• 보증, 자문을 하는 다른 그룹들과 정보교환 및 활동 조정 • 자체감사기구가 관리팀 대화에 참여	• 자체감사에 대한 관리 감독 • 독립적인 자체감사활동을 위한 예산확보
2단계: 인프라 구축 단계	• 순응감사	• 개인전문성 개발 • 기량 있는 사람 확인 및 채용	• 전문적인 감사 업무 및 과정들에 관한 준거틀 • 우선순위를 적용한 감사계획	• 감사운영 예산 • 감사업무 계획수립	• 자체감사활동 안에서의 관리	• 조직의 정보, 자산, 사람에 항상 접근 가능 • 자체감사기구 보고라인 확립
1단계: 초기 단계	역량확인 안됨	역량확인 안됨	역량확인 안됨	역량확인 안됨	역량확인 안됨	역량확인 안됨

※출처: IIA Research Foundation, *Internal Auditing Capability Model(IA-CM) for the Public Sector: Overview and Application Guide*, 2009.

위 역량모형은 IIA의 공공부문위원회 PSC(Public Sector Committee)가 나라마다 정부의 관리업무, 업무처리과정, 문화가 서로 다르기 때문에 자체감사활동에도 차이가 많다는 것을 인식한 후 세계 어느 나라의 공공부문 자체감사기구들이라도 각자 자신들의 감사활동 품질을 자체평가하고 진보정도를 측정하는 개발의 도구로 삼을 수 있으며 그 평가결과에 근거하여 훈련과 역량개발의 필요성을 발견하도록 하겠다는 목적으로 만든 국제적으로 통용되는 역량모형이다. 2006년 10월부터 시작된 위 프로젝트는 자체감사역량의 요소, 수준, KPA들을 정의하기 위해 벌인 광범위한 연구 및 서류화, 20개 국 50여 개의 자체감사기구들로부터 의견도출, 워크숍 과정을 거친 후 모형 초안이 완성되었고, 다시 위 모형의 타당성, 적절성, 적용가능성, 사용성 등을 확인하기 위해 30개 국 300여 명의 전문가들로부터 자문을 받아 2009년 5월에 최종 모형이 완성되었다.

(3) INTOSAI Capacity Building Committe가 개발한 역량모형[61]

영국감사원 NAO가 의장으로 있는 INTOSAI Capacity Building Sub-committee는 INTOSAI 2005-2010 전략계획의 목표2를 지원하기 위해 최고감사기구에 적용할 수 있는 역량모형을 2007년 11월에 개발하였다. 위 역량모형은 비록 최고감사기구에 적용하기 위해 만들어졌으나 최고감사기구와 자체감사기구의 업무의 본질이 유사할 뿐만 아니라 자체감사기구의 활동 등을 평가하는 최고감사기구는 자체감사기구가 갖추어야 할 역량과 동등 이상의 역량을 갖추어야 하는 점 등을 고려하면 위 모형의 내용은 자체감사기구의 역량내용과 유사하거나 같을 수도 있다. 따라서 자체감사기구의 역량모형을 연구하기 위해 이를 활용하고자 한다.

INTOSAI Capacity Building Sub-committee는 조직역량에 관한 일반적인 모형들로 알려진 European Institute of Public Administration이 개발한 CAF(The Common Assessment Framework), 2005년에 UK Department for International Development가 개발한 Key Areas and Excellence Factors for Evaluating the Effectiveness of an Supreme Audit Institution, 1998년에 UNDP(United Nations Development Programme)가 개발한 POET(Participatory Organizational Evaluation Tool), 1960년대에 Stanford Research

---

61) INTOSAI Capacity Building Committee, *Building Capacity in SAIs: A Guide*, 2007. 11., http://cbc.courdescomptes.ma/index.php?id=1, 2012. 2. 10. 검색.

| 표 2-13 | 최고감사기구의 주요 역량 |

전문적인 감사역량	조직역량	외부환경을 다루는 역량
• 감사방법 • 감사매뉴얼 • 직원개발 및 훈련 • 업무계획 및 관리 • 품질보증	• 감사전략 및 감사계획 • 리더십과 관리 • 자원관리 • 지배구조 및 책임성	• 의회, 행정부와 관계 • 감사대상기관과 관계 • 외부감사자와 관계 • 지방감사조직, 자체감사자와 관계 • 언론 및 국민과 관계 • 전문협회, 민간감사자와 관계

※ 출처: INTOSAI Capacity Building Committee, *Building Capacity in SAIs: A Guide*, 2007.

Institute의 Albert Humphrey가 개발한 SWOT(Strengths, Weaknesses, Opportunities, Threats) Analysis 등을 검토하였다. 이와 함께 공공재무관리평가와 관련한 모형들, 즉 2003년에 World Bank가 개발한 CFAA(Country Financial Accountability Assessment), 2002년에 ADB(Asian Development Bank)가 개발한 Diagnostic Studies on Accounting and Auditing, 2005년에 Public Expenditure and Financial Accountability Programme이 개발한 PMF (Performance Measurement Framework) 및 스웨덴감사원(Swedish National Audit Office)과 협력하여 아프리카 감사원장회의 소속 영어권 감사원 AFROSAI-E가 개발한 SAI Capability Model, 영국감사원 NAO가 2002년에 개발한 SAI Maturity Model 등을 검토한 후 최고감사기구의 역량을 전문적인 감사역량, 조직역량, 외부환경을 다루는 역량 등 3개 분야로 나누어 정리하였다. (표2-13) '최고감사기구의 주요 역량'은 이러한 내용을 개괄적인 구조로 표현하고 있으며 (부록2-6) 'INTOSAI Capacity Building Committee가 개발한 역량모형'에서 그 구체적인 내용을 살펴 볼 수 있다.

⑷ 감사연구원이 제안한 자체감사기구 역량수준 측정모형

감사연구원은 국내 자체감사기구에 운영컨설팅 서비스를 제공하기 위한 모형을 만들 목적으로 감사기구에 대한 국내외 역량모형을 심도 있게 검토한 후 2010년 9월 자체감사기구 역량수준 측정모형의 틀을 완성하였다. 국내의 경우, 감사원의 자체감사운영 심사기준, 한국전력공사의 자체감사기구 평가기준 등을 검토하였고, 해외사례로는 자체감사자협회의 역량성숙도 모형, Campbell 등의 자체감사 역량성숙도 모형, 아프리카 감사원장회의 소속 영어권감사원 AFROSAI-E에 의해 개발된 최고감사기구 역량모형 및 성숙도모형, 영국 국제개발협력부 DFID(Department for

International Development)가 개발한 최고감사기구 효과성 평가를 위한 핵심영역 및 탁월요소(Key Area and Excellence Factors for Evaluating the Effectiveness of an SAI) 등을 검토하였다. 그 결과 (그림2-3) '감사연구원이 제시한 자체감사기구 역량수준 측정 모형'에서와 같이 감사조직, 감사인력, 감사활동, 감사품질, 감사거버넌스 등 5개 진단분야로 구성된 자체감사기구 역량수준 측정모형을 만들어 냈다. 그리고 진단 분야를 각각 2~8개의 진단영역으로 나누어 총 17개로 세분하고 진단영역별로 더 세분화된 진단항목과 측정내용, 측정방법을 제시하였다.62)

　다음 모형은 국내 자체감사기구의 운영에 대한 심사기준, 현재 통용되는 국제적 인 감사역량모형을 검토한 후 이를 조합해 만든 모형으로서 지금까지 우리나라에 소개된 자체감사 역량모형으로는 가장 진보된 모형이다. 그러나 아래 모형에도 다 음과 같은 한계가 있다.

　첫째, 한 조직의 역량은 조직의 목표에 부합되게 정의된 구성원의 역량과 팀의 역량으로 구성되며 구성원의 역량이 팀의 역량과 긴밀하게 연결되어 조직의 목표 를 달성하기 위해 상호 효과적으로 작용하게 되는데 아래 모형에서는 자체감사기 구가 보유해야할 역량에만 초점을 맞추고 감사자가 갖추어야할 역량에 대해서는 논의하지 아니하였다. 따라서 자체감사자가 보유해야 할 역량에 대해서 추가적인 연구가 필요하다.

　　　　그림 2-3　　감사연구원이 제시한 자체감사기구 역량수준 측정모형(2010. 9)

진단분야	진단영역						
감사조직	자체감사기구			감사책임자			
감사인력	감사담당자			감사역량개발			
감사활동	감사예산	감사계획	감사준비	감사실시	감사정보	감사결과	사후관리	감사성과
감사품질	품질관리		감사기준		감사기법 및 방법		
감사거버넌스	조직내부 관계			조직외부 관계			

※ 출처: 감사연구원, 「자체감사기구 운영컨설팅 방안」, 2010. 9, 31면 〈그림 2-2〉 인용.

---

62) 감사원 감사연구원, 「자체감사기구 운영컨설팅 방안」, 2010. 9.

둘째, 자체감사기구가 보유해야 할 역량은 결국 효과적인 자체감사활동을 위해 필요한 것으로 자체감사의 정의, 행동강령, 감사기준 등에 역량요소들이 포함되어 있다. 따라서 이들 기준들에 근거하여 자체감사기구가 활동하는데 영향을 주는 독립성, 객관성, 윤리성, 전문성, 전문적인 감사활동, 성과관리와 책무성, 조직간 관계 및 조직문화 등 요소들을 찾아내어 자체감사기구의 역량을 구성해야 하는데 위 모형에서는 행동강령에 근거한 윤리성 부분을 역량모형에 포함시키지 않았을 뿐만 아니라 지배구조(governance structure)의 경우 업무의 독립성과 밀접한 관계를 갖는 속성을 가지고 있음에도 불구하고 조직간 관계 및 조직문화와 함께 그룹화 하는 등 적절성이 떨어지게 그룹화 하였다.

셋째, 진단분야나 진단영역의 명칭을 정하면서 국제적으로 통용되는 자체감사의 정의, 행동강령, 감사기준 등에서 사용하는 범용화된 용어, 즉 독립성 및 지배구조, 감사서비스와 역할, 전문성(사람관리), 전문적 감사활동, 성과관리와 책무성, 조직간 관계 및 조직문화 등의 용어를 사용하지 않았다. 이러한 결과는 감사역량이 무엇인지 명확히 정의하지 아니하였을 뿐만 아니라 국제적으로 범용화된 감사기준 등에 대해 연구를 소홀히 한 채 이미 개발되어 있는 역량모형들의 비교분석만을 통해 새로운 감사역량 모형을 만들었기 때문이라고 생각된다.

Ⅳ. 기존문헌의 고찰에서 발견한 사실들

1. 감사의 정의와 자체감사에 대한 연구에서 발견한 사실

감사의 정의와 자체감사 부분을 연구하면서 다음과 같은 사실을 발견하였다.

첫째, 견제와 통제의 의미를 동반하는 전통적인 감사의 실례는 인류역사에서 상품과 재화와 용역이 관리되고 거래되는 곳이면 어느 곳에서도 찾아 볼 수 있었다. 그리고 현대적인 형태의 자체감사는 20세기에 대형화되고 여러 곳에 분산된 사기업들이 대량 등장하면서 민간부문을 중심으로 그 필요성이 인지되기 시작하였고 공공부문의 경우는 1950년 이후에 나타나기 시작하였다. 감사개념은 시대의 흐름에 따라 그 범위가 확대되었고 관계되는 산업의 종류, 연구자가 처한 상황 및 경험에 따라 조금씩 차이를 보이고 있지만 일반적으로는 '정해진 규칙, 정책, 합의된 요구조건 등에 부합되도록 일이 행해졌는지 확신하기 위해 산출물, 일의 과정, 그리고 시스템을 점검, 평가하는 일이며, 더 나아가 조직의 목표를 달성할 수 있는 능력의 보유여부를 확인하고 조직 내 변화를 증진시키는 일까지도 포함하는 것'이라고 정의할 수 있었다.

둘째, 「공공감사기준」과 「공공감사에 관한 법률」에 명시된 자체감사에 대한 정의에 독립성, 정치적 중립성, 전문성 등 자체감사활동에 필수적인 주요 역량이 포함되어 있지 않았으며, 감사업무가 보증활동 이외에도 조직의 내부통제, 위험관리, 지배구조 과정을 평가하는 등 자문활동 영역까지 확장되어 있음에도 불구하고 자체감사의 정의에 이러한 변화를 담지 못했음을 확인할 수 있었다. 또한 자체감사의 대상에 대해서도 감사기구가 조직내부에 편성되어 있는 경우 그 정부부서와 관련 기관을 대상으로 한다고 명확히 정의한 INTOSAI Lima 선언문과 다르게 「공공감사기준」과 '공공감사기준 주석서'에는 자체감사의 범위를 당해 기관·단체, 그 하급기관·단체 또는 산하기관·단체로 확대하여 정의함으로써 감사주체간의 업무갈등과 감사중복의 가능성이 많아지게 되었다.

셋째, 내부통제와 자체감사의 관계를 연구하면서 내부통제는 '조직이 조직의 목표와 임무를 달성하고 있다는 것을 적절하게 보증하기 위해 조직에서 함께 일하는 사람들이 보이는 행동, 계획, 태도, 정책, 시스템, 자원 및 노력의 통합'으로 정의되고 있는 반면, 자체감사는 '조직이 관리자의 정책에 순응하며 내부통제가 효과적이라는 것을 보증할 목적으로 기관의 활동을 검토하기 위해 관리자에 의해 만들어진 평가활동'으로 정의[63]되고 있다는 사실을 알 수 있었다. 그리고 과거에는 회계 및 보고과정에서만 조직 내 감시자로서 작용하던 자체감사의 기능이 현대에 들어와서는 조직의 활동전반에 대해서 사후평가뿐만 아니라 사전예측 및 자문까지 해주는 조직의 파트너 기능으로 바뀌고 있음을 확인할 수 있었다. 긍정적이고 건설적인 변화임에 틀림없다.

넷째, 1990년대를 기점으로 기술의 발전, 전 세계를 휩쓸고 있는 민주화 바람, 세계화의 급속한 진전과 함께 전자거래 급증, 환경문제, 건강과 위생, 안전과 테러 위험, 사기와 돈세탁, 자주 발생하는 금융위기, 고령화 및 저출산의 심화 등은 자

---

63) State of New York, *Budget Policy & Reporting Manual B-350 Governmental Internal Control and Internal Audit Requirements*, http://www.budget.ny.gov/guide/bprm/b/b350.html, 2011. 11. 20. 검색.

체감사의 기능을 확대 및 진화시키는 요인이 되었다. 이에 따라 자체감사자협회 IIA와 미국, 영국, 캐나다 등 선진국에서는 자체감사의 진화를 고려하여 자체감사의 정의, 윤리규정, 감사기준, 감사실무 등을 합리적으로 수정하고 있음을 확인하였다.

2. 우리나라 공공감사체계와 자체감사에 대한 연구에서 발견한 사실

우리나라 공공감사체계와 자체감사의 관계 연구로부터 다음과 같은 사실을 발견하였다.

첫째, 우리나라 공공감사체계는 최고감사기구인 감사원, 중앙부처 자체감사기구, 광역 및 기초 지방자치단체 자체감사기구, 기타 공공기관의 자체감사기구로 구성되어 있고, 국회와 국무조정실 등이 감독차원에서 감사기능을 활용한다. 그런데 감사기구별로 업무의 영역이 중첩되도록 개별 법률이 만들어져 있고, 실제로도 감사기구 간 업무의 조정과 협력이 제대로 이루어지지 않고 있기 때문에 공공감사체계의 하위기구로 갈수록 여러 감사기구로부터 감사를 받게 되어 감사의 중복에 따른 업무부담이 심각할 것으로 예상되었다. 특히 개별 법률에 근거하여 감사기구의 업무중첩 가능성을 분석해 보았더니 기초자치단체의 경우는 감사원 등 8개의 감사주체 중 6개 감사주체로부터, 광역자치단체의 경우는 5개의 감사주체로부터 외부감사 및 자체감사를 받을 수 있는 것으로 확인되었다. 공공감사체계 자체를 개선하지 않으면 감사의 중복문제를 해결하기 어려울 것이라고 판단된다.

둘째, 1962년 중앙행정기관과 지방자치단체에 대한 자체감사를 처음 규정하였던 「행정감사규정」은 2010년에 정부기관, 지방자치단체, 공공기관의 자체감사의 구성 및 운영 등에 관한 기본적인 사항과 효율적인 감사체계의 확립에 필요한 사항을 총괄적으로 정한 「공공감사에 관한 법률」이 제정되자 위 규정에서 자체감사에 관한 내용이 제외된 채 주무부장관, 행정안전부장관 또는 특별시장·광역시장·도지사가 각각 지방자치단체나 그 장이 위임받아 처리하는 국가사무, 시·군 및 자치구나 그 장이 위임받아 처리하는 특별시·광역시 또는 도의 사무, 그리고 지방자치단체의 자치사무에 대하여 조사·점검·확인·분석·검증하는 내용을 담은 「지방자치단체에 대한 행정감사규정」으로 2010년 10월 전부개정 되었다. 또한 「공공감사에 관한 법률」에는 자체감사자협회 등 국제적으로 통용되는 기관이 자체감사의 진화를 고려하여 제시한 자체감사의 정의가 제대로 반영되지 않았으며 「지방자치단체에 대한 행정감사규정」 제3조에서 규정한 감사의 종류와 「공공감사에 관한 법률 시행령」 제10조에서 규정한 감사의 종류가 서로 달라 혼선이 있다는 사실을 발견하였다.

셋째, 감사원은 감사자원의 한계 때문에 6만 6천여 개에 달하는 대상기관을 모두 효과적으로 감사할 수 없는 반면, 자체감사기구는 독립성, 전문성 등이 부족하고 조직의 내부통제에 대한 평가를 소홀히 하는 악순환이 계속되고 있다. 따라서 감사원은 자체감사기구의 독립성, 전문성 등을 강화시킬 수 있는 각종 수단들을 담은 「공공감사에 관한 법률」을 2010년에 제정하였다. 이를 계기로 최고감사기구, 자체감사기구, 감사관련 전문협회, 민간감사자 간의 협력이 강화되고 자체감사기구의 독립성, 전문성, 윤리성, 감사성과와 책무성 등 감사역량이 강화될 수만 있다면 최고감사기구는 자체감사기구의 감사활동 결과를 신뢰하고 의지하며 자체감사 활동의 효과성을 평가하는 선순환적 감사구조가 형성될 수 있을 것이다.

3. 자체감사 역량에 관한 경험적 연구에서 발견한 사실

감사역량에 관한 경험적 연구에서 다음과 같은 사실을 발견하였다.

첫째, 기존의 문헌에 대한 연구를 통해 '감사역량이란 특별한 감사환경 속에서 감사자와 감사기구가 어떤 상황이나 문제를 해결하는데 필요한 가장 적절하고 효과적인 지식, 기술, 태도, 가치, 행동 등을 선택 활용할 수 있는 능력을 말하며, 이는 감사자와 감사기구가 갖고 있는 내적인 특성, 즉 지식, 기술, 동기, 특질, 태도, 자아개념, 가치기준 등을 토대로 얻어지는 것으로서[64] 업무성과와 관련성이 높고, 조직에서 널리 받아들여지는 성과기준에 대비하여 측정할 수 있으며, 교육훈련과 개발을 통해 개선될 수 있는 것'이라고 정의할 수 있었으며 감사역량은 감사의 효과성을 높이고 조직의 목표를 달성하는데 크게 기여할 수 있음을 알았다. 또한 감사역량의 개념 속에 업무의 성과를 위해 필요한 독립성, 객관성, 능률성, 전문성 등 속성요소와 완전성, 비밀유지 의무 등 윤리요소가 포함될 수 있음을 확인하였다.

둘째, 자체감사의 역량에 관한 기존 연구물을 정리한 결과, 연구자들에 의해 논

---

64) Spencer, Lyle M. & Signe M. Spencer, *Competence at Work: Models for Superior Performance*, USA: John Wiley & Sons Inc., 1993.

의된 감사역량이 감사자 개인의 역량을 말하는지, 감사팀 차원의 역량을 말하는지 명확하지 않았으며 굳이 구분한다면 감사자 개인의 역량보다는 팀 차원의 역량 또는 자체감사기구 차원의 역량에 더 가까웠다. 감사자 개인의 역량과 자체감사기구 차원의 역량을 더욱 명확히 구분하여 연구할 필요가 있음을 확인하였다. 그리고 자체감사자협회 IIA가 만든 자체감사 역량모형 IA-CM에서는 독립성(지배구조), 자체감사의 역할 및 서비스, 전문성(사람관리), 전문적 감사활동, 성과관리와 책무성, 조직간 관계 및 조직문화 등 6개 분야로 나누어 자체감사의 역량을 설명하였는데 여기에 감사중복성 해소 분야를 하나 더 추가하여 7개 분야로 분류하면 우리나라 자체감사의 역량을 설명하는데 더 효과적일 수 있다는 사실을 발견하였다. 감사의 중복성은 자체감사 역량모형 IA-CM의 6개 분야 중 굳이 이야기하자면 '조직간 관계 및 조직문화'와 관계가 되므로 여기에 포함시켜 분류할 수도 있었으나 우리나라의 경우 감사의 중복성이 일반화될 정도로 너무 심각하여 연구자들이 자주 문제점으로 거론하고 있는 점을 고려하여 따로 떼어 논의하기로 하였다. 이러한 분류체계는 '감사의 중복성 해소' 문제를 좀 더 심도 있게 다루고 개선을 위한 정책적 함의를 제시하고자 하는 노력의 일환이며 앞서 소개한 IIA가 발행한 IA-CM보다 학문적으로 진일보한 분류법이라고 할 수 있다. 참고로 앞의 '제2장 Ⅱ. 1.'에서 논의한 우리나라의 공공감사체계의 한계는 바로 지방자치단체 등이 겪고 있는 감사의 중복성에 관한 내용이었다.

셋째, 자체감사 역량모형에 관한 기존연구를 평가하면서 한 조직의 구성원의 역량은 팀의 역량과 긴밀하게 연결되어 조직의 목표를 달성하기 위해 상호 효과적으로 작용하게 되는데 우리나라의 연구 모형에서는 자체감사기구가 보유해야할 역량에만 초점을 맞추고 자체감사자가 갖추어야할 역량에 대해서는 논의하지 아니하여 자체감사자가 보유해야 할 역량에 대해서 추가적인 연구가 필요하다는 사실을 또 다시 확인하였다.

넷째, 감사원이 매년 자체감사기구를 대상으로 시행하는 운영심사는 자체감사기구의 효과성을 제고시킬 목적으로 시작하였으나 운영심사항목에 자체감사기구에 필요한 역량을 제대로 포함시키지 않았을 뿐만 아니라 운영과정에서 객관성이 떨어지는 방법으로 평가를 하고 있고, 기관별로 순서를 나열하는 방식의 평가에만 의존한 채 부족한 역량이 어떻게 개선되고 있는지 확인하는 체제를 갖추지 아니함으로써 당초 예상하던 목표를 달성하기 어렵다는 사실을 확인하였다. 또한 감사연구원은 2010년에 우리나라에서 연구된 자체감사기구 역량모형 중 가장 진보된 모형을 제시하였으나 연구과정에서 감사역량이 무엇인지 명확히 정의하지 않았고, 국제적으로 범용화 된 감사기준 등에 대해 연구를 제대로 하지 아니한 채 이미 개발되어 있는 국내외 역량모형들의 비교분석만을 통해 위 감사역량 모형을 만들었기 때문에 위 역량모형에서 윤리성이 제대로 논의되지 않았음을 확인하였다. 또한 지배구조(governance structure)의 경우 업무의 독립성과 밀접한 관계를 갖는 속성을 가지고 있음에도 불구하고 조직간 관계 및 조직문화와 함께 그룹화 하는 등 적절성이 떨어지게 그룹화 하였고, 국제적으로 통용되는 자체감사의 정의, 행동강령, 감사기준 등에서 사용하는 범용화 된 용어, 즉 독립성 및 지배구조, 감사서비스와 역할, 전문성(사람관리), 전문적 감사활동, 성과관리와 책무성, 조직간 관계 및 조직문화 등의 용어를 사용하지 않았음을 확인할 수 있었다.

제 **3** 장

자체감사의 역량분석과
역량지도 작성

제3장
자체감사의 역량분석과 역량지도 작성

I. 자체감사 역량분석 방향

자체감사에 관계되는 역량들을 찾는 방법은 크게 세 가지로 구분할 수 있다.

첫째, 국내외 연구결과 등을 조사 분석하여 자체감사에 필요한 역량 및 측정방법이 무엇인지 확인하는 방법이다. 연구자들은 감사관계자 등을 대상으로 한 설문 등을 통해 자체감사의 기능강화와 관련한 역량들을 분석해 내는 경우가 많기 때문이다.

둘째, 자체감사기구의 운영실태에 대한 분석 및 이들을 대상으로 한 감사사례 등에서 경험적으로 증명된 자체감사의 역량 및 측정방법을 찾아내는 방법이다. 정부의 형태가 서로 다르지만 미국, 영국, 캐나다, 일본, 호주 등 주요 국가의 자체감사기구의 운영실태와 이들에 대한 최고감사기구의 감사결과를 비교분석하다보면 자체감사기구가 개선할 사항이나 앞으로 배양해야 할 자체감사의 역량을 얻을 수 있기 때문이다.

셋째, 자체감사에 대해 많은 지식과 경험을 축적하고 있는 국내외 감사관련 기구들이 만들어 놓은 감사기준 등에서 감사역량 및 측정방법을 찾아내는 방법이다. 감사기준은 감사인이 준수해야 할 최소한의 준거(minimum standards)로서 감사인의 자격과 감사자세, 감사계획과 실시 및 감사결과보고에 관해 공통적으로 적용되는 기본적인 원칙과 절차[1]이므로 감사인이라면 이를 지킬 의무가 있고 따라서 감사인의 역량범주에 포함된다고 볼 수 있다. 따라서 세계 최고감사기구협회 INTOSAI 및 자체감사인협회 IIA의 감사기준, 미국, 영국, 캐나다, 일본, 호주 등 선진국 감사

---

[1] 박재완, "한국의 공공감사기준 모형,"『한국행정학회 1999년도 하계학술대회 발표논문집(정부정책 및 정부개혁의 평가)』, 1999; 신재극, "우리나라 공공감사기준의 제정의의와 주요내용," 감사원『감사』가을호(통권 제64호), 1999., 132~139면.

원의 감사기준 등 외국의 감사기준들과 감사원의 「공공감사에 관한 법률」 및 공공감사기준, 행정안전부의 행정감사규정, 기획재정부의 공기업·준정부기관 감사기준 등 국내 감사기준들을 비교 분석하여 필요한 감사역량과 그 구체적인 요구조건들을 찾기로 하였다.

그런데 앞에서 쓴 것과 같이 기존의 경험적 연구에서 연구자들은 감사역량을 논의하면서 역량을 측정할 도구를 제시한 경우도 일부 있지만 대부분은 측정도구를 명확히 제시하지 아니한 채 감사역량에 대한 이론적 주장만을 한 경우가 많았다. 따라서 자체감사기구의 운영실태 분석과 자체감사기구에 대한 감사결과의 고찰, 국내외 감사기준의 비교분석 과정 등에서 감사역량과 이를 측정할 도구를 더 찾아내야 함을 알았다. 본 연구에서는 위 세 가지 방법을 모두 적용하여 결과를 산출한 후 공통되는 부분을 정리하여 필요한 역량을 찾는 다중방법론(multi-methodology)을 채택·적용하여 연구결과의 타당성과 신뢰성을 높이고자 한다. 국내외 감사기준 및 사례 등을 비교분석하는 과정에서 우리나라 공공감사기준의 개선점, 자체감사 활동의 개선방향이 도출될 것을 기대한다.

II. 주요 선진국의 감사사례에서 감사역량 분석

외국의 자체감사기구는 국가형태(연방국가, 단일국가), 정치체제(대통령제, 내각책임제), 국가역사 등에 따라 독특한 방식으로 운영된다고 할 수 있다. 미국과 호주에서는 연방정부 각 부처, 연방기관, 지방정부 등 단계마다 자체감사기구가 설치되어 있는 반면, 네덜란드의 경우에는 각 부처와 몇 개의 독립적인 행정기관에만 자체감사기구가 설치되어 있으며, 캐나다의 경우는 각 부처의 예산지출 및 인원수를 기준으로 큰 기관에만 자체감사기구가 설치되고 나머지 작은 기관에 대한 감사는 재무위원회사무처(Treasury Board of Secretariat of Canada)가 총괄하여 중앙에 모아 놓은 감사자원(Central pooled resources under the 'Comptroller General' Treasury Arrangement)이 담당하게 된다.2)

---

2) U.K. HM Treasury, *Internal Audit Strategic Improvement Plan: Research Summary*, January 2010, p.16, http://www.hm-treasury.gov.uk/d/internal_audit_researchsummary.pdf, 2011. 12. 13. 검색.

감사연구원(2009)은 세계 주요국가의 자체감사기구를 연구하면서 연방국가 중에서는 미국(대통령제), 캐나다(내각책임제), 영국(내각책임제)을, 단일국가 중에서는 프랑스(대통령제), 일본(내각책임제) 등 총 5개국을 선정하고 이들 나라의 감사기구 운영 접근방법(사전적 회계위주의 접근방법, 재정의 효율성과 관리통제 전반을 검사·조사하는 접근방법)과 감사기구의 중앙정부 통제수준에 따라 각 나라의 자체감사기구의 운영형태를 도식화하는 작업을 하였다. 그리고 재무부가 각 기관에 재무통제관을 파견하는 재무부 중심의 집권적 구조를 취한 나라(프랑스, 스페인, 포르투갈 등)에서는 감사원이 자체감사기구에 대해 제한적으로 지원을 하지만 반면 분권적 구조를 취한 나라(미국, 영국, 캐나다, 일본 등)에서는 감사원이 다양한 방법으로 자체감사기구를 지원하고 있음을 확인하였다.[3]

본 연구에서는 감사연구원의 연구결과를 최대한 활용하여 더 심도 있는 연구결과를 도출하고 연구를 발전적, 효율적으로 수행하기 위해 감사연구원의 연구대상

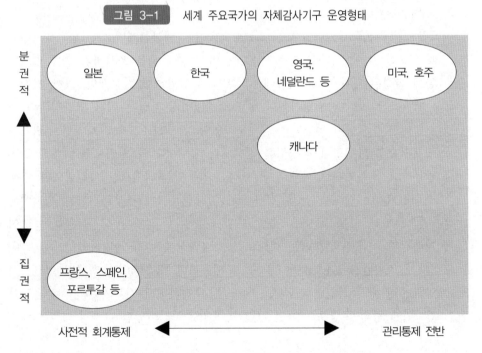

그림 3-1　세계 주요국가의 자체감사기구 운영형태

※ 출처: 감사연구원, 「자체감사 내실운영을 위한 감사원의 지원방향」, 2009. 11., 8면 재구성.

---

3) 감사원 감사연구원, 「자체감사 내실운영을 위한 감사원의 지원방향」, Executive Report, 2009. 11.

이었던 미국, 캐나다, 영국, 일본, 프랑스 중 재무부 중심의 집권적 구조를 취한 프랑스를 제외하는 대신 우리나라와 같이 감사원이 자체감사기구에 대해 제한적으로 지원을 하는 분권적 구조를 가졌으면서도 감사분야에서 모범사례를 많이 찾을 수 있는 호주(연방국가, 내각책임제)를 하나 더 포함시켜 미국, 캐나다, 영국, 일본, 호주 등 5개 나라를 대상으로 자체감사기구의 운영실태와 이들에 대한 감사사례를 분석하고자 한다. 그리고 자체감사에 필요한 역량을 확인하기 위한 분석은 자체감사자협회인 IIA가 2009년에 발행한 자체감사 역량 모형(IA-CM)의 분류방법을 준용하되 앞에서 설명한 것처럼 '감사의 중복성 해소 노력' 분야를 추가하고자 한다. (그림3-1) '세계 주요국가의 자체감사기구 운영형태'에서는 이들 나라들의 자체감사기구 운영 접근방법 및 분권화 정도를 확인할 수 있다.

1. 미국(연방국가, 대통령제)의 자체감사기구 운영실태

가. 지배구조

미국감사원 GAO(Government Accountability Office)는 「예산회계법(Budget and Accounting Act, 1921)」 Sec. 301에 의하여 연방예산 지출의 적정성 등을 조사하기 위해 1921년 7월 1일에 설립된 기관[4])으로 처음에는 재무부가 담당하던 감사책임, 회계, 클레임(claims) 기능을 넘겨받아 담당하였다. 1차 세계대전의 혼란 속에서 연방정부의 재무관리에 대한 중요성이 인정되었기 때문이었다. 감사원은 2차 세계대전 무렵까지 주로 정부지출의 합법성과 적정성을 검토했다. 정부기관의 지출요청에 대해 결정서를 발부하고, 정부기관을 상대로 한 재정적 청구의 처리과정을 지원했으며, 정부의 지출증빙서 하나하나를 모두 검사했다. 감사원은 1921년부터 1951년까지에는 정부기관으로부터 재무기록을 제출받고 감사원 본부 건물에 사무직원들이 모여 앉아 지출관련 서류를 검토하는 형태로 중앙집중식 업무처리를 하였다.

그러다가 1930년대에 Franklin Roosevelt 대통령이 대공황으로 침체된 미국경제를 부양하기 위해 뉴딜정책(New Deal Policy)을 추진하면서 정부기관의 지출금액과 거래 건수가 급증하자 당초 1921년 설립 때 1,700여 명 이었던 감사원 직원은 1940

---

4) USA, Budget and Accounting Act, Sixty-seventh Congress, June 8 of 1921, Sess. Ⅰ., Chapter 18, Section 302~Section 303, http://hukum.unsrat.ac.id/etc/1921-budget-and-accounting-act.pdf, 2012. 4. 10. 검색.

년에 5,000여 명으로 늘었다. 그러나 2차 세계대전의 발발로 군대의 지출까지 많아지면서 감사원은 더 이상 정부기관의 지출증빙서를 모두 검토할 수 없게 되었다. 1945년에 감사원 직원이 14,000여 명을 넘어섰지만 감사하지 못한 지출증빙서류가 35만 건이나 되었다는 점이 이러한 현상을 설명해 준다.

2차 세계대전이 끝나자 감사원은 25년간 고수해 온 업무수행 관행을 버리고 정부기관의 지출증빙서류에 관한 검토책임을 각 정부기관의 내부통제에 일임하는 한편 1940년대 말부터는 재무부 및 관리예산국(현재의 Office of Management and Budget)과 함께 행정부서들의 회계시스템과 지출통제가 적정한지를 검토하는 임무를 주로 수행하게 되었다. 당연히 감사원 직원들의 많은 수가 줄게 되었다. 1950년대에는 미국과 러시아를 주축으로 하는 냉전시대가 시작되었고 미군이 유럽과 아시아에 파병되면서 감사원도 미국 내 지역사무소뿐만 아니라 유럽, 극동아시아, 베트남 사이공 등에 해외사무소를 개설해 군사자금과 해외원조 자금이 제대로 쓰이고 있는지에 대해 감사를 했다. 그리고 1972년에는 유명한 정치적 부조리 사건인 'Watergate 사건'에 대해 감사했다. 의회는 1974년에 감사원에 평가기능을 추가시켰고, 1986년에는 전문적인 조사관을 채용하고 관련법을 보완하여 형사적, 민사적 부정행위까지 다루도록 하였다. 2012년 현재, 감사원 본부는 Washington D.C.에 자리하고 있고, Boston, Chicago, Denver, Seattle, San Francisco, Los Angeles 등 11개 도시에 지역사무실이 있으며 총 3,300여 명의 직원 중 3분의 2는 감사원 본부에서 근무하고 있다.5)

감사원은 「미합중국법전(United States Code)」 Title 31 Chapter 7 Sec. 702에 따라 행정부로부터 독립된 기관이며, 의회소속이라는 명확한 규정은 없으나 1986년 대법원에서 GAO는 입법부의 한 기관이라는 판결을 함에 따라 의회를 지원하는 독립기관으로 활동하고 있다. 감사원장은 의회의 감사원장 후보추천위원회가 3명 이상의 후보를 추천하면 대통령이 1명을 지명하여 인사청문회를 거친 후 상원의 인준을 받아 대통령이 임명하며 임기는 중임의 기회 없이 15년이고 정년도 없다. 영구적인 장애, 비능률, 직무태만, 불법행위, 중죄 또는 비윤리적인 행위가 있을 때

---

5) United States Government Accountability Office, http://www.gao.gov/about/history/; http://www.gao.gov/about/workforce/, 2012. 4. 10. 검색.

탄핵 또는 상원, 하원 합동결의에 의해 해임은 가능하지만 이때에도 청문회를 반드시 거치도록 함으로써 감사원장의 독립성을 보장해 주고 있다.[6]

감사원은 2008년 9월, 「감사원법(Government Accountability Office Act of 2008)」에 감찰관실의 설립을 반영하였다.[7] 「감찰관법(Inspector General Act)」 제2조에 따르면 감찰관은 각 부처와 기관들의 프로그램이나 운영에 대해 감독하고 감사나 조사를 수행하며, 각 부처나 기관들이 프로그램을 집행 또는 조직을 운영하면서 경제성, 효율성, 효과성을 증진시킬 수 있도록 이끌어주고 조정해주며 정책을 조언해주고 부정행위(fraud)나 직권남용(abuse)을 방지하거나 찾아내며, 프로그램과 운영상의 문제 또는 결함을 해당기관의 장과 의회에 제 때 알려주어 필요한 개선책을 마련하도록 하기 위해 설립된 독립적이고 객관적인 부서(직위)이다. 위 법 제3조에 따르면 각 기관의 감찰관은 대통령이 상원의 조언과 동의를 얻어 임명하고,[8] 원칙적으로는 기관장의 지휘감독을 받고 업무가 위임된 경우에는 부기관장의 지휘감독 아래 있으며 이들에게만 보고할 의무가 있지만 기관장이나 부기관장은 감찰관이 감사나 조사를 시작, 집행, 완료하거나 감사 또는 조사과정에서 자료소환장을 발부하는 것에 대해 이를 못하도록 막거나 금지하지 못하도록 되어 있다. 또한 감찰관을 면직시키거나 자리를 옮기게 할 때에도 대통령만이 이를 할 수 있으며 이 경우에 30일 전까지 하원, 상원 모두에게 그 사유를 써서 협의하도록 명시하였고, 「미합중국법전」 Title 5 Sec. 7324의 목적과 관련하여 감찰관은 미합중국이 추진하는 정책을 결정하는 공무원으로 간주되어서는 안 되도록 규정하였으며, 감찰관으로 하여금 조사와 감사를 담당하는 감찰관보를 각 1명씩 임명할 수 있도록 권한을 줌으로써 자체감사기구의 독립성을 보장하고 있다. 미국감사원 GAO에도 감찰관을 두고 GAO가 수행하는 각종 프로그램과 활동에 대해 독립적으로 감사를 하고, 평가하며 다른 형태의 검토도 하고 있다.

---

6) USA, Budget and Accounting Act, Sixty-seventh Congress, June 8 of 1921, Sess. I, Chapter 18, Section 302~Section 303, http://hukum.unsrat.ac.id/etc/1921-budget-and-accounting-act.pdf, 2012. 4. 10. 검색.

7) USA, Government Accountability Act of 2008, One Hundred Tenth Congress, September 10 of 2008, Section 705, http://www.govtrack.us/congress/bills/110/hr5683/text, 2012. 4. 10. 검색

8) 「감찰관법」 제8조 a)항 2) 및 b)항에 따르면 Amtrak, the Appalachian Regional Commission 등 33개 연방지정기관(designated Federal entity)의 경우는 해당 기관의 장이 임명. 감사원 감찰관도 「감사원법」 Sec. 705에 따라 감사원장이 임명.

한편 연방정부의 각 부처에는 감찰관(Inspector General)을 두는 분권적 구조를 취하면서 재정의 효율성뿐만 아니라 관리통제 전반을 검사·조사하는 관리통제 접근방법을 취하고 있다. 연방정부의 경우, 수석재무관(Chief Financial Officer)이 재무관리활동을 통제하는 역할을 담당하고 감찰관은 이를 감사한다.9) 1978년 처음 시행된 「감찰관법(Inspector General Act)」에 따라 각 부처 및 기관별로 자체감사기구에 감찰관을 두고 있다. 이 법이 적용되는 부처와 기관들은 「감찰관법」 제12조 (2)항에 열거되어 있다. 다만 재무부에는 재무부 감찰관실과 조세행정 담당 재무감찰관실을 둔다.

미합중국 연방정부가 지배구조를 활용해 자체감사기구의 독립성을 확립하려는 노력은 여러 곳에서 찾을 수 있다.

첫째, 감사자들이 관련 법률이나 기준을 준수하도록 규정함으로써 업무의 독립성을 지키는 방법이다. 「감찰관법」 제4조 (b)항에 따르면 각 감찰관은 연방정부의 기관, 조직, 사업, 활동, 그리고 기능에 대한 회계검사를 위하여 미합중국 감사원이 설정한 기준을 준수하도록 하고 있고, 연방정부기관에 소속되지 않은 감사자를 활용할 때도 그 활용의 적합여부를 결정하기 위한 지침을 미리 만들고 이에 따라 집행하며 연방정부기관에 소속되지 않은 감사자가 수행한 감사도 미합중국 감사원장이 설정한 기준을 준수할 수 있게 적정한 조치를 취하도록 규정하고 있다.

둘째, 감사결과보고서의 보고과정을 투명하게 정해 놓음으로써 업무의 투명성을 확보하는 방법이다. 위 법 제5조에 따르면 각 감찰관은 매년 3월 31일과 9월 30일을 기준으로 각 6개월씩 수행한 자체감사활동을 요약하여 매년 4월 30일 및 10월 31일까지 보고서를 작성한 후 관계기관의 장에게 보내야 하고, 관계기관의 장들은 이로부터 한 달 내에 이 보고서에 자신들의 의견 등을 담은 보고서를 추가하여 관계되는 위원회와 의회 소위원회에 제출하여야 하며, 이 두 보고서를 의회에 제출한 뒤 60일 안에 대중들에게 제공될 수 있는 형태로 복사본을 만들도록 규정함으로써 자체감사기구 활동의 투명성과 독립성을 뒷받침 해주고 있다. 또한 감찰관이 어느 기관의 프로그램 집행 및 활동과 관련하여 명백한 문제, 남용, 결함 등을 알게 되었을 때에는 해당 기관의 장에게 이를 즉시 보고해야 하고 해당 기관의 장은

---

9) 감사원 감사연구원, 「자체감사 내실운영을 위한 감사원의 지원방향」, Executive Report, 2009. 11., 16~17면.

이를 받은 날로부터 7일 안에 이 보고서에 자신의 의견 등을 붙인 보고서를 추가하여 관계위원회 또는 의회 소위원회에 제출하도록 규정되어 있다.

셋째, 감사자에게 감사와 관련한 자료, 기록 등에 접근할 수 있는 권한을 인정함으로써 업무의 독립성을 보완하는 방법이다. 이 법 제6조에 따르면 감찰관은 각 기관의 프로그램 및 활동과 관련하여 해당기관의 모든 기록, 보고서, 회계검사사항, 검토사항, 서류, 문서, 권고사항 및 기타서류를 볼 수 있고, 해당기관에 자료제출을 요구할 때는 소환장을 활용하며 만일 자료생산에 불응하는 경우에는 관할 지방법원의 명령으로 집행을 한다고 규정하였으며, 이 법에 규정된 임무와 책임을 수행하는데 필요하면 연방정부, 주정부, 지방정부의 기관 및 부서에게 관련 정보와 지원을 요청할 수 있고, 해당기관의 장을 직접 그리고 신속히 면담할 수 있도록 규정해 놓고 있다. 감찰관이 정보의 제공이나 지원을 요청하면 해당기관의 장들은 현행법규나 해당기관의 관련규정에 위배되지 않는 한 이를 제공해야 하며, 만일 정보의 제공이나 지원이 부당하게 거부되거나 제공되지 않는 경우 감찰관은 이러한 사정을 소속기관의 장에게 지체 없이 보고하도록 규정되어 있다.

넷째, 감찰관과 감찰관실 직원의 비리 및 부정행위에 대한 견제를 통해 업무의 독립성과 중립성을 유지하는 방법이다. 위 법 제11조에 따르면 각 부처 감찰관, 연방지정기관의 감찰관, GAO 감찰관, FBI(Federal Bureau of Investigation) 고위직 공무원 등이 구성원이 되는 '청렴 및 효율성 감찰관협의회(CIGIE: Council of Inspectors General on Integrity and Efficiency)[10]'는 관리예산처(Office of Management and Budget)의 관리부국장이 집행위원장이 되고 청렴위원회, 감사위원회, 감찰위원회, 평가위원회, 정보기술위원회 등 7개의 위원회를 운영하고 있다. 특히 FBI의 고위직 공무원이 의장이 되는 청렴위원회는 감찰관들에 대한 비위를 조사하여 그 결과를 30일 안에 청렴 및 효율성 감찰관협의회의 집행위원장, 대통령 및 연방지정기관의 장에게 보고하게 함으로써 조직간 견제와 균형을 유지하도록 한다.[11]

주 정부의 경우, 미국에는 50개의 주가 있으나 주권은 연방정부에 있는 것이 아니라 주정부에 있기 때문에 연방정부가 주정부와 지방정부를 총괄하는 내용의 법

---

10) USA, Council of the Inspectors General on Integrity and Efficiency, http://www.ignet.gov/cigie1.html#mission, 2011. 11. 18. 검색.

11) USA, Inspector General Act of 1978, United States Code Title 5 Government Organization and Employees; and Appendix, Approved June 2 of 2009, http://www.oig.doc.gov/OIGPublications/WP_IG_Act_as_of_2009.06.pdf, 2012. 4. 10. 검색.

률이 존재하지 않는다. 따라서 모든 주가 동일한 체제의 자체감사기구를 운영하는 것이 아니며 주마다 독자적인 법규를 제정하여 운영하고 있다.12) 자체감사기구로는 주민들이 직접 뽑거나 감사위원회에 의해 선출된 주 감사원장이 회계감사를 수행하며 이와는 별도로 기관장 소속 내부통제조직이 존재한다.

뉴욕 주의 경우를 예로 들어 설명하면 뉴욕 주에는 회계검사를 담당하는 주 감사원장과 직무감찰을 담당하는 감찰관으로 나누어져 있다. 감사원장은 회계검사 등 업무를 담당하는데 1776년 뉴욕 주 의회(New York Provincial Congress)에서 재무회계의 정착을 위해 총괄감사관(Auditor General)을 둔 것을 시작으로 이후 감사관으로 명칭이 바뀌었으며, 1797년에는 주 감사관(The State Auditor)에서 주 감사원장(The Office of the State Comptroller)으로 기구가 확대되었고 감사원장은 처음 주지사에 의해 임명되었으나 1846년부터는 주민들에 의한 선거에 의해 선출되고 현재는 주지사 임기와 같은 4년의 임기를 보장받음으로써 업무의 독립성이 강화되었다.13) 한편 주지사에 의해 임명되는 감찰관은 「뉴욕 주 행정법(New York State Executive Law)」 Article 4-A의 규정에 따라 주정부 및 산하기관 150개, 19만 명의 직원들과 이들 기관들과 일하는 민간인들로부터 제보를 받아 부패(corruption), 부정(fraud), 범죄행위(criminal activity), 이익상충(conflicts of interest), 직권남용(abuses of office), 주 기관들의 낭비(waste in the State entities)를 조사하고 이를 못하도록 막거나 제거시키는 일을 한다.14)

뉴욕 주 의회는 뉴욕 주 정부의 업무영역과 규모가 커지고 업무가 복잡해지자 1987년에 「내부통제법(The New York State Governmental Accountability, Audit and Internal Control Act)」을 만들어 주 정부 각 기관의 내부통제조직과 자체감사기구로 하여금 기관의 내부통제시스템이 기관의 모든 활동을 잘 통제하고 있다는 것과 기관의 자산과 자원이 법률과 정당하게 만들어진 관리정책에 부합하는지, 그리고 경제적이고 효율적이며 효과적으로 사용되고 있다는 것을 보증하도록 하였다.15) 그런데 뉴

---

12) 송석록, "지방자치단체의 자체감사제도 개선 및 독립성 확보방안," 『법학연구』 제21권 제2호, 2010. 8., 108~111면.

13) Office of the New York State Comptroller, http://www.osc.state.ny.us/about/response.htm, 2011. 11. 11. 검색; New York State Constitution Article Ⅴ Sec. 1.

14) State of New York, Office of the Inspector General, http://www.ig.state.ny.us/aboutIG/mission.html, 2011. 11. 11. 검색.

욕 주 감사원장은 2003년 감사보고서(2003-S-14)를 통해 이 법에 의해 설립된 34개 주 정부기관의 자체감사기구들 중 절반 이상이 지배구조, 자격과 훈련, 감사자와 조직의 독립성 등에 문제가 있으며, 기관의 활동에 대해 위험평가를 하지 않거나 감사계획서를 만들지 않고 기관의 내부통제에 대해 평가하지도 않으며 자신들이 하는 일의 효과성조차 모니터링 및 평가하지 않는 등 역할을 다하지 못하고 있고, 심지어 이들 중 2개 기관에는 자체감사기구가 설립되지 않았음을 공개하였다. 이를 계기로 2004년 10월 주 감사원장, 예산국(Division of Budget), 뉴욕 주 내부통제협회(New York State Internal Control Association) 등이 주축이 되어 46개 기관의 감사관과 내부통제전문가 등 70여 명으로 내부통제 태스크포스(Internal Contrl Task Force)를 만들고 활동함으로써 2006년에는 6개 부문으로 구성된 내부통제법 집행지침(The New York State Internal Control Act Implementation Guide)을 만들었다.

그 내용 중에서 자체감사기능의 독립성 확보와 관련된 내용을 요약하면 첫째, 자체감사보고서는 기관장, 감사위원회, 이사회 등에 직접 보고하고, 자체감사기능을 기관의 활동으로부터 분리시켜야 한다는 것이다. 이를 위해 자체감사기구의 장은 1년에 4번 이상 기관장 또는 감사위원회와 각각 만나 필요한 사항을 자유롭게 논의하여야 하며, 자체감사기구는 최종 보고서를 기관장, 감사위원회, 감사대상기관, 그리고 내부통제관에게 배부하여야 한다. 또한 기관장은 자체감사자들이 자체감사업무 이외의 업무를 함으로써 독립성을 훼손당하는지 여부를 확인하고 이를 방지하기 위한 지침을 만들어야 한다. 자체감사자들도 업무의 독립성을 실제 훼손당했거나 그럴 우려가 있었던 사항을 정리하여 매년 한 번씩 문서화해야 하며, 주 정부는 자체감사기능을 향상시키기 위해 만드는 지침에 이러한 내용을 반영하여야 한다. GAO의 정부감사기준 GAGAS(Generally Accepted Government Auditing Standards) 3.14, 3.17(f), 3.18(a), (b) 등에 따르면 자체감사기구가 해서는 안 되는 업무가 열거되어 있다. 이는 관리기능을 수행하거나 관리적 결정을 하는 일, 해당 조직의 관리위원회나 이사로서 활동하는 일, 해당 조직이 수행할 프로그램의 방향과 운영에 영향을 줄 수 있는 정책결정, 해당 조직에 고용된 자를 감독하는 일, 프로그램 정책을 개발하는 일, 해당 조직의 거래를 인가해 주거나 조직의 자산을 보호

---

15) State of New York, New York State Governmental Accountability, Audit and Internal Control Act, Text of New York State Bill S04927, April, 20 1999., 1987년에 처음 제정되었고 1993년에는 이 법의 시행을 1999년 1월까지 연장하였다가 1999년 4월에 법을 개정하여 영구적인 법으로 만듦.

하는 업무, 자체감사기구가 감사를 해야 할 재무기록이나 다른 기록들을 유지하고 책임지는 일, 감사의 대상이 되는 봉급을 집행하는 일 등이다. 위 태스크포스는 설문을 통해 설문에 답한 34개 자체감사기구 중 22개가 자체감사활동 외에 내부통제, 정보보안, 심지어 프로그램집행업무 등을 20% 정도 담당하고 있어 업무의 독립성이 저하되고 있음을 확인하였다.

둘째, 자체감사는 기관의 활동에 대해 독립적으로 평가하여 연간보고서를 통해 기관장 또는 권한 위임이 되었을 경우 부기관장(그리고 적용가능하다면 감사위원회)에게 보고하는 기능으로 활용해야 한다는 것이다. 이 때 부기관장이 어떤 부서와 직원을 책임지는 자라면 자체감사기구는 권한 위임된 부기관장에게 보고하되 주기적으로 기관장과 감사위원회를 만나 의견을 나누어야 한다고 제안하고 있다.

셋째, GAO가 만든 정부감사기준 GAGAS 3.30 및 자체감사자협회 IIA가 만든 'IIA's Model Internal Audit Legislation for State Government' 등에 따라 자체감사기구의 활동을 평가하고 독립성을 향상시켜 줄 감사위원회를 설립·운영하는 것이 효과적이라는 것이다. 감사위원회는 재무감사, 순응감사, 정보기술감사, 성과감사 등을 감독하고, 조직이 사업과 활동을 하면서 중요한 위험을 알고 이 위험을 개선하는데 필요한 내부통제시스템을 갖추고 있다는 것을 확인해 주며, 자체감사활동을 위해 필요한 연간 감사계획 및 예산을 검토하고, 자체감사계획이 조직의 주요 위험을 얼마나 잘 개선시키고 있는지를 평가하며, 자체감사기구로부터 자체감사결과 보고서와 follow-up 결과보고서를 받고 주기적으로 기관장을 만나 감사에서 발견된 사실과 권고사항에 대해 필요한 조치를 하고 있는지를 평가하며, 자체감사 활동의 효과성 등에 대해 살펴보는 기능을 수행한다. 법률에 의해 적정하게 만들어진 자체감사위원회는 조직 내 관리라인에서 벗어나 자체감사활동을 감독하는 기능을 수행함으로써 자체감사자의 업무의 독립성을 향상시켜 준다. 위 태스크포스의 설문에 답한 34개 자체감사기구들 중 13개는 업무의 독립성 확보를 위해 감사위원회를 설치·운영하고 있었다.[16]

마지막으로 지방정부(county, city, town, village 등)는 감사제도를 독자적으로 구성

---

16) State of New York, *The New York State Internal Control Act Implementation Guide: Strengthening Compliance with the Act and Standards*, September 2006, Acknowledgements and Executive Summary pp.ⅲ~ⅶ, 49~61, http://www.osc.state.ny.us/agencies/ictf/docs/implement_guide_20060907.pdf, 2011. 11. 13. 검색.

및 운영하고 있다. 뉴욕시의 경우 주민직선으로 감사원장을 선출[17])하는 한편 시 내부 Administration for Children's Services 등 32개 부서에 감찰관을 1명씩 두고 시의 감찰기구인 조사부 DOI(Department of Investigation)가 총괄을 하고 있다. 또한 New York City Police Department, Metropolitan Transportation Authority, New York City Health and Hospitals Corporation 등 3개 지방정부 기관에도 감찰관을 두고 있다. 뉴욕시의 감찰관은 1873년 회계위원회(The Office of the Commissioner of Accounts)로 처음 발족된 후 시 및 시기관의 직원들, 그리고 이들과 일하는 여타의 사람들이 저지르는 회계부정 등에 대해 조사하는 일을 해 왔으며 1938년 현재의 DOI(Department of Investigation)로 명칭을 바꾸어 시장의 '눈과 귀' 또는 'Watch Dog' 기능을 담당하고 있다.[18])

Washington D.C.의 경우는 「D.C. 조달행위법(DC Procurement Practices Act of 1985)」에 의해 감찰관에게 DC의 회계감사와 직무감찰 기능을 부여하였다.[19]) 이와는 별도로 DC 의회가 감사관(The Office of the District of Columbia Auditor)을 선출하여 공공자금의 사용을 조사하게 하고 시정부가 추진하는 프로그램과 활동들을 평가하게 하여 의회가 정부의 하는 일을 잘 감독하도록 지원하는 일을 맡긴다.[20])

Pheonix시의 경우 지배구조 상 시장 바로 밑에 위치한 행정담당관(city manager)의 통솔을 받도록 한 감사관(City Auditor Department)을 두어 시의 프로그램, 활동, 기능들을 독립적이고 객관적으로 피드백(feedback)하게 하는 등 자체감사를 실시하고 있고,[21]) 1976년부터 감사위원회(Audit Committee)를 두어 자체감사와 관련한 지도서를 개발하거나 시 감사관과의 연락책 역할을 수행하도록 하고 있다.[22]) 감사위원회는 임기를 2년으로 정해 시장이 임명한 시의회 의원 3명, 역시 임기를 2년으로 정해 시장이 임명한 공공 및 민간 재정 또는 감사업무 경험이 있는 민간인 3명, 그리고 시 행정담당관(city manager), 재정부서장(Finance Director of the Finance Department), 예

17) New York City Comptroller, http://www.comptroller.nyc.gov/comptroller/index.shtm, 2011. 11. 11. 검색.

18) City of New York, Department of Investigation, http://home2.nyc.gov/html/doi/html/contact/in spectors.shtml, 2011. 11. 11. 검색.

19) District of Columbia, Office of the Inspector General, http://oig.dc.gov/home/enable_leg.shtm, 2011. 11. 11. 검색.

20) Council of the District of Columbia, http://www.dccouncil.washington.dc.us/offices/office-of-the-dc auditor, 2011. 11. 11. 검색.

21) City of Phoenix, http://phoenix.gov/auditor/mission.html, 2011. 11. 12. 검색.

22) City of Phoenix, http://phoenix.gov/auditor/committee.html, 2011. 11. 12. 검색.

산 및 연구부서장(Budget & Research Director) 등 총 9명으로 구성되어 있다.[23] 시 감사관은 감사결과를 매년 시 행정담당관과 감사위원회에 보고해야 한다.

이와 같이 미국의 연방정부, 주정부, 지방정부들은 각각의 조직이 갖는 역사성과 필요성에 근거하여 서로 다른 지배구조 속에서 자체감사기구를 운영하면서 조직의 재정건전성, 투명성, 책무성을 확보하고자 노력하고 있다.

나. 자체감사 서비스와 역할

미국감사원 GAO의 감사권한은 1921년 제정된 「예산회계법」 Sec. 312의 규정에 따라 공적자금의 수취 및 지급, 사용과 관련한 모든 사항을 조사할 수 있으며, 1970년 제정된 「의회 재조직법」에 의해 프로그램 평가기능도 수행하고 있다. GAO는 정부기관들이 정부자금을 효율적이고 효과적으로 사용하고 있는지 감사하고 위법부당한 행위의 혐의가 있을 때 조사하며, 정부의 프로그램과 정책들이 얼마나 기관의 목적에 잘 부합되는지에 대해 검토하고 정책분석을 실시하며 의회가 숙고할 만한 개선책을 제시한다. 또한 입찰 이의제기 결정 같은 법적결정이나 의견을 제시하고 각 기관의 법에 관한 보고서를 작성하는 방법 등으로 의회의 정부기관에 대한 감독기능을 보좌한다.[24] 「예산회계법」에 따라 공적자금의 경제성 또는 효율성 향상을 위해 권고를 할 수 있는 권한을 부여받고 감사의 80% 이상을 사업효과성 및 결과감사, 내부통제평가, 경제성 및 효율성감사, 타당성분석 등으로 대별되는 성과감사를 수행하고 있고, 미국 연방기관에 대한 재무제표감사는 각 기관의 감찰관(Inspector General) 또는 독립적인 외부감사기관에서 실시하며 GAO에서는 감사기준 제공 및 감독업무 등을 수행하고 있지만 1990년 「수석재무관법(Chief Financial Officers Act)」이 제정된 이후부터는 의회의 요청 또는 GAO 감사원장 직권으로 필요시 재무감사도 할 수 있다. 또한 GAO는 내부조직 안에 재무관리 및 보증팀(FMA: Financial Management and Assurance)을 두어 미국정부의 통합재무제표, 국세청, 연방정부 채무, 연방예금보험공사 등에 대해 매년 재무감사를 직접 실시하도록 하고 있다.[25]

---

23) City of Phoenix, Audit Committee, http://phoenix.gov/phxd/bdcomm/BoardCommissionDetail?nbr= B0300021, 2011. 11. 12. 검색.

24) United States Government Accountability Office, http://www.gao.gov/about/, 2011. 11. 7. 검색.

25) 감사원, 『외국 감사원 법령집』, 2008. 10., 7면.

한편 「감찰관법」 제4조에 따르면 연방정부의 감찰관의 임무는 첫째, 프로그램과 조직의 운영에 관계되는 정책방향을 제공하고 프로그램과 조직의 운영에 대해 감사 또는 조사를 하는 것이다.

둘째, 기존에 존재하거나 또는 새로 제안된 법률, 규정들을 검토한 후 반기에 한 번 씩(4월, 10월) 기관장을 거쳐 의회의 위원회에 제출하는 반기보고서에 이들 법률과 규정들이 기관들이 집행하고 예산을 투입하는 프로그램이나 기관운영의 경제성, 효율성에 어떤 영향을 주는지, 프로그램이나 기관의 운영에서 발생하는 부정 또는 직권남용을 어느 정도 예방하거나 찾아낼 수 있는지 등에 관해 권고를 하는 것이다.

셋째, 프로그램 집행이나 조직의 운영에 있어 경제성과 효율성을 증진할 목적으로, 또는 부정이나 직권남용을 방지하거나 찾아낼 목적으로 기관들이 수행하고 예산을 투자하는 다른 행위들에 대해 정책을 권고하고 조정하는 것이다.

넷째, 기관들이 수행하고 예산을 투자하는 프로그램과 운영에 대해 경제성과 효율성을 증진시키고, 부정과 직권남용 행위를 방지 또는 적발하며, 이러한 부정 또는 직권남용 행위와 관련된 자를 확인 및 기소함에 있어 각 기관들과 연방기관, 주정부 및 지방정부기관, 비정부단체들 사이의 관계에 대해 정책을 조언하고 조정하는 것이다.

다섯째, 기관이 수행하고 예산을 투자하는 프로그램이나 조직의 운영과 관련하여 부정, 다른 심한 문제, 직권남용, 결함들을 기관의 장과 의회에 충분히 그리고 제때 보고서를 통해 보고하고 문제를 해결할 수 있는 대책들을 권고하며 그 대책들이 집행되는 진행과정을 보고하는 것이다. 특이한 것은 이 법 제6조 e)항 1)에 따르면 이 법에 부여된 권한에 추가하여 감찰관, 조사담당 감찰관보 및 감찰관보의 감독을 받는 특별조사요원은 이 법 또는 다른 법령에 따르거나 법무부장관에 의해서 부여된 공적인 임무를 수행할 때 총기를 소지할 수 있으며, 위법행위가 발생하였다고 믿을만한 사유가 있는 경우 미국 당국에 의해 발부되는 체포, 수색 또는 증거물 압수영장을 청구하고 집행할 수 있으며 심지어 감찰관, 감찰관보, 조사요원의 면전에서 범법행위가 발생하였거나 미국 법률에 규정된 중대범죄를 범했거나 진행 중이라고 믿을 수 있는 합리적인 이유가 있는 경우 이 법 또는 다른 법률에 따라 영장 없이도 현행범을 체포할 수 있도록 권한을 허용하고 있는 점이다.[26]

---

26) USA, Inspector General Act of 1978, United States Code Title 5 Government Organization and

앞에서 설명한 것처럼 뉴욕 주정부의 자체감사는 회계검사업무 등을 하는 감사원장과 조사업무를 주로 담당하는 감찰관으로 대별된다.

감사원장은 「뉴욕 주 법전(New York State Constitution)」 Article V Sec. 1에 따라 지출 전 증빙서류와 공공회계를 감사하고, 모든 수입과 수령액을 감사하며, 일을 수행하기 위해 필요할 때에는 회계방법을 규정하기도 한다. 또한 주정부 기관과 공사를 감사하고 심지어 뉴욕시를 포함한 지방정부의 회계사항도 감독한다. 이에 더하여 특이한 것은 100만 명이 넘는 주 정부와 지방정부의 공공근로자, 퇴직자, 수혜자들의 연금시스템을 관리하고, 1,469억 달러 규모의 연금기금의 신탁관리자로서 임무를 수행하며, 일반인들이 은행, 보험회사, 투자회사 등에 돈을 맡겼다가 일정기간 내에 찾아가지 않는 휴면계좌에 담겨 있는 금액(unclaimed fund, 2011년 11월 현재 미화 약 110억 달러)의 보호자로서의 역할도 하고 있다. 주 정부 감사원장의 임무는 시간이 갈수록 더욱 확장되어 왔고 다른 주의 자체감사기구와 다른 기능도 담당하고 있다.27)

반면, 주정부 감찰관은 「뉴욕 주 행정법(New York State Executive Law)」 Article 4-A Sec. 53, Sec. 54, Sec. 55의 규정에 따라 주정부 및 주정부기관, 그리고 이들과 일을 하는 민간인 등으로부터 인터넷 홈페이지, 이메일, 기타방법 등에 의해 각종 부패, 부정, 범죄행위, 이익상충, 직권남용, 낭비 등에 대해 제보를 받고 이를 조사할 수 있으며 이때 주정부, 주정부기관 및 이들과 일을 하는 민간인 등은 부패, 부정 등 사실을 알았을 경우 법에 의해 반드시 이를 감찰관실에 제보할 의무를 갖는다. 감찰관실은 제보사실을 해당기관의 장에게 알려주고 그 내용의 중요도에 따라 징계처분, 민사 또는 형사고발이 타당할지, 연방정부, 주정부, 지방정부의 다른 기관이 더 조사를 하여야 할 것인지를 결정하고 조사를 시행한 후에는 그 결과에 대해 처분내용을 담은 보고서를 발행하며, 해당기관의 장은 보고서가 발행된 지 90일 이내에 주지사에게 권고 받은 내용을 어떻게 처리했는지 등에 대해 보고하도록 되어 있다. 또한 부패, 부정 등을 예방하기 위한 정책을 개발하고 훈련을 강화하기도 한다.28) 뉴욕 주 정부의 감찰관의 임무는 연방정부의 감찰관에 비교하면 조사기능에만 한정되어 있음을 알 수 있다.

Employees; and Appendix, Approved June 2, 2009., http://www.oig.doc.gov/OIGPublications/WP_IG_Act_as_of_2009.06.pdf, 2012. 4. 10. 검색.

27) Office of the New York State Comptroller, http://www.osc.state.ny.us/about/response.htm, 2011. 11. 11. 검색.

28) State of New York, Office of the Inspector General, http://www.ig.state.ny.us/information/Executive LawArticle4-A.htm.html, 2011. 11. 11. 검색.

끝으로 지방정부(county, city, town, village 등)의 감사서비스 및 역할에 대해 살펴보자.

뉴욕시의 경우 감사원장은 시의 재정상태를 감사하여 그 결과를 시장과 의회, 그리고 시민들에게 알려주는 일을 하며, 시가 수행하는 프로그램과 활동, 재정정책, 재무거래에 대해 권고한다. 이 외에도 뉴욕시가 보유한 다섯 개의 연금펀드 자산을 운영하고, 주정부 감사원처럼 예산을 분석하며, 시 기관들을 감사하고, 제안된 계약을 기록하는 등의 일을 한다. 뉴욕 주의 경우와 비슷하게 뉴욕시 감사원장이 연금자산을 관리하는 것은 특이한 업무라 할 수 있다. 반면 뉴욕시의 감찰관은 법을 집행하는 일종의 사법당국으로서 시의 직원, 이들과 일하는 사람들이 부패, 회계부정, 비윤리적인 행동들을 했을 경우 이를 조사하여 고발하는 등의 업무를 한다.29)

Washington D.C.의 경우 뉴욕시와는 다르게 감찰관이 DC의 회계검사와 직무감찰을 모두 담당하고 있다. 또한 DC 의회는 1995년 「DC Financial Responsibility and Management Assistance Act of 1995」에서 DC 감찰관인 OIG(Office of the Inspector General)의 권한과 책임을 강화시켰고 뒤이어 1998년에는 「Office of the Inspector General Law Enforcement Powers Amendment Act of 1998」를 통해 감찰관실 직원들이 범죄수사를 할 때 무기를 소지할 수 있도록 하고, 중한 범인의 경우 영장 없이도 현장에서 체포할 수 있게 하였으며, 정당한 대의명분이 있을 경우 수색영장을 집행할 수 있도록 규정하였다. 그리고 2000년 4월 5일부터 시행하는 「Office of the Inspector General Powers and Duties Amendment Act of 1999」를 통해 OIG에 불만을 제기하거나 정보를 제공한 자에 대해서는 감찰관이 이들의 신원을 밝히지 않으면 안 되거나 추가 조사를 위해 신원을 밝혀야 한다고 판단하지 않는 한 제보자의 신원에 대해 비밀을 보장하도록 하였다. 또한 OIG의 조사에 불응하거나 회피하는 직원이나 계약자에 대해서는 시장 또는 해당기관의 장에게 행정적인 벌을 승인하도록 권고할 수 있으며, DC 의회와 법원을 제외한 나머지 기관에 대해 조사를 할 때 어떤 서류나 재산 등에도 접근할 수 있게 하였고, OIG는 일반적으로 승인된 감사나 조사기준을 준수하도록 하며, OIG가 감사기준, 조사기준, 정책, 절차, 품질통제에 관해 철저한 평가를 할 수 있게 3년에 1번씩 동료평가(peer study)를 하도록 명문화 하였다.30) 이와는 별도로 DC 의회가 선출한 감사관은 의회에 속해

---

29) City of New York, Department of Investigation, http://home2.nyc.gov/html/doi/html/about/mission.shtml, 2011. 11. 12. 검색.

30) District of Columbia, Office of the Inspector General, http://oig.dc.gov/home/enable_leg.shtm, 2011. 11. 12. 검색.

있으면서 DC 정부에 대한 회계감사, 프로그램 파악 및 평가, 특별질의 및 다른 서비스를 통해 DC 정부의 경제성, 효율성, 효과성 증진을 위해 노력한다.[31)]

Phoenix시의 경우, 시 감사관은 일반적인 회계검사에 준하는 회계통제감사(financial control audit), 시 행정을 뒷받침 해주고 있는 컴퓨터시스템의 적정성을 감사하는 정보시스템감사(information system audit), 시 행정의 수혜를 받는 시민들이 내는 각종 공과금의 요율과 금액이 시 행정을 하는데 소요되는 비용에 상응하게 책정되었는지를 감사하는 요율 및 공과금 감사(rate and fee audit), 각종 계약이 잘 준수되고 있는지를 감사하는 계약순응감사(contract compliance audit), 현금, 회계, 지출, 계약, 급여, 인터넷 개인정보보호, 월간 회계보고, 훼손·망실된 재산 등 위험요소가 큰 분야에 대해서는 문제를 가능한 빨리 인식하고 이를 치유하기 위해 상시적으로 시행하는 상시감사(continuous audit)를 수행한다. 이 외에도 시의 각 부서나 시 행정 담당관이 의뢰하는 어떤 문제에 대한 분석 및 자문을 해주는 자문서비스(consulting service), 각 부서가 시행하는 프로그램과 서비스의 질을 높일 수 있도록 도와주고 그 결과를 측정하는 방법을 개선시키기 위해 실시하는 과정개선(process improvement), 프로그램과 활동 결과 기대했던 성과에 대비하여 얻은 결과가 어떠한지, 그리고 성과를 개선할 방법은 없는지에 대해 관리하는 성과관리(performance management), 상하수도요금, 허위화재경보에 매긴 징벌성 공과금, 도둑맞은 물건에 대한 처분, 항공이나 지하철 운영자들에 대해 제기되는 각종 민원들에 대해 행정청문회(administrative hearing) 등을 수행한다.[32)] Phoenix시 자체감사기구에는 뉴욕시나 Washington D.C. 자체감사기구에서 수행하는 조사기능이 법률에 근거하여 주어지지는 않았음을 알 수 있다. 한편, 감사위원회는 시 감사관에게 정책지도서를 개발해주거나 그에 따라 행동하는지 감독하며, 시의 중요한 연간 회계보고서에 대한 감사, 연방 단일감사, 그리고 시 감사관실의 감사결과를 검토하기 위해 시에 의해 고용되지 않은 1명 이상의 공인회계사와 계약을 맺어 독립적인 감사를 하고, 시 감사관실이 제출한 연간 감사계획을 심의 및 승인하며, 의회에 각 부서, 기관, 프로그램에 대해 감사할 것을 권고하는 일 등을 한다.[33)]

---

31) Council of the District of Columbia, http://www.dccouncil.washington.dc.us/offices/office-of-the-dc-auditor, 2011. 11. 11. 검색.

32) City of Phoenix, http://phoenix.gov/auditor/services.html, 2011. 11. 12. 검색.

33) City of Phoenix, http://phoenix.gov/phxd/bdcomm/BoardCommissionDetail?nbr=B0300021, 2001. 11. 12. 검색.

이와 같이 미국의 연방정부, 주정부, 지방정부의 자체감사기구들은 서로 조금씩 다른 임무를 가지고 기능을 수행하고 있다.

다. 전문성(사람관리)

「감찰관법」제3조 (a)항에 따르면 미국 연방정부의 각 부처 감찰관들은 회계, 감사, 재무분석, 관리분석, 공공행정 및 수사 분야에서 역량을 가지고 있어야 한다. 그리고 위 법 제11조 (a)항에 따르면 '청렴 및 효율성 감찰관협의회 CIGIE(Council of Inspectors General on Integrity and Efficiency)'는 각 정부기관을 초월하여 청렴, 경제성, 효과성 문제를 개선하여야 하며, 감찰관실 직원들이 잘 훈련되고 높은 역량을 보유할 수 있도록 돕는 정책, 기준, 접근방법 등을 개발하여 직원들의 전문성과 효과성을 제고하도록 하여야 한다.[34] 위 협의회가 2007년에 연방부처, 연방기관의 직무감찰 및 평가팀에 대해 실시한 설문조사에 따르면 직원들의 많은 수는 변호사와 공학자들이지만 경제학자, 회계사, 감사자, 범죄과학수사 전문가, 관리분석가, 공공행정 또는 사업행정가, 국제개발전문가, 노동관계전문가, 통계학자, IT전문가, 보안과 운영 관계직원 등 그 배경이 다양하다. 국방부 직무감찰 및 평가팀에는 군조종사와 그래픽 디자이너가 있고, 통상부(Department of Commerce)의 직무감찰 및 평가팀에는 정보시스템 평가사, 컴퓨터 프로그래머, 소프트웨어 개발자, 경제학자, 사업과 무역분야에 경력이 있는 직원들도 있다. 대부분의 직원들은 정규직이지만 조사 및 평가에 필요한 전문성을 갖춘 자를 계약직원 또는 임시직원 형태로 고용하기도 한다. Department of State는 많은 수의 보안전문가 및 퇴직한 외국업무 종사자를 임시로 고용하여 전직 대사들 및 다른 직원들과 합동으로 해외공관과 영사업무에 대해 조사를 한 사례가 있다. 한편, 각 부처 감찰관실에서는 직원 개인의 전문성 개발뿐만 아니라 팀환경에서의 능력개발을 위해 여러 형태의 교육과 직업훈련을 시행한다. 연방적립보험공사(Federal Deposit Insurance Corporation)는 은행일과 관련한 시사성 있는 과정을 교육프로그램으로 제공한 바 있고, Department of State는 영사업무 운영 같은 외국서비스 업무 과정을 교육프로그램으로 제공하기도 한다.

다른 기관들의 경우에는 필요에 따라 IT, 관리, 리더십, 팀구성 및 운영 같은 과정을 개설하기도 한다. 직업훈련은 자체에서 운영하기도 하고 어떤 부처나 기관의

---

34) USA, Inspector General Act of 1978, United States Code Title 5 Government Organization and Employees; and Appendix, Approved June 2, 2009.

감찰관실에서는 자체 교육을 하면서 다른 조직의 감찰관실 직원들이 함께 수강을 할 수 있도록 기회를 주기도 하며 인터넷 강좌를 활용하기도 한다. 교육훈련기관 중에서 감찰관실 직원, 직무감찰 및 평가팀 직원들이 가장 많이 활용하는 교육훈련 기관은 IGATI(Inspectors General Auditor Training Institute)와 IGMI(Inspectors General Management Institute)인데 감사자와 평가자들은 IGATI에서, 관리자들의 경우는 Federal Executive Institute나 IGMI에서 교육훈련을 받는다. 최근에는 정부가 운영하는 자체감사와 관련한 감사교육기관이 줄어들고 있어 자체감사자들은 대학원 과정이나 사설 교육기관을 활용하기도 하지만 자체감사기구 직원들에게 딱 맞는 프로그램이 아닌 경우가 많고 일부 기관의 직무감찰 및 평가팀에서는 직원들을 위해 글쓰기, 감사프로젝트 설계 같은 감사품질과 관계되는 교육과정이 필요하다는 의견도 있다.35)

뉴욕 주의 경우, 뉴욕 주 감사원장의 보고서(2003-S-14)에 따라 2004년 10월 주 감사원장, 예산국(Division of Budget), 뉴욕 주 내부통제협회(New York State Internal Control Association) 등이 주축이 되어 46개 기관의 감사관과 내부통제전문가 등 70여 명으로 내부통제 태스크포스(Internal Contrl Task Force)를 만들고 6개 부문으로 구성된 내부통제법 집행지침(The New York State Internal Control Act Implementation Guide)을 2006년에 만들었는데 그 내용 중 전문성(사람관리)과 관련이 있는 것은 자체감사기구의 장의 자격조건, 자체감사기구 직원의 충원 및 보상, 그리고 자체감사기구 직원들에 대한 상시직업교육에 대한 것이다.

먼저 각 기관의 자체감사기구의 장은 조직내부의 통제와 활동이 효율적, 효과적, 경제적이며, 법과 규정에 순응하고 있음을 확인함으로써 기관의 관리자를 지원할 수 있는데 그렇게 하려면 그는 충분한 교육과 경험을 소유해야 한다. 그런데 감사원장의 보고서에 따르면 조사대상 34개 기관 중 11개 기관의 자체감사기구의 장의 자격이 충분하지 않았다. 그래서 위 태스크포스는 설문조사를 통해 응답을 한 22개 기관의 자체감사기구의 장 중 5명(23%)이 자체감사에 대한 경력이 3년 이하이고, 또한 설문에 응답한 자체감사기구의 장 29명 중 14명(48%)만이 자체감사에 유용한

---

35) USA PCIE(President's Council on Integrity and Efficiency)/ECIE(Executive Council on Integrity and Efficiency) Inspection and Evaluation Committee, *2007 Survey of Inspection and Evaluation Units in the Federal Inspector General Community*, pp.8~9, http://www.ignet.gov/pande/ie/2007IEsurveyfinal.pdf, 2011. 11. 19. 검색.

CIA(Certified Internal Auditor), CISA(Certified Information Systems Auditor), CPA(Certified Public Accountant) 등의 자격증을 보유하고 있는 것을 확인하는 한편, 뉴욕 주 「내부통제법」, 예산정책 및 보고 매뉴얼(Budget Policy and Reporting Manual, BPRM Item B-350), 자체감사자협회 IIA의 기준, 미국감사원 GAO의 정부감사기준, 정부재정공무원협회 GFOA(Government Finance Officers Association)의 권고사례, 각 공공기관 및 사기업의 구직자격 등을 조사 분석한 후 다음과 같은 사실을 발견하였다.

첫째, 「내부통제법」과 BPRM Item B-350에는 자체감사기구의 장이 갖추어야 할 자격에 대해 구체적인 언급이 없으며, IIA의 기준에는 학사학위를 소지하고 자체감사, 외부감사, 정보통신감사 관련 5년 이상의 경력자, 석사학위를 소지하고 자체감사, 외부감사, 정보통신감사 관련 4년 이상의 경력자, CIA(Certified Internal Auditor) 또는 CGAP(Certified Government Auditing Professional) 자격증을 소지하고 자체감사, 외부감사, 정보통신감사 관련 4년 이상의 경력자 중 하나 이상의 자격을 갖추도록 권고하고 있다.

둘째, 미국감사원 GAO의 정부감사기준에는 자체감사기구의 장의 자격에 대한 구체적인 언급이 없으나 미국 공공회계사협회 AICPA(American Institute of Certified Public Accountants)의 지침에는 CPA와 CIA 자격증을 소지하고 회계나 감사의 기술 능력과 함께 관리자 역할을 10년 이상 경험한 자여야 한다고 명시되어 있다.

셋째, 정부재정공무원협회 GFOA는 자체감사기구의 장의 자격으로 최소한 대학학위와 적정한 경험이 있어야 한다고 권고하면서 CIA, CPA, CISA 같은 전문성을 입증할 자격증을 갖추는 것이 강력히 요구된다고 말한다.

넷째, Department of Civil Service는 뉴욕 주의 조사대상 34개 기관들 중 29개 기관은 자체감사기구의 장의 최소 자격조건을 정하지 않았음을 확인하고 자체감사자들의 자격조건을 시달한 적이 있는데 이 지침에 따르면 자체감사기구의 장의 자격은 회계, 기업행정 또는 공공행정, 경제학 또는 산업관리, 이와 관련이 깊은 학과의 학위를 소지하면서 자체감사, 프로그램 연구, 분석평가 분야에서 5년 이상의 경험(그 중 2년은 감독자로서의 경험을 포함)을 가진 자로 되어 있다.

다섯째, 위 태스크포스는 연방정부 각 부처와 기관의 감찰관보 채용조건을 조사하고 이들 부처나 기관들의 많은 수가 채용 시 학력차별 논란을 피하기 위해 채용조건에 특정학과 출신의 대학학위 및 특정경력을 명시하지 않는다는 사실도 발견하였다. Fortune지가 선정한 500개 기업 중 몇 개에 대해 조사한 결과도 채용조건이 다양한 것으로 나타났다.

이러한 사실들에 근거하여 위 태스크포스는 그동안 자체감사기구의 장의 채용자격을 제대로 정하지 못하고 있었던 예산국(The Division of the Budget)에 두 가지의 권고를 하였는데 첫째, BPRM Item B-350에 자체감사기구의 장의 최소 자격조건을 명시할 것과, 둘째, 자체감사기구의 장을 승인하는 역할을 분명히 할 것 등이었다.[36] 이에 따라 예산국은 BPRM Item B-350에 자체감사기구의 장의 최소자격 조건을 학사학위 소지자 또는 이와 동등 이상의 교육 및 경력을 소유한 자로서 감사, 조사, 프로그램 평가 등 분야에서 5년 이상 경험(그 중 2년은 감독자로서의 경험을 포함)을 쌓은 자로 명시하였으며, 최소자격조건 외에 선호되는 자격으로 CIA, CPA, CISA 같은 자격증 및 회계, 기업행정, 공공행정, 경제, 경영, 서비스 분야와 밀접하게 관계되는 학과의 석사학위를 명시하였고, 요구되는 지식, 기술, 능력으로는 감사기준에 대한 전반적인 이해, 구술 또는 문자로 소통하는 기술, 각 기관의 서비스 분야에서의 경력, 정부운영에 대한 폭넓은 이해가 필요하다고 열거하였다.[37]

위 태스크포스는 자체감사기구 직원들의 충원과 보상에 대해서도 언급하였다.

뉴욕 주 35개 기관에 대해 행한 설문결과, 34개 기관이 대학졸업자를 선호하고 있었고, 회계학 관련 평균 19학점, 감사학 관련 평균 3.94학점 이상을 이수하고 감사경험이 평균 1.62년 이상 되는 자를 충원하고 싶다는 대답이 있었다. 자체감사자에게 요구되는 기량으로는 해당 기관과 해당 기관의 업무과정에 대한 지식, 컴퓨터의 도움을 받는 감사기구의 활용능력, 정보기술감사에 대한 지식, 기초적인 사업소프트웨어 활용능력, 글쓰기능력, 내부통제에 접근하는 능력, 대화능력, 일반적인 분석능력, 회계, 감사, 재정에 대한 지식 순으로 선호하고 있었다.

또한 자체감사기구에 의해 사용되는 자체감사자 120명의 칭호와 봉급수준을 조사한 결과, 31명(25%)만이 자체감사자의 칭호를 쓸 뿐 나머지 89명(75%)은 회계사 또는 감사자(35명, 29%), 관리전문가(9명, 8%), 감찰 또는 조사자(7명, 6%), 기타 직함(38명, 32%)을 쓰고 있는 등 뉴욕 주의 각 기관에서는 자체감사자의 칭호를 다른 칭호보

---

36) State of New York, The *New York State Internal Control Act Implementation Guide: Strengthening Compliance with the Act and Standards*, September 2006, pp.63~71, 89~90, http://www.osc.state.ny.us/agencies/ictf/docs/implement_guide_20060907.pdf, 2011. 11. 20. 검색.

37) State of New York, *Budget Policy & Reporting Manual B-350 Governmental Internal Control and Internal Audit Requirements*, http://www.budget.ny.gov/guide/bprm/b/b350.html, 2011. 11. 20. 검색.

다 상대적으로 적게 쓰고 있었고, 자체감사자의 봉급수준이 18등급(senior internal auditor)에서 27등급(principal internal auditor)인 반면 회계사나 다른 직함으로 불리는 직원들의 봉급수준은 14등급(trainees)에서 35등급(M-6과 동일)으로 상대적으로 높았으며, 자체감사기구의 장의 봉급수준은 M-2에서 M-6 범위 내에 있었으나 기관의 크기, 활동의 복잡성 등 책임의 크기에 비례하여 적정하게 보상하고 있지 않았다. 이는 능력 있는 사람이 자체감사자를 자랑스러운 직업으로 알고 지원하는 풍토를 제약하는 요인이 될 수 있었다.

또 이들 120명의 자체감사자들이 자체감사업무를 수행한 기간은 평균 8.8년으로 자체감사자협회 IIA가 보유한 국제 감사정보 네트워크 GAIN(Global Audit Information Network)의 통계자료 평균치 10년보다 적었으며, 자체감사에 유용한 자격증을 하나 이상 가지고 있는 사람도 34명(28%)에 불과했다. 그리고 자체감사기구의 직원들이 감사를 수행하면서 적정한 기술을 사용하면 자체감사의 효과성도 증진시키고 팀의 역량도 높일 수 있는데 설문결과, 설문에 응답한 34개 기관 중 10개 기관(29%)만이 감사과정, 즉 위험평가, 계획, 일정, 업무서류, 보고서, 문제점 지적내용, 비용, 훈련기록 등을 전산화하여 관리하는 데이터베이스 차원의 감사관리시스템을 사용하고 있었고, 이와 별도로 19개 기관(56%)은 많은 양의 감사기록들을 스프레드시트(spreadsheet)나 데이터베이스를 사용하여 관리하는 기술수준을 넘어서 더 자세하고 복잡한 것까지 분석할 수 있는 ACL, IDEA 같은 컴퓨터의 도움을 받는 감사기술(CAATs: Computer Assisted Audit Techniques)을 사용하고 있었다.

위 태스크포스는 발견한 사실에 근거하여 Department of Civil Service와 협력하여 자체감사기구로 하여금 자체감사자의 칭호를 사용하도록 촉구하여야 하고, 자체감사자의 보상등급을 회계사나 감사자에 비해 경쟁력이 있도록 상향 조정하도록 하며, 자체감사자의 채용과정에 전문자격증을 확보할 수 있도록 노력하고, 회계사 또는 감사자의 직과 자체감사자의 직을 서로 바꿀 수 있는지 가능성을 확인하여야 하며, 자체감사 시 데이터베이스 감사관리 도구나 CAATs를 활용하도록 촉구해야 한다는 결론을 내렸다.[38]

---

38) State of New York, *The New York State Internal Control Act Implementation Guide*: *Strengthening Compliance with the Act and Standards*, September 2006, pp.84~92, http://www.osc.state.ny.us/agencies/ictf/docs/implement_guide_20060907.pdf, 2011. 11. 25. 검색.

이에 더하여 위 태스크포스는 관련 법, 예산안, 자체감사자협회 IIA와 GAO의 직업교육 기준, 그리고 97개 기관의 직업교육 실태를 조사한 후 「뉴욕 주 자체감사자 상시교육 지침서(New York State Internal Auditor Continuing Education Guidance Document)」를 작성하였다. 이 지침서는 IIA의 기준과 GAO의 기준을 조합하여 만들어 졌는데 자체감사자들은 2년에 최소 80시간의 교육을 이수하도록 권고하고, 이를 위해 각 기관과 자체감사기구의 장이 책임져야 할 일, 자체감사자들이 책임져야 할 일, 80시간의 교육이수시간을 인정하는 기준, 관련 교육기관 목록 및 교육비용 등을 상세하게 제시해 놓았다.[39]

라. 전문적 감사활동

전문적 감사활동은 자체감사활동이 효과적이고 숙련되게, 그리고 직업전문가로서 정당한 주의를 다한 상태에서 수행되도록 하는 정책, 과정, 활동들을 배경으로 이루어진다. 전문적 감사활동은 조직의 우선순위, 위험관리전략과 같은 것을 자주 채택하는 경향이 있고 자체감사활동과 조직의 지속적인 발전에 기여한다.[40]

뉴욕 주 내부통제 태스크포스는 주 정부 기관들의 자체감사기구 상당수가 기관의 위험을 매년 평가하지 않거나 위험에 기초한 감사계획을 수립하지 않고 있는 점을 확인하고 이를 개선하기 위해 자체감사자협회 IIA가 만든 전문적인 자체감사활동을 위한 국제기준(International Standards for the Professional Practice of Internal Auditing)을 약간 변형하여 다음과 같은 권고를 하였다.

첫째, 자체감사기구의 장은 조직의 목표에 부합하면서 위험에 기초하여 우선순위를 고려한 감사계획을 주기적으로 수립해야 한다. 감사계획은 적어도 1년에 한 번 이상 수정해야 하며, 이 과정에서 조직의 관리자와 관련 위원회, 이사회 등의 의견을 수렴하여 반영하여야 한다.

둘째, 감사계획을 수립하면서 자체감사기구의 장은 감사활동의 중복을 피하기 위하여 내·외부 기관들과 정보를 공유하고 보증업무와 자문서비스를 조정해야 하며, 감사계획 및 감사활동을 위해 필요한 자원, 최초 감사계획 수립 후 변경된 사항

---

39) State of New York, *The New York State Internal Control Act Implementation Guide*: *Strengthening Compliance with the Act and Standards*, September 2006, pp.119~142, http://www.osc.state.ny.us/agencies/ictf/docs/implement_guide_20060907.pdf, 2011. 11. 21. 검색.
40) IIA Research Foundation, *Internal Auditing Capability Model(IA-CM) for the Public Sector*: *Overview and Application Guide*, 2009. 9., p.38.

들에 대해 검토를 받고 승인을 얻기 위해 기관의 장, 이사회 등과 대화하여야 한다.

셋째, 자체감사기구의 장은 자체감사의 자원이 적정하고 충분하며 감사계획을 달성하기 위해 효과적으로 활용되고 있다는 사실을 확인하고 증명해야 하며, 자체감사활동과 관련한 정책 및 절차를 수립해야 한다.

넷째, 자체감사기구의 장은 관리자에게 적기에 필요한 권고를 하고 그 권고한 사항이 잘 처리되고 있는지를 모니터링 하는 시스템을 만들어 유지해야 하며, 조치가 되지 않는 권고사항에 대해서는 follow-up하는 이유와 시기를 서류화해야 한다.

다섯째, 자체감사기구의 장은 권고사항이 효과적으로 집행되든지 또는 기관의 장이 이를 집행하지 아니하면서 위험을 감수하든지 그 어떤 경우라도 이를 문서화하기 위해 관리자들과 함께 follow-up해야 하고, 자문업무를 수행하고 권고를 한 경우에도 고객이 동의하는 한도 내에서는 권고사항의 조치여부를 모니터링 해야 한다.

여섯째, 자체감사기구의 장은 감사서류의 보안과 통제를 위해 필요한 정책을 문서로 남겨야 한다. 이 때 고려되는 4가지 요인은 물리적 통제, 저장, 보관, 내외부에 공개하는 것 등이다. 물리적 통제란 감사서류는 감사자의 소유이며 그들의 통제아래 있어야 하고, 감사서류를 사용하지 않을 때는 잠긴 파일로 유지하거나 권한이 없는 자가 사용할 수 없도록 해야 한다는 의미이다. 자체감사자는 감사기간 동안 매뉴얼과 보조서류들이 어디에 있는지 반드시 알아야 하고 전자서류에 접근할 때는 비밀번호를 사용하게 하거나 개인별로 공유하는 서류를 제한하는 방법 등을 써서 적절한 통제를 하여야 한다. 저장이란 최근 서류는 부서 내 중앙파일에서 프로젝트별로 목록화되어 관리되며 지난 업무와 관련한 서류들은 중앙기록보관소에 저장되는 것을 말한다. 중앙기록보관소에 보내진 서류는 관리하는 자가 지정되어야 하며 각 상자에는 문서폐기 날짜가 기록되어야 한다. 한편, 감사서류는 보고가 된 날짜로부터 최소한 7년 이상 보관되어야 하며 감사서류를 외부에 공개할 때에는 사전에 반드시 기관장 또는 법률자문가의 승인을 얻어야 한다.

일곱째, 자체감사기구는 감사와 감사결과에 대한 follow-up을 하면서 발생한 감사서류를 유지해야 한다. IIA 기준에서는 자체감사자들이 자신들이 내린 결론이나 업무결과를 증명해 보일 수 있는 정보를 기록하도록 하고 있고, 미국 GAO가 만든 정부감사기준 GAGAS(Generally Accepted Government Auditing Standards) Sec. 3.18에도 자체감사자들로 하여금 감사의 계획, 수행, 보고 등 감사의 모든 단계에서 발생하는 상황들을 문서화 하도록 하고 있다. 문서화는 자체감사자들이 감사결과 내린 중요한 판단과 결론을 뒷받침 해줄 수 있어야 하며 감사에 참여하지 아니한 경험 있는 감사자들이 그 문서를 보면 이를 알 수 있도록 해야 한다.

여덟째, 자체감사기구는 감사서류를 작성하지 아니한 다른 사람이 이미 만들어진 감사서류의 적정성을 검토하고 승인하도록 하는 정책을 문서로 만들어 시행해야 한다. 정책에는 누가, 언제 감사서류를 검토하고 승인할 것인지 분명히 명시하여야 한다. 그리고 자체감사기구는 감사의 품질보증을 위해 감사서류검토 체크리스트(checklist)를 만드는 것이 바람직하다. 뉴욕 주 내부통제 태스크포스가 시행했던 설문에서 설문에 응답한 32개 기관 중 7개 기관(22%)의 자체감사기구에서는 감사서류를 다른 사람에 의해 검토 받는 시스템을 갖추고 있지 않았다.[41]

전문적 감사활동에서 관심을 두어야 할 또 다른 부분은 감사계획을 성취하기 위해 요구되는 인적자원, 재정자원, 물질자원에 관한 것이다. 이러한 자원의 결정은 조직이 수행하는 사업모델 및 프로그램의 복잡성, 기관의 수, 분권화의 정도, 자체감사기구에 전문성 있는 자가 얼마나 많이 지원하는가에 대한 직업시장 문제, 관리자가 자체감사기구에 거는 기대 및 위험허용 정도 등에 따라 달라진다.

뉴욕 주 내부통제 태스크포스는 주 의회가 1997년 10월, 그리고 주 감사원장이 2004년 8월 각각의 보고서를 통해 주 정부 기관들의 자체감사기구에 자체감사활동에 필요한 직원들이 부족하다고 언급한 것에 주목하고 이의 실태를 파악하기 위해 관련되는 법령과 연구결과들을 검토하고 주 정부 기관들에 대해 설문을 하는 한편, 설문으로부터 얻은 결과 중 기관별 자체감사기구의 직원 수를 기관의 전체 직원 수 및 서비스 부서에 근무하는 직원 수, 기관의 세출예산, 그리고 자체감사자협회 IIA가 보유한 국제 감사정보 네트워크 GAIN(Global Audit Information Network)의 통계자료 등과 비교하여 비율을 산정하는 방법으로 분석을 하였다. 그 결과 다음과 같은 사실을 발견하였다.

첫째, 뉴욕 주의 「내부통제법」과 예산국이 만든 BPRM Item B-350에서는 자체감사기구의 장의 임명에 대한 내용과 자체감사기구의 장이 연간 감사계획을 수행하는데 필요한 직원의 구성을 책임져야 한다는 것만을 규정하였을 뿐 자체감사기구

---

41) State of New York, *The New York State Internal Control Act Implementation Guide: Strengthening Compliance with the Act and Standards*, September 2006, pp.109~118, http://www.osc.state.ny.us/agencies/ictf/docs/implement_guide_20060907.pdf, 2011. 11. 26. 검색.

의 장이 직원의 구성수준을 결정하는데 준수해야 할 표준이 되는 과정을 구체적으로 규정하지 않았다. 그리고 설문에 응답한 BPRM Item B-350의 적용을 받는 30개 기관 중 8개 기관에서는 자체감사기구에 단 한 명만이 자체감사자로 지정되어 있었고, 그들 중 2명은 다른 일도 같이 맡고 있어 전체 업무 중 자체감사 업무는 50%도 되지 않는다는 사실을 알았다.

둘째, 각 기관들의 세출예산 미화 백만 달러 당 자체감사기구의 직원 수의 비율은 0.00~0.02까지 천차만별이었는데 그 중 Department of Correctional Services, Department of Health, Education Department, Temporary and Disability Assistance, Department of Labor, Division of Criminal Justice Services 등 6개 기관은 그 비율이 0.00~0.00066으로 산정되어 주 정부기관 전체의 평균 0.001171보다 낮고 각 기관의 세출예산 미화 백만 달러당 서비스 부서에 근무하는 직원 수와의 비율 0.00027~0.00328보다 낮았다. 또한 전체 직원 수 대비 자체감사자의 수의 비율은 IIA의 GAIN 통계자료 평균치는 0.0015인데 비해 뉴욕 주 정부기관들은 0.00~0.005까지 분포를 보였다. Department of Correctional Services 등 6개 기관의 비율은 0.00~0.00036으로 주 정부기관 전체의 평균 0.00046보다도 낮고 각 기관의 전체 직원 수 대비 서비스 부서에 근무하는 직원 수와의 비율 0.00013~0.00091보다도 낮았다. 더욱 큰 문제는 BPRM Item B-350의 적용을 받지 않는 규모가 작은 기관의 경우에 있었다. 그들의 2004-2005 회계연도 세출예산 규모는 미화 23억 달러나 되었는데도 불구하고 자체감사기구가 제대로 구성되어 있지 않은 경우가 많았다. 이들 기관들이 자체감사 서비스를 받는 방법은 각각 새로운 자체감사기구를 만드는 방법보다는 여러 기관들이 비용을 분담하여 공통적인 사업과정들에 대해서 만이라도 자체감사전문가의 서비스를 공유하는 방법을 개발하거나 외부전문가에게 아웃소싱(outsourcing)하여 기관의 프로그램과 활동에 대해 평가 받는 방법을 택하는 것이 효과적이라는 것이다.

셋째, 인적자원의 필요성을 평가하는 데는 위험평가가 활용된다는 것이다. 각 기관의 내부통제관은 내부통제 과정을 감독하고 그 결과를 정리하여 예산국에 연간 내부통제증명서를 제공하고 있고, 자체감사기구는 그들이 업무계획을 세우기 위해 기관의 활동에 대해 독립적으로 위험평가를 실시하는데 자체감사기구의 장은 이러한 내부통제증명서와 위험평가 자료를 활용하면 위험에 근거한 사업 우선순위를 알 수 있다. 자체감사기구의 장은 위험평가 자료의 분석 및 연간 감사계획 수립

전에 기관의 관리자 및 감사위원회의 기대수준을 확인하고 내부통제 및 위험평가의 질을 고려한 후 감사계획을 수립해야 한다.

넷째, 위험에 근거하고 관리자나 감사위원회의 기대수준을 고려하여 사업의 우선순위를 정한 후에는 이들 사업들이 기관의 목표에 부합되는지, 재정적으로 얼마나 영향을 줄 것인지, 법령과 규정에 순응하는지, 기관의 생산성과 서비스 배분에 얼마나 도움이 되는지, 기관의 수와 분권화 정도는 어느 정도인지, 관리자들이 위험을 어느 정도 허용할 것인지 등을 고려하여 우선순위를 다시 조정하고 이를 근거로 감사계획을 수립해야 한다. 이 과정에서 감사계획을 실행하기 위해 필요한 자체감사자의 수, 전문지식, 기량 등이 산정되며 현재 활용가능한 자체감사자의 수, 전문지식, 기량 등과 비교하여 그 차이를 발견할 수 있다. 한 예로서 뉴욕 주 감사원 고시(Bulletin) No. G-212에 따르면 각 기관에 대해 최소 3년에 한 번씩 구매감사를 하도록 하고 있는데 한 기관에 대한 구매감사를 하는데 평균 40일이 걸리고 감사를 해야 할 기관이 총 12개일 경우 매년 이 감사를 위해 필요한 날짜는 160일(40×12÷3)이 된다. 태스크포스가 이러한 방법으로 주 정부 기관 34개의 자체감사기구가 법령이나 규정 등에 의해 수행해야 할 감사사항의 수 및 감사에 소요될 날짜를 계산해보니 기관별로 감사사항 수는 1개~13개, 소요날짜는 13.5일~3,722일이었다.

다섯째, 일단 연간 감사계획 실행을 위해 필요한 자원과 실제 보유한 자원간의 차이를 알고 나면 자체감사기구의 장은 감사계획에 대해 관리자나 감사위원회와 대화하기 전에 발견된 차이를 어떻게 메울 것인가에 대해 검토하고 대안을 마련해야 한다. 자체감사자의 증원을 추진하는 것이 대안이 되겠지만 이러한 대안의 실행이 불가능한 경우에는 첫 번째 대안으로 같은 기관 내 다른 부서의 직원을 빌려 쓰는 방법이 있다. 자체감사기구의 장은 이를 위해 차출될 직원으로부터 얻고자 하는 전문지식과 기량, 이들이 수행할 업무를 명확히 정한 후 다른 부서에 직원차출을 요청해야 한다. 두 번째 대안은 외부에서 전문가를 빌려오는 방법이다. 아웃소싱을 하거나 다른 기관의 자체감사기구와 협력하여 감사를 시행하는 방법은 일시적인 감사수요의 증가 등으로 자체감사자가 부족할 때 쓸 수 있는 효과적인 대안이다. 이 방법은 외부전문가의 식견이나 객관성으로부터 이득을 얻는 장점이 있는 반면, 외부전문가가 숙련된 자체감사자에 비해 감사기량이 떨어지거나 기관의 생소한 문화를 이해하지 못해 충돌을 일으키는 단점도 있다. 세 번째 대안은 영구적으로 직원을 충원하는 방법이다.42) 직원을 충원하는 방법은 앞의 전문성(사람관리)에서 이미 언급하였다.

전문적 감사활동과 관련한 또 다른 논점은 품질보증 및 개선프로그램, 즉 내부 모니터링, 주기적인 내·외부 품질평가 등의 준거틀을 만들고 이를 실행하여 자체감사활동의 성과와 효과성을 개선하는 것이다.

자체감사자협회 IIA가 만든 자체감사기준(Standards for the Professional Practice of Internal Auditing) 제1321항에 따르면 자체감사기구는 감사활동이 관련법과 규정에 따라 효과적으로 이루어지고 있는지를 알아보기 위해 적어도 5년에 한 번은 외부평가를 받도록 권고하고 있고, GAO가 만든 정부감사기준 GAGAS(Generally Accepted Government Auditing Standard)에는 적어도 3년에 한 번씩은 동료평가(peer review)를 받도록 권고하고 있다. 위 기준들에 부합되는 평가형태는 국내 관련 협회가 자체적으로 수행한 평가결과를 활용하는 방법, 기관이 자체 품질평가기준을 마련하고 이에 부합하도록 활동했는지 자체평가를 하는 방법, 세 개 이상의 기관들이 서로 동료평가를 해주는 방법, 계약을 체결하여 외부기관으로부터 평가를 받는 방법 등이 있다. 뉴욕 주의 내부통제 태스크포스는 이러한 방법들 중 기관들이 서로 협력하여 동료평가를 하는 방법이 비용이 적게 들고, 평가에 참여한 사람들이 서로 배우는 계기가 되며, 모범사례를 확인하고 이를 적용할 수 있다는 점에서 가장 좋은 방법이라고 한다. 반면, 기관이 자체품질평가 기준을 마련하고 자체평가를 하는 방법은 관련 기준에 적합한지에만 초점을 맞추기 때문에 발전이 적은 방법이며, 계약을 하고 외부평가를 받는 방법은 비용이 많이 들고 직원들에게 직업개발 기회를 줄 수 없다는 단점이 있다고 한다.43)

실제적으로 연방 정부기관들은 「정부의 성과 및 결과법(Government Performance and Results Act of 1993)」에 따라 3년을 주기로 변동되는 5개년 감사전략계획을 세워 왔다. 그러나 이 법이 집행되었는데도 미국 의회에서는 중요한 결정을 할 때 필요한 정보가 부족하여 어려움이 많다는 불만을 터뜨려 왔고 더구나 2008년부터

---

42) State of New York, *The New York State Internal Control Act Implementation Guide: Strengthening Compliance with the Act and Standards*, September 2006, pp.73~83, 93~97, 99~107, http://www.osc.state.ny.us/agencies/ictf/docs/implement_guide_20060907.pdf, 2011. 11. 25. 검색.

43) State of New York, *The New York State Internal Control Act Implementation Guide: Strengthening Compliance with the Act and Standards*, September 2006, pp.143~148, http://www.osc.state.ny.us/agencies/ictf/docs/implement_guide_20060907.pdf, 2011. 11. 26. 검색.

미국 경제를 짓눌러 왔던 서브프라임 모기지 사태 등에 대응하기 위해 의회는 2010년 위 법률을 「정부의 성과 및 결과 현대화법(Government Performance and Results Modernization Act of 2010)」으로 개정하기에 이르렀다. 그 결과 정부기관들은 3년을 주기로 연동화 하던 전략계획을 5년 주기까지로 바꾸고 지출예산을 더 줄이는 대신

표 3-1   GAO의 2010-2015 전략목표

목표1: 미국 국민이 잘 살고 경제적으로 안전할 수 있게 하는데 걸림돌이 되는 도전을 의회가 해결할 수 있도록 지원
1.1 고령자, 다민족 인구의 건강문제를 해결하기 위해 재원과 프로그램을 마련하도록 지원
1.2 미국의 경쟁력을 높이기 위해 평생교육
1.3 노동자, 가족, 어린이를 위한 편익과 돌봄
1.4 고령화 인구의 재정건전성
1.5 법의 대응성, 공정성, 효과성
1.6 생동감 넘치는 공동체
1.7 안정감 있는 재정시스템과 소비자 보호
1.8 자연자원과 환경의 책임 있는 관리
1.9 성공적이고 효과적이며 안전하고 가까이하기 쉬운 국가인프라
목표2: 안보위협, 국제적 공조에 의회가 대응할 수 있게 지원
2.1 위협과 재난으로부터 국토보호 및 안보강화
2.2 군사적 역량과 준비성 확보
2.3 미국의 외교정책의 이득을 높이고 보호
2.4 미국 경제와 안보이득과 관련해 세계시장의 영향력에 대응
목표3: 국가적 도전을 해결하기 위해 연방정부가 변화하는 것을 지원
3.1 현재와 미래의 국가재정 부족을 개선하기 위해 현재의 재정상태와 기회를 분석
3.2 부정행위, 낭비, 남용을 방지하기 위해 재무관리와 내부통제를 개선
3.3 중요한 관리문제와 프로그램 위험에 대해 의회의 감독을 지원
목표4: 감사활동의 품질을 높이고 시의적절한 서비스를 하며 모범사례를 전수하는 정부기관이 됨으로써 감사원의 가치를 극대화
4.1 의회와 국민에게 질 높은 산출물과 서비스를 제공함에 있어 효율성, 효과성 증진
4.2 채용, 직원개발, 보상프로그램을 통해 다양한 직원, 일하고 싶은 근무환경 유지개발
4.3 네트워크, 협동, 파트너십을 확장하고 감사원의 지식, 민첩성, 대응시간을 증진
4.4 감사원의 직원, 정보, 재정, 기술, 물리적 자원의 책임 있는 관리

※ 출처: United States Government Accountability Office, *2012 Update to GAO Strategic Plan 2010-2015.*

지출대비 성과를 높이는 내용으로 전략계획을 바꾸어야 한다. 감사원은 위 법률의 적용을 받는 기관은 아니지만 자발적으로 이에 동참한다는 결정을 하고 신규 법률의 요구사항에 맞게 전략계획을 약간 수정하였다. 감사원이 가장 최근에 수립한 당초 전략계획은 2010년 7월 만든 'GAO Strategic Plan for 2010-2015'이었는데 위 계획은 3년을 주기로 변동되는 5개년 계획이었었다. 그래서 감사원은 개정된 전략계획을 수립한 지 4년째 되는 2014년에 업데이트하기로 계획을 변경하였으며, 직원채용의 최소화, 기존 직원의 자발적인 퇴직유도, 업무관리과정의 개선, 비디오회의 진행 등을 통해 2012년 지출예산을 2011년보다 7.4% 줄인 미화 5억 5,685만 달러로 정한 반면 GAO빌딩의 임대 확대 등을 통해 수입을 높이는 내용으로 전략계획을 일부 수정하였다. (표3-1) 'GAO의 2010-2015 전략목표'에서는 감사원의 4대 전략목표를 확인할 수 있다.44)

마. 성과관리와 책무성

자체감사기구는 자신들의 활동이 조직차원에 미친 영향을 내부적으로 확인하는 한편, 활동결과를 외부의 이해관계자 및 국민들에게 공개하고 이들로부터 피드백을 얻어 자체감사의 효과성을 개선시키는 방법으로 자신들이 하는 일에 대한 성과를 관리하고 책무성(accountability)을 확보할 수 있다.

「감찰관법」 제5조 (a)항에 따르면 연방 부처의 각 감찰관들은 6개월에 한 번씩 작성하는 반기보고서에 감찰관실의 활동에 의하여 드러난 해당기관의 프로그램의 집행 및 활동과 관련한 문제점, 직권남용과 결함에 대한 사항, 이와 관련하여 감찰관실에서 권고한 시정조치 내용, 기존의 반기보고서에 기술되었던 주요 권고사항 중 시정조치가 완료되지 아니한 사항과 그 이유, 해당기관장에게 제출한 보고서의 요약, 감찰관실에서 발행한 감사보고서, 조사보고서, 평가보고서의 주제별 목록, 활동결과 법, 규정 등을 어겨 집행되었거나 서류로 증거를 확인할 수 없는 문제가 되는 금액의 규모, 자체감사기구의 권고에 따라 집행을 하면 더욱 효율적으로 쓸 수 있는 금액의 규모, 감찰관이 해당기관의 장에게 문제가 있다고 권고한 금액 중 해당 기관의 장이 감찰관의 권고에 따라 인정한 문제되는 금액과 그렇지 아니한 금액의 규모 등을 표시하도록 하고 있다. 또한, 위 법 제5조 (e)항에 따르면 다른 법

---

44) United States Government Accountability Office, *2012 Update to GAO Strategic Plan 2010-2015*, http://www.gao.gov/sp/sp_update2_29_2012.pdf, 2012. 4. 8. 검색.

령에 의해 정한 경우, 국가방위, 국가보안, 외교문제 등 때문에 행정부로부터 명령이 있는 경우, 범죄수사가 계속되고 있는 사항의 일부는 자체감사 결과를 대중에게 공개하지 않을 수 있으나 그 외에는 모든 보고서를 대중에게 공개하여야 하며 관계되는 위원회, 의회, 의회의 소위원회 누구도 특별한 경우를 제외하고는 정보의 공개를 보류시킬 수 없다고 명시해 놓았다.45)

미국감사원의 '2011년 회계연도 성과 및 책임성 보고서'에 따르면 감사원은 「정부의 성과 및 결과 현대화법」에 근거하여 업무의 성과측정을 결과, 고객, 직원에 초점을 두고 15개 지표에 대해 타겟 대비 실제수치를 측정하는 방법을 사용하는데 2011 회계연도에는 미화 457억 달러 상당의 재정적 편익(감사원 경비 1달러당 81달러의 편익)을 얻었고, 감사활동을 통해 정부기관들이 1,318개의 프로그램과 활동들을 개선하도록 하였으며, 13개 지표에서 타겟을 달성하거나 초과하였고 의회 증언수 및 신규채용 계획대비 실제 비율 등 2개 지표에서 타겟에 못 미친 결과를 냈다. 성과측정항목별 측정방법은 '2011년 회계연도 성과 및 책임성 보고서' 126면~134면에 자세히 기록되어 있다. 대부분의 성과측정은 이메일 및 웹(web)을 기반으로 한 설문으로 시행하는데 〈표3-2〉에서는 미국감사원의 2011 회계연도 성과측정결과를 정리해 놓았다.46)

성과측정방법을 예를 들어 설명하면, 직원들을 대상으로 한 설문 중 직원개발에 대해서는 ① "1년 동안 외부훈련 및 컨퍼런스, on-the-job training이 본인의 업무능력 향상에 얼마나 좋고 나쁜 영향을 주었는가?"라고 묻고 5점 척도에 답하도록 한 다음 '매우 긍정적', '일반적으로 긍정적'이라고 답한 비율만을 채택하고, ② "1년 동안 내부훈련과정은 본인의 업무에 도움이 되었고 적절하였는가?"라고 묻고 '매우 대단히 유용하고 적절', '대단히 유용하고 적절', '전반적으로 유용하고 적절'하다고 답한 비율만을 채택한다.
직원활용도 항목에서는 ① "지난 1년간 본인의 업무에 자신이 보유하고 있는 기량을 사용하였나?" ② "감사원이 본인에게 도전적인 일을 배당하였나?" ③ "전반

---

45) 감사원, 『외국 감사원 법령집』, 2008. 10., 87~99면.
46) United States Government Accountability Office, *GAO Performance and Accountability Report 2011*, November of 2011, pp.17~38, 126~134, http://www.gao.gov/assets/590/586262.pdf, 2012. 4. 10. 검색.

표 3-2	미국감사원의 2011 회계연도 성과측정			
성과측정항목		2011 타겟	2011 실제	2012 타겟
성과결과				
재정적 편익(10억 달러)		$42.0	$45.7	$40.0
비재정적 편익(정부 프로그램과 활동개선)		1,200	1,318	1,200
4년 전 권고사항의 집행비율		80%	80%	80%
2011년 권고사항이 있는 보고서 산출비율		60%	68%	60%
고객				
의회 증언수		200	174	180
의회, 정부기관의 의사결정시기에 맞게 보고서 제공		95%	95%	90%
직원				
신규채용 계획대비 실제 비율		95%	84%	95%
직원보유비율(퇴직자 포함)		90%	92%	90%
직원보유비율(퇴직자 미포함)		94%	96%	94%
직원개발		76%	79%	76%
직원활용도		75%	78%	75%
감독자의 효과적인 리더십		80%	83%	80%
조직분위기		75%	80%	75%
내부활동들				
일에 도움		4	N/A	4
직장생활의 질		4	N/A	4

※ 출처: United States Government Accountability Office, *GAO Performance and Accountability Report 2011.*

적으로 본인이 효과적으로 일을 배당받았는가?" 등 3가지 질문을 하고 이에 긍정적으로 응답한 비율을 채택한다.

감독자의 효과적인 리더십 항목에서는 ① "지난 1년간 감독자는 본인이 가장 잘할 수 있는 업무를 배정해 주었나?" ② "본인을 공정하게 대해 주었나?" ③ "본인에게 정직과 청렴의 자세로 행동했나?" ④ "본인의 성과에 부합하는 인정을 해 주었나?" ⑤ "본인이 하는 일이 가치 있는 일이라는 감각을 심어주었나?" ⑥ "본인이 낸 높은 성과에 대해 의미 있는 인센티브를 제공해 주었나?" ⑦ "시기적절하게 의사결정을 해 주었나?" ⑧ "감사원의 3대 핵심가치인 accountability, integrity, reliability를 표현해 주었나?" ⑨ "변화를 효과적으로 실행하였나?" ⑩ "균등한 고용기회와 차별문제를 효과적으로 다루었나?" 등 10가지 질문을 한 후 이에 긍정적으로 답한 비율을 채택하는 방법을 취한다.

조직분위기 항목에서는 ① "본인의 팀에 협력과 팀워크가 있나?" ② "본인은 팀 내에서 공정하게 대우받고 존경을 받고 있나?" ③ "본인의 사기가 좋은 상태인가?" ④ "팀 내 직원들의 의견과 생각을 모으는데 충분히 노력하고 있나?" ⑤ "전반적으로 본인의 일에 만족하나?" 등 5가지 질문을 한다.

바. 조직간 관계 및 조직문화

미국에는 연방정부, 주 정부, 지방정부의 자체감사기구들이 공동 관심사에 대해 의견을 나누고 서로 협력하기 위해 만든 감사포럼(Intergovernmental Audit Forum)이 있다. 이 포럼은 GAO가 주관하여 1973년에 창설하였고 2011년 현재는 GAO 원장이 주재하는 National 포럼과 10개 지역포럼으로 구성되어 있다. National 감사포럼에는 연방정부 감찰관협의회, 관리예산처 OMB, 주 정부와 지방정부의 자체감사기구, 10개 지역포럼의 대표들이 1년에 한 번 이상 모여 공동관심사를 논의하며 GAO는 2011년 현재 뉴욕 지역포럼과 뉴저지 지역포럼을 제외한 8개 지역포럼을 지원한다.

위 포럼의 창설배경을 살펴보면 다음과 같다. 1968년 제정된 「Intergovernmental Cooperation Act」, 1972년에 제정된 「State and Local Fiscal Assistance Act」 같은 법률은 연방정부의 보조금 집행을 개선하고 연방정부의 수입을 주 정부나 지방정부와 나누어 쓰는 것에 초점이 맞추어져 있었기 때문에 연방정부, 주 정부, 지방정부 간 협력과 업무조정은 더욱 중요해졌다. 같은 시기에 정부 간 감사협의체는 정부감사가 어떻게 이루어져야 하는가에 대해 정의하려고 노력하고 있었고 그 결과 GAO는 1972년 정부감사기준(Standards for Audit of Governmental Organizations, Programs, Activities & Functions)을 처음 만들어 내고 다음 해인 1973년에는 위 감사포럼을 만들기에 이르렀다. 특히 National 감사포럼은 회원들의 공동관심사에 대해 조정, 대화, 협력을 증진시키고, 정부의 성과, 책무성, 투명성을 높이며, 국민의 신뢰를 얻는 것을 임무로 정하고 지배구조, 재정압박, 인력자본, 국토안보, 정부 내 기술 활용, 정부 간 의존성, 삶의 질 등 7개 주제를 중심으로 논의를 한다. 이를 위해 National 감사포럼은 5년 단위로 전략계획을 수립하고 이에 따라 활동을 한다. 이들의 전략목표는 책무성을 중요시하는 기관들이 시사성 있는 이슈를 서로 공유, 대화, 협동하여 해결하고, 감사조직들이 감사기준을 개선하고 모범사례를 전파하며 정부 내 책무성과 감사전문성의 중요성을 강조함으로써 역량, 신뢰성, 효과성, 전문성 등을 증진시키며, 포럼의 확대와 관리를 증진시키고 정부활동을 개조할 수 있게 회원들

을 지원해 주는데 있다.47)

이와는 별도로 주 정부나 지방정부 자체감사기구들은 여러 형태로 외부기관과 소통하고 파트너십(partnership)을 위해 노력하고 있다. 뉴욕 주 감사원장은 갈수록 지방정부 간 또는 주정부와 지방정부 간 공동 관심사가 늘어나는 것에 대비하기 위해 2009년 Hofstra 대학, Cornell 대학 공동체 및 지역개발협회(CaRDI: Cornell University's Community and Regional Development Institute)와 협력하여 지방정부 리더십협회(Local Government Leadership Institute)를 만들고 지역정부 기관장과 직원들에게 그들의 지식, 리더십, 의사결정능력을 향상시키는 기회를 제공하고 있다. 지방정부 리더십협회는 지역의 공동관심사에 지방정부의 기관장을 건설적으로 참여시킴으로써 그들에게 정보를 제공하거나 문제점을 제기하는 한편, 준비된 프로그램을 통해 그들의 리더십을 증대시키는 역할을 하고 있다. 지방정부 리더십협회는 최근에는 2008년부터 본격화된 금융위기에 공동 대처하기 위해 경제성장을 위한 정부지도자, 시민단체, 개발업자 간 협력문제와 지방정부가 정부보조를 어떻게 받을 수 있는지 등에 초점을 맞추어 프로그램을 제공하고 있다.48)

사. 감사의 중복성 해소 노력

미국에서도 감사의 중복성을 해결하기 위해 많은 노력을 기울이고 있다. 자체감사자협회 IIA가 만든 자체감사기준(Standards for the Professional Practice of Internal Auditing) 제2050항에 따르면 자체감사기구의 장은 감사활동의 중복을 피하기 위하여 내·외부 기관들과 정보를 공유하고 보증업무와 자문서비스를 조정하도록 규정하고 있으며,49) 「감찰관법」 제4조 (c)항에 따르면 연방정부의 각 감찰관은 업무의 중복을 피하고 효과적인 조정과 협력을 기하기 위해 미합중국 감사원의 활동에 특별히 관심을 가지도록 규정하고 있다.50) 한편, 미국의 주정부, 지방정부, 인디언 자치구 및 비영리기관들은 1984년 「단일감사법(The Single Audit Act of 1984)」이 제정되기 전까지는 연방기관에서 보조금을 받아 프로그램을 집행하거나 활동을 했을 경

---

47) National Intergovernmental Audit Forum, *Strategic Plan 2005-2010*, http://www.auditforum.org/ strategic%20plan/NIAFFinal_Feb2405_v6.pdf, 2011. 11. 27. 검색.

48) State of New York, Office of the State Comptroller, http://www.osc.state.ny.us/localgov/lgli/what is.htm, 2011. 11. 19. 검색.

49) Institute of Internal Auditors, *International Standards for the Professional Practice of Internal Auditing*, Revised Oct. 2010.

50) 감사원, 『외국 감사원 법령집』, 2008. 10., 86면.

우 각 연방기관들로부터 보조금이 당초 목적에 맞게 제대로 쓰였는지, 경제적이고 효율적이며 효과적으로 쓰였는지 등과 관련하여 감사를 받아야만 했다. 그러나 이 법이 제정되면서부터는 각 기관이 연방기관으로부터 재정지원을 받았다 하더라도 하나의 프로그램에 소요된 예산이 각 기관의 지출총액 대비 일정비율, 또는 일정 금액[51] 이상이 되어야만 감사를 받도록 함으로써 이들 기관들은 연방정부로부터의 감사부담을 크게 줄일 수 있게 되었다.

「단일감사법」 Sec.1 (b)항에 따르면 이 법의 제정목적은 비연방기관이 관리하는 연방보조금에 대한 효과적인 내부통제를 포함한 건전한 재정관리를 촉진시키고, 비연방기관이 관리하는 연방보조금에 대한 감사를 위해 공통된 감사요건을 확립하며, 감사자원이 효율적이고 효과적으로 사용될 수 있도록 하고, 주정부, 지방정부, 인디언 자치구 및 비영리기관에 대한 감사부담을 줄이며, 연방부처 및 기관들이 이 법에 따라 수행된 감사결과를 실무적으로 가능한 신뢰하고 이용할 수 있도록 하는데 있다. 「연방법전(United States Code)」 Title 31 Chapter 75(단일감사의 요구조건) Sec.7501(정의)에 따르면 단일감사란 Sec.7502 (d)에서 규정하고 있는 비 연방기관에 대한 감사로서 당해 기관의 재무제표와 연방보조금을 모두 포함하는 감사를 의미한다.[52] 감사대상에 해당되는 주 정부는 미국의 모든 주, 콜롬비아 특별구(District of Columbia), 푸에르트리코(Commonwealth of Puerto Rico), 버진 아일랜드(Virgin Islands), 괌(Guam), 미국령 사모아(American Samoa), 북부마리아군도, 태평양도서 신탁지역 및 그들의 대행기관, 정부기능을 갖는 다수 주·지역 또는 주간(interstate) 단체, 그리고 인디언 부족을 말하며, 감사대상에 해당되는 지방정부는 카운티, 구, 시, 타운쉽, 특별구, 학교구역 및 그들의 대행기관과 관리예산처장(Director of the Office of Management and Budget)이 정한 지침에 따른 다수의 지방정부를 말한다.

---

51) 1984년 법 제정 당시에는 연방정부 보조금을 미화 10만 달러 이상 지출하는 경우 이 법의 적용을 받도록 하였으나 1996년 법 개정 시 30만 달러로 바뀌었고 2003년 이후부터는 50만 달러로 상향되었음.

52) Ian Ball(2002)에 따르면 단일감사란 재무감사와 순응감사를 한꺼번에 수행하는 것을 말한다고 함. Ball, Ian, *The Single Audit and Its Precondition-Governance, Controls, Accounting and Audit*, Verstehen Workshop 2002-Single Audit in Europe, Notes for Presentation, http://ec.europa.eu/dgs/internal_audit/pdf/conference_2002/verstehen2002-presentation-ianball.pdf, 2011. 11. 27. 검색.

GAO가 감사중복을 피하려고 노력한 다른 사례가 있어 소개하면, GAO는 「연방법전」 Title 31 Sec. 712 (1)항에 따라 Kennedy Center의 신탁기금에 대해 조사를 해야 하고, 1994년 개정된 「케네디센터법(John F. Kennedy Center Act)」에 따르더라도 최소 3년에 1번 위 센터의 회계를 감사할 의무가 있었는데 GAO는 1997년 위 센터에 대한 감사계획을 수립하면서 센터가 매년 회계법인과 계약을 맺고 외부감사를 받고 있으며 외부감사자로부터 감사를 받은 내용이 GAO가 감사를 하려는 내용과 중복될 소지가 있음을 확인하였다. 그래서 GAO는 상원의 Committee on Environment and Public Works 의장과 하원의 Committee on Transportation and Infrastructure 의장에게 GAO가 위 센터를 감사하여야 하는 의무를 해제해 줄 것과 대신 위 센터는 정부회계기준에 따라 매년 외부감사자로부터 감사를 받아 충당기금이 법률에 따라 적정하게 지출되며 지출한도를 벗어나지 않았음을 증명해 보이고 감사결과를 매년 의회에 보고하도록 하는 방안으로 관련법을 개정하는 등 위 센터에 대한 감사시스템을 바꿔줄 것을 제안하였다.53)

2. 캐나다(연방국가, 내각책임제)의 자체감사기구 운영실태

가. 지배구조

캐나다는 영국 여왕을 국가원수로 삼는 영연방국가 중 하나로서 1867년 7월 1일에 캐나다 자치령으로 독립하였으며 2011년 현재 British Columbia 등 10개의 지방정부(Province)와 대륙 북쪽에 위치한 Northwest Territories, Yukon, Nunavut 등 3개의 준주(territory)로 구성된 나라이다. 중앙정부에는 영국 여왕의 권위와 힘을 대신하는 총독(Governor General)이 있으나 그 역할은 다분히 상징적이고 의례적이며 수상(Prime Minister)이 정부 일을 실질적으로 대표하여 처리하고 있다. 각 지방정부에는 영국 여왕의 권위를 대신하는 부총독(Lieutenant-Governor)이 파견되어 있으며 주지사(Premier)가 지방정부의 업무를 실질적으로 수행하고 있고, 준주에는 여왕의 권위를 대신하지는 않지만 연방정부를 대표하는 주지사(Commissioner)가 파견되어 있다.

---

53) GAO, *Audit Duplication Can Be Prevented*, Report to Congressional Committees, Aug. 1997., http://www.gao.gov/archive/1997/gg97161.pdf, 2011. 11. 27. 검색; GAO, *Preventing Audit Duplication and Developing Facility Management Capability*, Testimony to Congressional Committees, Mar. 1998., http://www.gao.gov/archive/1998/gg98086t.pdf, 2011. 11. 27. 검색.

의회민주주의 국가로서 영국이나 미국처럼 하원과 상원 양원으로 구성되어 있으나 지방정부의 경우 사실상 하원의 기능을 갖는 단일 의회(legislative assembly or House of Assembly or National Assembly)로 구성되어 있다.54)

「재정법(Financial Administration Act)」 Sec.5 및 Sec.6에 따르면 영국 여왕의 정치문제 자문기구인 추밀원(The Queen's Privy Council for Canada)의 위원회에 해당하는 재무위원회는 재무위원회 의장(President of the Treasury Board)과 총독이 임명하는 4명의 멤버로 구성된다. 또한 총독은 차관급(Powers of a Deputy Head of a Department)의 영향력을 행사하는 재무위원회사무처장(Secretary of the Treasury Board), 재무회계감사원장(Comptroller General of Canada),55) 공공서비스 인적자원 관리기관의 장(President of the Public Service Human Resources Management Agency of Canada) 및 내부통제를 위한 회계관(Accounting Officer)의 역할을 할 각 부처의 차관을 임명하고 재무위원회 의장으로 하여금 재무위원회사무처장, 재무회계감사원장, 공공서비스 인적자원 관리기관의 장의 업무를 조정하도록 하고 있다. 그리고 「재정법」 Sec.7에 따르면 재무위원회는 연방정부의 공공행정과 관련된 일반정책의 수립, 연방정부 공공행정 조직 구성 및 내부통제업무, 세입 및 지출회계 등을 포함한 재무관리, 부처의 중장기 지출계획과 프로그램에 대한 검토, 연방정부 공공행정에서의 인적자원관리, 총독이 임명한 사람들에 대한 임기 및 보수의 결정업무 등외에도 연방정부 공공행정에 대한 자체감사를 수행하여야 한다. 또 위 법률 Sec.16.1에 따르면 각 부처의 차관 또는 최고관리자는 자체감사기구가 부처 요구에 적합한 역량을 가지고 있는지 확신해야 하는 책임을 가지며, Sec.16.2에 따르면 각 부처의 차관 또는 최고관리자는 감사위원회를 설치해야 하며 감사위원은 재무위원회 의장이 연방공공행정을 담당하지 않는 사람 중에 선정하여 권고를 하면 재무위원회가 이를 임명하고 임기는 4년 범위 내에서 정하고 재임용이 가능하다.56) 재무위원회사무처장은 재무

---

54) Wikipedia, http://en.wikipedia.org/wiki/Provinces_and_territories_of_Canada#History, 2011. 12. 26. 검색.

55) 캐나다의 최고감사기구인 감사원장(Auditor General of Canada)과 다른 직위로서 재무위원회 사무처 내에 분리된 조직의 형태로 존재하며 재무관리 및 회계정책, 재무시스템 관리, 자체감사, 연방자산 및 획득한 서비스에 대해 범정부적인 지휘통솔의 책임을 짐. 1931년 처음 직위가 만들어져 활동하다가 1969년~1978년까지 폐지되었으며 공공자금에 대한 내부통제 강화가 필요하다는 1976년 감사원장의 보고서에 따라 1978년 다시 직위가 신설되어 오늘에 이름. http://www.tbs-sct.gc.ca/ocg-bcg/abu-ans/history-histoire-eng.asp; http://www.tbs-sct.gc.ca/pol/doc-eng.aspx?id=16484&section=text, 2011. 12. 28. 검색.

56) Minister of Justice of Canada, Financial Administration Act, http://laws.justice.gc.ca/PDF/F-11.pdf,

위원회를 지원하는 행정조직으로서 정부자원 관리와 관련한 정책, 지시사항, 규정, 프로그램 지출제안서에 대해 재무위원회에 권고 및 조언을 하며 정부와 정부기관 등에 대한 감사기능도 담당한다. 재무위원회사무처장은 「재정법」 Sec.5~Sec.13에 따라 정부의 관리자로서, 그리고 공공서비스의 고용인으로서 역할을 수행하며 재무위원회를 지원한다.57) 실질적으로 자체감사를 시행하는 주체가 누구인지를 살펴보면, 먼저 재무위원회는 정규직원(full-time equivalent employment)의 수가 500명 미만이고 연간 지출금액이 3억 캐나다 달러 미만인 소규모 정부부처 및 정부기관 SDA(Small Departments and Agencies)와 그 이외의 대규모 정부부처와 정부기관인 LDA(Large Departments and Agencies)로 구분한 후 각 조직 내 설치된 자체감사기구와 감사위원회로 하여금 SDA의 경우는 재무위원회사무처의 재무회계감사원장에게, LDA의 경우는 부기관장(Deputy Heads)에게 조직의 위험관리, 내부통제, 지배구조과정에 대해 보증과 권고를 제공하도록 의무를 부여하였다. 즉, 재무회계감사원장은 주로 SDA에 대한 범정부적인 수평감사(horizontal audit) 또는 특정감사(sectoral audit)를 책임지고 있고, LDA의 경우는 그 기관의 부기관장이 자체감사에 대한 책임을 지고 있다.58) 이러한 의미에서 캐나다 정부의 자체감사는 각 부처에 부기관장 통제 아래 자체감사기구를 두는 분권적 접근방법과 작은 부처나 기관에 대해서는 재무위원회사무처의 재무회계감사원장이 자체감사서비스를 제공하는 집권적 접근방법을 모두 구사한다고 할 수 있다.

캐나다감사원의 역사를 간략하게 살펴보면 1878년 전 의회멤버였던 John Lorn McDogall이 처음으로 독립적인 업무를 수행하는 감사원장으로 임명되기 전까지는 재무부 부장관(Deputy Minister of Finance)이 정부의 거래내역을 조사하고 보고하며 정부수표의 발행을 승인하는 감사원장의 업무를 수행했다. 그러다가 1931년이 되어서야 의회는 정부의 수표발행을 승인하는 업무를 당시 새로 신설한 재무부장관 (Comptroller of the Treasury)에게 이관하는 결정을 함으로써 비로소 정부는 공공자금을 거두어들이고 이를 필요한데 쓰는 책임을 지고, 감사원장은 정부가 공공자금을

2011. 12. 28. 검색.

57) Treasury Board of Canada Secretariat, http://www.tbs-sct.gc.ca/tbs-sct/abu-ans/tbs-sct/abu-ans-eng. asp, 2011. 12. 28. 검색.

58) Treasury Board of Canada Secretariat, http://www.tbs-sct.gc.ca/pol/doc-eng.aspx?id=16484&section= text, 2011. 12. 28. 검색.

의회가 의도한대로 쓰고 있는지 감사하고 의회에 보고하는 책임을 지게 되었다.

그리고 감사원은 1977년에 새로 만들어진 「감사원장법(The 1977 Auditor General Act)」에 따라 정부의 재정보고서의 정확도를 살피는 업무 외에 정부가 주어진 일을 잘 하고 있는지에 대해서도 감사할 수 있도록 책임범위를 넓혔다. 이 법에서는 감사원장은 정부의 정책선택에 대해서는 언급을 할 수 없지만 정부정책이 의도한대로 집행되고 있는지에 대해서는 감사를 할 수 있도록 중요한 원칙을 정해 놓았다. 「감사원장법」은 그 후 1994년, 1995년, 2005년에 일부 조항이 개정되었는데 특히 1995년 12월 개정 때에는 감사원 내에 '환경과 지속가능발전을 위한 위원 직위(Commissioner of the Environment and Sustainable Development)'를 신설하였으며 2005년 6월에는 의회가 「예산집행법(Budget Implementation Act, 2005)」을 통과시킴에 따라 자동적으로 개정된 「감사원장법」 및 「재정법(Finance Administration Act)」에 따라 감사원장은 공공자금을 받는 몇몇 기관에 대한 성과감사와 정부가 소유한 7개 법인에 대해 특별감사를 할 수 있는 권한을 부여받았다.[59]

감사원에는 약 650여 명의 직원들이 근무하고 있으며 오타와(Ottawa)에 주 사무실이 있고 밴쿠버(Vancouver), 에드몬튼(Edmonton), 몬트리올(Montreal), 할리팩스(Halifax) 등 네 곳에 지방사무실이 있다. 감사원의 지배구조를 살펴보면, 감사원장은 감사위원회(Audit Committee), 고위자문단패널(Panel of Senior Advisers), 원주민문제자문단(Advisers of Aboriginal Issues), 독립적인 회계 및 재정감사 자문위원회(Independent Accounting and Financial Auditing Advisory Committee) 등 4개의 자문단으로부터 조언을 받고 자체 조직 내에는 환경과 지속가능발전을 위한 위원(Commissioner of the Environment and Sustainable Development) 및 환경자문단패널(Panel of Environmental Advisors)을 두어 조언을 받아 업무를 수행한다.[60] 이 중에서 특히 감사위원회는 의장 역할을 하는 외부자문가 1명, 감사원장, 감사원 업무에 의결권을 행사하지 않는 두 명의 고위직(Senior Principal, Chief Financial Officer) 등 4명으로 구성되어 있으며 수행하는 업무는 감사원의 가치와 윤리, 위험관리, 내부통제, 감사품질관리 및 책임성 있는 보고서에 대해 감독하는 일이다. 구체적으로 말하면 감사원이 법, 규정, 정책, 윤리행동

---

59) Office of the Auditor General of Canada, http://www.oag-bvg.gc.ca/internet/English/au_fs_e_821.html, 2011. 12. 26. 검색.

60) Office of the Auditor General of Canada, http://www.oag-bvg.gc.ca/internet/English/au_lp_e_8072.html, 2011. 12. 27. 검색.

기준에 순응하고 있는지를 검토하고, 위험관리와 내부통제를 제대로 하고 있는지 검토하며, 외부감사자와 자체감사자의 업무를 감독하고 이들 업무에 대한 검토기능이 제대로 작동하고 있는지를 감독하며, 감사원의 재정보고서를 관리자들과 함께 검토한 후 감사원장이 이를 승인해도 되는지를 권고하고, 감사계획이나 감사우선순위나 성과보고서 같은 중요한 보고서를 검토한 후 필요한 조언을 하는 일 등을 담당한다. 감사위원회는 감사위원회 헌장(Audit Committee Charter)에 의해 통제되며 감사원의 자체감사기구 PRIA(Practice Review and Internal Audit)로부터 보고를 받는다.61)

연방정부의 각 부처 및 정부기관 등에 대한 자체감사는 재무위원회(Treasury Board)가 1978년 처음 각 부처의 자체감사를 책임질 재무회계감사원장 직위를 신설하고 '재무감사기준(Standards for Internal Financial Audit)'을 만들면서 본격화 되었고, 2006년 '자체감사정책(Policy on Internal Audit)'을 만들면서 더 체계화 되었다. 이 정책은 2009년 일부 개정되었지만 이 정책에 따라 정부부처 각 기관에는 자체감사기구의 장의 직위와 독립적인 외부인사가 대다수를 차지하는 감사위원회가 만들어 졌고, 재무회계감사원장은 개별 부처나 기관의 범위를 뛰어 넘는 수평감사(horizontal audit)나 특정감사(sectoral audit)를 담당하게 되었다. 재무회계감사원장 소속에 있는 자체감사부서(Internal Audit Sector)는 자체감사 정책을 만들고 관리할 책임을 지며 각 부처와 정부기관의 자체감사기구를 이끌며 지배구조, 위험관리, 내부통제과정에 대해 독립적인 보증을 제공하는 일을 한다. 실제 재무회계감사원장 소속의 자체감사부서는 감사원장, 각 부처와 정부기관의 최고관리자 및 재정관계자들, 주정부의 감사관들과 협력하여 업무를 집행하며 각 부처와 기관의 자체감사기구가 지배구조, 위험관리, 내부통제과정에 대해 독립적인 보증을 제공하는 일을 잘 할 수 있도록 원칙과 도구를 개발하는 데에 업무의 초점을 둔다. 따라서 어느 기관에 자체감사기구가 설치되어 있는 경우에는 자체감사기구로 하여금 감사를 시행하게하고 필요할 경우 그 결과를 보고 받는 방법을 자주 취한다.62)

연방정부의 각 부처에도 자체감사기구가 있다. 예를 들어 법무부(Department of

---

61) Office of the Auditor General of Canada, http://www.oag-bvg.gc.ca/internet/English/au_fs_e_9350. html, 2011. 12. 27. 검색.

62) Treasury Board of Canada Secretariat, http://www.tbs-sct.gc.ca/ia-vi/index-eng.asp; http://www.tbs-sct.gc.ca/ia-vi/abu-ans/abu-ans-eng.asp; http://www.tbs-sct.gc.ca/ia-vi/abu-ans/history-histoire-eng.asp, 2012. 1. 3. 검색.

Justice)의 경우, 정치기능과 정부 행정기능의 접점역할을 담당하고 장관에게 조언을 하는 차관(Deputy Minister)이 실질적으로 법무부를 이끄는데 차관의 업무를 보좌하는 4개의 기구, 즉 Chief Audit Executive, Head Integration, Chief Financial Officer, Director General Communications 중에는 자체감사기구의 장인 Chief Audit Executive가 있다. 다른 예로서 우리나라의 출입국관리사무소에 해당하는 Citizenship and Immigration Canada에는 Internal Audit and Accountability Branch라는 자체감사기구가 있다.[63]

주정부의 경우에는 의회소속으로 주정부 감사원이 있다. 브리티시 콜롬비아주(Province of British Columbia) 감사원을 사례로 들어 지방정부 감사원의 지배구조를 자세히 조명해 보면, 감사원은 의회에 속한 독립적인 감사기구로서 지방정부 부처와 기관들이 얼마나 잘 공공자금과 자원을 관리하고 있는지에 대해 감사하고 조언을 함으로써 국민들과 의회 대표들에게 봉사하는 기관이다. 감사원은 「감사원장법(Auditor General Act)」에 의해서만 지배되며 지방정부 부처, 지방정부 소유 법인, 그리고 대학, 교육청, 의료서비스기관 등 지방정부에 의해 통제되는 정부조직 GRE(Government Reporting Entity)와 그 외의 공공조직도 감사한다. 감사원장은 매년 GRE의 감사관 임명에 대해 계획을 세우고 의회의 공공회계상임위원회(The Select Standing Committee on Public Account)의 승인을 받아 각 조직의 감사관을 임명하며 이들로 하여금 각 조직에 대한 재무감사 등 보증활동을 하게하고 몇 개의 기관들에 대해서는 직접 재무감사 등을 한다. GRE의 감사관 임명계획에는 감사원장 자신이 직접 감사관으로 임명되어 보증활동을 하는 내용도 포함되어 있다.[64]

한편, 주정부 안에도 자체감사기구가 존재하는데 온타리오(Ontario) 주정부의 경우, 재무부 차관(Deputy Minister of Finance) 밑에 Ontario Internal Audit Division을 두어 온타리오 정부부처와 기관들을 대상으로 독립적이고 객관적인 보증서비스뿐만 아니라 내부통제, 위험관리에 대한 감사, 그리고 자문서비스를 제공한다.[65]

감사기구가 독립성을 유지하는 방법은 다음과 같다.

---

63) Department of Justice, Canada, http://www.justice.gc.ca/eng/dept-min/chart.html; Citizenship and Immigration Canada, http://www.cic.gc.ca/english/resources/audit/index.asp, 2011. 12. 30. 검색.

64) Office of the Auditor General of British Columbia, *A Guide to the Appointment of Auditors of Government Organizations*, http://www.bcauditor.com/about; *2010/2011 Annual Report and 2011/12-2013/14 Service Plan*, http://www.bcauditor.com/pubs/subject/annual-reports, 2012. 1. 3. 검색.

65) Ministry of Finance of Ontario, http://www.fin.gov.on.ca/en/about/rbplanning/rbp2010-11_orgchart.pdf; http://www.fin.gov.on.ca/en/about/rbplanning/rbp2010-11.html, 2012. 1. 9. 검색.

첫째, 감사기구의 장에 대한 임명과정을 명확하게 규정해 업무의 독립성을 확보하는 방법이다. 「감사원장법」 Sec.3에 따르면 감사원장은 의회 상하원에 있는 여러 정당의 지도자들로부터 자문을 받고 상하원의 의결승인을 거쳐 총독이 임명하게 된다. 임기는 10년이고 한번 감사원장의 직을 행한 사람은 다시 감사원장이 될 수 없으며 임기 중이라도 부적절한 행동들을 할 경우 상하원의 제안에 의해 총독이 감사원장을 임면할 수 있다. 감사원장의 보수는 캐나다 대법원 판사(Puisne Judge)의 보수와 같다. 또한 감사원 내의 자체감사기구(OAG Practice Review and Internal Audit)의 장은 감사원의 집행위원회에 의해 임명되는데 이 직위는 조직의 관리와 활동으로부터 독립적이다. 따라서 자체감사기구는 감사원장이 주관하는 감사에 참석하지 않는다. 그리고 LDA(Large Departments and Agencies)에 해당하는 정부기관의 경우, 부기관장(Deputy Heads)이 자격이 충분한 자를 자체감사기구의 장으로 선정하여 고위관리자급으로 임명한다. 한편, 지방정부의 감사원장은 의회에 의해 임명되며 「감사원장법(Auditor General Act)」 등에 의해 임기가 정해진다. British Columbia주 감사원장의 경우, 「감사원장법」 Sec.2, Sec.4, Sec.6 등의 규정에 따라 임기는 6년이고 1차례 재임용도 가능하며 봉급은 주법원의 수석판사(Chief Judge)의 봉급과 동일하다. 주정부 감사원장이 임무를 수행할 수 없거나 임면을 할 충분한 사유가 있는 경우 의회의원 3분의 2 이상이 찬성해야만 업무정지 또는 해임을 할 수 있다.

둘째, 감사기구가 감사대상기관이 만들어 낸 자료나 관련 정보에 언제나 접근할 수 있도록 함으로써 업무의 독립성을 확보하는 방법이다. 「감사원장법(The 1977 Auditor General Act)」 Sec.13, Sec.14에 따르면 캐나다 감사원장은 자신의 업무수행에 필요한 정보, 보고서, 설명을 연방정부 부처에 언제나 요구할 수 있고, 업무를 효과적으로 수행하기 위해 각 부처에 감사장을 설치하고 자신이 고용한 직원들을 보내 업무를 수행케 할 수 있으며, 각 부처에서는 캐나다 감사원장에게 협조하도록 규정되어 있다. British Columbia주 감사원의 경우도 「감사원장법(Auditor General Act)」 Sec.15, Sec.16의 규정에 따라 감사원장은 감사원 직원들을 감사대상기관에 보내 감사에 필요한 기록, 정보, 설명 등을 요구할 수 있고 증인출석이나 증거제출을 요구할 수 있다. 특히 감사대상기관이 증거제출, 기록생산에 응하지 않으면 감사원장은 감사대상기관이 감사원의 요구에 응하도록 강제하는 명령을 대법원에 신청할 수 있다.

셋째, 감사결과를 보고하는 경로를 공개적이고 구체적으로 정해 놓음으로써 감사기구가 그 책임성을 다하게 하는 방법이다. 「감사원장법(The 1977 Auditor General

Act)」Sec.7에 따르면 캐나다 감사원장은 감사업무에 대한 연간보고서를 작성해 매년 12월 31일까지 하원 의장에게 제출해야 하고 추가로 보고서를 하원에 제출하고자 할 때에는 미리 하원 의장에게 이러한 의도를 서류화하여 보내야 한다. 또한 감사원 내 자체감사기구의 장은 감사원장보(Deputy Auditor General)와 감사위원회에 감사결과를 보고하고 감사원장을 직접 만나 관심사항을 이야기 할 수 있다. 그리고 감사원 감사에 대한 평가 및 자체감사 보고서는 대중에게 공개된다. LDA(Large Departments and Agencies)에 해당하는 정부부처 및 정부기관의 경우에도 자체감사기구의 장이 부기관장(Deputy Heads)에게 감사결과를 직접 보고하는 형태를 유지하고 있으며 감사결과는 인터넷을 통해 전문이 공개되고 감사결과 사용자를 위해 PDF(Portable Document Format) 형태로도 제공된다.

넷째, 감사기구의 직원들에 대한 자율적인 임명권한을 감사기구의 장에게 부여함으로써 독립성을 제고하는 방법이다. 「감사원장법」 Sec.15.(3) 및 Sec.16, Sec.17에 따르면 캐나다 감사원장은 감사원 직원들을 「공공서비스 고용법(The Public Service Employment Act)」에 따라 직접 채용할 수 있게 규정되어 있고, 「재정법(Financial Administration Act)」에 근거한 인적자원관리와 관련해서도 직원의 고용조건, 고용기간, 보상방법을 정할 수 있는 등 재무위원회의 권한과 기능을 대신 행사할 수 있으며, 환경 및 지속가능한 이슈들에 대해 캐나다 감사원장에게 직접 보고를 하는 고위관료인 환경과 지속가능발전을 위한 위원(Commissioner of the Environment and Sustainable Development)도 캐나다 감사원장이 임명하도록 규정되어 있다. British Columbia주 감사원의 경우, 주정부 감사원장은 「공공서비스법(Public Service Act)」에 따라 감사원장보와 직원들을 자신이 직접 선발할 수 있으며 감사원장 자신이 이 법에 의한 차관(Deputy Minister)이 된다.[66]

---

66) Minister of Justice of Canada, Auditor General Act, http://laws.justice.gc.ca/PDF/A-17.pdf; Office of the Auditor General of Canada, http://www.oag-bvg.gc.ca/internet/English/au_fs_e_20654.html; Treasury Board of Canada Secretariat, http://www.tbs-sct.gc.ca/pol/doc-eng.aspx?id=16484&section=text; Office of the Auditor General of British Columbia, http://www.bclaws.ca/EPLibraries/bclaws_new/document/ID/freeside/00_03002_01, 2011. 12. 28. 검색.

나. 자체감사 서비스와 역할

캐나다 감사원장은 「감사원장법」 Sec.5~Sec.12의 규정에 따라 캐나다 연방정부의 회계와 통합세입자금(Consolidated Revenue Fund)에 대하여 감사를 하는 감사관이다. 캐나다 감사원장은 「재정법」 Sec.64의 규정이 정한 몇 개의 재정보고서와 재무위원회 장관(President of the Treasury Board) 및 재무장관(Minister of Finance)이 제출하는 보고서를 감사하고 의견을 말할 수 있으며, 연간보고서를 포함해 최대 4개까지의 보고서를 하원에 제출할 수 있다. 보고서에는 성실하지 않거나 적정하지 않게 회계를 한 경우, 공공자금이 법에 정해진 대로 통합세입자금에 계상되지 않은 경우, 공공소유물의 보존과 세입에 대해 평가하고 세출이 승인된 대로 집행되었는지를 확인하는데 필수적인 기록이 유지되지 않았거나 이를 규정한 법과 절차가 충분하지 않은 경우, 돈이 의회가 책정한 목적과 다르게 쓰인 경우, 프로그램의 효과성을 측정하고 보고할 절차가 잘 갖추어지지 않았을 경우, 돈이 지속가능한 발전의 효과 없이 쓰였을 경우 등을 포함하여야 한다. 캐나다 감사원장은 앞에서 설명한 것처럼 재무위원회의 지도감독을 받으면서 범정부적으로 재무관리, 자체감사 등 내부통제를 담당하는 재무회계감사원장과 다르며 연방정부의 활동에 대해 독립적으로 감사를 하고 의회에 연방정부의 공공자금 관리에 대한 독립적인 정보, 조언, 보증을 한다. 정책 그 자체의 적정성에 대해서는 감사하지 않으며 정책이 당초 목표한대로 집행되었는지에 대해 의견을 피력한다. 캐나다의 의회시스템에서 의회는 정부활동을 감독할 책임과 공공자금이 제대로 쓰이도록 해야 할 책임을 가지게 되는데 캐나다 감사원장은 이러한 의회감사(legislative auditing)의 책임을 지고 있다. 실제 캐나다감사원은 연방정부와 정부기관들에 대한 성과감사(performance audits), 정부부처의 재무보고서에 대해 감사하는 연간 재무감사(annual financial audits), 국가 소유의 공공법인(Crown Corporation)에 대한 특별감사(special examination) 및 연간 재무감사, 그리고 Northwest Territories, Nunavut, Yukon 정부에 대한 감사를 실시한다.67)

한편 캐나다감사원의 자체감사기구 PRIA(Practice Review and Internal Audit)는 감사원의 감사 및 행정서비스에 대한 관리과정이 의회의 요구, 직업기준, 감사원의 정책, 지침, 가치와 윤리 및 직업행동 규정(Code of Values, Ethics and Professional

---

67) Office of the Auditor General of Canada, http://www.oag-bvg.gc.ca/internet/English/au_fs_e_371. html, 2011. 12. 28. 검색.

Conduct), 품질관리시스템 등에 따라 적정하게 설계되고 효과적으로 작동되고 있는지 확인하고 감사원장에게 이에 대해 독립적이고 객관적인 정보, 조언, 자문과 보증서비스를 제공한다. 자체감사기구가 하는 일을 구체적으로 적으면 다음과 같다.

① 자체감사헌장을 개발하고 주기적으로 검토하며 감사위원회의 승인을 얻는다.

② 고위관리자 및 감사위원회가 관심을 갖는 위험평가에 근거하고 감사원의 목표에 부합하는 자체감사계획을 적어도 1년에 한 번 이상 수립한다.

③ 검토와 감사를 하는데 사용되는 지침과 도구를 개발한다.

④ 감사평가 및 자체감사를 수행한다.

⑤ 감사업무가 적정하게 이루어지고 감사중복이 적다는 것을 확신할 수 있게 자체감사업무를 다른 내·외부 기관 및 자문제공자와 함께 협의하여 조정한다.

⑥ 분기별로 감사원장을 만나고 모든 감사위원회 회의에 참석한다.

⑦ 감사평가 및 자체감사의 결과를 감사위원회의 검토를 받은 후 감사원장에게 보고하고 감사원장과 감사위원회에게 연간 보증보고서를 제공한다.

⑧ 자체감사의 품질보증 및 개선과정을 개발하고 유지하며 지속적으로 그 효과성을 모니터 하는 일 등이다.

그리고 자체감사기구가 수행하는 감사평가의 대상은 정부부처와 이에 속한 기관에 대한 성과감사, 캐나다 정부와 국가가 소유한 법인과 준주와 공공회사 등에 대한 회계감사, 국가가 소유한 법인에 관한 특별조사, 지속가능개발 모니터링 활동, 연구, 기관의 성과보고서에 대한 평가, 범죄과학감사 등을 포함한다.[68]

재무위원회 사무처 재무회계감사원의 기능은 연방정부의 각 부처와 기관의 자체감사를 총괄하는 기능과 범정부부처와 기관에 대해 수평감사를 집행하는 기능 등 두 가지로 나눌 수 있다. 이 두 가지 기능을 수행하기 위한 활동내용을 요약하면 다음과 같다. ① 자체감사와 관련한 정책, 혁신적인 도구, 업무관련 모범사례를 제공하는 일, ② LDA(Large Departments and Agencies) 및 SDA(Small Departments and Agencies)에 해당하는 정부부처 및 정부기관에 대해 수평감사를 계획하고 집행하는 일, ③ 고용과 훈련프로그램을 통해 자체감사기구를 강화시

---

68) Office of the Auditor General of Canada, http://www.oag-bvg.gc.ca/internet/English/au_fs_e_20654. html, 2011. 12. 27. 검색.

키는 일, ④ 재무위원회에 정부부처의 지배구조, 위험관리, 내부통제과정 등의
상태에 대해 보고하는 일, ⑤ 각 부처에 독립적인 감사위원회가 만들어지도록 지
원하는 일 등이다.[69]

주정부의 감사기구를 살펴보면 주정부 감사원에서는 GRE(Government Reporting
Entity)에 대한 재무감사, 성과감사를 실시한다. 먼저 재무감사에 대해 설명하면
British Columbia 주정부 감사원의 경우, 모든 GRE에 대해 재무감사를 할 의무를 가
지고 있지는 않다. 그러나 캐나다에서 일반적으로 받아들여지는 감사기준(Canadian
Generally Accepted Auditing Standards)에 따르면 감사원은 요약재무보고서를 작성해야
하는 조직의 활동에 대해 충분히 알고 있어야 하므로 GRE 중 일부에 대해서는 직
접 재무감사를 실시하거나 의회의 공공회계위원회(The Select Standing Committee on
Public Account)의 승인을 받아 각 조직에 감사관을 임명하고 그 감사관들이 수행한
재무감사의 결과를 얻는 방법을 취하기도 한다. 재무감사는 감사관들이 각 기관이
작성한 재무보고서가 흠이 없고 공정하게 작성되었는지를 확인한 후 그 보고서의
앞에 한 두 장의 짧은 편지형식으로 재무보고서가 일반적으로 받아들여지는 회계기
준에 맞게 작성되었으며 독립적인 감사관에 의해 검토되었다는 내용과 함께 감사관의
검토의견을 표현하는 형식으로 이루어진다. 다음으로 성과감사는 조직운영과 프로그
램에 대한 관리문제를 검토하고 그 관리를 통해 조직의 목표를 경제적이고 효율적이
며 효과적으로 달성했는지를 확인하는 감사형태로서 캐나다 회계사협회 CICA(Canadian
Institute of Chartered Accountants)의 보증기준에 부합되게 진행되며 성과감사의 중점
은 지배구조와 책무성뿐만 아니라 의료, 교육, 지속가능발전, 정보기술 등이다.[70]

다. 전문성(사람관리)

자체감사자로 처음 진입하는 자에 대한 교육은 재무위원회사무처가 주관하는
FORD/IARD(Financial Officer Recruitment and Development/Internal Auditor Recruitment
and Development) 프로그램과 CAST(Chartered Account Student Training) 프로그램을 들
수 있다.

---

69) Treasury Board of Canada Secretariat, http://www.tbs-sct.gc.ca/ia-vi/abu-ans/abu-ans-eng.asp, 2012.
1. 3. 검색.
70) Office of the Auditor General of British Columbia, http://www.bcauditor.com/node/605, 2012. 4.
12. 검색.

먼저 FORD/IARD 프로그램은 1978년부터 운영된 것으로 매년 연방정부에 처음 진입하는 직원들 중 역량 있는 80여 명을 뽑아 연방정부 정규직원으로 채용함과 동시에 재무와 감사영역에 대해 최고의 훈련과 경력개발을 제공한다. 프로그램 대상자는 최근 5년 내 회계, 재무, 경영, 경제 등을 전공한 학사학위소지자로서 최소 6개 이상의 세무, 회계, 감사과목을 이수하여야 한다. 만약 회계, 재무, 경영, 경제 등을 전공한 학사학위소지자 중 최근 5년 내 학위취득자가 아닌 경우에는 최근 5년 내 4개 이상의 회계, 감사과목을 추가로 이수한 자 이어야 한다. 또한 회계, 재무, 경영, 경제 등을 전공하지 아니한 학사학위소지자 중 CA(Chartered Accountants), CGA(Certified General Accountant), CMA(Certified Management Accountant), CIA(Certified Internal Auditor) 자격을 가진 사람과 컴퓨터공학(computer science), 정보기술, 감사를 전공한 학사학위소지자도 프로그램에 참여할 수 있다. 프로그램 대상자 선발 시에는 개인자질도 중시하는데 도전을 두려워하지 않는 자, 창조적이고 혁신적인 사고를 하는 자, 사람관계와 기술에 능숙한 자, 해당 직업이 몰려 있는 오타와(Ottawa) 등으로 이사할 수 있는 자, 영어나 프랑스어 등 언어에 능숙한 자, 팀워크를 즐기고 사람관계와 대화기술이 좋은 자, 안정된 판단능력과 리더의 자질을 갖춘 자 등이 그 대상이다. 프로그램 과정은 12개월 동안 훈련, 현장실습, 개인의 흥미나 목표에 부합한 경력개발프로그램 참여로 구성되며 연방정부 부처 근무, 캐나다 공공서비스학교(Canada School of Public Service) 과정 이수, 기타 장소에서의 훈련 등 방법으로 이수할 수 있고 이 과정을 통해 학생들은 CGA, CMA, CIA 자격증과 관련된 일을 하도록 권장받는다. 현재까지 약 1,800여 명의 재무분야 및 자체감사분야 졸업자를 배출하였는데 졸업 후에는 재무분야 훈련자는 주로 회계, 재무계획 및 분석, 시스템 개발 업무를, 자체감사분야 훈련자는 연방정부 부처에 대한 성과감사, 연방정부 프로그램에 대한 보증서비스 제공업무 등을 담당하게 된다.[71]

한편 CAST 프로그램은 캐나다 회계사협회 CICA가 CA를 획득하기 위해 필요한 현장실습기관을 확대 적용하는 정책을 채택하자 재무회계감사원이 2008년에 처음으로 CA를 준비하는 학생을 모집하여 3년 과정의 현장실습 프로그램을 제공하면서 태동하였다. 이 프로그램은 온타리오 회계사협회 ICAO(Institute of Chartered Accountants

---

71) Treasury Board of Canada Secretariat, http://www.tbs-sct.gc.ca/tbsrp-prsct/foiard-rpafvi/career-carriere/prog-eng.asp; http://www.tbs-sct.gc.ca/tbsrp-prsct/foiard-rpafvi/career-carriere/look-rech-eng.asp, 2012. 1. 4. 검색.

of Ontario)와 재무회계감사원이 협력하여 만든 것으로 프로그램에 입교하려는 사람은 ICAO를 통해 등록해야 하고 영어로만 진행되는 ICAO의 전문교육프로그램에 참여해야 한다. 이와 더불어 프로그램 입교자는 모두 재무위원회사무처의 재무관리그룹 소속 F1-01 등급을 받는 정규직원이 되고 서로 다른 정부기관에 9개월씩 네 번 파견되어 3년 동안 실무수습을 한다. CAST 프로그램 입교자가 최초 2년 동안 교육과정을 성공적으로 완수하면 F1-02 등급으로 승진할 자격이 생기고, 3년 동안 프로그램을 성공적으로 완수하면 초보 CA가 갖추어야 할 역량을 확보한 것으로 간주된다. 실무수습을 통해 이론적 지식을 실무에 적용하고 기술적 전문성을 보강하며, 판단력과 주도력을 함양하고 집행능력과 행정능력을 기르며, 청렴, 윤리, 독립성의 가치를 배우고, 고객과 회사의 요구에 반응하고 중대한 문제를 인식하고 실제상황에서 문제를 푸는 방법을 익히며, 직업상 대화하는 방법과 대인관계를 익히기 때문이다. 실무수습을 제공하는 기관은 재무위원회 내 재무회계감사원(Office of the Comptroller General) 및 총무부서(Corporate Services Branch) 자체감사팀, 재무부(Department of Finance Canada), 국세청(Canada Revenue agency), 산업부(Industry Canada), 국방부(National Defence) 등 11개 기관 정도이다. 이 프로그램의 이수자는 재무위원회사무처 재무관리그룹에서 일하면서 승진을 할 수 있고 후에 차관보급 직위에 해당하는 어느 부처의 회계관(Chief Financial Officer)도 될 수 있다.72)

이 외에 신규 직원부터 고위급 직원들에 이르기까지 자체감사자들에 대한 교육훈련은 재무위원회가 2006년 만들어 시행한 '교육훈련 및 개발정책(Policy on Learning, Training, and Development)'에 근거하여 캐나다 공공서비스학교 CSPS(Canada School of Public Service)에서 실시한다. 위 정책은 자체감사자들 뿐만 아니라 「재정법(Financial Administration Act)」 Schedule Ⅰ에서 명명된 연방 정부부처와 위 법 Schedule Ⅳ에서 명명된 기관 등에 적용되지만 그 외의 분리된 기관들도 적용 가능하다. 위 정책의 목적은 각 기관들이 기량 있고 잘 훈련되고 전문적인 직원들을 양성하고, 조직의 리더십을 강화시키며, 혁신과 지속적인 성과개선을 위해 모범적인 관리사례를 채택하도록 돕는데 있다. 그리고 CSPS는 캐나다 공공서비스

---

72) Treasury Board of Canada Secretariat, http://www.tbs-sct.gc.ca/tbsrp-prsct/cast-fsca/intro-eng.asp; http://www.tbs-sct.gc.ca/tbsrp-prsct/cast-fsca/message/message-eng.asp; http://www.tbs-sct.gc.ca/tbsrp-prsct/cast-fsca/program/program-eng.asp; http://www.tbs-sct.gc.ca/tbsrp-prsct/cast-fsca/work-travail/work-travail-eng.asp, 2012. 1. 4. 검색.

인적자원관리청(Public Service Human Resources Management Agency of Canada), 재무위원회사무처(Treasury Board of Canada Secretariat)와 협력하여 교육훈련과정을 개발한다.73)

한편, 재무회계감사원은 자체감사자의 자격을 정하고 각 부처 및 기관에서 이를 따르도록 하고 있는데 각 부처나 기관은 자체감사자 채용 시 이 기준을 약화시킬 수는 없지만 기준을 상향조정 할 수는 있다. 채용 시 Partner/Managing Director, Project Manager/Leader, Senior Auditor, Auditor, Junior Auditor로 구분하여 선발하는데 선발대상자의 최소자격조건은 (표3-3) '캐나다 자체감사자 최소자격조건'에서 살펴볼 수 있다. 재무회계감사원은 이 외에도 실무감찰(Practice Inspections), 정보기술 및 시스템감사(IT & System Audit), 범죄과학감사(Forensic Audit), 외부감사서비스(External Audit Services), 재무회계서비스(Financial & Accounting Services), 내부통제훈련(Internal Control Training), 공공자금 수혜자 등에 관한 감사(Recipient/Contribution

표 3-3 캐나다 자체감사자 최소자격조건

채용등급	최소자격조건
Partner/ Managing Director	• CA, CMA, CGA, CIA 중 하나 이상의 자격을 가진 자 • 지난 10년 내에 자체감사 경험 최소 2년을 포함하여 8년 이상 감사경험을 가진 자
Project Manager/ Leader	• CA, CMA, CGA, CIA 중 하나 이상의 자격을 가진 자 • 지난 10년 내에 자체감사 경험 최소 2년을 포함하여 6년 이상 감사경험을 가진 자
Senior Auditor	• CA, CMA, CGA, CIA 중 하나 이상의 자격을 가진 자 • 맡을 일과 관계되는 전공분야 대학 학위소지자 • 지난 10년 내에 3년 이상 감사경험을 가진 자
Auditor	• CA, CMA, CGA, CIA 중 하나 이상의 자격을 가진 자 • 맡을 일과 관계되는 전공분야 대학 학위소지자
Junior Auditor	• 맡을 일과 관계되는 전공분야 대학 학위취득 예정자 또는 견습프로그램 수료예정자

※ 출처: Treasury Board of Canada Secretariat, http://www.tbs-sct.gc.ca/pass-spsv/s-as/ias-svi-eng.asp

---

73) Treasury Board of Canada Secretariat, http://www.tbs-sct.gc.ca/pol/doc-eng.aspx?id=12405&section= text; Canada School of Public Service, http://www.csps-efpc.gc.ca/lps/rol-eng.asp, 2012. 1. 5. 검색.

Agreement Audit)에 종사하는 자에 대한 자격조건도 정해 놓았다.[74]

라. 전문적 감사활동

캐나다감사원이 2011년 6월에 발행한 자체감사활동에 대한 감사보고서를 토대로 자체감사의 전문적 감사활동 내용을 살펴보자.[75]

첫째, 감사위원회 설립을 통한 자체감사기구의 독립성 강화에 관한 사항이다. 감사원은 이미 2004년에 자체감사기구들의 활동에 대해 감사를 하여 각 부처의 부기관장으로 하여금 2009년 9월 30일까지 감사위원회를 설립하도록 권고한 적이 있었다. 당시 감사원의 권고사항은 감사위원회 위원의 대부분을 정부행정부서 밖에서 독립적인 사람을 찾아 임용하되 기관의 부기관장과 재무회계감사원장이 협력하여 임용하고 재무위원회의 승인을 받도록 하며 위원들 중 일부를 정부행정부서 안에서 선임할 경우에는 부기관장(Deputy Head) 또는 부기관장보(Associate Deputy Head) 계급에서 뽑도록 하였다. 감사원이 2011년에 캐나다 연방정부의 자산, 부채, 수입, 지출의 95%를 차지하는 24개의 부처 및 기관을 감사대상으로 선정한 후 2004년도 당시의 권고사항이 제대로 집행되고 있는지를 확인한 결과, 이미 1999년에 외부의 전문가들로만 구성된 감사위원회를 둔 Canada Revenue Agency를 제외하고 나머지 23개 기관들 중에 10개 기관은 2007-08 회계연도에, 8개 기관은 2008-09 회계연도에, 그리고 5개 기관은 2009-10 회계연도에 감사위원회를 만들었으며 각 위원회는 위원들 중 한 명을 재무전문가로 두도록 한 재무위원회의 자체감사정책에 순응하고 있었다. 또한 대부분의 위원들을 정부행정부서 밖의 전문가들로 구성하였고 정부행정부서 사람을 포함시킬 때는 부기관장 또는 부기관장보의 계급의 사람들로 충원하였음을 확인하였다. 감사위원들의 임용은 재무회계감사원장이 엄격한 임용절차를 정한 후 전문채용회사에 용역을 주어 시행하였으며 Canada Revenue Agency만 자체 이사회의 결정을 통해 임용을 하고 있었다. 다만 문제점은 임용과정에 걸리는 시간이 너무 오래 걸리고 모든 감사위원들의 임용일 및 임용기간을 똑같게 운영하는 기관이 여럿 있어 이 경우에는 감사위원회의 업무연속성을 해칠 수 있었다. 이 외에도 24개 기관의 감사위원회는 역할과 책임을 정한 규정을 만들

---

74) Treasury Board of Canada Secretariat, http://www.tbs-sct.gc.ca/pass-spsv/s-as/ias-svi-eng.asp, 2012. 1. 4. 검색.

75) Office of the Auditor General of Canada, http://www.oag-bvg.gc.ca/internet/English/parl_oag_201106_03_e_35371.html#ex3, 2012. 1. 12. 검색.

어 운영하고 있었는데 이 규정들은 재무회계감사원장이 제공한 지침과 부합한다는 것을 확인하였다. 그리고 감사원은 감사과정에서 부처의 관리자, 부기관장들, 부기관장보들, 자체감사기구의 관리자 및 직원들을 대상으로 면담을 하여 감사위원회가 부처의 관리 및 자체감사활동에 어떤 영향을 주는지에 대해 물었는데 답변자의 대다수는 감사위원회의 설립 및 운영 때문에 자체감사기구의 독립성이 보강되었다는 의견을 말하였다. 이들은 또 감사위원회에 부기관장이 자주 참여한다는 것은 조직 내에서 자체감사기구가 중요한 위치를 차지하고 있다는 것을 반증해 주는 증거라고 말하기도 하였다.

둘째, 자체감사와 관련된 사항이다. 감사원은 위 24개 기관들 중 12개 기관을 순서 없이 선정한 후 감사결과 보고과정, 위험에 기초한 감사계획, 감사결과보고서 작성실무, 자체감사활동에 대한 외부평가 등 4개 분야에 대해 실태를 확인하였다. ① 먼저, 감사결과 보고과정을 확인한 결과, 확인 대상 12개 기관 모두에서 재무위원회가 제공한 자체감사정책에 따라 자체감사기구의 장이 부기관장에게 직접 보고하고 있었으며 감사위원회의 존재가 자체감사기구의 독립성을 더욱 강화시켜 주고 있음을 알았다. ② 위험에 기초한 감사계획과 관련해서 확인한 결과, 재무회계감사원장은 각 기관들이 위험에 기초한 연간 감사계획을 수립할 수 있도록 지침을 만들어 제공하였고 위 12개 기관 모두는 이 지침에 따라 매년 위험을 예측하고 이를 근거로 우선순위를 정해 연간 감사계획을 수립하고 있었다. 더구나 이 같은 감사계획은 기관의 위험관리 프로파일과 일치하였다. 자체감사기구는 감사계획에 따라 일이 진행되는 정도를 정기적으로 감사위원회에 보고하고 있었으며 감사계획에 변경이 생겼을 때도 그 내용을 감사위원회에 보고하고 있었다. ③ 감사결과보고서에 대한 명확성 여부를 확인한 결과, IIA의 감사기준에 따르면 감사결과보고서는 최소한 감사목적, 감사범위, 감사결과를 포함하여야 하고, 그 외에 조사내용, 결론, 의견, 권고사항, 문제해결을 위한 감사대상기관의 집행계획 등을 포함하여야 하며, 관찰된 결과가 기준에 적합한지 등을 간결하고 명료하게 표현해야 하는데 조사대상 기관들 중 몇몇은 필요한 내용을 보고서에 담았지만 그 내용이 명료하지 못하거나 간결하지 않은 경우가 있었다. 그에 비하면 Canadian Heritage의 자체감사기구의 경우 조직의 내부통제가 적절한지를 평가하면서 평가결과를 (표3-4) 'Canadian Heritage 자체감사기구가 사용한 내부통제 평가등급'에서처럼 등급으로 나타냄으로써 독자들로 하여금 무엇이 얼마나 중요한지를 쉽게 알 수 있도록 하였

표 3-4	Canadian Heritage 자체감사기구가 사용한 내부통제 평가등급

평가등급	등급의 표현	등급의 내용
1	잘 통제	잘 관리되고 있고 효과적
2	통제 가능	잘 관리되고 있고 효과적이나 약간의 개선 필요
3	통제에 약간의 문제 발생	• 관리자의 관심이 필요한 약간의 문제 상존 - 통제에 약점이 존재하지만 위험이 발생할 확률이 높지 않거나 - 통제에 약점이 존재하지만 위험의 영향력이 높지 않음
4	통제에 중요한 문제 발생	• 심각한 개선 필요 - 어느 아이템, 분야, 부서에 대해 재정적 조정이 필요하거나 - 통제결함이 외부에 노출되었거나 - 전반적인 통제구조에서 주요 결함이 발견된 경우

※ 출처: OAG, http://www.oag-bvg.gc.ca/internet/English/parl_oag_201106_03_e_35371.html#ex3

는데 이러한 모범사례는 다른 기관에서도 참고해야 할 것이다.

셋째, 자체감사활동에 대한 외부의 품질평가에 대한 내용이다. 재무위원회의 자체감사정책에 따르면 자체감사기구는 매 5년마다 활동결과에 대해 독립적인 외부기관의 평가를 받도록 되어 있고 IIA의 기준에 따르면 평가등급은 기준에 적합, 기준에 일부 적합, 기준에 부적합 등 세 가지로 나누어져 있다. 그런데 확인결과, 조사대상 12개 기관 중 3개 기관만이 외부기관으로부터 품질평가를 받아 기준에 적합하다는 판정을 받았으나 나머지 9개 기관은 이를 제대로 이행하지 않고 있었다. 감사원은 이러한 조사내용을 근거로 관련 기관에 자체감사기구의 관리자는 자체감사활동에 대한 모니터링을 강화하는 한편 활동결과에 대해 주기적으로 독립적인 외부기관으로부터 품질평가를 받아 활동개선을 위한 자료로 활용하도록 권고하였다.

넷째, 재무회계감사원의 활동에 대한 내용이다. 감사원은 앞에서 쓴 것처럼 2004년에 자체감사활동에 대한 감사를 하여 재무회계감사원으로 하여금 자체감사활동 강화에 힘쓰도록 권고하였는데 이에 대한 반응으로 재무회계감사원은 2006년에 자체감사정책을 만들어 각 기관에 시달하였다. 그 내용 중 주요사항을 요약하면 자체감사활동을 전문화시키고, IIA의 감사기준을 준용하며, 각 부처 자체감사기구의 독립성 강화를 위해 각 부처에 대다수 외부인으로 구성된 감사위원회를 설립하라는 등의 내용이었다. 감사원이 2011년에 이러한 권고사항에 대한 이행상황을 조사해보니 재무회계감사원은 그동안 자체감사활동 강화를 위해 위험에 기초한 감사계획 수립지침, 핵심 관리통제지침, 감사프로그램 목록, 자체감사규정 및 감사위원회 규정의 표준모형, 실무 감찰프로그램에 대한 지침, 각 부처 감사위원회를 위한 지침 등을 만들어 자체감사기구로 하여금 시행케 하였다. 그리고 각 기관이 향후 자체감사자들에 대한 직업개발을 하는데 도움을 주기 위해 각 기관의 자체감사기구의 역량을 파악하는 성숙모형(maturity model)을 설계하고 있으며 자체감사자를 위한 직업개발을 하도록 각 기관에 예산을 배분해 주었다. 이외에도 재무회계감사원과 각 기관은 IIA 감사기준을 적용하고 있으며 감사대상 24개 기관 모두 감사위원회를 설치하여 운영하고 있었다.

다음은 주정부 감사원의 감사활동 사례를 살펴보자. British Columbia주 감사원은 감사활동의 단계별 지켜야 할 절차와 과정들을 감사사항 확인, 감사계획, 감사수행, 보고서 작성, follow-up, 감사 후의 조치 등으로 나누어 인터넷 홈페이지에 명확히 게재해 놓았는데 이는 업무의 투명성, 객관성을 위해 추천할만한 사례이다. 반면, 이렇게 투명하고 객관적인 과정을 명시해 두었음에도 불구하고 위험관리에 기초하여 우선순위를 반영한 감사사항을 선정하거나 보유한 자원과 더 필요한 자원의 양과 종류를 측정하여 이를 보완하려는 개념이 명시적으로 언급되지 않은 것은 선진화된 전문적 감사활동에서는 약점이 될 수도 있다.

먼저 첫 번째 단계는 감사사항의 확인이다. 감사팀은 감사사항을 정해 감사의 품질, 가치, 시간 관리에 대한 책임을 지고 있는 감사원장보에게 보고를 하면 감사원장보는 감사사항 확인을 위한 제안서가 더 필요한지 여부를 결정해 준다. 만일 이런 제안서의 준비가 필요치 않다는 결정을 하면 감사팀은 곧바로 감사수행을 위한 계획을 수립하면 된다. 그러나 제안된 감사가 필요한지 여부를 한 번 더 확인해야 할 필요가 있다고 결정을 하면 감사팀은 감사사항 확인을 위한 제안서를 만들기 위해 다음과 같은 절차를 밟아야 한다. ① 감사원장보는 감사가 필요한 부처나 기관의 부기관장(차관)에게 감사원 감사팀이 연락을 취할 사람을 지정해 줄 것을 요구함과 동시에 부기관장으로 하여금 직원들이 감사팀의 활동을 이해하고 감사팀이 요구하는 자료를 성실하게 제출하며 면담에도 응해야 한다는 것을 알게 조치하도록 하고, 자료제출과 답변은 요구받은 날로부터 10일 이내에 하도록 통보해 준다. ② 감사팀은 면담을 준비하여 실행하고, 서류를 요구하며 필요한 정보를 수집한다. ③ 감사팀은 자료수집 내용을 근거로 제안서 초안을 만들고 감사원장의 승인을 받기 위해 감사원장에게 보고한다. ④ 감사원장은 제안서를 검토하고 바로 감사를 시행하도록 승인을 해 주거나, 제안서를 보완하도록 감사팀에 보고서를 돌려주거나, 감사의 일정을 어느 시점까지 연기하도록 조치하거나, 감사를 취소하라는 결정을 한다. ⑤ 감사원장보는 감사원장의 결정사항을 감사의 대상기관 차관보(Assistant Deputy Minister)에게 통보해 준다.

두 번째 단계는 감사계획수립이다. 감사계획에는 감사목적(왜 이 감사를 하게 되었나?), 감사범위(감사를 할 분야와 하지 않을 분야를 명시), 감사평가기준, 감사일정(감사의 각 단계가 언제 이루어 질 것인가를 정함)을 포함한다. 감사계획 수립단계에서는 다음과 같은 과정을 거친다. ① 감사원장보는 감사를 받을 기관의 차관보(Assistant Deputy Minister)에게 감사계획을 수립할 예정임을 알리는 편지를 보내고 이때까지 감사팀과 연락을 취할 연락책이 정해지지 않았으면 이를 정해달라고 요청한다. ② 감사팀은 감사계획을 세우는데 필요한 전문가를 확인하고 팀의 지식과 연구를 보충해 줄 분야별 전문가를 고용할 수도 있다. ③ 감사팀은 대상기관의 연락책이나 다른 사람을 만나 감사중점을 무엇으로 정할 것인지 토론하고 감사계획 단계에서 필요한 직원면담, 자료요구에 응해줄 것을 확인한다. ④ 캐나다 감사기준(Canadian Generally Accepted Auditing Standard)에서 규정한 업무품질통제 검토팀 EQCR(Engagement Quality Control Reviewer)을 포함한 도전그룹(challenge group)을 정하고 활동하게 한다. EQCR은 직원들의 판단과 보고서에서의 결론에 대해 객관적인 평가를 해주는 책임을 맡고 있으며 도전그룹은 감사원의 업무에 대해 신뢰성과 타당성을 높이기 위해 운영하는 임시 그룹이다. ⑤ 감사팀은 필요한 정보를 모으고 객관적으로 확인되는 사실과 그로부터 얻을 수 있는 결론을 근거로 감사계획보고서 초안을 작성한 후 감사원장보, 도전그룹, 감사대상기관의 의견을 듣고 보고서를 수정한다. ⑥ 최종보고서가 완성되면 감사원장에게 제출하여 승인을 받는다. 감사원장은 이를 승인하여 바로 감사를 수행하도록 하거나, 보고서를 더 보완하도록 조치하거나, 감사시기를 연기하거나, 감사계획을 철회할 수 있다. ⑦ 감사원장보는 감사원장의 결정을 감사대상기관의 차관보(Assistant Deputy Minister)에게 통보해 준다.

세 번째 단계는 감사수행이다. 감사수행 단계에서는 다음과 같은 과정을 거친다. ① 감사원장보는 감사를 받을 기관의 차관에게 감사를 할 것임을 알리는 편지를 보내는데 여기에는 감사계획의 개요, 감사팀의 책임과 감사기준에 대한 개요가 포함된다. 감사대상기관의 차관보는 감사를 받을 직원들이 감사수행의 사실을 잘 알게 주지시키고 감사팀으로부터 서류나 자료를 요청받으면 10일 이내에 제출하도록 하며 감사결과보고서 복사본을 받았을 때에도 10일 이내에 의견을 말하고 대응하도록 조치해야 한다. 그리고 감사원장보의 편지에 서명을 하여 감사팀에 돌려주어야 한다. ② 감사팀의 구성원들은 각각 감사계획에서 정한 업무를 담당하는데 면담을 하거나 서류를 요청해 이를 검토하거나 자료를 수집해 분석하는 일들을 한다. 그들은 매주 만나 자신들의 한 일에 대해 토론하고 업무품질보증을 위해 다른 사람들의 업무를 재검토하기도 한다. 또한 한 달에 한 번 이상 감사대상기관과 만나 그동안 감사에서 발견된 사실들, 문제되는 이슈에 대해 논의하고 이러한 논의 사항을 모두 서류화한다. ③ 감사팀이 증거를 모두 모았을 때 그들은 발견된 중요 사실과 감사결론을 정리하고 이를 감사대상기관에 보낸 후 감사대상기관과 만나 이에 대해 토론하고 서류화한다. 감사대상기관과의 토론에서 제기된 이슈에 대해 재검토하고 결론을 유지하기 위해 증거를 더 수집할 것인지 아니면 결론을 수정할 것인지를 결정한다. 중요한 발견사실과 결론을 확정하고 이에 대한 승인을 받기 위해 감사원장보와 업무품질통제 검토팀 EQCR에게 제출한다. 보고서 단계로 넘어 가기 전에 변경할 사항을 확정한다.

네 번째 단계는 보고서 작성이다. 보고서 작성 단계는 다음과 같은 과정을 거친다. ① 감사팀이 감사결과보고서 초안을 작성하여 제출하면 감사원장보, EQCR, 도전그룹, 감사원 자체검토자 등이 이를 검토한다. ② 감사팀은 이들의 의견을 반영해 감사결과보고서를 수정한 후 감사원장에게 제출하여 승인을 받는다. 승인된 보고서 초안은 감사대상기관에 보내지고 감사대상기관은 이를 받은 후 10일 이내에 보고서의 정확도와 권고사항에 대해 의견을 제시해야 한다. 감사대상기관은 감사팀의 권고사항에 대한 개선 정도를 자체평가의 기초로 삼는다. ③ 감사팀은 감사대상기관의 의견을 검토하고 최종 보고서에서 어떤 내용을 바꿀 것인지를 결정한다. 그리고 감사원장과 감사대상기관에 보고서를 보내 보고서 발행 시 보고서에 포함될 그들의 논평을 준비하게 한다. 특히 감사대상기관은 감사팀으로부터 최종 감사결과보고서를 받은 후 10일 이내에 회답을 해 주어야 한다. ④ 감사결과보고서는 공개되기 7일 전에 감사대상기관의 장관에게 보내지는데 감사대상기관의 장관은 감사원으로부터 보고서를 전달받고 감사원장에게 브리핑을 해 줄 것을 요청할 수 있다. ⑤ 감사원장은 최종보고서를 의회 의장에게 보고하고 의회 의장은 이를 의회에 상정한다. 그리고 공식서류로서 웹사이트를 통해 공개된다. ⑥ 의회는 공공회계위원회(Public Accounts Committee)로 하여금 이를 참조하게 하고 공공회계위원회는 회기 중에 보고서의 일정 부분에 대해 언급하고 검토하기도 한다.

다섯 번째 단계는 감사원이 보고서에 포함된 감사결과 권고사항에 대해 감사대상기관에서 얼마나 개선을 하였는지를 확인하는 follow-up이다. 이는 다음과 같은 과정을 거쳐 이루어진다. ① 감사대상기관은 감사원으로부터 최종 감사결과보고서를 받고 3개월 안에 보고서에 포함된 권고사항을 언제 어떻게 개선할 것인가를 정하는 수행계획(action plan)을 만들도록 감사원으로부터 요구를 받는다. 가끔 감사원의 보고서 작성단계에 감사대상기관이 집행계획을 만들어 제출하는 경우가 있는데 이때에는 감사원이 감사결과보고서를 발행할 때 집행계획도 함께 보고서에 포함시킨다. 만일 보고서가 발행되고 난 후 감사대상기관이 집행계획을 제출하면 웹사이트에 공개된 감사결과보고서의 권고사항과 함께 집행계획을 추가로 공개한다. ② 2008년부터 감사원은 6개월에 한번씩 follow-up 보고서를 발행하기 시작했는데 보고서 발행 3개월 전에 감사원은 감사대상기관에 자체평가표(self-assessment form)를 보내 감사대상기관이 감사원의 권고사항에 대해 얼마나 개선을 했는지, 앞으로 어떤 개선활동을 할 것인지를 명시하게 하고 이를 제출받아 수정 없이 보고서에 게재하게 한다. 이를 통해 독자들은 감사대상기관이 감사원의 권고사항에 대해 얼마나 개선을 하려고 노력했는지를 알게 된다. 자체평가에 근거한 follow-up 보고서는 감사결과보고서가 공개되고 1년 후부터 발행되기 시작하는데 중요한 사안인 경우나 감사대상기관이 감사결과보고서 발행 전에 중요한 이슈에 대해 개선할 수 있었던 상황이었거나 현재를 반영해야 하는 정보기술 감사 등의 경우에는 이 기간을 6개월로 줄여 시작할 수도 있다. follow-up은 최대 2년까지 계속된다. ③ follow-up의 세 번째 형태는 일부 또는 전체 감사결과 권고사항에 대해 감사대상기관이 실행한 자체평가의 내용을 재차 평가하여 감사대상기관이 책임성 있게 행동하고 있는지를 확인하는 진전평가(progress assessment)이다. 진전평가의 결과는 다음 발행되는 follow-up 보고서에 실린다. ④ follow-up의 네 번째 형태는 follow-up 감사이다. 감사원은 감사대상기관의 자체평가 내용을 감사하는 것과 함께 전반적인 감사를 동시에 시행할 수 있다.76)

마지막으로 감사가 끝나면 감사결과보고서는 의회의 공공회계위원회에 의해 검

---

76) Office of the Auditor General of British Columbia, http://www.bcauditor.com/online/pubs/452/465, 2012. 1. 11. 검색.

토되고 감사원은 감사결과에 대한 반응을 조사하여 피드백의 기회로 삼는다. 감사원이 감사결과보고서를 공공회계위원회에 전달하면 공공회계위원회는 그 중에서 검토가 필요한 보고서를 선택하여 감사원장으로 하여금 이를 보고하게 하거나, 감사원장에게 요청하여 감사대상기관 관계자를 출석하도록 조정케 하거나, 의회 의장에게 자신들이 작성한 보고서를 제출할 수도 있다. 그리고 공공회계위원회는 감사원의 권고사항에 대해 지지를 나타내는 서명을 할 수도 있는데 2008-09 회계연도의 경우 그 비율이 99%에 달했다. 한편, 감사원은 감사팀의 성과에 대해 피드백을 얻기 위해 감사대상기관을 대상으로 만족도 등을 조사하는데 그 결과는 주요성과지표의 하나로 연간보고서에 포함된다.77)

전문적 감사활동에는 획득한 정보와 지식을 잘 관리하여 다음 감사활동에 활용하는 일도 포함된다. British Columbia주 감사원의 경우, 지식(knowledge)78)이 조직의 중요한 자산이며 이를 잘 관리해야 조직의 목적과 목표를 성공적으로 달성할 수 있다고 인식하고 조직의 지식수준을 측정하고 이를 더 개발시키는데 도움이 되는 '자체평가지침(Self-assessment Guide)'을 2009년에 만들었다. 이 지침은 석유회사 British Petroleum이 만든 직원역량평가모형을 참고하고 주정부 공무원들과 이해관계자들로부터 조언을 받아 주정부 공무원들에게 적용할 목적으로 만들어 졌는데 지식관리역량모형(Knowledge Management Capability Model)과 성숙매트릭스(Maturity Matrix)로 구성되어 있다. 지식관리역량모형에서는 역량을 ① 리더십과 전략(Leadership and Strategy), ② 네트워크와 공동체(Networks and Communities), ③ 경험에서 배움(Experiential Learning), ④ 지식기반(Knowledge Base), ⑤ 문화(Culture) 등 다섯 분야로 나눈 후 각 역량분야마다 질문에 답하게 함으로써 조직의 강점과 약점을 확인할 수 있게 해 준다. 또한 성숙매트릭스(Maturity Matrix)는 조직이 처한 현재 상태를 성숙매트릭스와 비교하게 해 주고 어느 분야에서 보완이 필요한지를 알게 해 준다. 지식관리역량모형과 성숙매트릭스의 내용 및 그 적용방법은 (부록3-1) '캐나다 British Columbia주 감사원이 개발한 지식관리 자체평가지침'에서 자세히 살펴 볼 수 있다.79)

---

77) Office of the Auditor General of British Columbia, http://www.bcauditor.com/online/pubs/452/469, 2012. 1. 11. 검색.

78) 지식이란 자료, 정보와는 의미가 다름. 지식은 어떤 사람이 기존에 가지고 있던 지식을 활용하여 자료를 분석하여 정보로 바꾸고 다른 여러 정보들과 조합하여 새로운 지식을 얻는 과정을 반복함으로써 획득 가능.

79) Office of the Auditor General of British Columbia, http://www.bcauditor.com/online/pubs/552/

마. 성과관리와 책무성

캐나다 공공조직의 성과측정은 재무위원회사무처가 2006년에 만들어 활용하고 있는 관리책임성 준거틀 MAF(Management Accountability Framework)를 준용하는 경우가 많다. MAF는 조직관리에 필요한 지배구조 및 전략방향, 공공서비스 가치, 학습·혁신과 변화관리, 정책과 프로그램, 사람, 시민에게 중점을 둔 서비스, 위험관리, 조직관리, 책무성, 결과 및 성과 등 10가지의 관리기대치로 구성된 준거틀로서 (그림 3-2) '캐나다 연방정부의 관리책임성 준거틀'에서 자세히 살펴 볼 수 있다. 이 준거틀은 각 부처나 기관 부기관장의 회계관으로서의 관리책무성을 지원하고 관리실무를 개선시키기 위해 연방정부가 사용하는 중요한 성과관리 수단인데 감사부서에서도 이를 성과측정의 수단으로 활용하는 것이다.

재무위원회사무처는 주요 연방정부 부처와 1/3 정도의 소규모 기관(직원수 155명~499명, 1년 예산 3억 캐나다 달러 이하) 총 40~50개씩을 매년 선정하고 이들로부터 사람관리, 재무관리, 자체감사 등을 포함한 14개 분야에 대한 관리자료를 제출받아 분석하며, 평가결과는 각 기관의 부기관장들의 성과관리프로그램에 입력자료로 다시 사용한다. 매년 평가는 7월에 시작되며 각 기관이 11월부터 1월까지 위 14개 분

그림 3-2 캐나다 연방정부의 관리책임성 준거틀

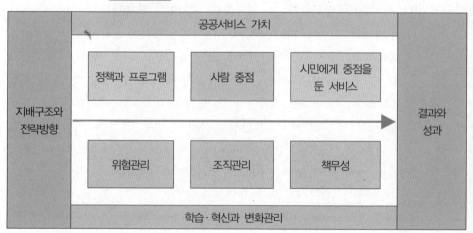

※ 출처: Treasury Board of Canada Secretariat,
http://www.tbs-sct.gc.ca/maf-crg/overview-apercu/elements-eng.asp

---

553, 2012. 1. 5. 검색.

야에 대한 증거자료를 재무위원회사무처에 제출하면 재무위원회사무처는 이를 평가하여 다음해 2월부터 3월 사이에 평가보고서 초안을 작성하여 관련 기관과 대화하고 4월부터 6월까지 최종보고서를 작성하여 각 기관의 부기관장들과 성과개선을 위해 토론하는 과정을 거친다. 성과관리프로그램에 입력 자료로 사용되는 분야는 계속해서 현실을 반영하여 개선하는데 2011-12 회계연도에는 14개 분야로 정해졌으며 그 중에서 자체감사분야에 대한 성과관리의 구체적인 내용은 (표3-5) '캐나다 연방정부의 관리책무성 중 자체감사 평가내용'에서 자세히 살펴 볼 수 있다.[80] 중요한 것은 이런 성과평가는 평가를 잘못 받은 조직에 벌을 주려는데 목적이 있는 것이 아니라 매년 평가결과 모범사례를 전 기관이 모인 컨퍼런스나 워크숍을

표 3-5 캐나다 연방정부의 관리책무성 중 자체감사 평가내용

평가등급	정의
① 강력(strong)	재무위원회사무처의 기대를 초과한 성과가 계속 지속
② 적합(acceptable)	재무위원회사무처 기대에 적합
③ 개선가능(opportunity for improvement)	결함에 관심을 가지고 진보하려는 노력 있음
④ 관심필요(attention required)	결함이 있는데도 관심 적음

□ 관리분야 5: 자체감사

1. 지속성(sustainability): 자체감사서비스의 효과적인 제공을 영속시킬만한 업무전문성 및 충분한 역량이 있는가? 만약 그렇다면 그 증거는 무엇인가?
   ① 자체감사보고서의 품질이 정부의 자체감사기준에 적합한가?
   ② 상시 모니터링, 발견된 결과의 소통, 실행계획의 집행과 함께 품질보증개선 프로그램이 시행되고 있는가?
   ③ 자체감사 자원이 위험에 기초하여 우선순위를 정한 자체감사계획을 달성하기에 적절하고 효과적으로 사용되고 있는가?

2. 성과(performance): 자체감사부서가 조직의 위험관리, 내부통제, 지배구조 과정의 개선에 기여하고 있는가? 만일 그렇다면 그 증거는 무엇인가?
   ① 자체감사부서가 회계관인 부기관장의 업무에 도움이 되고 있는가?
   ② 자체감사업무가 조직의 고위험, 중요한 분야를 개선시켰는가?
   ③ 자체감사결과 권고사항이 관리자에 의해 집행되었는가?

※ 출처: Treasury Board of Canada Secretariat,
   http://www.tbs-sct.gc.ca/maf-crg/indicators-indicateurs/2011/omm-vemc-eng.asp#toc5

---

80) Treasury Board of Canada Secretariat, http://www.tbs-sct.gc.ca/maf-crg/overview-apercu/overview-apercu-eng.asp, 2012. 1. 17. 검색.

통해 전파함으로써 나머지 조직들이 앞으로 더 좋은 성과를 내도록 독려하는 긍정적이고 건설적인 목적에 근거한다는 사실이다. 성과평가를 조직의 계속적인 발전을 도모하기 위한 수단으로 사용하는 이 같은 사례는 우리나라에서처럼 성과평가를 순서 세우기, 승진누락의 수단 등으로 주로 사용하는 풍토와 극명히 대조된다.

재무회계감사원은 2011년 3월 처음으로 캐나다 정부의 성과관리 실태에 대한 보고서를 발간하였다. 재무회계감사원은 각 부처와 기관들로부터 제출받은 자료를 근거로 관리책임성 준거틀 MAF에 따라 평가하였는데 그 중에서 자체감사기구에 대한 보고서 내용을 요약하면 다음과 같다.

① 각 기관의 자체감사기능이 '강력' 또는 '적합'으로 평가된 비율이 2008년 75%에서 2009년 85%로 늘었다. 그리고 몇 개 예외를 제외하고 거의 모든 자체감사기구의 장이 자격을 갖춘 고위관리자급 이었으며 이들이 감사결과보고서를 부기관장에게 직접 보고함으로써 업무의 독립성을 유지하고 있었다.

② 각 기관들 중 91%가 2009년에 위험에 기초한 감사계획을 수립하였고 이들 중 대부분(98%)이 캐나다 정부의 자체감사기준(Internal Auditing Standards for the Government of Canada)이 요구하는 바를 지켰다. 더구나 기관들의 80%가 국제기준과 재무위원회 기준에 순응하도록 설계된 품질보증개선프로그램을 마련해 운영하고 있었고 이러한 개선노력 덕분에 감사원장은 감사원이 정부부처와 기관의 자체감사 및 재무회계감사원에 의해 이루어진 자체감사 결과에 상당히 의지할 수 있게 되었다고 공개리에 말을 하기도 하였다. 관리책임성 준거틀 MAF 평가과정의 한 부분으로서 분석된 자체감사보고서의 90%가 캐나다 정부의 자체감사기준에서 정의된 품질기대치를 만족하고 있었다.

③ 47개 연방정부 부처 및 기관에 감사위원회가 설립되어 있고 Government of Canada 감사위원회와 Small Department and Agency 감사위원회도 설립되었으며 이들 감사위원회에 총 149명의 감사위원이 임명되었다. 2009년 말까지 감사위원회의 93%가 업무계획을 집행하였고 2009-10 회계연도에는 감사위원회의 반 정도가 연간보고서를 생산하였다. 대부분의 감사위원회가 최근에 설립되었기 때문에 보고서의 내용이 기반구축, 오리엔테이션(orientation), 권한책임에 근거한 활동 등에 집중되어 있으나 보고서의 33%는 벌써 조직의 위험관리, 내부통제, 지배구조 과정에 대한 내용을 담고 있다.

④ 2009-10 회계연도에 자체감사기구의 장의 82%는 연간보고서를 작성하였는데 이 보고서에는 위험관리 준거틀의 개발 및 집행, 정책과 과정의 개선, 재무관리 및 재무보고를 지원할 책무성 준거틀의 강화, 지배구조 사례나 자산관리나 계약과 구매 등과 관련하여 내부통제의 개선내용이 담겼다.

⑤ 주요 연방정부기관 자체감사기구 직원들의 평균근무기간은 2005년도에 16년이었던 것이 2010년에 10년으로 줄었고 이직 비율이 2010년에 24%에 다다랐다.[81]

한편, 감사원장은 임기 10년 동안 어떤 일을 어떻게 할 것인가의 비전을 담은 전략계획(strategic plan)을 작성하고, 1997년부터는 1995년에 개정된 「감사원법」에 근거하여 다른 연방정부 기관들처럼 3년 단위로 지속가능한 개발전략계획(sustainable development strategy)[82]을 작성하였는데 바로 여기에 관리목표-전략 준거틀, 관리성과지표, 정량화된 타겟 등 관리성과를 측정하는데 필요한 기준을 포함시켰다. 이와 함께 매년 말에는 감사원의 예산을 위한 보고서의 일부로서 활동계획과 우선순위를 담은 보고서를 의회에 제출했다. 이 보고서에는 지속가능한 개발전략계획에 포함한 것과 똑같은 성과-산출 준거틀, 관리성과지표, 정량화된 타겟 등을 포함시켰다. 또한 감사원은 매년 회계연도가 종료된 후에 위 지속가능한 개발전략계획, 활동계획 및 우선순위보고서에 근거하여 실제 달성한 성과를 비교정리한 성과보고서를 작성하여 의회에 제출했다. 2001-02 회계연도(2001년 4월~2002년 3월)의 성과보고서 예를 들면, 감사원은 성과-산출 준거틀에서 산출물(output), 즉시성과(immediate outcome), 중간성과(intermediate outcome), 최종성과(end outcome)의 목표를 정했다.

이 중 산출물로는 ① 감사원 보고서, ② 정부공공법인 등에 대한 감사원의 재무

---

81) Treasury Board of Canada Secretariat, *Report on the State of Comptrollership in the Government of Canada*, http://www.tbs-sct.gc.ca/fm-gf/reports-rapports/rsc-rfc/rsc-rfc-eng.pdf, 2012. 1. 17. 검색, pp.18~27.

82) 1995년에 개정된 캐나다 「감사원장법」에 따르면 감사원은 3년 단위의 지속가능한 개발전략계획을 반드시 작성하도록 의무화되어 있지 않았으나 감사원은 이를 자발적으로 작성하였음. 이 전략계획은 의회에 제출하는 각 부처 보고서의 한 귀퉁이만 메울 정도로 시행과정에서 효과를 얻지 못했고 이를 인식한 캐나다 정부는 2008년 6월 26일 정부차원의 통일된 지속가능개발 전략을 수립하도록 한 「연방 지속가능개발법(Federal Sustainable Development Act)」을 제정하고 환경부장관으로 하여금 최소 3년에 1번 추진보고서를 작성해 의회에 보고하게 했음. 2011년 4월 첫 보고서 작성. http://www.ec.gc.ca/dd-sd/default.asp?lang=En&n=917F8B09-1, 2012. 3. 5. 검색.

회계감사보고서, ③ 캐나다정부의 재무보고서에 대한 감사원장의 의견, ④ 감사원 조직으로 되어 있는 환경과 지속가능발전을 위한 위원(Commissioner of the Environment and Sustainable Development)의 보고서, ⑤ 정부공공법인 등에 대한 특별조사보고서, ⑥ 기관의 성과보고서에 대한 평가보고서, ⑦ 감사 이외의 활동들(감사방법 연구, 국내외 직원교류 등)을 성과목표로 정하였다. 그리고 즉시성과로는 ① 감사결과에 대해 의회와 감사대상기관의 지지를 받는 것, ② 감사효과 증진을 위해 의회와 감사 대상기관을 개입시키는 것 등을 성과목표로 정했다. 중간성과로는 ① 의회, 감사대상기관, 국민들의 요구에 맞는 감사 생산물을 산출하는 것, ② 의회, 감사대상기관, 국민들에게 적절하게 감사결과를 보고하는 것 등을 성과목표로 정했다. 최종성과로는 ① 연방정부의 행정관리 증진에 기여하는 것, ② 의회와 국민에 대한 연방정부의 책임성 증진에 기여하는 것 등으로 성과목표를 정했다.

그런데 성과목표를 측정하는 성과지표를 정할 때 산출물, 즉시성과, 중간성과 목표에 대해서는 (표3-6) '캐나다감사원의 성과측정 사례(2001-02 회계연도)'에서처럼 지표를 정할 수 있었으나 최종성과 목표에 대해서는 적절한 지표를 제시하지 못했다. 감사원의 성과보고서에 따르면 2001-02 회계연도에 감사원 직원은 519명이었고 지출예산 6,795만 캐나다 달러를 사용하였으며 성과감사, 재무감사, 다른 감사활동의 비율은 53:29:18 이었다. 한 해 동안 감사를 한 대상기관은 총 127개로서 여기에는 연방정부기관 33개, 연방정부가 예산을 지원하는 공사 등 70개, territorial government 3개, territorial government가 예산을 지원하는 공사 등 21개가 포함된다. 한 해 동안 생산된 재무감사보고서는 100개가 넘고 감사원의 보고서도 10개가 된다.[83]

한편, 감사원은 2010-11 회계연도에도 진체 감사활동 내용 중 9개의 감사활동 및 2개의 재무감사를 표본으로 선정하여 (그림3-3) '캐나다감사원의 연간감사를 위한 품질관리시스템'에서 보는 바와 같이 품질관리시스템(quality management system)을 적용하여 평가하고 이에 대한 보고서를 작성하였는데 평가의 목적은 연간 감사활동이 감사기준에 순응하였는지, 의회의 관심사항 및 법률과 규정 등에 맞게 수행되

---

83) AZUMA, Nobuo, "Performance Measurement of Supreme Audit Institutions in 4 Anglo-Saxon Countries: Leading by Example," Director of the Study Division, The Board of Audit of Japan, *Government Auditing Review* Vol. 11., March of 2004, pp.76~83, http://www.jbaudit.go.jp/eng lish/exchange/pdf/e11d05.pdf, 2012. 3. 21. 검색.

| 표 3-6 | 캐나다감사원의 성과측정 사례(2001-02 회계연도) |

(금액단위: 백만 캐나다 달러)

성과목표	성과지표	측정목표와 측정치	
산출물(output)	성과지표	정량적 타겟	실제결과
① 감사원 보고서	비용	35.4	36.2
② 정부공공법인 등에 대한 감사원의 재무회계감사보고서	비용	17.2	15.2
③ 캐나다정부의 재무보고서에 대한 감사원장의 의견	비용	5.4	4.6
④ 환경과 지속가능발전을 위한 위원회 보고서	비용	2.3	2.4
⑤ 정부공공법인 등에 대한 특별조사보고서	비용	2.1	2.3
⑥ 기관의 성과보고서에 대한 평가보고서	비용	1.0	1.0
⑦ 감사 이외의 활동들(감사방법 연구, 국내외 직원교류 등)	비용	6.2	6.2
합 계		69.6	67.9

즉시성과 (immediate outcome)	성과지표	실제결과	참고
① 감사결과에 대해 의회와 감사대상 기관의 지지를 받는 것 ② 감사효과 증진을 위해 의회와 감사대상기관을 개입시키는 것	감사원 직원이 의회 위원회 청문에 참석한 횟수	41회	34회(2000-01) 52회(1998-99)
	의회 위원회에서 논의된 성과감사 비율	71%	56%(2000-01) 63%(1998-99)
	감사원의 재무회계 감사가 정부의 일에 대한 국민 신뢰를 높였다고 믿는 의회의원 비율	67%	
	감사보고서의 권고사항 및 정부부처의 재무회계보고서에 대한 감사원의 의견이 위원회 업무에 긍정적인 영향을 주었다고 생각하는 의회의원 비율	55%	
	감사원 환경과 지속가능발전을 위한 위원회의 권고사항이 업무에 도움을 주었다고 생각하는 의회 환경과 지속가능발전 위원회 소속 의원 비율	42%	
	감사원이 중요한 정보를 제공한다고 생각하는 정부공사 회계관과 감사위원회의 장 비율	85%	
	감사원의 권고사항에 동의하는 정부공사 회계관과 감사위원회의 장 비율	96%	88%(1999-00) 83%(1997-98)
	감사원의 특별감사가 도움이 된다고 믿는 정부법인 관리자 비율	80%	
	감사원의 권고대로 개선되기를 원하는 회계관의 비율	64%	

중간성과 (intermediate outcome)	성과지표	실제결과	참고
① 의회, 감사대상기관, 국민들의 요구에 맞는 감사 생산물을 산출 ② 의회, 감사대상기관, 국민들에게 적절하게 감사결과를 보고	감사원의 감사결과가 그들의 의사결정에 영향을 준 다고 믿는 공공회계위원회 소속 의회의원 비율	100%	
	감사원 환경과 지속가능발전을 위한 위원회의 권고 사항이 의사결정에 도움을 주었다고 생각하는 의회 환경과 지속가능발전 위원회 소속 의원 비율	75%	
	2000-01 회계연도에 의회 공공회계위원회가 공식인 정한 감사원보고서의 권고사항 비율	76%	53%(1999-00) 59%(1998-99)
	과거 4년간(1996-00) 감사원의 권고사항 중 연방정 부가 완전히 집행한 비율	25%	25%(1995-99) 28%(1994-98)
	과거 4년간(1996-00) 감사원의 권고사항 중 연방정 부가 부분적으로 집행한 비율	49%	47%(1995-99) 40%(1994-98)
	과거 4년간(1996-00) 감사원의 환경관련 권고사항 중 연방정부가 완전히 집행한 비율	8%	9%(1995-99) 10%(1994-98)
	과거 4년간(1996-00) 감사원의 환경관련 권고사항 중 연방정부가 부분적으로 집행한 비율	67%	65%(1995-99) 62%(1994-98)
	연방정부가 달성한 지속가능한 개발전략 목표비율	35%	20%(2000-01) 10%(1999-00)
	감사원의 재무회계보고서감사가 재무회계보고서 품 질개선에 기여했다고 믿는 정부공사의 회계관과 감 사위원장 비율	81%	81%(1999-00) 71%(1997-98)

※ 출처: AZUMA, Nobuo, "Performance Measurement of Supreme Audit Institutionsin 4 Anglo-Saxon Countries: Leading by Example," The Board of Auditof Japan, 2004.

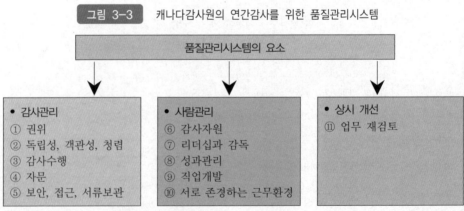

그림 3-3   캐나다감사원의 연간감사를 위한 품질관리시스템

품질관리시스템의 요소

• 감사관리
① 권위
② 독립성, 객관성, 청렴
③ 감사수행
④ 자문
⑤ 보안, 접근, 서류보관

• 사람관리
⑥ 감사자원
⑦ 리더십과 감독
⑧ 성과관리
⑨ 직업개발
⑩ 서로 존경하는 근무환경

• 상시 개선
⑪ 업무 재검토

※ 출처: Office of the Auditor General of Canada,
  http://www.oag-bvg.gc.ca/internet/English/acc_rpt_e_36083.html#appa

었는지, 품질관리시스템이 효과적으로 집행되었는지, 발행된 감사보고서가 증거에 입각하여 작성되었고 그 내용이 적정한지 등을 평가하여 감사원장에게 감사원의 감사활동에 대해 보증을 하려는데 있다. 평가등급은 순응(compliance), 개선이 필요한 순응(compliance but needs improvement), 미순응(non-compliance) 등 3가지로 나누는데 순응은 회사의 정책, 감사기준, 회계원칙에 부합하는 상태를 말하며, 개선이 필요한 순응은 회사의 정책, 감사기준, 회계원칙에 완전히 부합하기 위해서는 어느 분야에 대해 개선을 해야 하는 상태를 말하고, 미순응은 이들 기준과 원칙에 부합하지 않는 중대한 결함이 발생된 상태를 말한다.

평가결과를 요약하면 다음과 같다.

① 11개 감사사항에서 제시한 감사의견은 증거가 명확하고 적절하였다.

② 3개의 감사사항은 회사의 정책, 감사기준, 회계원칙 등에 부합되어 순응으로 평가되었으나 나머지 8개 감사사항은 개선이 필요한 순응으로 평가되었다. 그렇지만 2009-10 회계연도에 순응으로 평가된 감사사항이 하나도 없었고, 2010-11 회계연도의 개선이 필요한 순응의 비율이 18%로서 2009-10 회계연도의 50%에 비해 적어진 것을 근거로 판단하면 감사보고서의 품질이 많이 개선되었음을 알 수 있다.

③ 감사매뉴얼을 업데이트하고 직업개발 교육과정을 재검토 및 업데이트 하였으며 지난 해 업무과정의 재검토 및 동료평가 보고서에서 제시된 권고사항을 이행하기 위해 실행계획을 마련한 것 등은 긍정적으로 평가할 만하다.

④ 특히 발전이 있었던 것은 위험을 기반으로 한 감사수행 및 감사업무에 정보기술을 접목시킨 부분이었다. 11개 감사사항 중 10개 사항에서 계획단계에서 고위관리자가 참여하였고 11개 감사사항 모두에 계획단계에서 확인된 감사위험이 반영되었다. 다만 문제는 실제 행해진 6개 감사사항에서 감사접근 방법과 보증수준이 감사계획 때와 달라졌음에도 불구하고 감사팀은 그 변경사항에 대해 적절한 승인을 받지 않았다. 또 다른 3개 감사사항을 감사계획과 다르게 시행하면서도 감사시행 전에 승인을 받지 않았다. 그리고 서류검토자와 품질검토자도 감사계획과 실행계획이 다른 이러한 문제를 발견하지 못했다. 한편, 11개 감사사항 중 6개 사항에서 복잡한 정보기술을 사용하였다. 하지만 감사계획, 실행, 보고단계에 정보기술이 효과적으로 적용되고 있지는 않았다. 2개 감사사항만이 감사 일부 과정에 정보기술이 통합 적용되었으며 이 같이 정보기술이 감사에 잘 적용되지 못하는 이유에 대해 감사팀을 면담한 결과 정보기술을 적용하는데 들어가는 시간과 노력이 너무

커서 감사예산에 큰 부담이 되기 때문이라고 답하였다.84)

그리고 주정부 감사원의 사례로 British Columbia주 감사원의 2010-11 회계연도 활동에 대한 평가결과를 소개하면 다음과 같다. 그들은 2010-11 회계연도에 112명

표 3-7 캐나다 British Columbia주 감사원의 2010-11 회계연도 활동평가

성과구분	주요성과지표수	2010/11 타겟	2010/11 실제
Relevance	의회와 시민이 관심 갖는 문제를 다룬 성과감사보고서 비율	10~20%	17%
Efficiency	완료한 감사수	69	71
Value	감사업무가 더 효율적이고 책임 있는 정부가 되도록 기여했다고 믿는 의회멤버의 비율	80%	83%
Excellence	업무에서 감동받고 영감을 얻은 직원수	75	74

1. Relevance(직원, 의회 및 시민 등 고객 설문)
   ① 요약재무보고서에 대한 감사를 통해 주정부 재무보고의 신뢰성을 높였는가?
   ② 의회와 시민에게 도움이 되고 그들이 이해하기 쉬운 감사의견, 보고서, 정보 등을 생산하였는가?
   ③ 각각의 감사에서 감사대상기관 관리자들과 감사결과보고서 및 대화를 통해 유용한 권고를 함으로써 더 나은 정부를 만드는데 기여하였나?
2. Efficiency: 업무량과 끼친 영향
   ① 계획된 시간 내에 완료한 감사 90%
   ② 2009/10 회계연도에 비해 사무실 내 종이사용량 감소 61%
3. Value(의회멤버 설문)
   ① 감사원이 중요하다.
   ② 나는 감사원의 역할에 대해 잘 알고 있다.
   ③ 나는 감사원이 발행한 보고서 등에 관심이 많다.
   ④ 감사원장은 그의 권한 안에 있는 중요한 문제에 대해 관심과 열의가 있다.
   ⑤ 감사원의 업무가 더 효율적이고 책임 있는 정부가 되도록 기여했다.
4. Excellence(직원 설문)
   ① 나는 내 일에 만족한다.
   ② 나는 혁신적으로 일하도록 권고를 받았다.
   ③ 나는 내 최선을 다했다.
   ④ 나는 내가 하는 일에 자부심을 가지고 있다.
   ⑤ 내가 하는 일은 시민들에게 가치를 더해준다.

※ 출처: Office of the Auditor General of British Columbia, *2010/11 Annual Report and 2011/12-2013/14 Service Plan*.

---

84) Office of the Auditor General of Canada, http://www.oag-bvg.gc.ca/internet/English/acc_rpt_e_36083.html#appa, 2012. 1. 18. 검색.

의 직원들이 1,540만 캐나다 달러의 예산을 사용하며 감사업무를 수행하여 71개의 감사, 보고서, 의견들을 제시하였는데 그들의 활동결과는 전략목표와 관련되어 있는지(relevance), 업무를 효율적으로 수행했는지(efficiency), 고객들에게 가치 있는 활동이었는지(value), 직원들이 업무에 몰입하였는지(excellence) 등 4가지 성과로 평가되었다. 그 내용은 〈표3-7〉 '캐나다 British Columbia주 감사원의 2010-11 회계연도 활동평가'에서 자세히 살펴 볼 수 있다.

바. 조직간 관계 및 조직문화

캐나다 연방정부 감사원과 주정부 감사원, 그리고 주정부 감사원들끼리는 가끔 공동 관심사에 대해 합동으로 감사를 하기도 한다. 연방정부 감사원과 British Columbia주 감사원이 공동으로 시행하는 원주민의 정착을 돕는 감사나 지속가능 발전을 위한 감사 등이 그 사례가 된다. 이 외에도 캐나다 주정부 감사원 직원들과 연방정부 감사원 직원들이 협력하여 만든 CCOLA(Canadian Council of Legislative Auditors)는 회원들끼리 1년에 두 번 만나 공통 관심사에 대해 토론하고 감사방법, 감사사례, 직업개발의 개선을 위해 노력한다.

CCOLA의 활동목표를 설명하면 다음과 같다. ① 연방정부 감사원과 주정부 감사원들 간에 정보와 경험을 공유, 교환하며 상호 관심사에 대해 토론하고, ② 의회감사관에게 특정한 이득을 가져다주는 중요한 문제에 대해 의견일치를 이끌어내기 위해 상호 노력한다. ③ 또한, 의회감사의 직업원칙을 개발하고, ④ 감사방법, 감사실무의 상시개발 및 직업개발을 권장하고 지원하며, ⑤ 캐나다 공공회계위원회협의회(Canadian Council of Public Accounts Committee)와 공동으로 일해 의회감사관실, 공공회계위원회의 효과성을 증진시키는 일을 한다. ⑥ 그리고 의회감사관실의 품질, 성과의 개선을 촉진하며, ⑦ 감사와 관련한 기준을 개발하는 캐나다 회계사협회 CICA(Canadian Institute of Chartered Accountants), 국제회계사연맹 IFAC(International Federation of Accountants), 미국공인회계사협회 AICPA(American Institute of Certified Accountants) 등의 조직들과 연락하는 일을 수행하고, ⑧ 공동의 관심사에 대해 캐나다 감사원장 협의회(Canadian Council of Comptrollers)와 협의하는 일 등을 한다.[85]

---

85) Canadian Council of Legislative Auditors, https://www.ccola.ca/web/ccola/welcome, 2012. 1. 9. 검색.

재무회계감사원은 자체감사기구의 장들이 시급한 문제를 해결할 수 있도록 돕고 정보를 교환하는 기회를 주기 위해 정기적으로 컨퍼런스를 개최하고 자체감사 관계자들을 포럼에 정기적으로 초대하고 있으며 캐나다 공공서비스학교 CSPS (Canada School of Public Service) 및 IIA Ottawa 지부와 업무협정을 맺어 자체감사자들에게 3일짜리 자체감사오리엔테이션 워크숍을 운영하고 있다.[86]

사. 감사의 중복성 해소 노력

캐나다 감사조직의 경우 감사중복이 크게 문제되고 있다는 증거를 찾기 어려웠다. 재무위원회가 2006년에 자체감사정책을 만들고 2009년에 이를 개정해 연방정부 및 기관에 회계관으로서 부기관장, 자체감사, 감사위원회 체계를 구축하여 자체감사기구로 하여금 독립적인 보증업무를 하도록 조치한 데다 작은 규모의 기관들에 대해서는 자체감사기구를 따로 두지 않고 재무회계감사원이 직접 감사를 실시하고 있고, 감사원도 여러 방법들을 활용해 감사업무의 중복을 피함으로써 심각한 감사중복의 문제는 발생하지 않는 것으로 보인다. 여기에다 교통과 통신기술의 발달 등에 힘입어 연방정부 감사원과 주정부 감사원, 재무회계감사원과 자체감사기구, 자체감사기구 간에 파트너십(partnership)을 강화하여 공동관심사에 대해 서로 협력하고 문제를 풀어나가는 문화가 형성됨으로써 감사중복으로 인한 행정의 부담이 크지 않은 것으로 여겨진다. 다만 정부보조금에 대한 통제와 감사에서 일부 혼선이 있음을 확인할 수 있었다.

캐나다감사원이 감사중복을 줄이려고 노력하는 점을 기술하면, 첫째 감사원은 위험평가에 근거해서 5년 단위로 마련하는 장기감사계획 OPP(One-Pass Plan)를 통해 감사중복을 줄인다. 장기감사계획을 수립하면서 감사팀은 중요한 기관의 회사 운영계획, 통합위험관리 준거틀, 의회 및 다른 곳에 제공한 보고서 등 주요문서를 검토하고, 자체감사보고서, 프로그램 평가보고서, 그리고 연간 또는 장기 감사계획과 프로그램 평가계획 등을 검토하여 감사중복을 피한다. 감사팀은 필요한 경우에 각 기관의 고위관리자나 직원, 본부 또는 지부의 관계자, 이해관계자들을 만나 면담한다. 또한 다른 부처나 기관을 대상으로 감사를 해야 할 경우에는 해당 기관의

---

86) Office of the Auditor General of Canada, http://www.oag-bvg.gc.ca/internet/English/parl_oag_2011 06_ 03_e_35371.html#ex3, 2012. 1. 12. 검색.

고위관리자 등을 만나 사전에 이를 협의할 수 있다.[87)]

둘째, 각 부처 및 기관, 재무회계감사원이 시행한 감사결과보고서와 감사계획서를 활용하는 방법이다. 감사원이 개별감사를 계획하는 단계부터 자체감사기구들이 발행한 보고서를 참고하여 감사대상기관, 감사범위 등을 조정한다. 이를 위해 감사규정 등에 개별감사를 수행하고자 할 때 감사팀은 반드시 다른 감사기구의 보고서를 활용하여 감사중점, 감사대상기관, 감사범위 등을 정하도록 하는 업무절차를 명시해 놓는다.

셋째, 감사팀마다 개별감사를 수행하다보니 자체감사기구 내에서도 감사업무의 중복을 초래할 수 있으므로 개별감사 사항을 계획하는 초기단계에 고위관리자가 참여하여 Top-down 방식으로 업무를 조정하는 방법이 있다.

한편 정부보조금에 대한 통제와 감사에서는 아직 혼선이 존재한다. 캐나다감사원이 HRSDC(Human Resources and Skills Development Canada) 등 5개 기관과 재무위원회사무처를 대상으로 정부보조금에 대한 감사를 하고 발행한 2006년 5월 보고서에 따르면 한 해에 서로 다른 프로그램의 정부보조금을 여러 개 지급받는 수혜자들은 지원서를 낼 때마다 비슷한 정보를 여러 기관에 적어내느라 시간과 노력을 들여야 할 뿐만 아니라 보조금을 지급하는 기관들은 매년 같은 수혜자를 대상으로 1년 단위로 계약을 갱신하고 1명의 수혜자에 대해 보조금의 적정 사용여부를 각각 감사함으로써 행정처리에 비용과 시간을 많이 투입하고 있다고 지적하면서 재무위원회사무처로 하여금 정부보조금을 받는 수혜자들에 대해 미국에서 시행하고 있는 단일감사(Single Audit)를 적용할 수 있도록 조정하라고 권고하였다. 이에 대해 재무위원회사무처는 감사원의 감사결과에 동의하면서 정부보조금 수혜자들과의 계약을 통제할 수 있는 범위 내에서 장기계약으로 바꾸도록 업무절차를 개선하고 단일감사의 시행을 적극적으로 검토하겠다고 답변하였다.[88)] 실제 캐나다감사원이 단일감사를 언급한 것은 이보다 앞선다. 감사원이 1989년도에 발행한 보고서에 의하면 연방정부나 주정부의 보조금에 대한 감사를 할 때 감사중복을 최소화하기 위해 단일감사가 필요하다는 권고가 있었는데 단일감사란 미국의 감사기구에서 비용

---

87) Office of the Auditor General of Canada, http://www.oag-bvg.gc.ca/internet/English/meth_gde_e_30866.html, 2012. 1. 18. 검색.

88) Office of the Auditor General of Canada, http://www.oag-bvg.gc.ca/internet/English/parl_oag_200605_06_e_14963.html, 2012. 1. 19. 검색.

효과적인 감사를 수행하기 위해 감사기구 간에 서로 협력하거나 일정 금액 이하의 보조금에 대해서는 자체감사기구 등에 감사업무를 위임하는 방법으로 감사대상기관의 부담을 최소화하는 감사방법이다. 그런데 캐나다가 1982년 단일감사 준거틀을 만들고 1985년에 처음 시행하였지만[89] 2012년 현재까지 단일감사가 캐나다에 정착되었다는 보고는 찾지 못했다.

3. 영국(연방국가, 내각책임제)의 자체감사기구 운영실태

가. 지배구조

영국 U.K.(The United Kingdom of Great Britain and Northern Ireland)는 그 영어문자 표현에서도 유추해 볼 수 있듯이 잉글랜드(England), 웨일즈(Wales), 스코틀랜드(Scotland)를 통틀어 말하는 그레이트 브리튼(Great Britain)과 노던 아일랜드(Northern Ireland)로 구성되어 있다. 이들 4개 지역은 연방의 형태로 구성되어 있지만 역사적으로 서로 다른 정치, 경제, 사회, 문화를 형성했으며 현재도 서로 다른 정체성을 가지고 생활하고 있다. 중앙부처 중 재무부, 방위부 등만이 영국전체를 대상으로 업무를 수행하고 나머지 행정부서는 잉글랜드 지역만을 대상으로 업무를 수행하며, 웨일즈, 스코틀랜드, 노던 아일랜드에도 각각 입법부와 행정부가 있어 해당 지역에 대한 업무를 수행한다. 따라서 영국의 중앙정부라 하면 U.K.를 대표하는 중앙정부인 동시에 잉글랜드에 대한 중앙정부로서의 역할을 수행하고 있다고 할 수 있다. 하지만 현실적으로 따져보면 잉글랜드가 인구, 정치, 사회, 경제적 측면에서 이들 나머지 지역에 대해 압도적인 영향력을 행사하고 있다. 또한 영국은 3권 분립에 의해 운영되기보다는 입법부가 최고의 권한을 행사하는 의원내각제 국가로서 의회는 상원(The House of Lords)과 하원(The House of Commons)으로 구성되어 있고, 지방자치제도는 운영되고 있으나 1980년대 이후부터 중앙정부가 공공부문의 개혁을 주도하면서 지방정부에 대한 행정 및 재정통제가 강화되었다.

영국의 공공감사제도의 역사는 1314년 왕을 대신하여 정부지출의 적정성을 회계감사할 감사관(Auditor of the Exchequer)을 임명한 때부터로 거슬러 올라간다. 엘리자베

---

89) Office of the Auditor General of Canada, http://www.oag-bvg.gc.ca/internet/English/parl_oag_198911_01_e_4250.html, 2012. 1. 18. 검색.

스 여왕 1세(Queen Elizabeth I)는 1559년 국고의 지출을 상시 감사할 전도금(前渡金) 감사관(Auditors of the Imprest)을 창설했고, 1780년에는 법률에 의해 공공회계감사위원 (Commissioners for Auditing the Public Accounts)이 임명되었으며, 1834년부터는 위 감사위원들은 재무부통제관(Comptroller of the Exchequer)과 더불어 업무를 수행하였다.

그러나 이러한 조치에도 불구하고 의회가 담당하는 국고수입을 증대시키는 한편 지출을 승인하는 기능은 약했는데 이를 획기적으로 개선시킨 계기가 있었으니 그것은 1859년에서 1866년까지 재무장관(Chancellor of the Exchequer)을 역임했던 William Ewart Gladstone이 공공재정 및 의회 책임성에 대한 개혁의 일환으로 「Exchequer and Audit Departments Act」를 제출한 사건이다. 이 법의 주된 내용은 모든 부처가 오늘날 세출계정(appropriation accounts)으로 알려진 연간계정(annual accounts)을 작성하도록 하였고, 감사원장 CAG(Comptroller and Audit General)와 이를 지원하기 위한 재무감사부(Exchequer and Audit Department)를 설립하는 것이었다. CAG는 영국중앙은행(Bank of England)이 정부부처에 지급하는 금액에 대해 의회가 제시한 한도에 맞는지 여부를 검토하고 승인하는 기능과 정부부처의 회계를 감사하여 그 결과를 의회에 보고하는 기능을 담당하도록 입법화되었다. 1866년의 법은 공공자금에 대한 책무성을 다음과 같은 시스템에 의해 확보하고자 했다. 하원은 지출을 승인하고, 감사원장은 자금의 발행을 통제하며, 각 부처는 회계계정을 정리하고 감사원장은 이에 대해 감사하며, 감사원장의 조사결과는 관계되는 의회 위원회와 1861년 Gladstone에 의해 설립된 공공회계위원회 PAC(Committee of Public Account)에 보고되었다. 1870년대부터 PAC은 한발 더 나아가 재무부장관이 임명한 각 부처의 회계관(Accounting Officer)[90]으로부터 직접 회계감사와 관련한 증거를 수집하기도 했다.

「Exchequer and Audit Departments Act」는 1921년에 다시 개정된다. 1921년 이 법의 개정 전까지는 감사원장이 정부부처의 모든 지출 건에 대해 회계감사를 하도록 규정되어 있었으나 정부부처의 업무량이 늘어나면서 이를 지킬 수 없게 되었고 특히

---

90) 일반적으로 각 부처의 회계관은 장관(내각 구성원이 되는 1명의 각료인 Secretary of State, 각료 아래 1~3명의 비내각 장관인 Minister of State 또는 Parliamentary under Secretary of State)의 지휘아래 실질적인 업무를 수행하는 사무차관(Permanent Secretary)이 담당함. 다만 감사원의 회계관은 감사원장이며 재무부장관이 임명하는 각 부처 회계관과 달리 하원의 공공회계위원회 PAC에 의해 임명됨. 문태곤, 『영국의 공공감사제도, 한국행정DB센타』, 2008. 11., 12~23면, 26면.

1차 세계대전의 발발과 함께 이 규정은 더 이상 유효할 수 없게 되었기 때문이다. 그래서 1921년 개정 법률은 감사원장은 각 부처의 내부통제 기능에 일부 의존을 하면서 표본을 추출하여 감사하고 그 결과를 의회에 보고하도록 규정하였다.

그런데 영국 감사원이 업무의 독립성과 관련하여 중요한 변화의 계기를 가진 것은 1983년 「국가감사법(National Audit Act)」를 제정하면서 부터이다. 이 법은 감사원장을 하원의 공무원으로 명실상부하게 규정하고 실질적으로는 감사원장을 지원하기 위해 설립한 재무감사부를 입법부 소속으로 변경하여 행정부로부터 독립을 하게 하였고, 감사원장으로 하여금 각 부처가 공공자금을 경제적, 효율적, 효과적으로 사용하고 있는지에 대해 검토하고 의회에 보고하게 함으로써 감사원장의 권한을 강화시켰으며, 감사원장을 지원하기 위해 만든 재무감사부를 감사원 NAO(National Audit Office)로 명칭을 바꾸고 하원에 공공회계자문위원회 TPAC(The Public Accounts Commission)을 설립하여 NAO의 업무를 감독하도록 하였다. 위 TPAC은 매년 NAO의 예산을 확정하고 NAO 업무에 대해 감사할 외부감사자를 임명하며 그들이 작성한 보고서를 검토하는 임무도 수행한다.

이 같은 변화는 2000년대에 들어서도 계속되었는데 21세기에 들어 서 영국의 정부기능도 많이 변하게 되어 이에 따라 감사원장의 역할도 바뀌게 되었기 때문이다. 이는 대부분 비정부공공기관 NDPB(Non-Departmental Public Body)에 대한 감사원장의 역할과 감사원의 지배구조 방식에 관한 것이었다.

그 첫 번째 조치는 2000년에 「정부자원 및 회계법(Government Resources and Accounts Act)」을 제정한데서 시작되었다. 이 법 제정 전까지 회계는 현금을 기준으로 이루어졌는데 이 법의 시행으로 각 부처는 현금을 포함한 자원(이자 또는 연체 등 증가분도 포함)을 기준으로 회계를 하게 되었고 감사원장은 각 부처의 회계계정뿐 아니라 정부기관 전체에 대한 통합계정에 대해 감사를 하게 되었다.

두 번째 조치는 2006년에 「회사법(Companies Act 1985)」을 개정하여 회사형태로 설립된 공공기관도 감사원 감사를 받을 수 있도록 한 것이다. 이 법은 공공기관이 회사형태로 설립되면 감사원장은 다른 감사자와 함께 경쟁을 하여 감사자로 임명될 수 있다고 명시하고 있다.

세 번째 조치는 하원의 공공회계자문위원회 TPAC이 2007년 감사원의 지배구조

지역	중앙정부	지방정부
잉글랜드(England)	National Audit Office	Audit Commission
웨일즈(Wales)	Wales Audit Office	Audit Commission
스코틀랜드(Scotland)	Audit Scotland	Accounts Commission
노던 아일랜드(Northern Ireland)	Northern Ireland Audit Office	

표 3-8　영국의 주요 감사기구 체계

※ 출처: 감사원, 『외국 감사원 법령집』, 2008. 11., 122면 재구성.

를 검토한 후 그 결과로서 몇 가지 권고를 하였는데 그 권고들은 2011년 「예산책임 및 국가감사법(Budget Responsibility and National Audit Act)」에 반영되었다. 이 법을 통해 감사원은 감사원장을 포함한 4명의 집행위원과 의장을 포함한 5명의 비집행위원 등 총 9명으로 혼합 구성된 이사회에 의해 지배되는 법인체가 되었으며, 이사회는 감사원의 전략방향을 정하고 감사원장이 법령에 근거한 기능과 감사판단을 독립적으로 할 수 있도록 돕는 역할을 하게 되었다. 또한 감사원장은 하원의 독립적인 공무원 신분을 유지하고 과거 종신형에서 10년 임기의 직으로 바뀌게 되었다.[91]

영국의 주요 감사기구의 체계를 정리하면 위의 (표3-8)과 같다. 영국에서는 감사원 NAO가 중앙정부 등에 대한 감사를 하고 감사위원회(Audit Commission)가 지방정부 등에 대한 감사를 하는데 이들 두 기관은 상하관계가 아닌 각각 독립적인 기관이다. 앞에서 쓴 것처럼 감사원은 영국 중앙정부를 위한 감사기구이면서 웨일즈 감사원(Wales Audit Office), 스코틀랜드 감사원(Audit Scotland), 노던아일랜드 감사원(Northern Ireland Audit Office)에 권한을 이양하고 남은 업무에 대해 재무감사(financial statement audit)와 성과감사(value for money audit)를 한다.

감사원의 독립성 확보방안에 대해 살펴보자.

첫째, 감사원장 등의 임명 및 해임과정을 통해 감사원의 독립성을 확보하는 방안이다. 「예산책임 및 국가감사법」 Sec.11~Sec.23의 규정에 따르면 감사원장은 수상이

---

91) U.K. National Audit Office, http://www.nao.org.uk/about_us/history_of_the_nao.aspx, 2011. 11. 28. 검색.

감사원장 임명안을 발의하고 하원의 공공회계위원회 PAC 의장으로부터 동의를 받고 하원의 결의를 거치면 여왕이 임명하며, 하원의 관리로서 일을 하지만 상원의 구성원이 될 수 없고 정부의 관료로 취급되지 않는다. 감사원장은 수상에게 서면으로 사직서를 제출함으로써 사직을 할 수 있으며, 이와는 별도로 해임을 할 때에는 상원과 하원 모두의 결의가 있어야만 여왕이 해임을 할 수 있다. 또한 임기 10년인 재임 중에는 정부에 의해 임명되거나 권고된 다른 어떤 직책도 맡을 수 없고 심지어 직을 그만둔 후 2년 동안은 역시 정부에 의해 임명되거나 권고된 다른 어떤 직책도 맡을 수 없으며 정부나 정부를 위해 일하는 기관과 사람, 그리고 감사원장의 감사, 조사, 감찰대상이 되는 기관과 사람에게 서비스를 제공할 수 없다. 예외적으로 감사원장 직을 그만둔 후 웨일즈 감사원장, 스코틀랜드 감사원장, 노던 아일랜드 감사원장 직은 수행할 수 있다. 감사원장 직을 그만둔 자는 다른 기관이나 직위에서 일을 하기 전에 미리 공공회계자문위원회 TPAC에 자문을 구해야 한다. 감사원장의 연봉수준은 임용을 하기 전에 수상과 하원의 공공회계위원회 의장이 상호 협의하여 정하고 그 금액은 어느 특정부처와 상관없는 통합기금(Consolidated Fund)으로부터 지출된다. 또한 위 법 Sec.20과 Schedule 2 Part 1~4에 따르면 감사원은 NAO 의장을 포함한 5명의 비집행위원, 감사원장, 그리고 3명의 집행위원 등 9명으로 구성되는데 NAO 의장이 되는 비집행위원 1명은 감사원장과 같은 방법으로 수상이 임명안을 발의해 하원의 공공회계위원회 PAC 의장의 동의를 받고 하원의 결의를 거쳐 여왕이 임명하며 수상과 PAC 의장은 공동으로 NAO 의장의 보수를 결정한다. 나머지 비집행위원들은 공석이 발생했을 때 NAO 의장이 적정한 인물을 공공회계자문위원회 TPAC에 추천하면 TPAC에서 임명을 하며 이들의 임기 중 또는 임기종료 후의 겸임제한 등에 대해서도 TPAC이 정한다. NAO 의장을 포함한 비집행위원의 임기는 3년을 넘지 못하고 최대 2번까지만 연임할 수 있다. NAO 의장을 해임하는 방법은 감사원장의 경우와 같고 나머지 비집행위원의 해임은 TPAC이 행사한다. 한편 감사원의 직원들은 감사원장이 NAO 이사회의 5명의 비집행위원들에게 사람을 정해 추천하면 비집행위원들이 임명한다. 감사원 직원들의 임기와 보수, 해임 등은 비집행위원들이 정한다. 역시 감사원 직원들도 임기 중에는 다른 직장, 직업을 가질 수 없다.

둘째, 독립적인 감사활동을 위한 예산확보시스템을 갖추어 감사원의 독립성을 확보하는 방법이다. NAO의 지출은 의회에서 제공한 예산으로 충당되며, 매 회계연도마다 NAO와 감사원장은 공동으로 NAO의 자원사용계획을 수립하여 공공회계자문위원회 TPAC에 제출하고 TPAC은 이를 검토하고 의견을 반영하여 하원에 제출하며 하원의 공공회계위원회 PAC과 재무부로부터 권고사항이 있을 경우 이를 고려해야 한다.

셋째, 감사사항 선정 및 사무실 운영에 대한 재량권을 인정받음으로써 독립성을 확보하는 방법이다. 「예산책임 및 국가감사법」 Sec.17, 18, 20 및 Schedule 2, 3에 따르면 감사원장은 사무실의 기능을 수행하거나 감사사항을 선택할 때, 그리고 감사수행방법을 정할 때에도 완전한 재량을 갖는다고 명시되어 있다. 사무실의 기능을 경제적, 효율적, 비용면에서 효과적(3E)으로 운영해야 하며 다만 감사사항을 정할 때 하원의 공공회계위원회 PAC이 만든 제안서를 고려해야 한다.

넷째, 감사자가 감사대상기관의 정보, 자산, 사람에 항상 접근 가능하도록 권한을 인정하고 감사결과에 대한 보고라인을 확립하며 감사활동을 적절하게 감독 및 관리하는 시스템을 만들어 업무의 독립성을 확보하는 방법이다. 「예산책임 및 국가감사법」 Schedule 2 Part 7 Sec.24~Sec.28에 따르면 감사원이 매년 「정부자원 및 회계법」 Sec.5에서 언급한 자원회계보고서를 작성하면 감사원이 공공회계자문위원회 TPAC의 승인을 받아 임명한 외부감사관이 이를 감사하여 그 결과를 TPAC에 제출하고 TPAC은 이를 다시 하원에 제출하게 되는데 외부감사자는 감사결과를 보고하는 단계에서 자연스럽게 TPAC과 하원의 감독과 관리를 받게 된다. 또한 외부감사자는 감사를 하면서 감사기능 수행에 필요한 어떤 자료나 정보에라도 접근할 수 있다.[92] 한편, 「정부자원 및 회계법」 Sec.8에 따르면 감사원장은 각 부처의 회계와 관련한 자료에 접근하여 감사할 수 있으며 자료를 유지하거나 통제하는 사람은 감사원장에게 그가 필요로 하는 자료, 정보, 설명을 제공하도록 되어 있다.[93]

영국 연방정부의 각 부처에는 재무부가 회계관 AO(Accounting Officer)를 파견하여 재무집행의 적정성을 통제하고 있고, 자체감사기구의 장 HIA(Head of Internal Audit)는 조직의 지배구조, 위험관리, 내부통제를 점검하고 점검결과의 적정성과 효과성에 대해 평가를 한 후 그 의견을 회계관에게 보고한다.[94] 이와 함께 각 부처

---

92) U.K. House of Commons, Budget Responsibility and National Audit Act 2011, http://www.legislation. gov.uk/ukpga/2011/4/pdfs/ukpga_20110004_en.pdf, 2011. 11. 30. 검색.

93) U.K. House of Commons, Government Resources and Accounts Act, Chapter 20 Sec. 8, http:// www. legislation.gov.uk/ukpga/2000/20/pdfs/ukpga_20000020_en.pdf, 2011. 12. 6. 검색.

94) U.K. HM Treasury, *Core Brief for the Recruitment of HIA Posts in Central Government:*

에는 감사위원회가 있는데 감사위원회는 재무집행에 대한 내부통제, 내·외부 감사자의 보증업무에 대해 검토함으로써 이사회와 회계관의 임무를 지원한다.[95] 또한 Department for Communities and Local Government 같은 일부 부처는 조사관(Inspectorate)을 임명하여 조사업무를 수행케[96] 하고 있는데 조사업무는 공공서비스가 성과기준, 법률이나 직업적 요구조건, 서비스사용자의 요구조건에 부합하는지에 대해 독립적으로 체크하고 보고서를 내는 업무로서 각 부처 자체감사기구는 조사업무에 대해서도 감사한다.

영국 연방정부가 자체감사기구의 독립성을 확보하는 방법은 다음과 같다.

첫째, 정부자체감사기준 GIAS(Government Internal Audit Standards)에 따라 자체감사규정에 자체감사의 목적, 권한, 책임 등을 정의하는 방법이다.

둘째, 자체감사기구의 장은 감사의 범위를 정하고 감사활동을 하고 그 결과를 보고하는 과정에서 다른 곳으로부터 간섭을 받지 않아야 하며, 회계관은 감사위원회(Audit Committee) 의장으로부터 자문을 받아 자체감사기구가 수행한 업무에 대해 성과평가를 하여 자체감사기구를 관리 감독하는 방법이다.

셋째, 자체감사기구의 장의 계급을 최소한 활동부서나 비활동 부서의 책임자급 이상이 되도록 하여 관리자들의 전략적 파트너가 되도록 함으로써 자체감사기구의 권한을 인정하는 방법이다.[97]

Expectations of the HIA Role, February 2010, pp.3~5, http://www.hm-treasury.gov.uk/d/hia_recruitment_brief260310.pdf, 2011. 12. 7. 검색.

95) U.K. HM Treasury, A*udit Committee Handbook*, March 2007, 위 보고서 Annex E에 따르면 감사위원회는 1년에 4회 이상 만나 관련사항을 논의, http://www.hm-treasury.gov.uk/d/auditcommitteehandbook140307.pdf, 2011. 12. 7. 검색.

96) U.K. Secretary of State Department for Communities and Local Government & Welsh Government Minister for Environment and Sustainable Development, *The Planning Inspectorate's Annual Report and Accounts for 2010/11*, http://www.communities.gov.uk/documents/507390/planningin spectorate/pdf/1980186.pdf, 2011. 12. 2. 검색; U.K. Public Audit Forum, *The Different Roles of External Audit, Inspection and Regulation: A Guide for Public Service Managers*, November 2002, p. 6, http://www.public-audit-forum.gov.uk/publicat.htm, 2011. 12. 24. 검색; 한국행정연구원은 「지방감사제도 구축방안에 관한 연구」 88면에서 조사관(Inspectorate)을 자체감사기구로 소개하였는데 상기 참고자료에 근거하면 이는 잘못된 연구내용으로 보임.

97) U.K. HM Treasury, *Core Brief for the Recruitment of HIA Posts in Central Government: Expectations of the HIA Role*, February 2010, pp.3~8, http://www.hm-treasury.gov.uk/d/hia_recruitment_brief260310.pdf, 2011. 12. 7. 검색.

영국 재무부가 설문조사 및 면담조사를 하는 방법으로 자체감사에 대해 연구한 결과에 따르면 설문응답자의 85%는 조직의 최고관리자가 자체감사기구의 조언과 권고사항에 대부분 또는 항상 적극적으로 반응하고 있고, 74%는 최고관리자가 중요한 결정을 할 때 자체감사기구에 의견을 구하며, 87%는 자체감사기구가 조직 내에서 존경을 받고 있다고 답한 반면, 감사결과 보고 중 31%는 회계관에게 하고 있으나 설문응답자의 49%는 자신들의 조직에 있는 회계관이 조금 더 적극적으로 자체감사기구에 관심을 가져 줄 것을 희망하고 있고, 15%는 감사위원회 의장과 일대일 대화를 한 적이 전혀 없거나 드물게 한다고 답하였다.[98]

다음으로 영국 지방정부의 자체감사기구가 어떻게 독립성을 확보하려고 노력하고 있는지 살펴보자. 잉글랜드와 웨일즈는 「지방재정법(Local Government Finance Act 1982)」에 따라 공공회사 형태의 감사위원회(Audit Commission for Local Authorities in England and Wales)를 설립하여 1983년 3월부터 지방정부에 대한 감사를 담당하도록 하였다. 그리고 위 감사위원회는 1990년 10월부터는 국가의료서비스기관(National Health Service)에 대한 외부감사도 담당하게 되었고 이름도 지방정부와 국가 의료서비스 감사위원회(Audit Commission for Local Government and the National Health Service in England and Wales)로 바꿨다. 그 후 1999년 「지방정부법(Local Government Act 1999)」의 규정에 의해 감사위원회는 지방정부(best value authorities)에 대한 감찰을, 2003년 「지방정부법(Local Government Act 2003)」의 규정에 의해 정부가 자금을 지원하는 비영리 재단인 주택협회, 기금 등(registered social landlords)에 대한 감찰을 하게 되었으며, 위 같은 법률에 의해 지방정부에 대한 통합성과평가 CPA(Comprehensive Performance Assessment)도 2002년부터 수행하게 되었다. 또 2004년에는 「화재 및 구조서비스법(Fire and Rescue Services Act)」에 의해 화재 및 구조기관에 대한 순응감사도 담당하게 되었다.

그러나 이렇게 감사위원회의 업무범위가 계속 늘어나다보니 감사를 하는 사람과 감사대상기관 모두 감사에 대한 부담이 많아져 2005년 4월부터는 「공공감사(웨일즈)법(Public Audit(Wales) Act 2004)」에 따라 웨일즈에 대한 감사업무가 위 감사위원회로부터 웨일즈감사원장에게 이관되었고 2008년에는 감사위원회의 이름에서 웨

---

98) U.K. HM Treasury, *Internal Audit Strategic Improvement Plan: Research Summary*, January 2010, p.7, http://www.hm-treasury.gov.uk/d/internal_audit_researchsummary.pdf, 2011. 12. 13. 검색.

일즈가 삭제되었다. 그리고 2010년 8월에는 지역정부에 관한 업무를 총괄하는 부처인 DCLG (Department for Communities and Local Government)가 그 동안 영국감사원 NAO로부터 외부감사를 받는 등 중앙정부의 통제를 받으면서 지방정부의 회계감사, 성과감사, 감찰,99) 성과연구 등을 담당하던 감사위원회를 지역분권, 감사의 독립성, 감사업무의 단순화, 감사비용 절감 및 감사중복 해소 등을 위해 없애는 대신 그 기능 중 성과감사 기능은 감사원으로 이관하고 나머지 기능들은 민간 기업에 아웃소싱(outsourcing) 하며 이를 위해 지역정부에 대한 감사를 수행할 감사관을 임명하고 관리하는 지역정부만의 독립적인 감사위원회(Audit Committee)를 두겠다고 발표하였고, 현 감사위원회 이사회(Audit Commission's Board)도 이러한 제안을 받아들여 2012-13년 회계연도에 대한 감사 때까지 현 감사위원회의 업무를 전부 민간 기업에 아웃소싱하기로 잠정 결정하였다.

향후 독립성 확보를 위해 관계기관에서는 감사관은 감사위원회의 추천을 받아 지방의회가 임명 및 해임하며 감사위원회, 지방의회 어느 하나만이라도 반대를 하면 이를 실행할 수 없도록 이중결정구조의 규정을 만들고, 감사위원회가 하는 일은 투명하게 모두 국민들에게 공개하도록 하며, 감사위원회는 능력이 검증된 독립적인 자가 의장의 역할을 수행하고 위원회의 다수는 독립적인 인사들로 구성되도록 하며 이들에게 중요한 책임에 걸맞게 충분한 보수를 지급하도록 법에 반영할 예정이다.100)

이와는 별개로 웨일즈정부와 웨일즈의 국민의료보험 NHS(National Health Service)은 웨일즈감사원장(Auditor General for Wales)이 장으로 있는 웨일즈감사원(Wales Audit Office)이 감사를 하며, 지방정부의 경우는 감사관을 임명하여 재무감사(financial audit), 성과감사(vale for money)를 수행하게 하며 양자 모두 감사결과를 웨일즈의회에 보고한다. 노던아일랜드도 1921년 주가 된 이후부터 노던아일랜드 감사원(Northern Ireland Audit Office)을 설립하고 중앙과 지방정부를 감사해 그 결과를 노던아일랜드

---

99) 감사위원회(Audit Commission for Local Authorities in England)가 담당하는 감찰은 2002년 이전에는 지방정부가 행하는 개별서비스에 대한 조사를 담당하다가 2002년~2008년 사이에는 통합성과평가 CPA를, 2009년부터는 통합영역평가 CAA를 담당.

100) U.K. House of Commons, *Audit and Inspection of Local Authorities, Communities and Local Government Committee-Fourth Report*, http://www.publications.parliament.uk/pa/cm201012/cmselect/cmcomloc/763/76303.htm, http://www.publications.parliament.uk/pa/cm201012/cmselect/cmcomloc/763/76312.htm, 2011. 12. 4. 검색.

의회에 보고한다.101)

영국 공공감사포럼(Public Audit Forum)이 2002년에 발간한 보고서에 따르면 자체
감사기구의 업무독립성은 정부기관과 자체감사기구의 관계를 설정해 놓은 법령의
틀에서도 찾아 볼 수 있다. 감사원장은 의회의 관리이지만 감사원은 정부로부터
완전히 독립되어 있다. 또 각 중앙부처의 조사관(Inspectorate)과 지방정부를 감사하
는 감사위원회 및 지방정부의 조사관은 비록 정부부처가 임명을 하였고 그들이 속
해 있는 기관의 재정적, 활동적 성과에 책임을 져야 하는 입장이지만 법률적으로
는 비정부공공기관 NDPB(Non-Departmental Public Body)이며 업무에 대해서는 정부
부처로부터 독립되어 그들이 발견한 것을 두려움 없이 객관적으로 말할 수 있다.
예를 들어 스코틀랜드와 웨일즈 정부의 감사원장의 경우 업무적으로 독립되어 있
고 스코틀랜드 행정부와 의회 또는 웨일즈 의회의 어떤 멤버에 의해서도 통제당하
지 않는다. 스코틀랜드 지방정부를 감사하는 회계위원회(Accounts Commission)는 분
리된 기관으로서 이들은 스코틀랜드 장관들(Scottish Ministers)에 의해 임명되지만 업
무에 있어서는 중앙정부와 지방정부로부터 독립적이다. 노던아일랜드 지방정부의
감사원장도 의회, 장관, 부처로부터 독립되어 업무를 수행한다.102)

나. 자체감사 서비스와 역할

NAO는 모든 중앙정부부처, 중앙부처와 관계된 기관 및 다른 공공단체의 지출
증빙문서에 대해 재무감사를 하여 그 결과를 의회에 보고한다. 각 부처에는 내부
통제의 일환으로 「정부자원 및 회계법(Government Resources and Accounts Act 2000)」
Sec.5의 규정에 따라 재무부가 각 부처에 파견한 회계관이 있어 매 회계연도마다
자원회계보고서(재무성과보고서, 재무보고서, 현금흐름보고서)를 작성하여 늦어도 11월
30일까지 감사원에 제출하도록 하고 있고, 같은 법 Sec.6의 규정에 따라 감사원은
제출된 자원회계의 내용이 진실되고 공정한지, 자금이나 자원이 의회가 의도한 목
적에 맞게 쓰였는지, 재무집행이 적정한 승인을 거쳐 이루어졌는지 등을 감사하고

---

101) U.K. National Audit Office, http://www.nao.org.uk/about_us/history_of_the_nao.aspx, 2011. 12.
　　 1. 검색.

102) U.K. Public Audit Forum, *The Different Roles of External Audit, Inspection and Regulation:*
　　 A Guide for Public Service Managers, November 2002, pp.7~8, http://www.public-audit-forum.gov.
　　 uk/publicat.htm, 2011. 12. 24. 검색.

늦어도 회계연도 다음 해 1월 15일까지는 감사보고서를 발행해 재무부에 보내야 하며 만일 이 과정에서 문제가 있는 자원집행 사실이 발견되면 이 사실을 재무부에 알려주고 하원에 보고해야 한다. 재무부는 감사원이 감사를 마치고 보내 온 각 부처의 보고서들을 모아 회계연도 다음 해 1월 31일까지 하원에 제출해야 한다.103)

이외에도 NAO는 성과감사에 해당하는 value for money 감사를 실시하며, 의회와 국민을 돕는 일, 성과개선을 위한 업무, 국제업무 등을 담당한다. NAO의 2011년 연간보고서에 따르면 NAO는 재무회계감사를 55%, value for money 감사를 21%, 그리고 의회 및 국민 관련, 성과개선, 국제관련 업무 등을 24% 시행한다.104) 그리고 중앙정부가 지방정부 등에 준 정액교부금(block grant)의 지출에 대해서도 감사를 한다.

각 부처의 자체감사기구의 장 HIA(Head of Internal Audit)는 다음과 같은 업무를 수행한다.

① 조직의 지배구조, 위험관리 및 통제를 점검하고 점검결과의 대체적인 적정성과 효과성에 대해 객관적인 평가를 한 후 그 의견을 회계관에게 보고하는 등 주로 회계관의 업무를 지원한다.

② 회계관, 이사회, 감사위원회가 원하는 수준의 보증활동을 해내기 위해 필요로 하는 자체감사기구의 자원, 기량들을 담은 자체감사활동 전략을 수립 및 유지해야 한다. 이 전략은 조직이 어느 정도 위험을 확인할 수 있고 얼마나 위험에 잘 대처하는지 등을 고려하여 만들어져야 한다.

③ 필요하다면 관리책임을 지지 않는 범위에서 자문서비스를 한다.

④ 자체감사활동에 필요한 정책과 절차를 수립한다.

⑤ 효과적인 보증활동을 위해 보증활동, 자문서비스를 제공하는 다른 주체들과 정보를 나누고 그들의 업무와 자체감사기구의 업무를 협의 조정한다.105)

---

103) U.K. Legislation, Government Resources and Accounts Act, Chapter 20 Sec.5~6, http://www.legisla tion.gov.uk/ukpga/2000/20/pdfs/ukpga_20000020_en.pdf, 2011. 12. 2. 검색.

104) U.K. National Audit Office, *Annual Report 2011*, p.23.

105) U.K. HM Treasury, *Core Brief for the Recruitment of HIA Posts in Central Government: Expectations of the HIA Role*, February 2010, p.5, http://www.hm-treasury.gov.uk/d/hia_recruit ment_brief260310.pdf, 2011. 12. 7. 검색.

다. 전문성(사람관리)

영국 재무부가 만든 보고서106)에 따르면 어느 부처의 자체감사기구의 장 HIA (Head of Internal Audit)가 되려면 다음과 같은 조건을 갖추거나 이와 동등한 능력이 있음을 증명할 수 있어야 한다. ① MIIA(Members of the Institute of Internal Auditors), CCAB (Consultative Committee of Accountancy Bodies) 같이 대외적으로 인정된 자체감사분야 또는 회계분야 단체의 멤버, ② 성공적으로 변화를 이끈 자체감사기구의 관리자로서의 경험, ③ 자체감사기구의 장으로서 성공적인 관리, 조정, 보고능력, ④ 상당히 큰 업무범위, 책임, 예산, 자원을 가진 조직 안에서 자체감사 관리자로서 감사목표, 정책, 전략들을 수립 시행한 경험이 있으면 그 경력서류들, ⑤ 조직의 관리자, 위험이나 보증업무를 관리하는 자에게 전문적인 권고를 했거나 그들과 효과적이고 생산적인 일을 같이 한 경험이 있으면 그 경력서류들, ⑥ 자체감사자원을 효과적으로 사용하는데 도움이 될 만한 예산 또는 재무관리정보를 관리해 본 경험, ⑦ 감사계획관리, 품질관리, 성과관리 경험이 있으면 그 경력서류들, ⑧ 검증된 리더십과 직원관리 기량, ⑨ 조직의 비전과 전략에 양립할 수 있는 자체감사기구의 비전과 전략을 개발 및 집행하며 이를 통해 조직의 지배구조에서 중요한 역할을 할 수 있는 능력, ⑩ 내부통제의 약한 점을 효율적이고 효과적으로 개선시킬 수 있는 방법에 대해 객관적이고 독립적으로 확신 있는 조언과 권고를 제공할 능력, ⑪ 업무부담이 많은 상황에서도 우선순위를 정해 업무를 수행하고 도전적인 업무량을 소화해 낼 수 있는 능력, ⑫ 정부가 처해 있는 환경과 의회의 책무성에 대한 이해, 그리고 필수적이지는 않지만 중앙정부의 책무성과 재무관리에 조예가 깊으면 도움이 된다는 내용이다. 이러한 자격에 대한 사항은 영국 정부의 웹사이트107)에서 더 자세히 살펴 볼 수 있다.

또한 자체감사기구의 장이 되려는 사람은 다음과 같은 기량과 행동을 보인다고도 한다.

첫째, 명확한 목표와 방향을 설정하는 사람이다. 자체감사기구의 장은 자신의 기능이 어떻게 조직에 필요한지에 대해 명확한 사진을 제시할 수 있어야 한다. 명확한 목표와

---

106) U.K. HM Treasury, *Core Brief for the Recruitment of HIA Posts in Central Government: Expectations of the HIA Role*, February 2010, pp.7~9, http://www.hm-treasury.gov.uk/d/hia_recruitment_brief260310.pdf, 2011. 12. 7. 검색.

107) U.K. Civil Service, http://www.civilservice.gov.uk/about/improving/psg/index.aspx, 2011. 12. 23. 검색.

계획을 세우고 조직원들을 자신의 비전에 몰입하도록 조치하며 누가 결과를 달성해야 하는지에 대해 책임을 명확히 해야 한다. 직접 나서서 변화를 주도하고 조직이 변화되도록 해야 하며 조직원들이 공헌한 내용들에 대해 가치를 부여할 줄 알아야 한다.

둘째, 자신의 영향력을 행사하는 사람이다. 강력한 리더십, 정직과 청렴, 그리고 규정과 기준을 뛰어 넘을 수 있는 통찰력, 불굴의 도전정신을 소유한 자로서 강력한 지배구조와 위험을 기반으로 한 관리환경을 창출하는 과정에서 같이 일하는 사람들에게 확신과 믿음을 심어줄 수 있어야 한다.

셋째, 전략적으로 사고하는 사람이다. 자신의 임무를 수행하면서 넓게 형성해 놓은 조직력, 정치력, 경제적 배경 등을 활용할 줄 알고 순발력과 외교력을 활용하되 자신의 권고가 명확하고 권위 있게 전달되도록 해야 한다. 빠르게 변화하는 사회에서 복잡하고 서로 충돌하는 자료를 가려 내 조직에 도움이 될 수 있도록 하고, 어떤 기술이 조직의 성과와 역량 발전에 기여할 것인가를 알 수 있어야 한다.

넷째, 다른 사람들로부터 모범사례를 취하는 사람이다. 모범사례를 발견하고 장점을 채택할 줄 알며 성공사례는 일찍 알아보고 칭찬하며 성과가 나쁘거나 적절하지 못한 행동에 대해서는 제재할 수 있어야 한다.

다섯째, 학습과 개선을 계속해 나가는 사람이다. 자신뿐만 아니라 팀과 조직의 학습을 주도하고 조직 내·외부와 강력하고 생산적인 관계를 유지하여야 한다. 항상 새로운 관점을 받아들이는 자세를 갖추어야 하고 변화에 빨리 그리고 유연하게 대처할 수 있어야 한다.

여섯째, 조직과 고객에게 가치를 더해주는 사람이다. 이를 위해 자체감사기구의 장은 조직 내에서 자체감사를 적기에, 예산범위 안에서, 좋은 품질을 유지하며 시행할 수 있어야 한다.

한편, 재무부가 2007년에 만든 정부 자체감사자 역량준거틀(Government Internal Audit Competency Framework)에 따르면 자체감사기구의 각 직급에 맞추어 감사자에게 필요한 역량을 정의한 후 감사자 개개인이 자신이 가지고 있는 역량을 위 정의된 역량과 스스로 비교해 보고 향후 자신의 장기경력계획에 필요한 역량을 찾아 개발하도록 교육훈련 기회를 제공하고 있다. 이 준거틀에 의하면 자체감사자를 Internal Auditor, Lead Internal Auditor, Senior Audit Staff(Grade 7 이상) 등 세 그룹으로 나누고 각각의 그룹들마다 7개의 역량(① 위험, 통제, 지배구조 ② 감사전략 ③ 감사관리 ④ 감사결과보고 ⑤ 대화소통 ⑥ 정부환경 ⑦ 전문성개발)을 갖추도록 정의해 두었는데 예를 들어 Senior Audit Staff(Grade 7 이상)이 되려는 자는 Lead Internal Auditor가 갖추어야 할 역량들을 모두 갖춘 자이면서 Senior Audit Staff가 갖추어야 할 역량들도 갖춘 자이어야 한다. 마찬가지 방법으로 Lead Internal Auditor가 되려면 Internal Auditor 그룹이 갖추어야 할 역량들을 모두 갖추고 Lead Internal Auditor 그룹이 갖출 역량들을 갖추어야 한다. 이 준거틀은 직원들의 채용, 승진, 평가, 교육훈련 계획수립 과정에서 광범위하게 쓰일 수 있다. 이 준거틀의 자세한 내용은 (부록2-4) '영국정부의 자체감사기구 직원들에 대한 역량평가표'에서 살펴 볼 수 있다.108)

영국 재무부가 설문조사 및 면담조사를 하는 방법으로 자체감사에 대해 연구한 결과에 따르면 자체감사기구 장의 대부분은 자체감사자들의 역량을 높게 평가하고 있었고, 응답자의 69%는 그들의 역량개발과정이 효과적이라고 인식하고 있었다. 또한 자체감사기구 장의 62%는 직원들이 감사업무를 담당하는 평균기간은 약 3년 이상이며, 자체감사기구의 자원이 부족할 때는 자체감사기구 장의 83%가 민간부문 감사서비스 공급자를 쓰고 37%는 파견자를 받아쓴다고 답하였다.109)

또한 영국감사원은 조직의 인적자원개발성과를 측정하기 위해 인적자원으로부터 파생되는 성과측정지표를 7개의 주요지표와 13개의 보조지표로 나누어 개발해 사용하고 있다. 7개의 주요지표 중 다른 감사기구에 적용 가능한 지표만을 소개하면 ① 조직전체의 지출 대비 인적자원개발에 소요된 비용110)의 비율(전체지출 대비 직원교육 및 개발에 소요된 비용의 비율, 그 이외에 인적자원개발에 쓰인 비용의 비율), 영구 고용인 및 계약 등에 의해 1년 이상 근무하는 고용인의 수를 나타내는 정규 고용인 수(full time equivalent employee) 대비 인적자원개발에 소요된 비용, ② 인적자원개

---

108) U.K. HM Treasury, *Government Internal Audit Competency Framework*, March 2007, http://www.hm-treasury.gov.uk/d/gov_internalaudit_competencyframework.pdf, 2011. 12. 9. 검색.

109) U.K. HM Treasury, *Internal Audit Strategic Improvement Plan: Research Summary*, January 2010, p.7, http://www.hm-treasury.gov.uk/d/internal_audit_researchsummary.pdf, 2011. 12. 13. 검색.

110) 인적자원개발전략, 변화관리 및 조직개발, 직원고용 및 관리, 인력사용계획 및 인력재조정, 직원의 역량계획 및 평가, 직원에 대한 보상 및 인정, 교육 및 개발, 건강 및 안전 등에 소요된 비용을 포함. 연금집행, 봉급, 직업과 관련한 건강평가 및 진단, 고용인에 대한 지원 및 복지 등에 쓰인 비용은 포함되지 않음.

발에 종사하는 직원 수 대비 정규 고용인 수의 비율, ③ 정규 고용인 수 대비 1년 중 교육개발에 투자한 총 날짜 수(단 한 번의 회의나 세미나에 참석한 경우는 제외)의 비율, ④ 1년 중 평균 정규 고용인 수 대비 지난해에 회사를 그만둔 직원 수의 비율, ⑤ 정규 고용인 수 대비 직원들이 병가로 일할 수 없었던 총 날짜 수(적은 인원이 오래 병가를 낸 경우와 많은 인원이 짧은 기간 병가를 낸 경우를 구분) 등이다.111)

라. 전문적 감사활동

전문적 감사활동에 관계되는 요소에는 앞에서 논의한 것처럼 전문적인 감사업무 및 과정들에 관한 준거틀을 만들고, 우선순위를 적용한 감사계획을 세우며, 품질관리의 준거틀을 만들고, 위험을 고려한 감사계획을 수립하며, 감사전략을 조직의 위험관리에 연계하고, 전문적인 감사활동을 지속적으로 개선하며, 현재와 미래의 요구에 부응하는 전략적 감사계획을 세우는 방법들이 있다.

영국 재무부, The Department of Finance and Personnel, The Department of Health, Northern Ireland and the Welsh Government, The Scottish Government, The Chartered Institute of Public Finance and Accountancy 등 6개 기관은 The Chartered Institute of Internal Auditors와 협업하여 2013년 4월 1일부터 자체감사에 적용할 공공부문 자체감사기준 PSIAS(Public Sector Internal Audit Standards)를 만들었다. 이들 기관들은 자체감사자협회 IIA가 이미 만들어 놓은 국제적 실무준거틀 IPPF(International Professional Practice Framework)에 포함된 자체감사의 정의, 윤리규정, 자체감사의 국제실무기준을 모두 수용하면서 영국 공공부문에 적용하기 위해 필요한 해설과 현행 IIA 기준에서 언급하지 않았거나 적절하게 언급하지 못한 이슈들을 추가하고, 공공부문의 지배구조 차이 때문에 IIA기준이 적절하지 않거나 실제적이지 못한 내용을 수정하여 PSIAS를 완성하였다. PSIAS는 영국 공공부문에 종사하는 회계관, 회계관계자, 이사회와 감사위원회 멤버, 자체감사자 및 외부감사자, 그리고 최고관리자 등 다른 이해관계자들에게 도움을 주기 위해 자체감사의 본질을 정의하고, 자체감사활동에 필요한 기본원칙과 준거틀을 정하며, 자체감사의 성과를 평가할 수 있는 기반을 만들고 개발계획을 촉진시키는 내용으로 만들어졌다.112)

---

111) U.K. National Audit Office, *Human Resources Indicators*, June 2011, http://web.nao.org.uk/search/search.aspx?Schema=&terms=CPO, 2011. 12. 26. 검색.

112) The Relevant Internal Audit Standard Setters, *Public Sector Internal Audit Standards*, pp.4~5, https://www.gov.uk/government/uploads/system/uploads/attachment_data/file/213372/Public-Sector-

또한 전문적 감사활동은 자체감사기구가 연간감사계획을 수립한 후 개별 감사활동을 할 때마다 다시 감사계획서를 만들며, 감사활동을 한 후 보고서를 작성해 공개하고 조치한 결과들이 제대로 집행되는지 여부를 follow-up하는 과정에서 나타난다. 영국 재무부가 2013년 7월에 만든 'Internal Audit Customer Handbook'에 따르면 자체감사는 회계관, 이사회, 감사 및 위험보증위원회 ARAC(Audit and Risk Assurance Committee), 그리고 고위관리자들이 동의한 위험에 근거한 연간자체감사계획에 따라 수행되어야 한다. 이 계획에서는 조직의 목표, 전략, 주요 위험들에 대한 평가 등을 고려하여 보증, 자문 등 자체감사서비스와 그 우선순위가 정해진다. 그리고 개별 감사활동은 연간 감사계획의 우선순위에 따라 진행하는데 자체감사기구는 감사분야에 대한 주요 위험과 내부통제를 충분히 이해하고 확인해야 한다. 만일 위험관리에 대한 자료수집과 접근이 충분히 되었다면 감사활동의 목적, 감사범위, 감사기간, 활용 가능한 감사자원 등을 정해 감사기구의 장에게 동의를 얻는다. 실지감사에서는 감사를 받는 조직이 행한 새로운 공공서비스, 설비, 회계정리 등에서 확인된 주요위험을 결재과정에 책임이 있는 관계자 면담, 서류조사, 그리고 내부통제 테스트 등을 통해 다시 확인하는데 이 과정에서 감사대상기관이 업무를 효과적으로 설계하고 실행했는지를 알게 된다. 감사에서 발견된 사실, 개선이 필요한 과정과 내부통제 절차 등은 감사를 받은 현장관리자와 그 조직의 책임 있는 관리자의 동의를 받아 감사결과보고서에 담게 되며 자체감사기구의 장 또는 임명된 감사관이 최종 결재한다. 마지막으로 자체감사기구의 장은 감사결과보고서에 담은 실행계획을 감사대상기관 최고관리자가 잘 이행하는지, 이행을 하지 못한다면 그 위험을 감수하는 조치는 취했는지 등에 대해 확인하기 위해 follow-up 절차와 과정을 만들고 모니터함으로써 조직의 지배구조, 위험관리, 내부통제 개선에 기여해야 한다.[113]

한편, 전문적 감사활동은 자체감사 품질관리 과정에서도 나타난다. 영국 재무부는 2011년 9월에 자체감사자협회 IIA의 기준과 위험관리모형 등을 반영하여 '자체감사 품질평가 준거틀 IAQAF(Internal Audit Quality Assessment Framework)'를 갱신했는데 그 내용에는 자체감사의 품질을 내부 또는 외부에서 평가할 때 사용할 평가방

Internal-Audit-Standards-December-2012-plus-DH-Info.pdf, 2013. 7. 26. 검색.
113) HM Treasury, *Internal Audit Customer Handbook*, pp.10~11, 2013. 7., https://www.gov.uk/government/uploads/system/uploads/attachment_data/file/211942/internal_audit_customer_handbook.pdf, 2013. 7. 27. 검색.

법을 담고 있다. IAQAF의 실행절차는 다음 (그림3-4) '영국정부의 자체감사 품질평가 과정'에서와 같이 지배구조와 리더십(Governance & Leadership), 감사전략(Audit Strategy), 사람의 지식과 기량(People Knowledge & Skill), 감사과정과 감사자원(Audit Processes & Resources), 다른 보증제공자(Other Assurance Providers), 산출물(Outputs), 산출성과(Outcomes) 등 7개의 요소로 구성되어 있으며 계속 환류되면서 감사품질의 계속적인 향상을 추구한다.

실제 자체감사에 대한 평가 시에는 조력자, 역량, 감사결과에 대해 수준 높은 질문을 하고 그 대답을 찾고자 노력한다. 먼저 조력자의 역할에 대해서는 ① "효과적인 자체감사를 촉진시킬 견고한 지배구조가 형성되어 있는가?" ② "회계관, 이사회, 감사위원회, 자체감사기구가 자신들의 역할과 책임을 분명히 이해하면서 효과적인 관계를 맺도록 조장할 견고한 지배구조가 형성되어 있는가?" ③ "좋은 직업윤리와 지배구조 문화를 조장하는 견고한 지배구조가 갖추어져 있는가?" ④ "자체감사기능이 맡은 일을 충족시킬 수 있도록 중요한 자리를 점하고 있으며 독립적으로 업무를 수행할 수 있는가?" 등을 묻게 된다.

그림 3-4   영국정부의 자체감사 품질평가 과정

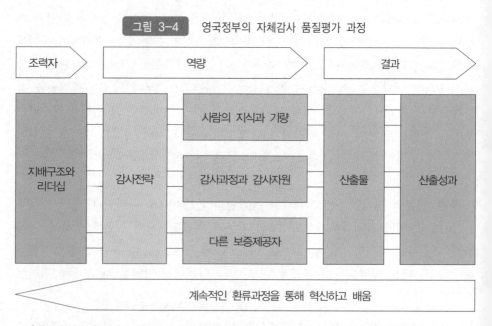

※ 출처: U.K. HM Treasury, *Internal Audit Quality Assessment Framework*, 2011, p.5 재인용.

둘째, 역량에 대해서는 ① "자체감사기능의 목표를 설명하고 그 목표가 어떻게 달성될 것인가를 알려주는 자체감사전략이 마련되어 있는가?" ② "자체감사기능이 감사전략을 달성해 나가기 위해 필요한 적정하고 충분한 기량과 지식을 얻기 위해 계획하고, 획득하고, 이를 사용하고 다시 개발하는 일을 하고 있는가?" ③ "자체감사과정과 감사자원들은 효과적이고 효율적인 자체감사기능을 조장할 수 있는가?" ④ "자체감사기능은 감사대상기관의 감사부담을 줄이면서도 이사회가 전반적인 보증을 받을 수 있도록 적정한 다른 보증제공자와 협력하고 있는가?" 등을 질문한다.

셋째, 감사결과에 대해서는 ① "감사결과 산출물이 여러 종류의 조직들에게 감사의견이나 조언 등을 전달하고 소통할 만큼 효과적인가?" ② "회계관과 이사회가 의사결정을 하는데 자체감사기구에 의해 충분히 보증을 받고 있고 도움을 받고 있다고 믿는가?" ③ "자체감사의 조언이 조직의 위험우선순위 관리에 영향을 줄만한 변화를 이끌고 있는가?" 등을 질문한다.

위 준거틀은 평가자가 7개의 요소들 하나하나에 대해 관계자들에게 구체적인 질문을 하여 평가에 필요한 증거들을 수집할 수 있도록 도와주며 어떤 평가자가 검토를 하더라도 같은 결과가 산출되는 것을 목표로 하고 있다. 구체적인 내용은 (부록3-2) '영국정부의 자체감사 품질평가를 위한 구체적인 질문들'에 정리해 두었다.114) 평가등급은 5개 등급으로 나누어지는데 등급1, 2는 아직 개선이나 개발이 요구되는 수준을 나타내며, 등급3 이상이 되면 조직은 더 높은 등급을 추구할 것인지를 결정해야 한다. 어느 한 조직에서 7개 요소 모두에 대해 같은 등급을 유지할 필요도 없으며 그렇게 되지도 않는다. (표3-9)는 '영국정부의 자체감사 품질평가 등급'을 나타내고 있다.

표 3-9   영국정부의 자체감사 품질평가 등급

등급1	개발이나 개선이 필요한 중요한 영역을 인식
등급2	개발이 필요한 영역을 고치기 위해 수립한 계획이 집행 중
등급3	전반적인 보증을 지속적으로 하는데 충분한 성과가 있다는 증거 있음
등급4	모범사례가 정착되고 이것들이 조직의 목표에 가치를 크게 더한다는 증거 있음
등급5	감사전문가들이 해당 자체감사기능을 모범사례로 인정하고 실제 다른 감사자들에게 모범사례를 공유한다는 증거 있음

※ 출처: U.K. HM Treasury, *Internal Audit Quality Assessment Framework*, September 2011, p.7 재인용.

---

114) U.K. HM Treasury, *Internal Audit Quality Assessment Framework*, September 2011, http://www.hm-treasury.gov.uk/d/internal_audit_quality_assessment_framework070911.pdf, 2011. 12. 20. 검색.

그런데 영국 재무부가 2010년 1월에 예산지출의 크기, 조직의 규모를 고려해 각 부처, 기관 및 비정부공공기관 NDPB(Non Departmental Public Bodies)를 상대로 자체감사기구 기능에 대해 설문조사하고 회계관, 감사위원회, 자체감사기구의 장, 고위급 이해관계자들로부터 조사한 결과는 영국 공공조직의 자체감사기능의 현 주소를 잘 설명해 주고 있다.[115)

먼저, 자체감사계획과 관련하여 응답자의 70%는 일반적인 보증업무를, 20%는 변화하고 있는 감사기능 업무를, 그리고 나머지 10%는 다른 업무를 담당한다고 답하였다. 감사계획은 위험을 고려하여 작성된다는 응답이 95%에 달해 감사계획이 위험관리와 밀접하게 관계되어 있음을 알 수 있다. 또한 감사계획이 조직의 전략목표에 맞추어 수립된다는 응답이 79%에 달해 대부분의 조직이 자신들의 전략목표를 구현하기 위해 자체감사를 활용하는 경향을 보였다. 그러나 조사에 참여한 자체감사기구의 장 중 59%가 전략목표에 대한 위험이 갈수록 커지고 있고, 54%는 장래에도 더욱더 커질 것이라는 답변을 하여 감사기능의 상당 부분이 조직의 위험을 관리하고 통제하는 방향으로 바뀔 가능성이 보인다.

둘째, 감사품질과 관련하여 응답자의 90%가 감사보고서는 내용과 적시성에 있어 효과적이었고, 95%는 감사보고서가 이해관계자들에게 도움이 되고 있다고 답했다. 그리고 응답자의 46%는 자체감사가 조직에 더한 가치를 측정하지를 않았으나 감사결과의 품질과 관련하여 67%는 지난 1년간 자체감사의 품질이 향상되었다고 답했고 92%는 회계관의 기대수준을 충족하고 있다고 답했다. 한편, 응답자의 65%는 지난 3년 안에 외부품질평가를 실시하였다고 답한 반면, 9%는 지난 5년간 한 번도 평가를 실시한 적이 없다고 답했다.

마. 성과관리와 책무성

영국감사원 NAO는 2011년 연간보고서에서 2007-08 회계연도~2011-12 회계연도까지의 전략계획 대비 실제 성과를 기록해 두었다. 다음 (표3-10) '영국감사원의 2010-11 회계연도의 업무성과'는 연간보고서에서 이러한 업무성과 기록만을 발췌하여 정리한 것이다. 즉 5개년 단위로 중기 감사전략을 세우면서 업무성과를 측정

---

115) U.K. HM Treasury, *Internal Audit Strategic Improvement Plan: Research Summary*, January 2010, pp.7~9, http://www.hm-treasury.gov.uk/d/internal_audit_researchsummary.pdf, 2011. 12. 13. 검색.

할 분야와 측정방법을 정하는 한편 매년 연간보고서에 당해 회계연도의 업무성과를 타겟에 대비해 표현할 뿐만 아니라 지난 3~4년간의 업무성과도 같이 표현해 줌으로써 업무의 질 향상을 한 눈에 알 수 있게 해 준다.

그리고 감사원은 2011-12 회계연도~2013-14 회계연도에 대한 감사전략을 NAO 이사회 및 공공회계자문위원회 TPAC으로부터 승인을 받아 확정했는데 이 감사전략에는 2011-12 회계연도부터 적용할 새로운 업무성과 측정지표 6개가 더 포함되어 있다.

첫째, 감사를 통해 공공자금을 아꼈는가에 대한 관점인데 감사비용 1파운드로 최소 10파운드 이상의 예산을 절약했는지 계량적으로 측정하는 방법을 취한다. 참고로 2010-11 회계연도에 NAO는 감사를 통해 10.4억 파운드의 예산절감 효과를 거두어 같은 기간 동안 자신들이 쓴 순수비용 7,310만 파운드(실제비용 9,260만 파운드-자신들이 업무를 통해 얻은 소득 1,950만 파운드)의 14배에 해당하는 예산절감 효과를 거두었다.

둘째, 감사기구가 조직에 긍정적인 변화를 이끌었는지에 대한 관점인데 실제 긍

표 3-10 영국감사원의 2010-11 회계연도의 업무성과

구분	2007-08	2008-09	2009-10	2010-11	
				타겟	실제
자원투입(%)					
감사활동부서에서 사용한 자원	73	75	73	78	76
직원, 자문, 출장비 등 법인비용의 지출개선	5	5	5	5	5
재무회계감사비용의 지출개선	-	1	2	2	2
value for money 감사비용의 지출개선	-	2	2	2	10
산출물: 업무속도와 품질(%)					
4개월 미만에 끝낸 재무회계감사	70	74	80	77	76
감사기준에 순응했는지에 대한 독립적인 확인	∨	∨	∨	∨	∨
9개월 미만에 끝낸 value for money 감사	28	29	20	65	64
감사성과(백만 파운드)					
달성한 재정효과	656	768	890	766	1,040

※ 출처: U.K. National Audit Office, *Annual Report* 2011.

정적인 공헌을 했다는 것을 고객의 동의를 받아 사례로 제시해야 한다.

셋째, 의회가 감사기구의 독립적인 보증에 대해 확신을 가지고 있는지에 대한 관점인데 이는 의회멤버들로부터 설문조사를 하여 확인한다. 2010-11 회계연도에 의회멤버들을 상대로 처음 실시한 설문조사에서 응답자의 3분의 2는 NAO의 견해에 대해 선호하거나 크게 선호한다고 답했고 NAO의 공정성과 청렴성, 그리고 영향력을 인정한바 있다.

넷째, 고객들이 감사업무의 가치를 인정하는지에 대한 관점인데 당연히 고객으로부터 업무에 대한 피드백을 얻기 위함이다. 2010-11 회계연도에는 고객들로부터 업무의 질에 대해 10점 만점에 7.6점의 평가를 얻은바 있다.

다섯째, 감사기구가 전문 핵심영역에서 권위를 인정받고 있는가에 대한 관점인데 주요 프로그램의 관리, 중앙정부의 재조직 같은 핵심문제에 대한 토론에 공헌하였는지를 확인하는 것으로 이해관계자들로부터 피드백을 받아 평가할 수 있다.

여섯째, 감사기구가 공공자금을 비용 효율적으로 사용했는지에 대한 관점인데 비용을 전체적으로 얼마나 절약 했는지와 감사활동 영역 및 비감사활동 영역에서 쓴 비용을 구분하여 측정하는 방법이다. 2010-11 회계연도에는 재무회계감사, value for money 감사, 기타 분야에서 총 350만 파운드를 절약했고 감사활동부서에서 76%의 비용을 썼다고 한다.[116)

바. 조직간 관계 및 조직문화

영국의 공공감사기관들 즉, NAO, 노던아일랜드감사원(Northern Ireland Audit Office), 지방정부와 국가 의료서비스를 위한 감사위원회(Audit Commission for Local Authorities and the National Health Service in England), 웨일즈감사원(Wales Audit Office), 스코틀랜드감사원(Audit Scotland)은 서로의 협력을 위해 1998년 공공감사포럼(public audit forum)을 만들었다. 포럼은 NAO의 감사원장이 의장을 맡고 나머지 4개 기관의 장과 고위관리자들이 참여하여 운영되며 각 기관이 돌아가면서 1년에 2번 포럼을 개최한다.

이 포럼이 관심을 두는 분야는 여러 가지이다. 첫째, 국내감사기관의 업무를 뛰어 넘는 이슈에 대해 전략적인 중점을 둔다. 둘째, 법령 등에 근거한 각 감사기관의 독립적인 지위, 일의 집행과 보고, 지배구조의 구성과 직원배치 등은 존중해 주

---

116) U.K. National Audit Office, *Annual Report 2011*, pp.23~25.

면서도 공공감사의 효과성과 효율성을 높이기 위해 기관들끼리의 협력체계를 확립하는 일이다. 셋째, 공공감사와 관련하여 기관끼리 의견을 달리할 때 이를 조정해 주는 일을 한다. 넷째, 감사자가 지켜야 할 기준과 실무의 적용, 감사대상기관에 제공될 서비스의 품질 등에 대해 조언하는 일을 한다. 다섯째, 공공서비스를 제공하는 감사자를 위한 감사기준들을 개발한다. 여섯째, 보통의 기술적 문제에 대한 해결책에 대해 조언해주고 모범적이고 혁신적인 실무사례를 전파한다. 일곱째, 공공감사에 영향을 줄 개발과 제안에 대해 국내 감사기관의 견해를 제공하는 일 등을 한다.117) 한편, 영국 재무부는 자체감사와 감사원 NAO의 효과적인 협력을 위해 '자체감사자와 외부감사자 간의 협력(Co-operation Between Internal and External Auditors)'이라는 지침을 만들었다.

사. 감사의 중복성 해소 노력

앞에서 살펴 본 것과 같이 영국감사원과 중앙정부, 지방정부의 자체감사기구 간에는 법률상, 업무상 상하관계를 가지고 있지 않다. 그러나 중앙정부와 지방정부 모두 감사업무, 감찰업무 등의 일부 기능이 중복되어 비용부담 및 심리적 부담을 느끼는 것으로 확인된다.

이를 뒷받침 해줄 첫 번째 증거는 잉글랜드와 웨일즈 정부에 대한 감사를 담당하는 감사위원회의 성과감사 기능이 이들 지방정부가 행한 서비스의 질을 조사하는 감찰기능과 업무상 중복되고 이러한 현상이 심화되자 지역정부에 관한 업무를 총괄하는 부처인 DCLG(Department for Communities and Local Government)는 2010년 8월에 그동안 영국감사원 NAO로부터 외부감사를 받는 등 중앙정부의 통제를 받으면서 지방정부의 회계감사, 성과감사, 감찰, 성과연구 등을 담당하던 감사위원회를 지역분권, 감사의 독립성, 감사업무의 단순화, 감사비용 절감 및 감사중복 해소 등을 위해 없애는 대신 그 기능 중 성과감사 기능은 감사원으로 이관하고 나머지 기능들은 민간기업에 아웃소싱(outsourcing) 하며 이를 위해 지역정부에 대한 감사를 수행할 감사관을 임명하고 관리하는 지역정부만의 독립적인 감사위원회(The Audit

---

117) U.K. Public Audit Forum, http://www.public-audit-forum.gov.uk/about.htm, 2011. 12. 24. 검색; U.K. Public Audit Forum, *The Different Roles of External Audit, Inspection and Regulation: A Guide for Public Service Managers*, November 2002, http://www.public-audit-forum.gov.uk/publicat.htm, 2011. 12. 24. 검색.

Committee)를 두겠다고 발표한 사실에서 찾을 수 있다.

두 번째 증거는 2002년 공공감사포럼(Public Audit Forum)이 작성한 보고서 The Different Roles of External Audit, Inspection, Regulation: A Guide for Public Service Managers[118])에서 찾을 수 있다. 위 보고서에서는 일부 공공기관에서 감사, 감찰, 통제를 위한 직간접 비용이 증가하고 있고 이들 기능 간에 중복과 비효율이 공공기관에 부담으로 작용하고 있다고 지적하고 있다. 예를 들어 잉글랜드와 웨일즈 지방정부에 대한 감사를 담당하는 감사위원회(Audit Commission)는 Strategic Health Authorities, Local Health Boards, NHS Trusts and Primary Care Trusts in England and Wales 같은 국가의료서비스 기관들에 감사관을 임명하고 성과감사도 실시한다. 그런데 감사원 NAO도 NHS의 회계요약서를 감사할 뿐만 아니라 잉글랜드에 있는 NHS 기관들에 대해서 성과감사를 실시할 수 있다. 감사중복에 의한 비용부담이 예상되는 경우임이 틀림없다. 또 다른 사례로는 2002년에 설립된 '의료감사 및 조사를 위한 위원회 CHAI(Commission for Healthcare Audit and Inspection)'는 기존에 잉글랜드 및 웨일즈 지방정부가 행한 의료서비스의 질을 조사하던 '의료개선을 위한 위원회 CHI(Commission for Health Improvement)'의 기능을 흡수한 새로운 조사기능조직(Inspectorate)인데 이들이 지방정부의 감사를 담당하는 감사위원회의 업무 중 의료기관에 대한 성과감사업무를 넘겨받음으로써 감사 및 감찰기능 간에 기능구분이 모호해진 경우이다.

4. 일본(단일국가, 내각책임제)의 자체감사기구 운영실태

가. 지배구조

일본 국회는 임기 4년의 중의원(하원에 해당)과 임기 6년의 참의원(상원에 해당)으로 구성되어 있고 입법 및 예산안의 의결, 내각총리대신의 지명 등의 임무를 수행하지만 양원의 합의가 이루어지지 않을 경우 중의원의 의견을 존중하도록 하는 등 참의원에 비해 중의원에 우월적인 지위를 부여하고 있다. 내각(cabinet)은 총리대신과 다수의 국무대신으로 구성되고 행정에 관한 최고의 합의체 역할을 한다. 행정

---

118) U.K. Public Audit Forum, *The Different Roles of External Audit, Inspection and Regulation: A Guide for Public Service Managers*, November 2002, http://www.public-audit-forum.gov.uk/ publicat.htm, 2011. 12. 24. 검색.

부 각부에는 국무대신이 장관직을 수행한다. 한편, 사법부는 최고재판소와 법률에 의해 설치된 하급재판소로 구성되며 최고재판소는 내각의 지명에 의해 국왕이 임명하는 최고재판소장과 내각에서 임명한 다수의 재판관으로 조직되어 있다.119)

일본의 공공감사는 일본감사원 BAJ(Board of Audit of Japan)와 각 중앙부처 자체 감사기구가 시행하는 중앙감사, 지방공공단체120)장 소속하에 설치되는 감사위원이 시행하는 지방감사, Ministry of Internal Affairs and Communications의 행정평가국121)이 시행하는 감찰 및 조사, 그리고 감사원, 중앙부처, 도도부현122)이 각각 하급기관에 대해 시행하는 감사, 국회가 시행하는 국정조사, 지방의회에 의한 행정조사 등으로 구성되어 있다.123)

일본감사원 BAJ는 'Dajokan'이라고 불렸던 일본 내각의 전신 속에 있던 재무부의 한 부서로 1869년 처음 설립되었다가 여러 차례의 변신 끝에 1880년 단독 감사조직으로 분리되었고, 1889년 2월 Meiji 헌법의 공포와 함께 헌법기관으로 지정되어 향후 약 60년간 천황소속하에서 독립적으로 공공자금을 감사하였다. 그러다가 2차 세계대전이 끝나고 미국이 일본을 지배하던 1947년, 현행 「일본국헌법」과 「감사원법(The Board of Audit Act)」이 제정, 발효되면서 「일본국헌법」 제90조의 규정 및 「감사원법」에 따라 내각으로부터 독립된 감사기구로 바뀌었다.124)

감사원의 감사대상을 설명하면, (표3-11) '일본감사원의 감사대상'에서와 같이 의무적 감사대상과 선택적 감사대상 등 두 가지 부류로 나눌 수 있다. 의무적 감사대

---

119) 감사원, 『외국 감사원 법령집』, 2008. 10., 415면.
120) 「일본헌법」 제93조, 제94조의 규정에 따른 지방공공단체는 지방자치의 본질을 실현하기 위한 표준적인 단체를 말하는 것으로 도도부현과 시정촌을 포함하며 지방공공단체의 조합 등은 포함되지 않음.
121) 일본은 2000년에 부처의 통폐합을 대대적으로 단행하였는데 이때 종전의 자치성, 우정성, 총무처가 통합되어 Ministry of Internal Affairs and Communications가 되었고 이 부처 안에 종전 총무처 소속의 '행정감찰국'이 '행정평가국'이라는 명칭으로 바뀌어 편입됨.
122) 일본의 광역자치단체인 도(都, 도쿄도), 도(道, 홋카이도), 부(府, 오사카부와 교토부), 현(県, 아오모리현 등 43개) 총47개.
123) 한국행정연구원, 「지방감사제도 구축방안에 관한 연구」, 2007. 12., 124~135면.
124) The Board of Audit of Japan, http://www.jbaudit.go.jp/english/jbaudit/history.html, 2012. 2. 21. 검색.

표 3-11 일본감사원의 감사대상(2011년 1월 기준)

구분	감사의 내용적 범위	감사대상기관
의 무 적 감사대상	매달 국가의 수입과 지출을 감사	국회, 재판소, 내각(Cabinet Secretariat, Cabinet Legislation Bureau, National Personnel Authority), 내각사무실(Imperial Household Agency, Fair Trade Commission, National Public Safety Commission, Financial Services Agency, Consumer Affairs agency), Ministry of Internal Affairs and Communications 등 11개 부처
	국가가 취득한 현금과 상품의 승인, 배분	
	정부채권의 발행과 상환, 재무 거래관련 claim 등	
	일본은행이 국가를 위해 취급하는 현금, 귀금속, 유가증권	
	자본금의 1/2 이상을 국가가 출자하는 법인의 회계	총 218개 기관; Okinawa Development Finance Corporation 등 정부관련 단체 3개, 독립행정기관 96개, 국립대학공사 등 90개, Bank of Japan 등 기타기관 30개
	법률에 의해 감사원의 감사를 받는 회계	NHK(Nippon Hoso Kyokai, 일본방송공사)
선 택 적 감사대상	국가가 소유·보관하는 유가증권, 국가가 보관하는 현금, 물품	
	국가이외의 자가 국가를 위해 취급하는 현금, 물품, 유가증권	
	국가가 직·간접적으로 재정지원 하는 단체의 회계	계속지정 65개(도도부현 등 47개, 기타 18개), 연도한정지정 4,994개(시정촌 등 1,313개, 기타 3,681개, 2008년 기준)
	자본금의 1/2 미만을 국가가 출자한 기관의 회계	Central Japan International Airport Co., Ltd. 등 계속지정 7개
	감사원법 22, 23조에 의해 감사를 받는 정부공사가 전부 또는 일부 소유한 상법에 의해 운영되는 사업체의 회계	Hokkaido Railway Company 등 계속지정 14개
	국가가 차입금의 원금 또는 이자의 지급을 보증하는 기관의 회계	Farmers Pension Fund 등 계속지정 3개
	국가와 공사, 서비스, 물품제공 계약을 맺은 자와 관련된 회계	318개(2008년 기준)

※ 출처: The Board of Audit of Japan, http://www.jbaudit.go.jp/english/effort/coverage.html

상에는 국회, 재판소, 내각, 내각사무실이 포함되고, 이 외에도 정부 11개 부처, 정부 관련단체 3개, 독립행정기관 96개, 국립대학공사 등 90개, 일본방송공사 NHK까지 총 230여 개가 더 있는데[125] 특이한 점은 감사대상기관에 행정부인 내각 이

---

125) The Board of Audit of Japan, http://www.jbaudit.go.jp/english/effort/coverage.html, 2012. 2. 23. 검색.

외에도 입법부인 국회와 사법부인 재판소가 포함된다는 사실이다. 물론 감사의 내용적 범위는 회계검사에 국한되고 직무감찰은 제외된다. 한편, 선택적 감사대상은 도도부현, 시정촌,126) 자본금의 1/2 미만을 국가가 출자한 기관,「감사원법」제22조, 제23조에 의해 감사를 받는 정부공사가 전부 또는 일부를 소유한 상법에 의해 운영되는 사업체, 국가가 차입금의 원금 또는 이자의 지급을 보증한 기관 등 총 5,400여개가 된다.127) 그런데 감사원은 이 중에 도도부현, 자본금의 1/2 미만을 국가가 출자한 기관, 정부공사가 전부 또는 일부 소유한 상법에 의해 운영되는 사업체, 국가가 차입금의 원금 또는 이자의 지급을 보증한 기관 등 89개 기관을 당해연도 한 해만 감사대상으로 삼는 연도한정지정 기관과 구분하여 계속지정기관으로 정해 놓았다. 감사원이 이들 기관들에 대해서는 의무적 감사기관만큼 중요한 감사대상으로 여기고 있다는 사실을 추론할 수 있다.

　일본감사원이 지배구조 속에서 독립성을 확보하려는 노력은 다음과 같다.
　첫째, 감사위원들의 임명 및 지위보장 등을 통해 독립성을 확보하는 방안이다. 감사원은 원장을 포함한 3명의 감사위원(commissioners)과 사무처(General Executive Bureau)로 구성되는데 3명의 감사위원은 국회의 중의원과 참의원 양쪽의 동의를 받아 내각이 임명하고 천왕이 인증해 준다. 그리고 감사원장은 3명의 감사위원들이 서로 투표하는 방법(互選)으로 정한다. 감사위원들의 임기는 7년인데 감사원의 독립성 확보를 위해 임기가 보장되며 한 차례 더 감사위원직을 수행할 수 있으나 어느 경우라도 65세가 되면 퇴직해야 한다. 감사위원들은 임기 중에 정부기관, 지방공조직, 국회, 지방의회의 구성원이 될 수 없다. 특별한 경우가 몇 가지 있는데 감사위원의 임기가 만료되거나 공석이 생겼는데 후임자가 국회의 정회, 해산 등으로 양원의 동의를 받지 못한 채 내각에 의해 감사위원에 임명된 경우는 그 뒤 국회의 첫 회동에서 감사위원 임명 건을 동의 받아야 하고 만일 양원의 동의를 받지 못하

---

126) 일본 기초자치단체인 시(市; 인구 5만 이상이고 중심시가지에 인구의 6할 이상 거주), 정(町; 촌에 비해 도시적인 형태를 갖추고 도도부현의 조례에서 정하는 요건을 갖추어야 함), 촌(村; 1차 산업에 종사하는 사람이 대부분이고 인구밀도가 적으며 읍이라고도 함). 1999년 3,229개에서 매년 서로 합병되어 2011년 1,313개로 줄었음. 조아라, "일본의 시정촌 통합과 행정구역 재편의 공간정치,"『대한지리학회지』제45권 제1호, 2010., 124면 (그림2) 참조.

127) The Board of Audit of Japan, http://www.jbaudit.go.jp/english/img/effort/coverage2_l.jpg, 2012. 2. 23. 검색.

면 그 감사위원은 자동 퇴직해야 한다. 또한 감사위원들의 합의에 의해 감사위원 중 하나가 임기 중 정신적, 신체적 결함이 생기거나 맡은 책무를 위반하였다는 판단을 하였을 때 그 감사위원을 해임할 수 있지만 이 경우에도 국회 중의원과 참의원 모두의 동의를 받아야만 한다. 그리고 감사위원이 교도소에 가거나 형법에 의해 형벌이 선고되면 직을 몰수할 수 있다. 그렇지만 위 3가지 특별한 경우가 아니고서는 감사위원은 자신의 의지에 반하여 직을 몰수당하지 않는다.

둘째, 감사원장에게 감사원의 구성 및 운영권한을 주어 독립성을 확보하는 방안이다. 감사원 사무처(General Executive Bureau)는 사무총장, 사무부총장, 원장보좌역을 각각 1명씩 두고, 감사위원비서들 및 5개 국으로 구성되어 있으며 각각의 하는 업무는 감사원규정에 따로 정한다. 그리고 감사원규정에 정하면 감사원의 분원도 설치할 수 있다. 직원들은 감사위원회의 결정에 따라 감사원장이 임명 또는 해임한다. 사무총장은 사무처를 총괄하고 사무부총장은 사무총장 유고 시 업무를 대행하며 원장보좌역과 감사위원비서들은 감사위원들의 지시에 따라 비밀스러운 업무를 수행한다.128)

정부 각 부처의 자체감사기구는 부처의 특성에 따라 여러 형태로 기능하고 있다. 먼저 Ministry of Internal Affairs and Communications의 행정평가국(Administrative Evaluation Bureau)에서는 정부 각 부처 및 법인화된 공기관에서 정책을 시행하고 자체적으로 성과를 평가하면 그 평가내용을 재평가하며 다수부처가 정책을 시행한 경우에는 직접 조사하여 평가하고, 이 외에도 각 부처가 직면한 이슈나 문제를 종합적으로 모니터하고 분석한 후 개선대안을 제시하는 일을 한다.129) 한편, Ministry of Justice의 경우는 장관사무국(Minister's Secretariat) 안에 재무과(Finance Division)가 있고 그 속에 부처 내 회계감사뿐 아니라 수입과 지출에 관련된 문제에 대해 책임을 지는 계 단위의 조직(Auditing Office)이 구성되어 있다.130) Ministry of Finance의 경우는 역시 장관사무국 안에 회계과(Accounts Division)가 있고 그 속에 회계감사의 기능을 담당하는 계 단위의 조직(Audit Office)을 두었다.131)

---

128) The Board of Audit of Japan, Board of Audit Act, http://www.jbaudit.go.jp/english/jbaudit/chap ter1. html, 2012. 2. 21. 검색.

129) Ministry of Internal Affairs and Communications of Japan, http://www.soumu.go.jp/english/aeb/ index.html, 2012. 2. 21. 검색.

130) Ministry of Justice of Japan, http://www.moj.go.jp/ENGLISH/MS/ms-01.html, 2012. 2. 21. 검색.

131) Ministry of Finance of Japan, http://www.mof.go.jp/english/about_mof/divisional_composition/in

다음은 지방공공단체의 자체감사기구에 대해 알아보자. 일본은 2차 세계대전 때까지 구「일본국헌법」에 지방자치단체에 대한 규정을 따로 두지 않고 법률에 의해서 부현제(府縣制), 시제(市制) 및 정촌제(町村制)라는 지방자치를 운영하였지만 2차 세계대전에서 패망하고 미국의 지배하에 있었던 1946년 11월 3일 현행「일본국헌법」이 공포되어 1947년 5월 3일 시행되면서 부터는 제8장에 '지방자치'라는 제목으로 4개(제92조~제95조)의 규정을 두었다. 그리고 1947년 4월 17일「지방자치법(이하 '자치법'이라 함)」을 공포하고 헌법 시행일과 같은 날부터 자치법을 시행하였다.

지방자치단체에 대한 감사제도도 이러한 개혁적인 분위기 때문에 1947년부터 크게 달라졌다. 2차 세계대전 이전에는 지방자치단체가 자체적으로 감사를 하는 것과 중앙정부가 감독차원에서 감사를 하는 것을 병행하고 있었다. 그런데 1947년 자치법의 시행과 함께 감사위원회 제도가 도입132)되었고, 이 제도를 그 이후 50년 동안 운영해 오다 감사위원회 제도의 전문성과 독립성의 한계가 문제시 되자 1997년부터는 자치법을 개정하여 외부감사제도를 추가로 도입함으로써 기존의 감사위원회 제도를 보완하도록 조치하였다.

자치법에 따르면 감사위원은 지방공공단체의 장으로부터 독립한 집행기관으로서 보통지방공공단체에는 감사위원을 반드시 두도록 규정되어 있다(자치법 제195조 제1항). 감사위원은 도도부현 및 정령133)으로 정하는 인구 25만 이상의 시의 경우 4명, 그 외의 시 및 정촌의 경우 2명으로 하고 조례에 의해 그 수를 늘릴 수 있다(자치법 제195조 제2항, 자치령 제140조의2). 지방공공단체의 장은 의회의 승인을 얻어 인격이 고결하고 지방공공단체의 재산관리, 사업경영관리, 그 외 행정운영에 탁월한 식견을 가진 자 및 의회의원 중에서 감사위원을 선임하게 되어 있으며, 감사위원수의 절반 즉, 도도부현과 정령으로 정하는 인구 25만 이상의 시의 경우 2명, 그 외

---

dex.htm, 2012. 2. 21. 검색.

132)「지방자치법」개정으로 도·도·부·현은 1947년부터, 시·정·촌은 1963년부터 감사위원회를 의무적으로 두게 됨.

133)「일본헌법」은 법령을 헌법, 법률(제59조 제1항), 위원규칙(제58조 제2항), 정령(政令; 법률의 위임에 따라 내각이 제정하는 명령)(제73조 제6호), 조례(条例)(제94조)로 나누고 있으나, 그 외에 법률에 근거하여 인정되는 법 형식으로는 내각부령(內閣府令; 내각 총리대신이 발하는 명령), 성령(각 성의 대신이 발하는 명령)(내각부설치법 제7조 제3항, 국가행정조직법 제12조 제1항), 규칙(국가공무원법 제16조 제1항, 회계감사원법 제38조, 지방자치법 제15조 제1항 등) 등이 더 있음. 법제처, 『일본법제 업무편람』, 2008. 12., 14면.

의 시정촌의 경우 1명을 의회의원으로 선임하되 감사위원의 수가 정한 수를 넘을 경우에는 추가되는 나머지 감사위원은 의회의원이 아닌 식견을 가진 자로 선임한다(자치법 제196조 제1항). 다만, 식견을 가진 감사위원 중에는 당해 지방공공단체의 직원이었던 사람이 1명을 초과해 포함되어서는 안 된다(자치법 제196조 제2항, 자치령 제140조의3).

지방공공단체의 자체감사기구가 감사위원제도를 통해 독립성을 확보하려는 노력은 여러 곳에서 찾아 볼 수 있다.

첫째, 감사위원의 임기를 보장하는 방법이다. 감사위원의 임기는 '식견을 가진 자'로서 선임된 자는 4년이며 의회 의원에서 선임된 자는 의원의 임기에 따르는 것으로 되어 있고 임기가 종료된 후에도 후임자가 선임될 때까지는 그 직무를 수행한다(자치법 제197조). 그리고 감사위원이 심신장애로 인해 직무를 수행하지 못할 때나 직무상의 의무위반, 기타 감사위원으로서 적절하지 아니한 비행을 저질렀을 때에는 지방공공단체의 장이 의회의 동의를 얻어 파면할 수 있지만 이 경우에는 공청회를 반드시 열어야 한다(자치법 제197조의2 제1항). 이 외의 경우에는 감사위원을 그의 뜻에 반해 파면시킬 수 없으며(자치법 제197조의2 제2항) 감사위원이 스스로 퇴직하고자 하는 경우에도 지방공공단체 장의 승인이 필요하다(자치법 제198조).

둘째, 감사위원의 업무독립성을 확보하기 위한 윤리적, 제도적 장치를 마련하는 방법이다. 감사위원은 업무의 독립성을 위해 지방공공단체의 상근직원 및 단시간 근무직원으로 겸직할 수 없고(자치법 제196조 제3항), 중의원 의원, 참의원 의원, 검찰관, 경찰관, 징세관리(徵稅官吏) 또는 지방공공단체의 공안위원회 위원으로 겸직할 수 없다(자치법 제201조에 의한 제141조 제1항 및 제166조 제1항의 준용, 국회법 제39조). 식견을 가진 자로 선임된 감사위원은 상임으로 근무할 수 있고(자치법 제196조 제4항), 도도부현과 인구 25만 이상의 시에서는 적어도 1명 이상 상근해야 하지만(자치법 제196조 제5항, 자치령 제140조의4) 상근하는 감사위원은 각 독립행정법인, 국립대학법인 및 지방독립행정법인의 임원이 될 수 없다(지방행정법인통칙법 제22조, 국립대학법인법 제16조, 지방독립행정법인법 제16조 제1항). 또한 지방공공단체의 장, 부지사, 부 시정촌장과 그들의 부모, 자식, 부부, 형제자매인 자는 감사위원이 될 수 없고(자치법 제198조의2 제1항), 감사위원 취임 후라도 이러한 관계가 생기면 감사위원의 직을 그만두어야 한다(자치법 제198조의2 제2항). 감사위원은 직무상 취득한 정보를 직을 가지고 있을 때나 그만 둔 후에도 발설해서는 안 되며(자치법 제198조의3) 자기 혹은 부모, 조부모, 배우자, 자식, 손자, 형제자매의 일신상에 관한 사건 또는 자기 또는 이들이 종사하는 업무에 직접 이해관계가 있는 사건에 대해서는 감사할 수 없다(자치법 제199조의2).

셋째, 감사위원에게 직원의 임면권한을 주어 독립성을 확보하는 방법이다. 도도부현의 감사위원에는 사무국을 두어야 하고(자치법 제200조 제1항), 시정촌의 감사위원에게는 조례가 정하는 바에 따라 감사위원을 둘 수 있다(자치법 제200조 제2항). 사무국에는 감사위원의 업무를 보좌할 사무국장, 서기, 그 외의 직원을 두고(자치법 제200조 제3항), 사무국을 두지 않는 시정촌에는 서기, 기타 직원을 둔다(자치법 제200조 제4항). 사무국장, 서기, 기타 직원은 대표 감사위원이 임면하고 그 정수는 조례로 정한다(자치법 제200조 제5항, 제6항).

넷째, 감사 관련자 출두명령 및 감사자료 제출요구 권한 등을 주어 업무의 독립성을 확보하는 방법이다. 감사위원은 필요하다고 인정할 때에는 지방공공단체와 관계가 되는 외부관계자에게 출두를 요구하고 조사를 할 수 있으며 장부, 서류, 그 밖의 기록의 제출을 요구할 수 있다. 다만, 이행을 담보하는 벌칙이 없어 외부관계자가 이에 응하지 않으면 강제할 방법이 없다. 그리고 감사위원은 학식 있는 경험자 등으로부터 의견을 들을 수 있다(자치법 제199조 제8항).

다섯째, 감사결과를 투명하게 공개하도록 정해 감사기구의 독립성을 보완하는 방법이다. 감사위원은 감사결과에 대한 보고를 결정하고 의회, 단체의 장, 관계 집행기관에 제출하는 한편, 이것을 공표해야 한다. 이때 지방공공단체의 조직 및 운영의 합리화에 기여할 수 있다고 판단할 경우에는 감사결과에 감사위원의 의견을 덧붙여 보고할 수 있다(자치법 제199조 제9항, 제10항). 중요한 점은 감사위원은 개개의 사건을 조사할 수 있지만 감사의 결과에 대한 보고의 결정이나 의견의 결정 등은 감사위원들의 합의를 통해 실현한다는 것이다.[134] 감사위원으로부터 감사결과에 대한 보고를 받은 의회, 단체의 장, 그 외의 집행기관은 감사결과에 근거하여 조치를 하고 그 내용을 감사위원에게 통지하도록 되어 있으며 통지를 받은 감사위원은 그 내용을 공표하여야 한다(자치법 제199조 제12항).[135]

---

134) 「지방자치법」 제75조 제4항, 제199조 제10항, 제233조 제4항, 제241조 제6항, 제242조 제8항, 제243조의2 제9항, 제252조의32 제3항, 제252조의35 제4항 등에 근거.

135) 松本英昭(마츠모토 히데아키) 著 한국지방자치단체국제화재단(KLAFIR) 일본사무소 譯, 『日本 地方自治法 槪論』, 2008. 2.

그런데 일본 지방공공단체의 자체감사 지배구조에 큰 변화를 가져온 것은 1997
년 6월 4일 「지방자치법」의 개정으로 1998년 10월 1일부터 외부감사제도가 시행된
사건에서 비롯한다. 외부감사제도가 도입된 것은 두 가지 배경에서 찾을 수 있다.

첫째, 감사위원제도의 운영상 한계 때문이었다. ① 감사위원은 지방공공단체의
장으로부터 독립된 집행기관으로서 직무를 수행하는 것으로 법률상 독립성을 보
장받았으나 그 감사위원을 지방공공단체의 장이 의회의 동의를 얻어 선임하도록
규정함으로써 감사위원이 실질적으로 독립적인 업무수행을 하기가 어려웠다. ②
감사위원 중 '식견이 있는 자'로 선임된 사람들은 과거 지방공공단체에 근무하던
사람들이거나 단체장과 친분이 많은 사람들이 대부분이어서 업무의 독립성을 유
지하기가 어려웠고 전문성도 떨어졌다. ③ 감사위원의 업무를 보좌하는 사무국 직
원들은 단체장에 속해 있던 자들 중 파견자가 많고 그 파견근무기간도 짧으며, 정
촌(町村)의 사무국 직원들은 다른 일을 담당하면서 감사위원의 업무를 보좌하는 사
람들이 대부분이어서 업무의 독립성과 전문성을 확보할 수 없었다.[136)

둘째, 지방분권화의 분위기 속에서 지방공공단체의 자율적 통제기능을 높일 필
요가 있었기 때문이다. 일본은 급변하는 국제사회에 대응하고 도쿄 일극(一極) 집중
현상을 시정하며 지역균형발전을 도모하고 고령화 및 저출산 현상 등에 대응하기
위해 1995년 5월 16일 5년 동안의 한시법 성격의 「지방분권추진법」을 제정하고 1996
년 7월 내각총리(수상) 직속으로 '지방분권추진위원회'를 설립하여 지방분권을 추진
하였으며 1999년 7월 8일에는 「지방분권일괄법」을 제정하였다.[137) 지방분권의 추진
내용은 ① 중앙정부와 지방공공단체의 관계를 '상하 주종의 관계'에서 '대등 협력의
관계'로 바꾸는 지방분권형 행정시스템을 도입하고, ② 지방공공단체의 사무 중 중
앙정부와의 관계에서 '상하 주종의 관계'의 대표적인 사례였던 '기관위임사무'를 폐
지하여 '자치사무'와 '법정수탁사무'로 단순화하고 중앙정부의 시정조치 등 애매한
관여를 줄이는 대신 국회에 의한 사전 입법통제, 재판소에 의한 사후 사법통제를
강화하여 명확한 행정을 하며, ③ 지역주민의 대표기관인 지방공공단체의 장과 의
회에 조례제정권, 자주과세권을 확대 인정하는 대신 그들에게 책임도 지도록 하였
고, ④ 각 지방공공단체장을 국가의 기관이 아닌 지역주민의 대표기관인 자치단체

---

136) 백종인, "일본 지방자치법상 외부감사제도," 『公法研究』 第31輯 第1號, 2002, 441면.
137) 5년 동안의 한시법이었던 「지방분권추진법」은 2000년 7월에 효력을 상실했고 같은 시점
     에 '지방분권추진위원회'도 해산.

장의 자격으로 복귀시키고 지방의회는 단체장에 대한 감시, 견제, 비판 기능을 강화하는 지역민주주의를 실현시키며, ⑤ 국가, 도도부현, 시정촌 간에 이루어져 왔던 보고, 협의, 신청, 인허가, 승인 등을 간소화하여 시간과 인건비 낭비를 줄이는 것 등을 골자로 하고 있다.138) 이러한 지방분권화의 추진은 당연히 지방공공단체의 자율책임을 강조하는 계기가 되었고 따라서 지방공공단체는 스스로의 책임성을 높이기 위해 그동안 문제되어 왔던 감사위원제도를 보완할 방안으로 외부감사제도를 도입하게 되었다. 외부감사제도는 종래의 감사위원제도에 더하여 지방공공단체가 외부의 전문가와 개별계약을 맺어 감사를 받는 제도로서 감사의 독립성과 전문성을 보완한 제도이다.

지방공공단체가 외부감사제도를 통해 독립성을 확보하려는 노력은 다음 몇 가지 사례에서 살펴볼 수 있다.

첫째, 외부감사자의 자격, 윤리성을 법률로 명확히 규정하였다. 외부감사계약을 체결할 때에는 변호사, 공인회계사, 국가의 행정기관에서 회계검사에 관한 행정사무에 종사한 자 또는 지방공공단체에서 감사 혹은 재무에 관한 행정사무에 종사한 자, 감사에 관한 실무에 정통한 자로서 정령에서 정한 자, 그리고 세무사에게만 감사를 맡길 수 있다(자치법 제252조의28 제1항~제3항). 외부감사자는 선량한 관리자의 주의를 가지고 성실하게 감사를 수행해야 하고 항상 공정성을 유지하며 스스로의 책임과 판단에 따라 감사해야 한다. 감사 시 취득한 비밀은 계약기간동안 뿐 아니라 계약기간 후에라도 누설해서는 안 되며 특히 중요한 것은 비밀을 지키지 않았을 경우에는 형벌을 받게 된다(자치법 제252조의31 제1항~제5항). 이는 감사위원의 경우 비밀 준수의무는 주어지지만 의무를 지키지 않았을 때 형벌을 받도록 규정해 놓지 않은 것과는 달라 비교된다. 외부감사자에 대한 업무 제척규정도 있다. 감사위원에 대해 적용되는 자치법 제199조의2의 규정에서처럼 외부감사자는 자기, 부모, 조부모, 배우자, 자녀, 손자, 형제자매의 일신상에 관한 사건, 자기 혹은 이들이 종사하는 업무에 직접적인 이해관계가 있는 사건에 대해 감사할 수 없다(자치법 제252조의29. Ⅱ. 1. 나.「감사위원의 복무 등」참조). 또한 외부감사자가 보조자를 사용할 경우에는 일정사항을 서류에 기재하여 감사위원에게 제출·협의해야 하고(자치법 제

---

138) 지방의회발전연구원, "일본의 지역분권개혁방향,"『연구원자료실 논단』통권 제8호, 1999. 9.~10., http://www.rilc.re.kr/pds_index.asp?sel_menu=m01, 2012. 2. 29. 검색.

252조의32 제1항), 보조자는 외부감사자와 같이 비밀유지의무가 있으며 이를 위반하면 형벌을 받는다(자치법 제252조의32 제5항~제7항).

둘째, 외부감사자에게 감사위원과 비슷한 권한을 인정함으로써 감사결과의 객관성을 확보하는 방법이다. 외부감사자는 감사에 필요할 경우에는 감사위원과 협의하여 감사관계자들에 대해 일정한 권한을 행사할 수 있다. 또한 학식과 경험을 가진 자 등으로부터 의견을 들을 수 있다(자치법 제252조의38 제1항).

셋째, 감사결과를 투명하게 공개하도록 규정해 감사기구의 독립성을 보완하는 방법이다. 감사위원은 외부감사자의 감사결과보고를 공표해야 하며, 만일 의회, 단체의 장, 그 외의 집행기관이 외부감사자의 감사결과에 따라 또는 감사결과를 참고하여 조치를 하였을 경우에는 감사위원에게 통지하여야 하고 감사위원은 이를 공표하여야 한다(자치법 제252조의38 제3항, 제6항).139)

지방공공단체에서 감사위원제도, 외부감사제도 이외에 자체감사의 형태를 띠는 제도는 지방의회의 감시권을 들 수 있다. 의회의 감시권은 '단체의 장, 그 밖의 집행기관이 그 권한에 속하는 사무를 집행하는 것에 대해 사전, 사후 감시적 기능을 다하고 견제하기 위한 의회의 권한을 총칭하는 것'으로서 단체의 장 등 집행기관에 대한 상호견제, 균형과 조화라는 관점에서 활용된다. 협의의 감시권은 지방공공단체의 사무집행 행위를 적절히 조절하는 기능으로서 '검열·검사권'(자치법 제98조 제1항), '감사청구권'(자치법 제98조 제2항)을 말하며, 광의의 감시권은 협의의 감시권 외에 의회의 '조사권'(자치법 제100조), 의회 위원회의 '사무조사권'(자치법 제109조 제4항 등) 등이 포함되지만 이것들은 집행기관에 대한 감시적 기능뿐만 아니라 의회가 의결안건의 준비, 심의기능 등을 수행하기 위해서도 필요하다. 그리고 광의의 감시권에는 의회가 지방공공단체 공무원의 선임과 사무집행 등에 대해 행하는 '승인·동의권'(자치법 제162조와 제168조 제7항에 의한 제162조의 준용, 제196조 제1항, 제243조의2 제8항 등), '불신임 의결권'(자치법 제178조), '단체의 장 등에 대한 출석요구'(자치법 제121조) 등이 포함된다는 견해도 있다.140)

---

139) 松本英昭(마츠모토 히데아키) 著 한국지방자치단체국제화재단(KLAFIR) 일본사무소 譯, 『日本 地方自治法 槪論』, 2008. 2., 333~341면.
140) 松本英昭(마츠모토 히데아키) 著 한국지방자치단체국제화재단(KLAFIR) 일본사무소 譯, 『日本 地方自治法 槪論』, 2008. 2., 206~213면.

지방공공단체에 대한 또 다른 형태의 외부통제사례는 중앙정부, 도도부현에 의한 하급기관에 대한 감사이다. 정부부처는 지방공공단체에 보조금을 지원해 주는데 일본감사원과 중앙정부는 보조금이 승인된 목적대로 사용되었는지를 평가하기 위해 감사기능 등을 동원하여 통제를 한다. 다만 감사원의 감사는 재무회계감사인데 비해 중앙부처에 의한 감사는 주로 행정지도 차원에서 실시된다. 그리고 1999년 7월 8일 「지방분권일괄법」 제정 전까지 시정촌의 상급자치단체로 인식되었던 도도부현은 시정촌에 대해 감사를 하였는데 도도부현이 시정촌에 대해 시행한 감사는 첫째, 중앙부처가 시정촌에 대해 감사를 할 때 입회하는 일, 둘째, 중앙정부의 법정수탁사무에 대해 검사를 대행하는 일, 셋째, 도도부현이 시정촌에 지원한 보조금에 대해 집행의 적정성 여부를 감사하는 일 등 3가지로 나눌 수 있었다. 그러나 「지방분권일괄법」의 시행으로 기관위임사무제도가 폐지되고 중앙정부가 지방공공단체에 관여하는 것이 법률에 의해 최소한으로 통제되게 됨으로써 자연히 중앙정부와 지방공공단체 간, 도도부현과 시정촌 간에도 자율적이고 평등한 관계가 싹트기 시작하였고 상급기관에 의한 감사는 제한적으로 시행되고 '감사'라는 용어도 '지도, 점검'이라는 용어로 바뀌게 되었다.[141)]

나. 자체감사 서비스와 역할

감사원은 국가의 마감회계 뿐만 아니라 정부와 관련된 단체와 독립행정기관, 국가로부터 재정보조를 받는 기관들의 회계를 감사하는 헌법에 명시된 기관이다. 감사원은 다음 몇 가지 목표를 가지고 활동하는데 첫째, 내각이 한 해 동안의 국가의 수입과 지출을 나타내는 마감회계서를 준비하면 감사원은 이를 넘겨받아 자금이 적정하고 효과적으로 쓰였는지 여부에 대해 감사하고 마감회계서와 1년 동안의 감사보고서를 함께 국회에 제출함으로써 감사결과가 다음 연도 예산편성 및 집행에 반영되도록 한다. 국가의 수입과 지출을 검증하는 역할을 담당하는 것이다.

둘째, 감사원은 국가의 자산, 부채, 신용거래 등에 대해서도 감사를 한다. 감사과정에서 부적정하거나 부적절한 재무거래를 확인하면 그 원인까지 조사하여 감사대상기관으로 하여금 부적정한 거래가 다시 발생하지 않도록 대책을 세우도록 조치하는데 법과 규정을 위반한 행위에 대해서도 처분을 하지만 법과 규정 그 자체

---

141) 한국행정연구원, 「지방감사제도 구축방안에 관한 연구」, 2007. 12., 130~132면.

의 개선이 필요하다면 이에 대해서도 권고를 한다.[142]

셋째, 감사원은 중앙정부로부터 직·간접적으로 보조금을 교부받았거나 대부금 등의 재정지원을 받은 사업에 한하여 지방공공단체 등을 상대로 재무회계감사를 할 수 있다. 이렇듯 감사원은 위와 같은 목표를 달성하면서 활동해 왔는데 최근 일본의 경제상태와 재무상태가 크게 나빠져 사회적인 문제로 대두되자 감사원은 그동안의 회계검사 위주의 합법성감사와 함께 프로그램, 프로젝트의 경제성(economy), 효과성(effectiveness), 효율성(efficiency)에 초점을 둔 '3E 감사'를 중시하게 되었다.[143]

다음으로 중앙정부와 법인화된 공공기관의 자체감사기능에 대해 살펴보자. 정부부처 중 하나인 Ministry of Internal Affairs and Communications 안에는 행정평가국 (Administrative Evaluation Bureau)이 소속되어 있는데, 행정평가국은 정부부처와 법인화된 공공기관 등에 대해 정책평가 및 조사, 그리고 행정자문 등을 해준다. 행정평가국이 하는 일은 크게 네 가지로 나누어 살펴 볼 수 있다.

첫째, 중앙행정부 개혁의 일환으로 시작한 프로그램으로서 각 부처가 시행하는 정책평가의 결과를 재검토하는 일이다. 각 행정조직은 그들이 시행할 정책이 얼마나 필요한 것인지, 얼마나 효율적이고 효과적인지에 대해 검토한다. 이러한 검토는 정책을 개선하고 소요되는 예산을 최적화하는데 도움을 준다. 2009 회계연도에 각 부처가 평가한 정책은 2,645개에 이른다. 특히 특별세를 신설하고 확대하려는 부처에서는 미리 정책의 효과를 평가하도록 2010년 5월부터 의무화되었다. 그리고 사전에 평가한 결과를 정책 시행 후에 다시 평가하여 사전 평가결과와 비교하여야 한다. 행정평가국은 각 부처가 행하는 정책평가의 품질을 향상시키고 정책개선을 유도하기 위해 2010년 5월부터 각 부처의 정책평가 결과를 재검토하기 시작하였다. 행정평가국은 2010년 10월 각 부처가 시행하는 특별세 정책 219개의 합리성, 효과성, 적합성 등을 조사하여 충분히 분석되지 않은 정책의 문제점들을 밝혀내고 각 부처와 세금위원회(Tax Commission)에 조사결과를 통보하고 개선대안을 마련하도록 하였다. 이에 대해 세금위원회는 같은 해 12월에 2011 회계연도 세금개혁틀을 만들었고 국회가 이를 승인하였다.

둘째, 법인화된 행정기관 IAA(Incorporated Administrative Agencies)를 평가하는 일이

---

142) The Board of Audit of Japan, http://www.jbaudit.go.jp/english/effort/objective.html, 2012. 2. 23. 검색.

143) The Board of Audit of Japan, http://www.jbaudit.go.jp/english/effort/aspect.html, 2012. 2. 23. 검색.

다. 정부 각 부처는 직접 수행하기 어렵고 그렇다고 민영화하기에 적합하지 아니한 프로그램, 프로젝트들을 수행하도록 하기 위해 IAA를 2001년 4월부터 설립하였는데 2011년 3월 현재 그 수가 104개나 된다. IAA 평가시스템은 먼저 각 부처가 부처 내 운영 중인 IAA 위원회(Commission on IAA)로 하여금 매 회계연도마다, 그리고 사업목표기간의 중간연도 말(5년 기간 중 3년째 말)에 각 IAA의 업무결과를 평가하게 한다. 그러면 Ministry of Internal Affairs and Communications 내에 운영 중인 '정책평가 및 IAA 평가위원회 CPIAA(Commission on Policy Evaluation and Evaluation of IAAs)'는 각 부처 IAA 위원회의 평가결과를 기초로 하여 IAA의 사무절차를 효율적으로 개선하거나 심지어 프로그램, 프로젝트가 더 이상 필요치 않다면 회사를 청산시킬 목적으로 재평가를 한다. 역시 매 회계연도와 사업목표연도의 중간연도 말에 시행한다. CPIAA는 2010 회계연도에 행정개혁모임(Administration Reform Conference)과 협력하여 사업목표기간의 중간연도에 다다른 42개 IAA의 사무절차, 사업 등을 평가하고 각 부처에 의견을 제시하였다. CPIAA의 재평가는 IAA의 자산검토, 내부통제의 개선과 강화에 초점을 맞추고 있다.

셋째, 특정한 한 부처가 평가하기 어려운 여러 부처에 관계되는 문제에 대해 범국가적인 조사를 하는 일이다. 행정평가국은 각 부처업무의 필요성, 효과성, 효율성 등을 조사하는데 이 조사에서 각 부처가 직면한 이슈나 문제를 모니터 및 분석하고 그 해결방안을 제시한다. 행정평가국은 2010년 12월 국가 내 휴직근로자 훈련시설이 효과적으로 운영되는지를 조사하고 12개 부처에 조사결과를 통보하여 활용도가 낮은 훈련기관을 폐지하거나 조직규모를 줄이고, 비효율적인 프로그램은 없애며, 비용사용과 실무를 최적화하도록 권고하였다.

넷째, 시민들이 제기하는 행정에 대한 불만과 의견을 제출받고 이를 통해 행정을 개선해 나가는 일이다. 행정평가국은 민간인 행정자문가 5,000명으로 조직되어 전국에 설치되어 있는 지역행정평가국 및 행정평가사무소를 통해 시민들의 의견과 요청을 접수하는데 매년 17만 건 정도가 접수된다. 행정평가국은 시민들의 목소리와 요구를 모니터링하고 있다는 것을 강조하고 시민들의 의견이 행정프로그램이나 집행의 개혁과 개선으로 이어지도록 하기 위해 2010년 5월 행정자문가 및 행정자문기능의 협력증진을 위한 집행계획을 마련하였다. 그 주요내용은 ① 시민중심의 개혁과 개선을 하고, ② 공동작업과 협력네트워크를 증진시키며, ③ 행정자문가의 자발적인 노력을 통해 시민을 지원하고, ④ 행정자문가들과 협업을 한다는 것이다. 행정평가국의 대표적인 업무사례를 소개하면, 대학들이 시험에 합격한 학생들에게 대학을 방문해서 입학등록을 하도록 한 조치가 학생들에게 많은 불편과 부담을 준다는 시민의견을 접수받고 2010년 9월 Ministry of Education, Culture, Sports, Science and Technology와 협의하여 각 대학으로 하여금 학생들에게 우편으로 입학등록을 할 수 있는 절차를 일찍 공고하도록 조치하였고, 19개 대학 중 18개 대학이 이 권고를 받아들여 현재 우편으로 입학등록을 할 수 있게 되었다.144)

　　일본 지방공공단체의 자체감사는 감사위원제도와 외부감사제도로 대별된다는 것을 앞에서 설명하였다.

　　먼저 감사위원이 수행하는 업무는 일반감사, 특별감사, 그리고 그 외 업무로 나눌 수 있다. 일반감사는 세입·세출의 적법성, 타당성, 효율성을 감사하는 재무감사와 행정관리·집행의 적정성을 감사하는 행정감사를 말하며, 특별감사는 「지방자치법」에 근거한 직접청구에 의한 사무감사, 의회청구에 의한 감사, 지방공공단체장의 요구에 의한 감사 등을 말한다.145) 다만 자치사무 중에서는 지방노동위원회의 권한에 속하는 노동쟁의의 알선·조정 및 중재 등 사무와 지방수용위원회의 권한에 속하는 토지수용에 관한 재결 등 사무, 그리고 법정수탁사무 중에서는 나라의 안전을 해칠 우려가 있는 사항과 개인의 비밀을 해치게 되는 사항에 관한 사무 및 수용위원회의 권한에 속하는 사무는 감사위원의 업무 범위에서 제외된다.146) (표3-12) '일본 지방공공단체 감사위원의 감사업무'에서 이 같은 감사업무의 구분 및 관련 규정을 살펴 볼 수 있다. 한 예로 동경도(Tokyo Metropolitan Government) 감사위원 사무국(Secretariat to Audit and Inspection Commissioners)은 2007년에 도청의 133개 과 모두(100%)와 관하 795개 사업소 중 325개 사업소(40.8%)에 대해 재무감사를 포함한 정기감사를 실시하였고, 공공시설물 관리 아웃소싱(outsourcing) 등 2개 사항에 대한 행정감사도 실시하였다. 특이한 것은 공사감사를 실시한 것인데 13,897개 사업(누계 사업비 9,213억 엔) 중 1,835개 사업(누계 사업비의 36%인 3,320억 엔)에 대해

---

144) Ministry of Internal Affairs and Communications of Japan, http://www.soumu.go.jp/english/aeb/index.html, 2012. 2. 24. 검색.
145) 松本英昭(마츠모토 히데아키) 著 한국지방자치단체국제화재단(KLAFIR) 일본사무소 譯, 『日本 地方自治法 概論』, 2008. 2., 326~332면.
146) 松本英昭(마츠모토 히데아키) 著 한국지방자치단체국제화재단(KLAFIR) 일본사무소 譯, 『日本 地方自治法 概論』, 2008. 2., 132~133면.

| 표 3-12 | 일본 지방공공단체 감사위원의 감사업무 |

감사업무 구분	관련 규정
일반감사 ① 재무감사(정기 또는 수시) ② 행정감사(수시)	자치법 제199조 제1항, 제4항, 제5항 자치법 제199조 제2항
특별감사 ① 주민 직접청구에 의한 사무감사 ② 의회청구에 의한 감사 ③ 자치단체장의 요구에 의한 감사	자치법 제75조 자치법 제98조 제2항 자치법 제199조 제6항, 제7항

기타업무 ① 결산심사
② 매월 현금출납의 검사, 지정금융기관
  등이 취급하는 공금의 수납 또는 지
  불사무의 감사
③ 기금운용 상황의 심사
④ 주민감사청구와 관련된 감사
⑤ 직원의 배상책임에 대한 감사
⑥ 지정금융기관 등의 검사결과에 대한
  보고 청취
	자치법 제233조 제2항
	자치법 제235조의2 제1항, 제2항
	
	자치법 제241조 제5항
	자치법 제242조
	자치법 제243조의2 제3항, 제8항, 제9항
	자치령 제168조의4 제3항

※ 출처: 松本英昭(마츠모토 히데아키) 著 한국지방자치단체국제화재단(KLAFIR)일본사무소 譯, 『日本 地方自治法 槪論』, 2008.

공사감사를 하여 38개 사항을 조치하도록 요청하고 3개 사항을 권고하였다.[147]

한편 외부감사제도는 포괄외부감사계약과 개별외부감사계약의 2가지 형태로 실행된다(자치법 제252조의27 제1항). 포괄외부감사계약이란 자치법 및 이에 근거한 정령, 조례로 정한 지방공공단체(자치법 제252조의36 제1항 참조)가 전문가로부터 재무에 관한 사무의 집행 및 경영과 관련한 사업의 관리에 대해 재무감사를 받는 것[148]과 함께 감사결과보고서를 제출받는 것을 내용으로 하는 계약이다(자치법 제252조의27 제2항, 제252조의37 제1항). 반면, 개별외부감사계약이란 주민, 의회, 단체의 장으로부터 청구 또는 요구를 받으면 감사위원이 감사를 하는 업무(자치법 제75조, 제98조 제2항, 제199조 제6항 및 제7항, 제242조) 중에 일부를 외부감사자에게 맡겨 시행할 수 있다고 조례에 명시해 놓은 지방공공단체가 외부감사자에게 감사를 맡기고 그 감사결과보고서를 제출받는 내용으로 하는 계약(자치법 제252조의27 제3항)을 말한다. 포괄외부감사계약을 체결해야 하는 단체는 도도부현, 정령으로 정한 시이

---

147) Secretariat to Audit and Inspection Commissioners of the Tokyo Metropolitan Government, http://www.kansa.metro.tokyo.jp/11sonota1st/jisseki_en.html, 2012. 3. 15. 검색.
148) 사무, 사업의 유효성, 효율성 등에 대해서도 감사할 수 있으나 소위 행정감사는 포괄외부감사계약 대상이 아님.

고, 지정도시 및 중핵시(中核市)가 정령으로 정해져 있다. 그 외에는 조례로 정한 경우에만 포괄외부감사계약을 체결할 수 있다. 그리고 포괄 외부감사계약의 상대자는 법인이 아닌 1인이며 같은 사람과 3회 이상 연속하여 계약을 체결할 수 없도록 규정함으로써 감사업무의 독립성과 중립성을 지키려고 노력하고 있다(자치법 제252조의36 제1항).

다. 전문성(사람관리)

「지방자치법」에서는 지방공공단체에서 활동할 외부감사자는 지방공공단체의 재무관리, 사업의 경영관리, 그 외 행정운영에 관하여 뛰어난 식견을 가진 자이어야 한다고 규정하고 있다. 그리고 외부감사자는 일정한 자격을 갖추어야 한다고 규정하고 있는데 변호사, 공인회계사, 세무사, 국가의 행정기관에서 회계검사에 관한 행정사무에 종사한 자 또는 지방공공단체에서 감사 혹은 재무에 관한 행정사무에 종사한 자, 감사실무에 정통한 자로서 정령(政令)에서 정한 자 등이 이에 해당한다(자치법 제252조의28 제1항, 제2항).

정령에서는 국가 또는 지방공공단체에서 행정사무 등에 종사한 자를 다음과 같이 자세히 열거하면서 통산 기간이 10년 이상이 된 자를 의미한다고 한다. ① 감사원에서 회계검사에 관한 행정실무를 담당한 자, ② 도도부현, 정령지정도시, 중핵시에서 감사위원으로 근무하거나 감사에 관한 행정사무, 출납장 또는 수입역(收入役) 업무, 회계에 관한 사무, 예산조정사무를 담당한 자, ③ 위 ①과 ②를 통산한 기간이 5년 이상이고 회계검사 등에 관해 총리대신이 지정한 연수를 수료한 자가 이에 해당한다. 한편, 자치법에서는 외부감사자가 될 수 없는 결격자에 대해서도 다음과 같이 규정하고 있다(자치법 제252조의28 제3항). ① 성년 피후견인 또는 피보좌인, ② 금고이상의 형에 처해진 자와 그 집행이 종료된 시점부터 3년을 경과하지 않은 자, ③ 파산자로서 복권되지 않은 자, ④ 국가공무원법, 지방공무원법의 규정에 따라 징계면직의 처분을 받고 처분일자로부터 3년이 경과되지 아니한 자, ⑤ 변호사법, 공인회계사법, 세리사법의 규정에 따라 업무정지 처분을 받고 있는 변호사, 공인회계사, 세무사 및 변호사로부터 제명, 공인회계사의 등록 말소, 세리사업무 금지처분을 받은 날로부터 3년이 경과하지 아니한 자, ⑥ 당해 지방공공단체 의회의 의원, 직원, 그 외 상근직원에 해당하는 자, ⑦ 당해 지방공공단체의 장, 부지사, 출납장, 수입역, 부출납장, 부수입역, 감사위원과 친자, 부부 또는 형제자매의 관계를 가진 자, ⑧ 당해 지방공공단체에 청원한 자, 지배인 또는 지배인과 동일한 행위를 한 법인의 무한책임사원, 회사 내·외 감사역 또는 이에 준하는 자, 지배인 또는 청산인 등이 외부감사자가 될 수 없는 결격자이다.[149]

라. 전문적 감사활동

감사원의 감사는 감사기본정책과 감사계획의 수립, 감사시행, 감사결과의 분석 및 검토, 의견수렴 및 개선대안 강구, 감사보고서, 감사결과에 대한 follow-up 등 여섯 단계의 절차를 밟아 시행된다.

첫째, 감사기본정책과 감사계획의 수립단계이다. 감사는 주어진 한정된 자원을 활용하여 효과적이고 효율적으로 시행하는 것이 중요하다. 감사계획은 이러한 개념을 담아 만들어야 한다. 감사원은 매년 다음 연도에 적용할 감사기본정책을 만들고 각 부서에서는 이에 기초하여 감사계획을 수립한다. 각 부서는 감사대상기관의 예산의 규모와 내용, 내부통제조건, 과거 감사결과, 국회와 국민들의 관심사항 등을 철저히 분석하고 우선순위를 갖는 감사이슈를 확인한다. 그리고 우선순위가 높은 감사이슈들에 대해 감사중점, 감사방법, 인력할당 등을 계획한다.

둘째, 감사시행단계이다. 감사시행은 사무실에서 감사대상기관으로부터 제출받은 자료들을 검토하는 서면감사(in-office documentary audit)와 서면감사의 결과를 토대로 현장에 출장하여 감사를 하는 현장감사(field audit)로 이루어진다. 일본감사원은 2010년의 경우, 16만권의 서류들과 5,104만장의 증빙서 및 기타 다른 자료들을 서면으로 감사했으며, 중앙정부 부처들이 행한 업무뿐만 아니라 국가의 보조금으로 사업을 하는 지방자치단체 및 지방기관에 대해서도 보조금이 적정하게 쓰였는지에 대해 현장감사를 할 수 있다.

셋째, 감사결과에 대한 분석과 검토단계이다. 감사결과 부적정한 회계행위가 발견되면 감사원은 부적정한 회계거래에 대한 감사원의 시각, 즉 그 행위의 원인과 결과를 설명하고 필요한 질문과 향후 대책을 묻는 질문서를 감사대상기관에 보낸다. 또한 발견된 사실에 대한 내용에 대해 전문적인 판단이 필요할 때에는 외부 전문기관이나 전문가에게 자문을 받아 그 결과를 반영하여 판단을 함으로써 감사의

---

149) 松本英昭(마츠모토 히데아키) 著 한국지방자치단체국제화재단(KLAFIR) 일본사무소 譯, 『日本 地方自治法 槪論』, 2008. 2., 333~334면; 한국행정연구원, 「지방감사제도 구축방안에 관한 연구」, 2007. 12., 163~166면.

전문성을 높이기도 한다. 이렇게 감사에서 발견된 사실에 대해 감사대상기관, 전문가의 의견을 수렴한 후에는 감사결과보고서 초안을 만들고 감사원사무처 내부에서 보고서의 품질을 다듬는데 각 국의 국장과 국내 고위간부로 구성되어 운영되는 감사보고서위원회(Bureau Audit Report Committee)와 사무처 차장과 사무처 고위 간부로 구성되어 운영되는 감사보고서조정위원회(Audit Report Coordination Committee)를 단계적으로 거치면서 발견된 사실의 정확성을 확인하고, 법과 규정을 제대로 적용했는지를 확인하며, 과거 처분사례 및 상황의 변화를 고려하고, 문제점의 발생원인과 처방의 적절성 등에 대해 합리적인 결론들을 도출한다. 이 과정에서 동료검토 과정(peer review system)을 거친다. 감사원 사무처 내에서 품질조정을 거친 감사결과보고서는 감사위원회에 상정되어 감사위원들의 합의에 의해 최종 감사결과로 확정된다.

넷째, 의견수렴 및 개선대안 강구 단계이다. 감사원은 감사 중에 감사대상기관이 법, 규정을 위반하였거나 회계처리를 부적정하게 하였다는 것을 발견하였을 때에는 그 부서의 장이나 관련 직원에게 즉시 이러한 사실을 알리고 그 대책을 강구하도록 요구해야 한다. 그리고 나중에 감사결과보고서에 문제점과 대책을 담을 수 있다.

다섯째, 감사보고서 등의 보고단계이다. 감사원은 「일본헌법」 제90조의 규정에 따라 1년 동안 행한 감사활동을 담은 보고서를 준비하는 한편 각 부처가 집행한 수입과 지출에 대한 회계보고서를 넘겨받아 검토하고 보고서를 만든 후 위 2개 종류의 보고서를 내각에 보내게 되는데 내각은 국회에 이를 제출함으로써 국회의원들과 재무부가 다음 회계연도의 예산심의에 참고하도록 하고 있다. 1년 동안의 감사활동을 담은 보고서에는 ① 감사원이 감사를 하면서 감사대상기관들이 내각의 지시나 예산지침을 어긴 행위, 부적정한 행위라고 확인한 사항들, ② 감사원이 「감사원법」 제34조, 제36조의 규정에 따라 각 부처에 표시했던 의견이나 조치요구 등, ③ 감사원의 질의에 대응하여 감사대상기관이 취한 개선행동들, ④ 감사원이 국민들의 관심을 끌어낼 필요가 있다고 판단한 사항들, ⑤ 감사원이 「감사원법」 제30-2조의 규정에 따라 국회 및 내각에 보고한 사항들, ⑥ 감사원이 「국회법」 제105조에 근거하여 「감사원법」 제30-3조의 규정에 따라 국회요청사항을 감사하고 국회에 보고한 감사결과, ⑦ 감사원의 감사활동 중 특별히 보고할 필요가 있다고 판단하는 사항들을 포함시킨다.

여섯째, 감사결과에 대한 follow-up 단계이다. 감사원은 감사결과보고서에 담은 부적절한 행위, 제시된 의견, 개선대책 등의 내용에 근거하여 감사대상기관이 현재의 시스템을 고치거나 개선하였는지, 즉 법과 규정을 개정하거나 매뉴얼과 특정기준을 개정하거나 행정절차를 개선하였는지, 부적절한 행위를 한 직원에 대해 신분상 조치를 하였는지 등을 확인하고 그 결과를 감사보고서에 기재하여 국회에 보낸다.150)

마. 성과관리와 책무성

일본정부는 1990년 이후 거품경제가 사라지면서 장기적인 경제침체를 경험하였고, 저출산·고령화 현상이 심각해져 사회적으로도 심각한 부작용이 예상되자 1996년 11월 행정개혁위원회(Administrative Reform Council)를 설치하여 6개 부문(경제구조, 재정구조, 행정, 금융시스템, 사회보장, 교육)에 대해 행정개혁을 추진하였다. 위 위원회는 1997년 12월 3일 마지막 보고서에서 중앙정부차원의 정책평가기능을 강화시켜야 한다고 주장하였는데 그 내용을 요약하면 ① 과거 행정은 법률제정이나 예산확보 등에 중점을 두어 정책효과를 재검토하는 평가기능이 경시되었고, ② 그래서 앞으로는 정책의 사전·사후에 엄정하고 객관적인 평가를 실시하고 그 결과를 다시 정책입안 과정에 반영하는 것이 필요하며, ③ 정책평가를 하면 정책입안자와 정책실행자 간에 의사소통 및 의견교환이 원활해지고 정책관련 정보가 공개되면 행정의 공정성·투명성도 촉진할 수 있다는 내용이었다. 위 위원회는 보고서에서 정책평가는 기관 내부에서 해야겠지만 중앙정부 차원의 정책평가기능이 개선되고 강화되도록 하기 위해서는 감사원이 외부기관으로서 각 기관이 행한 정책의 효과성, 효율성, 정당성을 평가해 주어야 하고 이를 위해 감사원의 평가기능이 강화되어야 한다고 주장하였다. 이에 따라 일본정부는 감사원이 법률에 근거가 없었으나 1955년경부터 실질적으로 수행하여 왔던 정부정책에 관한 성과감사에 대하여 1997년 비로소「감사원법」을 개정하여 법률의 근거를 마련하는 등 감사원의 정부기관에 대한 정책평가 기능을 강화시키는 조치를 취하고, 2001년 1월 정부부처 및 기관을 재편하는 한편 '정책평가를 위한 각 부(府)성 연락회의'를 발족하고 위 회의에서「정책평가에 관한 표준적 가이드라인」을 승인 및 공표하였으며, 같은 해 6월「정부정책평가법

---

150) The Board of Audit of Japan, http://www.jbaudit.go.jp/english/effort/procedure.html, 2012. 2. 25. 검색.

(Government Policy Evaluation Act)」을 제정하여 평가의 기초 및 제도적 준거틀을 만들었다.151)

위 「정책평가에 관한 표준적 가이드라인」에서는 정책평가를 '국가의 행정기관이 주체가 되어 정책효과 등을 측정·분석하고 일정한 척도에 따른 객관적인 판단을 통해 정책의 기획입안 및 실시에 도움을 주는 정보를 제공하는 것'으로 정의하고 정책평가과정을 정책입안(plan) → 실시(do) → 평가(check) → 개선(action) → 정책입안(plan) 과정이 계속 환류되는 것으로 설명하였다. 정책평가의 대상은 ① 신규로 도입되는 경우, ② 일정기간이 지났는데도 착수되지 않았거나 미완료 상태인 경우, ③ 신규로 시행한 제도 중에서 일정기간을 경과한 경우, ④ 급격한 사회적 상황변동 등에 의해 재검토가 필요한 경우가 대부분이다. 다음으로 행정평가의 주체를 살펴보면, 각 행정기관의 장은 「정부정책평가법」을 근거로 일정한 기간마다 정책평가에 관한 기본계획(3~5년), 실시계획(1년 마다)을 수립·공표하고, 각 행정기관은 계획에 근거하여 사후평가를 실시하고 인터넷 등에 공표하며 평가결과의 정책상황 반영여부에 대해서도 매년 1회 이상 공표를 한다.

그리고 정책평가제도의 총괄부서인 Ministry of Internal Affairs and Communications 소속의 행정평가국(Administrative Evaluation Bureau)은 각 부처에서 실시한 정책평가에 대해 평가방식이나 내용을 점검하는데 ① 각 행정기관이 실시한 정책평가에 대해 평가과정에서 확보되어야 할 객관성, 엄격성의 달성수준을 심사하고, ② 각 행정기관이 실시한 정책평가 중에서 다시 정책평가를 실시해야 하거나 사회 경제정세의 변화 등에 정확하게 대응하기 위하여 정책평가를 실시해야 하는 등 정책평가의 필요성이 인정될 때 정책평가를 하며, ③ 어느 행정기관이 행한 정책평가가 객관성과 엄격성을 확보하지 못했다고 판단하는 경우 다시 정책평가를 하고, ④ 행정기관에서 요청이 있을 경우 해당 행정기관과 공동으로 정책평가를 하기도 한다. 위 행정평가국은 정책평가를 마치면 평가한 정책의 개요 및 평가결과를 신속하게 정리하여 관련 부처에 통지하고 필요하면 권고를 하기도 하며, 관련 부처가

---

151) 한국조세연구원 성과관리센터, 「주요국의 성과관리제도」, 2011. 2., 106~109면; Hayashi, Kazuki & Shigeru Yanagida, "The Present Condition and the Problems of Effectiveness Auditing," *Government Auditing Review* Vol. 13., March of 2006., http://www.jbaudit.go.jp/english/exchange/pdf/e13d06.pdf, 2012. 3. 19. 검색.

권고내용에 대해 어떤 조치를 취할 경우 이를 행정평가국에 알려주도록 요구한다. 그리고 정책평가 결과는 다음연도 예산요구 과정에서 적절하게 반영되도록 노력한다.

각 부처의 예산요구와 관련하여 정부예산의 건전성을 위해 행정평가국이 쏟는 노력을 구체적으로 살펴보면 다음과 같다.

① 행정평가국은 정책평가 결과가 예산편성 과정에 반영될 수 있도록 행정기관으로 하여금 정책평가를 앞당겨 시행하고 늦어도 매년 8월말까지는 그 결과를 공표하도록 한다.

② 또한 각 부처가 행한 정책평가의 결과 중 사후평가 결과의 반 이상을 정책의 재검토 및 개선을 위해 활용하도록 유도하였다.

③ 그리고 행정평가국은 정책평가 과정을 점검하고 실적성과평가에서 달성목표에 대한 계량화비율을 향상시킴으로써 정책평가의 질적 향상을 꾀하고 있다.[152) 실제로 정책평가제도 도입 초창기에는 달성목표에 대한 계량화비율이 낮았었다. 현재의 Ministry of Internal Affairs and Communications의 전신이던 Ministry of Public Management, Home Affairs, Posts and Communications 소속의 행정평가국(Administrative Evaluation Bureau)은 2002 회계연도에 정책평가를 적용해야 할 17개 정부기관에 대해 정책평가 실태를 조사하여 2003년 6월 'Report on the Implementation Situation of Policy Evaluations and the Reflection Situation of Their Result upon Policy Making'이라는 보고서를 발표하였는데 위 보고서에 따르면 17개 정부기관 중 13개 기관만이 정책평가를 실시하였고, 그나마 이들 기관 대부분에서 성과를 기초로 한 정책목표와 성과지표를 수립하지 않았거나 성과지표를 성과목표 대비 실제 성과를 측정할 수 없게 정하였으며, 정책목표를 달성하기 위해 필요한 정책수단을 명확히 정의하지도 않았다.[153) 그러나 2009년 현재에는 이러한 현상이 많이 개선되었다.

④ 마지막으로 행정평가국은 각 행정기관으로 하여금 정책마다 예산과 결산을 연계시켜 예산에 대한 성과를 평가할 수 있도록 하고 있다. 이를 위해 정책평가결과를 예산요구에 반영할 때 각 부처의 설명책임을 강화하고 예산에 대응하는 결산

---

152) 한국조세연구원 성과관리센터, 「주요국의 성과관리제도」, 2011. 2., 109~118면, 123~124면.
153) Hayashi, Kazuki, "The Present Condition of Actual Performance Assessment and Effectiveness Auditing," *Government Auditing Review* Vol. 12., March of 2005., http://www.jbaudit.go.jp/english/exchange/pdf/e12d06.pdf, 2012. 3. 19. 검색.

정보를 공개하도록 조치하고 있다.

이러한 행정평가국의 노력들은 정부재정의 효율적 사용이라는 긍정적 결과를 가져온다. 행정평가국의 자료에 의하면 2009년 4월에서 10월까지 각 부처에서 실시한 정책평가결과 762건 중 2010년 예산요구에 반영한 건수는 673건(88.3%), 2010년 조직 및 정원조정에 반영한 건수는 189건(24.8%)이었다.154) 이와는 별도로 위 행정평가국은 국회에 1년에 한 번씩 정책평가에 관한 연간보고서를 제출하고 수상(Prime Minister)에게도 필요하면 의견을 제공하는 반면, 정책평가 및 IAA 평가위원회 CPIAA(Commission on Policy Evaluation and Evaluation of IAAs)로부터는 행정평가국의 평가계획, 평가진행, 평가결과 등에 대해 검토를 받는 등 견제와 균형의 관계를 유지한다.155)

한편, 동경도 감사위원사무국(Secretariat to Audit and Inspection Commissioners)은 매년도 행정 전반을 감사하는 정례감사, 도의 특정사무와 사업을 몇 개 선정하여 경제성, 효율성, 능률성 관점에서 감사하는 행정감사, 100만 엔 이상의 공사를 대상으로 하는 공사감사, 그리고 재정지원단체 등에 대한 감사, 결산심사, 주민감사청구 사항에 대한 감사를 수행하는데 2005년~2009년까지 매년 665개~953개씩의 사무소를 감사하여 지난 5년간 총 3,678개 사무소를 감사하였고, 같은 기간 동안 감사결과 지적 및 의견·요망사항은 1,351개 이었으며 지적금액은 39억 3,500만 엔에 달한다.156) 그런데 위 사무국이 지방의회에 보고한 연간 감사결과에 대한 보고서를 살펴보면 감사성과를 감사결과 지적건수와 지적금액으로만 정리해 놓았고 미국, 캐나다, 영국의 감사기구의 경우와 같이 감사성과 측정도구를 따로 만들어 정리하지는 않았다. 그 결과 매년 감사 대상사무소 수, 지적건수, 지적금액이 큰 편차를 보이는 등 감사성과가 효과적으로 관리되지 않고 있다. (표3-13) '동경도 감사위원사무국의 감사활동결과(2005년~2009년)'에서는 동경도 감사위원사무국이 수행한 감사의 성과를 정리해 두었다.

---

154) 한국조세연구원 성과관리센터, 「주요국의 성과관리제도」, 2011. 2., 124~125면.

155) Ministry of Internal Affairs and Communications of Japan, *What is "Policy Evaluations"?* http://www.soumu.go.jp/main_sosiki/hyouka/seisaku_n/pes/introduction_1.pdf, 2012. 3. 20. 검색.

156) Secretariat to Audit and Inspection Commissioners of the Tokyo Metropolitan Government, *Yearly Audit Commissioners' Reports*, http://www.kansa.metro.tokyo.jp/13iinhoukoku/iinhouko ku_en.html, 2012. 3. 17. 검색.

| 표 3-13 | 동경도 감사위원사무국의 감사활동결과(2005년~2009년) |

연도	감사대상사무소(개)	지적건수(건)	지적금액(엔)
2009년	717	323	4억 9,000만
2008년	707	276	6억 2,500만
2007년	665	279	10억 2,000만
2006년	636	220	3억
2005년	953	253	15억
총계	3,678	1,351	39억 3,500만

※ 출처: 동경도 감사위원사무국이 지방의회에 제출한 연간 감사결과보고서 정리.

바. 조직간 관계 및 조직문화

일본 감사원은 감사활동의 효과성과 적정성을 확보하기 위해 민간전문가, 다른 감사기구 및 조사기구와 교류하고, 복잡다양해지고 전문화되는 국가의 행정 및 재정활동에 대응하기 위해 직접 또는 외주계약을 하는 방식으로 국내 및 해외 감사시스템, 감사방법 등에 대해 연구한다.

이를 조금 더 구체적으로 설명하면 첫째, 감사원은 국내적으로는 정부감사 자문위원회(Government Auditing Consultative Committee)를 운영하면서 외부위원들로부터 감사에 대한 다양한 의견을 수렴한다. 그리고 정부기관의 운영과 활동을 평가하고 모니터하는 Ministry of Internal Affairs and Communications의 행정평가국(Administrative Evaluation Bureau) 뿐만 아니라 지방공공단체의 자체감사기구와 정기적으로 만나 정보를 교류한다. 또한 일본 공공회계사협회(Japanese Institute of Certified Public Accountants)와 모임을 갖고 전문적인 의견과 정보를 교류한다. 때로는 공공부문 감사를 개선시키기 위해 관련 종사자들을 모아 공공감사 이슈에 대해 토론하기도 한다.

둘째, 감사원은 국제적으로는 미국, 영국, 독일, 프랑스 등 주요 국가의 최고감사기구의 고위급 인사들을 초청하여 최고감사기구들이 직면한 도전과 공동관심사에 대해 해결책을 논의하는 감사관련 동경 국제회의(Tokyo International Meeting on Audit)를 매년 개최하고 있고,[157] 매년 개최되는 주요국가 최고감사기구의 국제워킹그룹에 참여하여 일본 감사원의 현재 위치를 소개하고 감사관련 관심사항에 대해 의견을 교류하기도 한다. 그리고 전 세계 국가들의 최고감사기구들의 모임인 INTOSAI와 INTOSAI의 아시아지역 조직인 ASOSAI(Asian Organization of Supreme Audit Institutions)의

---

157) 2010년 12월 7일~9일까지 제15차 감사관련 동경 국제회의를 개최.

회원국으로 활동하고 있고, 특히 ASOSAI에서는 Governing Board의 구성원인 교육훈련관리자(Training Administrator)로 활동하면서 회원국들에게 정부감사에 관한 감사기법을 제공하고 지식교류를 증진시키기 위해 교육훈련 프로그램을 계획하고 집행하는 역할을 담당하고 있다. 교육훈련세미나를 개최할 때에는 일본 국제협력기관(Japan International Cooperation Agency)의 도움을 받기도 하는데 2011년 6월에도 공공공사감사, 중앙아시아와 Caucasus 국가들을 위한 정부감사시스템, 고위관료들을 위한 정부감사 등에 대한 세미나를 위 협력기관의 지원을 받아 개최하였다.

셋째, 감사원은 감사의 특정 영역에 대해 최근의 트렌드(trend), 실무적인 감사기법 등을 연구하고 검토하기 위해 외부로부터 객원연구자를 초빙하여 연구결과를 발표하게 하고 직원들과 이에 대해 의견을 나누게 한다. 외부연구자와 내부직원들이 행한 학문적인 연구결과와 실무적인 연구결과를 모아 1~2년에 한 번 Government Auditing Review라는 연구학술지를 발행하는데 이러한 활동들은 감사영역을 확대하고 새로운 감사방법을 개발하며 감사활동의 질을 개선하는데 도움이 된다.158)

사. 감사의 중복성 해소 노력

앞에서 살펴 본 것과 같이 일본의 지방공공단체의 경우 국회에 의한 국정조사, 감사원의 감사, 중앙정부 부처에 의한 감사, 지방공공단체의 감사위원제도 및 외부감사제도에 의한 감사, 도도부현의 시정촌에 대한 감사, 지방의회의 감시권 등 여러 가지 통제기능 때문에 행정업무에 부담을 가질 수밖에 없었다. 그런데 일본 정부는 다음 몇 가지의 조치들을 통해 감사에 의한 행정부담을 최소화하려고 노력하고 있다.

첫째, 1995년부터 시작된 일본정부의 지방분권화 개혁조치는 1999년 「지방분권일괄법」의 제정이라는 결실을 맺었으며 위 법에서 과거에 형성되었던 국가와 지방공공단체, 도도부현과 시정촌 간의 상하관계를 대등한 협력관계로 바꾸도록 재정의하고 국가의 포괄적 지휘감독권을 폐지하는 한편, 중앙정부, 도도부현의 하급기관에 대한 관여159)를 법률에 근거하여 최소화하도록 조치하였기 때문에 감사중

---

158) The Board of Audit of Japan, http://www.jbaudit.go.jp/english/exchange/index.html; http://www.jbaudit.go.jp/english/effort/international.html, 2012. 3. 16. 검색.
159) 「지방자치법」 제245조에는 관여를 조언 또는 권고, 자료제출의 요구, 시정의 요구, 동의, 허가, 인가 또는 승인, 지시, 대집행, 지방공공단체와의 협의, 그 외 일정한 행정목적을 실현하기 위해 지방공공단체에 대해 구체적이고 개별적으로 관계하는 행위 즉, 명령, 확인,

복의 문제는 많이 해소되게 되었다. 더구나 중앙정부로부터 보조금 등을 받은 사업에 한하여 지방공공단체를 상대로 재무회계감사를 하는 감사원 및 지방공공단체가 집행하는 복지관련 사업비의 일부를 분담하고 이 자금의 집행에 대해 행정지도를 하는 후생노동성(Ministry of Health, Labour and Welfare) 등 중앙부처들은 그 업무의 성격이 하나는 감사이고 다른 하나는 행정지도인데도 불구하고 도도부현 및 시정촌에 대한 업무부담을 줄여주기 위해 서로 만나 업무를 조정함으로써 한 쪽이 업무를 집행하면 다른 한 쪽이 업무집행을 하지 않는 방법으로 지방공공단체의 감사부담을 줄여주고 있다.160) 미국이 1984년 「단일감사법(The Single Audit Act of 1984)」을 제정하여 연방기관으로부터 보조금을 받아 프로그램을 집행하거나 활동을 한 주정부, 지방정부, 인디언 자치구 및 비영리기관들의 감사부담을 줄여준 조치와 그 취지와 형태는 다르지만 일본의 1999년 「지방분권일괄법」의 제정은 일본 지방공공단체의 고질적인 감사중복 문제를 완화시키는데 결정적으로 기여했다고 할 수 있다.

둘째, 지방공공단체는 감사위원에 의한 자체감사뿐 아니라 전문외부감사자에 의한 외부감사를 받게 되어 감사의 이원화에 따른 감사중복의 위험이 있을 수 있으나 「지방자치법」에 감사위원에 의한 자체감사와 외부감사자에 의한 외부감사 범위가 구분 지어져 있어 실질적으로는 감사중복을 피하고 있다. 감사위원은 정기감사나 결산심사 등을 시행하는 반면, 포괄외부감사자는 감사위원이 실시하는 수시감사에 해당하는 특정한 사건에 대한 감사(자치법 제252조의37 제1항, 제3항) 및 재정원조단체 등에 대한 감사(자치법 제252조의37 제4항)를, 개별외부감사자는 주민 직접청구에 의한 사무감사(자치법 제252조의39 제3항), 의회청구에 의한 사무감사(자치법 제252조의40 제1항), 단체장이 요구한 감사(자치법 제252조의41 제1항, 제252조의42 제1항), 주민감사 청구사항(자치법 제252조의43 제1항) 등을 서로 구분지어 감사하기 때문이다.

셋째, 지방의회는 지방공공단체를 바로 감사할 수 없고 지방자치단체의 감사위원에게 감사를 해달라고 청구만 할 수 있도록 「지방자치법」제98조 제2항에 규정함으로써 감사중복의 가능성을 줄였다.161) 이는 우리나라의 지방의회가 지방자치단체를 직접 감사하는 것과 다른 형태이므로 그 장단점을 더 자세히 연구할 필요

검사, 감사, 현장검사로 규정.

160) 강형기, "일본 지방자치단체의 감사제도와 감사양태," 『지방행정』, 제51권, 2002.

161) 松本英昭(마츠모토 히데아키) 著 한국지방자치단체국제화재단(KLAFIR) 일본사무소 譯, 『日本 地方自治法 槪論』, 2008. 2., 336~341면.

는 있으나 적어도 감사중복을 최소화시키는 방안의 하나로 볼 수 있다.

넷째, 감사원이 지방공공단체를 대상으로 하는 감사도 실제로는 국가의 직간접 보조금 등의 교부 또는 대부금 등의 재정지원을 하는 사무에 대하여 회계심사를 하는데 한정되어 있다.[162)

5. 호주(연방국가, 내각책임제)의 자체감사기구 운영실태

가. 지배구조

호주는 New South Wales, Western Australia, South Australia, Victoria, Queensland, Tasmania 등 6개주와 Northern Territory, Australia Capital Territory(Canberra) 등 2개의 준주로 구성되어 있으며, 지금으로부터 42,000년~48,000년 전부터 사람들이 살았던 대륙이었다. 1770년 영국의 탐험가 James Cook이 호주의 동부해안을 탐험하고 New South Wales라고 처음 명명하였고, 영국은 이곳을 영국 본토의 범죄자들을 추방시키는 장소로 이용하겠다는 정책을 세웠으며, Arthur Phillip 선장의 함대가 Port Jackson(현재 Sydney항)에 처음 범죄자들을 데리고 상륙한 1788년 1월 26일(현재 호주의 국가기념일)에 이곳을 영국의 식민지로 선언했다. 그리고 호주대륙에서 남쪽에 위치한 Tasmania 섬은 1825년에, 호주대륙의 서부 Western Australia는 1828년에, South Australia는 1836년에, Victoria는 1851년에, Queensland는 1859년에 각각 영국의 식민지가 되었다. 그러다가 위 6개의 영국식민지는 1855년부터 1890년까지 차례차례 스스로 문제를 해결하는 정부를 만들었다. 1901년 1월 1일에는 호주에 영국식민지 연합이 만들어지고 Victoria 여왕의 승인을 받아 「헌법(Commonwealth of Australia Constitution Act 1900)」을 공포하였으며 1907년 비로소 호주는 영연방국가가 되었다. 현재 호주 영연방 수도인 Canberra는 1911년에 형성되었고, Canberra를 조성하는 동안 1901년부터 1927년까지 Melbourne이 임시 수도로 사용되었다. 1931년에는 그동안 영국과 호주를 헌법으로 연결시켜 왔던 영국의 Westminster 헌법이 종결되었고 2차 세계대전 중이던 1939년, 호주 의회는 처음 스스로 법을 제정하여 통과시켰다.[163)

---

162) 조형석 & 이혜승, 「공공감사체계상 과다·중복감사 해소방안 연구」, 감사원 감사연구원, 2010. 2., 75면.

163) Wikipedia, http://en.wikipedia.org/wiki/Australia, 2012. 3. 21. 검색.

1901년 5월 Melbourne에서 처음 의회가 열렸을 때, 호주 의회가 가장 시급하게 해야 할 일은 정부의 제도를 정비하는 일이었다. 의회는 네 번째 법으로 감사원을 설립하는 내용을 골자로 하는 「감사법(Audit Act 1901)」을 통과시켰다. 위 법률에 따라 감사원은 정부에서 일어나는 모든 거래행위에 대해 100% 적정성을 검토하였다. 그러다 1920년대에 이르러서 우체국, 영연방은행 등 상업기관의 등장, 제1차 세계대전의 영향 등 때문에 거래량이 폭증하고 복잡해지자 100% 검토는 더 이상 불가능하게 되었다. 1997년 10월에는 기존의 「감사법」을 「감사원장법(Auditor-General Act 1997)」으로 바꾸어 감사원의 독립성과 권한을 강화시키고 감사원장을 의회의 독립된 관리로 규정하였다. 「감사원장법」에 의해 감사원장은 모든 정부기관, 공사, 정부기업, 보조금 등을 감사할 수 있다. 감사원은 여러 차례 그 명칭을 바꿨는데 1902년부터는 Federal Audit Office로, 1911년부터는 Auditor-General's Department로, 1950년대 후반에는 Commonwealth Audit Office로, 1984년부터는 Australian Audit Office로 불리다가 1990년부터 현재의 명칭인 Australian National Audit Office(이하 'ANAO'라고 함)로 불리게 되었다.[164] ANAO는 2011년 10월 현재 약 350명의 직원이 근무하고 있는데 그 대부분은 Canberra 사무실에 있고 일부가 Sydney에 있는 작은 사무실에 근무하고 있다. ANAO 조직은 감사원장, 부감사원장 각 1명씩과 재무회계보고서 감사를 주로 하는 보증감사 서비스그룹(Assurance Audit Services Group), 성과감사를 담당하는 성과 감사 서비스그룹(Performance Audit Service Group) 등 두 개의 서비스 그룹, 그리고 직원들에게 기술적 지원, 품질보증을 해주고 newsletter를 발행하는 Professional Services Branch와 법인 지배구조활동, 인적자원, 재정, 외부와의 관계, 정보기술지원, 건물서비스 등을 조정하는 Corporate Management Branch 등 두 개의 branch로 조직되어 있고 계약직 전문가를 채용하여 활용하기도 한다.[165]

호주 감사원은 의회의 우선적인 관심사항을 다루기 위해 의회 안에 있는 감사 관련 위원회인 JCPAA(Joint Committee of Public Accounts and Audit)의 도움을 받는데

---

164) Australian National Audit Office, http://www.anao.gov.au/About-Us/History-of-the-ANAO, 2012. 3. 21. 검색.

165) Australian National Audit Office, *About the ANAO(a brochure made by the ANAO)*, p.12., http://www.anao.gov.au/About-Us/History-of-the-ANAO, 2012. 3. 23. 검색; Australian National Audit Office, *Annual Report 2010-2011: 1901-2011 Celebrating 110 Years*, September of 2011, p.5., http://www.anao.gov.au/~/media/Files/Annual%20Reports/ANAO_Annual_Report_201011.pdf, 2012. 3. 24. 검색.

JCPAA는 1951년 제정된 「Public Accounts and Audit Committee Act 1951(PAAC Act)」 에 따라 설립되었다. 위 위원회는 총 16명의 위원들로 구성되는데 이 중 6명은 상원에 의해, 나머지 10명은 하원에 의해 임명된다. 위원회는 공적자금이 바르게 쓰이도록 감독하고 조사하고 통제하는 기능을 한다. 위원회는 법률에 의해 설립된 7개의 위원회 중 하나로서 재무회계사항 및 영연방국가의 권위와 관련한 어떤 사항에 대해서도 필요하다면 의회에 의견을 제시하고 권고를 한다. 따라서 감사원이 의회에 보고한 감사보고서 등에 대해서도 이를 검토하고 의견을 제시하는데 이 과정에서 위원회는 감사원과 긴밀하게 관계된다.

위원회가 하는 업무를 자세히 살펴보면 다음과 같다. ① 영연방국가의 재무사항을 조사하고, ② 감사원장이 의회에 제출하는 모든 보고서를 검토하며, ③ 감사원의 활동과 자원(연간예산 포함)에 대해 관여하고, ④ 감사원장과 감사원의 독립적인 감사관의 임명에 대해 승인하거나 거부할 수 있으며, ⑤ 정부의 재무사항과 관련 활동에 대해 의회와 국민들에게 더 자세히 알리는 일 등을 한다. 이에 더하여 2011-12 회계연도에는 의회 예산실(Parliamentary Budget Office)의 연간활동프로그램, 예산서, 연간보고서 등을 감독할 책임을 지게 된다.166)

JCPAA는 1989년과 2010년에 감사원과 관련한 중요한 일을 했는데 1989년에는 보고서 296, 'The Auditor-General: Ally of the People and Parliament'에서 감사원이 계속하여 성과감사를 수행하는 것이 필요하다는 주장을 하였고, 2010년 12월에는 「감사원장법」을 검토하고 감사원장의 임무와 관련한 몇 가지 사항을 개선하여 법을 개정할 필요가 있음을 확인하였고 그 내용을 정리하여 2010년 12월, JCPAA 보고서 419에 담았다. 특히 「감사원장법」의 검토는 JCPAA가 2001년 발행한 보고서 386에서 앞으로 「감사원장법」 같은 중요한 법률은 공공부문의 환경변화에 따라 그 법률목표에 맞게 구성되어 있는지를 확인할 필요가 있으므로 주기적으로 검토해야 한다는 언급을 한 것에 기인한 것으로 이에 따라 검토한 내용을 간략히 소개하면 ① JCPAA의 요청이 있을 경우, 영연방정부로부터 자금을 지원 받은 비영연방조직에 대해 감사원이 성과감사를 수행할 것, ② 정부프로그램의 집행을 위해 영연방정부를 대신해 민간계약자를 포함한 주체들이 행한 기능에 대해 감사원이 직접 감사할 수 있도록 법을 개정할 것, ③ 각 기관들이 성과를 측정할 때 감사원

---

166) House of Representatives of Australia, *The JCPAA's role and fuctions*, Report 425 Annual Report 2010-11.

장이 매년 확인해 준 성과지표를 준수하여 활용하고 있는지 여부를 감사원이 측정하고 그 결과를 JCPAA의 의견을 달아 의회에 보고할 것, ④ 중요 프로젝트 검토 같은 보증업무 수행권한을 명시적으로 부여하고 위 업무수행을 위한 자료수집권한도 부여할 것, ⑤ 감사원장에게 영연방정부가 통제하는 정부기업법인에 대해 성과감사를 할 수 있도록 권한을 부여할 것 등이다. 위와 같은 내용들은「감사원장법 개정안 2011」로 발의되었고 현재 의회심의 중이다.[167]

감사원이 업무의 독립성을 확보하는 방법은 다음과 같다.

첫째, 감사원장 및 외부감사관의 임명절차를 명확히 하고 임기를 보장함으로써 업무의 독립성을 확보하는 방법이다.「감사원장법」제9조 및 Schedule 1, Schedule 2에 따르면 감사원장과 외부감사관은 상원의장, 하원의장이 특정인을 골라 JCPAA에 권고하고 JCPAA가 이를 승인하면 정식으로 총독(Governor-General)에게 권고하여 총독이 임명하고 임기는 10년이다. 다만, 감사원장의 직을 수행한 경력이 있는 자는 더 이상 감사원장으로 임용될 수 없다. 감사원장과 외부감사자에 대한 해고는 다음 몇 가지 경우를 제외하고는 원칙적으로 제한되는데 감사원장 또는 외부감사자가 현저히 잘못된 행동, 신체적 또는 정신적 결함 때문에 직을 수행할 수 없을 때 상원의장, 하원의장은 이들의 해고를 총독에게 제안하고 총독이 이를 결정하여야만 해임시킬 수 있다. 또한 감사원장 또는 외부감사자가 파산한 경우, 파산 또는 지불불능상태의 구제를 위해 법에 의한 혜택을 받기를 지원한 경우, 채권자와 합의한 경우, 채권자에게 감사원장 또는 외부감사자의 봉급을 차압당하는 경우에는 총독은 이들을 해임시켜야 한다. 그리고 감사원장 또는 외부감사자가 신체적 또는 정신적 결함이 있어 관련법에 의해 퇴직을 하고자 할 때에는 총독은 이들의 서면 요청을 받아들일 수 있다. 다만, 감사원장의 최소 퇴직연령은 55세이다.

둘째, 감사원장에게 독립적으로 감사원을 운영할 수 있게 법률로 인정하는 방법이다.「감사원장법」제8조에 따르면 감사원장은 의회의 독립된 관료이다. 그 뜻을 알기 쉽게 풀이하자면 감사원장은 의회의 요구사항을 반영하여 업무계획을 세우고 업무의 결과를 의회에 보고하는 방법을 통해 의회의 업무를 지원하지만 어떤

---

167) Australian National Audit Office, *Annual Report 2010-2011: 1901-2011 Celebrating 110 Years*, September of 2011, pp.3~5., http://www.anao.gov.au/~/media/Files/Annual%20Reports/ANAO_Annual_Report_201011.pdf, 2012. 3. 24. 검색.

종류의 감사를 언제 할 것인지, 어떤 방법으로 감사를 수행할 것인지, 어떤 감사를 우선순위로 둘 것인지 등에 대해서는 감사원장이 절대적인 권한을 가지고 결정할 수 있다는 의미이다. 다만, 감사원장이 자신의 권한을 행사할 때는 감사의 결과를 보고 받고 국정운영에 활용하는 의회가 중요시 하는 현안사항에 대해서 관심을 가지고 이를 반영해야 하는데(법 제10조) 이는 감사원장의 권한을 침해하거나 제한하려는 규정이기 보다는 국민을 위하여 일하는 의회가 고려하는 우선순위에 부합되는 감사를 하도록 유도하기 위한 최소한의 법률적 배려로 해석하는 것이 바람직하다.

셋째, 감사결과보고서를 투명하게 보고하고 공개하도록 규정함으로써 감사의 독립성을 보완하는 방법이다. 「감사원장법」 제18조에 따르면 감사원장은 언제든지 정부기관, 법률에 의해 설립된 공공법인, 정부소유법인 등의 운영 전반 또는 일부 특정한 활동에 대해 검토 및 조사를 할 수 있고, 성과감사결과보고서를 작성하면 그 사본을 의회 상원과 하원, 정부부처의 장관(Minister), 법률에 의해 설립된 공공법인과 정부소유법인의 최고관리자, 이들 기관의 활동에 관련된 파트너 등에게 제공하여야 한다. 또한 같은 법 제19A조에 따르면 감사원장은 언제든지 정부기관, 법률에 의해 설립된 공공법인, 정부소유법인 등에 대해 보증감사를 실시할 수 있고, 보증감사결과보고서를 작성하면 의회 상원과 하원에 보고해야 한다. 이 외에도 같은 법 제28조에 따르면 감사원장은 한 회계연도가 끝나는 6월 말을 기점으로 가능한 빨리 지난 1년간 감사원이 행한 활동을 정리하여 연간보고서를 작성하고 이를 의회의 상원과 하원에 보고해야 한다.

넷째, 감사원장에게 감사에 필요한 자료와 정보 및 서류 요구권, 현장접근권 등을 인정함으로써 감사업무의 독립성을 확보하는 방법이다. 「감사원장법」 제30조~제33조에 따르면 감사원장과 감사원장으로부터 권한을 허락받은 자는 감사 관련자들에게 감사에 필요한 자료, 서류, 정보, 질문에 대한 답변 등을 제공해 달라고 요청할 수 있고 감사 관련자가 이에 응하지 않을 경우 Criminal Code와 「형법(Crimes Act 1914)」에 의해 처벌을 받는다. 또한 감사원장과 감사원장으로부터 권한을 부여받은 자는 정부기관, 법류에 의해 설립된 공공법인, 정부소유법인이 소유한 건물, 장소 등에 가서 서류, 정보 등에 접근하고 그 자료를 조사하거나 복사를 하거나 발췌할 수 있다. 이 경우에도 역시 감사원의 요청에 의하지 않을 경우 처벌을 받는다. 특이한 것은 의회 상원과 하원, 위원회, 그리고 그 멤버들에 대해서는 감사원의 이러한 권한을 행사할 수 없게 되어 있다. 그리고 감사 관련자들은 감사원이 취득한 서류, 자료, 질문에 대한 답변에서 자신에게 불리한 진술을 강요당하지 않을 권리를 인정받지 못한다.168)

한편, 「재무관리 및 책임성법(Financial Management and Accountability Act 1997)」(이하 'FMA Act')의 적용을 받는 대부분 정부기관의 사무차관(Secretary)169)은 최고관리자로서 FMA Act 제46조에 따라 감사위원회를 설치하여 조직이 이 법, 규정, 재무부의 지시에 순응하도록 돕고 기관의 최고관리자, 고위직 관리자, 자체감사자, 외부감사자들이 대화할 수 있는 장을 만들어야 한다. 「Commonwealth Authorities and Companies Act 1997」(이하 'CAC Act')의 적용을 받는 법률에 의해 설립된 공공법인과 정부소유 기업의 경우도 CAC Act 제44조에 따라 감사위원회를 설립하여 운영해야 한다.170) 감사원 내에도 감사위원회가 설립되어 운영 중인데 외부의 독립적인 인사가 의장이 되고 부감사원장, 보증감사업무 총괄책임자, 성과감사업무 총괄책임자 등 4명으로 구성되어 있다. 이들은 감사원의 내부통제 준거틀을 개선하고 외부에 공개되는 정보들의 객관성과 책임성을 높이며 감사활동이 법률과 조직목표에 부합되도록 권고하는 등 감사원장을 돕는 역할을 한다. 2010-11 회계연도에 4번 회합을 가졌다.171)

다음은 주정부 감사원의 사례로 New South Wales주 감사원의 지배구조를 살펴본다. New South Wales주 감사원의 기원은 1824년에 William Lithgow가 식민지 감사원장으로 임명되어 주지사를 위해 정부 부처의 회계와 보고서를 수집하여 조사한 때까지로 거슬러 올라간다. New South Wales주가 1855년 「영국헌법(UK Constitution Act 1855)」에 의해 정부를 형성하면서 감사원장은 정부의 구성원이 되었다. 그리고 1870년 「감사법(Audit Act 1870)」의 제정으로 감사원장의 권한과 책임이

---

168) Australian Government, Auditor-General Act 1997, December of 2011., http://www.comlaw.gov.au/Details/C2011C00968, 2012. 3. 28. 검색.

169) 행정 각부에서 정책결정은 의원을 겸직하는 장관(Minister)이 주도하고 실제 집행사무는 사무차관(Secretary)을 정점으로 한 직업공무원들이 수행.

170) Australian Government, Financial Management and Accountability Act 1997, March of 2011, http://www.comlaw.gov.au/Details/C2011C00120, 2012. 3. 28. 검색; Commonwealth Authorities and Companies Act 1997, March of 2011, http://www.comlaw.gov.au/Details/C2011C00116, 2012. 3. 28. 검색.

171) Australian National Audit Office, *Annual Report 2010-2011: 1901-2011 Celebrating 110 Years*, September of 2011, p.54., http://www.anao.gov.au/~/media/Files/Annual%20Reports/ANAO_Annual_Report_201011.pdf, 2012. 3. 28. 검색.

처음 법률에 의해 정해졌다. 1929년 「감사원법」의 개정으로 감사원장의 임기가 종신직에서 65세까지로 바뀌었고, 「공공재정 및 감사법(Public Finance and Audit Act 1983)」의 제정으로 감사원이 1984년 1월 6일 처음 업무를 시작하였다.

1991년에는 「공공재정 및 감사법」의 개정을 통해 감사원에서 성과감사도 담당하도록 하였고, 감사원장의 임기를 7년으로 바꾸었으며 감사원장이 정부의 다른 자리를 겸임하는 것을 제한하였다. 2004년에는 감사원장이 직원을 직접 채용하고 임금과 근무조건도 정할 수 있게 되었으며 2005년 1월 1일부터는 감사원이 기존의 정부부처 중 하나에서 폐지되고 독립된 기관으로 바뀌었다.

감사원은 감사원장, 부감사원장 각각 1명씩과 5명의 감사원장보로 구성되어 있다. 「공공재정 및 감사법」 제30조 및 제33A조에 따르면 감사원장은 감사원의 구성원이 아닌 독립된 지위이지만 감사원과 관련해 최고관리자(chief executive officer)의 기능을 행사할 수 있는 사람이고 부감사원장은 감사원장 유고 시에 감사원장을 대신해 기능을 수행하는 사람이다. 한편, 감사원장보 중 1명은 총무부문(corporate services)을, 3명은 재무회계감사(financial audit)를, 그리고 나머지 1명은 성과감사(performance audit)를 담당하고 있다.172)

New South Wales 주정부 감사원은 다음과 같은 방법으로 업무의 독립성을 유지하고 있다.

첫째, 주정부 감사원장의 임기를 법률로 정하고 다른 업무와 겸임하지 못하게 하며 특별한 경우가 아니고서는 함부로 해임할 수 없도록 입법화함으로써 독립성을 유지하는 방법이다. 「공공재정 및 감사법」 제28조 제2항과 Schedule 1에 따르면 주정부 감사원장은 임기가 7년 단임이고 재임용될 수 없으며 정년이 65세까지로 정해져 있다. 그리고 주정부 감사원장의 직위에 있는 동안에 의회 또는 정부의 멤버로 활동할 수 없다. 더구나 공공기관의 다른 직위에서 활동할 수 없고 이는 퇴직 후에도 주지사의 허락이 있지 않는 한 똑같이 적용된다. 또한 주정부 감사원장이 부정한 행동을 했거나 직을 수행할 수 없을 때, 직접 또는 간접적으로 주정부 감사원장의 직 이외의 직업을 갖거나 무역, 영업을 하였을 때, 파산한 경우, 파산 또는 지불불능 상태의 구제를 위해 법에 의한 혜택을 받기를 지원한 경우, 채권자와 합의한 경우,

---

172) Audit Office of New South Wales, http://www.audit.nsw.gov.au/About-Us/Our-History; http://www.audit.nsw.gov.au/About-Us/Our-People, 2012. 4. 6. 검색.

채권자에게 주정부 감사원장의 봉급을 차압당하는 경우, 질병이나 피할 수 없는 상황이 아닌데도 주지사가 인정한 휴가기간을 넘겨 무단으로 결근하였을 경우 등에는 주지사는 주정부 감사원장의 직을 정지시킬 수 있다. 주정부 감사원장의 직이 정지되었을 때에는 재무부장관(Treasurer)은 각각 상원과 하원에 7일 이내에 주정부 감사원장에 대한 해임건의를 하여야 하고 상원과 하원은 해임건의가 있는 날로부터 21일 안에 주정부 감사원장의 해임건의안을 의결해야 한다. 만일 이 기간 내에 상원과 하원 중 어느 하나라도 의결하지 않으면 해임건의안은 폐기된다. 상원과 하원에서 해임건의안을 의결하면 주지사는 비로소 주정부 감사원장을 직에서 해임할 수 있다.

둘째, 주정부 감사원장으로 하여금 법률에 근거한 선언을 하게 함으로써 업무의 중립성을 유도하는 방법이다. 「공공재정 및 감사법」 제29조와 Schedule 2에 따르면 주정부 감사원장은 직을 수행하기 전에 대법원 판사 앞에서 자신의 기량과 능력을 최대한 발휘하여 신의를 지키며 공정하고 사실에 입각해서 감사원을 이끌고 주정부 감사원장의 임무를 수행할 것을 선언해야 하고 대법원은 그 선언한 내용은 대법원의 기록으로 남김으로써 주정부 감사원장으로 하여금 공정하고 중립적인 업무수행을 하도록 강조한다.

셋째, 주정부 감사원장이 감사원 직원을 임명하고 봉급을 결정할 수 있도록 규정함으로써 감사원의 업무독립성을 보강해주는 방법이다. 「공공재정 및 감사법」 제33B조, 제33C조에 따르면 주정부 감사원장은 자신의 권한을 위임하여 감사활동을 하는 직원들을 직접 임명하고 그들의 근무조건, 연봉, 혜택 등을 결정할 수 있다. 앞에 쓴 것처럼 감사원장은 2004년부터 직원들을 직접 채용하고 그들의 근무조건 등을 결정할 수 있게 됨으로써 외부의 눈치를 보지 않고 감사원을 운영하는 전권을 가지게 되었다.

넷째, 감사자들에게 감사에 필요한 정보를 얻을 수 있는 권한을 줌으로써 업무의 독립성을 확보하는 방법이다. 「공공재정 및 감사법」 제36조, 제37조에 따르면 주정부 감사원장과 주정부 감사원장의 권한을 위임받은 자는 감사를 수행하는데 필요한 어떤 책, 기록, 자료, 서류, 직원, 자금 등에도 접근할 수 있으며 이러한 자료접근 권한은 다른 법률에서 접근을 제한하거나 비밀을 요하므로 제공할 수 없다고 하거나 특정인에게 접근을 거부할 특권을 주는 경우에도 불구하고 행사할 수 있다. 그리고 주정부 감사원장과 주정부 감사원장으로부터 권한을 위임받은 자가 자료의 열람, 접근, 복사, 일부 내용 추출을 요구하였을 때에는 상대방은 14일 내에 이에 대응해야 한다. 만일 주정부 감사원장의 요청에 응하지 않으면 주정부 감사원장은 같은 법 제31조에 따라 이러한 사실을 재무부장관에게 알려야 한다.173)

다섯째, 주정부 감사원과 감사원이 수행하는 일에 대해 견제하고 균형을 유지하기 위해 감사위원회를 설립하여 운영함으로써 감사원의 독립성을 보완하는 방법이다. '감사 및 위험위원회(Audit and Risk Committee)'는 의장을 포함한 독립적인 외부인사 2명과 부감사원장 등 3명으로 구성되어 있는데 이들은 분기별로 1번씩 만나 감사원의 재무정보, 내부통제, 관련 법률과 정부지침과 행동규정 등의 준수성을 검토하고 감사원의 재무보고서도 검토한다.174)

나. 자체감사 서비스와 역할

감사원은 의회, 정부 및 공공부문 기관들에 대해 전문적이고 독립적인 감사와 관련 서비스를 제공할 책임을 가지고 있다. 감사원은 정부 공공기관들에 대해 재무회계보고서 감사와 성과감사를 한다.

감사원이 「감사원장법」 제11조~제13조, 제44조 등에 따라 시행하는 재무회계보고감사는 정부기관들이 「재무관리 및 책임성법」(이하 'FMA Act')과 「Commonwealth Authorities and Companies Act 1997」(이하 'CAC Act')에 따라 국민들에게 책임성을 다할 수 있게 돕는 일이다. 정부기관들은 법률에 따라 매년 연간보고서에 그 기관의 재무회계보고서와 재무회계보고서를 감사한 감사원의 의견을 첨부해서 발행을 해야 한다. FMA Act 제54조~제57조에 따르면 재무부장관은 매달 집행이 끝난 각 기관의 거래를 집계하여 재무회계보고서를 작성하되 예산서에 대비되는 형태로 작성하고, 회계연도가 끝나는 대로 1년의 재무회계보고서를 작성해서 감사원장에게 보내야 한다. 만일 회계연도 마감 후 5개월이 지났는데도 재무회계보고서를 감사원장에게 보내지 못하면 재무부장관은 그 이유를 의회 양원에 보고해야 한다. 감사원은 재무회계보고서를 감사하고 재무부장관이 지시한 정부의 보고서작성 준

---

173) Parliament of New South Wales in Australia, Public Finance and Audit Act 1983, http://www.aus tlii.edu.au/au/legis/nsw/consol_act/pfaaa1983189/; http://www.austlii.edu.au/au/legis/nsw/con sol_act/pfaaa1983189/sch1.html, 2012. 4. 3. 검색.

174) Audit Office of New South Wales, *Annual Report 2010/11*, October of 2011, p.36., http://www. audit.nsw.gov.au/Publications/Annual-Reports, 2012. 4. 8. 검색.

거틀에 맞게 작성되었는지, 회계기준에 따라 재무상태, 재무성과, 현금흐름표(cash flow) 등이 진실되고 공정하게 작성되었는지에 대해 의견을 제시한다. 감사원은 또한 필요하다면 정부기관의 재무회계보고서에서 발견한 사실들, 정부기관의 사업 또는 회계과정의 평가, 재무회계보고서의 준비와 관련한 내부통제 등에 대해 감사보고서도 작성한다. 감사원은 정부기관의 재무회계와 관련하여 최소한 매년 2개의 보고서를 의회에 제출하는데 그 하나는 매년 12월에 제출하는 정부기관의 재무회계보고서에 대한 감사보고서이고 다른 하나는 매년 6월에 제출하는 주요 정부기관의 재무회계보고서에 대한 중간보고서이다. 각 기관들은 연간보고서에 기관의 재무회계보고서와 감사원장의 감사보고서를 포함시키며 이를 의회에 보고한다.175) 그리고 「감사원장법」 제14조에 따르면 감사원장은 재무회계보고서에 대한 감사를 끝내기 전에 감사를 받는 기관에 감사수수료를 낼 것을 통지하고 감사대상기관은 통지를 받은 후 30일 내에 이를 결제해야 한다. 감사원장은 매년 발행하는 연간보고서에 감사수수료의 산정근거를 제시해야 한다.

한편, 2006-07 회계연도부터는 FMA Act의 적용을 받는 기관의 최고관리자는 이 법을 준수하였음을 나타내는 증명서를 발행해야 한다. 감사원은 2011년 4월에도 이들 기관이 발행한 증명서에 대한 성과감사를 하여 'Management of the Certificate of Compliance Process'라는 보고서를 만들었다. 그리고 특별법에 의해 공공의 목적을 위해 법인이 된 기관과 정부소유기업 등 CAC Act의 적용을 받는 기관들도 매년 재무회계보고서를 작성하여 주무부처 장관에게 보고해야 한다. CAC Act 제9조, 제36조 등에 따르면 CAC Act의 적용을 받는 기관들 중 특별법에 의해 설립된 공공법인은 회계연도가 끝나고 늦어도 4개월이 되는 15일(회계연도 폐쇄가 6월이면 10월 15일)까지, 정부소유기업의 경우는 회계연도가 끝나고 늦어도 4개월까지 각각 연간보고서를 만들어 주무부처 장관에게 제출해야 하는데 연간보고서에는 재무회계보고서, 최고관리자 보고서, 그리고 재무회계보고서에 대한 감사원장의 감사보고서가 포함되어야 한다. 이에 따라 같은 법률 제8조, 제35조에 따르면 감사원장은 특별법에 의해 설립된 공공법인과 정부소유기업의 감사관이 될 수 있고 이들 기관과 소속 단체의 재무회계보고서를 감사하여 감사보고서를 발행한다.176)

---

175) Australian Government, Financial Management and Accountability Act 1997, March of 2011, http://www.comlaw.gov.au/Details/C2011C00120, 2012. 3. 28. 검색.

176) Australian Government, Commonwealth Authorities and Companies Act 1997, March of 2011, http://www.comlaw.gov.au/Details/C2011C00116, 2012. 3. 28. 검색.

그리고 감사원은 「감사원장법」 제18조, 제45조 등에 따라 정부기관, 법률에 의해 설립된 공공법인, 정부소유 기업에 대해 언제든지 성과감사를 할 수 있다. 감사원은 매년 의회 내 JCPAA(Joint Committee of Public Accounts and Audit)와 정부 공공기관의 자문을 받아 성과감사 활동프로그램을 작성한다. 이 계획서에는 의회와 정부 공공기관의 요구사항, 기대들도 반영되지만 그에 부합하는 성과와 산출물도 담겨야 한다. 계획 시에는 공공서비스 환경의 변화도 반영해야 하고 감사를 받는 공공기관이 직면하고 있는 위기와 재정문제, 프로그램의 중요도, 프로그램의 성공가능성, 감사의 영향력, 최근의 감사실시 또는 평가여부 등도 고려해야 한다.

또한 감사원은 자체감사를 수행한다. 감사원은 2010-11 회계연도에 자체감사를 수행하기 위해 외부감사자 Ernst & Young과 계약을 맺었다. 자체감사는 ① 이해관계자 관리, ② 직업훈련기관에 대한 평가, ③ 재무자료의 분석적 검토, ④ 관리와 보고 준거틀 검토, ⑤ 초과근무와 유급휴가, ⑥ 재무통제와 순응, ⑦ 관리와 파견 등에 관한 내용을 다루었다. 감사결과 전반적으로 조직이 원활하게 운영되고 있음을 확인하였고 몇 가지 개선사항에 대해서는 외부감사자가 만족해 할 만큼 조치를 취하였다.[177]

다음은 New South wales 주정부 감사원의 역할 및 기능에 대해 살펴본다. 주정부 감사원은 「공공재정 및 감사법(Public Finance and Audit Act 1983)」 및 「회사법(Corporations Act 2001)」에 따라 재무회계감사, 성과감사를 수행하고, 「Public Interest Disclosure Act 1994」에 따라 정부기관들의 심각하고 구체적인 공적자금 낭비의 사건을 조사한다.

첫째, 재무회계감사는 주정부 기관들의 재무회계보고서에 대해 감사하고 독립적인 의견을 제시하는 일이다. 주정부 감사원은 정부기관들이 재무회계보고서를 작성하면서 회계기준, 관련 법률, 규정, 정부지침을 준수하였는지 확인한다. 재무회계감사는 정부기관들이 그들의 고객인 국민들에게 가치를 증진시키는 재무회계보고서에 대해 감사원이 신뢰를 더해 주는 일이며, 정부기관들이 공공자금을 잘 관리하도록 촉진하는 역할을 한다. 주정부 감사원의 재무회계감사보고서는 해당 기관

---

177) Australian National Audit Office, *Annual Report 2010-2011: 1901-2011 Celebrating 110 Years*, September of 2011, p.60., http://www.anao.gov.au/~/media/Files/Annual%20Reports/ANAO_Annual_Report_201011.pdf, 2012. 3. 28. 검색.

의 장, 주무부처 장관, 재무부장관, 의회 등에 제공된다.

둘째, 성과감사는 납세자가 낸 돈이 관련 법률과 당초 정한 목적에 맞게 효과적, 경제적, 효율적으로 사용되었는지를 확인하는 일이다. 성과감사는 정부기관의 활동내용 전반을 다루기도 하며, 여러 기관에 관계되는 특정한 업무를 대상으로 시행되기도 한다. 주정부 감사원은 감사결과를 해당 기관 최고관리자, 주무부처의 장관, 재무부장관, 의회에 보고하고 최종보고서를 만들면 해당 기관과 의회에 보낸다. 감사원은 의회에 보내는 보고서에 해당기관이 감사결과에 대해 어떻게 대응하였는지를 적는다.

셋째, 특별감사는 어느 기관의 내부고발자(whistle blower) 또는 일반 국민들이 공적자금이 부적정하게 쓰인다는 사실을 발견했을 때 주정부 감사원에 감사를 의뢰하면 「Public Interest Disclosure Act 1994」에 근거하여 실시된다.[178]

넷째, 주정부 감사원은 법률에 의해 주정부에 지원된 정부보조금이 목적에 맞게 잘 쓰였는지에 대해서도 보증감사를 한다.

다. 전문성(사람관리)

호주감사원은 질 높은 직원들을 뽑고, 교육시키고, 재직하게 하는 포괄적인 인적자원관리 준거틀을 가지고 있다.

첫째, 직원계획(workforce plan)은 매년 업무계획(business plan)에 포함하여 수립한다. 회사가 전체 직원을 위한 계획을 수립할 뿐만 아니라 서비스 그룹들도 각각 직원계획을 세운다. 직원계획을 세울 때는 전략적 우선순위를 알기 위해 인적자원 측정, 출구조사, 직원을 대상으로 한 조사, 직원 focus group 기법 등을 활용한다. 관리집행이사회(Executive Board of Management)는 직원들의 역량상태를 분석한 자료를 포함한 직원계획에 관한 보고서를 정기적으로 보고 받으며 People and Remuneration Committee는 서비스그룹과 각 branch가 직원계획을 어떻게 집행하는지 모니터하고 전략적 우선순위를 평가한다. 감사원 직원들의 2010-11 회계연도의 이직률은 약 22%였고 직원들의 평균 근무기간은 5.3년이었다. 감사원은 2010-11 회계연도에 기량 있는 직원들을 채용하고 보유하기 위해 다음과 같은 노력을 하였다. ① 대학원 졸업자 채용 및 개발을 위해 더 많은 투자, ② 교육훈련

---

178) Audit Office of New South Wales, http://www.audit.nsw.gov.au/About-Us/Our-Services, 2012. 4. 5. 검색.

3년 연동계획을 활성화하고 매년 우선순위를 정해 집행(직원들은 정해진 mentoring 프로그램의 도움을 받음), ③ 높은 역량을 가진 직원을 채용하고 직원들을 오래 재직하게 하는 방법을 찾기 위해 태스크포스(task force)를 설치하여 운영, ④ 대학원 졸업생이 직원으로 영입되도록 호주대학들과 관계를 공고히 하기, ⑤ 직원들에게 해외파견 기회를 주고 국제업무를 할 수 있게 기회를 제공하기 등이다. 이 외에도 감사원은 경쟁입찰 과정을 통해 외부 민간회사에게 감사업무의 일부를 아웃소싱함으로써 직원부족문제를 해소한다.

둘째, 직원관리(workforce management)도 여러 프로그램을 통해 이루어진다. 호주감사원은 '2009-11 기업동의(Enterprise Agreement)'를 통해 전 직원이 감사활동의 효과성과 효율성을 증가시켜 생산성을 개선시키는 노력을 했다. 위 기업동의는 2011년 6월에 만료되었으며 감사원은 3년 단위의 후속 기업동의를 2010년 11월부터 개발하고 있다. '2009-11 기업동의(Enterprise Agreement)'의 내용은 다음과 같다. ① 1주 근무시간을 36.75시간에서 37.5시간으로 증가시키기, ② 프로젝트, 자원 스케줄링, 재무관리에 관한 개선된 보고서를 제공하기 위해 실무관리시스템을 집행할 것, ③ 회사 자원으로 더 나은 산출과 성과를 얻기 위해 프로젝트 관리방법과 도구를 개선하기, ④ 감사완성에 소요되는 시간을 줄이기 위해 서비스그룹과 지원부서의 과정 및 접근방법을 검토할 것 등이다. 그리고 직원들이 뽑은 직원대표 6명과 관리자들이 임명한 3명의 대표 등 9명으로 구성된 Workforce Consultative Forum은 직장에서 직원들과 관련되는 전략적 문제들에 대해 논의하고 문제해결을 촉진하는 역할을 한다. 위 Forum은 2010-11 회계연도에 계획된 3번의 모임 이외에도 비공식적으로 2번 더 만나 직원보수, 유료 차량주차 등 직원들과 관련된 문제들을 논의하였다. 감사원이 직원관리를 위해 시행하는 다른 프로그램은 성과급 지급이다. 2010-11 회계연도에 성과평가기법(performance assessment scheme)을 적용하여 직원들의 성과를 탁월(outstanding), 우수(more than fully effective), 효과적(fully effective), 불만족(unsatisfactory) 등 4가지로 분류하고 탁월로 평가받은 11명(평가대상 직원 286명[179]의 4%)에게는 7%의 성과보너스를, 우수로 평가받은 101명(평가대상 직원의 35%)에게는 3%의 성과보너스를 더 지급하였다. 성과보너스로 지급된 총 금액은 55만 3,000 호주 달러였다.

---

179) 호주감사원에서는 Band1, Band2(Australian Public Service 1~6등급), EL1, EL2(Executive Level)에 대해 성과평가기법을 적용하여 그 결과에 따라 성과보너스를 지급.

셋째, 직원들에 대한 직업교육은 3개년 단위의 교육훈련 전략계획과 기타 다른 프로그램의 조합들로 이루어진다. 3개년 교육훈련 전략계획은 2010년 12월에 관리집행이사회가 서명하였는데 여기에는 대학원 졸업자들이 감사업무에 접근하는 것을 돕기 위해 직업교재를 개발한다거나 직원들에게 컴퓨터에 기반한 E-learning을 하도록 기회를 제공하는 것도 포함된다. 그리고 2010-11 회계연도에는 고위관리자 리더십 포럼과정을 시작하여 직원계획의 전략적 우선순위를 다루고 있다. 직원들에 대한 직업교육은 호주감사원의 직원을 다른 나라 감사기구에 파견하거나 다른 나라 감사기구의 직원을 호주감사원에 파견받아 업무를 하게하는 방법으로도 이루어진다. 2010-2011 회계연도에는 호주감사원 직원 3명이 Papua New Guinea 감사원 및 New Zealand 감사원에 파견근무 중이고, 한국감사원 직원 1명 등 7명의 외국 감사기구 직원이 호주감사원에서 교환근무를 하고 있다. 한편, 유관기관, 단체 활동을 통해 직업교육이 이루어지는데 감사원장은 호주 회계기준위원회(Australian Accounting Standards Board)의 멤버이고, 부감사원장은 CPA Australia ACT Divisional Council의 전 회장이자 현 멤버이며 얼마 전에 3년 임기의 CPA Australia National Board의 이사직을 마쳤다. 이 외에도 직원들이 National Board of the Institute of Chartered Accountants in Australia, INTOSAI 워킹그룹 등에서 활동한다. 감사원은 또한 직원들이 대학원 학위나 자격증을 취득하는 것을 적극 지원하는데 2010-11 회계연도에 감사원의 지원을 받은 7명의 직원이 석사학위와 CPA자격증 등을 취득하였다.[180]

New South Wales 주정부 감사원의 경우, 2010-11 회계연도에 259명의 정규직원이 근무하였고 이직률은 10.6%이다. 흥미로운 점은 주정부 감사원 직원들의 50% 이상이 여성이고 중간관리자의 51%, 집행간부와 고위관리자의 22%가 여성일 정도로 여성파워가 크다. 주정부 감사원은 자격을 갖춘 대학원 졸업자 등을 신규직원으로 채용하는데 이를 위해 호주의 각 대학들과 유대를 공고히 하는 한편, 최근에는 SNS(Social Networking Services) 및 컴퓨터를 활용한 eRecruitment Project, 평가센터 설립 등을 통해 마케팅과 채용을 강화하고 있다. 기존 직원들에 대한 교육훈련과 전문성

---

180) Australian National Audit Office, *Annual Report 2010-2011: 1901-2011 Celebrating 110 Years*, September of 2011, pp.62~70, http://www.anao.gov.au/~/media/Files/Annual%20Reports/ANAO_Annual_Report_201011.pdf, 2012. 4. 3. 검색.

도 강조된다. 2010-11 회계연도에 직원들의 교육훈련에 소요된 비용은 1,020,000 호주 달러이며 직원 1인당 평균 12일간의 교육훈련을 받게 했다. 그리고 재무회계감사팀에서 고위감사자(Senior Auditor)로 승진하려면 CA(Chartered Accountants), CPA(Certified Practising Accountant) 중 하나 이상의 자격증을 가지고 있어야 한다. 성과감사팀과 총무팀 직원들도 계속적인 교육훈련을 받도록 조장한다. 이를 위해 주정부 감사원은 직원들이 자격증을 취득하거나 대학원 등에서 교육을 받을 수 있도록 교육비의 전액을 지원하고 직업개발에 필요한 과정에 참여하도록 돕는다.

특히 2010-11 회계연도에는 직급별로 필요한 교육훈련을 개발하는 것을 업무의 중점으로 정하고 '직원개발계획(Audit Office's overall People Development Plan)'을 개발했다. 위 계획에는 조직 전체를 통틀어 배움과 성장에 관계되는 800여 개의 목표가 포함되어 있다. 위 계획 중에서 2010-11 회계연도에는 우선 대학원생 및 학교졸업자 채용에 따른 교육과정을 검토했다. 그리고 컴퓨터를 활용한 온라인 교육과정을 개발했다. 한편, 2009-10 회계연도부터 고위직급의 직원들을 대상으로 하는 Client Value Simulation 교육과정을 개설하여 감사원의 활동에 대해 고객의 시각이 어떻게 반응하는지에 초점을 두고 교육함으로써 그들에게 리더십을 함양하게 하고 감사활동이 고객에게 진정한 가치를 더할 수 있도록 했다. 직원들의 일부는 해외 감사기구에 파견 근무하고 있으며, 반대로 Papua New Guinea의 Junior Auditor들을 주정부 감사원의 대학원 프로그램에 참여시킴으로써 감사기구 간 감사지식의 교류를 꾀하고 있다.[181]

라. 전문적 감사활동

감사원의 전략계획 준거틀은 (그림3-5) '호주감사원의 전략계획 준거틀'에서와 같이 직원개인의 성과동의, 업무그룹과 지원팀의 활동계획, 업무계획(Business Plan), 전략계획(Corporate Plan), 위험관리 및 부정행위 통제계획(Risk Management Plan and Fraud Control Plan), 정보기술 전략계획(IT Strategic Plan), 예산서(Portfolio Budget Statement) 등이 유기적으로 연결된 잘 구성된 계획이다.

첫째, 전략계획은 3년간의 중기계획을 말하는 것으로 매년 수정된다. 이 계획에는 감사원의 비전, 역할, 가치, 목표 및 4가지 주요결과 영역(고객, 산출물과 서비스,

---

181) Audit Office of New South Wales, *Annual Report 2010/11*, October of 2011, pp.31~34, http://www.audit.nsw.gov.au/Publications/Annual-Reports, 2012. 4. 5. 검색.

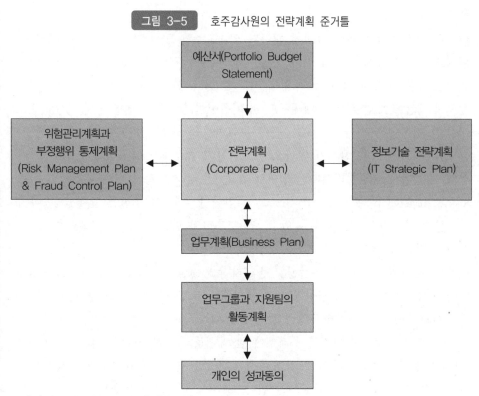

그림 3-5　호주감사원의 전략계획 준거틀

예산서(Portfolio Budget Statement)

위험관리계획과
부정행위 통제계획
(Risk Management Plan
& Fraud Control Plan)

전략계획
(Corporate Plan)

정보기술 전략계획
(IT Strategic Plan)

업무계획(Business Plan)

업무그룹과 지원팀의
활동계획

개인의 성과동의

※ 출처: Australian National Audit Office, *Annual Report 2010-2011*.

직원, 업무성과)에 대한 전략을 포함하며 2010-11 회계연도의 경우 2010년~2013년 까지 감사원의 모든 계획, 전략, 운영활동에 관한 내용을 서류화했다.

둘째, 업무계획은 감사원의 연간계획에 관한 서류로서 전략계획에서 파생된다. 위 계획에는 1년간 활동하는 내용과 예산투입, 성과목표, 프로그램의 목표, 산출물 과 서비스 그리고 성과지표의 측정방법, 특별한 사항 등이 표시된다. 2010-11 회계 연도에는 정보기술시스템의 개선이 가장 중요한 사항이었다.

셋째, 위험관리 준거틀에는 위험관리정책, 위험관리계획, 업무그룹과 지원팀을 위한 개개인의 위험관리계획을 포함한다. 위험관리계획은 감사위원회가 검토하며 감사원의 지배구조 준거틀을 보강해주는 역할을 한다. 위험관리계획은 국제적으로 인정된 ISO 31000:2009 기준에 따라 작성되며 매년 업데이트 된다. 매년 위험관리 계획을 검토할 때에는 "감사원의 비전과 업무방향이 전반적으로 적정한가?," "감 사원의 산출물이 고객의 요구와 기대를 충족시키고 있나?," "감사원은 산출물을 생산하는데 필요한 충분한 자원과 역량을 갖추고 있나?"와 같은 질문을 하면서 전략계획 과정과 업무계획 과정에 개입된 위험요소를 찾아낸다. 그리고 감사기능의 변화요구, 내부통제 환경의 변화 등을 포함한 감사활동 환경의 변화를 예의주시하면서 그 변화요구에 맞게 계획을 수정한다. 이와 함께 관리집행이사회는 청렴과 도덕적 행동에 대한 평판에 대해서도 귀 기울이면서 평판의 위험이 '높거나(high) 그 이상'인 경우에는 회의 의제로 만들어 모니터링을 하고 있다. 2010-11 회계연도에는 심각한 위험이 발견되지 않았으며 위험들이 대부분 '보통(medium)'으로 평가되었다. 감사원은 위험관리업무의 성과를 객관적으로 측정하기 위해 매년 'Comcover Risk Management Benchmarking Survey'에 참여하는데 2011년에는 7.9점을 받아 동료그룹의 평균점수 5.5점보다 높았다. '잘 구조화된 위험관리'로 평가되었으므로 현재의 위험관리를 그대로 유지하기로 했다.

넷째, 감사원은 정부의 '부정행위 통제지침(Commonwealth Fraud Control Guidelines)'에 따라 포괄적인 '부정행위 위험평가 및 부정행위 통제계획(Fraud Risk Assessment and the Fraud Control Plan)'을 만들어 운영하고 있다. 부정행위 통제계획은 위험관리계획과 연계되어 있고 부정행위 방지와 조사에 관한 계획들과 함께 하나의 서류에 통합되어 있다. '부정행위 위험평가 및 부정행위 통제계획'은 정기적으로 업데이트 되는데 감사원은 적어도 2년에 한 번 검토를 한다. '2010-12 부정행위 위험평가 및 부정행위 통제계획'은 2010년 6월에 검토되었는데 그 후 2011년 3월에 발행된 정부의 개정된 '부정행위 통제지침(Commonwealth Fraud Control Guidelines)'과 감사원의 모범사례지침인 '호주 정부기관에서의 부정행위 통제(Fraud Control in Australian Government Entities)'를 반영하여 수정을 하였다. 2010-11 회계연도에는 특별한 부정행위가 발견되지 않았으며 이에 따라 감사원장은 2010-11 회계연도 연간보고서에 '부정행위 통제증명서(Fraud Control Certificate)'를 첨부하였다.

다섯째, 감사원은 정보시스템과 기술전략계획을 수립하여 시행한다. '2009-12 Information and Communications Technology(ICT) Strategic Plan'은 3개년 계획으로 만들어 졌고 정보서비스와 기술의 선택과 관리를 위한 미래의 결정을 도와주기 위해 고안되었다. 이 계획은 전략계획 및 업무계획과 연계되어 있고 전략계획에서 말하는 4가지 주요 결과영역에서 업무목표를 달성하는데 촉진제 역할을 한다. 이 외에도 감사원은 고도의 직업적, 도덕적 기준을 요구받기 때문에 행동규정 등을 만들어 시행한다. 신규직원들을 위한 훈련과정의 하나로 되어 있는 'ANAO Guide to Conduct'

에는 고객, 동료, 이해관계자와의 관계를 포함하여 직원들이 업무를 수행하면서 지켜야 할 행동에 대해 기술되어 있다. 이 지침에는 Australian Public Service(APS) 가치와 「공무원법(Public Service Act 1999)」에 의해 만들어진 'APS 행동규정(APS Code of Conduct)' 및 호주 공공서비스 위원회(Australian Public Service Commission)가 만든 'APS Values and the APS Code of Conduct in Practice: A Guide to Official Conduct for APS Employees and Agency Heads'의 중심주제가 포함되어 있다.[182]

한편, 감사원은 1994년부터 계속해서 'Australasian Council of Auditors-General(ACAG)[183] Macro Benchmarking Project'를 시행해 왔다. 이 프로젝트의 목적은 호주 전역에 있는 감사기구들에게 실용적이고 비교할 수 있을 만한 정보와 감사기구의 모범사례를 제공하는 것이다. 2009년도에 ACAG는 'Governance and Audit Framework for Self Assessment and External Review'를 만들어 냈다. 이 준거틀은 관리의 4개 영역 즉, 사무실 지배구조, 감사실무관리, 재무감사평가, 성과감사평가에 대한 체크리스트(checklist)를 포함하고 있다. 감사원은 ACAG가 제공한 준거틀을 활용하여 2010-2011 회계연도에 처음 감사원의 품질준거틀에 대한 순응평가를 실시했다. 관리의 4개 영역 중 재무감사평가와 성과감사평가는 감사원이 매년 연간보고서를 발행할 때 포함하는 것이므로 이번 순응평가에서는 사무실 지배구조, 감사실무관리에 대해서만 실시하였다. 평가결과, 감사원은 적절한 정책, 절차, 지침을 갖추고 있고 효과성과 순응성을 모니터하고 평가할 수 있는 시스템을 갖추고 있다는 사실이 확인되었다.[184]

다음은 New South Wales 주정부 감사원의 전문적 감사활동 내용이다. 주정부 감사원은 2000-2010 회계연도부터 전략계획을 수립하는데 더 많은 직원들을 참여시

---

182) Australian National Audit Office, *Annual Report 2010-2011: 1901-2011 Celebrating 110 Years*, September of 2011, pp.55~59, http://www.anao.gov.au/~/media/Files/Annual%20Reports/ANAO_Annual_Report_201011.pdf, 2012. 3. 28. 검색.

183) 호주감사원장, 6개 주 감사원장, 2개 준주 감사원장, Fuji, New Zealand, Papua New Guinea 감사원장 등 12명이 회원으로서 1993년에 설립되었고 회원들 간 정보 및 지식교류를 위한 자문업무 수행. http://www.acag.org.au/, 2012. 4. 1. 검색.

184) Australian National Audit Office, *Annual Report 2010-2011: 1901-2011 Celebrating 110 Years*, September of 2011, p.61., http://www.anao.gov.au/~/media/Files/Annual%20Reports/ANAO_Annual_Report_201011.pdf, 2012. 3. 28. 검색.

키기 위해 재무회계감사팀, 성과감사팀, 총무부서팀의 리더들로 구성된 Senior Leadership Team을 만들고 이들이 매 30일마다 집행부를 만나 업무에 대해 보고하였으며 전략계획을 만들고 모니터하고 성과를 점검하였다. 전략계획은 내·외부 환경변화에 선제적으로 대응하기 위해 매년 수정 보완된다. 2011-12 회계연도 전략계획에서는 Public Engagement, Systems and Processes, People Power, Financial Performance, Stakeholder Value 등 5가지였는데 (표3-14) 'New South Wales 주정부 감사원의 2011-12 회계연도 전략계획 중점'에서 자세히 살펴 볼 수 있다.[185]

표 3-14 New South Wales 주정부 감사원의 2011-12 회계연도 전략계획 중점

중점1: Public Engagement	
기대하는 성과	관련 활동들
① 국민들이 감사원이 하는 일을 인정하고 감사 ② 국민들의 관심사항을 감사사항에 반영 ③ 감사원의 활동에 대해 국민, 언론, 전문가의 입장에서 생각하고 개선점 찾기	① 새로운 웹사이트, SNS(Social Network Service) 등을 활용해 외부와 소통하는 전략 개발 ② 국민, 의회, 언론이 감사보고서를 얼마나 어디에 어떻게 활용하는지 모니터

중점2: Systems and Processes	
기대하는 성과	관련 활동들
① 감사방법이 사용하기 쉽고 가치 있음 ② 감사원에 혁신의 문화가 있음 ③ 감사원 내에서 지식을 관리 ④ 감사원의 업무요구와 잘 맞는 시스템과 과정 보유	① 감사원이 창조적인 생각을 조장하고 채택하는 곳이 되도록 하기 위해 혁신그룹 설치 ② 지식을 나누고 협력하도록 하기 위해 지식관리시스템 개발 ③ 업무시스템과 정보시스템을 더 효율적이고 환경친화적인 서버와 저장장치로 이동 ④ 새로운 성과감사방법 개발 및 적용 ⑤ 새로운 재무회계 감사방법 선정

중점3: People Power	
기대하는 성과	관련 활동들
① 감사자는 변화환경에 도전할 준비가 되어 있는 전문가 ② 미래를 준비할 수 있는 직원계획(workforce plan) 보유 ③ 직원을 신뢰하고 직원에게 가치를 부여	① 감사자들이 가치가 무엇인지를 이해할 수 있도록 돕기 위해 워크숍 개최 ② 직원들의 보수평가를 개선하고, online 채용역량을 개발하고, 직원들의 성공계획을 지원하기 위해 online 성과관리시스템 업그레이드 ③ 직원계획 개발

---

185) Audit Office of New South Wales, *Annual Report 2010/11*, October of 2011, p.6, http://www.audit.nsw.gov.au/Publications/Annual-Reports, 2012. 4. 5. 검색.

중점4: Financial Performance	
기대하는 성과	관련 활동들
① 전략적으로 성공할 수 있는 재무준거틀 완성 ② 직원 모두는 감사원의 재무적 성공에 책임이 있고 그 편익을 공유 ③ 업무결정을 도와주는 관리정보 보유 ④ 최적화된 수입구조 보유	① 감사원의 재무전략 수립 ② 생산성을 높이고 가치 없는 시간 줄이기

중점5: Stakeholder Value	
기대하는 성과	관련 행동들
① 보고서가 명료하고 간결, 분석적이고 설득력 있으며 늦지 않게 작성 ② 비전달성 임무 ③ 의회가 감사원을 존경하고 지원 ④ 고객들이 감사원의 가치를 인정 ⑤ 감사자들이 산업지도자와 전문가로 인식됨	① 새로 구성된 공공회계위원회 PAC(Public Account Committee)을 만나 감사원의 업무와 미래에 대해 대화 ② 의회에 보내는 감사보고서를 더 명료하고 설득적이며 적기에 만들기 위해 개선팀 운영 ③ 고객만족도를 계속 높이기 위해 고객요청사항 피드백

※ 출처: Audit Office of New South Wales, *Annual Report 2010/11*, 2011.

New South Wales 주정부 감사원은 전략계획, 업무계획, 그리고 주요 프로젝트, 재무회계감사서비스, 성과감사서비스, 총무부문 서비스를 할 때 정기적으로 위험요소를 검토하고 이를 계획과 집행에 반영한다. 이러한 접근법은 주정부 재무부가 만든 '위험관리 및 내부통제 매트릭스(Risk Management and Internal Control Matrix)'와 '호주/뉴질랜드 위험관리기준(Australia/New Zealand Risk Management Standard-AS/NZS ISO 31000: 2009)'에 따른다.

New South Wales 주정부감사원이 전략적으로 중요시 하는 위험요소는 다음과 같이 11가지로 요약할 수 있는데 ① 이해관계자가 필요로 하는 것이 무엇인지 알지 못하거나 이를 알면서도 잘 대응하지 못하는 것, ② 감사원의 활동에 필요한 예산이 충분하지 않은 것, ③ 가치를 더하지 못할 권고사항을 발행하는 일, ④ 감사방법이 시대에 뒤떨어지거나 제3자의 감사방법에 의존하는 일, ⑤ 옳지 않은 감사의견을 발행하는 일, ⑥ 감사원 직원을 효율적으로 관리하지 못하는 것, ⑦ 부적절한 기술을 사용하는 일, ⑧ 변화하고 있는 공공조직에 적응하지 못하는 일, ⑨ 감사에 대한 요구사항이 변화하고 있는데 이에 적절하게 적응하지 못하는 것, ⑩ 내부지배구조의 실패, ⑪ 필요한 때 민간조직과 경쟁하지 못하는 것 등이다.[186]

---

186) Audit Office of New South Wales, *Annual Report 2010/11*, October of 2011, p.6, pp.35~37,

그리고 전략계획과 업무계획에 근거하여 감사를 마치면 감사결과보고서를 작성하는데 그 과정을 설명하면 다음과 같다. 「공공재정 및 감사법」 제38C조에 따르면 감사원장은 성과감사를 한 후에 그 결과를 정리하여 요약된 내용을 감사대상기관의 장, 주무부처 장관, 재무부장관에게 보내 의견을 들어야 한다. 이러한 조치는 정식 보고서를 만들기 전 적어도 28일 전에는 이루어져야 하는데 만약 감사대상기관의 장, 주무부처 장관 등이 일찍 의견을 보내오면 그 내용을 보고서에 담아 보고서를 만들 수 있다. 또한 「공공재정 및 감사법」 제41A조, 제41C조, 제41D조, 제43조 및 제45D조, 제45F조, 제45G조, 제45I조 등에 따라 정부기관들은 회계연도가 끝난 후 6주일 내에 재무회계보고서를 만들어 주무부처 장관과 감사원장에게 보내야 하고 감사원장은 이를 받은 후 10주 안에 감사를 하여야 하며 감사결과 발견된 잘못된 사항, 특별히 의견을 나타내야 할 사항을 적어 재무회계보고서와 함께 당해 정부기관의 장에게 돌려준다. 그러면 정부기관의 장은 주무부처 장관에게 이를 제출한다.[187]

마. 성과관리와 책무성

호주감사원은 높은 품질의 감사보고서, 감사의견, 출판물 등을 적기에, 비용 효과적으로, 공공부문의 가치에 부합되게 전달함으로써 의회, 행정부, 감사고객들의 요구사항이나 기대를 충족하고 공공부문 성과와 책임성을 위해 노력한다.

호주감사원은 2010-11 회계연도에 260개 기관을 대상으로 재무회계보고서에 대한 감사를 실시하고 감사의견을 제시하였다. 이에 소요된 직접 노동시간은 14만 9,230시간이었고 비용은 3,768만 호주 달러가 들었다. 2009-10 회계연도에 251개의 감사의견을 제시하면서 직접 노동시간 15만 9,966시간, 비용 3,973만 호주 달러를 쓴 것에 비하면 많은 경제적 절감노력이 있었다. 반면에, 감사원은 2010-11 회계연도에 469만 9,000 호주 달러만큼 활동수익을 냈다. 그 외에도 감사원은 정부기관들이 관리과정에서 참고할 수 있도록 감사경험에서 얻은 모범사례들을 정리하여 모범사례지침서(better practice guides)를 발행하는데 2010-11 회계연도에 발행한 모범사례지침서에는 공공부문 기관들의 자산관리, 부정행위 통제, 인적자원정보시스템의 위험과 통제 등에 관한 내용이 담겨 있다.

---

http://www.audit.nsw.gov.au/Publications/Annual-Reports, 2012. 4. 5. 검색.
187) Parliament of New South Wales in Australia, Public Finance and Audit Act 1983, http://www. austlii.edu.au/au/legis/nsw/consol_act/pfaaa1983189/, 2012. 4. 8. 검색.

한편, 부감사원장의 지휘아래 있는 Professional Services Branch가 2009-10 회계연도에 완료한 재무회계감사보고서 10개와 보증보고서 2개를 대상으로 품질보증검토를 한 결과, 구조적이거나 반복되는 결함은 없었다. 다만 감사결과 판단부분에서 주의를 요할 문제가 일부 지적되었고 품질보증결과는 고위관리자들이 검토한 후 재무회계보고서 감사자들에게 전파되었다. 품질보증검토 프로그램은 감사활동이 감사기준, 법률, 규정, 품질관리 정책과 절차 등에 부합하게 행해졌는지를 검토하는 것으로서 업무개선에 반영될 수 있다. 2011년 3월에는 재무회계감사를 받은 147개 기관을 대상으로 감사원이 행한 재무회계감사의 품질을 조사하였는데 응답자의 92% (2009-10 회계연도에는 94%)가 감사원 직원들이 재무회계감사를 수행하는데 필요한 이해력과 감사기술을 갖추고 있다는 답변을 얻었고, 응답자의 88% (2009-10 회계연도에는 95%)는 감사원의 산출물과 서비스가 가치를 더한다는 답변을 얻었다.188)

또한 감사원은 2010-11 회계연도에 의회, 공조직 및 국민들이 관심을 갖고 있는 분야에 대한 성과감사 54개를 수행하고 당해 기관의 성과와 책임성을 증진시킬 수 있는 143개 권고사항을 생산하였다. 이는 2008-09 회계연도에 수행한 성과감사 45개, 2000-10 회계연도에 수행한 성과감사 47개에 비하면 많은 수이다. 그리고 감사수행부터 감사결과보고서를 낼 때까지의 기간은 2008-09 회계연도에 평균 13.2개월 이었던 것이 2000-10 회계연도에는 12.2개월로서 전년에 비해 1개월 단축되었고 2010-11 회계연도에는 12개월로서 기간이 더 단축되는 긍정적인 결과가 있었다. 그러나 1개의 보고서를 만드는데 들어간 비용은 2008-09 회계연도에 39만 호주 달러이던 것이 2009-10 회계연도와 2010-11 회계연도에 각각 42만 호주 달러로 약간 증가하였다.

감사원은 앞서 기술한 재무회계보고서에 대한 감사의 품질을 관리하듯이 성과감사에 대해서도 여러 방법으로 감사활동의 품질을 검토하고 개선을 위한 기회로 삼는다. 그 첫째 품질검토 방법은 의회로부터 2년에 1번씩 피드백(feedback)을 받는 것이다. 가장 최근에 의회의원들을 대상으로 한 설문조사는 2009년에 있었는데 감사원과 감사원의 하는 일에 대해 전반적으로 긍정적인 피드백을 받았다. 다만 다음 4가지 개선이 필요한 것을 확인하고 이를 개선 중이다. ① 감사중점을 정할 때 호주 정부 공

---

188) Australian National Audit Office, *Annual Report 2010-2011: 1901-2011 Celebrating 110 Years*, September of 2011, pp.24~25, http://www.anao.gov.au/~/media/Files/Annual%20Reports/ANAO_Annual_Report_201011.pdf, 2012. 3. 28. 검색.

공부문과 개개인의 권리가 직면하고 있는 위험과 도전뿐 아니라 변화되는 환경과 이해관계자들의 요청사항에 대해서도 균형감 있게 고려해야 한다는 사실이다. ② 국민들이 감사보고서에 더 쉽게 접근할 수 있도록 하는 것이다. 이를 위해 2010-11 회계연도에 새로운 웹사이트(website)를 개설하여 감사보고서를 더 쉽고 명확하게 찾아 볼 수 있도록 했다. ③ 보고서의 형태도 국민들이 필요에 따라 취사선택할 수 있게 HTML, PDF 파일 형태로 만들어 웹사이트에 올렸다. 그리고 감사원 직원들에게는 명확하고 효과적으로 보고서를 쓰도록 교육을 시켰다. ④ 의회멤버와의 협력을 강화하는 일이다. 2010-11 회계연도에도 의회의원 개인을 만나 특정한 성과감사 주제에 대해 이야기 했을 뿐 아니라 위원회에 참석하여 적극적으로 업무를 설명하였다.

두 번째 감사품질 검토방법은 JCPAA가 감사원의 감사보고서를 검토하는 것이다. JCPAA는 「Public Accounts and Audit Committee Act 1951」에 따라 감사원의 모든 보고서를 검토하고 의견이 있을 때 상하 양원에 보고하도록 되어 있다. 이렇게 하는 목적은 감사를 받은 기관이 감사원의 확인사실에 대응하여 얼마나 잘 조치를 취하고 있는지를 평가하기 위한 것이다. 2010년 12월에 발행된 JCPAA의 보고서 418은 2009년 9월부터 2010년 5월까지 감사원이 보고한 보고서 중 9개의 성과감사 보고서에 대해 의견을 표시하였다. 2011년 4월에 발행된 JCPAA의 보고서 422는 2010-11 회계연도에 감사원이 의회에 보고한 DMO(Defence Material Organization) 주요프로젝트 보고서에 대한 검토보고서이다.

감사품질을 검토하는 세 번째 방법은 감사대상기관의 반응을 수집하는 것이다. 감사대상기관들은 감사원의 감사결과 발견사실과 권고사항에 대해 반드시 따를 필요는 없지만 기관의 성과와 책임성 개선을 위해 이를 받아들이는 경우가 많다. 감사원은 2010-11 회계연도에 감사대상기관에 143개의 권고를 하였는데 이들 기관들은 136개(95%)를 전격 수용하고 6개(4%)는 일부만 수용하였으며 1개 사항은 수용하지 않았다.

감사품질을 검토하는 네 번째 방법은 고객들에게 설문하는 빙법이다. 감사원은 성과보고서가 보고된 후에 성과감사팀과는 무관한 자문회사에 의뢰하여 감사대상기관의 책임 있는 관리자를 상대로 설문하거나 면담하는 방법으로 감사과정의 적절성에 대해 묻는다. 2010-11 회계연도에 조사한 결과, 감사대상기관의 86%(2009-10 회계연도와 동일 비율)는 감사원의 감사활동이 가치를 증대시켰다는데 의견을 같이 했고 감사자들이 감사에 필요한 지식과 감사기술을 표현했다고 생각하는 비율은 91%(2009-10 회계연도에는 90%)이었다. 이러한 조사결과는 감사실무 및 감사절차의 개선을 위해 활용될 수 있다.

다섯 번째 품질검사 방법은 QA(Quality Assurance) 검토과정을 거치는 것이다. 2010-11 회계연도에 실시한 QA프로그램은 5개의 성과감사를 대상으로 하였는데 이들 감사들은 감사기준과 감사원의 정책에 잘 순응한 것으로 밝혀졌다. QA검토 결과는 감사원 집행부에 보고되고 모든 성과감사 직원들에게 전파되며 감사원의 정책과 지침을 수정하거나 성과감사 교육과정을 준비할 때 활용된다.

여섯 번째 품질검토 방법은 다른 감사기구에 의한 동료평가(peer review) 방법이다. 호주감사원은 뉴질랜드 감사원과 함께 2000년부터 2년에 한 번씩 2개의 성과감사를 대상으로 동료평가를 해오고 있는데 2010-11 회계연도에는 호주감사원이 뉴질랜드 감사원이 시행한 2개의 감사를 평가하고 뉴질랜드 감사원장에게 감사보고서를 제공하였다.[189]

한편, (표3-15) '호주감사원의 2010-11 회계연도 감사서비스 성과측정'에서는 보증감사서비스와 성과감사서비스에 대한 계량화된 성과지표를 살펴 볼 수 있다.

표 3-15   호주감사원의 2010-11 회계연도 감사서비스 성과측정

성과1 : 보증감사서비스		
독립적인 감사의견과 관련 감사보고서를 의회와 행정부에 제공함으로써 호주 정부기관의 재무회계 보고서가 적정하게 작성되었다는 것을 보증		
측정도구	2010–11 타겟	2010–11 결과
재무회계보고서에 대한 감사의견	250	260
다른 보증업무	59	62
관계되는 보고서가 발행된 재무회계보고서 수	2	2
주요 성과지표	2010–11 결과	
재무회계보고서에 결재를 한 후 감사의견을 발행한 때까지 기간	결재 당일 해당 기관에 감사의견을 송부한 비율 60%, 결재 후 2일 내에 송부한 비율 90%	
감사원의 감사기준 부합 정도	품질보증검토프로그램에서 감사기준 적용상 주요 결함이나 반복 결함을 찾지 못함	
JCPAA와 다른 위원회가 감사원의 중간, 연도말 재무회계보고서에 대한 감사보고서 품질 및 유용성에 만족하는 정도	JCPAA는 자체보고서에서 감사원 보고서의 품질, 적시성, 감사범위 등에 대해 높은 수준의 만족도 표시	
비용: 4,006만 호주 달러(2009-10 회계연도 4,219만 2,000 호주 달러의 94.9%)		

---

189) Australian National Audit Office, *Annual Report 2010-11: 1901-2011 Celebrating 110 Years*, September of 2011, pp.27~28, 38~42, http://www.anao.gov.au/~/media/Files/Annual%20Reports/ ANAO_Annual_Report_201011.pdf, 2012. 3. 27. 검색.

측정도구	2010-11 타겟	2010-11 결과
생산된 성과감사 수	56	54
생산된 모범사례지침 수	4	3
DMO 주요프로젝트 보고서 검토	1	1
다른 감사와 관련보고서	1	1
주요 성과지표	2010-11 타겟	2010-11 결과
감사원의 활동이 가치 있다고 생각하는 의회의원 비율	90%	2010-11 미조사 (2년에 1회씩 조사)
감사원의 산출물과 서비스가 가치 있다고 생각하는 공공기관 비율	90%	보증감사 88%, 성과 감사 86%
감사원의 산출물과 서비스의 품질, 적시성, 업무범위에 대한 JCPAA의 만족도	높은수준의 만족도	2010-11 미조사 (2년에 1회씩 조사)

비용: 2,817만 호주 달러(2009-10 회계연도 2,610만 7,000 호주 달러의 107.9%)

※ 출처: Australian National Audit Office, *Annual Report 2010-11*.

그리고 호주감사원의 업무계획에 포함된 성과측정도구 중 직원들을 대상으로 한 조사로부터 얻은 직원들의 업무만족도를 (표3-16) '호주감사원 직원들의 만족과 성과측정'에 나타냈다. 이 표에서 2010-11 회계연도의 직원만족도가 타겟에 훨씬 못 미치는 62%로 조사되었고 이는 2009-10 회계연도의 만족도 조사결과 65%보다도 낮은 것으로 밝혀져 감사원은 그 원인을 찾고 있다. 한편 감사원의 가치와 행동이 사무실에서 나타나는 비율도 72%로 타겟 85%보다 크게 낮은 수치를 보이고 있으나 절대수치 72%가 과연 낮은 수치인지에 대해서는 여러 의견이 있을 것 같다.

표 3-16   호주감사원 직원들의 만족과 성과측정

주요 성과지표	2010-11 타겟	2010-11 결과
직원만족도가 보통이상 수준	70% 이상	62%
직원의 이직률이 인정할 만한 수준	25% 이하	21.8%
공공기관들에 대한 조사에서 감사원 직원들이 지식과 기량을 가지고 있다고 인정	90%	보증감사서비스: 88% 성과감사서비스: 86%
직업훈련프로그램이 직원들의 성과수준향상에 기여	직원 및 감독자 대상 조사	67%
감사원의 가치와 행동이 사무실에서 나타나는 비율	85%	72%

※ 출처: Australian National Audit Office, *Annual Report 2010-11*.

다음은 New South Wales 주정부 감사원의 성과관리 및 책무성 확보사례를 살펴보자.

주정부 감사원은 2009-10 회계연도와 2010-11 회계연도에 각각 495개 및 472개 기관에 대해 재무회계감사를 실시했고, 성과감사도 각각 14개, 12개씩을 실시했다. 주정부 감사원은 여러 가지 방법으로 감사원의 성과를 측정한다.

첫째, Executive and Leadership Team이 매달 1번씩 전략목표와 중점분야에 대해 실제 진행정도를 검토한다. 그들은 각 부서의 업무와 회사전체의 재무보고서를 검토함으로써 장기재무목표 대비 실제 상황을 평가하는데 도움을 준다. 집행책임자들은 한 달에 1번씩 감사고객, 직원, 감사과정과 감사에 활용되는 기술에 대한 전략이슈를 검토하고 재무성과도 검토한다.

둘째, 주정부 감사원의 감사성과를 다른 감사기구들의 감사성과와 비교하기도 한다. (부록3-3) '호주 New South Wales 주정부 감사원의 감사활동 성과측정'에서는 호주의 다른 감사기구의 성과들과 비교하여 '감사기구보고서 및 서비스만족도' 등 4개 항목을 측정해 놓았다.

셋째, 매년 정기적으로 부정행위 위험을 평가함으로써 부정행위 통제정책과 통제과정을 검토하는 일이다. 주정부 감사원은 2011-12 회계연도에 직원들을 대상으로 부정행위가 제대로 통제되고 있는지에 대해 건강검진을 할 예정이다. 이를 통해 직원들에게 부정행위의 통제책임의 중요성을 인식시키고 효과적인 부정행위 통제방법을 알려주려고 한다.

넷째, 감사서비스에 대한 불만을 여러 경로를 통해 접수하고 이에 적극 대응하는 일이다. 다행히 2010-11 회계연도에는 문제가 될 만한 감사서비스에 대한 불만이 없었으나 감사팀은 정해 놓은 경로 이외의 정보원천을 통해서라도 감사서비스에 대한 불만을 확인하려고 노력하고 있다.

다섯째, 내부통제 및 감사품질에 대해 외부전문가의 검토를 받는 방법이다. 주정부 감사원은 O'connor Marsden and Associates와 계약을 맺고 2010년~2013년까지 3년 동안 자체감사서비스를 받고 있으며 2010-11 회계연도에는 부정행위 통제, 관리보고서, 직원급여, 지출, 품질관리시스템에 대해 자체감사를 받았다. 또한 2010-11 회계연도에도 재무회계감사서비스 및 성과감사서비스가 국제품질관리기준인 ISO 9001:2008을 준수하였다는 외부전문기관의 검토를 받고 ISO 9001:2008 증명을 획득하였다.

여섯째, 주정부 감사원은 전략계획을 수립하면서 감사활동의 성과를 측정할 수 있는 성과지표와 성과타겟을 미리 정하고 감사활동이 완료되면 성과를 측정하는 데 주로 의회, 공공기관, 회사직원 등 세 곳으로부터 만족도 등을 조사하고 그 결과를 활용하여 성과를 측정한다. ① 감사원의 주 고객인 의회의원들의 반응을 근거로 감사활동 성과를 측정한다. 일반적으로 매년 조사를 하는데 2010년에도 6월과 7월에 의회의원 135명에게 설문지를 보내 48개의 응답을 접수했다. 2011년 3월에 주 선거가 있어 의회의원들의 응답률이 떨어질 것을 예상해서 2011년에는 조사를 하지 않고 2012년 상반기에 조사하는 것으로 계획을 변경했다. 의회의원들의 95%는 감사원 감사가 의회에 가치 있는 보증을 제공하고 있다고 느끼고 있었다. 93%가 감사과정에 청렴성이 유지된다고 믿고 있었고, 91%는 감사원이 의회의 요청사항에 대응성을 가지고 감사를 하고 있다고 답했으며, 감사보고서가 명확성을 가지고 있다는 응답이 87%, 감사보고서와 감사서비스가 고품질을 유지하고 있다는 응답이 87%였다. 의회의원들의 전반적인 평가는 감사원의 활동에 대해 매우 긍정적이라고 해석되지만 주정부 감사원은 감사보고서의 명확성 제고, 감사보고서 및 감사서비스 품질제고의 필요성을 느끼게 되었다. ② 감사대상이 되는 공공기관 직원들의 반응을 근거로 감사활동 성과를 측정한다. 주정부 감사원은 매년 각 공공기관의 수석재무관(Chief Financial Officers)을 상대로 감사활동에 대한 만족도를 조사해 왔는데 2010-11 회계연도에는 주요 50개 기관의 최고관리자와 그들 기관의 감사 및 위험위원회(Audit and Risk Committee) 의장들을 상대로 조사를 하였다. 조사결과, 응답자의 71%(2009-10 회계연도에는 66%)가 전반적으로 재무회계감사의 가치를 인정하고 있었고, 62%(2009-10 회계연도에는 71%)의 응답자가 전반적으로 성과감사의 가치를 인정하고 있었으며, 재무회계감사 과정에 개선이 있었다는 응답이 76%(2009-10 회계연도에는 72%), 성과감사 과정에 개선이 있었다는 응답이 70%(2009-10 회계연도 76%) 이었다. 또한 75%(2009-10 회계연도 71%)는 재무회계감사보고서에 만족도를 나타냈고, 68%(2009-10 회계연도 74%)는 성과감사보고서에 만족도를 나타냈다. 특히 감사대상기관이 감사원 감사결과를 수용한 비율은 재무회계감사의 경우 97%(2009-10 회계연도 97%), 성과감사의 경우 98%(2009-10 회계연도 92%)로 비교적 높았다. 주정부 감사원은 전년도에 비해 성과가 나빠진 성과감사의 과정 및 성과감사보고서 작성에 대해 개선대책을 강구하고 있다. ③ 주정부 감사원 직원을 대상으로 업무만족도 등을 측정하여 성과를 측정하는 방법이다. 2010-11 회계연도에 조사해 보니, 직원들의 업무 종합만족도는 76%(2009-10 회계연도 79%), 일하고 싶은 욕구 또는 사기는 80% (2009-10 회계연도 86%)로 비교적 높게 측정된 반면, 개인생활과 직장생활의 균형에 대한 욕구와 실제상황에 있어 차이가 크다는 응답이 27%(2009-10 회계연도 21%), 기량과 지식개발에 대한 욕구와 실제상황에 있어 차이가 크다는 응답이 22%(2009-10 회계연도 22%)나 되었고, 업무생산율도 65% 수준이었다. 이와 같이 주정부 감사원이 여러 가지 방법으로 감사성과를 확인하고 그 과정에서 일부 개선할 사항은 다음 연도 전략계획, 업무계획 수립에 반영하고 감사활동 및 보고서 작성 등을 개선하는 노력을 계속한 결과, 주정부 감사원은 2007-08 회계연도부터 2009-10 회계연도까지 연속해서 3년간 'Australasian Reporting Award'를 수상하는 영광을 안았다.[190] 동 시대에서 감사결과 연간보고서에 대한 모범사례임에 틀림없다. New South wales 주정부 감사원의 감사활동 성과에 대해서는 (부록3-3) '호주 New South wales 주정부 감사원의 감사활동 성과측정'에 자세히 정리해 두었다.

바. 조직간 관계 및 조직문화

호주감사원 ANAO는 국내외 기관들과 협력하면서 감사의 품질을 높이고 감사 기준을 향상시키려는 노력을 계속하고 있다.

먼저 국내활동을 살펴보면 첫째, ANAO는 호주에 있는 2개의 전문회계기관, 즉 CPA Australia 및 Institute of Chartered Accountants Australia와 협력하고 있다. 직원들에게 교육 휴가를 사용하도록 조치하고 교육비를 지원하여 위 2개 기관에서 운영하는 Chartered Accounting Program, CPA Program, 또는 다른 적절한 교육을 받도록 하고 있다.

둘째, ANAO는 Australian Accounting Standards Board(AASB)와 Auditing and Assurance Standards Board(AUASB)가 제안하는 새로운 또는 개정된 기준의 초안에 대해 의견을 적극적으로 개진함으로써 감사 및 회계기준 개발에 기여한다.

셋째, ANAO는 주와 준주, Fiji, New Zealand, Papua New Guinea 감사원장들로 구성된 Australasian Council of Auditors-General(ACAG) 모임에 참석하여 공동관심사에 대해 의견을 나누고 정보를 교류한다. 위 위원회에 참여하는 감사기구들은 서로 감사경험, 아이디어, 교육개발, 협력 등을 하면서 공공부문 감사의 발전을 위해 노력하고 있다.

---

190) Audit Office of New South Wales, *Annual Report 2010/11*, October of 2011, pp.6~37.; *Annual Report 2009/10*, October of 2010, pp.7~31, http://www.audit.nsw.gov.au/Publications/Annual-Reports, 2012. 4. 4. 검색.

한편, 국제활동을 살펴보면 첫째, ANAO는 INTOSAI의 회원으로서 3년에 1번 열리는 총회에 적극적으로 참여하고 있고 각종 위원회나 워킹그룹(working group)의 일원으로 활동하고 있다. ANAO는 1988년까지 INTOSAI Governing Board의 멤버로 활동하였으며, 현재는 Global 워킹그룹, Professional Standards Committee, Performance Audit Subcommittee, 환경감사 워킹그룹 등에서 활동하고 있다. ANAO는 이러한 활동을 통해 다른 나라 최고감사기구들과 정보교류, 직원들에 대한 교육훈련 기회 제공 등의 목표를 달성하고 있다.

둘째, ANAO는 INTOSAI의 아시아지역 조직인 ASOSAI의 회원으로서 3년에 1번 개최되는 총회에 참여하고 있으며, INTOSAI의 지역워킹그룹으로서 1988년 설립된 PASAI(Pacific Association of Supreme Audit Institutions)에 2007년에 가입하여 회원 간 친목도모, 정보교류, 공동관심사 해결 등을 위해 공헌하고 있다.

셋째, ANAO는 국제회계사연맹 IFAC(International Federation of Accountants)가 감사기준 등을 만들 목적으로 지정한 단체인 국제 감사 및 보증기준 위원회 IAASB(International Auditing and Assurance Standards Board)의 멤버로 활동하고 있다. IAASB는 1년에 6번 공식적으로 회동한다.[191]

넷째, ANAO는 2007년부터 중요한 2개의 AusAID 프로그램을 실행하고 있다. 그 하나는 호주-인도네시아 정부협력기금의 지원을 받아 인도네시아 감사원을 지원하는 것으로서 인도네시아 감사원 직원을 호주감사원에 파견 받아 최대 11개월까지 근무할 수 있게 하고, 호주감사원의 고위관료 1명을 인도네시아 감사원에 배치하여 프로그램 지원과 기술자문을 하는 것이다. 다른 하나는 Papua New Guinea 감사원을 지원하는 프로그램으로서 2명의 호 감사원 직원이 Papua New Guinea 감사원에 근무하면서 감사원장 및 부감사원장들의 고위자문관의 역할을 담당하며, 호주감사원 직원들이 Papua New Guinea 감사원을 방문하여 감사와 지배구조 역량 강화를 위해 지원하고, Papua New Guinea 감사원 직원 중 대학원 졸업자를 호주감사원의 대학원 과정에 참여하게 하거나 감사원에 파견 받아 최대 11개월 동안 근무하게 하고, 감사매니저나 대학원 졸업자를 Queensland Audit Office와 New South Wales Audit Office에 근무하도록 하는 일 등이다.

다섯째, ANAO는 2009-10 회계연도에 캐나다감사원의 품질관리시스템에 대해 동료평가(peer review)를 실시하고 캐나다감사원의 감사품질기준이 감사기준 등에 부합

---

191) Australian National Audit Office, http://www.anao.gov.au/About-Us/Affiliations, 2012. 3. 23. 검색.

하게 만들어졌으며 보증활동을 적절하게 수행하고 있다는 의견을 제시하였다.192)

그리고 New South Wales 주정부 감사원도 효과적인 감사활동을 위해 감사관련 지식을 업데이트하는 한편 관련단체에 참여하고 공헌한다.

첫째, 주정부 감사원은 감사지원팀을 따로 두어 실무기준, 감사방법, 감사도구와 모범사례를 개발하여 직원들에게 전파하고 교육시킨다. 이를 위해 2개의 뉴스레터를 발행하는데 그 중 하나는 매달 발행하는 'Awareness'로서 감사기준 및 회계기준 등 전문성 개발과 관련된 내용을 다룬다. 다른 하나는 6개월에 1번 발행되는 'Professional Update'로서 감사기준 및 회계기준의 개발내용 요약, 재무부의 지침 및 법률의 변경 등을 다룬다. 위 2종류의 뉴스레터는 정부기관 뿐만 아니라 관계되는 민간조직에도 배부된다.

둘째, 주정부 감사원은 외부 위원회 등에 보고 및 제안하고 공헌한다. 2010-11 회계연도에는 공공기관 13개를 포함해 40개 기관에 보고를 했는데 그 내용은 부정행위 방지, 공공부문성과보고서, 회사의 지배구조 등에 관한 것이었다. 의회 청문회에 4번 참여했고, 14개 공공조직 및 위원회에 대표로 참여하였다. 또한 호주의 감사원장들, Fiji, New Zealand, Papua New Guinea 감사원장들의 모임인 ACAG(Australasian Council of Auditors-General)와 INTOSAI의 지역 워킹그룹인 PASAI(Pacific Association of Supreme Audit Institutions)와 그 실무위원회, 패널, 리서치그룹 등에 참여하여 공헌하였고, Institute of Chartered Accountants in Australia, CPA Australia 같은 회계 관련 기구의 위원회, 워킹파티들(working parties)과 함께 교육훈련 내용을 개발하거나 훈련과정을 이끄는데 기여하였다.193)

사. 감사의 중복성 해소 노력

호주 감사기구들에 대한 연구에서는 감사의 중복사례를 찾지 못했다. 감사원과 연방정부, 주정부, 기타 공공기관의 자체감사기구, 그리고 이들 기관에서 활동하는 감사위원회(audit committee)가 적절하게 삼각구도를 이루면서 견제와 균형을 실천하

---

192) Australian National Audit Office, *Annual Report 2010-11: 1901-2011 Celebrating 110 Years*, September of 2011, pp.6~7, http://www.anao.gov.au/~/media/Files/Annual%20Reports/ ANAO_Annual_Report_201011.pdf, 2012. 3. 24. 검색.

193) Audit Office of New South Wales, *Annual Report 2010/11*, October of 2011, pp.39~42, http://www.audit.nsw.gov.au/Publications/Annual-Reports, 2012. 4. 5. 검색.

고 있기 때문인 것으로 판단된다. 감사원과 자체감사기구는 서로의 감사결과를 활용하여 감사품질을 높이고 감사중복을 줄이는 노력을 계속하고 있으며 감사계획을 세울 때에도 서로 만나 감사계획을 효율적으로 조정하고 있다. 한편, 감사위원회는 자체감사기구의 감사계획이 당해 기관이 직면한 중요한 위험을 적절히 다루고 있는지, 지배구조와 내부통제 과정을 개선하는데 도움이 되는지에 대해 확인하고 의견을 제시하는 기능 등을 수행한다. 자체감사기구와 감사위원들은 당해 기관의 관리자 회의에 참석하여 기관이 직면하고 있는 문제를 직접 확인하기도 하고 자체감사에서 발견한 위험관리, 지배구조, 내부통제 과정의 문제를 고위관리자들에게 설명하고 개선에 필요한 조치를 하도록 촉구함으로써 조직목표를 달성하는데 기여한다.[194]

Ⅲ. 감사관련 기구의 감사기준에서 감사역량 분석

앞의 Ⅱ.에서는 주요 선진국의 감사사례 등에서 감사역량을 찾아보았다. 이번에는 감사관련기구의 감사기준을 연구하여 감사역량을 찾아보자. 먼저 세계 최고감사기구협회 INTOSAI가 만든 감사기준을 연구하고 이에 더해 자체감사자협회 IIA, 국제감사 및 보증기준위원회 IAASB(International Auditing and Assurance Standards Board)[195] 등이 만든 감사기준을 보완적으로 연구함으로써 본 연구의 결과가 시대에 뒤떨어지지 않게 하고 국제적으로 통용될 수 있도록 주의를 기울였다. 다만 미국, 캐나다, 영국, 일본, 호주 등 선진국의 감사기구에 적용되는 감사기준은 기본적으로 INTOSAI와 IIA가 만든 감사기준을 준용하고 있는 것을 앞의 Ⅱ.에서 확인하였으므로 효율적인 연구를 위해 연구대상에서 제외시켰다. 한편 분석의 내용적 범위에는 감사의 정의, 일반적인 감사기준, 감사자의 행동규정, 재무회계감사기준, 성과감사기준, 감사품질관리기준, 감사자 교육개발 및 역량개발기준 등을 포함시켰

---

194) Public Sector Audit Network Group in the ANAO, *The Relationship of the ANAO with Audit Committees and Internal Audit*, August of 2005., http://www.anao.gov.au/~/media/Uploads/Documents/the_relationship_of_the_anao_with_audit_committees_and_internal_audit.pdf, 2012. 3. 23. 검색.
195) 국제 회계사연맹 IFAC(International Federation of Accountants)가 만든 감사 및 보증을 위한 세계기준을 검토하는 위원회.

다. 그리고 감사역량 분석은 앞의 Ⅱ.에서처럼 IIA가 2009년에 발행한 자체감사 역량모형(IA-CM)을 일부 수정하여 적용하였다. 이 연구를 통해 감사관련 기구들이 어떤 감사기준들을 만들었는지 명확히 알 수 있고, 감사기준들 간 공통점과 차이점 및 감사기준의 수준을 파악할 수 있으며, 국제적으로 인정되고 모범사례가 되는 감사기준과 대비하여 현재 우리나라 감사기준을 어떻게 개선하여야 하는지에 대해 논의할 수 있을 것이다.

1. 민간부문과 정부부문의 회계기준, 감사기준 수렴현상

Nobuo AZUMA(2008)는 정부부문의 회계기준과 감사기준이 민간부문의 그것들과 수렴하는 현상을 보인다고 한다. (그림3-6) '회계기준과 감사기준의 국제적 수렴현상'은 이러한 상황을 잘 표현해 주고 있다.

민간부문에서는 이미 여러 나라들에서 국제회계기준위원회 IASB(International Accounting Standards Board)가 만든 '국제재무보고기준 IFRS(International Financial Reporting Standards)'를 국내 기준으로 채택하고 있었다. 그런데 2002년에 미국 공공부문의 회계기준을 책임지고 있는 재무회계기준위원회 FASB(U.S. Financial Accounting Standards Board)는 IASB와 회계기준을 통합하기 위한 협약인 'Norwalk Agreement'를 맺었고, 민간부문 국제회계사연맹 IFAC(International Federation of Accountants)의 국제 공공부문 회계기준위원회 IPSASB(International Public Sector Accounting Standards Board)

그림 3-6 회계기준과 감사기준의 국제적 수렴현상

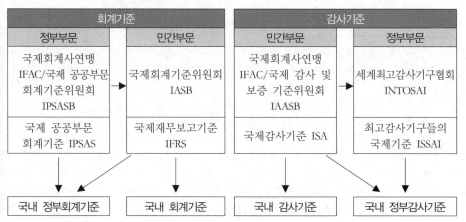

※ 출처: AZUMA, Nobuo, "The Framework of INTOSAI Government Auditing Standards: In the Stream of International Convergence," 2008., p.78 (그림1) 재구성.

는 '국제 공공부문 회계기준 IPSAS(International Public Sector Accounting Standards)'를 만들면서 '국제재무보고기준 IFRS'를 채택하여 반영하는 등 공공부문에서도 이를 준용하려는 경향이 있다. 민간부문과 공공부문의 회계기준이 수렴하는 현상과 비슷하게 감사기준도 양자 간 수렴하고 있는데 국제회계사연맹 IFAC를 위해 감사 및 보증 기준을 검토하는 국제 감사 및 보증기준 위원회 IAASB(International Auditing and Assurance Standards Board)가 만든 '국제감사기준 ISA(International Standards on Auditing)'는 최근 많은 나라에서 국내 감사기준으로 채택하고 있고, INTOSAI가 '최고감사기구들의 국제기준 ISSAI(International Standards of Supreme Audit Institutions)'를 만들 때도 이를 참조하였다.196)

2. INTOSAI 국제기준 ISSAI와 모범적인 지배구조를 위한 INTOSAI 지침

INTOSAI는 34개국 최고감사기구의 장들이 1953년 쿠바(Cuba)에서 만나 설립한 기구로서 최고감사기구 간 정보교류, 감사활동 모범사례 전파, 감사기준의 개발 등 업무를 담당하고 있다. 1977년에는 페루에 모여 INTOSAI의 감사철학과 개념적 접근방법을 담은 리마선언(Lima Declaration)을 채택하였고, 2007년에는 멕시코에 모여 최고감사기구의 독립성과 민주주의 가치를 담은 멕시코선언(Mexico Declaration)을 채택하였다. INTOSAI는 기본적으로 3년에 1번 열리는 총회 INCOSAI, 18개 회원국으로 구성되어 총회 사이사이에 1년에 1번 개최되는 이사회 Governing Board, INTOSAI의 행정을 지원하고 예산을 운영하는 등의 일을 하는 사무총장 Secretariat General,197) 그리고 아시아지역 최고감사기구 모임 ASOSAI 등 1965년부터 1990년 사이에 각각 설립되어 활동 중인 7개 Regional Working Groups198) 등으로 구성되어

---

196) AZUMA, Nobuo, "The Framework of INTOSAI Government Auditing Standards: In the Stream of International Convergence," *Government Auditing Review* Vol. 15, March of 2008, p.77, http://www.jbaudit.go.jp/english/exchange/pdf/e15d05.pdf, 2012. 4. 16. 검색.

197) 오스트리아공화국 감사원장이 1968년부터 직을 맡아 수행.

198) 1965년에 설립된 OLACEFS(Organization of Latin American and Caribbean Supreme Audit Institutions), 1976년에 설립된 AFROSAI(African Organization of Supreme Audit Institutions), ARABOSAI(Arab Organization of Supreme Audit Institutions), 1978년에 설립된 ASOSAI(Asian Organization of Supreme Audit Institutions), 1987년에 설립된 PASAI(Pacific Association of Supreme Audit Institutions), 1988년에 설립된 CAROSAI(Caribbean Organization of Supreme Audit Institutions), 1990년에 설립된 EUROSAI(European Organization of Supreme Audit Institutions).

있다. 그런데 실제 일들은 INTOSAI의 전략계획(strategic plan)에 포함된 목표들을 실현하기 위해 각각의 목표에 따라 만든 위원회(committees), 워킹그룹(working groups), 태스크포스(task forces), IDI(INTOSAI Development Initiative),[199] International Journal of Government Auditing에서 수행하고 INTOSAI 회원국들은 이곳에 자발적으로 참여하여 서로 돕는다. 위원회는 회원국들의 중요하고 자주 반복되는 이슈를 다루는 조직으로서 INTOSAI가 설립하며, 워킹그룹은 총회에서 논의된 특정 주제를 해결하기 위해 회원국들에 의해 자발적으로 만들어지는 조직으로 INTOSAI의 직접적인 감독을 받지 않고 활동한다. 그리고 태스크포스는 총회나 이사회에서 논의된 이슈를 해결하기 위해 한정된 기간 동안 활동하는 조직이다. INTOSAI는 이들 조직들을 계속 유지할 필요가 있는지를 정기적으로 검토해 폐지하거나 새로운 조직을 신설하기도 한다. (그림3-7) 'INTOSAI의 조직도'에서는 INTOSAI의 총회, 이사회, 사무총장, 지역워킹그룹 등 기본조직 뿐만 아니라 'INTOSAI 전략계획 2011-2016'에 포함된 4개의 목표에 맞게 구성된 위원회, 워킹그룹, 태스크포스를 확인할 수 있다.[200]

INTOSAI는 그동안 각각의 위원회, 소위원회, 워킹그룹, 태스크포스 활동을 통해 감사기준, 실무지침들을 개발해 왔다. 그런데 개발된 감사기준이나 지침들이 위계질서 없이 제시되어 이를 사용할 회원국들에게 혼란을 주게 되었다. 그래서 INTOSAI는 그동안 개발한 감사기준과 지침들을 '최고감사기구들의 국제기준 ISSAIs(International Standards of Supreme Audit Institutions)'와 '모범적인 지배구조를 위한 지침 INTOSAI GOV(INTOSAI Guidance for Good Governance)'로 나누고 각 기준과 지침별로 위계에 의한 번호를 매겨 사용성을 높였다.[201] INTOSAI 감사기준은 감사기구의 모범이 되고자 노력한다는 점에서 중요한 의미를 갖는다. (부록3-4) 'INTOSAI 기준체계'에서 이러한 내용을 확인할 수 있다.[202] 다음은 이러한 감사기준, 지침들

---

199) 개발도상국의 최고감사기구의 역량을 강화시키기 위해 훈련프로그램을 개발하는 비영리 조직.

200) International Organization of Supreme Audit Institutions, *Strategic Plan 2011-2016*, October of 2010, http://www.intosai.org/uploads/intosaispenglishv9web.pdf, 2012. 4. 17. 검색.

201) INTOSAI Professional Standards Committee, *The Purpose and Authority of INTOSAI's Professional Standards*, http://www.issai.org/media(1075,1033)/Purpose_and_authority_of_the_INTOSAI's_professional_standards.pdf, 2012. 4. 18. 검색.

202) International Standards of Supreme Audit Institutions, http://www.issai.org/about-the-issai-framework/, 2013. 9. 12. 검색.

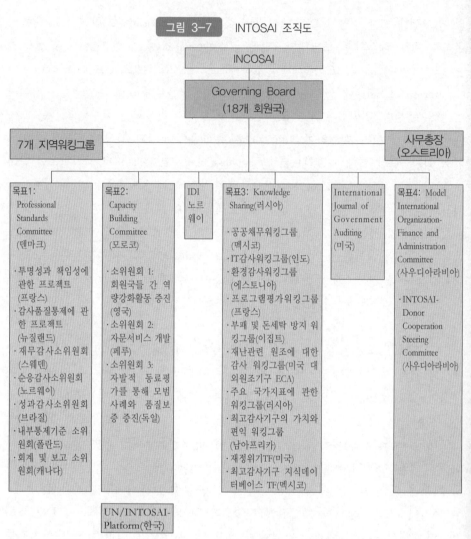

그림 3-7   INTOSAI 조직도

```
                          ┌──────────────────┐
                          │      INCOSAI      │
                          └──────────────────┘
                          ┌──────────────────┐
                          │ Governing Board  │
                          │   (18개 회원국)    │
                          └──────────────────┘
  ┌───────────────┐                                      ┌──────────────┐
  │ 7개 지역워킹그룹  │                                      │   사무총장     │
  └───────────────┘                                      │  (오스트리아)   │
                                                          └──────────────┘
```

| 목표1:
Professional
Standards
Committee
(덴마크)

·투명성과 책임성에
관한 프로젝트
(프랑스)
·감사품질통제에 관
한 프로젝트
(뉴질랜드)
·재무감사소위원회
(스웨덴)
·순응감사소위원회
(노르웨이)
·성과감사소위원회
(브라질)
·내부통제기준 소위
원회(폴란드)
·회계 및 보고 소위
원회(캐나다) | 목표2:
Capacity
Building
Committee
(모로코)

·소위원회 1:
회원국들 간 역
량강화활동 증진
(영국)
·소위원회 2:
자문서비스 개발
(페루)
·소위원회 3:
자발적 동료평
가를 통해 모범
사례와 품질보
증 증진(독일) | IDI
노르
웨이 | 목표3: Knowledge
Sharing(러시아)

·공공채무워킹그룹
(멕시코)
·IT감사워킹그룹(인도)
·환경감사워킹그룹
(에스토니아)
·프로그램평가워킹그룹
(프랑스)
·부패 및 돈세탁 방지 워
킹그룹(이집트)
·재난관련 원조에 대한
감사 워킹그룹(미국 대
외원조기구 ECA)
·주요 국가지표에 관한
워킹그룹(러시아)
·최고감사기구의 가치와
편익 워킹그룹
(남아프리카)
·재정위기TF(미국)
·최고감사기구 지식데이
터베이스 TF(멕시코) | International
Journal of
Government
Auditing
(미국) | 목표4: Model
International
Organization-
Finance and
Administration
Committee
(사우디아라비아)

·INTOSAI-
Donor
Cooperation
Steering
Committee
(사우디아라비아) |

UN/INTOSAI-
Platform(한국)

※ 출처: INTOSAI, *Strategic Plan 2011-2016*, p.24 Appendix Ⅱ 조직표 재구성.

의 내용을 탐색적 방법으로 연구하여 앞의 Ⅱ.에서 적용한 분류방법에 따라 정리
해 보았다.

가. 지배구조

1977년 10월 페루 Lima에서 개최된 제9차 INCOSAI 총회의 주된 목표는 독립적
인 정부감사를 촉구하는 것이었다. 그것은 단순히 몇몇 나라의 최고감사기구가 업

무의 독립성을 실현하는데 그치는 것이 아니라 법률에 감사원의 독립을 규정하는 것까지를 의미한다. Lima 선언문에서 최고감사기구의 독립성을 위한 방안으로 제시한 내용을 요약하면 다음과 같다.203)

첫째, 최고감사기구의 독립성을 법률에 명시하는 방법이다. Lima 선언문 제2장 Section 5에 따르면 최고감사기구는 감사대상기관으로부터 독립적으로 존재하고 외부의 영향력에서 자유로워야만 감사업무를 객관적이고 효과적으로 수행할 수 있다고 지적하고, 만일 최고감사기구가 감사대상기관의 한 부분으로서 조직 구성적으로 완전히 독립할 수 없다면 감사업무를 하는데 필요한 기능적, 조직적 독립성이라도 확보해야 하며, 최고감사기구의 성립과 독립성의 필요성이 헌법에 명시되고 법률에서 구체화 되어야 한다고 한다. 최고감사기구가 의회의 조직으로 행동하는 경우에도 헌법과 법률에 업무의 독립성을 명시한다면 높은 수준의 자율성을 확보할 수 있기 때문이다. 또한 최고감사기구의 독립성에 대한 간섭, 감사권한에 대한 간섭이 있을 경우 대법원에 의해 법적으로 보호를 받도록 규정되어 있어야 한다고 한다.

둘째, 최고감사기구를 위해 결정을 내릴 위치에 있는 의사결정자들과 감사원장의 독립성을 보강하는 방법이다. 위 선언문 제2장 Section 6에 따르면 의사결정자들과 감사원장의 독립성을 헌법에서 보장해야 한다고 지적하면서 이들에 대한 임명과 해임은 각 나라의 헌법구조에 따라 다를 수 있으나 특히 해임의 절차는 헌법에 규정되어야 독립성을 유지할 수 있다고 한다.

셋째, 최고감사기구의 경제적 독립성을 확보하는 방법이다. 위 선언문 제2장 Section 7에 따르면 최고감사기구는 업무를 수행하는데 필요한 예산을 국가예산을 결정하는 기관에 직접 요청하고 배정된 예산을 분리된 계정에서 집행할 수 있어야 한다고 한다.

넷째, 감사에 필요한 기록과 자료에 접근할 수 있는 권한을 인정함으로써 독립성을 보강하는 방법이다. 위 선언문 제4장 Section 10에 따르면 최고감사기구는 재무관리와 관련한 기록이나 자료에 접근할 수 있고, 감사에 필요하다면 어떤 정보라도 구두 또는 서면으로 요청할 수 있는 권한을 행사할 수 있어야 한다고 한다. 그리고 감사대상기관 등이 감사기구가 요청한 정보나 자료를 구비하여 제출해야할 시간한도를 법률에 정하든지 아니면 감사기구가 따로 정하는 것이 효과적이라고 한다.

---

203) INTOSAI Professional Standards Committee, *The Lima Declaration of Guidelines on Auditing Precepts*, 1977., http://www.issai.org/composite-190.htm, 2012. 4. 19. 검색.

2007년 멕시코에서 개최된 제19차 INTOSAI 총회에서는 1977년 페루 Lima에서의 정부감사의 독립성에 관한 선언과 2001년 우리나라 서울에서 개최된 제17차 INTOSAI 총회에서 논의된 공공부문 감사에 필수적으로 요구되는 사항들을 반영하여 최고감사기구의 독립성 유지를 위해 요구되는 8개 원칙을 채택하여 선언하였다. 그리고 INTOSAI는 위 멕시코 선언문의 실행을 보강하기 위해 2007년에 '최고감사기구의 독립성과 관련한 INTOSAI 지도서와 모범사례(INTOSAI Guidelines and Good Practices Related to SAI Independence)'를 만들었다. 그 내용에는 8개 원칙이 포함되어 있는데 지배구조(독립성)와 관련된 첫째, 둘째, 셋째, 넷째, 여덟째 원칙만 요약하여 정리하면 다음과 같다.204)

첫째 원칙으로서, 최고감사기구가 독립적으로 활동한다는 내용이 헌법과 법률 등에 규정되어야 한다. 만일 최고감사기구의 역할과 임무가 법률에 명시되어 있지 않고 최고감사기구의 장이 장관의 신분을 가지고 있다면 최고감사기구는 내각의 모든 모임에 참여하는 대신 감사업무수행을 위해 필요하다고 판단되는 모임에만 참석함으로써 행정부와 거리를 유지할 수 있을 것이다.

둘째 원칙으로서, 최고감사기구의 장과 의사결정자들이 행정부로부터 독립적으로 일할 수 있도록 임용, 재임용, 해임에 대한 조건을 법률에 명시하고, 보복을 두려워하지 않고 일할 수 있게 장기간 임기를 보장하며, 정상적으로 업무를 수행하였다면 그 결과에 의해 소추당하지 않도록 법률에 면책을 규정해야 한다. 실례로 입법부가 감사원장을 임용, 재임용, 해임하는 경우도 있고, 공화국 대통령이 감사위원회의 의장과 감사위원 2명을 임용동의 자문위원회의회의 의견을 들어 임용하고 탄핵의 경우가 아니면 해임할 수 없도록 하는 경우도 있다. 또는 한 나라의 장이 입법부의 승인을 받아 감사원장을 임용, 재임용, 해임하는 경우도 있고, 공화국 대통령이 감사원장을 임명하되 은퇴의 나이 때까지로 임기를 정하고 신체적, 정신적으로 업무수행이 불가능한 경우 또는 부정행위를 자행한 경우가 아니면 퇴직 또는 해임을 할 수 없도록 정할 수도 있다. 대통령이 의회의 권고와 3분의2 이상의 찬성표로 동의를 받아 감사원장을 임명하고 감사원장을 해임할 때도 의회의원 3분

---

204) INTOSAI Professional Standards Committee, *Mexico Declaration on SAI Independence*, 2007.; *INTOSAI Guidelines and Good Practices Related to SAI Independence*, 2010., http://www.issai.org/composite-191.htm, 2012. 4. 20. 검색, 멕시코선언문에 담긴 8개 원칙 중 첫째, 둘째, 셋째, 넷째, 여덟째 원칙은 지배구조(독립성)와 관련이 깊어 여기에 설시하고 나머지는 '라. 전문적 감사활동'에 설시하였음.

의2 이상의 찬성표를 받는 방법도 있다. 감사원장이 정상적인 업무를 하다가 잘못된 결과에 봉착했을 때 일반적으로는 헌법에 법적 면제를 할 수 있게 규정하는데 만일 이와 같은 규정이 없다면 감사원장은 관리자로부터 이에 상응한 편지를 받아두던지, 문제가 될 수 있는 사항에 대해 해결책을 얻을 때까지 토론을 계속하던지, 감사결과보고서에 담길 내용 초안을 감사대상기관에 미리 주어 그 기관 관리자가 3주 정도 심사숙고하고 의견을 쓴 편지를 보내오면 이를 근거로 최종보고서를 작성하는 등의 노력을 기울여야 한다.

셋째 원칙으로서, 최고감사기구가 정부 또는 공공기관이 집행하는 공공자금과 자원 및 자산의 사용, 수입징수, 각 회계의 합법성과 규칙성, 재무관리와 재무보고서의 품질, 각종 정부활동의 경제성, 효율성, 효과성 등 광범위한 업무를 감사할 수 있도록 재량을 허용해야 한다. 또한 정부와 공공기관의 정책에 대해서는 감사하지 않지만 정책의 집행 및 그 효과를 확인하는 감사도 할 수 있어야 한다. 하지만 최고감사기구는 무슨 감사를 할 것인지 결정하고, 감사계획을 세우고 감사를 하고 감사결과를 보고하고 감사결과 확인된 사실과 권고사항에 대해 follow-up하고, 조직을 구성하고 관리하는데 있어 의회와 행정부의 간섭을 받아서는 안 된다. 또한 최고감사기구는 감사의 대상이 되는 조직의 관리에 참여하거나 참여하는 것으로 보여서는 안 되며 직원들이 감사대상기관과 너무 밀착된 관계를 갖지 못하도록 하여 업무처리의 객관성을 유지하게 하여야 한다. 그리고 최고감사기구는 INTOSAI, IFAC 및 다른 일반적으로 인정된 업무기준, 감사기준, 윤리규정 등을 활용해야 한다. 또 업무의 투명성을 위해 감사활동 결과를 헌법, 법률 등에 따라 의회 및 다른 공공기관에 매년 연례적으로 보고해야 한다. 실례를 살펴보면, 감사원이 직원들에게 감사원의 독립성 유지의 중요성에 대해 교육하고, 감사품질의 유지와 성과기준의 중요성을 강조하며, 감사업무가 자율적이고 객관적이며 편견이 없어야 한다는 것을 주지시키는 방법이 있다. 또한 감사원 직원들은 법률 등에 의해 입찰절차 등이 미리 정해 놓은 절차에 따라 이루어지고 있는지를 확인하기 위해 행정부와 밀접하게 같이 일할 수 있는데 이 경우에 이익의 충돌이 생길 수 있다. 그러나 감사자는 관찰자의 입장으로 참여하거나 의사결정과정에서 빠짐으로써 독립성을 유지할 수 있다.

넷째 원칙으로서, 최고감사기구는 법률이 정한 책임을 완수할 수 있도록 감사활동에 필요한 서류와 정보에 직접적이고 시기적절하게, 그리고 자유롭게 접근할 수 있어야 한다. 실례를 들면, 감사원이 내각의 결정서류를 복사본으로 받아 확인함으로써 어떤 감사를 할 것인지 결정할 때 근거로 삼고 정부의 재무활동이 어떻게 이루어지고 있는지를 이해하는 방법이다. 그런가 하면 중요한 공공기관과 정부기업을 감사할 때 감사책임자 등이 감사기간동안 만이라도 그 기관의 의회, 이사회, 관련 위원회 등에 참여하여 모니터함으로써 그 기관의 활동내용을 이해하고 필요한 자료에 접근하는 방법도 있다.

여덟째 원칙으로서, 최고감사기구에 재무, 경영, 행정의 자율권을 인정하고 인적자원, 물적자원의 운영도 자율적으로 하도록 해야 한다. 의회 또는 의회 위원회 중 하나는 최고감사기구가 임무를 수행하기 위해 자원을 적정하게 활용하고 있는지를 확인할 필요가 있고, 최고감사기구는 임무수행을 하면서 자원이 부족하면 직접 의회에 이를 알려 조치하도록 해야 한다. 실례를 살펴보면 최고감사기구의 연간예산의 적정성을 확인하기 위해 의회가 패널(panel)을 임명하고 패널은 감사원, 행정부, 외부전문가 등으로부터 각각 의견을 들은 다음 재무부장관에게 최고 감사기구의 연간예산에 대해 의견을 송부하는 과정을 거치는 방법이 있다. 또 다른 나라에서는 최고감사기구가 예산요청서를 재무부장관에게 송부하면 재무부장관은 수정 없이 이를 내각장관에게 보내고 내각장관이 예산부처와 협상을 하여 예산규모를 확정함으로써 최고감사기구가 직접 예산부처와 감사기구의 예산에 대해 협의하는 과정에서 발생할 수 있는 예산상 독립성의 침해를 피하는 경우도 있다.

한편, INTOSAI는 2010년 '투명성과 책임성의 원칙(Principles of Transparency and Accountability)' 9개와 이와 관련한 모범사례를 소개함으로써 여러 나라의 감사기구들이 이를 참조하거나 따르도록 하고 있다. 그 내용 중 지배구조와 관계된 첫째, 둘째, 넷째, 다섯째 원칙만 요약하여 정리하면 다음과 같다.[205]

첫째 원칙으로서, 최고감사기구는 책임성과 투명성을 위해 법적 테두리 안에서 임무를 수행하여야 한다. 최고감사기구는 책임을 완수하기 위해 법률과 규정을 가지고 있어야 하는데 이 같은 법률과 규정에는 ① 감사기구의 권위, 재판권, 책임,

---

205) INTOSAI Professional Standards Committee, *Principles of Transparency and Accountability*, 2010.; *Principles of Transparency and Accountability-Principles and Good Practices*, 2010., http://www.issai.org/media(795,1033)/ISSAI_21_E_endorsement_version.pdf, 2012. 4. 21. 검색. 9개 원칙 중 첫째, 둘째, 넷째, 다섯째 원칙은 '지배구조(독립성)'에, 셋째, 일곱째, 여덟째 원칙은 '라. 전문적 감사활동'에, 여섯째, 아홉째 원칙은 '마. 성과관리와 책무성'에 나누어 설시하였음.

244 ┃ 자체감사와 조직역량

② 최고감사기구의 장과 의사결정권자(예를 들면 감사위원)들의 임명과 해임에 관한 조건, ③ 최고감사기구의 운영과 재무관리요건, ④ 감사보고서 발간시기, ⑤ 최고 감사기구의 활동에 관한 감독, ⑥ 감사에 필요한 정보에 대한 접근성과 감사정보 비밀유지 간 균형 등의 내용이 명시되어야 한다. 실례를 살펴보면 대부분의 감사 기구 웹사이트에는 'Legislation'이나 'Legal Mandate'로 명명된 배너(banner)가 있어 여기를 클릭(click)하면 감사기구의 역할과 기능을 알 수 있고 관련 서류를 살펴 볼 수도 있다. 어떤 감사기구에서는 투명성 및 책임성에 관계된 규정을 정하기도 하고 다른 감사기구에서는 감사원장의 투명성과 책임성에 대해 규정하기도 한다. 많은 감사기구 관련 법률은 의회와 국민들이 최고감사기구의 서류에 접근할 수 있도록 규정하고 있고, 그 중 한 감사기구에서는 정보를 공개하지 않는 예외의 경우를 리스트로 철저하게 작성해 놓은 경우도 있다. 어떤 감사기구들은 국제통화기금 IMF(International Monetary Fund)가 1999년에 채택한 'Code of Good Practices on Transparency in Monetary and Financial Policies'로부터 투명성과 책임성의 단서를 얻는 경우도 있다.

둘째 원칙으로서, 최고감사기구는 그들의 권한, 책임, 임무, 전략을 대중에게 공개함으로써 투명성과 책임성을 유지할 수 있다. 이에 더해 의회, 행정기관 등을 포함한 이해관계자들과의 관계와 감사기구의 조직에 대해 공개하기도 한다. 최고감사기구의 장과 의사결정권자들의 임용, 재임용, 퇴직, 해임의 조건들도 대중에게 공개한다. 그리고 이러한 공개는 자국어뿐만 아니라 INTOSAI 공용어 중 하나를 더 사용하여 공개하도록 권장되고 있다. 실례를 살펴보면, 대부분의 최고감사기구는 그들의 권한, 책임, 임무, 전략을 자세히 공개하고 있다. 몇 개의 감사기구에서는 감사사항을 선택할 때 재량권이 있는지를 공개하기도 한다. 한 감사기구는 의회와 이해관계자들에게 감사활동에 대해 이해시키기 위해 "감사원이 성과감사를 어떻게 수행하는가?"와 같은 제목들을 단 일련의 설명문을 제공하기도 한다.

넷째 원칙으로서, 최고감사기구는 모든 직원들이 높은 수준의 청렴성과 윤리의식을 갖도록 해야 한다. 이를 위해 최고감사기구는 ISSAI 30 'Code of Ethics'을 준용한 윤리법, 윤리규정, 정책, 실무지침을 마련하고, 조직 내부의 이익의 충돌, 부패를 방지하며, 감사운영에 있어서도 투명성과 합법성을 유지해야 한다. 그리고 감사자나 공무원들의 윤리적 요구조건, 의무 등은 대중에게 공개하여야 한다. 실례를 살펴보면, 대부분의 최고감사기구는 윤리의 가치 및 규정을 만들고, 직업행동요령도 만들었다. 윤리헌장도 채택하고 윤리위원회를 만들어 운영도 한다. 한 감사기구에서는 감사원장과 고위관리자들의 여행 및 숙박경비를 웹사이트에 공개하고 있고, 2개 감사기구에서는 감사자들이 감사를 시작할 때 이익충돌의 가능성이 없음을 확인하는 문서에 서명을 하고 있다. 또 어떤 감사기구에서는 감사자들이 판사 앞에서 윤리의무를 맹세하기도 한다. 몇 몇 감사기구에서는 감사자들이 개인적인 인과관계에 따라 행동할 때 그 사람을 강제적으로 배제하기도 한다. 한 감사기구는 감사보고서에 이익의 충돌이 발생한 사례가 있어 감사원이 어떻게 개입했고 그 결과 고위감사자 한 명이 감사서류 및 감사활동에서 배제되게 되었다는 내용을 담기도 하였다.

다섯째 원칙으로서, 최고감사기구는 그들의 기능 중 일부가 아웃소싱(outsourcing)되더라도 투명성과 책임성의 원칙이 훼손되지 않도록 조치해야 한다. 계약에 의해 아웃소싱을 하더라도 계약서의 내용에서 투명성과 책임성이 훼손되지 않도록 검토해야 하고, 외부감사자 등이 최고감사기구가 지켜야 할 윤리규정을 모두 지키도록 조치해야 한다. 실례를 살펴보면, 몇 개의 감사기구는 계약을 체결할 때 외부전문가가 이익의 충돌을 피하겠다는 서약서를 제출하도록 하는 등 투명성과 책임성을 고려한 계약약정을 마련하고 있고, 한 감사기구는 1건 당 미화 10만 달러 이상의 계약인 경우 웹사이트에 공개하도록 하고 있다.

INTOSAI는 1998년에 공공부문 감사자들을 위한 '윤리규정(Code of Ethics)'을 만들었다. 이는 Lima 선언문에 기초하고 있고 1992년 6월에 INTOSAI 감사기준위원회가 처음 만들고 2001년에 개정된 'INTOSAI 감사기준(Auditing Standards)'을 보완하는 서류이다. 여기에는 최고감사기구가 믿음, 자신감, 신뢰, 청렴, 독립성, 객관성, 공정성, 정치적 중립성, 이익충돌 회피, 역량발휘, 직업개발을 위해 어떻게 행동해야 하는지 소개되어 있는데 중요한 내용만을 요약하면 다음과 같다.[206]

첫째, 감사자들이 향유하는 대중적 자신감과 존경은 감사자들이 협력하여 이룬 누적된 성취이며 과거와 현재의 누적된 성과이다. 따라서 감사자들은 계속하여 다른 감사자로부터 전문적인 도움을 받고 서로 협력해야하며 동료 감사자들을 공정하고 균형 잡힌 방법으로 대해야 한다.

---

206) INTOSAI Professional Standards Committee, *Code of Ethics*, 1998., http://www.issai.org/media(627, 1033)/ISSAI_30_E.pdf, 2012. 4. 22. 검색.

둘째, 감사자들에게는 객관성과 공정성이 요구된다. 특히 업무의 결과를 담아내는 보고서는 정확하고 객관적이어야 한다. 따라서 보고서에 포함된 결정들은 사실 증거에 기초해야 하고 최고감사기구의 감사기준을 준수해서 결정해야 한다.

셋째, 감사자는 의회조직, 행정부, 정부기관들과 밀접하게 관계를 맺고 협력해야 하지만 정치적 중립성을 유지해야 한다. 설령 정치적 활동을 할 수 있도록 허락되더라도 그런 정치적 활동이 가져올 직업상의 이익충돌을 고려해서 행동해야 한다.

넷째, 감사자는 감사업무 외에도 권고나 자문을 할 수 있다. 하지만 권고나 자문이 감사대상기관이 가지고 행사해야 할 관리책임이나 권한처럼 행사되어지거나 그렇게 보여서는 안 된다.

다섯째, 감사자는 독립성과 청렴성을 해칠 우려가 있는 선물, 호의를 피함으로써 업무의 독립성을 유지하고 이익충돌을 피해야 한다. 또한 독립적인 업무수행에 제약을 받을 경우 대상기관의 구성원과 관계를 맺는 것을 피해야 한다. 사적목적을 위해 공적지위를 사용해서도 안 되며 업무를 하면서 취득한 정보를 자신과 남의 이득을 위해 또는 남에게 해를 주기 위해 사용해서는 안 된다.

여섯째, 감사자들은 업무에 적용할 감사, 회계, 재무의 관리기준, 정책, 절차 및 그 실례가 무엇인지 항상 알고 있어야 하고, 감사대상기관과 관련한 헌법, 법률, 원칙, 기준 등도 알아야 한다. 그리고 감사를 하고 보고서를 작성할 때 기본 법령과 일반적으로 인정되는 감사기준을 적용할 의무가 있다.

INTOSAI는 또한 국제회계사연맹 IFAC이 2009년에 만든 '품질통제에 관한 국제기준 ISQC-1[207])(Quality Control for Firms that Perform Audits and Reviews of Financial Statements, and Other Assurance and Related Services Engagements)'을 참고하여 2010년에 ISSAI 40 '최고감사기구를 위한 품질통제(Quality Control for SAIs)'를 만들었는데 여기에 소개된 6가지 요소들 중 2번째 요소가 윤리규정과 관련한 'Relevant Ethical Requirements'이다.[208]

---

207) ISQC-1은 2010년에 일부 내용이 개정되었으며 다음 색인에서 개정된 내용을 확인할 수 있음. International Auditing and Assurance Standards Board of IFAC, *Handbook of International Quality Control, Auditing, Review, Other Assurance, and Related Services Pronouncements*, 2010., http://www.ifac.org/publications-resources/2010-handbook-international-quality-control-auditing-review-other-assurance-a, 2012. 4. 23. 검색.

208) INTOSAI Professional Standards Committee, *Quality Control for SAIs*, 2010., http://www.issai.org/media(854,1033)/ISSAI_40_E_endorsement_version.pdf, 2012. 4. 23. 검색.

그 내용을 간단히 기술하면 최고감사기구는 직원들 및 계약에 의해 감사기구의 업무를 대신 수행하는 자 모두 적절한 윤리적 요구조건을 준수하고 있음을 보증하기 위해 관련 정책과 절차를 만들어 운영해야 한다는 것이다. 이러한 윤리적 요구조건에는 INTOSAI 윤리규정 ISSAI 30과 IFAC의 윤리조건에 기술된 내용을 포함할 수 있고 감사기구를 지배하는 합법적, 합규적 준거틀에 명시된 요구조건들을 모두 포함한다. 감사기구의 장이나 감사기구의 고위관리자는 모범적인 윤리적 행동의 사례를 실천해야 하고, 관련 정책과 절차 안에 INTOSAI 윤리규정에서 제시된 청렴, 독립성, 객관성, 공평성, 비밀준수, 역량 등의 원칙이 포함되도록 조치해야 한다. 감사기구 직원들은 윤리조건을 준수한다는 내용의 문서화된 선언서에 서명하고, 계약에 의해 감사기구의 업무를 대신하는 자는 업무 중 취득한 정보에 대해 비밀을 엄수하겠다는 동의를 해야 한다. 감사기구의 장이 만든 정책과 절차는 윤리조건을 위반한 사례를 바로 찾아내 이를 시정할 수 있는 실효성 높은 것이어야 하며, 직원들이 감사대상기관이나 다른 이해관계자들과 유착되지 않게 주요 직원들의 담당 업무를 적절히 바꿔주는 등의 노력들이 포함되어야 한다.

다음으로 INTOSAI는 2001년에 감사기준 ISSAI 100(기본원칙), ISSAI 200(일반기준), ISSAI 300(현장기준), ISSAI 400(보고기준)을 만들었다.[209] 그 중 ISSAI 200(일반기준)은 모두 9가지 원칙을 제시하고 있는데 여섯째, 일곱째 원칙이 지배구조(독립성)와 관련이 있다.[210]

여섯째 원칙은 2.1 a)항 2.2~2.30항에 기술되어 있는데, 감사자와 최고감사기구는 의회, 행정부, 감사대상기관으로부터 독립적이어야 한다는 것이다. 어떤 형태의 정부에서도 감사기구가 의회와 행정부로부터 적정한 독립성을 유지할 수 있어야 독립적이고 객관적인 감사활동을 할 수 있고 감사결과도 신뢰할 수 있다.

먼저 최고감사기구가 의회와의 관계에서 독립성을 유지하는 방법을 살펴보자.

① 의회는 최고감사기구의 서비스를 가장 잘 활용하는 고객이 될 수 있다. 최고감사기구는 헌법이나 법률에 의해 권한을 부여받고 활동결과를 의회에 보고하는

---

209) INTOSAI Professional Standards Committee, INTOSAI *Auditing Standards-Basic Principles*; *General Standards; Field Standards; Reporting Standards*, 2001., http://www.issai.org/composite-192.htm, 2012. 4. 26. 검색.

210) ISSAI 200(일반기준)에는 모두 9가지 원칙이 설시되어 있는데 그 중 첫째, 둘째 원칙은 '다. 전문성(사람관리)'에, 셋째, 넷째, 다섯째, 여덟째, 아홉째 원칙은 '라. 전문적 감사활동'에, 여섯째, 일곱째 원칙은 '가. 지배구조(독립성)'에 나누어 설시하였음.

경우가 많다. 의회는 감사기구의 보고서에 관심을 가지고 이를 검토하기도 한다. 따라서 감사기구가 의회나 의회로부터 권한을 위임받은 위원회 등과 밀접하게 관계하는 것을 잘 활용하면 감사활동결과를 follow-up하는데 유리하다. 정부예산, 행정기관에 대한 감사결과에 대해 감사기구와 감사대상기관이 의견이 일치하지 않는 경우에는 감사기구는 이를 의회에 보고하거나 의회관계자와 특별한 대화를 함으로써 공론화 할 수 있다. 의회는 특별위원회를 만들고 감사기구의 감사결과에 관계되는 장관, 감사대상기관 관계자 등을 출석시켜 쟁점에 대해 묻고, 그 결과를 각 행정기관의 예산책정 시 활용하기도 한다. 다만 이 과정에서 감사기구는 특정 정치인의 이익에 관계하지 않도록 정치적 중립성을 유지해야 한다.

② 최고감사기구는 의회가 제정하는 법을 관찰하면서 감사기구가 프로그램을 개발하고 감사를 계획하여 실행하는데 의회가 관여하지 않도록 해야 한다. 감사기구가 우선순위를 고려해 감사사항을 정하고 감사방법을 적용하는 것을 자율적으로 할 수 있어야 업무의 독립성을 유지할 수 있다. 심지어 어떤 나라에서는 의회가 행정부의 재무관리상태를 감사하는 특권을 가지고 외부감사마저 의회가 책임지는 경우가 있다. 이러한 경우 최고감사기구는 의회가 요구한 특별사항을 고려하여 감사를 하게 되는데 그럼에도 불구하고 감사기구는 의회의 요구사항을 감사사항에 포함시킬 것인지 아닌지에 대해서 스스로 결정할 권한을 가져야 한다.

③ 의회는 최고감사기구가 감사의견을 어느 시점까지 의회에 보고해야 한다는 최소한의 요건을 정하는 것이 필요하다. 그렇지만 감사기구가 중요한 쟁점이 있을 때에는 위 최소요건에도 불구하고 보고서의 내용, 보고시점에 관계없이 보고하게 하는 것이 감사기구의 독립성을 유지하는데 도움이 된다.

④ 의회는 감사기구에게 충분한 자원을 제공하여 감사기구가 책임감 있게 행동하고 임무를 효과적으로 수행할 수 있도록 해야 한다.

다음에는 최고감사기구가 행정부와 관계에서 독립성을 유지하는 방법을 살펴보자.

① 행정기관에 대해 최고감사기구는 외부감사자의 입장이다. 감사기구는 감사를 시행하고 감사결과 발견사실, 결론, 권고사항을 확정하는 과정에서 행정기관의 영향력 때문에 이를 수정하거나 변경하는 일이 없어야 한다.

② 감사기구는 행정기관에 회계기준, 정책, 재무회계보고서의 형식에 대해 권고하는 등 행정기관과 어느 분야에서는 밀접하게 협력할 수 있다. 하지만 그러한 권

고를 할 때 감사기구의 독립성과 객관성을 해칠 수 있는 일에 관여해서는 안 된다.

③ 행정기관이 감사기구에 감사사항을 제안할 수는 있으나 감사기구의 독립성을 유지하려면 그러한 요청을 줄여야 한다. 또한 행정기관의 요청이 있더라도 감사의 시행여부는 감사기구가 결정하여야 한다.

④ 최고감사기구는 감사대상기관의 구역 및 기록에 자유롭게 접근할 수 있도록 법적 권한이 확보되어야 한다. 또한 감사대상기관 뿐만 아니라 그 소속직원으로부터 필요한 정보도 얻을 수 있어야 한다.

⑤ 최고감사기구의 장의 임기를 장기간 고정임기로 정하거나 퇴직 전까지로 정하는 등의 조치는 감사기구의 독립성 확보를 위해 필요하다. 그리고 감사기구의 장의 임용과 해임을 특별한 과정을 통해서만 행사할 수 있도록 규정하는 것도 독립성 확보를 위해 필요하다.

⑥ 최고감사기구의 기능적 독립성을 유지해야 한다고 해서 감사기구가 행정기관과 모든 일에서 단절해야 한다는 것은 아니다. 직원인사관리, 자산관리, 일반물품의 구매 등과 같은 분야에서는 행정기관과 협력할 수 있다. 하지만 이 경우에도 행정기관이 감사기구의 독립성을 해칠 결정을 해서는 안 된다.

마지막으로 최고감사기구가 감사대상기관과의 관계에서 독립성을 확보하는 방법을 살펴보자.

① 최고감사기구는 감사대상기관이 공공회계나 재무입법 등과 관련하여 개혁을 하고자 할 때 이에 협력할 수 있고 감사대상기관이 그들의 역량이나 권한에 영향을 줄 법률 및 규칙을 제정 또는 개정할 때 자문을 해 줄 수도 있다. 그렇지만 감사기구가 감사대상기관의 업무에 기술적 지원을 하거나 또는 재무관리경험을 전수해 주는 정도를 넘어서 그들의 업무에 간섭해서는 안 된다.

② 최고감사기구는 감사대상기관의 관리 및 운영에 참여해서는 안 된다. 감사기구의 직원이 감사대상기관의 관리위원회 멤버가 되어서는 안 되며 그들의 관리와 운영에 대한 의견은 감사의견 및 권고사항으로 전달되어야 한다. 감사기구가 감사대상기관의 운영, 프로그램, 활동을 가까이서 빠르게 검토하기 위해 감사대상기관의 사무실에 별도의 사무실을 개설해서 입주해 있는 경우에도 감사기구의 직원은 감사대상기관의 관리책임 범위에 있는 의사결정이나 승인과정에 개입해서는 안 된다.

③ 최고감사기구의 직원이 감사대상기관의 관리자와 사회적, 혈연적, 또는 다른

관계로 밀접한 경우, 감사기구는 이 사람을 그 기관 감사에 투입해서는 안 된다.

④ 최고감사기구는 학문기관과 협력할 수 있고 직업과 관련한 외부 협회와도 관계를 맺을 수 있다. 그러나 이러한 행동은 전문성 있는 사람들의 조언을 최대한 얻고자하는 노력이며 감사기구의 독립성과 객관성을 해쳐서는 안 된다.

그리고 일곱째 원칙은 2.1 b)항 2.30, 2.31에 기술되어 있는데 이익의 충돌과 관련된 내용이다. 감사기구는 감사자와 감사대상기관 사이에 이익의 충돌이 없도록 해야 한다. 그리고 책임 있는 감사대상을 감사하고 감사결과보고서를 작성하는 전 과정에 독립성과 객관성을 유지해야 하며, 이를 위해 적정한 일반 감사기준을 준수해야 한다.

나. 자체감사 서비스와 역할

Lima 선언서 제6장 Section 18부터 Section 25까지에 따르면 최고감사기구는 모든 공공재무활동을 감사할 책임이 있으며 감사를 통해 정의된 예산분류, 회계시스템을 가능한 단순하고 명료하게 만들어야 한다. 공공조직과 이와 관련된 해외에 설립된 조직에 대해서 감사할 수 있고, 세금, 공공계약, 전자자료처리, 공공이 참여한 상법상 기업, 공공자금의 보조, 국제조직이나 초국가조직에 대해서도 감사할 수 있다. 또한 위 선언서 제4장 Section 12에 따르면 최고감사기구는 의회와 행정부에 법안 또는 다른 재무규정에 대한 의견을 전문가의 의견형태로 제공할 수 있다. 하지만 전문가의 의견을 받아들일지 아닐지에 대한 판단은 오로지 해당 기관의 고유한 권한이자 책임이며 최고감사기구의 이 같은 자문서비스는 장래 감사를 할 때 감사의 효과성을 저해시키거나 감사결과 발견된 사실에 영향을 끼쳐서는 안 된다. 그리고 정부부처와 정부기관 등에서 회계절차를 채택 또는 변경할 때에는 최고감사기구와 반드시 협의하여 그 의견을 반영해야 한다.[211]

한편, INTOSAI가 2001년에 만든 감사기준, 즉 ISSAI 100(기본원칙), ISSAI 200(일반기준), ISSAI 300(현장기준), ISSAI 400(보고기준) 중 ISSAI 100에는 공공부문 감사기준과 관련한 10가지 기본원칙이 제시되어 있는데 아홉 번째와 열 번째 기본원칙이 감사서비스 및 역할과 관계된다.[212]

---

211) INTOSAI Professional Standards Committee, *The Lima Declaration of Guidelines on Auditing Precepts*, 1977., http://www.issai.org/composite-190.htm, 2012. 4. 19. 검색.

212) INTOSAI Professional Standards Committee, *Basic Principles in Government Auditing*, 2001., http://www.issai.org/media(629,1033)/ISSAI_100_E.pdf, 2012. 4. 26. 검색.

아홉 번째 기본원칙은 ISSAI 100 조항 6 i) 및 34~44에 기록된 것으로 모든 감사활동은 최고감사기구의 권한범위 내에서 이루어져야 한다는 것이다. 일반적으로 최고감사기구는 헌법이나 이에 준하는 법률에 근거하여 설립된다. 그리고 법률, 규정에 의해 감사기구의 형태(예를 들면, 법원, 이사회, 위원회 형태), 재직기간과 조건, 임기, 권한, 임무, 기능, 책임 등이 정해진다. 정부감사는 합규성감사(regularity audit), 성과감사(performance audit)로 구분되는데 합규성감사는 어느 기관의 재무기록에 관한 조사와 평가, 재무회계서류에 대한 의견표시, 정부행정의 재무적 책임성 검증, 재무시스템과 거래내용이 법과 규정에 순응하고 있는지에 대한 감사, 내부통제 및 내부통제기능에 관한 감사, 감사대상기관에서 이루어진 행정결정사항의 정직성과 적절성에 관한 감사, 감사기구가 공개해야 한다고 생각하는 문제들에 대한 보고를 포함한다. 반면, 성과감사는 경제성, 효과성, 효율성과 관계된 것으로서 행정활동이 안정된 행정원칙과 실례, 관리정책에 따라 경제적으로 집행되었는지에 대한 감사, 사람과 돈과 다른 자원을 효율적으로 사용했는지에 대한 감사, 감사대상기관의 목표를 달성하였는지에 대한 효과성감사, 당초 예상했던 영향력에 대비하여 실제 활동을 통해 확인한 영향력이 어떠한지를 확인하는 감사를 포함한다. 모든 감사는 합규성감사와 성과감사의 요소를 포함할 가능성이 높은데 그 중 비율이 높은 것에 의존하여 합규성감사인지 성과감사인지를 구분할 수 있다. 그리고 최고감사기구는 정부기관의 정책결정을 감사하지 않으며 다만 정책집행을 감사한다. 최고감사기구의 권한 중에 헌법이나 법률에 효과성, 효율성을 확인하도록 명시하지 아니한 나라들에서는 정부기관을 책임지고 있는 장관들이 각자 행정활동의 효율성, 효과성을 평가해야 한다.

열 번째 기본원칙은 ISSAI 100 조항 6 j)와 45~47에 설시된 것으로 감사자들은 감사대상기관이 적절하고 정당한 성과측정치를 사용하고 있는지를 평가하기 위해 새로운 기법과 방법들을 개발해야 한다는 것이다.

다. 전문성(사람관리)

Lima 선언문에 따르면 최고감사기구 구성원의 전문성에 대해 다음과 같이 언급하고 있다.

제5장 Section 14에 따르면 최고감사기구 구성원은 업무를 완벽하게 수행할 수 있게 자격과 도덕적 청렴성이 있어야 하고, 이를 위해 신규 직원을 채용할 때에는

평균 이상의 지식, 기량, 직업경험이 있는 자를 선택해야 하며 기존의 직원들에 대해서도 내부 프로그램, 대학, 국제프로그램 등을 활용해 이론적, 실제적 직업개발에 힘써야 한다. 또한 직원들의 질을 일정 이상이 되도록 유지시키기 위해서는 직원들에게 특별한 고용조건에 상응하는 보수를 주는 등 경제적인 보상을 하여야 한다. 그리고 만일 감사활동에 필요한 특별한 기량이 기존 직원들에게 없을 경우에는 외부전문가를 활용해야 한다.

한편 제5장 Section 15에서는 국제적으로 경험을 교류함으로써 전문성을 보강해야 한다고 언급한다. 이런 교류는 INTOSAI 총회, 국제연합 UN과 다른 기구들에 의해 조직되는 훈련세미나, 지역워킹그룹 활동, professional journal지 발행 등으로 실현해 왔고 앞으로도 이 같은 노력과 활동이 강조될 것이라고 한다. 또한 전문성과 관련해 특히 눈에 띠는 것은 국제적으로 정부감사에 관한 용어를 통일시키려는 노력이다.213)

INTOSAI는 2001년에 ISSAI 100(기본원칙), ISSAI 200(일반기준), ISSAI 300(현장기준), ISSAI 400(보고기준)을 만들었다.214) 그 중 ISSAI 200(일반기준)에는 모두 9개의 원칙이 제시되어 있는데 그 중 첫째 및 둘째 원칙은 전문성(사람관리)과 관련한 내용을 담고 있다.215)

첫째 원칙은 1.2 a) 및 1.3, 1.4항과 관련된 내용으로서, 최고감사기구는 적절한 자격을 가진 직원을 채용할 수 있게 관련 정책과 절차를 만들어 운용해야 한다. 감사기구 직원은 적절한 학력자격을 갖추어야 하고 훈련과 경험을 받은 자 이어야 한다. 감사기구는 감사자를 임명할 때 최소한의 학력자격을 정하고 이를 적용하며 그 조건의 적정성을 정기적으로 검토해야 한다.

---

213) INTOSAI Professional Standards Committee, *The Lima Declaration of Guidelines on Auditing Precepts*, http://www.issai.org/composite-190.htm, 2012. 4. 19. 검색.

214) INTOSAI Professional Standards Committee, *INTOSAI Auditing Standards-Basic Principles; General Standards; Field Standards; Reporting Standards*, 2001., http://www.issai.org/composite-192.htm, 2012. 4. 26. 검색.

215) ISSAI 200(일반기준)의 첫째, 둘째 원칙은 '다. 전문성(사람관리)'에, 셋째, 넷째, 다섯째, 여덟째, 아홉째 원칙은 '라. 전문적 감사활동'에, 여섯째, 일곱째 원칙은 '가. 지배구조(독립성)'에 나누어 설시하였음.

둘째 원칙은 1.2 b) 및 1.5~1.12항과 관련된 내용으로서, 최고감사기구는 직원들이 계속적으로 훈련과 직업개발을 할 수 있도록 하기 위해 관련 정책과 절차를 만들어 운용해야 한다. 감사기구 내부의 훈련과정뿐 아니라 외부기관에서 훈련을 받을 수 있는 규정을 포함하여 계속적인 직업개발을 할 수 있도록 단계별 프로그램을 만들어야 한다. 감사기구는 직업개발의 필요를 알고 감사계획수립에 활용하기 위해 직원들의 기량목록을 만들어 유지해야 한다. 감사기구는 감사자와 다른 직원이 승진을 하기 위해 필요한 최소한의 교육요건을 정하고 그 기준이 적합한지에 대해 정기적으로 검토해야 한다. 그리고 감사자들이 감사업무에 적용되는 기법과 방법을 개발하고 익숙해지며 의회의 역할, 행정부의 활동을 지배하는 법률 및 제도, 공기업의 헌장 등 감사환경을 잘 이해하고 감사를 할 수 있게 하기 위해 필요한 정책과 절차를 만들어야 한다. 재무시스템, 회계기록, 재무회계보고서에 대한 감사를 위해서는 감사자들이 회계에 대한 훈련을 받아야 할 뿐만 아니라 감사대상기관의 책임성에 영향을 주는 의회나 행정부의 명령과 규율에 대해서도 잘 알아야 한다. 또한 감사기구는 직원들이 업무와 관련이 많은 협회에 가입하여 활동하면서 배우도록 권장해야 한다.

라. 전문적 감사활동

Lima 선언에는 최고감사기구의 전문적 감사활동과 관련한 내용이 언급되어 있다. 첫째, 감사의 계획 및 실행과 관련된 사항이다. 선언문 제5장 Section 13에 따르면 최고감사기구는 외부의 영향을 받지 않고 자신들이 결정한 프로그램에 따라 감사를 해야 한다. 이는 전문적 감사활동 뿐만 아니라 독립성과도 관계되는 내용이다. 실제 감사에서는 모든 재무관리활동을 감사할 수 없으므로 표본을 추출하여 감사를 하게 되는데 표본은 재무관리활동의 품질과 규칙성을 판정할 수 있게 기존에 검증된 모형을 활용하여 충분한 양을 선정한다. 감사방법은 재무관리와 관련된 과학, 기술의 개발정도에 따라 이에 부합한 방법을 선택하여 활용하고 감사자들이 감사 때 참고할 수 있는 매뉴얼을 만들어야 한다.

둘째, 감사결과 발견사실을 처리하는 과정과 관련된 사항이다. 위 선언문 제4장 Section 11에 따르면 감사대상기관은 최고감사기구의 감사결과 발견사실에 대해 법률과 최고감사기구에 의해 정해진 기간 안에 의견을 말하고 대응책을 제시해야 한다. 최고감사기구가 제시한 발견사실에 대해 감사대상기관이 법적으로 유효하고 문제를 해결할 수 있는 결정을 하지 않으면 최고감사기구는 이에 책임 있는 기관과 만나 대응책을 논의해야 한다.

셋째, 감사결과보고서 작성과 관련한 내용이다. 위 선언문 제6장 Section 16, Section 17에는 감사결과에 대한 보고서 작성에 대해 언급되어 있는데 이에 따르면 최고감사기구는 헌법에 의해 의회와 다른 책임 있는 공공조직에 매년 정기적으로 그리고 독립적으로 감사결과 발견사실을 보고해야 한다. 보고서는 대중에게 공개되어 토론을 유도하고 그래서 감사결과 발견된 문제점을 개선하도록 해야 한다. 다만 법률에 의해 보호해야 하거나 법률에 없더라도 보호할 가치가 있는 경우에는 최고감사기구는 감사결과 발견된 사실을 공개하는 것과 공개하지 않고 보호하는 것의 중요도를 따져보아야 한다. 연간보고서에는 감사결과 발견된 사실과 감사활동결과에 대한 평가를 담아야 하는데 감사결과 발견된 사실은 감사대상기관의 관점에서 그들의 의견을 충분히 수렴하여 작성해야 하며 감사활동결과에 대한 평가는 객관적이고 명료한 방법으로 필요한 핵심만을 담아 작성한다.[216]

INTOSAI는 위 멕시코선언문의 실행을 보강하기 위해 2007년에 '최고감사기구의 독립성과 관련한 INTOSAI 지도서와 모범사례(INTOSAI Guidelines and Good Practices Related to SAI Independence)'를 만들었다. 그 내용 중 전문적 감사활동과 관련된 다섯째, 여섯째, 일곱째 원칙만 요약하여 정리하면 다음과 같다.[217]

다섯째 원칙으로서, 최고감사기구는 감사활동의 결과를 보고하는데 제한을 받아서는 안 된다. 이를 위해 법률에 1년에 1번 이상 감사결과를 보고하도록 명시해야 한다. 실례를 살펴보면 감사원장이 감사 관련법에 따라 언제든지 감사결과 발견한 사실을 군주에게 보고할 수 있고 연간보고서도 군주에게 직접 보고하는 경우가 있다. 즉시 추가 조사가 필요한 사항, 즉 공공자금을 잘못 사용하였거나 권력을 남용한 사실 등은 적절한 권위를 가진 기관에 직접 보고되고 행위자는 제재를 받거나 처벌을 받는다. 어떤 최고감사기구는 대통령과 의회에만 감사결과보고서를 보고하

---

216) INTOSAI Professional Standards Committee, *The Lima Declaration of Guidelines on Auditing Precepts*, http://www.issai.org/composite-190.htm, 2012. 4. 19. 검색.

217) INTOSAI Professional Standards Committee, *Mexico Declaration on SAI Independence*, 2007.; *INTOSAI Guidelines and Good Practices Related to SAI Independence*, 2010., http://www.issai.org/composite-191.htm, 2012. 4. 20. 검색, 멕시코선언문에 담긴 8개 원칙 중 첫째, 둘째, 셋째, 넷째, 여덟째 원칙은 '가. 지배구조(독립성)'에, 나머지는 '라. 전문적 감사활동'에 설시하였음.

고 이를 국민들에게 공개할 의무가 법적으로 없었는데 2003년 8월부터는 모든 감사결과보고서를 인터넷 웹사이트에 올려 국민들이 이를 볼 수 있게 하였다.

여섯째 원칙으로서, 보고서의 내용과 보고시기 결정, 보고서 공개와 배부에 대해서도 자율성이 인정되어야 한다. 의회는 감사보고서에 대한 최소한의 요구조건을 제시할 수 있고 최고감사기구도 의회, 행정부, 관련 위원회 등의 관심사항과 의견을 보고서에 반영해야 하지만 보고서의 내용과 보고의 시기는 전적으로 최고감사기구가 결정해야 한다. 다만 보고시기와 관련해서 인정할 만한 특별한 사유가 법률이 정한 경우에는 법률규정에 따른다.

일곱째 원칙으로서, 최고감사기구는 감사결과 권고사항 등에 대해 follow-up하는 시스템을 구축하여 운영해야 한다. 감사결과 개선이 필요해서 만든 권고사항을 의회, 관련 위원회, 감사대상기관에 보내주어 의견을 들어야 하고, 감사결과 권고사항, 의회의 의견과 관련 위원회의 의견, 감사대상기관 이사회의 결정사항 등이 잘 이행되고 있는지 follow-up 해야 한다. 그리고 최고감사기구는 follow-up 보고서를 의회, 관련 위원회, 감사대상기관의 이사회 등에 보고해야 한다. 실제 최고감사기구들에서 이루어지고 있는 감사결과에 대한 follow-up 사례를 살펴보면 여러 경우가 확인된다. 어떤 나라에서는 최고감사기구가 follow-up 기능을 가지고 있지 않고 모든 부처의 장관들과 해당 기관의 장이 최고감사기구의 권고사항에 대해 책임을 지고 대처한다. 그리고 각 부처의 장관들과 해당 기관의 장은 최고감사기구에 의해 제기된 문제를 어떻게 처리하였는지에 대해 확인하여 보고서를 작성하고 최고감사기구와 의회의 공공회계위원회에 보고한다. 또 다른 나라에서는 최고감사기구가 의회의 상임위원회와 관계를 공고히 하며 감사결과에 대해 보고를 하는데 이러한 과정을 통해 의회는 공론화 될 중요한 이슈를 발견하기도 한다. 따라서 의회가 최고감사기구의 감사대상기관에게 감사결과 권고사항을 이행하여 문제를 해결하도록 촉구하기도 한다. 최고감사기구의 장과 행정부의 중요한 장관들(예를 들면 the Ministry of the Department of the Prime Minister and Cabinet, the Treasury, and the State Services Commission)이 정기적으로 모임을 갖고 그 자리에서 최고감사기구가 감사결과 권고사항의 이행을 독려하는 경우도 있다. 또 다른 나라에서는 최고감사기구의 권고사항이 어떻게 이행되고 있는지를 follow-up 하기 위해 Financial Management and Accounts Committee를 운영하기도 하고, Prime Minister's office가 감사원 감사결과 제기된 문제들을 논의하기 위해 High-level Management Integrity Committee를 만들어 운영하기도 한다. 또 다른 좋은 사례는 최고감사기구가 감사를 마치고 나서 감사대상기관, 기획예산부처, 직원인사를 담당하는 부처와 함께 감사결과 보고모임을 갖고 감사결과 발견된 사실과 권고사항을 말함으로써 예산과 인사에 중대한 영향을 행사하는 방법도 있다.

  그리고 INTOSAI는 2010년 '투명성과 책임성의 원칙(Principles of Transparency and Accountability)' 9개와 이와 관련한 모범사례를 소개하였다. 그 내용 중 셋째, 일곱째, 여덟째 원칙이 전문적 감사활동과 관련된 내용이다.[218]
  셋째 원칙으로서, 최고감사기구는 감사활동의 투명성과 책임성 유지를 위해 객관적이고 투명한 감사기준, 감사과정, 감사방법을 채택하여야 한다. 최고감사기구는 INTOSAI의 기본적인 감사원칙에 순응한 감사기준과 감사방법을 선택하고 감사대상기관에는 감사 시 어떤 기준에 따라 의견을 제시할 것인지에 대해 알린다. 감사대상기관에 감사의 목적, 감사방법, 감사결과 발견된 사실 등에 대해서도 알려준다. 그리고 최고감사기구는 효과적인 follow-up 메커니즘과 권고사항을 보고하는 절차를 활용함으로써 감사대상기관이 감사결과 문제가 된 내용에 대해 개선을 할 수 있게 하고 만일 감사대상기관이 권고사항에 대한 조치를 하지 않았다면 그 이유가 무엇인지에 대해서도 알 수 있게 해 준다. 또한 최고감사기구는 감사활동과 보고서에 대한 품질보증시스템을 도입하여 운영하고 그 시스템에 대해 주기적으로 독립적인 평가를 하여야 한다.
  이와 관련한 실례를 살펴보면, 조사결과 모든 최고감사기구는 INTOSAI의 기본적인 감사기준인 ISSAIs를 채택하여 사용하고 있고 몇 개의 감사기구는 이에 더하여 매뉴얼(manuals), 지침(functional directives), 도구와 지도서(tools and guides)를 발행하였다. 감사권고사항에 대한 follow-up과 관련해서는 3가지 경우가 특징적이었다.
  ① 한 감사기구는 전년도에 의회에 보고한 성과감사보고서의 권고사항이 현재 얼마나 조치되고 있는가를 검토하고 그 결과를 담은 'Status Report'를 만들어 의회

---

218) INTOSAI Professional Standards Committee, *Principles of Transparency and Accountability*, 2010.; *Principles of Transparency and Accountability-Principles and Good Practices*, 2010., http://www.issai.org/media(795,1033)/ISSAI_21_E_endorsement_version.pdf, 2012. 4. 21. 검색, 9개 원칙 중 첫째, 둘째, 넷째, 다섯째 원칙은 '지배구조(독립성)'에, 셋째, 일곱째, 여덟째 원칙은 '라. 전문적 감사활동'에, 여섯째, 아홉째 원칙은 '마. 성과관리와 책무성'에 나누어 설시하였음.

에 주기적으로 보고하고 있다.

② 다른 감사기구는 연간보고서의 둘째 부분에 감사결과 권고사항의 이행상태를 나타내는 'Follow-up given to SAI Observations'로 배치하고 권고사항 대비 이행성과를 나타내는 성과지표를 표시하고 있다.

③ 또 다른 감사기구는 의회에 보고하는 국가회계에 관한 연간보고서에 1년 동안 발행한 감사권고사항 중 가장 중요한 권고사항들을 적어 보고하고 있다. 한편, 많은 최고감사기구들은 웹페이지에 감사방법, 계획된 성과감사 목록 등을 올리고 있고 발간되는 보고서에는 감사결과 권고사항에 대한 감사대상기관의 의견을 적어 놓는 방법으로 투명성과 책임성을 강조한다. 그리고 감사품질관리 준거틀이 잘 설계되고 운영되는지를 알기 위해 주기적으로 동료평가(peer review), 실무평가(practice review), 의회 및 감사대상기관 등 이해관계자들을 상대로 한 설문조사를 하고 그 결과를 웹사이트에 올려 공개한다. 한 감사기구는 INTOSAI 감사기준이 자주 갱신되는 점에 착안하여 새로운 ISSAIs가 발행된 후 최소 12개월 안에 자체감사기준에 반영될 수 있도록 해야 한다는 성과지표를 채택하고 주기적으로 감사기준을 갱신시키고 있다.

일곱째 원칙으로서, 최고감사기구는 감사결과 및 정부활동과 관련한 최고감사기구의 결정사항들을 대중에게 공개해야 한다. 감사기구들은 특별한 법률이나 규정에 의해 감사결과를 비밀로 분류하지 않는다면 감사결과 결론 및 권고사항을 대중에게 공개해야 한다. 그리고 권고사항에 대해 감사대상기관 등이 조치한 개선책에 대해서도 확인하여 보고해야 한다. 법원으로 구성된 감사기구의 경우에는 회계관이나 관리자에게 부과한 제재나 벌칙을 보고해야 한다. 또한 최고감사기구는 전반적인 감사성과, 즉 정부의 전반적인 예산집행, 재무조건과 재무활동들, 전반적인 재무관리개선, 직업역량에 대해 보고해야 한다.

실례를 살펴보면, 대부분의 감사기구들은 감사결과보고서의 공개 필요성과 대중이 이에 쉽게 접근할 수 있는 방법에 대해 관심을 두고 있다. 그래서 공개를 할 때 대중들이 연도별, 주제별, 관련 기관별로 자료를 찾아볼 수 있게 배려를 한다. 어떤 감사기구들은 감사결과보고서의 요약문을 제공하기도 한다. 대부분의 나라에서 최고감사기구의 장은 의회의 관련 위원회에 감사결과 발견사실을 보고하고 어떤 나라에서는 왕이나 대통령에게 보고하기도 한다. 많은 나라의 최고감사기구들은 의회구성원이 자주 바뀌는 것에 착안하여 새로 의회구성원이 된 사람들에게 감사기구가 감사하여 권고를 한 사항 중에 감사대상기관이 조치를 취하지 아니한 사항들을 모아 편지로 알려주기도 한다.

여덟째 원칙으로서, 최고감사기구는 신문, 방송언론매체, 웹사이트 및 기타 다른 수단을 통해 감사활동과 감사결과에 대해 시기적절하고 폭넓게 대화해야 한다. 보고서나 판결문을 요약문, 그래픽, 비디오, 신문 및 방송 공개문 등의 형태로 다양하게 작성하여 공개하고 자국의 언어뿐 아니라 INTOSAI 공용언어로 제공하는 것이 효과적이다. 그리고 감사결과 중요한 결정들에 대해 대중과 학계가 관심을 갖게 해야 한다. 또한 감사결과는 쓸모없게 되거나 효과가 떨어지지 않게 하기 위해, 그리고 감사대상기관과 책임 있는 기관이 올바른 결정을 내릴 수 있도록 하기 위해 늦지 않게 작성하여 전달하여야 한다. 이것이 감사의 투명성과 책임성을 유지하는 또 다른 방법이다.

실례를 참고하여 이야기 하면, 최고감사기구는 대화전문가를 고용하거나 그들로부터 자문을 받는 형식을 취해 감사결과보고서가 이해하기 쉬운 문체로 써졌는지 확인하고, 감사결과를 언론에 공개한 후 기자설명회 등을 개최하여 감사결과 내용에 대해 이해시키는 노력을 하고 있으며, 감사결과를 얻고자 하는 사람들을 위해 미디어센터를 제공하고 있다. 한 감사기구는 언론을 상대로 할 수 있는 전문가를 공보직원으로 채용하고 주요 언론사와 정기적으로 모임을 갖고 감사결과의 내용을 정확히 전달하려고 노력하고 있다. 또 다른 감사기구의 장은 감사결과를 공개한 후 언론인의 질문에 일대일로 대응하여 설명하고, 의회 관계자들을 직접 만나 감사기구의 예산, 감사계획과 우선순위, 감사성과, 관리사례 등에 대한 보고를 하는 경우도 있다.

INTOSAI는 또한 2010년에 '최고감사기구를 위한 품질통제(Quality Control for SAIs)'를 만들었는데 여기에 소개된 6가지 요소들 중 5가지 요소가 전문적 감사활동과 관련된다.[219] 그 내용을 요약하여 정리하면 다음과 같다.

첫째 요소로서, 최고감사기구는 업무를 수행하는데 품질관리가 필수적이라는 문화가 조직 내부에 정착되도록 관련 정책과 절차를 수립해야 한다. 감사기구의 장은 좋은 품질을 보여주는 업무에 대해 칭찬하고 보상을 주어야 하며, 관리자들은 품질관리가 내부 문화로 정착할 수 있게 명확하고, 일관되게, 그리고 자주 품질관리의 중요성을 이야기해야 한다. 또한 감사기구는 품질관리를 계속하기 위해 필요

---

219) INTOSAI Professional Standards Committee, *Quality Control for SAIs*, 2010., http://www.issai.org/media(854,1033)/ISSAI_40_E_endorsement_version.pdf, 2012. 4. 23. 검색.

한 충분한 자원을 보유해야 한다.

셋째 요소로서, 최고감사기구는 보유한 역량, 자원 등을 고려해 주어진 시간 안에 수행할 수 있는 업무를 해야 한다. 또한 적절한 윤리적 요구조건에 순응할 수 있는 업무이어야 하며 청렴성이 의심되는 기관을 상대로 업무를 수행할 때에는 발생 가능한 위험요소를 미리 고려하고 어떻게 처리할 것인지 생각해 두어야 한다. 따라서 이러한 내용을 지킬 수 있도록 정책과 절차를 만들어 운영해야 한다. 자원이 부족하여 업무품질을 확보할 수 없을 때는 위험의 정도에 기초하여 우선순위를 정해 우선순위가 높은 업무부터 시행한다. 그리고 반드시 해야 할 업무인데 일정한 품질을 유지하기 위해 자원이 더 필요하면 감사기구의 장, 의회, 예산부처에 이를 알려 필요한 조치를 할 수 있도록 정책과 절차를 수립하여야 한다. ISSAI 10에 기초하여 업무의 독립성을 평가하고 독립성을 위협하는 위험이 발견되면 그 위험을 어떻게 해결할 것인가에 대해 결정하고 일련의 과정을 서류화해야 한다. 감사기구는 이러한 과정들을 다 거쳐 수행해야 할 신규 업무, 계속 수행할 업무를 결정해야 하는데 결정과정에서는 감사기구 내에서 적절한 레벨의 관리자가 승인을 해야 한다. 업무를 수행할 때도 위험평가를 실시하고 예상되는 위험을 경감시키기 위해 업무범위를 줄여 보고서에 명시하든지, 평상시보다 더 많은 전문인력 또는 고위직 감사자를 배치하든지, 감사결과보고서를 발행하기 전에 더 심도 있는 품질검토과정을 거치는 등의 노력을 하여야 한다. 그리고 감사기구가 감사업무나 기타 다른 업무를 맡지 않거나 계속 수행하지 않는다는 결정을 했을 때에는 그 사유를 공개해야 한다.

넷째 요소로서, 최고감사기구는 직원 또는 계약에 의해 감사기구의 업무를 대신하는 자가 관련 기준, 법, 규정에 따라 일을 수행할 수 있는 충분한 역량과 윤리성을 갖추고 있고 환경에 적합한 보고서를 발행할 수 있다는 것을 보증하기 위해 정책과 절차를 만들어 시행해야 한다. 이를 위해 업무를 수행하는데 필요한 기량과 전문성을 갖춘 자원을 얼마든지 동원할 수 있어야 한다. 업무를 수행하는 감사자나 외부 계약자는 감사기구가 정한 요구조건 뿐만 아니라 관련 전문기구가 정한 요구조건을 따를 수 있어야 한다. 인적자원에 관한 정책과 절차는 신규 채용(자격 있는 직원의 채용), 업무성과평가, 기존 직원들을 위한 직업개발, 능력과 재능, 역량, 이력개발, 승진, 보상, 개인요구사항 측정 등을 모두 포함하여야 하며, 품질과 윤리적 요구조건을 적절하게 강조해야 한다. 감사기구는 직원들의 직업개발을 촉진시키기 위해 배움과 훈련을 권장해야 하고 직원들이 업무를 수행하는데 주변에 어떤 이해관계자들이 있고 그들의 요구조건이 무엇이며 그래서 어떻게 행동해야 하는가를 잘 알도록 해 주어야 한다.

다섯째 요소로서, 최고감사기구는 수행하는 업무의 품질을 증진시키기 위해 필요한 정책과 절차를 만들어 운영해야 한다. 직장 내에서 전문적인 판단(예를 들면 외부전문가의 자문 등)을 적절하게 사용하는 환경을 만들도록 권장해야 하고, 업무내용을 검토하는 일은 품질을 높이고 배움을 증진시키며 직원을 개발시키기 위한 수단으로 인식해야 한다. 업무를 수행할 때는 적절한 기준을 적용하고 이에 순응하도록 해야 하며 만일 기준을 만족하지 못하면 그 사유를 적어 문서화해야 한다. 감사기구 내에서 의견에 차이를 보일 때에도 문서화하고 보고서가 발행되기 전까지 여러 방법을 사용하여 의견을 일치시키도록 노력해야 한다. 감사기구가 하는 어떤 일은 많이 복잡하고 중요해서 보고서가 발행되기 전에 강력한 품질통제를 해야 하는 경우가 있다. 따라서 품질통제 정책과 절차에 보고서 승인절차도 포함시켜야 한다. 또한 감사업무에 대한 결과가 늦게 나와 감사대상기관이나 이해관계자들이 중요한 결정을 하는데 도움을 주지 못하면 감사성과가 현저히 떨어지므로 감사결과보고서는 시기적절하게 생산해야 한다. 그리고 감사결과보고서를 발행하기 전에 감사기구에 직접적 또는 간접적으로 영향을 주는 이해관계자들과 전문가들의 의견을 들어 감사결과 발견한 사실들을 다시 검증 및 확인하는 과정을 거치는 것이 좋다. 모든 업무결과는 문서화하는 것이 바람직하고 최소한 법, 규정, 기준, 지침서 등이 정한 기간 동안 보유하는 것이 필요하다. 감사업무 수행과정에서 얻은 정보를 공개하는 것과 비밀을 유지하는 것 사이에 균형감을 가져야 하고 정보를 다루는 절차를 명확히 정해 놓아야 한다.

여섯째 요소로서, 최고감사기구는 품질통제시스템과 관련한 정책과 절차가 적절하고 적정하며 효과적으로 운영되고 있다는 것을 보증하기 위해 점검(monitoring)과정을 만들어 운영해야 한다. 점검과정은 감사기구가 수행한 업무 중 몇 개를 골라 평가하고, 평가를 할 때에는 그 업무와 관련이 없는 독립적이면서 충분하고 적정한 경험을 보유한 직원을 선택하여 시행하며 다른 감사기구에 의한 동료평가, 학문적인 검토, 이해관계자를 대상으로 한 조사, 감사결과 권고사항에 대한 follow-up, 감사대상기관을 대상으로 한 고객만족도조사 등 피드백 방법을 활용한다. 이러한 점검은 계약을 통해 감사업무를 외부계약자에게 맡긴 경우에도 해당된다. 점검결과는 시기적절하게 감사기구의 장에게 보고되어 감사기구의 장이 필요한 조치를 취할 수 있도록 해야 한다. 또한 감사기구의 업무품질에 대한 불만사항, 주장들을 수집하여 이에 적절하게 대응하는 절차도 만들어야 한다.

한편, INTOSAI가 2001년에 만든 감사기준 ISSAI 100(기본원칙)에는 10개 원칙이 제시되어 있는데 전문적 감사활동과 관련한 8개 원칙을 요약하면 다음과 같다.220)

첫째 원칙으로서, 최고감사기구는 INTOSAI 감사기준을 준수하여야 한다. 만일 회계법원으로 구성된 감사기구, 감사와 관련되지 아니한 업무 등에서와 같이 INTOSAI 감사기준을 준수할 수 없는 경우에는 업무의 품질을 높일 수 있게 이에 상응한 기준을 적용해야 한다.

둘째 원칙으로서, 최고감사기구는 감사과정에서 발생하는 다양한 환경에 적합한 독자적인 결정을 해야 한다. 이러한 결정을 위해 감사과정에서 확인한 증거는 이슈선택, 감사범위, 감사테스트의 시기와 범위 등을 정하는데 중요한 역할을 한다.

셋째 원칙으로서, 국민들의 의식이 높아짐에 따라 공공자원을 관리하는 사람이나 기관의 책임성은 더욱 커지고 있다. 따라서 최고감사기구는 책임성을 확보할 수 있도록 과정(process)을 만들고 이를 효과적으로 운영해야 한다. 이러한 과정 중의 하나로서 대부분의 나라에서는 책임 있는 기관들이 의회에 관련 업무를 보고하고 있고, 몇 나라에서는 대통령, 국왕, 국가위원회 등에 직접적 또는 간접적으로 보고하고 있다.

넷째 원칙으로서, 최고감사기구는 적정한 정보, 통제, 평가, 보고시스템을 개발하여 운영하면 책임성을 높일 수 있다. 관리자는 재무보고서 뿐만 아니라 다른 정보의 형태 및 내용을 올바르게 수정하고 충분하게 유지해야할 책임이 있다.

다섯째 원칙으로서, 최고감사기구는 회계기준을 만드는 기관과 협력하여 재무보고 및 재무공개를 위한 회계기준을 만들어 공표하고 감사대상기관은 중요하면서 측정 가능한 목표와 성과타겟을 개발해야 한다.

여섯째 원칙으로서, 회계기준을 일관되게 적용하는 것은 공정성 확보의 전제조건이 된다. 하지만 감사자는 회계기준을 일관성 있게 적용하였다는 사실만으로 공정한 재무보고가 이루어졌다고 판단하지 말고 감사자만의 독자적인 판단을 더 가미하여 공정성 여부를 판단해야 한다.

일곱째 원칙으로서, 적정한 내부통제시스템은 잘못과 비합규성의 위험을 최소화할 수 있다. 이것은 감사자의 책임이 아니라 감사대상기관들이 해야 할 일이다.

여덟째 원칙으로서, 최고감사기구가 감사활동에 필요한 정보나 자료에 접근할

---

220) ISSAI 100(기본원칙)에는 모두 10개 원칙이 제시되어 있는데 그 중 아홉 번째, 열 번째 원칙은 '나. 자체감사 서비스와 역할'에 설시하였음.

수 있다는 내용을 법률에 규정해 놓으면 정보나 자료를 유지하고 제공하는 감사대상기관과 협력을 원활하게 할 수 있다.

다음으로 ISSAI 200(일반기준)에는 9개 원칙이 설시되어 있는데 그 중 셋째, 넷째, 다섯째, 여덟째, 아홉째 원칙이 전문적 감사활동과 관련된 내용이다.[221]

ISSAI 200의 셋째 원칙은 1.2 c)항 및 1.13항, 1.14항과 관련된 내용으로서 최고감사기구는 감사수행을 위한 매뉴얼, 지도서 등을 준비하기 위해 필요한 정책과 절차를 만들어 시행해야 한다는 것이다. 지도서를 포함한 회보 또는 매뉴얼로 직원들과 소통하는 것은 감사업무의 품질을 유지하는데 매우 중요한 일이다.

ISSAI 200의 넷째 원칙은 1.2 d)항 및 1.15~1.24항과 관련된 내용으로서 최고감사기구는 직원들의 기량과 경험을 지원하는 한편, 부족한 기량이 무엇인지를 파악하고 감사업무에 기량을 배분하며 감사에 필요한 충분한 직원 수를 알아내고, 감사계획을 세우거나 감사활동을 감독할 때 일정 수준 이상의 품질을 유지하면서 감사목적을 달성할 수 있게 하기 위해 필요한 정책과 절차를 만들어 운용해야 한다는 것이다. 개별 감사를 할 때마다 감사의 본질과 성격에 맞게 요구되는 기량들을 확인하고 직원들의 기량과 비교하여 배치하되 가능한 감사에 맞는 기량들을 가진 직원들을 배치하여 감사성과를 얻도록 해야 한다. 만일 감사결과 발견사실, 결론, 권고사항들에 대해 더 많이 생각해야 하고 안정된 기초가 필요하며 해당 분야에 대한 이해가 더 필요할 경우에는 감사기구 내부 및 외부에 있는 전문가의 도움을 받아야 한다. 감사계획, 감사시행, 감사결과보고의 모든 단계에서는 감사기구의 직원 중 경험 많고 전문성이 있으며 감사기준과 감사방법에 대해 잘 알고 있고 감사환경의 특징을 잘 아는 역량 있는 직원이 감독을 하도록 해야 한다. 자원이 한정되어 있으므로 감사를 해야 할 사항을 우선순위를 정해 전략계획 수립 시 반영하고 전략계획에 근거하여 감사를 실시하되 이 같은 내용을 법률에 명시하는 것이 좋다. 또한 감사의 우선순위를 정하는 것과 관련하여 감사대상기관의 구조, 기능, 활동과 관련한 정보를 평소에 수집하여 유지하는 것은 매우 중요한데 이는 감사기구가 감사대상기관의 중요한 부분, 약점이 있는 부분, 개선이 필요한 부분을 이해하는데 도움이 되기 때문이다. 감사기구가 개별 감사를 할 때에는 감사목적, 감사범위, 감사중점, 감사자원, 감사단계마다 진행상황을 검토하는 방법, 현장감사와 감사

---

221) ISSAI 200(일반기준)의 첫째, 둘째 원칙은 '다. 전문성(사람관리)'에, 셋째, 넷째, 다섯째, 여덟째, 아홉째 원칙은 '라. 전문적 감사활동'에, 여섯째, 일곱째 원칙은 '가. 지배구조(독립성)'에 나누어 설시하였음.

결과보고서 작성이 완료되는 예상시간 등이 명시된 계획서를 만들어 권위 있는 자의 결재를 받아야 한다.

ISSAI 200의 다섯째 원칙은 1.2 e)항 및 1.25~1.35항과 관련된 내용으로서 최고감사기구는 자체감사기준의 효율성과 효과성(품질보증)을 검토하기 위해 필요한 정책과 절차를 마련해 운용해야 한다는 것이다. 먼저 감사기구는 품질보증을 담당할 자원을 배치해야 한다. 이는 통합적인 품질보증과정이 만족스럽게 작동하고 있고 보고서의 품질을 보증하며 만일 약점이 있으면 개선시키고 잘못된 일을 되풀이하지 않기 위한 조치이다. 품질을 확보하기 위한 노력은 감사기구의 직원 중에 자격을 갖춘 몇 명을 골라 자신들이 참여하지 아니한 몇 개의 감사사항을 선정하게 하고 감사계획, 시행, 감사결과보고 전반에 걸쳐 품질을 검토하게 한 후 그 결과를 감사기구의 장에게 보고하게 하는 과정에서도 목격된다. 또한 최고감사기구는 자체 운영의 효과적 관리와 성과품질을 유지시키는 것을 돕기 위해 정식 규정에 의해 자체감사기구를 운영하는 것이 필요하다. 감사기구 업무의 품질은 내부검토기능을 강화시킴으로써 개선시킬 수 있기 때문이다. 그리고 감사기구는 사전감사 또는 사후감사에 적용할 수 있는 기준을 마련해야 한다.

ISSAI 200의 여덟째 원칙은 2.1 c)항 및 2.33~2.38항에 설시되어 있는데 그 내용은 다음과 같다. ① 최고감사기구 안에서 토론에 의해 감사의견이나 결정을 하면 감사기구의 객관성을 증진시킬 수 있고 그 의견과 결정의 권위를 높일 수 있다. 합의제형태로 구성된 최고감사기구에서는 그 의견과 결정이 조직전체의 의견과 결정으로 인정되기 때문이다. 반면 독립된 한 사람이 장이 되는 감사기구에서는 감사기구의 의견과 결정이 감사기구의 장의 이름으로 행사된다. ② 최고감사기구에는 감사자 또는 외부전문가가 감사기준의 적용을 소홀히 하는 일을 방지하기 위해 감사계획 절차, 감사방법 적용 및 감사감독 절차, 감사보고서 작성절차 등을 만들어 놓아야 한다. ③ 최고감사기구는 감사의 본질, 감사범위, 복잡성 등을 고려하여 감사를 수행할 수 있는 정도의 교육을 받고 경험이 있는 직원을 배치하여 감사를 시행해야 한다. 또한 감사방법을 최신식으로 업데이트 해야 한다. ④ 최고감사기구에게 재량이 많이 주어질수록 성과의 질을 확보하는 일은 더욱 복잡해진다. 감사기구에게 감사순기를 정할 수 있는 재량과 보고서를 작성하여 권위 있는 기관에게 보고할 수 있는 재량 등이 주어졌으므로 감사기구는 더 엄격하게 관리기준을 적용하여 감사업무의 품질을 유지해야 한다.

그리고 ISSAI 200의 아홉째 원칙은 2.1 d)항과 2.39~2.46항에 설시되어 있는데 그 내용은 다음과 같다. ① 최고감사기구와 감사자는 INTOSAI 감사기준을 준수해야 한다. 감사증거를 모으고 평가할 때 뿐만 아니라 감사결과 발견사실, 결론, 권고사항을 보고서로 작성할 때에도 감사기준을 최대한 준수해야 한다. ② 감사자들은 부정행위, 부적정하고 위법한 지출, 승인되지 않은 활동, 낭비, 비효율, 청렴성부족 등을 보여주는 상황, 내부통제의 취약점, 부적절한 기록, 잘못된 거래나 일상적이지 않은 거래 등에 깊은 관심을 가져야 한다. ③ 최고감사기구는 권위 있고 인정받는 기관이 공기업의 회계와 보고서 작성에 관한 기준이나 지침을 만들었을 경우 이를 감사에 활용할 수 있다. ④ 최고감사기구는 감사업무의 일부를 외부계약에 의해 외부전문가에게 아웃소싱 하더라도 감사품질을 확보하기 위해 감사기준을 준수하도록 해야 한다. 이를 위해 계약서 약정에 외부감사자가 감사기준을 준수해야 한다는 내용과 감사기구가 감사계획, 감사범위, 감사시행, 감사결과보고서 작성과정에 필요한 결정을 할 수 있다는 내용을 포함시켜야 한다. 외부전문가에게서 자문을 받는 경우에도 또한 같다. ⑤ 최고감사기구는 감사과정에서 취득한 정보를 감사 외의 다른 곳에 사용해서는 안 된다. 감사기구는 감사와 관련된 문제, 감사과정에서 얻은 정보를 비밀에 부칠 의무가 있고, 다만 법을 위반한 행위가 확인되었을 경우에는 적정한 조사기관에 통보할 수 있다.

다음으로 ISSAI 300(현장기준)에는 전문적 감사활동과 관련한 6개 원칙이 설시되어 있다.

첫째 원칙은 0.3 a)항 및 1.1~1.4항에 설시된 감사계획과 관련된 내용이다. ① 감사자는 경제적, 효율적, 효과적이며 시기적절한 방법으로 품질 높은 감사가 이루어지도록 감사계획을 수립해야 한다. 이를 위해 최고감사기구는 감사업무의 우선순위를 평가하여 우선순위가 높은 순서에 입각하여 감사업무를 수행해야 한다. 감사자는 감사계획을 수립할 때 감사대상기관이 활동하는 환경을 확인하고 책임성이 누구에게 있는지 관계를 설정하며, 감사의견, 결론, 보고서의 형식과 내용과 사용자를 고려해야 하고 감사목표와 이를 달성하기 위해 행할 시험을 확정해야 한다. 또한 감사대상기관의 주요 관리시스템과 내부통제를 확인하는 한편 그 약점과 강점을 확인하기 위해 사전평가를 하고, 고려해야할 문제가 무엇인지 결정한 후 자체감사기구의 기능과 그들이 행할 일을 검토하며 여기서 자체감사기구의 감사결과 등에 얼마나 의존할 수 있는지를 평가한다. 다음으로 가장 효율적이고 효과적인 감사접근방법을 결정하고 기왕의 감사결과에 대해 감사대상기관이 어떻게 조치를 했는지 확인한다. 마지막으로 감사계획을 서류로 작성한다. ② 또한 계획단계에서는 다음과 같은 과정이 포함된다. 먼저 감사대상기관이 직면한 위험과 중요사항을 평가하기 위해 감사대상기관 및 그 조직과 관련한 정보를 수집한다. 감사목적과 감사범위를 정의하고 감사에 적용될 감사접근방법 및 향후 행할 조사의 본질과 양을 결정하기 위해 사전분석을 실시한다. 예상되는 문제들을 쓰고 감사에 소요되는 예산과 감사일정을 쓴다. 감사에 필요한 직원의 수와 팀을 확인한 후 감사대상기관에 감사목적, 감사범위, 감사에서 사용할 평가기준 등에 대해 알려주고 필요하면 감사대상기관과 이에 대해 협의를 한다. 그리고 감사과정에서도 필요하면 감사계획을 변경할 수 있다.

ISSAI 300의 둘째 원칙은 0.3 b)항과 2.1~2.5항에 설시된 감사감독 및 감사과정에 대한 검토와 관련된다. 그 내용은 감사단계마다 직원들이 한 일은 상위 직급의 감사자들이 감독해야 하고 감사과정에서 만들어진 서류도 상급자가 검토해야 한다는 것이다. ① 감사에 대한 감독은 감사목적을 달성하고 감사업무의 품질을 유지하는데 필수적이다. 감독은 감사의 내용뿐만 아니라 감사방법에 대해서도 적용된다. 감사팀의 구성원들이 감사계획을 충분히 이해하고 있는지, 감사가 감사기준 및 최고감사기구의 실무사례에 따라 진행되고 있는지, 조사보고서는 권고사항, 결론, 의견을 뒷받침해 줄 증거를 포함하고 있는지, 감사자는 감사목적을 달성하였는지, 감사결과보고서는 감사결론, 권고사항, 의견 등을 적절하게 포함하고 있는지 등을 감독한다. ② 감사업무는 모든 의견과 보고서가 완성되기 전에 상급 직위의 감사자에 의해 검토되어야 한다. 검토는 최소한 두 단계 이상 거치는 것이 좋다. 검토과정에서는 모든 의견과 보고서뿐만 아니라 모든 평가나 결론들도 만족할만하면서 관련이 있고 적절한 증거에 의해 뒷받침 되고 있는지, 모든 잘못과 결함과 일상적이지 않은 문제들이 확인되었고 서류화 되었으며 그 문제에 대한 해결책을 제시하였거나 또는 고위직급의 직원들에게 관심을 끌었는지, 향후 감사수행에서 변경하고 개선할 사항을 확인하고 기록하였으며 다음 감사계획 및 직원개발과정에 활용할 수 있는지 등을 검토한다. 다만 합의제 형태를 띤 감사기구에서는 감사결론이 문제의 중요성에 따라 합당한 직급의 사람들에 의해 합의제로 결정되는 등이 같은 기준이 다르게 적용될 수 있다.

ISSAI 300의 셋째 원칙은 0.3 c)항 및 3.1~3.4항에 설시되어 있으며 감사기구가 감사계획수립 시 참고하기 위해 감사대상기관의 내부통제를 평가하는 내용이다. 내부통제에 대한 평가는 수행할 감사의 종류에 따라 조금씩 다르다. 합규성 재무감사의 경우에는 자산과 자원의 보호에 도움이 되는 내부통제에 관심을 가지고 회계기록의 정확성과 완전성을 확인해야 한다. 합규성 순응감사의 경우에는 관리내용이 법과 규정에 순응하였는지를 중점으로 확인해야 한다. 성과감사의 경우에는 감사대상기관이 경제적, 효과적, 효율적으로 사업을 집행했는지에 중점을 두고 관리정책을 준수했는지, 제 때 신뢰성 있는 재무정보 및 관리정보를 산출했는지에 대해 검토한다. 회계시스템이나 정보시스템이 전산화 되어 있는 경우에는 감사자는 감사대상기관의 내부통제가 시스템 자료의 통합성, 신뢰성, 완전성을 적정하게 확인하고 있는지 여부를 판단해야 한다.

ISSAI 300의 넷째 원칙은 0.3 d)항과 4.1~4.7항에 설시되어 있고 법률과 규정에 얼마나 순응하고 있는지를 확인하는 내용이다. 어떤 특정감사에 관계되는 법률과 규정이 많은 경우, 감사자는 감사목적에 가장 큰 영향을 주는 중요한 법률과 규정을 판단하여 감사대상기관의 관리 및 운영이 이에 부합되는지 확인해야 한다. 감사대상기관의 관리자는 법률과 규정에 순응하고 있음을 확신하기 위해 효과적인 내부통제 시스템을 만들어 운영해야 하고, 감사자는 감사대상기관의 내부통제를 평가하고 내부통제가 미순응을 방지하지 못하거나 찾아내지 못하는 위험을 검토해야 한다. 다만 감사자는 위법적인 행동에 대해 다룰 때 장래 이 사건이 법적으로 크게 문제시 될 수 있으므로 장래 조사나 법적 진행에 방해되지 않도록 주의를 기울여야 한다. 법률전문가의 자문을 받거나 법집행기관과 협력하면서 감사를 진행하는 것이 좋다.

ISSAI 300의 다섯째 원칙은 0.3 e)항과 5.1~5.7항에 설시되어 있고 감사증거에 관한 내용이다. 감사결과 발견사실, 결론, 권고사항은 증거가 뒷받침되어야 한다. 감사대상기관의 정보는 무수히 많은 반면, 감사자가 채택하는 정보는 그 중 일부이므로 자료가 신뢰성 있고 관련성이 있도록 주의 깊게 채택해야 한다. 감사자는 감사대상기관의 모든 잘못과 합규적이지 못한 행동들이 검토될 수 있는 기법을 찾아 활용해야 하고 그 증거들이 믿을 만하고 관련이 깊으며 적절하도록 노력해야 한다. 감사자는 감사계획, 감사시행, 감사결과 사실발견 등 감사단계마다 활동보고서에 감사증거를 적절하게 기록하여 문서화해야 한다. 감사증거를 문서화하는 것은 감사자의 의견이나 보고내용을 지지해주며, 감사의 효율성과 효과성을 높이고,

감사대상기관이나 다른 이해관계자들이 의문을 제기하거나 감사기구가 그들에게 보고를 할 때 정보의 원천을 제공하며, 감사자가 감사기준을 준수하고 있다는 증거로 작용하고, 감사계획을 세우거나 감사과정을 감독하는데 도움이 되며, 감사활동이 만족스럽게 이루어지고 있다는 것을 확신하거나 감사자들에게 직업개발을 시킬 때 도움이 되기 때문이다. 감사자는 활동보고서의 내용과 구조에서 감사자의 능력, 경험, 지식이 묻어난다는 사실을 명심하고 해당 감사에 참여하지 아니한 경험 많은 감사자가 이를 보았을 때 감사결론을 뒷받침하는 어떤 감사활동이 이루어졌는지를 확실히 알 수 있도록 충실하게 작성해야 한다.

ISSAI 300의 여섯째 원칙은 0.3 f)항과 6.1~6.4항에 설시되어 있고 재무회계보고서의 분석과 관련한 내용이다. 감사자는 재무회계보고서가 적절한 회계기준에 따라 작성되었는지, 감사대상기관이 처한 환경을 충분히 설명하고 있는지, 재무회계보고서의 여러 요소가 적정하게 평가되고 측정되고 충분히 설명되었는지에 대해 검토한다. 재무분석 방법과 기법은 감사의 성질, 감사범위, 감사목적에 따라, 그리고 감사자의 지식과 판단에 따라 다르게 적용되겠지만 감사에서는 당해 연도 세입예산서에 대비한 실제 수입금액, 당해 연도 세출예산서 및 전년도 세출예산과 대비한 실제 지출금액 등을 확인해야 한다.

다음에는 ISSAI 400(보고기준)에 관한 내용이다. 개별감사를 마친 감사자는 합규성 재무회계감사의 경우에는 재무회계감사보고서에 첨부하는 '의견(opinion)'을, 성과감사의 경우에는 독립보고서 형태를 취하는 '보고(report)'를 서면으로 준비해야 하고, 감사결과 발견사실도 적정한 형식으로 작성해야 한다. 그 내용은 이해하기 쉽고 모호한 것이 없어야 하며 오로지 믿을 만하고 관련 있는 증거가 뒷받침해주는, 그러면서도 독립적이고 객관적이며 공정하고 건설적인 정보만을 담도록 노력해야 한다. 최고감사기구는 감사자들이 발견한 부정행위와 심각한 규정위반 사례와 관련해 누가 어떤 조치를 취해야 할 것인지에 대해 판단해야 한다.

이를 위해 첫째, 재무회계감사의 의견과 성과감사의 보고는 다음과 같은 형식과 내용을 따라야 한다. ① 의견과 보고를 읽는 사람이 다른 문장이나 정보와 구별하여 의견이나 보고임을 알 수 있도록 적절한 제목이 붙여져야 한다. ② 감사자가 어느 시점에 해당 감사를 마치고 의견이나 보고를 냈는지 알 수 있게 서명과 날짜를 기입해야 한다. ③ 감사의 목적과 감사범위를 명시해야 한다. ④ 최고감사기구는 독립성을 발휘하기 위해 감사자의 의견과 보고가 무엇이든지 공개하는 것이 좋다. 그러나 국가적 이익에 반하는 중요한 사항이 있을 경우, 비록 보고서의 완전성을 확보할 수 없다 하더라도 그 의견과 보고를 비밀로 분류하거나 공개되지 않는 보고서로 작성하거나 민감한 문제만을 따로 분리해 놓는 등의 조치를 할 수 있다. ⑤ 의견과 보고가 누구에게 배포될 것인지에 대해 고려해야 한다. 물론 보고서 배포에 대한 공식 절차가 마련되어 있는 경우에는 이에 따르면 된다. ⑥ 의견과 보고에는 감사를 받은 기관의 이름, 감사의 대상이 된 재무회계보고서 및 분야, 감사의 시간적 범위 등을 적어야 한다. ⑦ 의견과 보고에는 감사와 관련한 법률과 감사를 도운 다른 기관들을 명기한다. ⑧ 의견과 보고에는 일반적으로 받아들여지는 감사기준을 적용했음을 명기한다. ⑨ 의견과 보고는 감사가 끝나는 즉시 시기적절하게 제시되어야 한다. 특히 감사결과 필요한 조치를 해야 하는 이해관계자에게는 의견과 보고가 빨리 제시되어야 한다.

둘째, 감사자가 재무회계감사를 하고 의견을 낼 때는 필요 이상으로 길지 않으면서 명료하게 제시하되 적정의견(unqualified), 한정의견(qualified), 부적정 의견(adverse), 의견 거절(disclaimer)로 나누어 표시한다. ① 적정의견은 재무회계보고서가 일관되게 적용되는 일반적으로 받아들여지는 회계기초 및 회계정책을 사용하여 준비되었고, 관련 법률과 규정을 준수하였으며, 회계보고서에 표시된 사항들이 감사자가 감사대상기관에 대해 알고 있는 내용과 일치하고, 회계보고서와 관련한 모든 중요한 문제들이 적정하게 공개되었을 경우 감사자가 제시하는 의견이다. 적정의견을 표시한 감사자라 할지라도 재무회계보고서를 보는 독자가 이해하기 어려운 일반적이지 않은, 그러나 중요한 사항이 있다고 판단하면 '강조사항(emphasis of matter)'을 의견을 표시한 지면과 다른 별도의 지면에 작성하여 제시할 수 있다. 만일 이 내용을 의견과 같은 지면에 명기할 경우 독자들이 한정의견으로 잘못 해석하는 오해가 있을 수 있기 때문이다. 하지만 감사자는 한정의견을 표시해야 하는데 이를 적정의견으로 표시한 후 '강조사항'을 제시하는 방법을 써서는 안 된다. 또한 감사자는 스스로 판단했을 때 감사범위에 한계가 있었거나, 재무회계보고서가 완전하지 못하고 오해의 소지가 있으며 일반적인 회계기준에서 벗어난 점이 발견되었거나, 재무회계보고서에 영향을 줄만한 불확실한 점이 있다면 적정의견을 표시할 수 없다. ② 감사자는 재무회계보고서에서 중요하지만 이를 이해하는 데는 필수적이지 이니한 1개 이상의 문제에 대해 동의힐 수 없거나 확신할 수 없을 때 한정의견을 표시해야 한다. 의견표시에 쓰이는 자구는 한정의견의 원인이 된 부동의, 불확실 사항에 대해 명확하고 간결한 언급을 하는 조건으로 감사결과 만족할 만한 성과가 있음을 표현하는 내용으로 구성된다. 만일 감사자가 불확실과 부동의의 재무적 효과를 계량화하여 제시할 수 있다면 독자들이 재무회계보고서를 보고 그 내용을 이해하는데 큰 도움이 될 것이다. ③ 감사자가 동의할 수 없는 사항들이 독자가 재무회계보고서를 이해하는데 너무 필수적인 것이어서 감사자가 한정의견조차 표시할 수 없는 상황이 발생하면 감사자는 부적정 의견을 표시한다. 의견표시에 쓰이는 자구는 재무회계보고서가 공정하게 작성되지 않았음을 명확히 밝히고 감사자가 동의하지 못하는 사항을 명확하고 간결하게 명기하는 내용으로 구성한다. 이때에도 역시 동의하지 못하는 사항으로 인한 재무효과를 계량화할 수 있다면 독자들이 재무회계보고서를 이해하는데 도움을 줄 수 있다. ④ 감사자는 불확실한 사항과 감사범위의 제한 때문에 재무회계보고서의 필수적인 내용을 확인할 수 없고 한정의견을 표시하기도 적정하지 않다고 판단하면 의견거절 표시를 한다. 의견표시 방법은 불확실한 사항을 명확하고 간결하게 명기하면서 의견을 제시할 수 없다는 표현을 사용한다. 일반적으로 최고감사기구는 적정의견을 표시할 수 없는 경우에 그 이유를 자세히 적은 별도의 보고서를 만들어 제공한다. 그리고 합규성 감사에서는 가끔 감사보고서에 감사대상기관의 재무통제시스템과 재무회계시스템의 약점, 중요한 규칙위반사항, 부정행위 및 부패사례를 포함시키는 경우가 있다.

셋째, 성과감사보고서에서는 다음 사항을 고려해야 한다. 특정한 요구조건과 기대치를 가지고 판단하는 합규성 재무회계감사와 다르게 성과감사는 특성상 감사범위도 다양하고 판단방법도 다양하다. 따라서 성과감사결과보고서는 재무회계감사보고서보다 더 다양한 형태를 띠고 토론 지향적이며 논리 정연한 구조를 갖는다. 성과감사보고서에는 감사목적, 감사범위, 정보, 조언과 함께 감사대상 프로그램이 경제적, 효율적, 효과적으로 집행되었는지에 대한 보증 등을 포함시켜야 하고 심각한 낭비, 비효율 사례에 대해 비평을 포함시킬 수도 있다. 그러나 과거사실을 비평하기 보다는 장래에 어떤 개선을 할 것인가에 초점을 맞추어 작성해야 한다. 감사결과를 follow-up할 때에도 감사자는 객관성과 독립성을 유지하면서 권고사항이 단순히 조치되었는지에만 관심을 두지 말고 확인된 약점이 고쳐졌는지에 더 관심을 두어야 한다.

마. 성과관리와 책무성

INTOSAI는 2010년 '투명성과 책임성의 원칙(Principles of Transparency and Accountability)' 9개와 이와 관련한 모범사례를 소개하였다. 그 내용 중 여섯째, 아홉째 원칙이 성

과관리와 책무성에 관련된 내용이다.222)

　여섯째 원칙으로서, 최고감사기구는 조직의 운영을 경제적, 효율적, 효과적으로 하고, 법과 규정에 따라야 하며 이러한 문제에 대해 공개적으로 보고해야 한다. 이를 위해 ① 재무관리나 재무활동에 적절한 내부통제시스템을 도입하는 것을 포함하여 안정적인 관리체계를 갖추어야 한다. 이러한 조치에는 INTOSAI GOV 9100 'Guidelines for Internal Control Standards for the Public Sector'에 기술된 자체감사나 다른 처방들을 채택하는 것이 포함될 수 있다. ② 최고감사기구의 재무회계보고서를 대중에게 공개하고 외부감사자나 의회로부터 검토를 받아야 한다. ③ 재무회계감사, 순응감사, 판결, 성과감사, 정부기관의 활동과 관련한 프로그램 평가 등과 같은 모든 분야의 활동과 성과를 평가하고 보고서를 작성해야 한다. 실례를 살펴보면, 많은 감사기구들은 다수의 성과측정지표와 성과결과를 표시한 연간성과보고서를 작성한다. 보고서에는 감사결과 권고사항이 집행된 비율, 의회에 보고한 횟수 등 성과측정지표가 분야별로 제시되고 그 해에 달성해야 하는 타겟과 실제 결과가 비교되어 표시되며 개선이 필요한 분야도 표시된다. 이 외에도 많은 수의 감사기구들은 웹사이트를 통해 자문을 받든지, 이해관계자를 대상으로 만족도조사를 하든지, 언론방송매체를 활용하는 방법으로 외부로부터 피드백을 받고 있으며 의회, 감사대상기관, 일반 국민들의 만족도 조사결과를 보고서에 포함하기도 한다. ④ 임무를 달성하고 책임을 다 할 수 있게 필요한 기량과 역량을 유지하여야 한다. 실례로 많은 감사기구들은 직원들이 업무를 수행하는데 필요한 적절한 기량과 지식을 가지고 있다는 것을 확신하기 위해 직원들이 의무적으로 이수해야 하는 교육훈련 프로그램을 가지고 있고, 직업훈련기관을 보유하고 직원들에게 정규적인 교육훈련을 실시하기도 한다. ⑤ 예산의 총규모는 얼마이고, 그 예산이 공급되는 곳이 의회인지, 일반예산인지, 특정 기관인지, 감사수수료인지 등에 대해 공개해야 하고 예산이 어디에 어떻게 쓰이는지에 대해서도 공개해야 한다. 그리고 사용한 자금의 효율성과 효과성을 측정하여야 한다. ⑥ 최고감사기구의 재무관리나 보고 과정에 의견을 제시해 주는 감사위원회를 구성하여 활용할 수 있다. 이 때 위원들은 대다수가 독립적인 외부 인사이어야 한다. 실제 사례에서는 어떤 감사기구는 감사위원회 외에도 위험관리위원회를 운영하기도 한다. ⑦ 최고감사기구는 의회,

---

222) INTOSAI Professional Standards Committee, *Principles of Transparency and Accountability*, 2010.; *Principles of Transparency and Accountability-Principles and Good Practices*, 2010., http://www.issai.org/media(795,1033)/ISSAI_21_E_endorsement_version.pdf, 2012. 4. 21. 검색.

국민, 그리고 다른 이해관계자들을 위한 감사업무의 가치를 평가하기 위해 성과측정지표를 개발하여 사용할 수 있다. 또한 외부의 평가를 통해 대중의 시각, 성과 및 영향력을 알아 볼 수도 있다.

실례를 살펴보면, 감사기구들은 성과보고서의 수, 계획 대비 실제 감사를 수행한 감사사항 수의 비율, 감사결과 권고사항이 집행되는 비율, 감사결과 권고사항이 집행됨으로써 얻어지는 경제적 편익과 비경제적 편익, 의회나 의회에서 보고한 횟수, 감사보고서의 시간엄수 등을 성과측정지표로 활용하고 있다.

아홉째 원칙으로서, 최고감사기구는 감사업무의 품질과 신뢰를 증진시키기 위해 외부의 독립적인 사람들로부터 자문이나 권고를 받을 수 있다. 실례를 살펴보면, 먼저 최고감사기구는 ISSAIs와 관련 지침서를 준용할 수 있다. 또 감사기구는 감사품질을 위해 동료평가, 외부전문가(예를 들면 환경단체 대표, 전직 공무원, 민간회계법인 등)의 권고를 받고 평가결과를 보고서에 공개하기도 한다. 몇 개의 감사기구는 환경감사를 하는데 서로 다른 감사기구와 같이 활동하며 원주민, 어린이, 건강보험 등과 관련한 감사를 할 때 같은 감사목적, 감사기준을 적용하여 합동으로 감사를 하고 감사결과를 종합정리한 후 각자 필요한 곳에 보고하기도 한다. 한 감사기구는 외부전문가에게 감사활동에 대한 통합품질평가, 고객만족도평가 등을 맡겨 이들로 하여금 의회, 감사대상기관, 다른 이해관계자들을 면담하고 조사를 하여 그 결과를 감사성과관리 자료로 활용한다.

3. 자체감사자협회 IIA의 기준

자체감사자협회 IIA는 1941년에 설립된 국제적인 감사관련협회다. 협회 회원들은 자체감사, 위험관리, 지배구조, 내부통제, 정보기술감사, 교육, 보안 등에 종사하는 자들로서 전 세계 17만여 명 정도 된다. 위 협회는 자체감사의 국제적인 전문성을 지향하면서 자체감사자들에게 역동적인 리더십을 제공하기 위해 ① 자체감사 전문가들이 조직에 더하는 가치를 옹호하고 증진시키며, ② 전문교육과 개발기회, 기준, 전문적 지침, 자격증 획득 프로그램 등을 제공하고, ③ 자체감사에 관한 지식, 위험관리와 내부통제와 지배구조에 있어 자체감사의 역할 등을 연구하고 이를 실무자와 이해관계자들에게 전파시키며, ④ 자체감사 실무자와 다른 관련자들에게 자체감사의 모범사례를 교육시키고, ⑤ 여러 나라의 자체감사자들을 모아 지식과 경험을 서로 교류하게 하는 일을 한다. IIA가 만든 기준은 INTOSAI가 만든 각종 기준들과 함께 전 세계 공공기관 감사기구에서 많이 준용하는 대표적인 기준이다. IIA는 2008년 10월 자체감사에 관한 국제기준(International Standards for the Professional Practice of Internal Auditing)을 제정하고 2010년 10월에 이를 개정하였으며,223) 2009년 1월에는 4장으로 구성된 윤리규정(Code of Ethics)을 제정하였다. 따라서 IIA에 대해서는 이들 두 개 문건을 분석하였다. 그런데 제2장 Ⅲ. 3. 가. 3) (부록2-5) '자체감사자협회의 자체감사자 역량모형'에서 IIA 감사기준, 윤리규정 등과 관계된 IIA가 만든 역량모형을 연구한 바 있으므로 이들 내용도 포함하여 본 연구에서 사용하는 역량모형에 맞게 기술하고자 한다.

가. 지배구조

자체감사에 관한 국제기준(이하 'IIA 감사기준')은 속성기준(Attribute Standards)과 실행기준(Performance Standards)으로 나누어져 있는데 지배구조(독립성)에 관한 사항이 많이 포함되어 있다.

IIA 감사기준 중 속성기준 1000항~1130. C2항에 따르면 첫째, 자체감사활동의 목적, 권한, 책임은 자체감사의 정의, 윤리규정, 감사기준에 부합되도록 정의하고 이를 자체감사헌장에 공식적으로 적어놓아야 한다. 그리고 자체감사기구의 장은 주기적으로 자체감사헌장의 적정성을 검토하고 고위관리자에게 제출하여 이사회의 승인을 얻어야 한다. 자체감사헌장에는 자체감사를 수행할 때 자체감사의 정의, 윤리규정, 감사기준을 준수해야 한다는 내용과 자체감사활동의 목적, 권한, 책임을 적어 놓을 뿐만 아니라 자체감사기구의 장이 이사회에 언제 어떤 보고를 하는지를 정해 놓는다. 또한 자체감사기구에게 업무성과와 관련한 기록, 인사, 물리적 소유물에 접근할 권한을 주는 내용 및 자체감사의 활동범위를 적어 놓는다. 자체감사헌장의 최종 승인은 이사회가 한다.

둘째, 자체감사기구가 책임을 효과적으로 수행하기 위해 필요한 독립성을 높이기 위해 자체감사기구의 장은 조직의 최고관리자 및 이사회를 직접 또는 간접적으로 만나 보고를 하는 이중 보고체계를 확립해야 한다. 구체적으로 말하면 자체감사기구의 장은 이사회에 적어도 1년에 1번 조직의 독립성이 유지되고 있다는 것을 확인시켜 주어야 한다. 이를 위해 자체감사기구의 장은 이사회에 자체감사헌장의 승인, 위

---

223) Institute of Internal Auditors, *International Standards for the Professional Practice of Internal Auditing*, October of 2010., https://na.theiia.org/standards-guidance/Public%20Documents/IPPF_Standards_2011-011.pdf, 2012. 5. 6. 검색.

험분석을 기초로 작성한 자체감사계획의 승인, 자체감사활동 성과보고, 자체감사기구의 장에 대한 임명 및 해임 승인, 조직의 업무범위가 적정하지 않거나 필요자원에 제약이 있는지 등에 대해 보고를 해야 한다. 그리고 자체감사의 범위를 정하거나 감사를 시행하고 감사결과를 보고하는 모든 과정에 간섭을 받지 않아야 한다.

셋째, 자체감사자들은 감사업무 또는 자문업무 등에서 어떤 결정을 할 때 다른 사람의 영향을 받아서는 안 되며 객관성을 유지해야 한다. 이를 위해 감사자는 자신이 1년 전에 했던 업무와 관련된 일을 감사해서는 안 되며 자체감사기구의 활동은 활동에 참여하지 아니한 다른 사람들에 의해 감독되어야 한다. 또한 자문업무의 경우에도 자체감사기구의 독립성과 객관성이 훼손당할 우려가 있으면 업무를 수행하기 전에 고객에게 이러한 사실을 알려야 한다.

IIA 윤리규정은 청렴성(integrity), 객관성(objectivity), 비밀유지(confidentiality), 역량(competency) 등 4가지 원칙과 행동규칙을 언급하고 있다.

첫째, 청렴성은 신뢰를 형성하는 것으로서 자체감사자들이 판단을 할 때 기초가 되는 것이다. 따라서 자체감사자들은 정직, 근면, 책임성 있게 업무를 수행하고, 법과 규정을 살피고 법과 전문성에서 기대되는 폭로를 해야 하며, 불법행위임을 알고도 행하거나 자체감사와 조직에 불명예스러운 행동을 해서는 안 되고, 합법적이고 윤리적으로 정해진 조직의 목표를 존중하고 이에 공헌해야 한다.

둘째, 객관성이란 감사관련 정보를 모으고 평가하고 이를 공개하는 과정에서 자체감사자들이 발현해야 할 높은 수준의 직업적 객관성을 말한다. 자체감사자들은 처해진 환경을 균형 있게 평가해야 하고 어떤 판단을 할 때 자신의 이득이나 다른 사람의 이득을 위해 부당하게 영향을 받아서는 안 된다. 이를 위해 자체감사자들은 자신들이 내릴 편견 없는 판단을 해치거나 해칠 우려가 있는 활동 또는 관계를 가져서는 안 되며, 전문적 판단을 해칠 수 있는 어떤 것도 수락해서도 안 되고, 업무과정에서 알게 된 사실 중 공개하지 아니할 경우 검토 중인 활동보고서를 왜곡시킬 수 있는 중요한 사실은 공개하여야 한다.

셋째, 비밀유지란 자체감사자들이 얻은 정보의 가치와 소유권을 존중하는 한편 정보를 공개하는 것이 합법적이고 직업적 의무인 경우를 제외하고는 적정한 권한 없이 정보를 공개하지 않는 것을 말한다. 자체감사자들은 업무수행 과정에서 취득한 정보를 사용하거나 보관할 때 신중해야 하고, 어떤 개인의 이득을 위해 정보를 사용하거나 법률에 위배되고 조직의 윤리목표를 해칠 수 있는 방법으로 정보를 사용해서는 안 된다.

넷째, 역량이란 자체감사자가 업무를 할 때 필요한 지식, 기량, 경험들과 관계된 것으로서 제2장 Ⅲ. 1.에서 정의한 것과 같다. 자체감사자들은 그들의 지식, 기량, 경험으로 감당할 수 있는 서비스만을 해야 하고, 국제감사기준에 따라 업무를 수행하며, 그들의 숙련도, 서비스의 효과성과 품질을 계속해서 향상시켜 나가야 한다.

나. 자체감사 서비스와 역할

IIA 감사기준 2100항~2130항에는 자체감사기구의 역할에 대해 소개하고 있다. 이에 따르면 자체감사활동은 체계적이고 잘 훈련된 접근방법을 사용하여 조직의 지배구조, 위험관리, 내부통제과정을 평가하고 개선시키는 일이다.

첫째, 자체감사활동은 지배구조과정을 평가하고 개선을 위한 적정한 권고를 하여야 한다. 조직의 윤리관련 목표, 프로그램, 활동의 설계와 집행과 효과성을 평가하는 한편 조직의 정보기술 지배구조가 조직의 전략과 목표를 지원하는지 평가한다. 또한 자문을 할 때에도 조직의 가치와 목표에 부합되도록 한다.

둘째, 자체감사활동은 위험관리과정의 효과성을 평가하고 개선에 공헌하여야 한다. 조직의 지배구조, 활동, 정보시스템과 관련하여 위험노출을 평가하며, 부정행위의 발생가능성을 평가하고 부정행위 위험을 관리하는 방법을 제시하며, 자문과정에서도 있을 수 있는 위험을 확인하고 개선한다. 자체감사자는 자문과정에서 얻은 위험에 관한 지식을 조직의 위험관리과정 평가 시 통합하여 사용할 수 있고 조직의 최고관리자가 위험관리과정을 수립하고 개선할 때 도울 수 있으나 실제로 위험을 관리하는 책임을 맡으면 안 된다.

셋째, 자체감사활동은 조직의 통제과정의 효과성과 효율성을 평가하고 개선을 촉구하여 조직을 지원하여야 한다. 통제의 적정성 및 효과성(목표달성)을 평가하고 자문과정에서 얻은 통제와 관련한 지식을 조직의 통제과정 평가에 활용할 수 있어야 한다.

다. 전문성(사람관리)

IIA감사기준 1200~1230항에서는 자체감사기구의 전문성에 대해 다음과 같이 언급하고 있다.

자체감사자는 업무에 숙달되어야 하며 직업전문가로서 정당한 주의를 다해야 한다. ① 자체감사자는 전문적인 증명서, 자격증 등을 취득해 업무에 숙달되었음을 증명해야 하고, 자체감사기구의 장은 자체감사자가 지식, 기량, 역량이 부족할 때 외부로부터 조언과 지원을 받아야 한다. ② 자체감사자는 위험과 부정행위를 평가할 충분한 지식을 함양해야 하며, 중요한 정보기술 위험, 내부통제, 기술기반의 감사기법에 대해서도 충분한 지식을 가져야 한다. 그리고 자체감사기구의 장은 자체감사자들이 자문업무를 하는데 필요한 지식, 기량, 역량이 부족하면 이를 회피하거나 전문가의 조언과 지원을 받아야 한다. ③ 자체감사자는 보증업무의 범위를 잘 이해하고 정당한주의 의무를 다해야 한다. 감사업무에 적정한 기술을 사용하고 자료분석기법을 활용하며 목표, 활동, 자원에 영향을 줄 수 있는 중요한 위험에 관심을 가져야 한다. 자문업무에 대해서도 또한 같다. ④ 자체감사기구는 전문성 유지를 위해 직업개발을 계속해야 한다. 자체감사자 본인의 직업개발 뿐만 아니라 다른 사람의 직업개발 필요성을 평가하는 체계를 갖추어야 한다.

한편, 제2장 Ⅲ. 3. 가. 3) (표2-7)과 (부록2-5)에서는 IIA의 자체감사자 역량모형을 대인관계 역량, 도구와 기법, 자체감사기준·이론·방법, 지식분야 등 4개 분야로 구분하여 기술하였다.[224] IIA가 만든 자체감사자 역량모형은 자체감사기구의 구성원을 자체감사기구의 장, 국장, 감사관리자, 감사감독자, 자체감사직원, 1년 미만 감사자 등 6개 레벨로 나누고 이들이 (부록2-5)에 진술된 각각의 역량내용에 대해 인식만 하고 있는지, 기본적인 역량과 지식을 보유하고 있는지, 일반적인 상황에서 독립적으로 해결하는 역량을 보유하고 있는지, 복잡하고 독특한 상황에서 독립적으로 해결하는 역량을 보유하고 있는지 등 자신의 역량수준을 스스로 판단하여 기록하도록 하였다. 그 중 도구와 기법, 지식분야 등 2개 분야 역량은 자체감사자들의 전문성과 밀접한 관계가 있으므로 이곳에 요약하여 기술하고자 한다.

첫째, 도구와 기법에 관계된 역량내용 중 중요한 일부만 소개하면 다음과 같다. ① 자체감사자들은 조직의 운영, 전략, 과정설계를 개발하고 관리하는 과정에서 Markov chains, risk analysis 등 활동연구기법, structured linear programs, dynamic programming 등 업무문제 최적화기법을 적절하게 선택하여 사용할 수 있는가?(조직 운영관리 연구도구) ② 미래행동에 대해 관리자의 결정을 지원하기 위해 예측기법을 적용할 수 있는가? 또는 예측분야에 전문가가 필요하다는 사실을 알고 있는

---

224) Institute of Internal Auditors, *Internal Auditor Competency Framework*, http://www.theiia.org/guidance/additional-resources/competency-framework-for-internal-auditors/, 2012. 5. 14. 검색.

가?(예측) ③ 조직에서 감사프로젝트를 관리할 수 있고 필요한 모형을 스스로 선택하여 적용할 수 있는가?(프로젝트관리) ④ 업무과정을 분석하고 개선하는 팀을 조직하고 이끌 수 있는가? 업무과정의 문제를 빨리 확인하는 분석기법을 찾아 사용할 수 있는가? 업무과정을 확인하고 우선순위를 정할 수 있으며 이를 flowchart로 나타낼 수 있는가?(업무과정분석) ⑤ 회사의 활동들이 비전과 전략목표와 부합하는지를 측정할 수 있는가? 감사기능의 성과를 평가하기 위해 자체감사기구에 Balance Scorecard를 적용할 수 있는가?(Balance Scorecard) ⑥ 위험이론, 즉 위험의 정의, 위험과 전략목표·운영목표·과정목표와의 관계, 위험허용, 잔여위험, 노출, 위험영향도 평가 등에 대해 남을 가르칠 수 있을 만큼 잘 알고 있는가? 내부통제의 설계 및 적용(통제목표의 정의, 예방, 탐지, 수정, 공식 또는 비공식 통제 등)에 대해 남을 가르칠 수 있을 정도로 잘 이해하고 있는가?(위험, 내부통제 평가기법) ⑦ COSO, COCO, Cadbury 같은 주요한 통제준거틀을 적용할 수 있는가? 조직에서 사용하는 통제모형에 대해 팀이나 고객에게 훈련시키고 다른 대안과 비교할 수 있는가?(지배구조 위험 및 내부통제에 관한 도구, 기법) ⑧ 감사주제에 맞는 적정한 샘플링기법을 적용할 수 있는가? 업무문제를 해결하기 위해 회귀분석 같은 중요한 통계기법을 적용하고 결과를 해석하고 가정을 평가할 수 있는가? 적정한 질문의 구조와 형태를 갖춘 질문서와 설문지를 만들어 사용할 수 있는가?(자료수집, 분석에 관한 도구와 기법) ⑨ 중요한 문제해결기법, 예를 들면 cause and effect diagram, brainstorming 같은 기법을 적용할 수 있는가?(문제해결 도구, 기법) ⑩ 자료추출 프로그램, 예를 들어 ACL, IDEA, Access 등을 사용할 수 있는가? 컴퓨터의 지원을 받는 감사기법 CAATs (Computer Assisted Auditing Techniques)의 필요성을 인정하고 적정한 선택을 할 수 있는가?(컴퓨터 지원을 받는 감사기법)

둘째, 지식분야와 관계된 역량내용 중 중요한 일부만 소개하면 다음과 같다. ① 자본상태표, 손익계산서 등 문서의 구조, 전문용어 및 서류 간 관계를 이해하고 있는가? 채권, 리스, 연금, 무형자산, R&D, 영업권, 외국환 등 특별거래를 이해하고 있는가? 재무보고서를 분석할 수 있는가? 재고가치와 기업가치 등 가치평가모형을 이해하고 있는가?(재무회계와 재정) ② 비용개념과 비용시스템, 자본예산, 운영예산, 적정비용 등 관리회계를 이해하고 있는가?(관리회계) ③ 무역입법과 규정, 노동법, 저작권법, 형법, 민법, 세무기법 등을 이해하고 있는가?(규정, 법률, 경제) ④ 업무의 품질관리를 위해 ISO 9001:2000, 환경관리를 위해 ISO 14001:2004, 정보보안을 위해 ISO/IEC 27001:2005 등을 적용할 수 있는가?(조직의 품질준거틀 이해) ⑤ 업무 윤리, 부정행위 개념을 이해하고 위험신호나 부정행위 구역을 찾아내는 방법을 알고 있는가?(윤리 및 부정행위) ⑥ 정보시스템 운영방법을 잘 알고 있는가? IT 통제 준거틀을 만들어 운영할 수 있는가?(정보기술) ⑦ 효과적인 지배구조, 예를 들면 OECD 원칙을 적용하고 집행할 수 있는가? COSO, COCO 같은 내부통제준거틀의 특징을 이해하고 활용할 수 있는가? 전사적 자원관리처럼 위험관리를 위해 조직이 활용하는 방법과 과정을 잘 이해하고 있는가?(지배구조, 위험, 내부통제) ⑧ 조직이론을 잘 이해하고 효과적인 생산물 개발을 촉진시키며 여러 부류 고객의 행동특성을 파악하고 만족도를 측정할 수 있는가?(조직이론과 행동)

라. 전문적 감사활동

IIA 감사기준 중 실행기준(Performance Standards) 2000항~2040항, 2060항에는 전문적 감사활동에 대한 전반적인 내용이 정리되어 있다.

첫째, 자체감사기구의 장은 감사전략계획을 세울 때 조직의 목표에 부합하면서도 조직이 처한 위험을 줄이거나 해소시킬 수 있도록 고려해야 한다. 이를 위해 적어도 1년에 1번 이상 주기적으로 평가하는 조직의 위험관리 내용을 근거로 전략계획을 수립하고, 고객의 요구를 수락한 자문업무 등도 전략계획에 포함시키되 조직의 위험관리를 증진시키고 조직에 가치를 더하며 조직의 활동을 개선시킬 가능성이 많은 업무들을 수락하는 것이 좋다. 또한 최고관리자, 이사회, 기타 이해관계자의 기대치를 확인하여 반영하여야 한다. 자체감사활동 계획과 이를 위해 소요되는 자원에 대해서는 조직의 최고관리자와 이사회에 보고하여 검토와 승인을 받아야 한다.

둘째, 자체감사기구의 장은 승인된 전략계획을 달성하는데 필요한 감사자원이 적정하고, 충분하고, 효과적으로 배분되고 있음을 확신해야 한다. 감사를 시행하는데 필요한 지식, 기량 및 다른 역량의 조합이 적정하고, 자원의 양이 충분하며, 승인된 계획을 달성하는데 감사자원이 경제적으로 사용된다는 것을 증명할 수 있으면 된다.

셋째, 자체감사의 장은 감사활동의 규모와 구조, 복잡성에 따라 알맞은 정책과 절차를 만들어 활용해야 한다.

넷째, 자체감사기구의 장은 자체감사활동의 목적, 권한, 책임, 감사계획 대비 성과에 대해 최고관리자와 이사회에 주기적으로 보고해야 한다. 보고서에는 조직이 직면한 중요한 위험, 내부통제 문제, 부정행위 위험, 지배구조 문제, 그리고 최고관리자와 이사회가 요청하거나 필요로 하는 문제들을 포함시킬 수 있다.

한편, IIA 감사기준 중 실행기준 2200항~2600항에는 감사계획, 감사시행, 감사결과 보고, follow-up 등에 관한 내용이 잘 정리되어 있다.

첫째, 자체감사자들은 개별감사계획을 세울 때 감사목적, 감사범위, 감사기간, 자원배분을 다룬 계획서를 만들어 문서화해야 한다. ① 감사자는 개별 감사계획을 세우기 전에 감사활동, 감사목적, 자원에 위협이 되는 위험을 평가하고 그 결과를 감사목적을 정할 때 반영해야 한다. 확인된 중대한 잘못, 부정행위, 미순응 등도 감사목적을 정할 때 영향을 준다. 조직의 관리자가 내부통제를 평가하는 기준을 잘 만들어 놓았으면 이를 활용하고 만일 내부통제 평가기준이 적절하지 않으면 관리자와 협의하여 적절한 평가기준을 만들어 사용해야 한다. ② 감사범위는 감사목적을 만족시킬 수 있도록 정해야 한다. 감사범위는 제3자의 통제 아래 있는 것을 포함하여 시스템, 기록, 인적·물적 자원 등을 모두 고려하여 정해야 한다. ③ 자체감사자는 개별 업무의 특성과 복잡성, 시간제약, 사용가능한 자원 등을 평가하고 이를 근거로 업무의 목표를 달성할 수 있게 적정하고 충분한 자원을 배분해야 한다. ④ 자체감사자는 업무를 수행할 때 정보를 확인하고 분석하고 평가하고 문서화하는 작업프로그램(work program)을 개발한 후 이를 실행하기 전에 승인을 받아야 한다.

둘째, 자체감사자는 감사업무를 시행할 때 감사목적을 달성하기에 충분한 정보를 확인, 분석, 평가, 문서화해야 한다. ① 먼저 감사자는 감사목적을 달성하기에 충분하고 신뢰성 있으며 적절하고 유용한 정보를 확인해야 한다. 충분한 정보란 정보가 사실에 근거하고 적당하며 믿을 만해서 신중하고 어느 정도 알고 있는 사람이라면 똑같은 결론을 내릴 수밖에 없는 정보를 말한다. 신뢰성 있는 정보란 적정한 업무기법을 활용하여 얻을 수 있는 최상의 정보를, 적절한 정보란 관찰내용이나 권고사항을 뒷받침해 주고 감사목적에도 부합하는 정보를, 유용한 정보란 조직이 목표에 도달하는데 도움을 주는 정보를 말한다. ② 감사자는 확인한 정보를 적정하게 분석하고 평가한 후 감사결론과 업무결과를 내야 한다. ③ 감사자는 분석하고 평가한 정보 중 감사결론과 업무결과를 뒷받침하는 정보를 문서화하여 보관해야 한다. 자체감사기구의 장은 조직의 지침서, 규정 등에 따라 보관기간과 보관방법 등의 조건을 개발하고 사람들이 정보에 접근하는 것을 통제한다. 만일 정보를 외부에 공개하고자 할 때에는 고위관리자나 법률자문의 승인을 얻도록 하여야 한다.

셋째, 자체감사의 활동은 적절하게 감독하여야 한다. 이러한 조치는 감사목적을 달성하고 업무품질을 유지하며 직원들의 개발을 위해 필요하다. 요구되는 감독의 범위는 자체감사자의 업무숙련도, 경험, 일의 복잡성에 따라 달라지지만 자체감사기구의 장은 적정한 경험이 있는 사람을 지명하여 자체감사활동을 감독하게 하고 감독의 결과를 문서화하여 보관하여야 한다.

넷째, 자체감사자는 감사업무의 결과를 보고해야 한다. 결과보고 시에는 감사목적, 감사범위, 적용 가능한 결론, 권고사항, 집행계획 등을 포함해야 한다. 최종보고서에 담길 감사자의 의견과 결론은 조직의 고위관리자, 이사회, 그리고 다른 이해관계자의 기대치를 고려하여 작성되어야 하며 충분하고 신뢰성 있으며 적절하고 유용한 정보가 뒷받침해 주어야 한다. 결과보고는 정확하고 객관적이며 명료하고 간결하며 건설적이고 완전하며 시기적절해야 한다.

다섯째, 자체감사기구의 장 또는 지명을 받은 자는 감사결과를 발표하기 전에 최종보고서를 검토하고 그 내용과 함께 누구에게 어떻게 발표할 것인지에 대해 방안을 마련하여 승인을 받아야 한다. 발표를 함으로써 조직이 직면할 수 있는 위험을 평가하고 고위관리자나 법률자문가의 자문을 받은 후 발표하되 감사결과의 사용을 제한함으로써 결과배포를 통제한다.

여섯째, 자체감사의 장은 감사결과처리 집행상황을 점검하기 위해 follow-up 과정을 개발해 운영해야 한다. 만일 조직의 최고관리자가 조직이 받아들일 수 없는 위험을 감수하고 있으면 자체감사기구의 장은 이 문제를 해결하기 위해 이사회에 보고를 해야 한다.

마. 성과관리와 책무성

IIA 감사기준 1300~1322항과 2070항에서는 성과관리와 책무성에 관한 내용을 언급하고 있다.

첫째, 품질보증 및 개선프로그램은 자체감사의 정의, 감사기준, 윤리규정에 부합되도록 설계하여야 한다.

둘째, 품질보증 및 개선프로그램에는 내부평가, 외부평가를 포함하는데 내부평가는 자체감사활동에 대한 감독차원의 일상적인 모니터링을 하는 것과 함께 주기적으로 자체평가 및 조직 내 다른 사람이 평가를 하는 것을 말하며 외부평가는 최소 5년에 1번 자격 있는 외부평가자로부터 평가를 받는 것을 말한다.

셋째, 자체감사기구의 장은 품질보증 및 개선프로그램의 결과를 고위관리자와 이사회에 보고해야 한다. 자체감사기구의 장은 보고서에 '자체감사에 관한 국제기준에 부합'하다고 표현할 수 있고 만일 국제기준에 부합하지 않을 경우 그 내용과 고위관리자 및 이사회에 미칠 영향을 공개해야 한다.

넷째, 외부서비스제공자가 자체감사활동을 대신해 줄 경우에 외부서비스제공자는 조직이 효과적인 자체감사활동을 유지해야 할 책임이 있음을 알게 해야 한다. 조직이 책임을 다하고 있는지 여부는 앞에서 기술한 것과 같이 자체감사의 정의, 윤리규정, 감사기준 등에 얼마나 잘 순응하고 있는지를 평가하는 품질보증 및 개선프로그램을 통해 표현할 수 있다.

바. 조직간 관계 및 조직문화

제2장 Ⅲ. 3. 가. 3) (표2-7)과 (부록2-5)에서 기술한 IIA가 만든 자체감사자 역량모형 중 대인관계 역량은 조직간 관계 및 조직문화와 밀접한 관계가 있으므로 이곳에 요약하여 기술하고자 한다. 대인관계 역량은 효과적인 설득전략, 상대에게 명확하고 확신 있는 메시지를 전달하고 남의 말을 청취할 수 있는 대화소통, 회사의 정책과 절차를 잘 이해하고 높은 성과를 실현할 수 있는 직원개발에 힘쓰며 일에 대한 성과를 명확하게 잘 정의한 후 팀구성원에게 에너지를 주기 위해 여러 방법으로 지원하고 할당된 목표를 주어진 시간 안에 효과적으로 완성하도록 지도하는 관리능력, 그룹이나 사람에게 영감을 주고 이끌어 조직이 목표달성에 몰입하게 하는 리더십, 변화를 주도하고 관리하는 능력, 협상 및 갈등해소 능력, 유대관계형성 능력, 공동작업과 협력하는 능력, 조직 안에서 팀을 옹호하고 팀구성원의 노력을 인정하며 다른 팀구성원과 협력하면서 그룹시너지 효과를 얻는 팀 역량 등이 있다.[225]

사. 감사의 중복성 해소 노력

IIA 감사기준 2050항에 따르면 자체감사기구의 장은 감사업무 범위를 적정하게 설정하고 업무의 중복현상을 최소화하기 위해 다른 내, 외부 보증제공자, 자문서비스 제공자들과 정보를 교환하고 서로의 활동을 조정하여야 한다.

---

225) Institute of Internal Auditors, *Internal Auditor Competency Framework*, http://www.theiia.org/guidance/additional-resources/competency-framework-for-internal-auditors/, 2012. 5. 14. 검색.

Ⅳ. 자체감사 역량지도 작성

자체감사 역량지도는 자체감사기구가 보유해야할 역량들을 기술해 놓은 종합지도로서 기존의 경험적 연구물을 고찰하고 감사역량에 대해 미리 정리 해 둔 (부록 2-2)와 제3장 Ⅱ., Ⅲ.에서 기술한 감사역량 내용을 조합하여 작성하였다. 자체감사의 역량은 앞에서 설명한 것처럼 자체감사자 개인의 역량과 자체감사기구의 역량으로 구별되는데 여기에서는 자체감사기구의 역량에 한정하였다. 역량지도의 작성방법은 자체감사자협회 IIA가 2009년에 발행한 자체감사 역량모형(IA-CM)의 분류방법, 즉 지배구조(Governance Structure), 자체감사서비스와 역할(Services and Role of IA), 사람관리(People Management), 전문적 감사활동(Professional Practices), 성과관리와 책무성(Performance Management and Accountability), 조직 간 관계 및 조직문화(Organizational Relationship and Culture) 등 6개 분류방법을 준용하되 '감사의 중복성 해소 노력' 분야를 추가하여 7개 주요 역량분야로 나누어 정리하였다. 그리고 기존의 선행연구물에서는 연구과정에서 확인한 자체감사기구의 역량 중 측정 또는 진단이 수월하지 아니한 역량들을 연구의 편의성을 위해 연구범위에서 제외시킴으로써 궁극적으로는 자체감사기구에 필요한 역량이 일부 다루어지지 않는 오류가 있었는데 본 연구에서는 선행연구물, 주요 선진국가의 자체감사기구 보고서, 감사관련 기구가 만든 감사기준 등에서 확인된 일반화된 감사역량이면 최대한 포함시켰다. 또한 기존의 선행연구에서 역량을 측정 또는 진단하기 어려웠던 이유는 연구자들이 각각의 역량을 너무 추상적이고 짧은 단어로 명명하였기 때문인 것으로 파악되었으므로 본 연구에서는 7개 주요역량 분야별로 자체감사 세부역량을 진술하되 주요문구(key phrase)와 자체감사에 관한 연구에서 확인한 역량들(competencies identified)에 대한 진술문으로 정리하는 등 가능한 구체적이고 이해하기 쉬운 용어를 사용하여 기술하였다. (표3-17)에는 자체감사 역량지도에 기록한 세부역량요소에 대한 진술문 분포를 정리하였다.

1. 지배구조에 관한 연구에서 확인한 역량

지배구조와 관련한 자체감사기구의 역량은 조직·예산·업무의 독립성, 권한, 권위 등에 관한 역량을 모두 포함하고 있다. 지배구조 역량지도는 (표3-18)과 같이 조

| 표 3-17 | 자체감사 역량지도 세부역량요소 진술문 분포 | | | | |

역량수준	인프라 구축단계	통합단계	관리단계	최적화단계	진술문 총 수
1. 지배구조	1-(1) 6개, 1-(2) 4개	1-(3) 2개, 1-(4) 6개	1-(5) 3개, 1-(6) 2개	1-(7) 15개	38개
2. 자체감사 서비스 및 역할	2-(1) 11개	2-(2) 10개, 2-(3) 8개	2-(4) 11개	2-(5) 5개	45개
3. 전문성 (사람관리)	3-(1) 8개, 3-(2) 9개	3-(3) 3개, 3-(4) 12개, 3-(5) 6개	3-(6) 5개, 3-(7) 4개, 3-(8) 3개	3-(9) 3개, 3-(10) 3개	56개
4. 전문적 감사활동	4-(1) 20개, 4-(2) 6개	4-(3) 3개, 4-(4) 5개	4-(5) 4개	4-(6) 4개, 4-(7) 6개	48개
5. 성과관리와 책무성	5-(1) 3개, 5-(2) 3개	5-(3) 3개, 5-(4) 4개, 5-(5) 9개	5-(6) 8개	5-(7) 5개	35개
6. 조직간 관계 및 조직문화	6-(1) 6개	6-(2) 8개, 6-(3) 4개	6-(4) 6개	6-(5) 6개	30개
7. 감사중복문제 해소	7-(1) 4개	7-(2) 3개		7-(3) 10개	17개

| 표 3-18 | 지배구조와 관련한 자체감사기구 역량지도 |

역량수준	자체감사 세부역량 (key phrase)	자체감사 세부역량진술문 (competencies identified)
초기단계	(0) 조직의 한 부분 으로만 인식, 역량확인 안됨	
인프라 구축단계	(1) 자체감사기구 보고라인 확립	① 자체감사규정을 제정하고 자체감사의 목적, 권한, 책임 등을 정의 ② 자체감사자, 계약에 의해 감사기구의 업무를 대신 수행하는 자의 업무독립성을 확보하기 위해 겸직금지규정, 감사윤리규정 등 제정 및 정책과 절차 개발 - 관련 정책과 절차 안에 청렴, 독립성, 객관성, 공평성, 비밀준수, 역량 등의 원칙이 포함되도록 조치 ③ 조직의 구성원들이 자체감사의 목적, 권한, 책임, 윤리규정 등에 대해 자세히 알 수 있도록 교육시키는 등 여러 방법으로 의사소통 ④ 감사기구의 장은 조직의 최고관리자에게만 행정적, 기능적 보고 그러나 이러한 절차가 자체감사규정에 명시되지는 않은 상태 ⑤ 국회 또는 의회에 감사결과보고서를 보고하는 기한과 절차를 투명하게 정해 놓아 업무의 투명성 확보 ⑥ 감사규정 등을 정기적으로 검토하여 업데이트하고 최고관리자, 이사회, 감사위원회 등의 승인을 얻기

	(2) 조직의 정보, 자산, 사람에 항상 접근가능	① 자체감사규정에 감사활동을 할 때 조직의 정보, 자산, 사람에 항상 접근가능하다는 권한 명시 ② ①과 관련한 정책, 절차를 문서화 ③ 감사대상이 감사에 필요한 서류 등을 제공하지 않았을 때 감사대상 기관의 장에게 즉시 보고하고 행정벌, 형벌을 적용하는 등 대응책 마련 ④ 자체감사자는 감사업무수행 시 취득한 정보에 대해 비밀을 유지하도록 규정
통합단계	(3) 자체감사활동을 위한 독립적인 예산확보	① 자체감사활동에 필요한 자원을 독립적으로 결정하고 이를 승인받는 절차를 관리자의 영향력으로부터 독립적이 되도록 투명하게 수립 - 감사활동에 필요한 예산을 예산결정 기관에 직접 요청하고 배정된 예산을 조직의 예산과 분리하여 별도 계정으로 관리 ② 부족한 자원에 의한 영향을 확인하고 이에 대해 최고관리자, 이사회 등과 대화
	(4) 자체감사를 감독, 권고할 수 있는 메커니즘, 절차 만들기	① 외부인사(재무전문가 1명 포함)가 주축이 되는 독립적인 감사위원회를 두고 자체감사기구에 감독, 권고함으로써 견제와 균형 유지 ② 자체감사기구는 최고관리자, 이사회, 감사위원회 등과 상호작용하고 이들에게 보고하는 정책과 절차를 문서화 ③ 감사를 계획, 집행, 완료하거나 이 과정에서 자료소환장을 보내는 것은 자체감사기구의 장의 책임 하에 이루어지며 최고관리자, 이사회, 감사위원회 등 내외부의 간섭을 받지 않음 ④ 감사결과보고서를 감사기구의 장의 결재로 최종 확정하고 이사회 같은 최고의사결정기구에 보고한 후 최고관리자에게 통보 ⑤ 최고관리자는 자체감사기구의 권한, 권위, 독립성, 조직에 주는 이득 등을 옹호하여 자체감사기구 독립성을 지원 ⑥ 감사위원회는 자체감사규정을 승인하고, 자체감사기구의 연간 감사 계획과 예산을 검토하며, 자체감사기구로부터 감사결과를 보고 받고 주기적으로 기관장을 만나 감사에서 발견된 사실과 권고사항이 제대로 조치되고 있는지 평가
관리단계	(5) 감사기구의 장이 최고관리자에게 보고	① 감사기구의 장은 기능적 보고는 감사위원회에, 행정적 보고는 최고관리자나 감사위원회에 하도록 자체감사규정에 반영 ② 감사기구의 장은 최고관리자, 감사위원회와 1년에 4회 이상 정기적으로 만나 현안사항에 대해 대화 ③ 업무 독립성을 실제 훼손당했거나 그럴 우려가 있었던 사항을 1년에 1번 이상 문서화하여 최고관리자, 감사위원회에 보고하고 감사지침에 반영
	(6) 자체감사활동을 독립적으로 감독	① 자체감사기구는 감사위원회와의 관계를 보강하기 위해 자체감사규정을 감사위원회 규정에 맞추어 조정 ② 감사위원회, 자체감사청렴성협의회 등은 자체감사자의 비리, 부정행위를 조사하는 등 견제하고 자체감사기구의 장을 임명, 해임하는 역할 담당

최적화 단계	(7) 자체감사기구의 독립성, 권한, 권위	① 자체감사기구를 최고관리자(기관장) 직속으로 두고 감사사무만 전담 ② 자체감사기구의 설립을 법률로 정하고 감사기구의 장에게 자체감사기구의 조직, 인사, 예산편성 권한이 있음을 법률로 규정하여 독립성을 보장 ③ 자체감사기구에 적정규모 인원확보 제도화(선진국 사례: 감사자 1인당 직원 247~979명 비율, IIA 국제감사정보 네트워크 GAIN 자료: 전체 직원 수 대비 자체감사자 수의 값 0.0015) ④ 감사기구의 장의 임용자격을 법률, 규정 등에 미리 정하고 개방형으로 임용하며 최고관리자의 임기보다 긴 임기(4년~10년 이상) 보장 ⑤ 감사기구의 장을 임용 시 감사위원회, 의회 등이 관여하고 업무의 독립성을 위해 감사기구의 장의 임용과 해임조건을 법률에 명확히 규정 - 정상적으로 업무를 수행하였다면 그 결과에 의해 소추당하지 않도록 법률에 면책조건을 규정 ⑥ 감사기구의 장은 최소한 집행기관 부서책임자와 같거나 상위직급(국장급 이상)으로 보임 ⑦ 감사사항 선택, 감사범위 및 감사방법 결정, 감사활동, 감사결과 보고 시 외부의 간섭을 받지 않고 독립적으로 업무수행 ⑧ 자체감사자 전보제한기간을 기관장 임기보다 길게 정하도록 감사규정에 명문화 ⑨ 자체감사자 근무평정을 감사기구의 장이 별도로 운영 및 일반직원보다 우대하고 전출 시 희망부서에 우선 배치하도록 명문화 ⑩ 자체감사자(외부감사자 포함)들이 법률, 규정, 감사기준을 준수하도록 명문화 ⑪ 다른 법률에 의해 정한 경우, 국가방위, 국가보안, 외교문제 등 때문에 행정부로부터 명령이 있는 경우, 범죄수사가 계속되고 있는 사항의 일부는 자체감사결과를 대중에게 공개하지 않을 수 있으나 그 외에는 모든 보고서를 대중에게 공개. 관계되는 위원회, 의회 및 그 누구도 특별한 경우를 제외하고는 정보공개를 보류시킬 수 없다고 규정 ⑫ 자체감사의 독립성이 간섭 받거나 훼손되었을 때 국회, 의회, 대법원에 의해 법적으로 보호 받을 수 있도록 법률에 규정 ⑬ 자체감사의 독립성, 권한, 권위의 내용을 조직내부, 이해관계자, 국민들에게 인터넷, SNS(Social Networking Services) 등을 통해 공개하고 대화 ⑭ 자체감사의 독립성, 객관성 증진을 위해 항상 모범사례를 조사하여 적용 ⑮ 조직의 지배구조, 위험관리, 통제절차의 개선을 위해 항상 모범사례를 조사하여 적용

직구성원 사이에서 자체감사기구가 조직의 한 부분으로만 인식되고 특별한 역량조차 확인되지 않는 초기단계(1단계)를 시작으로, 자체감사기구에 보고라인이 확립

되어 있고 자체감사기구가 조직의 정보, 자산, 사람에 항상 접근할 수 있는 인프라 구축단계(2단계), 자체감사기구가 자체감사활동에 필요한 예산을 독립적으로 확보할 수 있고 자체감사를 감독, 권고할 수 있는 감사위원회 등을 설립하여 운영하는 통합단계(3단계), 자체감사기구의 장이 최고관리자, 감사위원회를 정기적으로 만나 감사활동 내용에 대해 보고하고 대화하며 감사위원회 등이 내외부로부터 간섭을 받지 않고 자체감사활동을 독립적으로 감독할 수 있는 관리단계(4단계), 그리고 마지막으로 자체감사기구의 독립성, 권한, 권위가 유지되는 최적화단계(5단계)로 구분된다.

2. 자체감사서비스와 역할에 관한 연구에서 확인한 역량

자체감사서비스와 역할에 관한 자체감사기구의 역량은 자체감사기구의 업무범위와 관련된 역량이다. 자체감사서비스 및 역할 역량지도는 〈표3-19〉에서와 같이 특별한 역량을 확인할 수 없는 초기단계(1단계), 자체감사규정에 보증서비스의 종류와 유형을 명시하고 순응감사에 초점을 두는 인프라 구축단계(2단계), 성과감사와 자문서비스를 구사할 수 있는 통합단계(3단계), 자체감사기구가 조직의 지배구조, 위험관리, 내부통제에 대해 전반적으로 보증을 할 수 있는 관리단계(4단계), 자체감사기구가 조직 내에서 변화의 주체로 인정받는 최적화단계(5단계)로 구분된다.

표 3-19   자체감사서비스 및 역할과 관련한 자체감사기구 역량지도

역량수준	자체감사 세부역량 (key phrase)	자체감사 세부역량진술문 (competencies identified)
초기단계	(0) 업무의 정확성, 순응성 확인을 위해 문서나 거래과정을 단순점검, 역량확인 안됨	
인프라 구축단계	(1) 순응감사	① 자체감사규정에 보증서비스의 종류와 유형을 명시 ② 자체감사업무계획 수립 시 감사대상기관 관리자에게 질문서 등을 보내 감사목적, 감사범위, 감사방법, 감사시기 등에 대한 의견수렴 후 이를 결정 ③ 자체감사기구는 본부에 대한 감사비중을 늘리고 하급기관 또는 산하기관에 대한 감사비중을 줄여 형평성 유지 ④ 감사마다 적절한 감사준거(합법성, 능률성, 경제성, 효과성, 민주성, 형평성 등)를 정하고 최고관리자로부터 승인 받기

		- 일반적인 감사준거로 고려되는 합법성, 경제성, 능률성, 효과성 외에 민주성, 형평성, 대응성 등도 자체감사에 적용 ⑤ 감사 시 자체감사자의 활동을 어떻게 점검 및 감독할 것인지 내용을 담은 내부통제 준거틀을 문서화 ⑥ 자체감사계획을 실제 활동상황과 근접하게 실행력 있게 작성 ⑦ 감사마다 적합한 절차를 적용하고 감사절차와 감사활동 내용을 문서화 ⑧ 획득한 정보를 분석 및 평가하여 특정한 감사결론을 내리고 권고사항 개발 ⑨ 감사에서 발견된 사실, 감사결론, 권고사항들을 감사대상기관 최고관리자에게 보고서 또는 PPT로 브리핑 ⑩ 감사대상기관의 의견을 수렴하여 감사결론, 권고사항을 확정하고 최종보고서 작성 ⑪ 감사결과 조치사항을 상시 모니터링 하는 시스템을 만들어 운영하고 필요시 follow-up 감사 시행
통합단계	(2) 성과감사 또는 value-for-money audit	① 자체감사규정에 보증서비스의 종류와 유형을 명시하고 필요시 규정을 개정할 수 있음을 명시 ② 자체감사의 패러다임을 한 일에 대한 감사에서 해야 할 일에 대한 감사로, 사후감사에서 사전예방감사로, 합법성, 적법성 감사에서 효율성, 합목적성, 형평성 감사로 전환 ③ 정책결정 그 자체에 대해서는 감사를 하지 않지만 정책의 집행과정, 정책의 효과에 대해서는 감사 ④ 성과감사에 자원을 사용하기 전에 경제성, 효율성, 효과성을 반드시 검토하도록 자체감사규정에 규정 ⑤ 자체감사업무계획 수립 시 감사대상기관 관리자에게 질문서 등을 보내 감사목적, 감사범위, 감사방법, 감사시기 등에 대한 의견을 수렴하고 감사대상기관의 지배구조, 위험관리, 통제과정, 성과관리체계, 성과정보의 질 평가 등을 어떻게 감사할지 결정 ⑥ 자체감사자들은 감사업무의 주제와 이를 둘러싼 환경, 사업목적 등을 충분히 살펴보고 정리하면서 이해 ⑦ 자체감사계획을 실제 상황과 근접하게 실행력 있게 작성 ⑧ 감사목적을 달성하기 위해 적절한 테스트, 조사방법을 적용하고 이를 문서화 - 감사방법을 개발 및 조언하고 품질보증을 감독하는 전문팀을 운영 - INTOSAI가 개발한 Implementation Guidelines for Performance Auditing (2004)과 성과감사지침, 주요 국가 감사원이 개발한 특별한 방법을 참조하여 성과감사 방법을 개발 ⑨ 특정한 감사결론을 내리고 권고사항을 개발하며 감사결과를 감사대상기관 최고관리자에게 브리핑 ⑩ 감사결과 조치사항을 상시 모니터링 하는 시스템을 만들어 운영하고 필요시 follow-up 감사 시행
	(3) 자문서비스	① 자체감사기구가 관리자에게 자문을 할 수 있도록 그 권한과 자문서비스의 종류(훈련, 시스템개발 점검, 성과와 통제에 대한 평가, 자문, 권고 등)를 자체감사규정에 명시

		② 자문서비스 수행에 필요한 적절한 정책과 절차를 개발하여 최고관리자, 이사회, 감사위원회 승인 얻기. 다만 자체감사기구는 감사업무와 관련한 정책만을 개발할 수 있고 다른 관리정책을 결정하는 자로 간주되어서는 안됨 ③ 감사기구의 장은 감사기법을 만들 특권이 있고, 감사기법의 본질, 중요도, 결과들이 조직에 중대한 위험이 있음을 알게 해줄 때 이를 최고관리자에게 보고할 권한이 있음 ④ 자체감사자들이 자문서비스를 할 때 독립성과 객관성을 유지해야 하고 이를 위해 자문결과가 왜곡되지 않게 적절한 공개를 하도록 자체감사규정 등에 규정 ⑤ 자체감사자들이 자문서비스를 할 때 직업전문가로서의 정당한 주의 의무를 다하도록 자체감사규정 등에 규정 ⑥ 자체감사기구는 자문업무를 수행하거나 그 결과를 보고할 때 적용할 원칙과 접근방법에 대해 관리자와 대화하고 동의를 얻어야 함 ⑦ 자문서비스 결과 자체감사기구가 제공한 권고에 의해 조직이 행한 결정과 행동들은 관리자의 책임 하에 이루어진다는 것을 보증 받기 ⑧ 자문서비스 결과를 관리자에게 브리핑
관리단계	(4) 지배구조, 위험관리, 통제에 대한 전반적인 보증	① 자체감사기구가 조직의 광범위한 문제에 대해 의견을 표출할 수 있게 그 권한을 감사규정에 포함. 다만 자체감사기구가 해서는 안 되는 업무도 규정(예: 감사의 대상이 되는 조직의 관리에 참여하거나 관리적 결정을 하는 것, 조직의 관리위원회나 이사로 활동하는 것, 조직이 수행할 프로그램의 방향과 운영에 영향을 줄 수 있는 정책 결정, 자체감사기구의 직원 이외에 조직에 고용된 자를 감독하는 것, 조직의 거래를 인가해 주거나 조직의 자산을 보호하는 업무, 감사의 대상이 되는 재무기록이나 다른 기록들을 유지하고 책임지는 일, 감사의 대상이 되는 봉급을 집행하는 일 등) ② 자체감사의 업무범위가 조직의 지배구조, 위험관리, 그리고 내부통제과정을 모두 다룰 수 있음을 확인 ③ 위험을 고려한 감사계획에 따라 지배구조, 위험관리, 통제과정을 1년에 1번 정도 감사하고 의견을 피력 - 자체감사기구는 조직구성원들에게 조직의 지배구조, 위험관리, 내부통제 과정에 대해 교육시키고 이해를 증진시키는데 기여 ④ 자체감사기구는 최고관리자가 행한 조직의 지배구조, 위험관리, 통제과정에 대한 모니터링 결과, 자체감사의 위험평가 및 감사활동 결과, 다른 사람의 평가결과를 모두 종합하여 조직의 지배구조, 위험관리, 통제과정의 전반적인 효과성을 점검하고 독립적인 의견제공 ⑤ 감사기준에 따라 모은 충분하고 확신 있는 감사증거로 감사의견을 지지 ⑥ 자체감사기구의 장은 최고관리자를 만나 조직의 지배구조, 위험관리, 통제과정의 문제들과 자체감사 의견을 보고하고 이에 대한 책임이 관리자에게 있음을 명시하여 강조하며 해결방안에 대해 논의

		⑦ 기존에 존재하거나 새로 제안된 법률, 규정들을 검토한 후 1년에 2번 이상 정기적으로 국회 또는 의회에 이들 법률, 규정들이 조직의 프로그램 또는 기관운영의 경제성, 효율성에 어떤 영향을 주는지, 부정 또는 직권남용을 어느 정도 예방하거나 찾아낼 수 있는지 등에 대해 권고 및 의견제출 ⑧ 전산감사시스템 개발로 상시 내부검증(일상감사, 내부통제에 대한 평가) 강화 ⑨ 전자문서를 활용한 일상감사기법 개발 ⑩ 감사과정, 즉 위험평가, 계획, 일정, 업무서류, 보고서, 문제점 지적내용, 비용, 훈련기록 등을 전산화하여 관리하는 데이터베이스 차원의 감사관리시스템 사용 ⑪ ACL, IDEA 같은 컴퓨터의 도움을 받는 감사기술을 사용
최적화 단계	(5) 변화의 주체로 인정된 자체감사	① 자체감사의 확장된 역할 및 업무범위를 포함할 수 있게 감사규정을 정기적으로 개정 ② 자체감사 활동전략의 초점을 고객(감사대상기관, 국민, 국회, 의회 등)을 위한 서비스에 맞추도록 문서화하고 이에 따라 활동 ③ 변화하고 있는 사업환경, 그리고 이것이 조직의 지배구조, 위험관리, 통제과정에 미치는 영향을 모니터하기 위해 조직의 밖에서 관찰하고 떠오르는 이슈와 트렌드에 관해 관리자에게 권고를 하며 조직전체가 이를 알 수 있도록 교육 등 조치 ④ 조직이 위험관리전략을 개발하고 집행하는데 자체감사를 통해 기여하고 자체감사결과가 어떻게 개량된 업무절차와 조직전략목표에 기여하는지에 대해 조직구성원, 최고관리자, 이사회, 감사위원회, 의회 등과 대화 ⑤ 국가마다 형태는 달라도 자체감사의 전략적 관점, 즉 순응감사, 합법성감사 이외에도 자금지출의 효율성을 확신할 수 있는 여러 형태의 감사유형을 개발하고 이렇게 개발된 전략적 관점에 따라 감사실무를 개편 - 자체감사의 기능과 직원구성을 검토하고 조직구조와 책임을 재설계, 자체감사서비스의 새로운 비전에 근거하여 활동에 필요한 매뉴얼을 준비하고 자체감사자들이 새로운 역할을 달성할 수 있도록 돕기 위해 교육프로그램 설계, 자체감사자 고용프로그램과 직원들의 능력을 개발시키는 프로그램 운영

3. 전문성(사람관리)에 관한 연구에서 확인한 역량

전문성(사람관리)에 관한 자체감사기구의 역량은 (표3-20)과 같이 특정한 몇 사람의 기량에만 의존하여 업무산출물이 만들어지고 특별한 역량을 확인할 수 없는 초기단계(1단계), 자체감사기구의 장의 책임 하에 기량 있는 사람을 확인하여 채용하고 직원 개개인의 전문성을 개발시키는 인프라 구축단계(2단계), 자체감사기구의 인력사정에 맞게 감사계획을 조정하고 전문자격소유자, 기준 이상의 역량보유자 등으로 직원을 구성하며 팀 환경에서의 능력개발을 꾀하는 통합단계(3단계), 자체감사기구가 조직의 위험을 고려하여 우선순위를 적용한 감사계획, 인력배치계획을 세우고, 자체감사자들에게 전문협회 등에서 리더십 및 직업개발을 하도록 조장하며, 조직의 지배구조, 위험관리, 내부통제 등 관리차원의 발전에 기여할 수 있는 적격자를 후보자로 물색해 훌륭한 관리자가 되도록 도움으로써 자체감사기구가 조직발전에 기여하는 관리단계(4단계), 자체감사기구가 장래 감사수요를 예측하여 인력계획을 수립하며 자체감사기구의 장이 전문협회 등에서 활동하고 얻은 지식을 가지고 자신이 속한 감사기구 및 조직의 발전에 기여하도록 지원하는 최적화단계(5단계)로 구분된다.

표 3-20   전문성(사람관리)과 관련한 자체감사기구 역량지도

역량수준	자체감사 세부역량 (key phrase)	자체감사 세부역량진술문 (competencies identified)
초기단계	(0) 업무산출물은 특정한 몇 사람의 기량에 의존, 역량확인 안됨	
인프라 구축단계	(1) 기량 있는 사람 확인 및 채용	① 수행할 감사업무가 무엇인지 확인 및 정의하고 이에 필요한 지식, 기량, 역량이 무엇인지 반드시 확인 ② 직위에 따라 직업기술서(job description) 작성 ③ 직위에 따라 적정한 연봉기준(범위)을 자체감사규정 등에 규정 ④ 감사기구의 장의 책임 하에 공정하고 개방적인 방법으로 감사자를 채용 ⑤ 대학원 졸업학력 이상인 자가 직원으로 영입되도록 대학들과 관계를 공고히 하기 ⑥ SNS(Social Networking Services) 및 컴퓨터를 활용한 eRecruitment Project, 평가센터설립 등을 통해 마케팅과 채용을 강화 ⑦ 의사소통에 대한 지식을 가지고 언론매체를 다룰 수 있는 자격 있는 직원을 채용해 감사기구의 업무와 역할 홍보 강화 ⑧ 국회 또는 의회와 감사기구가 접촉할 때 조정 및 협력 업무를 담당할 직원을 채용해 감사기구의 업무와 역할을 원활히 수행하도록 돕기
	(2) 개인전문성 개발	① 자체교육, 외부위탁교육, 해외파견훈련 등으로 개인전문성을 개발할 수 있도록 구체적이고 다양한 프로그램 확인 - 감사기구가 인증된 훈련기관이 되거나, 기존의 인증된 훈련기관의 도움을 받아 교육을 시키거나, 요구되는 자격을 가진 직원을 뽑는

		방법들에 대해 비용과 편익을 비교해·확인 ② 조직의 전략목표에 부합하는 중장기 직원훈련계획 수립 및 시행, 이에 따라 매년 예산확보 ③ 감사기준이나 적절한 자격조건에 따라 개인별 훈련시간, 훈련일수, 훈련학점 등 타겟 설정(미국 뉴욕주 예: 2년에 최소 80시간의 교육이수) ④ 전문성개발을 할 수 있는 적정한 훈련코스, 제공자 등을 확인하여 수시로 자체감사자에게 공지 - 개인역량을 위한 훈련은 면담기술, 리더십, 발표와 쓰기, 시간관리, 프로젝트관리, 협상, 촉진, 자기주장, 코칭 등을 포함해야 함 ⑤ 컴퓨터를 활용한 온라인 교육과정을 개발 ⑥ 자체감사자가 대학원 학위를 취득하거나 전문협회 회원으로 가입하여 활동하도록 조장 ⑦ 각 감사자들이 훈련요구조건을 충족하는지 모니터링하고 전문성개발을 지원하기 위해 훈련시간, 훈련일수, 훈련종류, 훈련제공자를 추적하고 서류화 ⑧ 감사자가 행한 훈련을 서류화하기 위해 정기적으로 보고서 작성 ⑨ 외부감사자와 자체감사자가 합동으로 감사를 수행하면서 감사경험과 감사지식을 공유
	(3) 인력사정에 맞게 감사계획 조정	① 감사계획을 달성하는데 필요한 감사 및 다른 서비스의 총량과 범위를 확인 ② ①에서 확인한 총량 및 범위를 감사기구 내 활용 가능한 인력, 전문성으로 수행할 수 있는 업무의 양 및 범위와 비교 ③ 의회, 관리자의 관심사항, 위험요소 등을 고려하여 우선순위를 정하고 동원 가능한 자원(인원, 전문성)에 따라 감사사항, 업무관여수준 정하기
통합단계	(4) 전문자격 소유자, 최소역량 보유자로 직원구성	① 신입직원에서 관리자까지 요구되는 특정 지식, 기량, 개인자질, 교육수준, 판단력, 혁신, 관리 및 감사·평가경력 등을 확인하고 직업성장과 개발을 지원할 역량준거틀 마련 - 직원들이 보유한 기량과 경험을 확인하기 위해 개인별 자기평가, 관리자의 직원평가 자료들을 기초로 개인별 역량등록 자료를 만들고 최소 1년에 1번 이상 정기적으로 업데이트 ② 역량준거틀에 따라 각 직급마다 직원의 성과를 평가하기 위한 분명하고 객관적인 기준 마련 ③ 주기적으로 각 직급에서 기대되는 직원의 성과 대비 실제 성과를 비교 - 기대되는 성과를 내지 못한 직원들 중 특별한 작업환경에서 일한 직원들에 대해서는 의견을 제출받아 특수상황을 고려 ④ 자체감사자 개인역량 측정치를 상벌을 목적으로 사용하는 것을 지양하고 부족한 역량을 보완해 주기 위한 훈련 및 개발계획 수립의 기회로 활용 - 일반적으로 훈련이 필요한 직원의 수가 훈련을 제공할 수 있는 역량을 초과하므로 훈련이 가장 필요한 직급과 전문영역, 훈련으로부터 가장 큰 혜택을 받는 사람들을 고려해 우선순위에 따른 역량형

		성전략 수립
		⑤ 감사자들이 공인회계사(CPA), 자체감사사(CIA) 같은 전문자격을 취득할 수 있게 관련 협회와 공동으로 프로그램 개발
		⑥ 훈련을 받은 자가 다른 직장으로 옮기는 위험을 관리하기 위한 전략, 즉 훈련받은 자에게 보너스, 빠른 승진기회, 업무의 자율성 등을 허용하는 방법 등 개발
		⑦ 각 직급에서 아주 훌륭한 또는 만족할만한 성과를 얻을 때 인센티브, 호봉승급 등을 하도록 규정하고 예산확보
		⑧ 자체감사자들이 보유해야 할 자격이 무엇인지 알기 위해 전문협회의 제안을 듣고 자체감사자들이 현재 보유하고 있는 자격을 확인하며 자체감사자들이 적절한 전문협회, 학회 등에서 활동하도록 조장
		⑨ 직원을 직급과 기량별로 혼합하고 내부적으로 개발하는 것이 좋을지, co-sourcing, outsourcing에 의해 개발하는 것이 더 좋을지 평가
		⑩ 일정한 자격을 가진 사람만이 자체감사기구의 장이 될 수 있도록 규정하고 실지감사도 일정한 자격을 갖춘 자가 지휘하도록 규정
		- 자체감사기구의 장을 학사학위 이상 또는 이와 동등 이상의 교육 및 경력을 소유한 자로서 감사, 조사, 프로그램평가 등 분야에서 8년 이상 경험(2년은 감독자로서의 경력 포함)을 쌓은 자 중에서 임명
		- 자체감사기구의 장을 임명할 때 최소자격 외에 공인회계사(CPA), 자체감사사(CIA), 정보시스템감사사(CISA) 같은 자격증 및 회계, 행정, 경제, 경영, 서비스분야 석사학위 등을 선호한다는 기준 마련
		⑪ 자체감사자들이 감사업무를 수행한 기간이 평균 10년(국제감사 정보네트워크 GAIN 참조) 이상이 되도록 인력 관리
		⑫ 자체감사자들과 장래 희망에 대해 토론하고 개발기회를 찾도록 돕는 직업경력개발 업무자가 따로 존재
		- 자체감사자들이 이직한 비율, 이직한 기관, 그 이유 등을 분석하고 대책을 수립하는 업무도 담당
	(5) 팀 환경에서 능력개발	① 주기적인 팀 미팅, 팀원 간 자료공유, 팀원들이 동의하는 업무와 시행일정을 명시적으로 정하는 등 소통과 조정방법 도입
		② 효과적인 팀워크 행동기준을 개발하고 직원역량준거틀에 포함
		③ 팀워크, 팀 리더십, 효과적인 소통방법, 관계맺음 같은 주제를 갖는 직업개발 기회를 제공
		④ 선택된 개인에게 명시적인 의무, 책임, 권위와 함께 팀리더 역할을 확실하게 부여
		⑤ 바람직한 팀 행동을 보강한 팀에게 보상
		⑥ 팀원들이 조직변화 같은 변화역할을 담당하도록 개발기회 제공
관리단계	(6) 감사수행을 위한 인력계획	① 위험을 고려한 감사계획을 작성하면서 알게 되었던 조직에 가장 중요한 위험을 고치는데 필요한 자원, 기량, 훈련, 도구 등을 확인
		② 확인된 기량을 역량준거틀에 포함

		③ 감사기구가 활동하는데 필요한 자원, 기량과 관련한 인력을 수량화하고 감사기구 직원들이 가진 기량과 비교하여 차이를 분석하며 훈련, 도구개발, co-sourcing, outsourcing 등 차이를 메울 전략을 개발하여 실행 ④ 관리자 및 주요 이해관계자와 감사활동 우선순위와 전략에 대해 대화하고 특히 필요한 감사나 서비스를 모두 수행할 수 없을 때 해결책에 대해 주기적으로 대화 ⑤ 필요할 때마다 감사팀에 외부전문가를 영입하여 활용하고 이를 실행하기 위한 충분한 예산확보
	(7) 감사자의 전문기구 참여지원으로 리더십 및 직업개발기회 제공	① 전문협회 활동, 행동노선, 전문분야가 감사기구의 현재와 장래 직업개발목표 또는 조직의 전략이나 운영과 일치하는지 확인 ② 자체감사기구는 감사자가 대학원 학위를 취득하거나 전문협회 활동에 참여할 수 있게 관련 기준을 정하고 활동에 참여하는 직원을 돕는 예산, 시간, 다른 자원을 마련 ③ 직원들이 전문가 활동에 참여한 실적을 상사에게 보고하도록 촉구 ④ 직원역량과 감사기구 활동을 강화시키기 위해 획득한 지식을 모으고 직원들과 같이 사용
	(8) 관리자들 개발에 기여	① 감사기구와 조직내부 양쪽에서 지배구조, 위험관리, 내부통제에 관여하고 직업개발을 통해 편익을 낼 수 있는 후보자를 물색 ② 감사활동 과정에서 후보자로 물색된 관리자들이 지배구조, 위험관리, 내부통제, 조직의 사업절차에 대해 광범위한 지식을 얻을 수 있게 촉진 ③ 이들로 하여금 감사활동이 조직의 양호한 지배구조, 위험관리, 통제과정을 위해 기여하고 있음을 광고하게 함
최적화 단계	(9) 장래 감사수요에 맞게 인력계획 수립	① 조직의 전략계획 차원에서 감사기구가 장래 해야 할 서비스와 이를 위해 필요한 기량 및 자원을 예측하고 현재 가지고 있는 자원 및 역량과 비교하여 차이를 분석 ② 차이를 메울 장기전략(직원들의 훈련 및 개발, 새 직위 신설, 기존 직위의 재분류, 보고체계 재설정, 자문활용, 기술적인 도구활용, co-sourcing, outsourcing) 개발 - 인적자원에 관한 정책과 절차에서는 자격 있는 직원의 신규채용, 업무성과평가, 기존 직원들을 위한 직업개발, 능력과 재능, 역량, 이력개발, 승진, 보상, 개인요구사항 측정 등을 모두 포함하고 있어야 하고 품질과 윤리적 요구조건도 적절하게 강조되어야 함 ③ 감사직렬을 제도화하고 기관 간 인사교류도 가능하도록 제도화
	(10) 감사기구의 장을 리더가 되도록 촉진·지원	① 감사기구의 장이 리더십 프로그램, 전문협회 등에 참여하는 것을 돕는 조직문화 조성 ② 감사기구의 장은 다른 감사기구, 다른 조직에서 배워 자신이 속한 감사기구와 조직에 전략적 사고와 업무로 활용 ③ 획득한 지식을 모으고 지식관리시스템을 개발하여 직원들과 공유

4. 전문적 감사활동에 관한 연구에서 확인한 역량

전문적 감사활동과 관련한 자체감사기구의 역량은 (표3-21)과 같이 전문협회가 제공하는 수준의 업무만을 수행하고 특별한 역량을 확인할 수 없는 초기단계(1단계), 전문적인 감사업무 및 과정들에 관한 준거틀을 마련하고 우선순위를 적용한 감사계획을 세우는 인프라 구축단계(2단계), 조직이 처한 위험을 고려한 감사계획을 세우고 품질관리 준거틀을 만들어 자체감사활동의 질을 높이는 통합단계(3단계), 감사전략과 조직의 위험관리를 연계하는 관리단계(4단계), 그리고 현재와 미래요구에 부응하는 전략적 감사계획을 세우고 전문적 감사활동을 지속적으로 개선해 나가는 최적화단계(5단계)로 구분된다.

표 3-21 전문적 감사활동과 관련한 자체감사기구 역량지도

역량수준	자체감사 세부역량 (key phrase)	자체감사 세부역량진술문 (competencies identified)
초기단계	(0) 전문협회가 제공하는 수준의 업무밖에 없고 역량확인 안됨	
인프라 구축단계	(1) 전문적인 감사업무 및 과정들에 관한 준거틀	① 자체감사자들이 자체감사의 정의, 윤리규정, 감사기준에 있는 꼭 지켜야 할 내용을 숙지하도록 정기적으로 교육 및 평가 ② 감사활동을 위해 필요한 인력자원, 정보관리, 재정 등과 관련한 정책문서 개발 ③ 자체감사자들이 감사를 준비할 때 참고할 종합지도서(매뉴얼) 개발 - 감사매뉴얼은 자체감사자들이 접근하기 쉽고 정확하고 명확하고 적절하며 최신의 감사실무와 문화를 반영한 것이어야 함. 매뉴얼은 자체적으로 개발하거나 다른 감사기구가 개발한 매뉴얼을 조직특성에 맞게 수정하여 사용 - 매뉴얼을 개발할 때 외부전문가의 도움을 받고, 사용하기 전에 경험 많은 감사자들이 업무에 적절한지 검토한 후 시험운영을 하여야 하고 감사기준, 감사실무에 변경이 있을 때마다 즉시 이에 맞추어 변경되도록 시스템이 갖추어져야 함 - 매뉴얼을 만든 후 직원들에게 교육하고 교육에 필요한 예산도 확보 ④ 감사계획, 감사실시, 질문서·문답서 작성, 감사결과보고, 관리자와 소통 등 실제 감사과정을 모두 문서화 ⑤ 감사계획, 감사실시, 감사결과보고 등에 사용할 표준방법, 절차, 도구 및 working paper를 만들기 위한 지도서 개발 - 감사자 또는 외부전문가가 감사기준의 적용을 소홀히 하는 일을 방지하기 위해 감사계획절차, 감사방법적용 감사감독절차, 감사보고서 작성절차 개발

인프라 구축단계	(1) 전문적인 감사업무 및 과정들에 관한 준거틀	⑥ 자체감사기구의 장은 감사서류의 보안과 통제를 위해 필요한 정책을 서면으로 만들어 시행(예: 감사서류는 보고일로부터 7년 이상 보관, 감사서류를 외부에 공개할 때는 사전에 기관장, 법률자문가의 승인 얻기, 전자서류에 접근할 때 비밀번호 사용 등) ⑦ 모든 재무관리활동을 감사할 수 없으므로 표본을 추출하여 감사를 하되 표본은 재무관리활동의 품질과 규칙성을 판정할 수 있게 기존에 검증된 모형을 활용하여 충분한 양을 선정 ⑧ 경험 많은 감사자와 외부전문가로 구성된 자문팀을 구성하고 INTOSAI 윤리규정과 감사기준, International Federation of Accountants, 주요 국가 감사원 등에서 개발한 기준이나 지침들을 참조하여 감사방법을 개발하며 개별감사 때마다 비용효과분석을 하여 경제적, 효율적, 효과적인 감사방법을 선택 - 감사방법에 변화가 생기면 즉시 직원들에게 교육을 하고 IT규정들을 바꾸는 등 신속하게 대처 ⑨ 감사활동 중에는 자체감사자들이 매주 만나 자신들이 한 일에 대해 토론하고 업무품질보증을 위해 다른 사람들의 업무를 재검토 ⑩ 자체감사자들은 1달에 1번 이상 감사대상기관과 만나 감사에서 발견된 사실, 문제되는 이슈에 대해 논의하고 논의사항을 서류화 ⑪ 사실증거를 근거로 발견사실과 결론을 확정하고 감사보고서 초안을 작성하며 이에 대한 승인을 얻기 위해 감사감독자, 업무품질통제 검토팀에게 제출 ⑫ 감사결과보고서에는 최소한 감사목적, 감사범위, 감사일정, 감사평가기준, 감사방법, 감사결과를 포함해야 하고 그 외에 조사내용, 결론, 의견, 문제해결을 위한 감사대상기관의 집행계획 등을 포함 ⑬ 감사보고서 초안을 감사대상기관에 보내 의견을 듣되 감사대상기관은 10일 내에 의견을 제출하도록 규정 ⑭ 자체감사팀 감독자는 감사팀 구성원들이 감사계획을 충분히 이해하고 있는지, 감사가 감사기준 및 모범적인 실무사례에 따라 진행되고 있는지, 조사보고서는 권고사항, 결론, 의견을 뒷받침해 줄 증거를 포함하고 있는지, 감사자들이 감사목적을 달성하였는지, 감사결과보고서는 감사결론, 권고사항, 의견 등을 적정하게 포함하고 있는지 등을 감독 ⑮ 감사감독자, 업무품질통제 검토팀, 감사대상기관 등의 의견을 반영해 최종보고서를 만들고 감사결과를 공개하기 7일 전까지 감사대상기관에 송부 ⑯ 국회 또는 의회는 감사보고서에 대한 최소한의 요구조건을 제시할 수 있고 자체감사기구는 국회, 의회, 행정부, 관련 위원회 등의 관심사항과 의견을 보고서에 반영해야 하지만 보고서의 내용과 보고의 시기는 전적으로 감사기구가 독립적으로 결정 ⑰ 감사결과가 늦게 나와 감사대상기관이나 이해관계자들이 중요한 결정을 하는데 도움을 주지 못하면 감사효과성이 떨어지므로 감사결과는 시기적절하게 생산(영국감사원의 예: 재무회계감사보고서는 실지감사 시작부터 4개월, 성과감사보고서는 실지감사 시작부터 9개월)

		⑱ 자체감사기구는 대화전문가를 고용하거나 그들로부터 자문을 받는 형식을 취해 감사보고서가 이해하기 쉬운 문체로 써졌는지 확인하고 감사결과를 언론에 공개한 후 기자설명회 등을 개최하여 감사결과 내용에 대해 이해시키며 감사결과를 얻고자 하는 사람들을 위해 자료제공 ⑲ 감사대상기관이 감사결과 권고사항에 대해 얼마나 개선을 하려고 노력했는지 알기 위해 감사가 끝나고 6~12개월 후부터 follow-up 감사를 실시하고 결과를 의회, 관련 위원회, 감사대상기관의 이사회 등에 보고 및 대중에 공개 ⑳ 감사기구가 제시한 발견사실에 대해 감사대상기관이 법적으로 유효하고 문제를 해결할 수 있는 결정을 하지 않으면 감사기구는 이에 책임 있는 기관(최고관리자, 이사회, 의회 등)과 만나 대응책을 논의
	(2) 우선순위를 적용한 감사계획	① 조직 내에서 감사해야 할 모든 부서를 확인하고 서류화. 다른 서비스도 확인 ② 최고관리자, 이해관계자로부터 자문을 받아 감사로 개선해야 할 우선순위 있는 분야를 확인 ③ 최고관리자, 이해관계자와 협력하여 감사주기 결정 ④ 각 감사나 서비스의 목표와 범위를 설정한 후 이를 성취하기 위해 요구되는 자원과 실제 보유한 자원 간의 차이 확인 ⑤ 자체감사, co-sourcing, outsourcing 등을 위해 요구되는 인력자원의 혼합을 결정하고 최고관리자, 이사회 승인 받기 ⑥ 3~5년 기간을 목표로 조직의 전략목표에 부합한 감사전략계획을 세우고 이에 따라 매년 하위계획과 연간활동계획을 세워 구체화 - 변경된 하위계획과 연간활동계획의 내용을 통합해 전략계획 업데이트
통합단계	(3) 위험을 고려한 감사계획	① 주기적으로 조직이 처한 위험을 평가하고 위험의 영향과 발생확률을 검토 ② 감사·서비스계획을 세울 때 위험성이 높고 위험에 대응이 미흡한 부서를 감사대상으로 선정 ③ 감사·서비스계획이 조직목표 및 전략목표에 부합한지 비교하고 최고관리자, 이사회 승인 받기
	(4) 품질관리 준거틀	① 업무를 수행하는데 품질관리가 필수적이라는 문화가 조직 내부에 정착되도록 노력하고 감사활동의 지속적인 개발에 공헌할 정책, 관행, 절차 개발 ② 품질보증 및 개선 프로그램, 즉 내부 모니터링, 주기적인 내외부 품질평가 등을 실행하고 유지하며 이를 위해 필요한 자원 확보 - 내부 품질평가는 1년에 1회를 원칙으로 하되 최소 3년에 1회, 외부 품질평가는 최소 5년에 1회 이상 ③ 품질보증 및 개선 프로그램에 대해 모니터링 하고 보고하는 시스템이나 절차 개발(예: 감사서류를 작성하지 아니한 다른 사람이 작성된 감사서류의 적정성을 검토하고 승인하는 정책을 시행) ④ 자체감사활동의 성과와 효과성을 보고하는 시스템이나 절차 개발

		⑤ 자체감사기구의 장은 최종보고서를 조직의 최고관리자, 감사위원회, 이사회 등의 승인을 거쳐 의회에 보고하고 공식서류로서 웹사이트 등에 공개
관리단계	(5) 감사전략과 조직의 위험관리를 연계	① 조직의 관리자, 이해관계자에게 자문 받고 적절한 서류검토, 조직 내외부 검토 등을 통해 조직의 위험전략 이해 ② 관리자나 자체감사자들이 고위험으로 확인한 분야를 감사계획에 포함 ③ 조직의 위험관리목록을 상시 모니터링 하고 주기적으로 위험관리감사 실시 ④ 감사계획을 조직의 전략목표에 맞추어 수립하여 자체감사활동으로 조직의 목표달성에 기여
최적화 단계	(6) 현재와 미래요구에 부응하는 전략적 감사계획	① 세계추세, 이슈, 위험들을 확인하고 평가하기 위해 조직의 내외부 환경에 관심을 기울이면서 이에 대응하기 위해 필요한 업무, 도구, 기량들과 실제 보유한 그것들과 차이를 알기 위해 평가실시 ② 차이를 메울 수 있는 방안, 즉 절차, 업무, 도구의 개선, 직원의 추가채용, 다른 전문성 가진 직원채용, co-sourcing, outsourcing 등을 모색 ③ 자체감사자를 지속적으로 교육과 직업개발프로그램에 참여하도록 제도화 ④ 필요하면 주기적(1년에 1번 이상)으로 감사 및 서비스계획을 수정하고 최고관리자, 이사회 승인 얻기
	(7) 전문적 감사활동의 지속적인 개선	① 감사규정, 정책, 절차들이 세계수준의 감사활동을 반영할 수 있도록 정기적으로 검토 및 개정 ② 품질보증 및 개선프로그램에서 제시된 권고사항을 집행 ③ 자체감사활동의 성과관리시스템을 모니터링하고 성과개선을 위해 대책시행 ④ 배우기 위해 전문협회에 가입, 공헌하고 자체감사활동에 세계적으로 모범이 되는 사례 적용 ⑤ 감사활동 모범사례, 성과개선, 자체감사관련 세계적 추세 등을 조직의 최고관리자와 공유하여 조직과 자체감사기구의 지속적인 개선을 위해 관리자의 지지 획득 ⑥ 일본과 한국 감사원의 경우처럼 외부연구자와 자체감사자들이 행한 학문적인 연구결과와 실무적인 연구결과를 모아 1~2년에 1번 연구학술지를 발행함으로써 감사영역 확대, 새로운 감사방법 개발, 감사활동의 질 개선에 기여

5. 성과관리와 책무성에 관한 연구에서 확인한 역량

성과관리와 책무성에 관한 자체감사기구의 역량은 (표3-22)와 같이 계획성 없이 업무를 수행하고 필요할 때마다 관리자로부터 예산을 승인 받아 사용하는 등 특별한 역량을 확인할 수 없는 초기단계(1단계), 매년 감사업무계획을 수립하고 감사운영예산을 관리하는 인프라 구축단계(2단계), 자체감사 관리보고서를 만들어 활용하고 자체감사활동과 관련한 비용정보를 관리하며 감사활동의 성과를 측정하는 통합단계(3단계), 질적 성과측정치와 양적 성과측정치를 만들어 활용하면서 자체감사의 효과성을 관리하는 관리단계(4단계), 그리고 측정된 자체감사의 효과성을 공개하여 투명성과 책무성을 높이는 최적화단계(5단계)로 구분된다.

표 3-22   성과관리 및 책무성과 관련한 자체감사기구 역량지도

역량수준	자체감사 세부역량 (key phrase)	자체감사 세부역량진술문 (competencies identified)
초기단계	(0) 계획성 없이 업무를 수행하고 필요할 때마다 관리자로부터 예산을 승인 받아 사용, 역량확인 안됨	
인프라 구축단계	(1) 감사업무계획 수립	① 매년 감사 및 서비스계획을 세우고 감사활동의 목표와 성취해야 할 결과를 정함 ② 효과적인 감사활동에 필요한 행정 및 지원서비스(사람, 물질, 기술정보 등), 감사일정, 감사자원을 확인 ③ 감사목적에 부합하는 계획을 세워 최고관리자, 이사회 승인 얻기
	(2) 감사운영예산	① 자체감사 업무계획에서 확인한 활동 및 자원에 대응되는 실제 예산을 수립 ② 운영예산에 대해 최고관리자, 이사회 승인 얻기 ③ 책정한 예산이 실제적이고 정확한지 항상 재검토
통합단계	(3) 자체감사 관리보고서	① 보고서 사용자 및 이해관계자의 요구사항을 고려한 보고서 양식, 내용 고안 ② 자체감사자는 감사관리자에게 적정한 정보 및 보고서를 적기, 주기적으로 보고 ③ 관리정보와 보고서의 사용을 모니터하고 필요시 개선
	(4) 자체감사활동과 관련한 비용정보	① 감사활동서비스 비용에 대한 정확한 정보를 개발하고 감사활동 비용관리시스템 도입 - 감사기구는 감사자들이 업무를 할 때 감사활동 비용관리시스템에 업무종류별로 시간을 기록하도록 함으로써 주요 활동에 쓰이는 비용 관리 ② 비용관리시스템을 조직의 재정 및 운영시스템 또는 재정 및 관리시스템에 연계

		- 예산계획대로 집행되는지 모니터하고 이행되지 않거나 비용에 차이가 날 때는 즉시 원인을 파악하고 합리적인 대안을 마련 ③ 활동을 하면서 책정한 예산과 실제 쓴 예산을 비교하고 정기적으로 비용관리시스템을 모니터링하면서 비용구조가 적정한지, 비용정보가 효과적이고 효율적으로 산출되는지 확인 ④ 의사결정을 하는데 비용정보를 사용
	(5) 감사성과 측정	① 감사활동 업무와 조직의 목표를 확인하고 자체감사활동에서 성과로 측정할 것이 무엇인지 결정 ② 수집되는 성과자료, 자료수집빈도, 자료수집책임자, 자료의 품질통제, 성과자료 보고자, 성과보고서를 받아 보는 자 등을 확인하고 성과관리시스템을 문서화 ③ 성과측정치(산출/투입 비율, 생산성수치 등)를 개발하고 성과타겟 정하기 - 성과보고서의 수, 계획대비 실제 감사를 수행한 감사사항 수의 비율, 감사결과 권고사항이 집행되는 비율, 감사결과 권고사항이 집행됨으로써 얻어지는 경제적 편익과 비경제적 편익, 의회나 국회에서 보고한 횟수, 감사보고서의 시간엄수 비율 등 ④ 자체감사활동의 성과를 측정하고 그 결과를 1년에 1회 이상 최고관리자, 이사회, 감사위원회, 의회 등 이해관계자에게 정기적으로 보고 ⑤ 비용효과성, 성과측정치의 적절성 등을 주기적으로 평가 ⑥ 감사원은 자체감사기구의 성과를 심사평가하는 것을 주요 과제로 삼고 성과가 부진한 자체감사기구의 장에 대해서는 교체를 권고하며 평가결과를 공표하여 감사실효성 제고 ⑦ 자체감사기구의 내부통제 및 감사품질에 대해 외부감사자로부터 검토를 받고 그 결과를 업무개선에 활용 ⑧ 국회, 공공기관, 회사직원 등으로부터 감사만족도를 조사하고 그 결과를 활용해 성과측정 ⑨ 자체감사활동의 성과를 월드클래스(world class)로 인정된 다른 감사기구의 성과들과 비교
관리단계	(6) 질적, 양적 성과 측정치 통합	① 자체감사기구의 전략목표를 확인하고 허용가능한 위험, 비용, 품질, 결과의 수준을 고려한 성과측정치 및 성과타겟 개발 ② 성과를 모니터하고 측정하는 시스템 개발 ③ 자체감사활동 결과에 영향을 주는 변동사항을 모니터하고 측정하기 위해 성과정보 사용 ④ 조직이 위험에 노출되는 것을 개선하는데 필요한 자체감사자원을 최적화하기 위해 성과정보 사용 ⑤ 이해관계자로부터 자체감사활동의 효과성과 질에 대해 정기적으로 의견을 청취 - 국내 관련 협회가 자체적으로 수행한 평가결과를 활용하는 방법, 기관의 자체 평가기준을 마련하고 자체 평가하는 방법, 3개 이상의 기관들이 서로 다른 기관에 대해 동료평가를 해 주는 방법, 계약을 체

		결하여 외부기관으로부터 평가를 받는 방법 등(일반적으로 동료평가는 최소 3년에 1번, 외부평가는 최소 5년에 1번) ⑥ 자체감사자의 청렴과 도덕적 행동에 대한 평판에 대해서도 귀를 기울이면서 평판의 위험이 '높거나(high) 그 이상'인 경우에는 회의의 의제로 만들어 모니터링 ⑦ 품질보증 및 개선프로그램(상시 모니터링, 주기적인 동료평가, 외부평가, 자체평가)과 자체감사기구 내 성과관리시스템을 통합하고 성과를 개선하기 위해 그 정보를 사용 ⑧ 자체감사활동이 조직의 효과적인 운영, 지배구조, 위험관리, 통제절차 개선에 얼마나 영향을 주고 조직에 가치를 더하는지를 평가하기 위해 자체감사활동 후 권고사항을 관리자가 집행하는지 모니터링
최적화 단계	(7) 자체감사 효과성 에 대한 공개보고	① 자체감사기구의 역량측정도구 만들기 ② 최소한 1년에 1번 자체감사기구에 필요한 역량 중 부족한 역량을 확인하고 이를 보완하기 위한 방안에 대해 최고관리자, 이사회, 감사위원회를 만나 대화 ③ 자체감사활동이 조직의 위험경감, 비용절감, 재정보전에 미친 영향을 확인하고 이를 외부 이해관계자 및 국민들에게 적극 공개 ④ 자체감사 효과성을 개선시키기 위해 이해관계자들로부터 피드백을 얻고 이를 활용 ⑤ 잘 만들어진 웹사이트(web site)를 개설하고 감사보고서를 공개해 국민들이 감사결과를 더 쉽고 명확하게 찾아 볼 수 있게 하고 국민들이 필요에 따라 취사선택하여 활용할 수 있도록 HTML, PDF 파일 형태로 만들어 제공

6. 조직간 관계 및 조직문화에 관한 연구에서 확인한 역량

조직간 관계 및 조직문화와 관련한 자체감사기구의 역량은 (표3-23)과 같이 자체감사에 대한 인프라가 형성되어 있지 않고 특별한 역량조차 확인할 수 없는 초기단계(1단계), 자체감사활동 안에서의 관리를 강화하는 인프라 구축단계(2단계), 자체감사기구가 관리자의 대화에 참여하고 보증, 자문을 하는 다른 그룹들과 정보를 교환하면서 서로의 활동을 조정하는 통합단계(3단계), 감사기구의 장이 최고관리자에게 권고하고 영향력을 행사하는 관리단계(4단계), 그리고 감사기구의 장이 조직의 관리자, 감사위원회, 외부감사자, 기타 이해관계자들과 효과적이고 상시적으로 관계를 유지하는 최적화단계(5단계)로 구분된다.

표 3-23　조직간 관계 및 조직문화와 관련한 자체감사기구 역량지도

역량수준	자체감사 세부역량 (key phrase)	자체감사 세부역량진술문 (competencies identified)
초기단계	(0) 자체감사 인프라 미형성, 역량확 인 안됨	
인프라 구축단계	(1) 자체감사활동 안 에서의 관리	① 자체감사기구 안에서 적정한 조직구조가 확립되어 있고 주요 직위 의 역할, 책임을 알 수 있음 ② 자체감사자가 조직 내에 반드시 필요한 구조로 인식 ③ 자체감사활동을 수행하고 관리하는데 필요한 자원, 감사도구를 파 악하고 획득도 가능 ④ 자체감사활동 안에서 관리, 지휘, 의사소통 원할 ⑤ 수 명의 직원 대표와 수 명의 관리자 대표가 정기적으로 만나 직원들 과 관련된 전략적 문제를 논의하고 문제를 해결하는 포럼(forum) 운영 ⑥ 감사들은 다른 감사자로부터 전문적인 도움을 받고 서로 협력해 야 하며 동료 감사관들을 공정하고 균형 잡힌 방법으로 대하는 문 화정착
통합단계	(2) 자체감사기구가 관리자 대화에 참여	① 감사기구의 장은 해당 조직 관리자의 우선순위, 업무절차의 변화, 새로운 이슈들에 대해 예의주시하고 최고관리자는 조직의 중요한 전략계획, 업무계획, 관리계획과 정보보고서, 재정보고서 등을 감사 기구의 장과 공유 ② 자체감사기구가 조직의 재무회계관리시스템에 상시 접근하여 모니 터링함으로써 감사실효성 제고 ③ 감사기구의 장은 조직의 중요한 관리계획과 이슈를 자체감사자들과 공유 ④ 감사기구의 장은 조직관리팀의 멤버로서 조직의 중요한 위원회, 포 럼에 참석 및 공헌. 다만 정책결정, 관리책임과는 무관해야 함 ⑤ 감사기구의 장은 자체감사자들이 조직의 중요한 위원회에 참여 및 기여하도록 조장. 다만 정책결정, 관리책임과는 무관해야 함 ⑥ 최고관리자는 자체감사기구가 조직의 목표에 부합하는 자체감사계 획을 수립할 수 있도록 계획단계부터 공헌 ⑦ 자체감사기구는 자체감사활동의 정보와 활동내용을 최고관리자에 게 정기적으로 보고하고 예측되는 위험에 공동 대처 ⑧ 자체감사기구는 관리자를 대신하여 외부감사자와 교섭하고 업 무조정
	(3) 보증, 자문을 하 는 다른 그룹들 과 정보교환 및 활동조정	① 조직의 내부 또는 외부에서 보증과 자문서비스를 하는 주체를 파악 ② 각자의 업무계획, 정보, 활동결과를 서로 교환하는 것이 이득인지 확인 ③ 상호 관심사항에 대해 정보를 나누고 대화하고 이슈를 조정하는 절 차개발 ④ 외부감사자의 일과 자체감사의 일의 상호 보안을 위해 외부감사자 와 정기모임

관리단계	(4) 감사기구의 장이 최고관리자에게 권고하고 영향력 행사	① 감사기구의 장은 최고관리자, 감사위원회, 이사회 등과 각각 1년에 4번 이상 정기적으로 만나 대화 ② 감사기구의 장은 관리팀의 일원으로서 갑자기 발생하는 업무와 전략이슈에 대해 권고하는 등 관리차원에 공헌. 다만 정책결정, 관리책임과는 무관해야 함 ③ 조직에서 재무회계관리시스템을 개발할 때 자체감사기구를 참여시켜 적절한 내부통제방안을 만들도록 조장 ④ 감사기구의 장은 자체감사자와 관리팀 사이에 협동과 신뢰가 쌓이도록 조장하고 모범사례 업무절차를 찾아내 조직의 운영관리자들과 공유 ⑤ 감사기구의 장은 외부감사자와의 공식적, 투명한 계약 및 협력관계를 개발하여 최고관리층을 지원 ⑥ 자체감사기구가 고위관리자 리더십프로그램 운영
최적화 단계	(5) 감사기구의 장의 효과적, 상시적인 관계관리	① 감사기구의 장은 조직의 중요한 협의회에 참여하여 관찰하고 조직에 영향을 주는 국제업무 환경을 확인하며 조직에 교육확산 ② 자체감사의 모든 업무와 서비스 내용을 조직의 비전, 가치, 전략목표에 거의 완벽하게 연계 ③ 예방적 차원에서 중요한 전략, 운영이슈에 대해 관리자, 이해관계자와 대화하고 권고 ④ 자체감사기구와 최고관리자와의 관계가 견제와 감시의 관계이기 보다는 지원과 개선을 위한 관계임을 공론화하고 이를 실천 ⑤ 외부감사자와 상호 존경관계를 유지, 조장 ⑥ 감사위원회 효과성에 공헌하기 위해 감사규정을 감사위원회 규정에 부합하도록 개선하고 위원회 구성원을 위한 훈련 등도 개발

7. 감사중복문제 해소에 관한 연구에서 확인한 역량

감사중복문제 해소에 관한 자체감사기구의 역량은 (표3-24)와 같이 감사중복문제 해소를 위한 구체적인 노력을 확인할 수 없는 초기단계(1단계), 자체감사계획 및 실행과정에서 감사중복최소화를 위한 노력을 경주하는 인프라 구축단계(2단계), 감사기구 간에 지원 및 협력시스템을 정착시켜 이를 통해 감사사각, 감사중복을 최소화하는 통합관리단계(3~4단계), 그리고 공공감사체계를 재정비하여 감사중복을 최소화시키는 최적화단계(5단계)로 구분된다.

표 3-24	감사중복문제 해소와 관련한 자체감사기구 역량지도

역량수준	자체감사 세부역량 (key phrase)	자체감사 세부역량진술문 (competencies identified)
초기단계	(0) 감사중복문제 해소를 위한 구체적 노력 확인 안됨	
인프라 구축단계	(1) 자체감사계획 및 실행과정에서 감사중복최소화를 위한 노력	① 정책, 사업 전반에 대한 감사를 지양하는 한편 초점을 분명히 하고 판단기준을 정해 업무범위를 정하고 성과감사, 자문서비스 등을 실시 ② 3년~5년 단위 장기감사계획을 수립하면서 중요한 기관의 회사운영계획, 통합위험관리 준거틀, 조직이 국회, 의회 및 다른 곳에 제공한 보고서 등 중요문서를 검토하고 자체감사보고서, 프로그램 평가보고서 등을 검토하여 감사중복 피하기 ③ 감사를 한 대상기관, 대상업무, 감사기간, 감사초점 등을 전자적으로 기록 및 다시 검색하는 시스템을 구축하고 다음 감사계획수립 시 기왕에 감사한 사항을 감사범위에서 제외시키는 과정을 반드시 거치도록 절차 마련 ④ 자체감사기구의 장은 감사중복과 감사사각 현상이 발생하고 있는지 정기적으로 점검 및 평가하고 그 결과를 자체감사자들이 알 수 있도록 회람시키며 자체감사자들이 감사중복 최소화를 위해 노력하도록 감독
통합관리 단계	(2) 감사기구 간 지원과 협력 시스템의 정착을 통한 감사사각, 감사중복 최소화	① 감사원 등 외부감사자와 자체감사 관련 지침 및 가이드라인을 공유하고 감사업무를 위임하거나 조정 ② 감사원, 중앙정부, 지방정부, 기타 공공기관의 자체감사기구 모두가 참여하는 감사포럼을 구성하고 수시로 만나 업무를 조정하며, 감사계획, 감사결과보고서 및 감사사항에 대한 정보를 공유하는 관리시스템을 만들어 운영하고 서로가 관련 정보에 항상 접근 가능 ③ 공통 관심사에 대해 주기적으로 만나 논의하고 대행감사, 위탁감사, 합동감사, 교차감사를 실시하며, 감사기법과 감사방법을 서로 알려주고 이를 위해 교육 및 직원교류 실시
최적화 단계	(3) 공공감사체계 재정비로 감사중복 최소화	① 중앙행정기관, 지방자치단체, 기타 공공기관에 대한 감사는 자체감사기구의 역량을 배양시켜 자체감사기구로 하여금 수행케 하는 것을 원칙으로 하고, 중앙행정기관과 지방자치단체가 보조금을 준 사업에 대해서는 감사원이 독립적으로 감사하며 중앙행정기관이 지방자치단체를 감사하는 관행은 일본의 「지방분권일괄법」의 사례에서와 같이 과감히 축소 ② 미국의 「단일감사법」의 사례에서와 같이 중앙행정기관이 지방자치단체에 보조금을 주었어도 일정금액 이하에 대해서는 감사를 면제하는 제도 도입 ③ 국회는 연례적인 국정감사제도를 폐지하고 감사원, 중앙행정부처, 시·도의 감사결과보고서를 매년 2회 보고 받아 국정 운영상태를 분석하고 감사결과보고서에 대해 의문이 있는 사항이나 중대한 사항에 대해서만 국정조사 실시

④ 지방의회는 일본의 경우와 같이 지방자치단체를 바로 감사할 수 없도록 법률에 규정하며 행정사무감사를 폐지하고 대신 시·도의 자체감사결과보고서를 보고 받아 시·도정 운영상태를 분석하고 감사결과보고서에 대해 의문이 있는 사항이나 중대한 사항에 대해서만 행정사무조사 실시

⑤ 감사원은 중앙행정기관, 지방자치단체, 기타 공공기관이 시행한 자체감사의 성과를 평가한 후 위험에 근거하여 추가 감사여부를 결정. 이 때 국회, 중앙행정기관, 지방자치단체, 지방의회 등이 제기한 문제점과 위험정도를 고려하여 감사를 실시

⑥ 감사원 또는 자체감사기구 감독기관은 자체감사기구에 감사관련 지침 및 가이드라인을 제공하고 감사업무를 조정하며 협의기구 설치·운영

⑦ 감사원 또는 자체감사기구 감독기관은 「공공감사에 관한 법률」, 「지방자치단체에 대한 행정감사규정」, 「공공감사기준」 등에서 규정한 감사의 정의, 감사의 종류, 기타 감사관련 내용들이 국제적으로 통용되는 기준에 부합하는지 1년에 1번 이상 검토하고 관련 법률 개정

⑧ 감사원 또는 자체감사기구 감독기관은 자체감사 관련 법률, 규정, 기준, 지침 등의 위계를 정의하고 1년에 1번 이상 규정 간 통일성, 현실적용 가능성 등을 검토하여 필요 시 이를 개정

⑨ 자체감사기구들이 감사관련 국제기준과 국내 법률, 규정, 기준, 지침들을 준수하고 이에 순응하도록 설계된 품질보증 개선프로그램을 마련해 운영한다면 감사원 등 외부감사기구는 자체감사결과에 상당히 많이 의지할 수 있음

⑩ 장기적으로는 현행 집행기관에 소속된 자체감사기구는 폐지하고 집행기관과 의회로부터 독립하여 자체감사만을 담당할 지방감사원 등 설립

제 **4** 장

자체감사기구 역량측정

제4장
자체감사기구 역량측정

Ⅰ. 조사설계 개요

여기에서는 특정한 자체감사기구를 선정한 후 제3장 Ⅳ. 자체감사 역량지도에서 볼 수 있는 7개 주요역량분야와 세부역량요소에 대해 그들이 보유하고 있는 역량의 수준을 측정하기 위해 조사방법을 설계하고자 한다. 자체감사기구의 역량수준을 측정하는 방법과 그 조사과정을 설명하면 (그림4-1)과 같다.

그림 4-1 자체감사기구 역량수준 측정방법

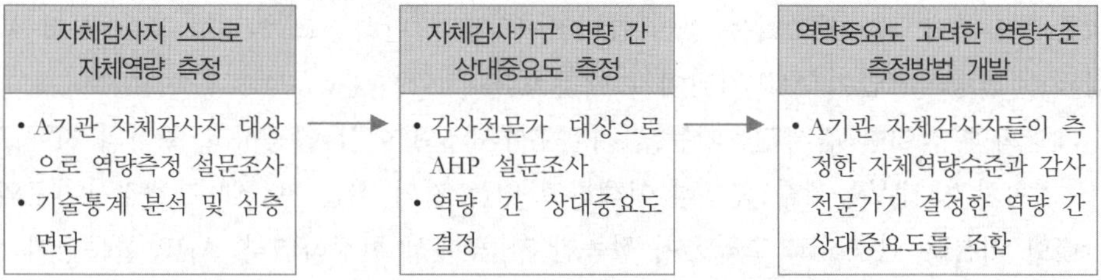

자체감사자 스스로 자체역량 측정		자체감사기구 역량 간 상대중요도 측정		역량중요도 고려한 역량수준 측정방법 개발
• A기관 자체감사자 대상으로 역량측정 설문조사 • 기술통계 분석 및 심층면담	→	• 감사전문가 대상으로 AHP 설문조사 • 역량 간 상대중요도 결정	→	• A기관 자체감사자들이 측정한 자체역량수준과 감사전문가가 결정한 역량 간 상대중요도를 조합

첫째, Case Study 대상으로 선정한 A기관의 자체감사기구의 장을 만나 자체감사기구 역량지도 작성의 목적과 활용방법 등에 대해 설명한 후 역량지도에 진술된 역량에 대해 자체감사자들을 대상으로 설문을 할 경우 어떤 문제가 발생될 수 있는지에 대해 사전 논의하였다. 그리고 자체감사기구의 장으로부터 얻은 자문결과를 반영하여 설문지를 작성한 후 A기관 자체감사기구에 2012년 6월 현재 근무하고 있거나 최근 2년 내 자체감사활동을 한 경력이 있는 사람들에게 의뢰하여 A기관 자체감사기구가 보유한 역량의 수준을 스스로 체크하도록 하였다. 역량수준을 체크할 때는 각 세부역량의 보유수준을 설명할 수 있는 관련 법률, 규정, 지침, 절

차, 과정과 실무사례 등을 제시하도록 요구함으로써 가능한 한 객관적이고 실증적인 결과를 얻도록 조치하였다.

역량수준을 체크하는 사람은 자체감사 세부역량진술문을 읽고 역량을 전혀 알지 못하거나 자체감사기구가 해당 역량을 보유하고 있다는 것을 확인할 수 없으면 ①수준에, 해당 역량에 대해 알고는 있으나 보유여부를 확인하는데 어려움이 있는 정도(1/4이하)이면 ②수준에, 일부 역량(1/2이하)을 확인할 수 있으면 ③수준에, 역량의 상당 부분(3/4이하)을 보유하고 있다면 ④수준에, 그리고 대부분의 역량(3/4초과)을 보유하고 있다면 ⑤수준에 체크를 하게 된다. 이 과정에서 자체감사자들은 국제적으로 통용되는 자체감사 역량에 대비하여 자신들이 보유한 역량의 수준과 내용을 비교해 봄으로써 부족한 역량을 인식할 수 있다. 역량수준 체크가 끝나면 세부역량마다 몇 %의 역량을 보유하고 있는지 결과를 산출한다.

둘째, 자체감사기구에 필요한 7개의 주요역량분야를 각 역량분야별로 3개~10개씩 세부역량분야로 세분하여 총 7개 주요역량분야 44개 세부역량분야로 2단계 계층화한 후 전체 역량을 100%로 할 때 각 주요역량분야 또는 각 세부역량분야가 차지하는 중요도를 계량화하였다. 계량화 과정에서는 계층분석적 의사결정방법 AHP(Analytic Hierarchy Process) 기법을 활용하였는데 이는 자체감사기구 역량지도에 등장한 세부역량요소의 수가 많고 역량진술내용이 전문적이어서 감사전문가의 지식, 경험, 직관 등에 의존하여 중요도를 산출하는 것이 합리적이라고 판단하였고 이러한 조건에 잘 부합되는 계량화기법이 AHP기법이기 때문이다.

계량화에 참여한 감사전문가는 감사실무에서 5년 이상 활동하고 조직의 지배구조, 위험관리, 내부통제를 충분히 이해하고 있는 자와 최근 5년 내 자체감사기구와 관련한 이론을 연구하고 조직론에 정통한 자 중에서 선정하였다. AHP 설문평가는 2012년 7월부터 9월까지 약 3개월에 걸쳐 실행하였다. 설문지에 전문적인 내용이 많아 본 연구자는 1번에 3~4명의 전문가에게 내용을 설명한 후 설문평가 작성방법 등에 대한 의문사항에 일일이 답하는 방법으로 여러 차례로 나누어 설문을 진행하였고 1명의 전문가에게 최소 2주간의 작성시간을 주었다.

AHP기법을 활용한 계량화 과정에서 7개의 자체감사기구 주요역량분야 간에도 총합이 1(100%)이 되는 각각의 중요도가 비율로 정해지고 각 자체감사기구 주요역량분야에서 3개~10개씩 세분화된 세부역량요소들 간에도 총합이 1(100%)이 되는 각각의 중요도가 비율로 정해지게 되므로 어떤 특정한 자체감사 역량요소의 중요도를 다른 역량요소의 중요도와 비교할 수 있다. 또한 이 방법을 활용하면 자체감사기구가 우선적으로 보유해야 할 세부역량요소들이 무엇인지 스스로 알 수 있을 뿐만 아니라 서로 다른 자체감사기구와도 역량보유 정도를 절대비교 및 상대비교 할 수 있으므로 감사원이 자체감사기구의 효과성에 대해 심사평가를 할 때 방법론으로도 채택할 수 있을 것이다.

셋째, 본 연구에서 제시한 자체감사 역량지도에 따라 자체감사기구가 세부역량 수준을 확인하는 한편, 감사전문가들을 대상으로 설문을 하여 주요역량분야와 세부 역량요소들 간 상대적 중요도를 확인한다면 여기에서 얻은 결과물을 조합하여 특정한 자체감사기구에 대해서 역량수준을 측정할 수 있다. 특정 자체감사기구가 본 연구에서 제시한 자체감사 역량지도에 따라 스스로 자신들의 역량수준을 측정하여 주요역량분야별로 또는 세부역량요소별로 수치화 했고, 이와 별도로 감사전문가들이 주요역량별, 세부역량요소별 중요도를 평가하여 수치화 해 놓았기 때문이다.

II. 자체감사기구의 역량수준 측정(Case Study)

1. 설문지 작성방법 및 설문과정

본 연구에서 개발한 자체감사 역량지도를 가지고 세부역량 진술문 하나하나에 대해 5단계 리커트(Likert) 척도[1])를 사용하여 역량수준을 측정하였다. 이는 혹자가 향후 자체감사에 대해 발전적으로 확장하여 연구하고자 할 때 여러 방법으로 통계 처리를 할 수 있도록 배려함으로써 연구결과의 효과성을 높이려는 의도 때문이다. 다만 리커트 척도가 안고 있는 단점, 즉 응답자가 극단적인 선택을 피하려는 경향이 있고 제시된 문장에 동의하려는 경향을 보이며 자신과 자신이 속한 조직이 긍정적으로 보이도록 노력하는 경향이 있어 설문의 결과가 실제 상황을 대변할 수 없게 되는 문제가 있을 수 있으므로 응답자가 역량수준을 체크할 때는 세부역량의 보유수준을 설명할 수 있는 증거자료들을 제시하도록 요구함으로써 가능한 객관적이고 실증적인 결과를 얻도록 조치하였다.

---

1) 설문조사 등에 사용되는 심리검사 응답척도의 하나로 응답자가 제시된 문장에 대해 얼마 나 동의하는지 답변하도록 하는 방법. 5단계 척도가 가장 많이 사용되나 학자에 따라서는 7단계, 9단계 척도를 사용하기도 함.

설문은 A기관 자체감사기구에 현재 또는 최근 2년 내 근무한 경험이 있는 직원들을 대상으로 실시하였는데 본 연구자는 먼저 A기관 자체감사기구의 장을 면담하여 설문의 목적과 취지를 설명하였고, 2012년 6월 27일 설문지를 전자문서(email)로 보낸 후 같은 해 7월 6일 A기관 자체감사기구를 직접 방문해 20부를 회수하였으며 A기관 자체감사기구의 직원들로부터 감사원이 매년 시행하고 있는 자체감사 활동 심사평가와 관련한 발전방안에 대해서 의견을 청취하였다.

2. 표본의 구성

자료분석의 첫 단계로 표본의 특성을 기술하기로 한다. Window용 SPSS/PC 12.0K 프로그램을 사용하여 얻은 조사대상 표본의 인구통계학적 특성을 요약하면 (표4-1) 'A기관 자체감사기구 역량수준 측정을 위한 표본의 구성'과 같다.

표 4-1 A기관 자체감사기구 역량수준 측정을 위한 표본의 구성

구분	내용	표본	
		빈도(명)	비율(%)
성별	남성	15	75
	여성	5	25
나이	30대	4	20
	40대	11	55
	50대	5	25
학력	고졸 이하	1	5
	전문대 졸	3	15
	대학교 졸	14	70
	대학원 이상	2	10
감사, 조사, 평가업무에 종사한 기간	1년 미만	6	30
	1년 이상~2년 미만	4	20
	2년 이상~3년 미만	3	15
	3년 이상~4년 미만	4	20
	4년 이상	3	15
직급	7급 이하	3	15
	6급	7	35
	5급	7	35
	4급	2	10
	고위공무원	1	5

첫째, 응답자 총 20명의 성별분포를 살펴보면 남성 15명(75%), 여성 5명(25%)으로서 남성이 여성에 비해 3배 많다. 둘째, 나이별 분포를 살펴보면 40대가 11명(55%)으로 제일 많고 30대가 4명(20%), 50대가 5명(25%)이다. 셋째, 학력수준은 대학교 졸업 이상이 16명(80%)이고, 고등학교 졸업 이하 및 전문대 졸업자가 4명(20%)이다. 넷째, 자체감사자의 독립성, 전문성과 관련이 있는 감사, 조사, 평가업무에 종사한 기간을 살펴보면 2년 이상이 10명(50%), 2년 미만이 10명(50%)인데 특히 1년 미만인 자체감사자도 6명(30%)이나 된다. 주의할 점은 응답자 20명이 감사업무 등에 종사한 기간의 평균을 산출하면 3.24년으로 높게 나타나지만 자체감사기구의 장 1명이 감사업무에 종사한 27년을 제외하면 평균은 1.99년으로 크게 낮아짐을 알 수 있다. 다섯째, 자체감사자의 직급은 6급 이하가 10명(50%), 5급 이상이 10명(50%)으로 분포되어 있다.

3. 자료의 분석방법

자체감사자들은 자신들이 속해 있는 감사기구의 역량수준을 스스로 측정하게 되므로 측정치는 정상분포를 이루기 어렵다. 더구나 A기관 자체감사기구에는 직원들이 많지 않아 표본의 수를 충분히 확보할 수 없었다. 그래서 표본의 수가 30개 이상인 경우 자주 활용하는 추리통계방법[2]인 모수 통계방법,[3] 비모수 통계방법[4] 등을 활용하지 못하게 되었다. 그러나 A기관 자체감사자들 다수가 각각 평가한 결과들을 집계하여 분석하면 평균(mean), 중위수(median), 최빈값(mode) 등을 통해 직원들이 평가한 각 역량수준의 중심경향(central tendency)을 알 수 있고, 분산(variance), 표준편차(standard deviation), 범위(range), 평균의 표준오차(standard error) 등을 통해 자체감사자들이 인식하고 있는 각 역량수준의 산포도(dispersion)[5]를 알 수

---

2) ① 변인이 정상적으로 분포되어 있으면 모수 통계방법을, 그렇지 않으면 비모수 통계방법을 활용, ② 변량이 엇비슷하면 모수 통계방법을, 그렇지 않으면 비모수 통계방법을 활용, ③ 척도가 등간척도나 비율척도면 모수 통계방법을, 명명척도나 서열척도면 비모수 통계방법을 활용.

3) t-검증, 일원변량분석(One-Way ANOVA), 다원변량분석(n-Way ANOVA), 회귀분석(regression analysis), 통로분석(path analysis), LISREL 등.

4) 독립변인, 종속변인 모두 명명척도로 측정되었을 때 활용하는 문항 간 교차비교분석 (x^2 analysis) 등.

5) 각 변인들이 평균값을 중심으로 얼마나 퍼져있는가를 보여주는 값으로서 범위(range)=최대값－최소값, 분산 또는 변량(variance)=Σ(평균－변인값)^2/사례수, 표준편차(standard deviation)=$\sqrt{변량}$ 등으로 표현.

있으며, 왜도(skewness)와 첨도(kurtosis) 등을 통해 역량수준의 분포(distribution)를 알 수 있을 것이다. 따라서 본 연구에서는 추리통계방법 대신 표본의 주요 특징을 기술하는 기술통계를 활용하였으며, Window용 SPSS/PC 12.0K 프로그램에서 분석→기술통계→빈도분석을 클릭하여 통계량 항목 중 평균, 중위수, 최빈값, 표준편차, 분산, 범위, 최소값, 최대값, 평균의 표준오차, 왜도, 첨도를 선택하고 통계결과를 산출하였다.

그리고 연구결과의 타당도와 신뢰도를 높이기 위해 통계결과에 근거한 양적 연구와 함께 질적 연구를 병행하였다.

먼저, 양적 연구 방법을 설명하면 설문결과에서 각 세부역량에 대해 응답자들의 평가점수가 일정한 패턴을 보이는 경우, 즉 평가점수의 변량(Σ(평균-변인값)^2/사례수)이 1보다 작고 평가자들의 평가점수 범위(최대값-최소값)가 3이하인 경우는 통계결과의 평균을 각 세부역량의 수준으로 받아들이는 방법을 채택하였다. 반면 세부역량별로 응답자들의 평가점수가 비교적 차이가 많다고 판단되는 경우, 즉 평가점수의 변량 값이 1 이상이거나 평가점수 범위가 4인 경우는 통계결과의 평균을 각 세부역량의 수준으로 그대로 인정하기 어렵다고 판단하였다. 따라서 이러한 경우에 해당하는 세부역량에 대해서는 A기관을 다시 방문하여 자체감사기구의 장 및 자체감사자들을 상대로 심층면담을 하면서 증거자료를 확인하였다. 자체감사기구의 장은 심층면담과정에서 확인된 내용에 근거하여 통계결과의 평균을 역량수준으로 그대로 인정하든지 아니면 통계결과의 평균을 배척하고 새로운 평가점수를 부여할 수도 있었다. 그러나 여러 명의 자체감사자들이 스스로 평가한 역량수준 결과가 통계적으로 의미가 있으므로 본 연구자는 이러한 방법을 택하지 않고 당초의 설문결과를 기술통계 처리하여 그 결과를 분석하는 한편 심층면담을 통해 얻은 질적연구 결과를 기술통계 결과에 보충하여 기술하였다.

또한 기술통계 결과에서 구한 7개 주요역량분야별 세부역량요소의 보유수준[6]을 막대그래프 형식으로 표현함으로써 자체감사기구로 하여금 스스로 어떤 세부역량이 얼마나 부족한지 한눈에 알 수 있게 하였다. 이에 더하여 주요역량분야별 세부역량요소의 보유수준을 비율수치 %로 표현하기 위해 설문응답자들이 세부역량 진술문을 읽고 측정한 점수들의 산술평균값을 세부역량별로 모아 기하평균값을 구하

---

6) 응답자들이 세부역량진술문을 읽고 측정한 점수(①~⑤ 중 하나)들을 산술평균한 값.

고 이렇게 산정된 기하평균값이 역량수준 측정척도 1~5의 어느 부분에 해당하는지 확인해 비율로 표시하였다. 즉 역량수준 척도 1은 0%의 역량수준을, 척도 5는 100%의 역량수준을 나타낸다고 가정하고 이미 산정해 놓은 기하평균값이 몇 %의 역량 보유수준에 해당하는지를 선형보간법을 사용하여 확인하였다.[7]

4. 자체감사기구 역량수준 측정결과 분석

가. 지배구조와 관련한 역량수준 분석

(표4-2)는 응답자들이 평가한 지배구조와 관련한 세부역량 수준을 통계 처리하여 평균, 변량(분산), 범위, 왜도, 첨도를 정리한 것이며 그 중 음영으로 표시한 것이 평가점수의 변량 값이 1 이상이거나 범위가 4가 되는 항목으로서 질적 연구를 추가로 수행한 대상이다. 또한 (그림4-2)는 A기관 자체감사기구의 지배구조 관련 역량수준을 막대그래프 또는 수치로 표현한 것이다.

분석결과, A기관 자체감사기구는 세부역량 중 1-(1) 자체감사기구 보고라인 확립, 1-(2) 조직의 정보, 자산, 사람에 항상 접근 가능 등 2개 세부역량을 각각 63.5%, 62.3% 보유한 것으로 확인되었고 1-(3) 자체감사활동을 위한 독립적인 예산 확보, 1-(4) 자체감사를 감독, 권고할 수 있는 메커니즘, 절차 만들기, 1-(7) 자체감사기구의 독립성, 권한, 권위 등 3개 세부역량은 각각 56.3%, 52%, 58.8% 보유한 것으로 확인되는 등 지배구조를 설명하고 있는 7개의 세부역량 중 5개 세부역량 분야에서 50%를 초과한 역량을 보유하고 있었다. 그러나 1-(5) 자체감사기구의 장이 최고관리자에게 보고, 1-(6) 자체감사활동을 독립적으로 감독 등 2개 세부역량은 각각 48.8%만을 보유한 것으로 나타나 해당 역량의 보강이 상대적으로 시급한 것으로 판단된다.

심층면담 결과를 반영하여 A기관 자체감사기구의 지배구조 관련 역량에 대해 설명하면 다음과 같다. A기관 자체감사기구는 A기관 본부 및 00청에 대해 공무원의 기강과 복무자세를 감찰할 뿐만 아니라 A기관의 소속기관(00청 제외)과 소속단

---

7) 역량수준 척도 1은 해당 역량을 전혀 확인할 수 없는 수준이므로 0%, 척도 2는 1/4 이하의 역량만 확인되는 수준이므로 최대치 25%, 척도 3은 1/2 이하의 역량만 확인되는 수준이므로 최대치 50%, 같은 방법으로 척도 4는 75%, 척도 5는 100%로 가정. 역량보유비율(%)=25×세부역량별로 산정한 기하평균값－25.

표 4-2 지배구조와 관련한 세부역량수준 측정치 빈도분석 결과

자체감사 세부역량 (key phrase)	자체감사 세부역량 (competencies identified) 진술문	빈도분석 결과				
		평균	변량 (분산)	범위	왜도	첨도
(1) 자체감사기구 보고라인 확립	① 자체감사규정을 제정하고 자체감사의 목적, 권한, 책임 등을 정의	3.50	0.90	3	0.42	-0.72
	② 자체감사자, 계약에 의해 감사기구의 업무를 대신 수행하는 자의 업무독립성을 확보하기 위해 겸직금지규정, 감사윤리규정 등 제정 및 정책과 절차 개발 - 관련 정책과 절차 안에 청렴, 독립성, 객관성, 공평성, 비밀준수, 역량 등의 원칙이 포함되도록 조치	3.55	1.42	3	-0.03	-1.53
	③ 조직의 구성원들이 자체감사의 목적, 권한, 책임, 윤리규정 등에 대해 자세히 알 수 있도록 교육시키는 등 여러 방법으로 의사소통	3.65	0.66	3	0.11	-0.41
	④ 감사기구의 장은 조직의 최고관리자에게만 행정적, 기능적으로 보고	3.70	0.43	2	0.40	-0.55
	⑤ 국회 또는 의회에 감사결과보고서를 보고하는 기한과 절차를 투명하게 정해 놓아 업무의 투명성 확보	3.45	1.31	4	-0.80	0.43
	⑥ 감사규정 등을 정기적으로 검토하여 업데이트하고 최고관리자, 이사회, 감사위원회 등의 승인을 얻기	3.40	0.78	3	-1.45	1.53
(2) 조직의 정보, 자산, 사람에 항상 접근가능	① 자체감사규정에 감사활동을 할 때 조직의 정보, 자산, 사람에 항상 접근가능하다는 권한 명시	3.40	0.67	3	-0.28	-0.45
	② ①과 관련한 정책, 절차를 문서화	3.25	1.04	4	-0.56	-0.35
	③ 감사대상이 감사에 필요한 서류 등을 제공하지 않았을 때 감사대상기관의 장에게 즉시 보고하고 행정벌, 형벌을 적용하는 등 대응책 마련	3.55	0.58	3	0.22	-0.11
	④ 자체감사자는 감사업무수행 시 취득한 정보에 대해 비밀을 유지하도록 규정	3.80	0.91	3	-0.38	-0.59
(3) 자체감사활동을 위한 독립적인 예산확보	① 자체감사활동에 필요한 자원을 독립적으로 결정하고 이를 승인받는 절차를 관리자의 영향력으로부터 독립적이 되도록 투명하게 수립 - 감사활동에 필요한 예산을 예산결정 기관에 직접 요청하고 배정된 예산을 조직의 예산과 분리하여 별도 계정으로 관리	3.15	1.08	4	-0.64	0.27
	② 부족한 자원에 의한 영향을 확인하고 이에 대해 최고관리자, 이사회 등과 대화	3.35	0.66	3	-1.42	2.38
	① 외부인사(재무전문가 1명 포함)가 주축이 되는 독립적인 감사위원회를 두고 자체감사기구에 감독, 권고함으로써 견제와 균형 유지	2.75	0.93	3	-0.22	-0.82

(4) 자체감사를 감독, 권고할 수 있는 메커니즘, 절차 만들기	② 자체감사기구는 최고관리자, 이사회, 감사위원회 등과 상호작용하고 이들에게 보고하는 정책과 절차를 문서화	2.95	1.00	4	0.46	0.55
	③ 감사를 계획, 집행, 완료하거나 이 과정에서 자료소환장을 보내는 것은 자체감사기구의 장의 책임 하에 이루어지며 최고관리자, 이사회, 감사위원회 등 내외부의 간섭을 받지 않음	3.35	0.66	3	-0.11	-0.41
	④ 감사결과보고서를 감사기구의 장의 결재로 최종 확정하고 이사회 같은 최고의사결정기구에 보고한 후 최고관리자에게 통보	3.30	0.85	4	-0.68	0.84
	⑤ 최고관리자는 자체감사기구의 권한, 권위, 독립성, 조직에 주는 이득 등을 옹호하여 자체감사기구 독립성을 지원	3.45	1.31	4	-0.33	-0.47
	⑥ 감사위원회는 자체감사규정을 승인하고, 자체감사기구의 연간 감사계획과 예산을 검토하며, 자체감사기구로부터 감사결과를 보고 받고 주기적으로 기관장을 만나 감사에서 발견된 사실과 권고사항이 제대로 조치되고 있는지 평가	2.75	0.93	3	-0.61	-0.32
(5) 감사기구의 장이 최고관리자에게 보고	① 감사기구의 장은 기능적 보고는 감사위원회에, 행정적 보고는 최고관리자나 감사위원회에 하도록 자체감사규정에 반영	2.90	1.57	4	-0.33	-1.08
	② 감사기구의 장은 최고관리자, 감사위원회와 1년에 4회 이상 정기적으로 만나 현안사항에 대해 대화	3.05	1.31	4	-0.11	-0.47
	③ 업무 독립성을 실제 훼손당했거나 그럴 우려가 있었던 사항을 1년에 1번 이상 문서화하여 최고관리자, 감사위원회에 보고하고 감사지침에 반영	2.90	1.36	4	-0.23	-0.80
(6) 자체감사활동을 독립적으로 감독	① 자체감사기구는 감사위원회와의 관계를 보강하기 위해 자체감사규정을 감사위원회 규정에 맞추어 조정	3.05	1.10	4	-0.41	-0.07
	② 감사위원회, 자체감사청렴성협의회 등은 자체감사자의 비리, 부정행위를 조사하는 등 견제하고 자체감사기구의 장을 임명, 해임하는 역할 담당	2.85	0.98	3	-0.40	-0.77
(7) 자체감사기구의 독립성, 권한, 권위	① 자체감사기구를 최고관리자(기관장) 직속으로 두고 감사사무만 전담	3.55	1.42	3	-0.03	-1.53
	② 자체감사기구의 설립을 법률로 정하고 감사기구의 장에게 자체감사기구의 조직, 인사, 예산편성 권한이 있음을 법률로 규정하여 독립성을 보장	3.25	1.15	4	-0.84	0.23
	③ 자체감사기구에 적정규모 인원확보 제도화(선진국 사례: 감사자 1인당 직원 247~979명 비율, IIA 국제감사정보 네트워크 GAIN 자료: 전체 직원 수 대비 자체감사자 수의 값 0.0015)	2.85	1.29	4	-0.16	-0.63

④ 감사기구의 장의 임용자격을 법률, 규정 등에 미리 정하고 개방형으로 임용하며 최고관리자의 임기보다 긴 임기(4년~10년 이상) 보장	3.25	0.93	4	-0.56	0.18
⑤ 감사기구의 장을 임용 시 감사위원회, 의회 등이 관여하고 업무의 독립성을 위해 감사기구의 장의 임용과 해임조건을 법률에 명확히 규정 - 정상적으로 업무를 수행하였다면 그 결과에 의해 소추당하지 않도록 법률에 면책조건을 규정	3.10	1.15	4	0.07	-0.46
⑥ 감사기구의 장은 최소한 집행기관 부서책임자와 같거나 상위직급(국장급 이상)으로 보임	4.05	0.79	2	-0.10	-1.79
⑦ 감사사항 선택, 감사범위 및 감사방법 결정, 감사활동, 감사결과보고 시 외부의 간섭을 받지 않고 독립적으로 업무수행	3.80	1.12	3	-0.16	-1.31
⑧ 자체감사자 전보제한기간을 기관장 임기보다 길게 정하도록 감사규정에 명문화	3.50	1.32	4	-0.23	-0.40
⑨ 자체감사자 근무평정을 감사기구의 장이 별도로 운영 및 일반직원보다 우대하고 전출 시 희망부서에 우선 배치하도록 명문화	3.55	1.31	4	-0.37	-0.32
⑩ 자체감사자(외부감사자 포함)들이 법률, 규정, 감사기준을 준수하도록 명문화	3.65	1.50	4	-0.58	-0.59
⑪ 다른 법률에 의해 정한 경우, 국가방위, 국가보안, 외교문제 등 때문에 행정부로부터 명령이 있는 경우, 범죄수사가 계속되고 있는 사항의 일부는 자체감사결과를 대중에게 공개하지 않을 수 있으나 그 외에는 모든 보고서를 대중에게 공개. 관계되는 위원회, 의회 및 그 누구도 특별한 경우를 제외하고는 정보공개를 보류시킬 수 없다고 규정	3.40	0.67	3	0.36	-0.07
⑫ 자체감사의 독립성이 간섭 받거나 훼손되었을 때 국회, 의회, 대법원에 의해 법적으로 보호 받을 수 있도록 법률에 규정	3.00	1.05	4	-0.33	0.11
⑬ 자체감사의 독립성, 권한, 권위의 내용을 조직내부, 이해관계자, 국민들에게 인터넷, SNS(Social Networking Services) 등을 통해 공개하고 대화	2.90	0.52	3	-0.80	1.73
⑭ 자체감사의 독립성, 객관성 증진을 위해 항상 모범사례를 조사하여 적용	3.30	0.75	3	-0.12	-0.73
⑮ 조직의 지배구조, 위험관리, 통제절차의 개선을 위해 항상 모범사례를 조사하여 적용	3.40	0.36	2	-0.39	-0.57

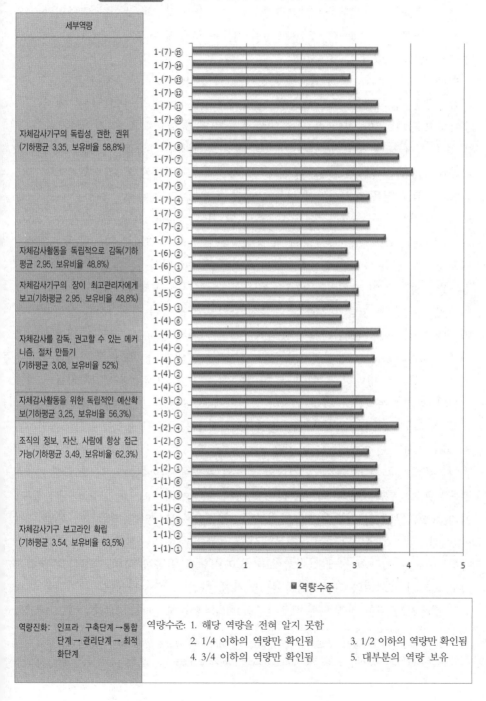

그림 4-2   A기관 자체감사기구 지배구조 역량수준

세부역량	
자체감사기구의 독립성, 권한, 권위 (기하평균 3.35, 보유비율 58.8%)	1-(7)-⑮ 1-(7)-⑭ 1-(7)-⑬ 1-(7)-⑫ 1-(7)-⑪ 1-(7)-⑩ 1-(7)- ⑨ 1-(7)- ⑧ 1-(7)- ⑦ 1-(7)- ⑥ 1-(7)- ⑤ 1-(7)- ④ 1-(7)- ③ 1-(7)- ② 1-(7)- ①
자체감사활동을 독립적으로 감독(기하 평균 2.95, 보유비율 48.8%)	1-(6)- ② 1-(6)- ①
자체감사기구의 장이 최고관리자에게 보고(기하평균 2.95, 보유비율 48.8%)	1-(5)- ③ 1-(5)- ② 1-(5)- ①
자체감사를 감독, 권고할 수 있는 메커니즘, 절차 만들기 (기하평균 3.08, 보유비율 52%)	1-(4)- ⑥ 1-(4)- ⑤ 1-(4)- ④ 1-(4)- ③ 1-(4)- ② 1-(4)- ①
자체감사활동을 위한 독립적인 예산확보(기하평균 3.25, 보유비율 56.3%)	1-(3)- ② 1-(3)- ①
조직의 정보, 자산, 사람에 항상 접근 가능(기하평균 3.49, 보유비율 62.3%)	1-(2)- ④ 1-(2)- ③ 1-(2)- ② 1-(2)- ①
자체감사기구 보고라인 확립 (기하평균 3.54, 보유비율 63.5%)	1-(1)- ⑥ 1-(1)- ⑤ 1-(1)- ④ 1-(1)- ③ 1-(1)- ② 1-(1)- ①

■ 역량수준

| 역량진화: 인프라 구축단계 → 통합단계 → 관리단계 → 최적화단계 | 역량수준: 1. 해당 역량을 전혀 알지 못함
2. 1/4 이하의 역량만 확인됨   3. 1/2 이하의 역량만 확인됨
4. 3/4 이하의 역량만 확인됨   5. 대부분의 역량 보유 |

체에 대하여 종합감사, 특정감사, 재무감사, 성과감사, 복무감사 등을 하고 있다.

첫째, 세부역량 중 하나인 자체감사기구 보고라인 확립과 관련한 역량인 1-(1)의 ①~⑥ 역량수준은 3.4(60%)~3.7(67.5%)로 비교적 고르게 나타났고 이들의 기하평균 값은 3.54(63.5%)였다.

이를 자세히 살펴보면 ① A기관 자체감사기구는 1998. 10. 30. A기관 훈령으로 「자체감사규정」을 시행한 이후 2008. 9. 30. 및 2011. 7. 11. 2번의 개정작업을 거쳐 이를 운용하고 있다. 다만 위 규정 제1조~제4조에 규정 운용의 목적, 감사대상기관, 감사의 종류 등에 대해 적고 있으나 정작 자체감사의 목적, 권한, 책임 등에 대해서는 적확하게 정의하지 않았다. 예컨대 자체감사자협회 IIA가 자체감사를 "조직의 가치를 높이고 조직운영을 개선시키기 위해 고안된 독립적이고 객관적인 보증활동(assurance activity)과 자문활동(consulting activity)이며, 이는 위험관리(risk management), 통제(control), 그리고 지배구조(governance process)의 효과성을 평가하고 개선시키기 위하여 체계적이고 잘 훈련받은 방법을 활용함으로써 조직의 목표를 달성하는데 도움을 준다"라고 정의8)한 것과 같이 자체감사가 효과적으로 활동하는데 반드시 필요한 조직과 기능의 독립성, 정치적 중립성, 객관성, 전문성 등의 속성을 담아 자체감사를 정의하는 것이 필요하다. 또한 자체감사활동의 목적이 조직의 위험관리, 통제 및 지배구조의 효과성을 평가하고 이를 개선시키기 위한 것이라는 정의를 내림으로써 자체감사가 추구하려는 목표가 명백히 표현되도록 하여야 할 것이다. 그래야 자체감사자들이 자체감사의 속성과 목적을 명백히 인지하고 실무에 적용할 수 있을 것이다.

② A기관은 2003. 5. 15. A기관 훈령으로 「A기관 공무원 행동강령」을 제정하였고 2006. 1. 17. 및 2009. 3. 4. 개정을 하여 이를 운용하고 있다. 위 행동강령은 A기관이 「부패방지 및 국민권익위원회의 설치와 운영에 관한 법률」 제8조와 「공무원 행동강령」에 부합하게 따로 제정하여 운용하는 것이다. 「A기관 공무원 행동강령」에 따르면 공무원의 직무수행과 관련하여 이익 또는 불이익을 직접적으로 받는 감사, 심사, 평가 업무담당자는 내외부에서 공정한 직무수행을 저해하는 지시가 있을 경우 자체감사기구의 장에게 이를 보고하고 상담을 받아야 하며 자신이 수행하는 직무가 자신의 이해와 관련되거나 혈연, 지연, 학연 등 특수관계에 있는 자를 대상으로 행해지게 되어 공정하게 직무수행을 할 수 없다고 판단하는 경우에도 자체감

---

8) The Institute of Internal Auditors, *Standards & Guidance-International Professional Practices Framework(IPPF)*, https://na.theiia.org/about-us/about-ia/pages/about-the-profession.aspx, 2012. 5. 3. 검색.

사기구의 장에게 직무회피상담을 요청해야 한다. 특히 정치인이나 정당 등으로부터 부당한 직무수행을 강요받거나 청탁을 받은 경우에는 자체감사기구의 장에게 보고하여야 하고 자체감사기구의 장은 상담내용과 조치결과를 지체 없이 최고관리자에게 보고하여야 한다. 또한 직무관련자로부터 금전을 빌리거나 부동산을 무상대여 받는 행위는 할 수 없도록 규정되어 있고, 통상적인 관례의 범위를 넘어선 3만원을 초과하는 금품과 5만원을 초과하는 경조금품 등은 받을 수 없게 되어 있다. 그리고 A기관과 그 소속기관의 장은 소속공무원들에 대해 위 행동강령 준수를 위한 교육계획을 수립하여 매년 1회 이상 교육을 실시하도록 되어 있다. 문제는 이러한 규정이 마련되어 있음에도 불구하고 최근 몇 년간 공정한 직무수행을 저해하는 사항에 대한 보고와 직무회피 상담신청 등의 사례가 없었다고 한다. 이러한 현상은 자체감사자들이 업무를 할 때 독립성을 인정받고 있다고 볼 수도 있으나 반대로 업무의 독립성이 실제 침해되고 있는데도 자체감사자들이 자체감사기구의 장에게 보고를 하지 않고 지나치는 경우라면 심각한 문제를 발생시킬 수도 있다는 점에 주의를 기울여야 한다. 이와 더불어 A기관 자체감사기구는 2011. 10. 5.부터 「A기관 자체감사공무원 윤리실천 강령」을 시행하고 있다. 위 강령은 자체감사공무원이 감사활동과 관련하여 지켜야 할 사항을 규정하고 있는데 제5조에 감사활동의 객관성, 합리성, 청렴성, 민주성을 규정하였고 제21조에 자체감사자의 비밀엄수의 의무를 규정하였다. 다만, 영리업무 및 겸직금지, 정치운동의 금지 등은 위 강령에 규정되어 있지 않았으며 자체감사기구 관계자의 말에 따르면 「국가공무원법」 제7장 및 「국가공무원 복무규정」 제25조~제27조에 규정한 내용을 준용한다고 한다. 그러나 「자체감사규정」, 「A기관 공무원 행동강령」, 「A기관 자체감사공무원 윤리실천 강령」에 위 같은 내용을 한 번 더 명시해 주어 자체감사자들의 주의를 환기시키는 것이 바람직하다.

③ A기관 자체감사기구는 자체감사자들에게 자체감사의 목적, 권한, 책임, 윤리규정 등에 대해 숙지하도록 수시로 교육을 하고 있다.

④ A기관 자체감사기구의 장은 최고관리자에게만 행정적, 기능적 보고를 하고 있었고 중요한 사항에 대해서는 최고관리자에게 보고를 마친 후 차관에게 구두로 설명을 하는 경우가 있었다.

⑤ 우리나라 실정법 체계상 A기관 자체감사기구는 감사결과보고서를 국회에 반드시 보고하는 의무가 없기 때문에 국회에 감사결과보고서를 보고하는 기한과 절

차가 있지 않았다. 다만 국회에서 특별히 요구하는 경우에는 감사결과를 보고하는 경우가 있다고 한다. 향후 자체감사의 업무의 독립성을 보강하기 위해서는 선진국의 사례에서처럼 각 기관의 자체감사기구가 정기적으로 국회나 지방의회에 감사결과보고서를 보고하도록 입법화 하는 것이 바람직하다.

⑥ A기관 자체감사기구는 감사규정 등을 정기적으로 검토하지는 않고 있으나 2010년 감사전문가가 자체감사기구의 장으로 임용된 이후부터는 변화하고 있는 감사환경을 반영하여 자체감사규정 등을 업데이트 하는 노력을 기울이고 있고 이번 면담에서 자체감사규정에 1년에 1회 정기적으로 자체감사규정을 업데이트 하도록 명문화하는 방안을 강구하겠다고 의견을 냈다.

둘째, 세부역량 중 자체감사기구가 조직의 정보, 자산, 사람에 항상 접근 가능한지를 알 수 있는 역량인 1-(2)의 ①~④ 역량수준은 3.25(56.3%)~3.8(70%) 범위 내에 있었고 이들의 기하평균값은 3.49(62.3%)였다.

이에 대해 자세히 설명하면 ① 「자체감사규정」 제10조의2에 따르면 A기관 각 부서는 감사를 실시할 목적으로 자체감사기구의 장의 요구가 있는 경우에 각 부서의 업무관리전산시스템을 자체감사자들이 열람할 수 있도록 규정하였다. 같은 규정 제13조에는 감사자료 제출요구 및 관계기관의 협조에 대해 규정하였다. 그리고 같은 규정 제20조에는 감사요원이 관계자의 출석·답변을 요구하고자 할 때에는 자체감사기구의 장의 결재를 받아 감사반장 명의로 출석·답변요구서를 발부하도록 규정하였다. 또한 감사요원이 관계서류, 물품 등을 요구할 때에도 자체감사기구의 장의 결재를 받아 관계서류 등 제출요구서를 발부하도록 규정하였다. 자체감사자들은 실제 감사활동에서 이러한 규정이 비교적 잘 지켜지고 있다고 한다.

② 다만, 확인 결과 A기관 자체감사기구는 ①과 관련한 절차를 문서로 만들어 두지는 않았다.

③ 그리고 감사대상기관이 감사에 필요한 서류 등을 제공하지 않거나 출석·답변에 응하지 않을 경우 이에 대응하는 규정이나 절차를 따로 마련해 두지는 않았으나 감사반장은 감사대상기관의 장에게 이를 알려 필요한 조치를 취하도록 하고 있다고 한다. 실제 감사활동에서는 자체감사기구의 자료제출 요구에 비교적 잘 응대한다고 한다. 앞으로는 감사대상기관이 감사활동에 필요한 자료제출이나 출석·답변 요구에 제대로 응대하지 않을 경우에 대비해 필요한 절차서를 만들어 감사활

동의 정당성과 효과성을 보완하는 것이 바람직하다.

④ 「중앙행정기관 및 지방자치단체 자체감사기준」 제10조, 「A기관 자체감사 규정」 제14조 제8항 및 「A기관 자체감사공무원 윤리실천 규정」 제21조에는 자체감사자는 감사업무 수행 시 취득한 감사자료를 감사목적과 관계없이 외부로 유출하지 않도록 규정해 놓고 있다.

셋째, 자체감사활동을 위한 독립적인 예산확보와 관련한 역량인 1-(3)의 ①, ② 역량수준은 각각 3.15(53.8%), 3.35(58.8%)이고 이들의 기하평균값은 3.25(56.25%)였다.

이를 자세히 설명하면 ① 국가 예산책정 및 배분체계 상 A기관 자체감사기구 활동 예산은 A기관의 한 해 예산에 포함되어 편성되고 있다. 따라서 예산편성과정에서 자체감사활동에 필요한 자원을 자체감사기구가 독립적으로 결정하거나 배정된 예산을 조직의 예산과 분리하여 별도계정으로 관리하지는 못한다. 자체감사자들은 감사활동 출장비는 비교적 충분히 확보되는 반면 자체감사자 워크숍(workshop) 등에 필요한 예산은 부족하다고 한다. A기관 감사담당관실에 편성된 2012년 국내여비(출장비)는 1억 5,640만 원으로서 2009년, 2010년, 2011년 국내여비와 동일하였다. 출장 연인원이 2009년에 1,759명이던 것이 2010년에 1,987명, 2011년에 2,484명으로 연평균 20.6%의 증가를 보이고 있는 등 감사수요가 늘고 있는 점을 고려하면 자체감사기구의 활동예산이 부족하다는 주장이 이해된다. 자체감사기구의 업무의 독립성을 보강하려면 감사활동에 필요한 예산을 충분히 보장해 주고 정부차원에서 각 자체감사기구의 활동예산을 각 기관의 예산과 분리해서 편성 및 운영하는 조치를 강구해야 할 것이다.

② A기관 자체감사기구는 자체감사자 인력이 충분하게 확보되지 않았다고 생각하고 있었다. 이에 따라 2012년 추가 채용이 필요한 인력을 확인하여 A기관의 최고관리자로부터 결재를 받아 각 부처의 인력을 충원해주는 00부처에 자체감사자의 충원을 요청하였다. 그러나 00부처는 수시 충원에 대해 부정적인 입장을 취함으로써 A기관이 필요한 인력자원의 충원은 실현되지 않고 있다고 한다. 정부 인력충원 체계상 각 기관의 자체감사기구가 활동에 필요한 자원을 확인하고 이를 보충하려고 해도 책임감 있게 이를 실현시킬 수 없는 실정이다.

넷째, 자체감사를 감독, 권고할 수 있는 메커니즘이나 절차 만들기와 관련한 역량인 1-(4)의 ①~⑥ 역량수준은 2.75(43.8%)~3.45(61.3%) 범위 내에 있고 이들의 기하평균값은 3.08(52%)이었다.

이에 대해 자세히 설명하면 ① A기관은 2005. 5. 26. 대통령령으로 「A기관 감찰위원회 규정」을 제정하고 2006. 6. 및 2008. 12. 두 차례의 개정작업을 거쳐 이를 운용하고 있다. 위 규정은 A기관과 그 소속기관·산하단체 및 00청에 대한 감찰, 감사업무 수행과 관련해서 A기관 최고관리자의 자문에 응하게 하기 위해 감찰위원회를 운영할 목적으로 운용되고 있다. 감찰위원회는 자체감사기구 운영의 기본방침에 관한 사항, 연도별 감사, 감찰활동의 기본계획에 관한 사항, 중요한 감사, 감찰사건의 조사방법, 결과 및 그 조치에 관한 사항 등에 대해 토의하고 A기관 최고관리자에게 그 의견을 제시하도록 되어 있다. 그리고 위원회는 위원장, 부위원장 각 1명을 포함하여 7명~13명으로 구성하되 그 중 1/2 이상은 법조계, 학계, 언론계, 경제계, 여성계, 시민단체의 외부인사 중에서 사회적 신망이 높고 경험이 풍부한 자를 A기관 최고관리자가 임명 또는 위촉하도록 되어 있다. 따라서 이론적으로는 자체감사기구의 활동에 대해 감독 및 권고를 할 수 있는 메커니즘이 형성되어 있다. 그런데 실제 위 위원회는 A기관 본부 및 00청에 대한 감사, 감찰사건 중 중요한 사건의 처리방향에 대해서 주로 자문하고 있으며 자체감사기구 운영의 기본방침에 관한 사항에 대해서는 자문하지 않는다고 한다. 또한 위원들 중 외부인사를 A기관 최고관리자가 명예직으로 임명 또는 위촉하고 그 임기를 1년으로 짧게 정해 놓아 위원들이 독립적으로 의사결정을 하는데 어려움이 있을 것으로 판단된다. 따라서 위 위원회를 「A기관 감찰위원회 규정」에 부합되게 운영하도록 업무를 개선함으로써 자체감사기구의 업무독립성과 효과성을 보완할 필요가 있다.

② 감찰위원회가 자체감사기구 내 감찰 업무에만 국한하여 운영되고 있고 그나마 감사, 감찰업무와 관련된 계획과 운영에 대해서는 제대로 감독 또는 권고하지 않고 있는 상황이기 때문에 자체감사기구가 감찰위원회와 상호 작용하고 이들에게 보고하는 절차에는 제약이 있다.

③ 감사과정에서 자료소환장을 보내는 것은 전적으로 자체감사기구의 장의 책임 아래 이루어지고 있고 내외부의 간섭을 받지 않는 것으로 확인되었다.

④ 감사결과 조치사항 중 징계, 문책, 변상 등 중요사항은 자체감사기구의 장 단독으로 결정을 하지 않고 A기관 최고관리자의 결재를 받아 감사결과를 확정하고 있고 자체감사기구의 장은 주의, 통보 등 나머지 사항에 대해서만 최고관리자 결재 없이 감사결과를 확정하고 있다. 자체감사기구 관계자에 따르면 정부 부서들은 거의 대부분 그 기능 자체에 조직의 최고관리자를 보좌하는 기능이 있고 자체감사

기구도 예외는 될 수 없어 감사결과의 결정과정에서 최고관리자가 의견을 개입시키는 현상이 있을 수 있다고 답변하였으나 자체감사기구가 업무의 독립성을 확보하고 조직발전과 조직의 절차개선에 기여하기 위해서는 징계, 문책, 변상 등 중요사항조차 자체감사기구의 장이 직접 결정하고 그 결과만을 최고관리자에게 사후보고하는 방법으로 절차를 개선해야 할 것이다.

⑤ A기관 최고관리자는 대체로 자체감사기구의 권한, 권위, 독립성, 조직에 주는 이득 등을 옹호한다고 한다. 특히 2010. 9. 1. 경험 많은 외부 감사전문가를 자체감사기구의 장에 임용한 이후부터는 그 이전에 비해 자체감사기구의 독립성을 더 존중하고 있다고 한다. 여기에서 개방형으로 외부 전문가를 임용한 장점을 확인할 수 있다.

⑥ 「A기관 감찰위원회 운영세칙」 제5조에 따르면 자체감사기구의 장은 매년 처음 개최되는 위 위원회 정기회의에서 연간 감사, 감찰활동의 기본계획을 보고하도록 규정되어 있다. 그러나 실제로 감찰위원회는 자체감사규정을 승인하거나 자체감사기구의 연간 감사계획과 예산을 검토하는 일을 하지 않고 있다. 그리고 감사에서 발견된 사실과 권고사항이 제대로 조치되고 있는지 평가하는 기능도 수행하지 않고 있다. 더구나 위 위원회는 A기관 소속기관과 산하단체의 사항에 대해서는 아예 감독 또는 권고의 기능을 수행하고 있지 않다. 다만 A기관 본부 및 00청에 대한 감찰, 감사에서 중요한 사항이 발생하면 그 조치할 양정이 적정한지에 대해서 토론하고 최고관리자에게 자문하고 있다. 분기마다 1회 정기적으로 모임을 갖고 있고 이 외에 위원장 또는 A기관 최고관리자가 요청하거나 위원 1/3 이상의 요청이 있을 때 임시회의를 한다. 위원회 회의는 비공개로 진행하고 토의사항 중 의결이 필요한 사항은 재적위원 과반수의 찬성으로 의결한다.

다섯째, 자체감사기구의 장이 최고관리자에게 보고하는 것과 관련된 역량인 1-(5)의 ①~③ 역량수준은 2.9(47.5%)~3.05(51.3%) 범위 내에 있고 이들의 기하평균값은 2.95(48.8%)였다.

이에 대해 설명하면 ① 자체감사기구의 장은 연간 감사, 감찰계획과 그 변경사항, 예산운용 및 자체감사활동 사항, 감사결과보고서 등에 대해 감찰위원회에 상시적으로 보고하지 않고 있으며 이러한 기능이 자체감사규정에 명확히 규정되어 있지도 않다. 향후 자체감사기구 업무의 독립성을 높이고 감사활동의 효과성을 높이기 위해서는 최고관리자, 자체감사기구, 감찰위원회가 서로 견제와 균형을 유지하면서 업무를 집행하는 시스템이 유지되어야 할 것이다.

② 자체감사기구의 장은 최고관리자, 감찰위원회와 1년에 4회 이상 정기적으로 만나 현안사항에 대해 대화하는 것으로 확인되었으나 내용상으로는 자체감사기구 내 감찰업무에 국한되어 있다.

③ 그리고 자체감사기구의 장은 업무의 독립성을 실제 훼손당했거나 그럴 우려가 있었던 사항을 1년에 1회 이상 문서화하여 최고관리자, 감찰위원회에 보고하거나 이를 감사지침에 반영하지 않고 있다.

여섯째, 자체감사활동을 독립적으로 감독하는 일과 관련한 역량인 1-(6)의 ①, ② 역량수준은 각각 3.05(51.3%), 2.85(46.3%)이고 이들의 기하평균값은 2.95(48.8%)이다.

이에 대해 설명하면 ① 자체감사기구가 감찰위원회와의 관계를 보강하기 위해 자체감사규정과 자체감찰규정을 감찰위원회 규정에 맞추어 주기적으로 조정하는 일은 설문결과 제대로 지켜지지 않는 것으로 확인되었다.

② 또한 감찰위원회가 자체감사자의 비리, 부정행위를 조사하는 등 견제하고 자체감사기구의 장을 임명, 해임하는 역할을 담당하지 않고 있는 등 자체감사활동을 독립적으로 감독하지 못하고 있다.

일곱째, 세부역량 중 자체감사기구의 독립성, 권한, 권위와 관련한 역량인 1-(7)의 ①~⑮ 역량수준은 2.85(46.3%)~4.05(76.3%)로 범위의 폭이 크며 이들의 기하평균값은 3.35(58.8%)이다.

이에 대해 자세히 설명하면 ① 자체감사기구는 최고관리자 직속으로 편성되어 있고 「A기관과 그 소속기관 직제」 제4조의3에 따르면 자체감사기구는 감사업무 외에도 사정업무, 진정 및 비위사건의 조사·처리, 공직자윤리위원회로부터 의뢰받은 사항에 관한 조사·처리, 퇴직공직자의 취업제한에 관한 사항, 병역사항의 신고 및 재산등록에 관한 사항, 감찰위원회 운영지원 등 업무를 수행하고 있다. 또한 확인결과, 위 직제에는 명시되지 않았으나 국민권익위원회 관련 업무도 담당하고 있었다.

② 감사원이 2010. 7. 1.부터 시행한 「공공감사에 관한 법률」은 중앙행정기관, 지방자치단체 및 공공기관의 자체감사기구 구성 및 운영 등에 관한 기본적인 사항과 효율적인 감사체계의 확립에 필요한 사항을 정할 목적으로 운용되고 있다. 위 법률 제5조에는 중앙행정기관 등에 자체감사기구를 두도록 규정하고 있고 중앙행정

기관 등은 자체감사기구를 합의제 감사기구로 둘 수 있으며 감사자문위원회도 둘 수 있도록 되어 있다. 즉 위 법률에 의해 자체감사기구의 설립이 정당화되고 있는 것이다. 또한 위 법률 제16조에 따르면 중앙행정기관 및 지방자치단체의 장이 자체감사자를 임용할 때에는 해당 감사기구의 장 또는 합의제 감사기구의 의견을 듣도록 하고 있다. 그리고 「A기관 소속 공무원 보직관리기준」 제6조의 규정에 따르면 A기관은 감사업무를 담당할 공무원을 보직할 때 당해 계급(고위공무원으로 보하게 되어 있는 경우에 3급)에서 1년 이상 근무한 자 중에서, 기타의 감사담당공무원은 3년 이상 근무한 자 중에서 보직하되 임용예정자의 적격성 등에 대하여 미리 자체감사기구의 장의 의견을 듣도록 하고 있다. 그러나 정부의 현 운영체계에서 자체감사기구의 장이 감사기구의 조직, 인사, 예산편성 권한을 행사하는 데에는 한계가 많다.

③ 2012. 5. 7. 현재 A기관 자체감사기구에 근무하는 직원의 수는 47명이지만 실질적으로 감사와 감찰업무를 담당하는 직원의 수는 자체감사기구의 장을 포함하여 34명에 불과하고 나머지 13명은 서무·기획업무와 행정지원업무를 담당하고 있다. 한편 A기관 본부, 소속기관 및 산하단체, 00청의 직원 수의 합은 총 30,300명이다.[9] 그러므로 자체감사자 47명을 기준으로 할 때 자체감사자 1명당 645명의 직원이 수행한 업무를 감사해야 하고, 이를 다시 전체 직원 수 대비 자체감사자 수의 값으로 표시하면 0.0016이다. 이는 선진 외국 자체감사자 1명당 감사부담 직원 수 247~979명 범위 안에 있고, 자체감사자협회 IIA가 보유한 국제감사정보 네트워크 GAIN의 자료에서 살펴 볼 수 있는 전체 직원 수 대비 자체감사자 수의 값 0.0015와 유사하므로 A기관 자체감사기구에 속해 있는 자체감사자 수가 크게 적다고 말할 수는 없다.

④ 「공공감사에 관한 법률」 제9조 및 제10조에 따르면 중앙행정기관과 지방자치단체의 장은 감사기구의 장을 개방형 직위로 임용하되 그 임용 적격여부를 공정하게 심사하기 위한 합의제 기구를 설치·운영하고 그 심사를 거치도록 규정하고 있다. 자체감사기구의 장의 임기는 5년의 범위 내에서 임용권자가 정하되 최소한 2년 이상으로 하도록 임기를 보장하고 있다. 선진국 자체감사기구들에서 자체감사기구의 장에게 업무의 독립성을 보장해 주기 위해 임기를 4년~10년으로 정하고 있는 사례에 비하면 부족하지만 법률에 임용방법과 최소 2년 이상의 임기를 규정한 것은 과거에 비해 개선된 점으로 보인다.

⑤ A기관은 자체감사기구의 장을 임용할 때 감찰위원회에서 관여하지 않고 있

---

9) A기관 자료, 2012년 8월 현재 정원은 31,169명이고 현원은 30,300명임.

다. 그리고 「공공감사에 관한 법률」 제10조에 따르면 자체감사기구의 장은 신체상 또는 정신상의 장애로 직무를 수행할 수 없거나 휴직한 경우, 승진임용된 경우, 임명 후 같은 법률 제15조의 결격사유[10]에 해당됨이 확인된 경우, 업무를 게을리 하여 감사원으로부터 교체권고의 대상이 된 경우, 그리고 징계처분이나 직위해제처분을 받은 경우에 해당하지 않는 한 자신의 의지에 반하여 채용계약을 해지하거나 다른 직위에 임용될 수 없게 규정되어 있다.

⑥ A기관 자체감사기구의 장은 고위공무원으로서 집행부서 부서책임자와 직급이 같거나 상위 직급으로 보임되어 있어 자체감사활동의 효과적인 수행에 도움이 된다는 조직 내부 평가가 있다.

⑦ 자체감사기구의 장은 감사사항을 선택하고 감사범위, 감사방법을 결정하는데 외부의 간섭을 받지 않고 독립적으로 업무를 수행하고 있다. 다만, 감사결과 작성 시 징계, 문책, 변상 등 중요사항에 대해서는 미리 최고관리자로부터 처리방향에 대해 결재를 받아 시행하는 등 업무의 독립성이 일부 보장되지 않고 있다고 판단된다.

⑧ 자체감사자의 전보제한기간은 「지방공무원 임용령」 제27조 제1항에 기본적으로 2년이라고 규정되어 있다. 감사원에서도 각 기관의 자체감사자들을 2년 이상 전보하지 말라고 권고하고 있다. 이는 자체감사자의 전문성을 확보하기 위한 기본적인 조치이다. 감사원이 A기관 자체감사기구의 2011년 활동결과를 심사평가한 내용에 따르면 2011년에 A기관 자체감사기구에 근무한 자체감사자는 평균 32.9명이고 1인당 감사부서 근무경력은 31.7개월로서 감사원의 권고기준을 충족하고 있다. 그러나 A기관 자체감사기구 관계자에 따르면 자체감사자의 전문성을 위해서는 향후 정부 행정기관을 대상으로 한 「공무원 임용령」 및 각 행정기관의 자체감사규정에도 자체감사자의 전보제한기간을 명시해야 하고 전보제한기간도 「지방공무원 임용령」에서 정하고 있는 2년보다 길게 정해야 한다는 의견을 가지고 있었다.

⑨ A기관은 근무평정 시 자체감사자에 대해 일반 직원보다 우대하고 자체감사자가 다른 부서로 전출할 때 희망하는 부서에 우선 배치하도록 규정을 운용하고

---

10) ① 감사기구의 장으로 임용되는 조직의 주요 업무와 관련이 있는 법인 또는 단체로 근무하다 퇴직한 후 2년이 지나지 아니한 자 ② 정직 이상의 징계 또는 문책을 받은 날로부터 3년이 지나지 아니한 자 ③ 정직 미만의 징계 또는 문책을 받은 날로부터 2년이 지나지 아니한 사람 ④ 「형법」 제129조(수뢰, 사전수뢰)~제133조(뇌물공여 등) 및 제355조(횡령, 배임), 제356조(업무상의 횡령과 배임)에 해당하는 행위로 징계, 문책 또는 벌금 이상의 형벌을 받은 자.

있다. 「A기관 소속 공무원평가 등 업무처리지침」 별표6에 따르면 근무평정 시 자체감사자가 감사업무 수행기간을 누적해서 1년 이상 되었다면 1년을 초과하는 매1월마다 0.03점의 가점을 받을 수 있다. 또한 「A기관 감찰규정」 제25조 제2항의 규정에 따르면 감찰담당직원이 2년 이상 성실히 근무하고 다른 부서로 전보를 원하는 경우 본인의 적성과 경험을 활용할 수 있는 희망부서로 전보하도록 되어 있다.

⑩ A기관은 「A기관 자체감사 규정」 제14조 제2항에 자체감사자들이 감사를 할 때 각종 법령, 훈령, 예규 및 지침 등을 숙지하여 합목적성과 합법성이 조화를 이루는 감사를 하도록 규정하고 있다. 그리고 자체감사기구는 자체감사자들 뿐만 아니라 자체감사활동에 참여하는 외부전문가들이 이를 준수하도록 수시로 교육하고 있다.

⑪ 「공공감사에 관한 법률」 제26조에 따르면 중앙행정기관의 감사결과는 원칙적으로 공개하도록 되어 있다. 다만, 「공공기관의 정보공개에 관한 법률」 제9조 제1항 각 호의 어느 하나에 해당하는 경우만 정보를 공개하지 않는 것으로 규정되어 있다. 예를 들면 다른 법률 또는 법률이 위임한 명령에 의하여 비밀 또는 비공개 사항으로 규정된 정보, 국가안전보장·국방·통일·외교관계 등에 관한 사항으로서 공개될 경우 국가의 중대한 이익을 현저히 해할 우려가 있다고 인정되는 정보, 당해 정보에 포함되어 있는 이름·주민등록번호 등 개인 사생활의 비밀 또는 자유를 침해할 우려가 있는 정보, 재판·수사·감사 등의 과정에 있는 사항으로서 공개할 경우 직무의 공정한 수행을 어렵게 할 우려가 있는 정보 등이 공개하지 않아도 되는 사례이다. 그런데 A기관은 감사결과의 공개기준이 이렇게 명확히 규정되어 있는데도 2011. 9.까지 감사결과를 국민들에게 일체 공개하지 않고 있었으며 국회에서 매년 자체감사결과보고서를 제출하라고 요구하였는데도 형벌집행업무의 특성상 개인의 명예 또는 사생활 침해, 공정한 감사업무 수행에 지장을 초래할 우려가 있다는 사유 등을 들어 감사지적사항 및 조치현황으로 대체하여 자료를 제출해 왔다. 그러다가 감사원이 2010년 자체감사기구 활동 심사를 마치고 A기관에 감사결과보고서의 공개기준을 마련해 시행하라는 권고를 하고서야 A기관 자체감사기구는 2011. 10. 「자체감사 결과 공개방안」을 마련하여 시행하였다. 그 내용을 살펴보면 A기관은 기관 홈페이지의 '정보마당-자료실'에 '감사결과 공개'란을 신설하였다. 그러나 감사결과보고서를 전문으로 공개하지 않고 요약하여 공개하고 있다. 자체감사자들은 과거에 비해 자체감사활동의 투명성이 많이 강화된 것으로서 앞으로 감사결과를 전문공개 할 경우 발생될 인권관련 민원, 언론의 민감한 반응에 대한 대응책을 마련

한 후 장기적으로는 감사결과의 공개수준을 높여 나가는 것이 바람직하다는 의견을 피력하였다.

⑫ 자체감사자들은 또한 자체감사의 독립성이 훼손되었을 때 국회, 법원 등에 의해 법적으로 보호를 받을 수 있도록 이를 법률에 규정할 필요가 있으나 현재는 이러한 법적 장치가 마련되어 있지 않다고 한다.

⑬ 자체감사의 독립성, 권한, 권위의 내용을 이해관계자 및 국민들에게 인터넷과 SNS(Social Networking Services) 등을 통해 공개하고 대화하는 역량은 A기관 자체감사기구에서 잘 발견되지 않는 것으로 평가되었다.

⑭ A기관 자체감사기구는 특정한 감사에서 문제점을 발견하면 유사한 기관 등에 문제점을 전파해 개선을 하도록 조치하고 있었다. 예를 들면 어느 소속기관의 감사에서 건축물 누수사례가 문제시 되면 나머지 소속기관과 소속단체에 자체조사를 요청하여 보고하게 하고 문제를 해결하도록 독려하는 방법을 활용한다. 또한 2012년부터는 감사원의 감사결과보고서 작성방법에 따라 감사결과보고서를 작성하는 등 자체감사의 독립성과 객관성 증진을 위해 모범사례를 조사하여 적용하고 있었다.

⑮ 같은 방법으로 자체감사기구는 조직의 지배구조, 위험관리, 통제절차의 개선을 위해 모범사례를 조사하여 적용하고 있었으나 이를 상시 모니터링하고 모범사례를 적용하는 특정한 업무를 도맡아 처리하는 사람은 없었다.

나. 자체감사서비스 및 역할과 관련한 역량수준 분석

(표4-3)은 응답자들이 평가한 자체감사서비스 및 역할과 관련한 세부역량 수준을 통계 처리하여 평균, 변량(분산), 범위, 왜도, 첨도를 정리한 것이고 (그림4-3)은 A기관 자체감사서비스와 역할관련 역량수준을 막대그래프 또는 수치로 표현한 것이다. 분석결과, A기관 자체감사기구는 세부역량 중 2-(1) 순응감사, 2-(2) 성과감사 또는 value-for-money audit, 2-(4) 지배구조, 위험관리, 통제에 대한 전반적인 보증, 2-(5) 변화의 주체로 인정된 자체감사 등 4개 세부역량에서는 54.8~58.5%의 역량을 보유한 것으로 확인되었으나 자체감사가 조직의 관리자나 조직의 구성원들에게 자문을 해주는 역량을 표시하는 2-(3) 자문서비스 항목에서는 49%의 낮은 역량수준을 나타냈다. A기관 자체감사기구는 전반적으로 서비스 및 역할 범위 확대를 위한 노력과 함께 조직의 원활한 운영을 위해 자문서비스 역량을 강화하는 조치를 해야 할 것이다.

표 4-3	자체감사서비스 및 역할과 관련한 세부역량수준 측정치 빈도분석 결과					

자체감사 세부역량 (key phrase)	자체감사 세부역량 (competencies identified) 진술문	빈도분석 결과				
		평균	변량 (분산)	범위	왜도	첨도
(1) 순응감사	① 자체감사규정에 보증서비스의 종류와 유형을 명시	2.90	0.94	4	0.22	-0.60
	② 자체감사업무계획 수립 시 감사대상기관 관리자에게 질문서 등을 보내 감사목적, 감사범위, 감사방법, 감사시기 등에 대한 의견수렴 후 이를 결정	2.95	0.68	3	-0.53	0.16
	③ 자체감사기구는 본부에 대한 감사비중을 늘리고 하급기관 또는 산하기관에 대한 감사비중을 줄여 형평성 유지	2.80	0.70	3	-0.19	-0.36
	④ 감사마다 적절한 감사준거(합법성, 능률성, 경제성, 효과성, 민주성, 형평성 등)를 정하고 최고관리자로부터 승인 받기 - 일반적인 감사준거로 고려되는 합법성, 경제성, 능률성, 효과성 외에 민주성, 형평성, 대응성 등도 자체감사에 적용	3.35	0.77	3	-0.27	-0.78
	⑤ 감사 시 자체감사자의 활동을 어떻게 점검 및 감독할 것인지 내용을 담은 내부통제 준거틀을 문서화	3.55	0.79	4	-1.42	2.69
	⑥ 자체감사계획을 실제 활동상황과 근접하게 실행력 있게 작성	3.55	0.68	3	-0.18	-0.21
	⑦ 감사마다 적합한 절차를 적용하고 감사절차와 감사활동 내용을 문서화	3.50	0.79	3	0.25	-0.50
	⑧ 획득한 정보를 분석 및 평가하여 특정한 감사결론을 내리고 권고사항 개발	3.55	0.58	3	-0.59	0.15
	⑨ 감사에서 발견된 사실, 감사결론, 권고사항들을 감사대상기관 최고관리자에게 보고서 또는 PPT로 브리핑	3.20	0.70	3	-1.02	1.08
	⑩ 감사대상기관의 의견을 수렴하여 감사결론, 권고사항을 확정하고 최종보고서 작성	3.65	0.98	3	-0.28	-0.77
	⑪ 감사결과 조치사항을 상시 모니터링 하는 시스템을 만들어 운영하고 필요시 follow-up 감사 시행	3.55	0.47	3	-0.20	0.15
(2) 성과감사 또는 value-for-money audit	① 자체감사규정에 보증서비스의 종류와 유형을 명시하고 필요시 규정을 개정할 수 있음을 명시	3.20	1.12	4	-0.14	-0.34
	② 자체감사의 패러다임을 한 일에 대한 감사에서 해야 할 일에 대한 감사로, 사후감사에서 사전예방감사로, 합법성, 적법성 감사에서 효율성, 합목적성, 형평성 감사로 전환	3.45	0.58	3	0.59	0.15
	③ 정책결정 그 자체에 대해서는 감사를 하지 않지만 정책의 집행과정, 정책의 효과에 대해서는 감사	3.45	0.68	3	-0.45	-0.40

	④ 성과감사에 자원을 사용하기 전에 경제성, 효율성, 효과성을 반드시 검토하도록 자체감사규정에 규정	3.20	0.48	2	-0.29	-0.73
	⑤ 자체감사업무계획 수립 시 감사대상기관 관리자에게 질문서 등을 보내 감사목적, 감사범위, 감사방법, 감사시기 등에 대한 의견을 수렴하고 감사대상기관의 지배구조, 위험관리, 통제과정, 성과관리체계, 성과정보의 질 평가 등을 어떻게 감사할지 결정	3.35	0.77	4	-0.80	1.73
	⑥ 자체감사자들은 감사업무의 주제와 이를 둘러싼 환경, 사업목적 등을 충분히 살펴보고 정리하면서 이해	3.55	0.47	3	-0.20	0.15
	⑦ 자체감사계획을 실제 상황과 근접하게 실행력 있게 작성	3.50	0.37	2	-0.79	-0.21
	⑧ 감사목적을 달성하기 위해 적절한 테스트, 조사방법을 적용하고 이를 문서화 - 감사방법을 개발 및 조언하고 품질보증을 감독하는 전문팀을 운영 - INTOSAI가 개발한 Implementation Guidelines for Performance Auditing(2004)과 성과감사지침, 주요 국가 감사원이 개발한 특별한 방법을 참조하여 성과감사 방법을 개발	3.25	0.93	3	-0.95	-0.32
	⑨ 특정한 감사결론을 내리고 권고사항을 개발하며 감사결과를 감사대상기관 최고관리자에게 브리핑	3.40	0.36	2	-0.39	-0.57
	⑩ 감사결과 조치사항을 상시 모니터링 하는 시스템을 만들어 운영하고 필요시 follow-up 감사 시행	3.10	0.73	2	-0.20	-1.62
(3) 자문서비스	① 자체감사기구가 관리자에게 자문을 할 수 있도록 그 권한과 자문서비스의 종류(훈련, 시스템개발 점검, 성과와 통제에 대한 평가, 자문, 권고 등)를 자체감사규정에 명시	2.80	0.70	3	-0.80	0.72
	② 자문서비스 수행에 필요한 적절한 정책과 절차를 개발하여 최고관리자, 이사회, 감사위원회 승인 얻기. 다만 자체감사기구는 감사업무와 관련한 정책만을 개발할 수 있고 다른 관리정책을 결정하는 자로 간주되어서는 안됨	2.95	1.10	3	-0.50	-1.00
	③ 감사기구의 장은 감사기법을 만들 특권이 있고, 감사기법의 본질, 중요도, 결과들이 조직에 중대한 위험이 있음을 알게 해줄 때 이를 최고관리자에게 보고할 권한이 있음	3.35	0.56	3	0.15	0.08
	④ 자체감사자들이 자문서비스를 할 때 독립성과 객관성을 유지해야 하고 이를 위해 자문결과가 왜곡되지 않게 적절한 공개를 하도록 자체감사규정 등에 규정	2.95	1.00	3	-0.60	-0.59

	항목					
	⑤ 자체감사자들이 자문서비스를 할 때 직업전문가로서의 정당한 주의의무를 다하도록 자체감사규정 등에 규정	2.80	0.91	3	-0.38	-0.59
	⑥ 자체감사기구는 자문업무를 수행하거나 그 결과를 보고할 때 적용할 원칙과 접근방법에 대해 관리자와 대화하고 동의를 얻어야 함	3.10	0.94	3	-0.99	0.34
	⑦ 자문서비스 결과 자체감사기구가 제공한 권고에 의해 조직이 행한 결정과 행동들은 관리자의 책임 하에 이루어진다는 것을 보증 받기	2.95	1.00	3	-0.60	-0.59
	⑧ 자문서비스 결과를 관리자에게 브리핑	2.85	1.08	3	-0.61	-0.62
(4) 지배구조, 위험관리, 통제에 대한 전반적인 보증	① 자체감사기구가 조직의 광범위한 문제에 대해 의견을 표출할 수 있게 그 권한을 감사규정에 포함. 다만 자체감사기구가 해서는 안 되는 업무도 규정(예: 감사의 대상이 되는 조직의 관리에 참여하거나 관리적 결정을 하는 것, 조직의 관리위원회나 이사로 활동하는 것, 조직이 수행할 프로그램의 방향과 운영에 영향을 줄 수 있는 정책결정, 자체감사기구의 직원 이외에 조직에 고용된 자를 감독하는 것, 조직의 거래를 인가해 주거나 조직의 자산을 보호하는 업무, 감사의 대상이 되는 재무기록이나 다른 기록들을 유지하고 책임지는 일, 감사의 대상이 되는 봉급을 집행하는 일 등)	3.10	0.73	4	-0.20	1.67
	② 자체감사의 업무범위가 조직의 지배구조, 위험관리, 그리고 내부통제과정을 모두 다룰 수 있음을 확인	3.20	0.59	3	-1.15	2.36
	③ 위험을 고려한 감사계획에 따라 지배구조, 위험관리, 통제과정을 1년에 1번 정도 감사하고 의견을 피력 - 자체감사기구는 조직구성원들에게 조직의 지배구조, 위험관리, 내부통제 과정에 대해 교육시키고 이해를 증진시키는데 기여	3.15	0.56	3	-1.11	2.61
	④ 자체감사기구는 최고관리자가 행한 조직의 지배구조, 위험관리, 통제과정에 대한 모니터링 결과, 자체감사의 위험평가 및 감사활동 결과, 다른 사람의 평가결과를 모두 종합하여 조직의 지배구조, 위험관리, 통제과정의 전반적인 효과성을 점검하고 독립적인 의견제공	3.55	0.68	3	-0.18	-0.21
	⑤ 감사기준에 따라 모은 충분하고 확신 있는 감사증거로 감사의견을 지지	3.80	0.48	3	-0.75	1.48
	⑥ 자체감사기구의 장은 최고관리자를 만나 조직의 지배구조, 위험관리, 통제과정의 문제들과 자체감사 의견을 보고하고 이에 대한 책임이 관리자에게 있음을 명시하여 강조하며 해결방안에 대해 논의	3.55	0.58	3	-0.59	0.15

	⑦ 기존에 존재하거나 새로 제안된 법률, 규정들을 검토한 후 1년에 2번 이상 정기적으로 국회 또는 의회에 이들 법률, 규정들이 조직의 프로그램 또는 기관운영의 경제성, 효율성에 어떤 영향을 주는지, 부정 또는 직권남용을 어느 정도 예방하거나 찾아낼 수 있는지 등에 대해 권고 및 의견제출	2.45	0.68	3	-0.45	-0.40
	⑧ 전산감사시스템 개발로 상시 내부검증(일상감사, 내부통제에 대한 평가) 강화	3.25	0.30	2	0.13	-0.08
	⑨ 전자문서를 활용한 일상감사기법 개발	3.20	0.80	4	-0.43	1.04
	⑩ 감사과정, 즉 위험평가, 계획, 일정, 업무서류, 보고서, 문제점 지적내용, 비용, 훈련기록 등을 전산화하여 관리하는 데이터베이스 차원의 감사관리시스템 사용	3.10	0.52	2	-0.15	-0.88
	⑪ ACL, IDEA 같은 컴퓨터의 도움을 받는 감사기술을 사용	2.90	0.94	3	-0.94	0.34
(5) 변화의 주체로 인정된 자체감사	① 자체감사의 확장된 역할 및 업무범위를 포함할 수 있게 감사규정을 정기적으로 개정	3.10	0.62	3	-0.90	1.39
	② 자체감사 활동전략의 초점을 고객(감사대상기관, 국민, 국회, 의회 등)을 위한 서비스에 맞추도록 문서화하고 이에 따라 활동	3.25	0.72	3	0.04	-0.59
	③ 변화하고 있는 사업환경, 그리고 이것이 조직의 지배구조, 위험관리, 통제과정에 미치는 영향을 모니터하기 위해 조직의 밖에서 관찰하고 떠오르는 이슈와 트랜드에 관해 관리자에게 권고를 하며 조직 전체가 이를 알 수 있도록 교육 등 조치	3.15	0.66	2	-0.30	-1.40
	④ 조직이 위험관리전략을 개발하고 집행하는데 자체감사를 통해 기여하고 자체감사결과가 어떻게 개량된 업무절차와 조직전략목표에 기여하는지에 대해 조직구성원, 최고관리자, 이사회, 감사위원회, 의회 등과 대화	3.40	0.36	2	-0.39	-0.57
	⑤ 국가마다 형태는 달라도 자체감사의 전략적 관점, 즉 순응감사, 합법성감사 이외에도 자금지출의 효율성을 확신할 수 있는 여러 형태의 감사유형을 개발하고 이렇게 개발된 전략적 관점에 따라 감사실무를 개편 - 자체감사의 기능과 직원구성을 검토하고 조직구조와 책임을 재설계, 자체감사서비스의 새로운 비전에 근거하여 활동에 필요한 매뉴얼을 준비하고 자체감사자들이 새로운 역할을 달성할 수 있게 돕기 위해 교육프로그램 설계, 자체감사자 고용프로그램과 직원들의 능력을 개발시키는 프로그램 운영	3.30	0.54	2	-0.55	-0.83

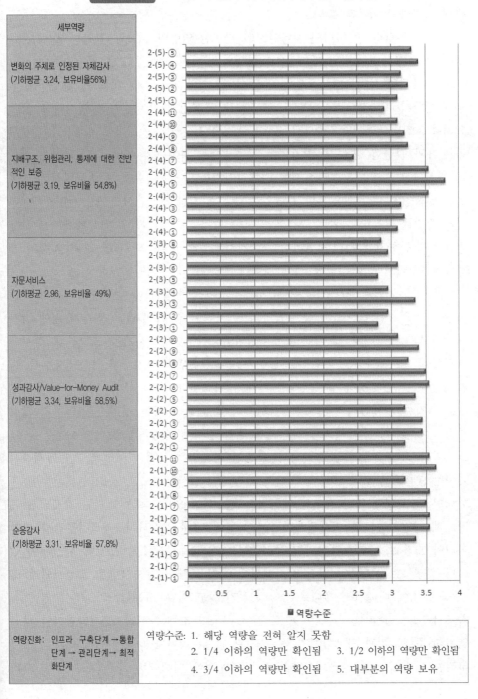

그림 4-3 A기관 자체감사기구 서비스와 역할 역량수준

세부역량
변화의 주체로 인정된 자체감사 (기하평균 3.24, 보유비율56%)
지배구조, 위험관리, 통제에 대한 전반 적인 보증 (기하평균 3.19, 보유비율 54.8%)
자문서비스 (기하평균 2.96, 보유비율 49%)
성과감사/Value-for-Money Audit (기하평균 3.34, 보유비율 58.5%)
순응감사 (기하평균 3.31, 보유비율 57.8%)
역량진화: 인프라 구축단계→통합 단계 → 관리단계→ 최적 화단계

역량수준: 1. 해당 역량을 전혀 알지 못함
2. 1/4 이하의 역량만 확인됨 3. 1/2 이하의 역량만 확인됨
4. 3/4 이하의 역량만 확인됨 5. 대부분의 역량 보유

심층면담 결과를 반영하여 A기관 자체감사기구의 서비스 및 역할 관련 역량에 대해 설명하면 다음과 같다.

첫째, 세부역량 중 하나인 순응감사와 관련한 역량인 2-(1)의 ①~⑪ 역량수준은 2.8(45%)~3.65(66.3%) 범위 내에 있고 이들의 기하평균값은 3.31(57.8%)이다.

이를 자세히 살펴보면 ① A기관은「A기관 자체감사규정」제4조에 감사의 종류를 종합감사, 특정감사, 재무감사, 성과감사, 복무감사, 일상감사로 명시하고 있다. 그러나 조직의 운영 및 프로그램 집행과 관련한 자문서비스, 조직의 지배구조·위험관리·통제와 관련한 점검 및 평가업무 등을 자체감사기구의 서비스 및 역할의 범위에 명시하고 있지는 않다. 실제로 자체감사자들이 감사업무를 수행하면서 이러한 서비스를 전혀 다루지 않는다고 단언할 수는 없지만 자체감사기구가 서비스 및 역할의 범위를 확장하여 관련 규정에 명시하고 이를 수행하기 위한 실행계획을 구체적으로 수립하지 않는다면 A기관 자체감사기구의 서비스와 역할 관련 역량의 개선에는 한계가 있을 수밖에 없을 것이다.

② A기관 자체감사기구는 자체감사업무계획을 수립할 때 감사대상기관의 의견을 적극적으로 수렴하고 있지는 않았다. 감사원이 감사계획을 수립하기 전에 감사대상기관과 대화해서 그 기관의 특수상황을 고려해 감사시기를 조정하고, 감사에 투입할 수 있는 자원과 위험정도에 근거한 우선순위를 고려해서 감사대상부서, 감사대상사업 등을 정하는 모범적인 사례와 비교된다.

③ A기관 자체감사기구는 본부 및 00청에 대한 감사를 정기적으로 하지 않고 주로 1, 2, 3차 소속기관과 산하단체에 대한 감사에 집중하고 있다.「A기관 및 그 소속기관 직제」제4조의3 제2항과「A기관 자체감찰 규정」등에 따르면 자체감사기구는 A기관 본부와 00청에 대해서도 감사를 실시할 수 있다. 그러나 본부에 대한 감사와 00청에 대한 감사는 제한적으로만 하고 있다. 특히「A기관 자체감찰 규정」제12조에 따르면 자체감사기구는 00청에 대해 기강감사, 행정사무감사 뿐만 아니라 00청 소속 감찰부서의 감찰업무에 대해서도 감사할 수 있도록 규정되어 있으나 실제로는 A기관의 연간 감사계획에 00청에 대한 감사사항을 포함시키지 않는 등 00청에 대해서는 제대로 감사를 하지 않고 있다. 자체감사자들은 00청에 감찰부서 또는 감찰담당 직원이 따로 있어 이들이 자체 복무감사, 기강감사를 하고 있기 때문에 A기관 자체감사기구는 A기관 최고관리자가 00청에 대해 특별히 조사하라는 요청이 있는 경우에만 제한적으로 00청에 대해 감사를 한다고 한다. 그러

나 A기관 자체감사기구의 독립성, 권위, 권한의 증대를 위해 앞으로는 본부 및 00청에 대한 감사비중을 늘리고 감사서비스의 내용도 본부 및 00청의 정책집행의 효율성과 효과성, 제도적 미비점들을 찾아 개선시키는데 중점을 둘 필요가 있다.

④ A기관 자체감사기구는 감사를 할 때마다 감사계획서에 감사준거를 명시하지는 않았다. 그러나 감사계획서와 1년에 1번 작성하는 자체감사 기본계획서를 분석해 보면 합법성, 능률성, 경제성, 효과성 등의 감사준거가 확인된다. 또한 2011년 자체감사 기본계획 수립 시 복지부동, 무사안일을 근절하기 위해 감사를 회피하려고 직무를 태만히 한 자에 대해서는 불이익을 주는 반면 능동적으로 업무를 수행하다가 경미한 잘못을 한 경우에는 불문 처리하는 원칙을 정했으며 조직의 청렴도 향상을 위해 청렴의식 확산을 위한 교육을 강화하도록 감사중점을 정한 것은 발전적이다.

⑤ A기관 자체감사기구는 자체감사자의 활동을 어떻게 감독할 것인지 내용을 담은 내부통제 준거를 문서화 하지는 않았다. 그러나 「A기관 자체감사규정」 제14조(감사 시 유의사항), 제21조(실지감사 시 증거자료 징구방법 등), 제22조(감사실시 상황보고) 등에 자체감사자의 점검방법 및 자체감사자에 대한 감독방법을 일부 규정해 두었다. 자체감사자들은 감사원이 자체감사기구를 지원하기 위해 2012년 7월에 만든 「자체감사 통합매뉴얼」에 표준화된 감사절차, 처리기준 등이 수록되어 있으므로 앞으로는 자체감사자들이 이를 준수하도록 하겠다고 한다. 위 매뉴얼에는 감사단장의 감사지휘, 감사자의 일일감사실시 상황보고, 감사자의 감사자세와 조사기법, 감사종료 시 감사자가 확인할 사항 등이 자세히 기록되어 있다.[11]

⑥ A기관 자체감사기구는 앞으로 감사계획은 실제 활동상황을 잘 설명할 수 있도록 실행력 있게 수립할 필요가 있다는 의견을 냈다.

⑦ 또한 2013년부터는 개별 감사 때마다 감사대상기관이 직면하고 있는 위험과 업무환경을 분석한 후 감사에 착수하며 감사에 적합한 절차를 적용하고 감사절차와 감사활동 내용을 문서화하는데 더 노력하겠다고 했다.

그리고 보증감사 시행 후 결론을 도출하고 보고서를 작성해 보고하고 감사결과 조치사항의 실현을 위해 노력하는 역량인 ⑧~⑪항목에 대해서는 3.2(55%)~3.65(66.3%)의 역량수준을 보유하고 있다고 답했다.

---

11) 감사원 공공감사운영단, 『자체감사 통합매뉴얼』, 2012. 7., 127~173면.

둘째, 세부역량 중 성과감사와 관련한 역량인 2-(2)의 ①~⑩ 역량수준은 3.1(52.5%)~3.55(63.8%) 범위 내 있고 이들의 기하평균값은 3.34(58.5%)이다.

이를 자세히 살펴보면 ① 앞에서 이미 설명한 것과 같이 「A기관 자체감사규정」에는 보증서비스의 종류와 유형이 제대로 명시되어 있지 않을 뿐 아니라 위 규정의 적합성을 정기적으로 검토해 필요 시 개정한다는 내용이 포함되어 있지 않다. 그러나 자체감사자들은 앞으로 자체감사규정 등의 적합성을 정기적으로 검토해 업데이트하고 이를 현실화하기 위해 자체감사규정에 명문화하는 것이 합리적이겠다는 의견을 냈다.

② A기관 자체감사기구는 이제까지 적법성 또는 합법성 감사, 이미 한 일에 대한 과거지향적 감사를 주로 해 왔었으나 최근에는 효율성 감사 또는 합목적성 감사, 했어야 할 일에 대한 감사에도 관심을 두고 활동을 한다고 한다. 그러나 실제로 연간 감사계획에는 A기관의 소속기관과 산하단체에 대한 감사사항이 포함되어 있으나 경제성, 효율성, 효과성을 추구하기 위한 성과감사 사항은 찾아보기 어렵다.

③ 한편, 자체감사기구는 정책 그 자체에 대해서는 감사를 하지 않지만 정책집행의 과정 및 절차에 대해서는 감사를 한다.

④ 「A기관 자체감사규정」 제4조 제5항에 따르면 자체감사기구는 특정한 정책, 사업, 조직, 기능에 대한 경제성, 능률성, 효과성의 분석과 평가를 위주로 성과감사를 시행할 수 있도록 규정되어 있다. 그러나 A기관 자체감사기구가 매년 수립한 최근 3년 동안의 연간 감사계획을 근거로 분석해보면 자체감사기구는 종합감사나 특정감사를 시행하면서 경제성, 효율성, 효과성을 감사준거로 활용하고는 있으나 성과감사를 따로 계획하여 실행하고 있지는 않았다.

⑤ 또한 연간 자체감사업무계획 수립 시 감사대상기관 최고관리자 등에게 질문서를 보내 감사목적, 감사범위, 감사방법, 감사시기 등에 대해 의견을 내도록 조치하고 있지 않았고 다만 개별 감사사항에 대한 감사계획을 세울 때 미리 자료를 수집해서 감사목적, 감사범위, 감사시기 등을 결정하고 있었다.

⑥ 자체감사자들은 감사업무의 주제와 관련된 환경, 개별 사업목적들을 어느 정도 살펴보고 이를 반영하여 감사를 진행한다고 답하였다.

⑦ 그러나 개별 감사사항에 대한 감사계획을 수립할 때 실제 감사과정과 절차를 자세히 기술하지는 않고 있었다.

⑧ 감사목적을 달성하기 위해 대체로 적절한 조사방법을 적용하고 있으나 이를 문서화하지 않는 경우가 많고 감사방법을 개발 및 조언하고 품질보증을 감독하는

전문팀을 운영하지는 않고 있다.

그리고 성과감사와 관련한 세부역량 중 감사결과를 감사대상기관의 장에게 알리고 감사결과 조치사항의 실현을 위해 follow-up을 하는 ⑨, ⑩ 역량의 수준은 각각 3.4(60%), 3.1(52.5%)로 확인되었다.

셋째, 자체감사서비스 및 역할 관련 세부역량들 중 자문서비스의 역량인 2-(3)의 ①~⑧ 역량수준은 2.8(45%)~3.35(58.8%) 범위 내에 있는 것으로 확인되었고 이들의 기하평균값은 2.96(49%)으로 다른 세부역량에 비해 낮게 나타났다. 이는 자체감사기구가 A기관 최고관리자에게 자문을 하는 기능은 있다고 답변하고 있으나 자체감사규정에 이러한 권한과 자문서비스의 종류(성과와 통제에 대한 평가, 자문, 권고 등)를 명시하지 않았고, 자문서비스 수행에 필요한 적절한 정책과 과정, 절차를 개발하여 최고관리자의 승인을 받은 적이 없으며, 자문결과를 공개하지 않기 때문이다. 그나마 이러한 역량과 관련해서 희망적인 것은 감사의 결과가 조직에 중대한 위험이 될 수 있음을 알려줄 때 자체감사기구의 장은 이를 최고관리자에게 보고하여 최고관리자가 위험에 대비할 수 있게 하고 있다는 사실이다.

넷째, 세부역량 중 지배구조, 위험관리, 통제에 대한 전반적인 보증과 관련된 역량인 2-(4)의 ①~⑪ 역량수준은 2.45(36.3%)~3.8(70%)로 그 진폭이 매우 크며 이들의 기하평균값은 3.19(54.8%)이다.

이를 자세히 살펴보면 ① 자체감사기구가 조직의 광범위한 문제에 대해 의견을 낼 수 있다는 권한을 자체감사규정에 포함시키지 않았다. 또한 자체감사기구가 해서는 안 되는 업무에 대해서도 제대로 규정해 놓지 않았다.

② 자체감사기구가 실제 조직의 지배구조, 위험관리, 내부통제과정을 모두 다룰 수 있는가에 대한 설문에서도 3.2(55%)의 역량수준만 있다고 답하였다.

③ 자체감사기구는 위험을 고려하여 감사계획을 세우고 있으나 구체적으로 어떠한 위험이 존재하고 어느 정도로 위험한지에 대해 구체적으로 살펴보지 않고 있었으며, 개별 감사사항에서 조직의 지배구조, 위험관리, 통제과정을 일부 평가하고 있으나 이에 중점을 두어 매년 정기적으로 감사를 하는 일은 없었다. 따라서 A기관 자체감사기구는 조직구성원들에게 조직의 지배구조, 위험관리, 내부통제과정에 대해 교육시키고 이해를 증진시키는 데 한계가 있는 것으로 보인다.

그러나 A기관 자체감사기구에 지배구조, 위험관리, 통제에 대한 보증 역량이 전혀 없는 것은 아니다. 자체감사기구는 최고관리자가 행한 조직의 지배구조, 위험관리, 통제과정에 관해 모니터링을 하고 문제점이 발견되면 최고관리자에게 이를 보고하는 기능이 있고, 감사기준에 따라 모은 충분한 감사증거로 감사의견을 지지하고 있으며, 해결방안에 대해서도 최고관리자와 논의할 수 있기 때문이다. 이와 관련한 ④, ⑤, ⑥ 역량수준은 3.55(63.8%)~3.8(70%)로 확인되었다.

⑦ 한편, 법률, 규정들을 정기적으로 검토하여 조직의 프로그램 또는 기관운영의 경제성, 효율성에 어떤 영향을 주는지를 예측하고 의견을 제출하는 역량은 2.45(36.3%)로 낮게 나타났다.

그리고 컴퓨터 등을 활용한 감사역량에 해당하는 ⑧~⑪ 역량은 2.9(47.5%)~3.25(56.3%) 수준으로 확인되었다.

다섯째, 세부역량 중 변화의 주체로 인정된 자체감사 역량인 2-(5)의 ①~⑤ 역량 수준은 3.1(52.5%)~3.4(60%) 범위에 있고 이들의 기하평균값은 3.24(56%)이다.

이를 자세히 설명하면 ① 자체감사기구는 자체감사활동 범위가 진화되고 있는 점을 고려하여 자체감사의 확장된 역할과 업무범위를 자체감사규정에 반영해야 하는데 이를 적절하게 반영하지 못하고 있었다.

② 자체감사 활동전략의 초점을 감사대상기관, 국민, 국회 등 고객을 위한 서비스에 집중시키는 역량은 3.25(56.3%)로 나타났다.

③ 변화하는 사업환경이 조직에 미칠 영향을 모니터링하고 떠오르는 이슈와 트렌드에 대해 최고관리자에게 권고를 하며 조직구성원이 이에 잘 적응하도록 교육 등을 하는 역량은 3.15(53.8%)로 확인되었다.

④ 한편, 자체감사기구가 감사를 통해 조직의 위험관리전략 개발 및 집행에 기여할 수 있는 역량수준은 3.4(60%)로 확인되었다.

⑤ 그리고 여러 형태의 감사유형을 개발하고 조직의 전략적 관점에 부합하게 감사조직 및 감사실무를 개편시킬 수 있는 역량은 3.3(57.5%)으로 나타났다.

다. 전문성(사람관리)과 관련한 역량수준 분석

(표4-4)는 응답자들이 평가한 전문성과 관련한 세부역량 수준을 통계 처리하여 평균, 변량(분산), 범위, 왜도, 첨도를 정리한 것이며 (그림4-4)는 A기관 전문성 관련

표 4-4

표 4-4　전문성(사람관리)과 관련한 세부역량수준 측정치 빈도분석 결과

자체감사 세부역량 (key phrase)	자체감사 세부역량 (competencies identified) 진술문	빈도분석 결과				
		평균	변량 (분산)	범위	왜도	첨도
(1) 기량 있는 사람확인 및 채용	① 수행할 감사업무가 무엇인지 확인 및 정의하고 이에 필요한 지식, 기량, 역량이 무엇인지 반드시 확인	3.40	0.25	1	0.44	-2.02
	② 직위에 따라 직업기술서(job description) 작성	2.80	1.12	3	-0.45	-0.89
	③ 직위에 따라 적정한 연봉기준(범위)을 자체감사규정 등에 규정	2.70	0.85	3	-0.66	-0.12
	④ 감사기구의 장의 책임 하에 공정하고 개방적인 방법으로 감사자를 채용	3.00	1.37	4	0.00	-0.68
	⑤ 대학원 졸업학력 이상인 자가 직원으로 영입되도록 대학들과 관계를 공고히 하기	2.75	1.15	4	-0.02	-0.10
	⑥ SNS(Social Networking Services) 및 컴퓨터를 활용한 eRecruitment Project, 평가센터설립 등을 통해 마케팅과 채용을 강화	3.00	1.05	4	0.00	0.89
	⑦ 의사소통에 대한 지식을 가지고 언론매체를 다룰 수 있는 자격 있는 직원을 채용해 감사기구의 업무와 역할 홍보 강화	2.60	0.88	3	-0.32	-0.58
	⑧ 국회 또는 의회와 감사기구가 접촉할 때 조정 및 협력업무를 담당할 직원을 채용해 감사기구의 업무와 역할을 원활히 수행하도록 돕기	2.80	1.12	3	-0.45	-0.89
(2) 개인전문성 개발	① 자체교육, 외부위탁교육, 해외파견훈련 등으로 개인 전문성을 개발할 수 있도록 구체적이고 다양한 프로그램 확인 - 감사기구가 인증된 훈련기관이 되거나, 기존의 인증된 훈련기관의 도움을 받아 교육을 시키거나, 요구되는 자격을 가진 직원을 뽑는 방법들에 대해 비용과 편익을 비교해 확인	3.20	0.59	3	-1.15	2.36
	② 조직의 전략목표에 부합하는 중장기 직원훈련계획 수립 및 시행, 이에 따라 매년 예산확보	2.95	0.89	3	-0.73	-0.03
	③ 감사기준이나 적절한 자격조건에 따라 개인별 훈련 시간, 훈련일수, 훈련학점 등 타겟 설정(미국 뉴욕 주 예: 2년에 최소 80시간의 교육이수)	3.20	0.91	3	-1.26	1.10
	④ 전문성개발을 할 수 있는 적정한 훈련코스, 제공자 등을 확인하여 수시로 자체감사자에게 공지 - 개인역량을 위한 훈련은 면담기술, 리더십, 발표와 쓰기, 시간관리, 프로젝트관리, 협상, 촉진, 자기주장, 코칭 등을 포함해야 함	3.25	1.04	4	-0.23	0.05

	⑤ 컴퓨터를 활용한 온라인 교육과정을 개발	2.90	0.62	3	-0.53	0.49
	⑥ 자체감사자가 대학원 학위를 취득하거나 전문협회 회원으로 가입하여 활동하도록 조장	2.95	0.68	3	-0.53	0.16
	⑦ 각 감사자들이 훈련요구조건을 충족하는지 모니터링하고 전문성 개발을 지원하기 위해 훈련시간, 훈련일수, 훈련종류, 훈련제공자를 추적하고 서류화	3.00	0.63	3	-0.70	0.81
	⑧ 감사자가 행한 훈련을 서류화하기 위해 정기적으로 보고서 작성	2.85	0.87	4	-0.33	0.41
	⑨ 외부감사자와 자체감사자가 합동으로 감사를 수행하면서 감사경험과 감사지식을 공유	3.00	0.95	4	-0.38	0.81
(3) 인력사정에 맞게 감사계획 조정	① 감사계획을 달성하는데 필요한 감사 및 다른 서비스의 총량과 범위를 확인	3.45	0.58	3	-1.82	4.59
	② ①에서 확인한 총량 및 범위를 감사기구 내 활용 가능한 인력, 전문성으로 수행할 수 있는 업무의 양 및 범위와 비교	3.25	0.62	3	-1.22	2.25
	③ 의회, 관리자의 관심사항, 위험요소 등을 고려하여 우선순위를 정하고 동원 가능한 자원(인원, 전문성)에 따라 감사사항, 업무관여수준 정하기	3.30	0.54	2	-0.55	-0.83
(4) 전문자격 소유자, 최소역량 보유자로 직원구성	① 신입직원에서 관리자까지 요구되는 특정 지식, 기량, 개인자질, 교육수준, 판단력, 혁신, 관리 및 감사·평가경력 등을 확인하고 직업성장과 개발을 지원할 역량준거를 마련 - 직원들이 보유한 기량과 경험을 확인하기 위해 개인별 자기평가, 관리자의 직원평가 자료들을 기초로 개인별 역량등록 자료를 만들고 최소 1년에 1번 이상 정기적으로 업데이트	2.80	0.59	3	-0.40	0.37
	② 역량준거틀에 따라 각 직급마다 직원의 성과를 평가하기 위한 분명하고 객관적인 기준 마련	2.50	0.58	3	0.40	-0.04
	③ 주기적으로 각 직급에서 기대되는 직원의 성과 대비 실제 성과를 비교 - 기대되는 성과를 내지 못한 직원들 중 특별한 작업환경에서 일한 직원들에 대해서는 의견을 제출받아 특수상황을 고려	2.75	0.62	3	-0.23	-0.02
	④ 자체감사자 개인역량 측정치를 상벌을 목적으로 사용하는 것을 지양하고 부족한 역량을 보완해 주기 위한 훈련 및 개발계획 수립의 기회로 활용	2.95	0.58	2	0.09	-1.15

- 일반적으로 훈련이 필요한 직원의 수가 훈련을 제공할 수 있는 역량을 초과하므로 훈련이 가장 필요한 직급과 전문영역, 훈련으로부터 가장 큰 혜택을 받는 사람들을 고려해 우선순위에 따른 역량형성전략 수립					
⑤ 감사자들이 공인회계사(CPA), 자체감사사(CIA) 같은 전문자격을 취득할 수 있게 관련 협회와 공동으로 프로그램 개발	2.45	1.00	3	-0.38	-1.02
⑥ 훈련을 받은 자가 다른 직장으로 옮기는 위험을 관리하기 위한 전략, 즉 훈련받은 자에게 보너스, 빠른 승진기회, 업무의 자율성 등을 허용하는 방법 등 개발	2.55	1.00	3	-0.33	-0.85
⑦ 각 직급에서 아주 훌륭한 또는 만족할 만한 성과를 얻을 때 인센티브, 호봉승급 등을 하도록 규정하고 예산확보	2.45	1.10	3	-0.16	-1.14
⑧ 자체감사자들이 보유해야 할 자격이 무엇인지 알기 위해 전문협회의 제안을 듣고 자체감사자들이 현재 보유하고 있는 자격을 확인하며 자체감사자들이 적절한 전문협회, 학회 등에서 활동하도록 조장	2.60	0.78	3	-0.59	-0.19
⑨ 직원을 직급과 기량별로 혼합하고 내부적으로 개발하는 것이 좋을지, co-sourcing, outsourcing에 의해 개발하는 것이 더 좋을지 평가	2.85	0.66	3	-0.36	-0.01
⑩ 일정한 자격을 가진 사람만이 자체감사기구의 장이 될 수 있도록 규정하고 실지감사도 일정한 자격을 갖춘 자가 지휘하도록 규정 - 자체감사기구의 장을 학사학위 이상 또는 이와 동등 이상의 교육 및 경력을 소유한 자로서 감사, 조사, 프로그램평가 등 분야에서 8년 이상 경험(2년은 감독자로서의 경력 포함)을 쌓은 자 중에서 임명 - 자체감사기구의 장을 임명할 때 최소자격 외에 공인회계사(CPA), 자체감사사(CIA), 정보시스템감사사(CISA) 같은 자격증 및 회계, 행정, 경제, 경영, 서비스분야 석사학위 등을 선호한다는 기준 마련	2.95	1.10	4	-0.20	-0.22
⑪ 자체감사자들이 감사업무를 수행한 기간이 평균 10년(국제감사 정보네트워크 GAIN 참조) 이상이 되도록 인력 관리	2.45	1.10	3	-0.16	-1.14

	⑫ 자체감사자들과 장래 희망에 대해 토론하고 개발기회를 찾도록 돕는 직업경력개발 업무자가 따로 존재 - 자체감사자들이 이직한 비율, 이직한 기관, 그 이유 등을 분석하고 대책을 수립하는 업무도 담당	2.50	0.90	3	-0.42	-0.72
(5) 팀 환경에서 능력개발	① 주기적인 팀 미팅, 팀원 간 자료공유, 팀원들이 동의하는 업무와 시행일정을 명시적으로 정하는 등 소통과 조정방법 도입	3.25	0.30	2	0.13	-0.08
	② 효과적인 팀워크 행동기준을 개발하고 직원역량준거틀에 포함	3.30	0.54	3	0.34	0.37
	③ 팀워크, 팀 리더십, 효과적인 소통방법, 관계맺음 같은 주제를 갖는 직업개발 기회를 제공	3.25	0.62	3	0.23	-0.02
	④ 선택된 개인에게 명시적인 의무, 책임, 권위와 함께 팀리더 역할을 확실하게 부여	3.20	0.59	3	-1.15	2.36
	⑤ 바람직한 팀 행동을 보강한 팀에게 보상	3.00	0.63	3	-0.70	0.81
	⑥ 팀원들이 조직변화 같은 변화역할을 담당하도록 개발기회 제공	2.90	0.83	3	-0.71	0.15
(6) 감사수행을 위한 인력계획	① 위험을 고려한 감사계획을 작성하면서 알게 되었던 조직에 가장 중요한 위험을 고치는데 필요한 자원, 기량, 훈련, 도구 등을 확인	2.90	0.62	3	-0.53	0.49
	② 확인된 기량을 역량준거틀에 포함	2.95	0.47	3	-1.02	2.89
	③ 감사기구가 활동하는데 필요한 자원, 기량과 관련한 인력을 수량화하고 감사기구 직원들이 가진 기량과 비교하여 차이를 분석하며 훈련, 도구개발, co-sourcing, outsourcing 등 차이를 메울 전략을 개발하여 실행	2.75	0.93	3	-0.61	-0.32
	④ 관리자 및 주요 이해관계자와 감사활동 우선순위와 전략에 대해 대화하고 특히 필요한 감사나 서비스를 모두 수행할 수 없을 때 해결책에 대해 주기적으로 대화	2.90	0.62	3	-0.53	0.49
	⑤ 필요할 때마다 감사팀에 외부전문가를 영입하여 활용하고 이를 실행하기 위한 충분한 예산확보	2.55	1.21	3	-0.27	-1.21
(7) 감사자의 전문기구 참여지원으로 리더십 및 직업개발기회 제공	① 전문협회 활동, 행동노선, 전문분야가 감사기구의 현재와 장래 직업개발목표 또는 조직의 전략이나 운영과 일치하는지 확인	3.05	0.89	3	-0.52	-0.79
	② 자체감사기구는 감사자가 대학원 학위를 취득하거나 전문협회 활동에 참여할 수 있게 관련 기준을 정하고 활동에 참여하는 직원을 돕는 예산, 시간, 다른 자원을 마련	2.90	1.15	4	-0.07	-0.46

	③ 직원들이 전문가 활동에 참여한 실적을 상사에게 보고하도록 촉구	2.95	0.89	3	-0.73	-0.03
	④ 직원역량과 감사기구 활동을 강화시키기 위해 획득한 지식을 모으고 직원들과 같이 사용	2.85	0.77	3	-0.73	0.40
(8) 관리자들 개발에 기여	① 감사기구와 조직내부 양쪽에서 지배구조, 위험관리, 내부통제에 관여하고 직업개발을 통해 편익을 낼 수 있는 후보자를 물색	2.85	0.66	3	-0.36	-0.01
	② 감사활동 과정에서 후보자로 물색된 관리자들이 지배구조, 위험관리, 내부통제, 조직의 사업절차에 대해 광범위한 지식을 얻을 수 있게 촉진	3.25	0.93	4	-0.56	0.18
	③ 이들로 하여금 감사활동이 조직의 양호한 지배구조, 위험관리, 통제과정을 위해 기여하고 있음을 광고하게 함	3.10	0.73	3	-0.77	0.35
(9) 장래 감사수요에 맞게 인력계획 수립	① 조직의 전략계획 차원에서 감사기구가 장래 해야 할 서비스와 이를 위해 필요한 기량 및 자원을 예측하고 현재 가지고 있는 자원 및 역량과 비교하여 차이를 분석	2.70	0.75	3	-0.42	-0.11
	② 차이를 메울 장기전략(직원들의 훈련 및 개발, 새 직위 신설, 기존 직위의 재분류, 보고체계 재설정, 자문활용, 기술적인 도구활용, co-sourcing, out-sourcing) 개발 - 인적자원에 관한 정책과 절차에서는 자격 있는 직원의 신규채용, 업무성과평가, 기존 직원들을 위한 직업개발, 능력과 재능, 역량, 이력개발, 승진, 보상, 개인요구사항 측정 등을 모두 포함하고 있어야 하고 품질과 윤리적 요구조건도 적절하게 강조되어야 함	3.05	1.10	4	-0.41	-0.07
	③ 감사직렬을 제도화하고 기관 간 인사교류도 가능하도록 제도화	2.75	1.25	3	-0.46	-1.08
(10) 감사기구의 장을 리더가 되도록 촉진·지원	① 감사기구의 장이 리더십 프로그램, 전문협회 등에 참여하는 것을 돕는 조직문화 조성	2.95	1.42	4	-0.31	-0.93
	② 감사기구의 장은 다른 감사기구, 다른 조직에서 배워 자신이 속한 감사기구와 조직에 전략적 사고와 업무로 활용	3.20	0.48	2	-0.29	-0.73
	③ 획득한 지식을 모으고 지식관리시스템을 개발하여 직원들과 공유	3.35	0.87	3	0.55	-0.73

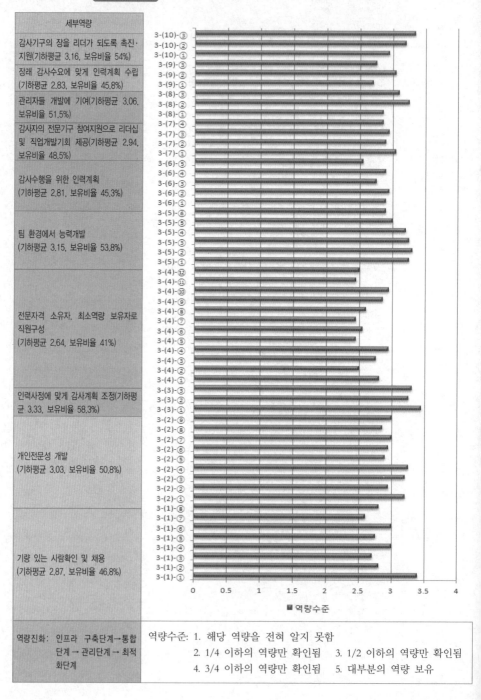

그림 4-4　A기관 자체감사기구 전문성(사람관리) 역량수준

세부역량
감사기구의 장을 리더가 되도록 촉진·지원(기하평균 3.16, 보유비율 54%)
장래 감사수요에 맞게 인력계획 수립(기하평균 2.83, 보유비율 45.8%)
관리자들 개발에 기여(기하평균 3.06, 보유비율 51.5%)
감사자의 전문기구 참여지원으로 리더십 및 직업개발기회 제공(기하평균 2.94, 보유비율 48.5%)
감사수행을 위한 인력계획(기하평균 2.81, 보유비율 45.3%)
팀 환경에서 능력개발(기하평균 3.15, 보유비율 53.8%)
전문자격 소유자, 최소역량 보유자로 직원구성(기하평균 2.64, 보유비율 41%)
인력사정에 맞게 감사계획 조정(기하평균 3.33, 보유비율 58.3%)
개인전문성 개발(기하평균 3.03, 보유비율 50.8%)
기량 있는 사람확인 및 채용(기하평균 2.87, 보유비율 46.8%)

역량진화: 인프라 구축단계→통합단계 → 관리단계 → 최적화단계

역량수준: 1. 해당 역량을 전혀 알지 못함
2. 1/4 이하의 역량만 확인됨　3. 1/2 이하의 역량만 확인됨
4. 3/4 이하의 역량만 확인됨　5. 대부분의 역량 보유

역량수준을 막대그래프 또는 수치로 표현한 것이다. 분석결과, A기관 자체감사기구의 주요역량분야 중 전문성 역량은 다른 세부역량들에 비해 상대적으로 수준이 낮은 것으로 나타났다. 전문성 역량은 세부역량별로 2.64(41%)~3.33(58.3%)의 역량수준을 보이는 등 어느 역량도 3.4(60%)를 넘지 않을 정도로 취약하였는데 특히 3-(1) 기량 있는 사람확인 및 채용, 3-(4) 전문자격소유자, 최소역량보유자로 직원구성, 3-(6) 감사수행을 위한 인력계획, 3-(7) 감사자의 전문기구 참여지원으로 리더십 및 직업개발기회 제공, 3-(9) 장래 감사수요에 맞게 인력계획 수립 등 5개 세부역량들은 각각 2.87(46.8%), 2.64(41%), 2.81(45.3%), 2.94(48.5%), 2.83(45.8%)의 낮은 역량수준을 나타냈다. A기관 자체감사기구는 무엇보다도 전문성과 관련한 역량증진을 위해 노력해야 할 것이다.

심층면담 결과를 반영하여 A기관 자체감사기구의 전문성 관련 역량에 대해 설명하면 다음과 같다.

첫째, 세부역량 중 하나인 기량 있는 사람확인 및 채용과 관련한 역량인 3-(1)의 ①~⑧ 역량수준은 2.6(40%)~3.4(60%) 범위 내에 있고 이들의 기하평균값은 2.87(46.8%)이다.

이를 자세히 살펴보면 ① 수행할 감사업무가 무엇인지 정의하고 이에 필요한 지식, 기량, 역량이 무엇인지 매칭(matching) 시키는 역량수준은 3.4(60%)로 확인 되었다.

② 자체감사기구에 근무하는 자체감사자들에 대해 각 직위에 맞는 직업기술서(job description)를 작성하지 않는 것이 일반적인 현상이었다.

③ 선진국의 사례와 같이 자체감사규정 등에 자체감사자의 직위에 따라 적정한 연봉기준을 따로 정해 자체감사자의 업무독립성을 보강해 주는 사례를 찾지도 못했다.

④ 그리고 자체감사기구의 장의 책임 하에 공정하고 개방적인 방법으로 감사자를 채용하지 못하는 상황이었다. 다만 앞에서 설명했던 것과 같이 A기관은 「A기관 소속 공무원 보직관리기준」 제6조의 규정에 따라 감사업무를 담당할 공무원을 보임할 때 업무적격성 등에 대하여 미리 자체감사기구의 장의 의견을 듣도록 하고 있다.

⑤ 대학원 이상 고학력자가 자체감사자로 지원할 수 있게 하기 위해 대학들과 관계를 공고히 하는 일도 없었다.

⑥ 자체감사자 채용을 위해 SNS(Social Networking Services) 활용, 평가센터설립 등을 하지도 않고 있다.

⑦ 언론매체를 다룰 수 있는 자격 있는 직원을 채용하지 않았다.

⑧ 국회 등 이해관계자와 자체감사기구가 접촉할 때 조정 및 협력업무를 전담할 직원도 두지 않고 있었다.

둘째, 세부역량 중 하나인 개인전문성 개발과 관련한 역량인 3-(2)의 ①~⑨ 역량수준은 2.85(46.3%)~3.25(56.3%) 범위 내에 있는 것으로 확인되었고 이들의 기하평균 값은 3.03(50.8%)이다.

이를 자세히 살펴보면 ① 자체감사기구는 자체감사자들에게 자체적으로 교육을 시킬 뿐 아니라 자체감사자들을 감사교육원 등 외부 교육기관에 보내 감사역량과 관련된 교육을 받도록 하고 있다.

② 그러나 이러한 조치들은 조직의 전략목표에 부합하도록 중장기 직원훈련계획을 수립한 후 체계적으로 실행해야 하는데 자체감사기구는 중장기 직원훈련계획을 수립하지 않았다.

③ 1년 동안 자체감사자 개인별 교육훈련시간은 0시간~88시간으로서 누계 총시간이 900시간이었고, 자체감사기구 직원 수 47명을 기준으로 할 때 1인당 연간 평균 19.1시간의 교육훈련을 받은 것으로 확인되었다. A기관 자체감사기구에 근무하는 직원 총 47명 중 11명(23.4%)은 연간 53시간~88시간동안 교육훈련을 받아 선진 외국 자체감사기구의 교육훈련 모범사례인 연간 40시간을 충족하였으나 나머지 36명(76.6%)은 18시간~35시간만 교육훈련에 투자하였거나 아예 교육훈련 실적조차 없어 모범사례 기준을 충족하지 못했다.

④ 자체감사기구는 자체감사자들이 전문성 개발을 할 수 있는 적정한 훈련코스, 훈련제공자 등을 확인하여 수시로 자체감사자에게 알려 주고 있다. 그러나 자체감사자들이 2011년 1년 동안 교육훈련을 받은 실적을 조사해 보니 자체교육과 감사원에서 실시하는 교육 이외에 다른 기관에서 교육을 받지는 않았다. 특히 자체감사자의 개인역량 증진을 위해 면담기술, 리더십, 발표와 쓰기, 시간관리, 협상, 자기주장, 코칭 등에 대한 교육훈련이 필요한데 이러한 교육훈련 실적은 전혀 없었다.

⑤ 자체감사기구가 컴퓨터를 활용한 온라인 교육과정을 개발한 실적도 없었다.

⑥ 자체감사자에게 학위취득, 전문협회 가입 등을 조장하는 프로그램도 마련하지 않았다.

⑦ 자체감사기구의 장은 각 감사자들이 훈련요구조건을 충족하도록 촉구하고 훈

련시간, 훈련종류, 훈련제공자를 추적하여 컴퓨터에 입력하도록 조치하고 있었다.

⑧ 그러나 자체감사자들의 훈련실적을 서류화하여 정기적으로 보고서를 작성함으로써 개인별로 보강이 필요한 역량과 보강이 필요한 전문성 분야를 파악하고 있지는 않았다.

⑨ 또한 외부감사자와 자체감사자가 합동으로 감사를 수행하면서 감사경험과 감사지식을 공유하는 좋은 모범사례를 찾아 볼 수 없었다.

셋째, 세부역량 중 인력사정에 맞게 감사계획을 조정하는 역량과 관련해서 감사계획을 달성하는데 필요한 자원의 양과 자체감사기구 내 활용 가능한 자원을 비교검토하고 국회 및 최고관리자 등 이해관계자의 관심사항, 감사대상기관의 위험요소들을 고려하여 우선순위에 따라 한정된 자원을 배분하는 역량인 3-(3)의 ①, ②, ③ 역량수준은 3.25(56.3%)~3.45(61.3%)로 확인되었고 이들의 기하평균값은 3.33(58.3%)이다.

넷째, 전문자격소유자, 최소역량보유자로 직원을 구성하는 역량인 3-(4)의 ①~⑫ 역량수준은 2.45(36.3%)~2.95(48.8%)로 모두 낮았고 이들의 기하평균값은 2.64(41%)이다.

구체적으로 살펴보면 ① A기관 자체감사기구는 직원들의 기량, 개인자질, 교육수준, 판단력 등 역량요소들을 확인하여 등록자료로 만들어 관리하거나 개인별로 부족한 역량을 확인하고 조직이 직원들의 역량강화를 위해 어떻게 지원할 것인가를 정하는 역량준거틀을 만든 적이 없었다고 한다.

② 따라서 역량준거틀이 없으니 직원들의 개인별 역량개발계획도 존재하지 않았고 역량개발계획에 대비하여 직원들이 역량강화를 위해 노력한 성과도 평가할 수 없는 상황이다.

③ 각 직급에서 기대되는 자체감사자의 성과는 자체감사기구가 직접 평가하지 않고 다른 부서에 있는 평가담당과가 A기관 소속 일반 직원들에 적용하는 기준과 같은 잣대로 평가하고 있었다.

④ 그나마 자체감사자들의 성과평가 시에는 한 해 동안 달성하려고 하는 업무목표를 당사자가 직접 정한 후 연도 말에 한 해 동안의 업무실적을 이미 정해 놓은 업무계획과 비교하여 평가하는 BSC(Balanced Score Cards) 방법을 사용하는데 BSC 방법의 단점 중 하나는 이 방법이 업무의 성과증진에 치중하다보니 조직이 직원들의 부족한 역량을 확인하고 이를 보강하도록 유도하기가 어렵다는 것이다.

직원들의 역량을 증진시키지 못하니 결국 직원들을 구성원으로 하는 조직의 역량을 높이는데 한계가 있다.

⑤ 자체감사기구는 자체감사자들이 변호사, 공인회계사, 기술사, 석사 또는 박사 등 전문자격과 학위를 취득할 수 있게 시간적, 경제적으로 돕는 내용의 직원 교육훈련지원 프로그램을 운영하고 있지도 않았다.

⑥ 자체감사자가 전문자격 및 학위를 취득해도 훈련받은 자에게 보너스, 빠른 승진기회 등 인센티브를 주지 않고 있었다.

⑦ 다만, 자체감사자가 아주 훌륭한 또는 만족할만한 성과를 얻으면 연도 말에 그 사람의 성과를 평가하여 성과급을 지급하고 있다. 그러나 이는 자체감사기구가 독립적으로 자체감사자의 성과를 평가하는 것이 아니고 다른 부서 소속의 평가담당과가 평가를 한다.

⑧ A기관 자체감사기구는 2011년 12월 현재 변호사 4명, 건축기사 1급 1명 등 총 5명의 전문가를 보유하고 있고 이는 자체감사기구 전체 직원 수 47명의 10.6%에 해당한다. 그런데 공인회계사, 전자·정보통신 전문가 등은 보유하고 있지 않다. 더구나 자체감사기구에 부족한 역량을 보충하기 위해 위 같은 전문가를 채용할 계획도 수립하지 않았다.

⑨ A기관 자체감사기구는 감사팀을 주로 내부 직원으로만 구성하고 있고, 외부전문가를 임시로 고용하거나 외부전문가로부터 자문을 받거나 감사업무의 일부를 outsourcing 하는 일은 거의 없다.

⑩ A기관은 자체감사기구의 장을 임용할 때 일정한 자격을 요구하고 있었다. A기관이 2010년 6월, 자체감사기구의 장을 외부전문가로 채용하고자 만든 채용공고문에 따르면 자체감사기구의 장은 변호사의 자격이 있는 자로서 국가기관, 지방자치단체, 국·공영기업체, 공공기관 등에서 법률에 관한 사무에 10년 이상 종사한 자 또는 변호사의 자격이 있는 자로서 대학의 법률학 조교수 이상의 직에 10년 이상 있던 자 또는 판사, 검사, 변호사로 10년 이상 근무한 자로서 감찰업무에 관한 학문적, 실무적 지식이 있고 조직, 인력, 복무, 예산 등에 관한 일반 행정실무를 통합 및 조정할 능력이 있는 자 등으로 정했다. 선진 외국의 모범사례에 따르면 자체감사기구의 장은 학사학위 이상 또는 이와 동등 이상의 교육 및 경력을 소유한 자로서 감사, 조사, 프로그램평가 등 분야에서 8년 이상 경험(2년은 감독자로서의 경력 포함)을 쌓은 자 중에서 임명하도록 하고 있는데 현재 A기관 자체감사기구의 장은

이 기준을 충분히 만족하는 자이다.

⑪ 2011년에 A기관 자체감사기구에 근무한 적이 있는 총 42명의 직원들의 감사 활동 기간을 조사해보니 1년 미만인 자가 11명(26.2%)으로 가장 많고, 1년 이상~2년 미만인 자가 7명(16.7%), 2년 이상~3년 미만인 자가 10명(23.8%), 3년 이상~4년 미만인 자가 5명(11.9%), 4년 이상인 자가 9명(21.4%)인 것으로 확인되었다. 자체감사자협회 IIA가 전 세계 감사기구들의 자료를 근거로 자체감사자들의 전문성 확보를 위해 권고하는 평균 10년에 비하면 그 수치가 낮은데 특히 감사활동에 익숙해지기 시작하는 감사활동기간인 3년을 채우지 못한 감사업무 초보자가 28명(66.7%)이나 되는 것은 문제시 된다.

⑫ A기관에는 자체감사자들과 장래 희망에 대해 토론하고 개발기회를 찾도록 돕는 직업경력개발 업무담당자가 따로 있지는 않다. 대신 자체감사기구의 장이나 자체감사기구 내 담당 과장 등이 비정기적으로 이러한 역할을 담당하고 있었다.

다섯째, 팀 환경에서의 능력개발과 관련된 역량인 3-(5)의 ①~⑥ 역량수준은 2.9(47.5%)~3.3(57.5%) 범위 내에 있고 이들의 기하평균값은 3.15(53.8%)이다.

이에 대해 자세히 설명하면 ① A기관 자체감사기구는 주기적인 팀 미팅, 팀원 간 자료공유 등을 통해 팀원들끼리 어느 정도 소통을 하고 있다.

② 팀워크 행동기준을 개발하여 활용하고 있다. 그러나 직원들을 위한 역량준거틀을 만들지 않고 있기 때문에 이러한 내용을 직원 역량준거틀에 포함시키지 못했다.

③ 그리고 자체감사기구의 직원들은 팀워크, 팀 리더십, 효과적인 소통방법 등을 통해 어느 정도 직업개발기회를 얻고 있다고 믿고 있었다.

④ 자체감사기구 직원들은 개개인에게 의무, 책임, 권위가 일정부분 명시적으로 부여되어 있다고 답했다.

⑤ A기관이 바람직한 팀 행동을 보강한 감사팀에게 보상을 하는 일은 많지 않았다.

⑥ 팀원들은 자신들이 조직변화의 역할을 담당할 수 있게 자체감사기구가 개발기회를 충분히 제공하고 있지 않다고 응답하였다.

여섯째, 감사수행을 위한 인력계획과 관련된 역량인 3-(6)의 ①~⑤ 역량수준은 2.55(38.8%)~2.95(48.8%)로 전반적으로 낮고 이들의 기하평균값은 2.81(45.3%)이다. 이러한 수치를 근거로 구체적으로 설명하면 A기관 자체감사기구는 조직이 직면한 가장 크고 중대한 위험을 고치는데 필요한 자원, 기량, 훈련, 도구 등을 제대로 확인하지 않고 있었고, 역량준거틀을 만들지 않았기 때문에 필요한 기량들을 역량준거틀에 포함시키지도 못했다. 또한 감사활동에 필요한 자원 및 기량 등과 관련한 인력을 수량화하여 자체감사기구가 보유한 자원 및 기량 등과 비교하거나 그 차이를 훈련강화, 감사도구개발, co-sourcing, outsourcing 등을 통해 메우는 일도 제대로 하지 않고 있었다. 그리고 필요한 감사나 서비스를 모두 수행할 수 없을 때 해결책에 대해 관리자 및 주요 이해관계자들과 자유롭게 대화하는 것도 한계가 있는 것으로 보인다. 자체감사기구는 감사팀에 외부전문가를 영입하여 활용한 실적이 거의 없어 자체감사기구가 보유하지 못한 자원과 기량 등을 보충하지도 못하고 있었다.

일곱째, 감사자에게 전문기구에 참여하도록 지원하여 리더십 및 직업개발기회를 제공하는 것과 관련된 역량인 3-(7)의 ①~④ 역량수준은 2.85(46.3%)~3.05(51.3%) 범위 내에 있고 이들의 기하평균값은 2.94(48.5%)이다. 이 또한 낮은 수치를 보였는데 A기관 자체감사기구가 자체감사자들을 전문기구에 참여하도록 적극성을 보이지 않는 것으로 판단된다.

여덟째, 관리자들 개발에 기여하는 것과 관련된 역량인 3-(8)의 ①~③은 감사기구와 조직내부 양쪽에서 지배구조, 위험관리, 내부통제에 관여할 수 있는 후보자를 물색하고 이 사람을 관리자로 성장할 수 있게 감사활동을 통해 지원하는 내용으로서 역량수준은 2.85(46.3%)~3.25(56.3%) 범위 내에 있고 이들의 기하평균값은 3.06(51.5%)이다. 위 역량수준 수치를 기초로 할 때 A기관 자체감사기구는 관리자들 개발에 크게 기여하지 못하는 것으로 판단된다.

아홉째, 장래 감사수요에 맞게 인력계획을 수립하는 역량인 3-(9)의 ①~③ 역량은 A기관 자체감사기구가 장래에 담당해야 할 서비스 영역을 확인하고 이에 필요한 자원 및 기량 등을 계량화한 후 현재 보유하고 있는 자원 및 기량 등과의 차이를 메울 수 있는 대책을 강구하는 역량을 말하는 것으로 설문결과 역량수준은 2.70(42.5%)~3.05(51.3%) 범위 내에 있고 이들의 기하평균값은 2.83(45.8%)이었다. 이는 앞에서 살펴본 감사수행을 위해 인력계획을 수립하는 역량인 3-(6)의 ①~⑤ 역량수준 2.55(38.8%)~2.95(48.8%) 및 이들의 기하평균값 2.81(45.3%)과 비슷하여 A기관 자체감사자를 대상으로 한 설문의 결과에 상당한 일관성이 있다는 증거가 된다. 위 역량과 관련하여 특히 관심을 갖게 된 것은 A기관 자체감사기구 직원들은 자체감사자들이 감사업무를 독립적으로 잘 수행할수록 감사대상기관이나 감사대상부서로부터 기피대상 인물이 되는 것이 현실이므로 자체감사자가 자체감사기구를 떠나 다른 부서로 옮겨 근무할 때 신분상, 인사상 불이익을 당할 수 있다고 느끼고 있는 점이었다. 따라서 자체감사자들이 각 기관 안에서 소수 직렬로 분류되는 것을 긍정적으로 생각하고 있지 않았다. 그러나 국가적 차원에서 감사직렬을 제도화하고 동시에 자체감사자들이 서로 다른 기관으로 옮겨 근무할 수 있게 제도화하여 노동의 유연성이 보장된다면 감사직렬 신설을 찬성한다는 입장을 취했다.

열 번째, 자체감사기구의 장을 리더가 되도록 촉진 및 지원하는 역량인 3-(10)의 ①~③ 역량은 감사기구의 장이 리더십 프로그램, 전문협회 등에서 활동하도록 촉진하고 그가 다른 감사기구, 다른 조직에서 배운 것을 조직구성원들과 공유하는 내용의 역량으로서 역량수준은 2.95(48.8%)~3.35(58.8%) 범위 내에 있고 이들의 기하 평균값은 3.16(54%)이었다. 자체감사자들에 따르면 A기관 자체감사기구의 장은 20여 년 이상 감사업무를 수행한 감사전문가로서 다른 조직의 모범사례를 A기관 구성원들에게 전파하는 일에 무척 적극적이라고 한다.

라. 전문적 감사활동과 관련한 역량수준 측정

(표4-5)는 A기관 자체감사기구의 전문적 감사활동과 관련한 세부역량 수준에 대해 설문을 하고 그 결과를 통계 처리하여 평균, 변량(분산), 범위, 왜도, 첨도를 정리한 것이며 (그림4-5)는 A기관 전문적 감사활동 관련 역량수준을 막대그래프 또는 수치로 표현한 것이다. 분석결과, A기관 자체감사기구의 주요역량분야 중 전문적 감사활동 역량은 세부역량별로 2.89(47.3%)~3.31(57.8%)의 역량수준을 보였는데 4-(1) 전문적인 감사업무 및 과정들에 관한 준거틀, 4-(2) 우선순위를 적용한 감사계획, 4-(3) 위험을 고려한 감사계획, 4-(5) 감사전략과 조직의 위험관리를 연계, 4-(6) 현재와 미래 요구에 부응하는 전략적 감사계획, 4-(7) 전문적 감사활동의 지속적인 개선 등 6개 세부역량은 1/2 이상의 역량을 보유한 것으로 나타났으나 4-(4) 품질관리 준거틀과 관련된 역량은 1/2 미만의 역량수준을 보유한 것으로 나타났다. A기관 자체감사기구는 감사품질 제고를 위해 강력한 조치를 단행해야 할 것으로 판단된다.

| 표 4-5 | 전문적 감사활동과 관련한 세부역량수준 측정치 빈도분석 결과 | | | | | |

자체감사 세부역량 (key phrase)	자체감사 세부역량 (competencies identified) 진술문	빈도분석 결과				
		평균	변량 (분산)	범위	왜도	첨도
(1) 전문적인 감사업무 및 과정들에 관한 준거틀	① 자체감사자들이 자체감사의 정의, 윤리규정, 감사기준에 있는 꼭 지켜야 할 내용을 숙지하도록 정기적으로 교육 및 평가	3.40	0.46	3	0.40	0.36
	② 감사활동을 위해 필요한 인력자원, 정보관리, 재정 등과 관련한 정책문서 개발	2.90	0.83	3	-0.25	-0.85
	③ 자체감사자들이 감사를 준비할 때 참고할 종합지도서(매뉴얼) 개발 - 감사매뉴얼은 자체감사자들이 접근하기 쉽고 정확하고 명확하고 적절하며 최신의 감사실무와 문화를 반영한 것이어야 함. 매뉴얼은 자체적으로 개발하거나 다른 감사기구가 개발한 매뉴얼을 조직특성에 맞게 수정하여 사용 - 매뉴얼을 개발할 때 외부전문가의 도움을 받고, 사용하기 전에 경험 많은 감사자들이 업무에 적절한지 검토한 후 시험운영을 하여야 하고 감사기준, 감사실무에 변경이 있을 때마다 즉시 이에 맞추어 변경되도록 시스템이 갖추어져야 함 - 매뉴얼을 만든 후 직원들에게 교육하고 교육에 필요한 예산도 확보	3.25	0.72	3	0.61	0.24
	④ 감사계획, 감사실시, 질문서·문답서 작성, 감사결과보고, 관리자와 소통 등 실제 감사과정을 모두 문서화	3.60	1.20	4	-0.68	0.22
	⑤ 감사계획, 감사실시, 감사결과보고 등에 사용할 표준방법, 절차, 도구 및 working paper를 만들기 위한 지도서 개발 - 감사자 또는 외부전문가가 감사기준의 적용을 소홀히 하는 일을 방지하기 위해 감사계획절차, 감사방법적용 감사감독절차, 감사보고서 작성절차 개발	3.25	0.41	2	-0.25	-0.44
	⑥ 자체감사기구의 장은 감사서류의 보안과 통제를 위해 필요한 정책을 서면으로 만들어 시행(예: 감사서류는 보고일로부터 7년 이상 보관, 감사서류를 외부에 공개할 때는 사전에 기관장, 법률자문가의 승인 얻기, 전자서류에 접근할 때 비밀번호 사용 등)	3.50	0.79	4	-1.25	2.29

내용					
⑦ 모든 재무관리활동을 감사할 수 없으므로 표본을 추출하여 감사를 하되 표본은 재무관리활동의 품질과 규칙성을 판정할 수 있게 기존에 검증된 모형을 활용하여 충분한 양을 선정	3.20	0.80	3	-0.92	0.22
⑧ 경험 많은 감사자와 외부전문가로 구성된 자문팀을 구성하고 INTOSAI 윤리규정과 감사기준, International Federation of Accountants, 주요 국가 감사원 등에서 개발한 기준이나 지침들을 참조하여 감사방법을 개발하며 개별감사 때마다 비용효과분석을 하여 경제적, 효율적, 효과적인 감사방법을 선택 - 감사방법에 변화가 생기면 즉시 직원들에게 교육을 하고 IT규정들을 바꾸는 등 신속하게 대처	3.00	0.74	3	-1.11	1.52
⑨ 감사활동 중에는 자체감사자들이 매주 만나 자신들이 한 일에 대해 토론하고 업무품질보증을 위해 다른 사람들의 업무를 재검토	3.40	0.57	2	-0.85	-0.61
⑩ 자체감사자들은 1달에 1번 이상 감사대상기관과 만나 감사에서 발견된 사실, 문제되는 이슈에 대해 논의하고 논의사항을 서류화	2.85	0.66	3	-1.01	1.38
⑪ 발견사실과 결론을 사실증거를 근거로 확정하고 감사보고서 초안을 작성하며 이에 대한 승인을 얻기 위해 감사감독자, 업무품질통제 검토팀에게 제출	3.45	0.89	4	-0.67	1.28
⑫ 감사결과보고서에는 최소한 감사목적, 감사범위, 감사일정, 감사평가기준, 감사방법, 감사결과를 포함해야 하고 그 외에 조사내용, 결론, 의견, 문제해결을 위한 감사대상기관의 집행계획 등을 포함	3.50	0.68	3	0.62	-0.26
⑬ 감사보고서 초안을 감사대상기관에 보내 의견을 듣되 감사대상기관은 10일 내에 의견을 제출하도록 규정	2.95	1.73	4	-0.21	-1.07
⑭ 자체감사팀 감독자는 감사팀 구성원들이 감사계획을 충분히 이해하고 있는지, 감사가 감사기준 및 모범적인 실무사례에 따라 진행되고 있는지, 조사보고서는 권고사항, 결론, 의견을 뒷받침해 줄 증거를 포함하고 있는지, 감사자들이 감사목적을 달성하였는지, 감사결과보고서는 감사결론, 권고사항, 의견 등을 적정하게 포함하고 있는지 등을 감독	3.35	0.66	3	-0.11	-0.41

	⑮ 감사감독자, 업무품질통제 검토팀, 감사대상기관 등의 의견을 반영해 최종보고서를 만들고 감사결과를 공개하기 7일 전까지 감사대상기관에 송부	3.45	1.31	4	-0.33	-0.47
	⑯ 국회 또는 의회는 감사보고서에 대한 최소한의 요구조건을 제시할 수 있고 자체감사기구는 국회, 의회, 행정부, 관련 위원회 등의 관심사항과 의견을 보고서에 반영해야 하지만 보고서의 내용과 보고의 시기는 전적으로 감사기구가 독립적으로 결정	3.15	0.87	3	0.54	-0.28
	⑰ 감사결과가 늦게 나와 감사대상기관이나 이해관계자들이 중요한 결정을 하는데 도움을 주지 못하면 감사효과성이 떨어지므로 감사결과는 시기적절하게 생산(영국감사원의 예: 재무회계감사보고서는 실지감사 시작부터 4개월, 성과감사보고서는 실지감사 시작부터 9개월)	3.40	0.57	3	-0.03	-0.07
	⑱ 자체감사기구는 대화전문가를 고용하거나 그들로부터 자문을 받는 형식을 취해 감사보고서가 이해하기 쉬운 문체로 써졌는지 확인하고 감사결과를 언론에 공개한 후 기자설명회 등을 개최하여 감사결과 내용에 대해 이해시키며 감사결과를 얻고자 하는 사람들을 위해 자료제공	3.05	0.89	4	-0.11	0.19
	⑲ 감사대상기관이 감사결과 권고사항에 대해 얼마나 개선을 하려고 노력했는지 알기 위해 감사가 끝나고 6~12개월 후부터 follow-up 감사를 실시하고 결과를 의회, 관련 위원회, 감사대상기관의 이사회 등에 보고 및 대중에 공개	2.90	0.73	3	-0.36	0.30
	⑳ 감사기구가 제시한 발견사실에 대해 감사대상기관이 법적으로 유효하고 문제를 해결할 수 있는 결정을 하지 않으면 감사기구는 이에 책임있는 기관(최고관리자, 이사회, 의회 등)과 만나 대응책을 논의	3.25	0.72	4	-0.53	1.89
(2) 우선순위를 적용한 감사계획	① 조직 내에서 감사해야 할 모든 부서를 확인하고 서류화. 다른 서비스도 확인	3.70	0.85	4	-1.11	2.74
	② 최고관리자, 이해관계자로부터 자문을 받아 감사로 개선해야 할 우선순위 있는 분야를 확인	3.20	0.70	3	-1.02	1.08
	③ 최고관리자, 이해관계자와 협력하여 감사주기 결정	3.60	0.57	3	0.03	-0.07
	④ 각 감사나 서비스의 목표와 범위를 설정한 후 이를 성취하기 위해 요구되는 자원과 실제 보유한 자원 간의 차이 확인	3.40	0.57	3	-1.67	4.22

	⑤ 자체감사, co-sourcing, outsourcing 등을 위해 요구되는 인력자원의 혼합을 결정하고 최고관리자, 이사회 승인 받기	3.05	0.58	3	-0.89	1.72
	⑥ 3~5년 기간을 목표로 조직의 전략목표에 부합한 감사전략계획을 세우고 이에 따라 매년 하위계획과 연간활동계획을 세워 구체화 - 변경된 하위계획과 연간활동계획의 내용을 통합해 전략계획 업데이트	3.00	0.63	3	-0.70	0.81
(3) 위험을 고려한 감사계획	① 주기적으로 조직이 처한 위험을 평가하고 위험의 영향과 발생확률을 검토	2.95	0.58	2	0.09	-1.15
	② 감사·서비스계획을 세울 때 위험성이 높고 위험에 대응이 미흡한 부서를 감사대상으로 선정	3.10	0.62	3	0.53	0.49
	③ 감사·서비스계획이 조직목표 및 전략목표에 부합한지 비교하고 최고관리자, 이사회 승인 받기	3.25	0.93	3	0.22	-0.82
(4) 품질관리 준거틀	① 업무를 수행하는데 품질관리가 필수적이라는 문화가 조직 내부에 정착되도록 노력하고 감사활동의 지속적인 개발에 공헌할 정책, 관행, 절차 개발	3.00	0.74	3	-0.56	-0.08
	② 품질보증 및 개선 프로그램, 즉 내부 모니터링, 주기적인 내외부 품질평가 등을 실행하고 유지하며 이를 위해 필요한 자원 확보 - 내부 품질평가는 1년에 1회를 원칙으로 하되 최소 3년에 1회, 외부 품질평가는 최소 5년에 1회 이상	2.75	0.62	3	-0.23	-0.02
	③ 품질보증 및 개선 프로그램에 대해 모니터링 하고 보고하는 시스템이나 절차 개발(예: 감사서류를 작성하지 아니한 다른 사람이 작성된 감사서류의 적정성을 검토하고 승인하는 정책을 시행)	2.70	0.54	3	-1.23	1.57
	④ 자체감사활동의 성과와 효과성을 보고하는 시스템이나 절차 개발	3.10	0.41	3	-1.41	5.92
	⑤ 자체감사기구의 장은 최종보고서를 조직의 최고관리자, 감사위원회, 이사회 등의 승인을 거쳐 의회에 보고하고 공식서류로서 웹사이트 등에 공개	2.90	0.83	3	-0.25	-0.85
(5) 감사전략과 조직의 위험관리를 연계	① 조직의 관리자, 이해관계자에게 자문 받고 적절한 서류검토, 조직 내외부 검토 등을 통해 조직의 위험전략 이해	3.10	0.41	3	1.25	3.87
	② 관리자나 자체감사자들이 고위험으로 확인한 분야를 감사계획에 포함	3.10	0.31	2	0.08	0.77

	③ 조직의 위험관리목록을 상시 모니터링 하고 주기적으로 위험관리감사 실시	3.05	0.68	3	-0.72	0.53
	④ 감사계획을 조직의 전략목표에 맞추어 수립하여 자체감사활동으로 조직의 목표달성에 기여	3.45	0.68	3	0.18	-0.21
(6) 현재와 미래요구에 부응하는 전략적 감사계획	① 세계추세, 이슈, 위험들을 확인하고 평가하기 위해 조직의 내외부 환경에 관심을 기울이면서 이에 대응하기 위해 필요한 업무, 도구, 기량들과 실제 보유한 그것들과 차이를 알기 위해 평가실시	3.20	0.70	3	-1.02	1.08
	② 차이를 메울 수 있는 방안, 즉 절차, 업무, 도구의 개선, 직원의 추가 채용, 다른 전문성 가진 직원채용, co-sourcing, outsourcing 등을 모색	3.10	0.62	3	-0.90	1.39
	③ 자체감사자를 지속적으로 교육과 직업개발프로그램에 참여하도록 제도화	3.05	0.68	3	-0.72	0.53
	④ 필요하면 주기적(1년에 1번 이상)으로 감사 및 서비스계획을 수정하고 최고관리자, 이사회 승인 얻기	3.10	0.73	3	-0.77	0.35
(7) 전문적 감사활동의 지속적인 개선	① 감사규정, 정책, 절차들이 세계수준의 감사활동을 반영할 수 있도록 정기적으로 검토 및 개정	3.30	0.43	2	-0.40	-0.55
	② 품질보증 및 개선프로그램에서 제시된 권고사항을 집행	3.15	0.66	3	-0.95	1.18
	③ 자체감사활동의 성과관리시스템을 모니터링하고 성과개선을 위해 대책시행	3.10	0.52	2	-0.15	-0.88
	④ 배우기 위해 전문협회에 가입, 공헌하고 자체감사활동에 세계적으로 모범이 되는 사례 적용	2.95	0.68	3	-0.53	0.16
	⑤ 감사활동 모범사례, 성과개선, 자체감사관련 세계적 추세 등을 조직의 최고관리자와 공유하여 조직과 자체감사기구의 지속적인 개선을 위해 관리자의 지지 획득	3.20	0.80	3	-0.92	0.22
	⑥ 일본과 한국 감사원의 경우처럼 외부연구자와 자체감사자들이 행한 학문적인 연구결과와 실무적인 연구결과를 모아 1~2년에 1번 연구학술지를 발행함으로써 감사영역 확대, 새로운 감사방법 개발, 감사활동의 질 개선에 기여	3.00	0.74	3	-0.56	-0.08

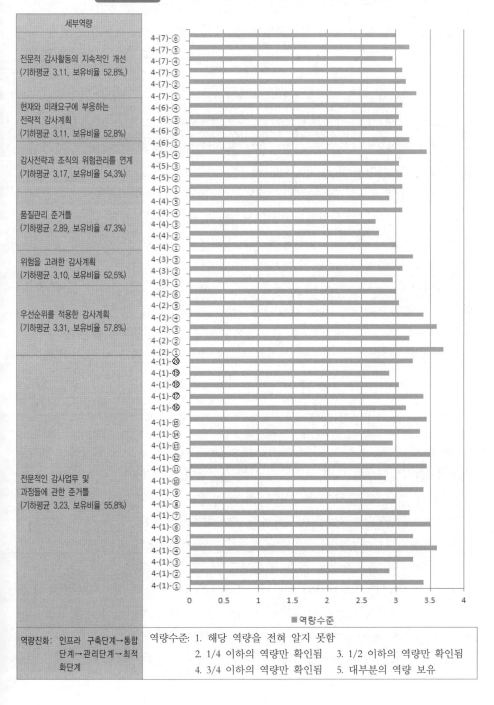

그림 4-5　A기관 자체감사기구 전문적 감사활동 역량수준

세부역량
전문적 감사활동의 지속적인 개선 (기하평균 3.11, 보유비율 52.8%,)
현재와 미래요구에 부응하는 전략적 감사계획 (기하평균 3.11, 보유비율 52.8%)
감사전략과 조직의 위험관리를 연계 (기하평균 3.17, 보유비율 54.3%)
품질관리 준거틀 (기하평균 2.89, 보유비율 47.3%)
위험을 고려한 감사계획 (기하평균 3.10, 보유비율 52.5%)
우선순위를 적용한 감사계획 (기하평균 3.31, 보유비율 57.8%)
전문적인 감사업무 및 과정들에 관한 준거틀 (기하평균 3.23, 보유비율 55.8%)

■ 역량수준

역량진화:	인프라 구축단계→통합 단계→관리단계→최적 화단계

역량수준: 1. 해당 역량을 전혀 알지 못함
2. 1/4 이하의 역량만 확인됨　　3. 1/2 이하의 역량만 확인됨
4. 3/4 이하의 역량만 확인됨　　5. 대부분의 역량 보유

심층면담 결과를 반영하여 A기관 자체감사기구의 전문적 감사활동 관련 역량에 대해 설명하면 다음과 같다.

첫째, 세부역량 중 전문적인 감사업무 및 과정들에 관한 준거틀과 관련한 역량인 4-(1)의 ①~⑳ 역량수준은 2.85(46.3%)~3.6(65%) 범위 내에 있고 이들의 기하평균값은 3.23(55.8%)이다.

이를 자세히 살펴보면 ① A기관 자체감사기구의 장과 담당 과장은 자체감사자들이 자체감사의 정의, 윤리규정, 감사기준 등을 숙지하도록 수시로 교육하고 있었다. 그러나 직원들이 이를 어느 정도 따르고 있는지에 대해 정기적으로 평가하는 등 follow-up을 하지는 않고 있었다.

② 감사활동을 위해 필요한 인력자원, 정보관리, 재정 등과 관련한 정책문서의 개발은 제대로 하지 않고 있었다. 이미 보유하고 있는 인력자원과 예산 범위 내에서 감사활동을 집행하는 수준으로서 전략적이고 창의적인 감사활동을 계획하고 이에 소요되는 인력자원, 예산의 확보를 추진하는 노력에는 한계가 있었다.

③ A기관은 자체감사자들이 감사를 준비할 때 참고할 종합지도서(매뉴얼)를 따로 만들지 않았으나 앞으로는 감사원이 2012. 7. 만들어 각 기관 자체감사기구에 배포한 「자체감사 통합매뉴얼」을 참고하여 감사활동을 하겠다고 답했다.

한편, 실제 감사활동과 관련한 역량인 ④~⑳ 역량 중 ⑧ 경험 많은 감사자와 외부전문가로 구성된 자문팀을 구성하고 감사방법을 수시로 개발하며 개별감사 때마다 비용효과분석을 하여 경제적, 효율적, 효과적인 감사방법을 선택하는 역량은 3.0(50%) 수준으로서 미흡한 수준이었다.

그리고 ⑩ 감사과정에서 감사대상기관 관리자들과 1번 이상 만나 감사에서 발견된 사실, 문제되는 이슈에 대해 논의하고 이를 서류화하여 관리하는 역량은 2.85(46.3%) 수준으로서 사실상 A기관 자체감사기구에는 이러한 모범사례가 존재하지 않았다.

또한 ⑫ 감사결과보고서에는 감사목적, 감사일정, 감사결과 등을 포함시키고 있으나 감사평가기준, 감사방법, 감사와 관련한 이해관계자들의 의견, 문제해결을 위한 감사대상기관의 집행계획 등을 포함시키지 않는 일이 많다.

그리고 ⑲ A기관 자체감사기구는 감사대상기관이 감사결과 권고사항에 대해 얼마나 개선을 하려고 노력했는지를 알기 위해 감사결과 조치사항에 대해 follow-up 하고 있으나 그 결과에 대해 감찰위원회, 감사대상기관의 최고관리자 등과 적절하게 대화하지 않고 있었고 대중에게 공개하지도 않고 있었다.

둘째, 우선순위를 적용한 감사계획과 관련한 역량인 4-(2)의 ①~⑥ 역량수준은 3.0(50%)~3.7(67.5%) 범위 내에 있고 이들의 기하평균은 3.31(57.8%)이었다. 이를 자세히 설명하면 자체감사기구는 조직 내 감사해야 할 모든 부서를 확인하고 서류화 해두었으며 최고관리자 등과 협력하여 감사주기를 정하고 있다. 그러나 감사활동에 필요한 자원 및 기량을 계량화하는 모범적 활동을 찾을 수 없었고 부족한 자원 및 기량을 메울 co-sourcing, outsourcing 사례도 찾을 수 없었다. 또한 3년~5년 기간을 목표로 조직의 전략목표에 부합한 중장기 감사전략계획을 세우고 이에 따라 연간감사계획 및 개별감사계획을 수립하는 체계적인 감사활동을 하지 않고 중장기 감사전략계획 없이 연간감사계획과 개별감사계획만을 수립하여 감사활동을 하기 때문에 감사활동이 조직의 전략목표에 어느 정도 부합하는지를 평가하기도 어려웠다.

셋째, 세부역량 중 위험을 고려한 감사계획과 관련한 역량인 4-(3)의 ①~③ 역량수준은 2.95(48.8%)~3.25(56.3%) 범위 내에 있고 이들의 기하평균값은 3.1(52.5%) 이었다. A기관 자체감사기구는 감사계획을 세울 때 위험성이 높고 위험에 대응이 미흡한 부서를 고려해 감사대상기관으로 선정하고 있다고 답했다. 그러나 주기적으로 조직이 처한 위험을 평가하고 위험의 영향과 발생확률을 검토하고 있지는 않았다.

넷째, 세부역량 중 품질관리 준거틀과 관련한 역량인 4-(4)의 ①~⑤ 역량수준은 2.7(42.5%)~3.1(52.5%)이고 이들의 기하평균값도 2.89(47.3%)로서 낮은 수준을 나타냈다. "감사업무를 수행하는데 품질관리가 중요하다는 문화가 조직 내부에 정착되고 감사활동의 지속적인 개선에 공헌할 정책, 관행, 절차를 개발하고 있는가?"에 대한 질문에 대해 3.0(50%) 수준으로 답했으며, 감사활동에 대한 품질보증 및 개선을 위해 필요한 내부 품질평가, 외부 품질평가 등을 시행하고 있지 않았다. A기관 자체감사기구는 앞으로 선진 외국 감사기구의 모범사례를 참고하여 내부 감사전문가, 외부 이해관계자들로부터 감사활동 내용에 대해 피드백을 받고 감사활동 만족도 등에 대해 설문을 하는 등 감사활동의 품질제고를 위해 노력해야 할 것이다. 또한 감사활동 품질제고 결과를 정기적으로 최고관리자나 감찰위원회 등에게 보고하고 대중에게 공개하는 시스템과 절차를 개발해야 할 것이다.

다섯째, 세부역량 중 감사전략과 조직의 위험관리를 연계시키는 역량인 4-(5)의 ①~④ 역량수준은 3.05(51.3%)~3.45(61.3%) 범위 내에 있고 이들의 기하평균값은

3.17(54.3%)로 나타났다. A기관 자체감사기구는 전반적으로 조직이 처한 위험을 고려하여 감사계획을 수립하려고 노력하고 있었다. 그러나 A기관 본부나 감사대상기관들이 조직의 위험관리 목록을 따로 만들어 관리하지 않고 있기 때문에 조직의 위험을 고려하여 자체감사활동을 하려는 자체감사기구의 노력에도 한계가 있을 수밖에 없다. 앞으로 자체감사기구는 국회 논의사항, 언론의 보도사항, 자체감사활동을 하면서 알게 된 조직의 위험요인, 첩보 및 정보사항 등을 상시적으로 모니터링하여 문서화하고 위험의 중요도와 발생빈도를 고려하여 고위험, 중간위험, 저위험 등으로 구분하며 이를 고려하여 위험이 큰 사항부터 감사계획에 포함시켜야 할 것이다.

여섯째, 세부역량 중 현재와 미래요구에 부응하는 전략적 감사계획과 관련한 역량인 4-(6)의 ①~④ 역량수준은 3.05(51.3%)~3.2(55%) 범위 내에 있고 이들의 기하평균값은 3.11(52.8%)로 확인되었다. A기관 자체감사기구는 세계추세, 이슈, 위험들을 나름대로 확인하고 이것들이 조직에 어떤 영향을 줄 것인지에 대해 관심을 갖고 있었다. 그러나 변화에 대응하기 위해 필요한 업무, 도구, 기량들과 실제 보유하고 있는 그것들과의 차이를 알기 위해 평가를 실시하거나 차이를 메울 방안을 구체적으로 논의하지는 못하고 있었다.

일곱째, 세부역량 중 전문적인 감사활동의 지속적인 개선과 관련한 역량인 4-(7)의 ①~⑥ 역량수준은 2.95(48.8%)~3.3(57.5%) 범위 내에 있고 이들의 기하평균값은 3.11 (52.8%)로 나타났다. 이를 자세히 설명하면 A기관 자체감사기구는 자체감사규정, 정책, 절차 등이 「공공감사에 관한 법률」, 「행정감사규정」, 「공공감사기준」 등 국내 상위 감사관련 법령에 부합하는지를 확인하여 필요 시 개정을 하고 있었다. 그러나 세계 최고감사기구협회 INTOSAI, 자체감사자협회 IIA, 선진 외국의 감사기구 등의 모범사례를 모니터링 하거나 세계수준의 감사활동을 반영하여 자체감사규정, 정책, 절차 등을 개선하고 있지는 않았다. 감사활동 품질제고를 위해 품질보증 및 개선 프로그램을 따로 시행하고 있지도 않았으며, 배우기 위해 전문협회에 가입하여 공헌하고 세계적으로 모범이 되는 사례를 찾아내 자체감사활동에 적용하는 노력도 적었다.

표 4-6	성과관리 및 책무성에 관련한 세부역량수준 측정치 빈도분석 결과						

자체감사 세부역량 (key phrase)	자체감사 세부역량 (competencies identified) 진술문	빈도분석 결과					
		평균	변량 (분산)	범위	왜도	첨도	
(1) 감사업무계획 수립	① 매년 감사 및 서비스계획을 세우고 감사활동의 목표와 성취해야 할 결과를 정함	3.90	0.73	2	0.20	-1.62	
	② 효과적인 감사활동에 필요한 행정 및 지원서비스(사람, 물질, 기술정보 등), 감사일정, 감사자원을 확인	3.45	0.68	3	-0.45	-0.40	
	③ 감사목적에 부합하는 계획을 세워 최고관리자, 이사회 승인 얻기	3.45	0.79	3	-0.08	-0.53	
(2) 감사운영예산	① 자체감사 업무계획에서 확인한 활동 및 자원에 대응되는 실제 예산을 수립	3.30	0.43	2	-0.40	-0.55	
	② 운영예산에 대해 최고관리자, 이사회 승인 얻기	3.05	0.79	4	-0.10	1.01	
	③ 책정한 예산이 실제적이고 정확한지 항상 재검토	3.25	0.62	3	-1.22	2.25	
(3) 자체감사 관리보고서	① 보고서 사용자 및 이해관계자의 요구사항을 고려한 보고서 양식, 내용 고안	3.50	0.37	2	-0.79	0.21	
	② 자체감사자는 감사관리자에게 적정한 정보 및 보고서를 적기, 주기적으로 보고	3.65	0.35	2	0.21	-0.55	
	③ 관리정보와 보고서의 사용을 모니터하고 필요시 개선	3.60	0.36	2	-1.25	0.78	
(4) 자체감사활동과 관련한 비용정보	① 감사활동서비스 비용에 대한 정확한 정보를 개발하고 감사활동 비용관리시스템 도입 - 감사기구는 감사자들이 업무를 할 때 감사활동 비용관리시스템에 업무종류별로 시간을 기록하도록 함으로써 주요 활동에 쓰이는 비용 관리	3.05	0.89	4	-0.11	0.19	
	② 비용관리시스템을 조직의 재정 및 운영시스템 또는 재정 및 관리시스템에 연계 - 예산계획대로 집행되는지 모니터하고 이행되지 않거나 비용에 차이가 날 때는 즉시 원인을 파악하고 합리적인 대안을 마련	3.05	0.79	4	-0.10	1.01	
	③ 활동을 하면서 책정한 예산과 실제 쓴 예산을 비교하고 정기적으로 비용관리시스템을 모니터링하면서 비용구조가 적정한지, 비용정보가 효과적이고 효율적으로 산출되는지 확인	2.90	0.52	2	0.15	-0.88	
	④ 의사결정을 하는데 비용정보를 사용	2.85	0.45	3	-0.99	2.45	

(5) 감사성과 측정	① 감사활동 업무와 조직의 목표를 확인하고 자체감사활동에서 성과로 측정할 것이 무엇인지 결정	3.30	0.43	2	-0.40	-0.55
	② 수집되는 성과자료, 자료수집빈도, 자료수집책임자, 자료의 품질통제, 성과자료보고자, 성과보고서를 받아 보는 자 등을 확인하고 성과관리시스템을 문서화	3.40	0.57	3	-0.03	-0.07
	③ 성과측정치(산출/투입 비율, 생산성수치 등)를 개발하고 성과타겟 정하기 - 성과보고서의 수, 계획대비 실제 감사를 수행한 감사사항 수의 비율, 감사결과 권고사항이 집행되는 비율, 감사결과 권고사항이 집행됨으로써 얻어지는 경제적 편익과 비경제적 편익, 의회나 국회에서 보고한 횟수, 감사보고서의 시간엄수 비율 등	3.35	0.45	3	0.61	0.74
	④ 자체감사활동의 성과를 측정하고 그 결과를 1년에 1회 이상 최고관리자, 이사회, 감사위원회, 의회 등 이해관계자에게 정기적으로 보고	3.40	0.25	1	0.44	-2.02
	⑤ 비용효과성, 성과측정치의 적절성 등을 주기적으로 평가	3.35	0.87	4	-0.38	1.21
	⑥ 감사원은 자체감사기구의 성과를 심사평가하는 것을 주요 과제로 삼고 성과가 부진한 자체감사기구의 장에 대해서는 교체를 권고하며 평가결과를 공표하여 감사실효성 제고	3.00	0.53	3	-0.92	2.20
	⑦ 자체감사기구의 내부통제 및 감사품질에 대해 외부감사자로부터 검토를 받고 그 결과를 업무개선에 활용	3.15	0.77	2	-0.32	-1.67
	⑧ 국회, 공공기관, 회사직원 등으로부터 감사만족도를 조사하고 그 결과를 활용해 성과측정	3.00	0.63	3	-0.70	0.81
	⑨ 자체감사활동의 성과를 월드클래스(world class)로 인정된 다른 감사기구의 성과들과 비교	2.90	0.94	3	-0.56	-0.46
(6) 질적, 양적 성과측정치 통합	① 자체감사기구의 전략목표를 확인하고 허용가능한 위험, 비용, 품질, 결과의 수준을 고려한 성과측정치 및 성과타겟 개발	2.70	0.64	4	0.63	3.10
	② 성과를 모니터하고 측정하는 시스템 개발	2.80	0.70	3	-0.80	0.72
	③ 자체감사활동 결과에 영향을 주는 변동사항을 모니터하고 측정하기 위해 성과정보 사용	2.90	0.62	3	-0.53	0.49
	④ 조직이 위험에 노출되는 것을 개선하는데 필요한 자체감사자원을 최적화하기 위해 성과정보 사용	2.85	0.45	3	-0.99	2.45

⑤ 이해관계자로부터 자체감사활동의 효과성과 질에 대해 정기적으로 의견을 청취 - 국내 관련 협회가 자체적으로 수행한 평가결과를 활용하는 방법, 기관의 자체 평가기준을 마련하고 자체 평가하는 방법, 3개 이상의 기관들이 서로 다른 기관에 대해 동료평가를 해 주는 방법, 계약을 체결하여 외부기관으로부터 평가를 받는 방법 등 (일반적으로 동료평가는 최소 3년에 1번, 외부평가는 최소 5년에 1번)	2.65	0.77	3	-0.25	-0.34
⑥ 자체감사자의 청렴과 도덕적 행동에 대한 평판에 대해서도 귀를 기울이면서 평판의 위험이 '높거나 (high) 그 이상'인 경우에는 회의의 의제로 만들어 모니터	2.75	0.41	3	-1.09	2.17
⑦ 품질보증 및 개선프로그램(상시 모니터링, 주기적인 동료평가, 외부평가, 자체평가)과 자체감사기구 내 성과관리시스템을 통합하고 성과를 개선하기 위해 그 정보를 사용	2.85	0.56	3	-0.59	0.93
⑧ 자체감사활동이 조직의 효과적인 운영, 지배구조, 위험관리, 통제절차 개선에 얼마나 영향을 주고 조직에 가치를 더하는지를 평가하기 위해 자체감사활동 후 권고사항을 관리자가 집행하는지 모니터링	2.95	0.68	3	-0.53	0.16
① 자체감사기구의 역량측정도구 만들기	2.80	0.59	3	-0.40	0.37
② 최소한 1년에 1번 자체감사기구에 필요한 역량 중 부족한 역량을 확인하고 이를 보완하기 위한 방안에 대해 최고관리자, 이사회, 감사위원회를 만나 대화	3.00	0.21	2	0.00	2.98
③ 자체감사활동이 조직의 위험경감, 비용절감, 재정보전에 미친 영향을 확인하고 이를 외부 이해관계자 및 국민들에게 적극 공개	3.00	0.53	3	-0.92	2.20
④ 자체감사 효과성을 개선시키기 위해 이해관계자들로부터 피드백을 얻고 이를 활용	2.85	0.77	3	-0.73	0.40
⑤ 잘 만들어진 웹사이트(web site)를 개설하고 감사보고서를 공개해 국민들이 감사결과를 더 쉽고 명확하게 찾아 볼 수 있게 하고 국민들이 필요에 따라 취사선택하여 활용할 수 있도록 HTML, PDF 파일 형태로 만들어 제공	2.95	0.79	3	-0.90	0.73

(7) 자체감사 효과성에 대한 공개보고

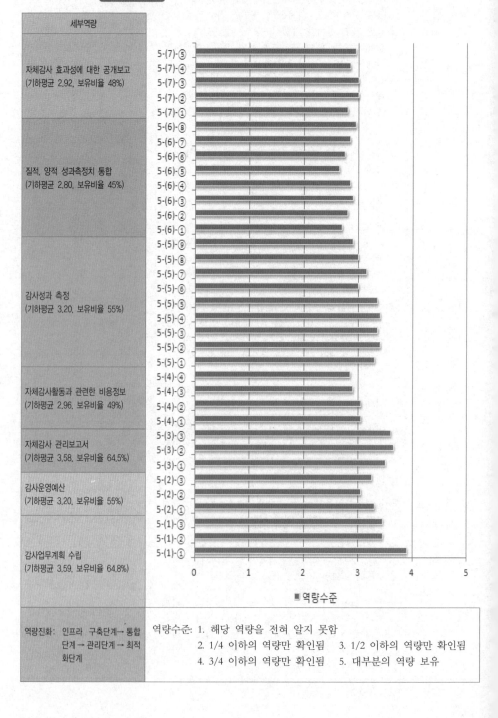

그림 4-6 　 A기관 자체감사기구 성과관리와 책무성 역량수준

마. 성과관리 및 책무성과 관련한 역량수준 측정

(표4-6)은 A기관 자체감사기구의 성과관리 및 책무성에 관련한 세부역량 수준에 대해 설문을 하고 그 결과를 통계 처리하여 평균, 변량(분산), 범위, 왜도, 첨도를 정리한 것이며 (그림4-6)는 A기관 성과관리 및 책무성 관련 역량수준을 막대그래프 또는 수치로 표현한 것이다. 분석결과, A기관 자체감사기구의 주요역량분야 중 성과관리 및 책무성과 관련한 역량은 세부역량별로 2.8(45%)~3.59(64.8%)의 역량수준을 보였는데 5-(1) 감사업무계획 수립, 5-(2) 감사운영예산, 5-(3) 자체감사 관리보고서, 5-(5) 감사성과 측정 등 4개 세부역량은 1/2 이상의 역량을 보유한 것으로 나타났으나 5-(4) 자체감사활동과 관련한 비용정보, 5-(6) 질적, 양적 성과측정치 통합, 5-(7) 자체감사 효과성에 대한 공개보고 등 3개 세부역량은 1/2 미만의 역량수준을 보유한 것으로 나타났다.

심층면담 결과를 반영하여 A기관 자체감사기구의 성과관리 및 책무성에 관련된 역량에 대해 자세히 설명하면 다음과 같다. 첫째, 세부역량 중 감사업무계획 수립과 관련한 역량인 5-(1)의 ①~③ 역량은 매년 감사활동의 목표와 성취해야 할 결과를 정하는 한편 감사일정, 감사자원을 확인하고 이를 계획서로 만들어 최고관리자의 결재를 받는 것을 내용으로 하는 역량으로서 역량수준은 3.45(61.3%)~3.9(72.5%)이고 이들의 기하평균값은 3.59(64.8%)로 비교적 높은 수준이었다.

둘째, 세부역량 중 감사운영예산과 관련된 역량인 5-(2)의 ①~③ 역량은 자체감사활동에 필요한 자원, 도구, 기량들을 확인하여 예산으로 환산하고 운영예산에 대해 최고관리자로부터 결재를 받으며, 한번 책정된 예산이라도 감사활동의 변경에 따라 예산변경이 필요한지를 주기적으로 재검토하는 내용의 역량으로서 설문결과 역량수준은 3.05(51.3%)~3.3(57.5%)이고 이들의 기하평균값은 3.2(55%)로 확인되었다.

셋째, 세부역량 중 자체감사 관리보고서와 관련한 역량인 5-(3)의 ①~③ 역량은 자체감사자가 감사관리자에게 정해진 양식에 따라 적정한 정보 및 보고서를 적기 또는 주기적으로 보고하고 감사관리자 및 자체감사기구의 장 등은 관리정보와 보고서의 사용실적을 모니터링하면서 필요할 때마다 개선을 유도하는 내용의 역량으로서 설문결과 역량수준은 3.5(62.5%)~3.65(66.3%)이고 이들의 기하평균값은 3.58(64.5%)로 비교적 높은 수준이었다.

넷째, 세부역량 중 자체감사활동과 관련한 비용정보에 관한 역량인 5-(4)의 ①~④ 역량은 캐나다 British Columbia 주정부 감사원 등 선진 외국의 감사기구들과 같이 감사활동에 비용관리시스템을 도입하고 위 비용관리시스템을 조직의 재정 및 운영시스템 등에 연계시키며, 감사활동을 하면서 책정된 예산과 실제 쓴 예산을 비교하는 체제를 갖추는 내용의 역량으로서 설문결과 역량수준은 2.85(46.3%)~3.05(51.3%)이고 이들의 기하평균값은 2.96(49%)로 비교적 낮은 수준을 보였다. A기관은 감사활동에 소요되는 비용을 따로 관리하기 위한 비용관리시스템을 개발하여 사용하고 있지 않았다. 따라서 자체감사자 개인별 감사활동시간, 감사활동 이외의 활동내용, 감사활동과 관련해 개인별로 쓴 비용의 총계와 그 내용, 개인별 사용한 비용대비 감사성과의 비율 등을 산정해 내기 어려운 상황이었다. A기관 자체감사기구는 감사활동에 쓴 비용을 정부차원에서 재정운영을 관리하기 위해 기획재정부가 만들어 전 기관에 배포한 디지털예산회계시스템 dBrain에 입력하고 있으나 이러한 시스템만으로는 자체감사기구의 활동성과를 제대로 관리할 수 없다.

다섯째, 세부역량 중 감사성과 측정과 관련한 역량인 5-(5)의 ①~⑨ 역량은 조직의 목표와 자체감사활동 업무의 목표를 확인하고 감사활동으로 얻어 낼 성과를 어떻게 측정할 것인지를 결정하며 감사활동의 비용효과성, 성과측정치의 적절성 등을 주기적으로 평가해 개선하는 내용의 역량으로서 설문결과 역량수준은 2.9(47.5%)~3.4(60%)이고 이들의 기하평균값은 3.2(55%)로 확인되었다. A기관 자체감사기구는 A기관에 적합한 성과측정치를 개발하거나 성과타겟을 정하지는 않고 있었다.[12] 그들은 감사원이 매년 1번씩 각 기관의 자체감사기구를 대상으로 실시하는 자체감사결과 심사 및 자체감사기구 운영평가에 대응하기 위해 앞에서 기술한 (표2-8) '자체감사기구의 자체감사결과 심사항목 및 배점'과 (표2-9) '자체감사기구 운영평가 항목 및 배점'에 따라 성과를 측정하고 있었다. 따라서 감사활동에 쓴 비용의 효과성, 성과측정치의 적절성 등을 주기적으로 평가하는 일도 없었다.

또한 A기관 자체감사기구는 「공공감사에 관한 법률」 제38조 및 제39조의 규정과 「자체감사의 심사 및 평가 등에 관한 규정」 제4장에 근거하여 감사원으로부터

---

12) 예를 들면 성과보고서의 수, 계획대비 실제 감사를 수행한 감사사항 수의 비율, 감사활동에 쓴 비용 대비 감사결과 조치사항이 집행됨으로써 얻어지는 경제적 편익과 비경제적 편익의 비율, 국회에서 보고한 횟수, 감사보고서 생산에 소요된 시간의 엄수 비율 등이 성과측정치가 될 수 있고, 각 성과측정치마다 달성하겠다고 정하는 수치가 성과타겟이 됨.

자체감사기구의 내부통제 및 감사품질에 대해 검토를 받고 그 결과를 업무개선에 활용하고 있었으나 그 외 외부감사기구, 감사대상기관, 자체감사자 등으로부터 감사품질에 대해 피드백을 받아 자체적으로 성과측정을 하거나 자체감사활동의 성과를 다른 감사기구의 성과들과 비교하는 일도 하지 않고 있었다.

여섯째, 세부역량 중 질적, 양적 성과측정치 통합과 관련한 역량인 5-(6)의 ①~⑧ 역량은 품질보증 및 개선프로그램의 결과, 즉 상시모니터링, 주기적인 동료평가, 외부평가, 자체평가 등의 결과와 자체감사기구 내 성과관리시스템을 통합하고 자체감사자 개인과 자체감사기구의 성과개선을 위해 그 정보를 사용하는 것을 내용으로 하는 역량으로서 설문결과 역량수준은 2.65(41.3%)~2.95(48.8%)이고 이들의 기하평균값은 2.8(45%)로 무척 낮은 수준을 보였다. A기관 자체감사기구에서는 질적, 양적 성과측정치 통합과 관련한 역량을 찾기 어려웠다.

일곱째, 세부역량 중 자체감사 효과성에 대한 공개보고와 관련된 역량인 5-(7)의 ①~⑤ 역량은 자체감사기구가 자체감사자 및 자체감사기구의 역량측정도구를 만들고 부족한 역량을 확인해서 이를 보강할 전략을 수립 및 시행하며 자체감사활동의 성과와 효과성, 감사결과보고서를 국민들에게 공개하는 내용의 역량으로서 설문결과 역량수준은 2.8(45%)~3.0(50%)이고 이들의 기하평균값은 2.92(48%)로 무척 낮은 수준을 보였다. A기관 자체감사기구는 자체감사자 및 자체감사기구의 역량측정도구를 만든 사례가 없었고 자체감사활동 결과를 적극적으로 국민들에게 공개하는 데에도 한계를 보였다.

바. 조직간 관계 및 조직문화와 관련한 역량수준 측정

(표4-7)은 A기관 자체감사기구의 조직간 관계 및 조직문화와 관련한 세부역량 수준에 대해 설문을 하고 그 결과를 통계 처리하여 평균, 변량(분산), 범위, 왜도, 첨도를 정리한 것이며 (그림4-7)은 A기관의 조직간 관계 및 조직문화 관련 역량수준을 막대그래프 또는 수치로 표현한 것이다. 분석결과, A기관 자체감사기구의 주요역량분야 중 조직간 관계 및 조직문화와 관련한 역량은 세부역량별로 3.07(51.8%)~3.32(58%)의 역량수준을 보였다. 조직간 관계 및 조직문화와 관련한 역량은 전반적으로 1/2 이상 확보하고 있음을 알 수 있다.

| 표 4-7 | 조직간 관계 및 조직문화와 관련한 세부역량수준 측정치 빈도분석 결과 | | | | | |

자체감사 세부역량 (key phrase)	자체감사 세부역량 (competencies identified) 진술문	빈도분석 결과				
		평균	변량 (분산)	범위	왜도	첨도
(1) 자체감사활동 안에서의 관리	① 자체감사기구 안에서 적당한 조직구조가 확립되어 있고 주요 직위의 역할, 책임을 알 수 있음	3.50	0.47	3	0.00	0.08
	② 자체감사자가 조직 내에 반드시 필요한 구조로 인식	3.75	0.72	3	-0.04	-0.59
	③ 자체감사활동을 수행하고 관리하는데 필요한 자원, 감사도구를 파악하고 획득도 가능	2.95	0.68	2	0.10	-1.52
	④ 자체감사활동 안에서 관리, 지휘, 의사소통 원활	3.45	0.58	3	-0.22	-0.11
	⑤ 수 명의 직원 대표와 수 명의 관리자 대표가 정기적으로 만나 직원들과 관련된 전략적 문제를 논의하고 문제를 해결하는 포럼(forum) 운영	2.90	0.62	3	-0.53	0.49
	⑥ 감사자들은 다른 감사자로부터 전문적인 도움을 받고 서로 협력해야 하며 동료 감사관들을 공정하고 균형 잡힌 방법으로 대하는 문화정착	3.45	0.37	2	-0.58	-0.46
(2) 자체감사기구가 관리자 대화에 참여	① 감사기구의 장은 해당 조직 관리자의 우선순위, 업무절차의 변화, 새로운 이슈들에 대해 예의주시하고 최고관리자는 조직의 중요한 전략계획, 업무계획, 관리계획과 정보보고서, 재정보고서 등을 감사기구의 장과 공유	3.20	0.91	4	-0.44	0.25
	② 자체감사기구가 조직의 재무회계관리시스템에 상시 접근하여 모니터링 함으로써 감사실효성 제고	3.10	0.94	3	-0.99	0.34
	③ 감사기구의 장은 조직의 중요한 관리계획과 이슈를 자체감사자들과 공유	3.45	0.68	3	0.18	-0.21
	④ 감사기구의 장은 조직관리팀의 멤버로서 조직의 중요한 위원회, 포럼에 참석 및 공헌. 다만 정책결정, 관리책임과는 무관해야 함	3.20	0.70	3	-1.02	1.08
	⑤ 감사기구의 장은 자체감사자들이 조직의 중요한 위원회에 참여 및 기여하도록 조장. 다만 정책결정, 관리책임과는 무관해야 함	3.40	0.57	3	-0.03	-0.07
	⑥ 최고관리자는 자체감사기구가 조직의 목표에 부합하는 자체감사계획을 수립할 수 있도록 계획단계부터 공헌	3.40	0.46	3	0.40	0.36
	⑦ 자체감사기구는 자체감사활동의 정보와 활동내용을 최고관리자에게 정기적으로 보고하고 예측되는 위험에 공동 대처	3.15	0.56	3	-1.11	2.61
	⑧ 자체감사기구는 관리자를 대신하여 외부감사자와 교섭하고 업무조정	3.05	0.58	3	-0.89	1.72

(3) 보증, 자문을 하는 다른 그룹들과 정보교환 및 활동조정	① 조직의 내부 또는 외부에서 보증과 자문서비스를 하는 주체를 파악	3.00	0.84	4	-0.45	1.76
	② 각자의 업무계획, 정보, 활동결과를 서로 교환하는 것이 이득인지 확인	3.30	0.85	4	-0.68	0.84
	③ 상호 관심사항에 대해 정보를 나누고 대화하고 이슈를 조정하는 절차개발	3.20	0.91	4	-0.44	0.25
	④ 외부감사자의 일과 자체감사의 일의 상호 보안을 위해 외부감사자와 정기모임	2.95	0.89	3	-0.73	-0.03
(4) 감사기구의 장이 최고관리자에게 권고하고 영향력 행사	① 감사기구의 장은 최고관리자, 감사위원회, 이사회 등과 각각 1년에 4번 이상 정기적으로 만나 대화	3.25	0.62	3	0.23	-0.02
	② 감사기구의 장은 관리팀의 일원으로서 갑자기 발생하는 업무와 전략이슈에 대해 권고하는 등 관리차원에 공헌. 다만 정책결정, 관리책임과는 무관해야 함	3.10	0.41	2	-0.08	-0.25
	③ 조직에서 재무회계관리시스템을 개발할 때 자체감사기구를 참여시켜 적절한 내부통제방안을 만들도록 조장	3.00	0.84	4	-0.45	1.76
	④ 감사기구의 장은 자체감사자와 관리팀 사이에 협동과 신뢰가 쌓이도록 조장하고 모범사례 업무절차를 찾아내 조직의 운영관리자들과 공유	3.50	0.58	3	0.40	-0.04
	⑤ 감사기구의 장은 외부감사자와의 공식적, 투명한 계약 및 협력관계를 개발하여 최고관리층을 지원	3.20	0.70	3	-1.02	1.08
	⑥ 자체감사기구가 고위관리자 리더십프로그램 운영	2.55	0.47	3	-0.20	0.15
(5) 감사기구의 장의 효과적, 상시적인 관계관리	① 감사기구의 장은 조직의 중요한 협의회에 참여하여 관찰하고 조직에 영향을 주는 국제업무 환경을 확인하며 조직에 교육확산	3.05	0.68	4	-0.10	2.21
	② 자체감사의 모든 업무와 서비스 내용을 조직의 비전, 가치, 전략목표에 거의 완벽하게 연계	2.85	0.24	2	-0.44	1.30
	③ 예방적 차원에서 중요한 전략, 운영이슈에 대해 관리자, 이해관계자와 대화하고 권고	3.05	0.58	2	-0.09	-1.15
	④ 자체감사기구와 최고관리자와의 관계가 견제와 감시의 관계이기 보다는 지원과 개선을 위한 관계임을 공론화하고 이를 실천	3.20	0.38	2	-0.12	-0.21
	⑤ 외부감사자와 상호 존경관계를 유지, 조장	3.15	0.35	2	-0.01	0.18
	⑥ 감사위원회 효과성에 공헌하기 위해 감사규정을 감사위원회 규정과 부합하도록 개선하고 위원회 구성원을 위한 훈련 등도 개발	3.15	0.66	3	0.36	-0.01

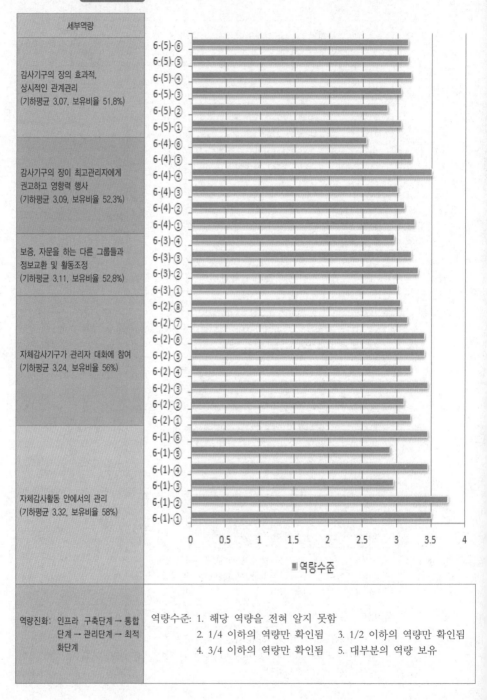

| 그림 4-7 | A기관 자체감사기구 조직간 관계 및 조직문화 역량수준 |

세부역량	
감사기구의 장의 효과적, 상시적인 관계관리 (기하평균 3.07, 보유비율 51.8%)	
감사기구의 장이 최고관리자에게 권고하고 영향력 행사 (기하평균 3.09, 보유비율 52.3%)	
보증, 자문을 하는 다른 그룹들과 정보교환 및 활동조정 (기하평균 3.11, 보유비율 52.8%)	
자체감사기구가 관리자 대화에 참여 (기하평균 3.24, 보유비율 56%)	
자체감사활동 안에서의 관리 (기하평균 3.32, 보유비율 58%)	

■역량수준

역량진화: 인프라 구축단계 → 통합 단계 → 관리단계 → 최적화단계	역량수준: 1. 해당 역량을 전혀 알지 못함 2. 1/4 이하의 역량만 확인됨 3. 1/2 이하의 역량만 확인됨 4. 3/4 이하의 역량만 확인됨 5. 대부분의 역량 보유

심층면담 결과를 반영하여 A기관 자체감사기구의 조직간 관계 및 조직문화와 관련된 역량에 대해 자세히 설명하면 다음과 같다.

첫째, 세부역량 중 자체감사활동 안에서의 관리와 관련한 역량인 6-(1)의 ①~⑥ 역량수준은 2.9(47.5%)~3.75(68.8%)이고 이들의 기하평균값은 3.32(58%)이었다.

① A기관 자체감사기구 안에는 본부 및 00청에 대해 감사와 감찰을 수행하는 감찰담당관, 1~3차 소속기관과 산하단체에 대해 감사를 수행하는 감사담당관으로 나누어져 있고 자체감사자 개인별로도 역할과 책임이 구분되어 있다.

② 또한 조직 내에서 자체감사가 어느 정도 필요한 것으로 인식되고 있었다.

③ 그러나 자체감사활동을 하는데 필요한 자원, 감사도구 등을 확인하고 이를 획득하는 데에는 어려움이 있는 것으로 확인되었다.

④ 자체감사활동 안에서 관리 및 의사소통은 어느 정도 원활한 것으로 판단된다.

⑤ 그렇지만 자체감사자 대표와 수 명의 관리자 대표들이 자유롭게 만나 자체감사자들이 직면한 크고 작은 어려움을 서로 이야기하고 문제를 해결하는 문화는 잘 형성되어 있지 않는 것으로 판단된다.

⑥ 한편 자체감사자들끼리 서로 존중하고 협력하는 분위기는 어느 정도 존재하는 것으로 보인다.

둘째, 세부역량 중 자체감사기구가 관리자들의 대화에 참여하는 것과 관련한 역량인 6-(2)의 ①~⑧ 역량은 조직의 최고관리자가 조직의 중요한 전략계획, 업무계획, 관리계획과 정보보고서, 재정보고서 등을 자체감사기구의 장과 공유하고 자체감사기구의 장은 여기에서 획득한 정보들 중 필요한 내용을 자체감사자들과 공유해서 자체감사기구가 조직의 목표에 부합된 감사활동을 하는 것과 함께 자체감사기구의 장은 자체감사활동에서 얻은 정보들 중 조직의 지배구조, 위험관리, 내부통제과정에 중대한 영향을 줄 수 있는 정보를 적기 또는 주기적으로 최고관리자에게 보고하여 조직운영의 효율성을 높이고 조직의 목표를 달성하게 하는 내용의 역량으로서 설문결과 역량수준은 3.05(51.3%)~3.45(61.3%)이고 이들의 기하평균값은 3.24(56%)로 확인되었다.

셋째, 세부역량 중 보증, 자문을 하는 다른 그룹들과 정보교환 및 활동조정을 하는 것과 관련한 역량인 6-(3)의 ①~④ 역량은 조직의 내부 또는 외부에서 보증 및 자문서비스를 하는 주체들 중 서로의 업무계획, 정보, 활동결과를 교환하는 것이 이득인 그룹들을 찾아내고 이들과 정보교환을 하는 것과 더불어 서로의 업무범위나 활동내용이 중복되지 않게 조정하는 내용의 역량으로서 설문결과 역량수준은 2.95(48.8%)~3.3(57.5%)이고 이들의 기하평균값은 3.11(52.8%)로 확인되었다. A기관 내 자체감사기구를 제외하고 다른 보증 및 자문서비스 부서를 꼽자면 평가담당과가 있는데 자체감사기구는 자체감사활동과 관련하여 이들과 적극적으로 대화하거나 자료를 공유하지는 않는 것으로 확인되었다.

넷째, 세부역량 중 자체감사기구의 장이 최고관리자에게 권고하고 영향력을 행사하는 것과 관련한 역량인 6-(4)의 ①~⑥ 역량수준은 2.55(38.8%)~3.5(62.5%)로 범위의 진폭이 크고 이들의 기하평균값은 3.09(52.3%)로 확인되었다.

이를 자세히 설명하면 ① 자체감사기구의 장은 최고관리자와 수시로 자주 만나 관심사에 대해 논의할 수 있었고, 감찰위원회에도 1년에 4번 정기적으로 참석하여 현안사항에 대해 보고를 하고 감찰위원들의 의견을 들을 수 있는 상황이었다.

② 그리고 자체감사기구의 장은 관리팀의 일원으로서 갑자기 발생하는 업무와 전략이슈에 대해 관여하여 최고관리자에게 권고하기도 한다.

③ 그러나 조직의 내부통제방안을 만들 때마다 자체감사기구가 참여했는지도 알기 어려웠다.

④ 한편, A기관 자체감사기구의 장은 20여 년 이상의 감사업무 경력을 살려 조직 내외의 모범사례 업무절차를 찾아내고 조직의 운영관리자들과 공유하도록 조치하고 있었다.

⑤ 감사원과의 협력관계에 노력하여 종국적으로는 최고관리자를 지원하고 있었다.

⑥ 자체감사기구의 장은 2011년 1월에 자체감사자 19명을 대상으로 '변화와 역량강화를 위한 감사관 워크숍'을 개최하였다. 그렇지만 자체감사기구가 조직의 고위관리자를 상대로 한 리더십 프로그램을 개발하고 정기적으로 실행하는 모범사례는 찾을 수 없었다.

다섯째, 세부역량 중 자체감사기구의 장이 최고관리자, 외부감사자, 전문기구 등과 효과적이고 상시적으로 관계를 맺고 이를 관리하는 역량인 6-(5)의 ①~⑥ 역량은 설문결과 역량수준이 2.85(46.3%)~3.2(55%)이고 이들의 기하평균값은 3.07(51.8%)로 확인되었다.

사. 감사중복문제 해소와 관련한 역량수준 측정

감사중복문제 해소와 관련한 역량수준 측정을 위한 설문지는 A기관의 역량수준을 자체감사자들이 스스로 확인하도록 하기 위한 목적과 더불어 기존의 선행연구에서 제시된 대안과 선진 외국의 감사기구 등에서 확인한 모범사례에 대해 자체감사자들이 얼마나 효과적이라고 생각하는지를 묻는 내용으로 구성하였다. (표4-8)은 A기관 자체감사기구의 감사중복문제 해소노력과 관련한 세부역량 수준에 대해 설문을 하고 그 결과를 통계 처리하여 평균, 변량(분산), 범위, 왜도, 첨도를 정리한 것이며 (그림4-8)은 A기관의 감사중복문제 해소노력 관련 역량수준을 막대그래프 또는 수치로 표현한 것이다. 분석결과, A기관 자체감사기구의 주요역량분야 중 감사중복문제 해소노력과 관련한 역량은 세부역량별로 2.97(49.3%)~3.24(56%)의 역량수준을 보였다. 세부역량 중 7-(1) 자체감사계획 및 실행과정에서 감사중복 최소화를 위한 노력 및 7-(2) 감사기구 간 지원과 협력시스템의 정착을 통한 감사사각, 감사중복 최소화와 관련한 역량은 각각 56%, 52.3% 수준으로서 1/2 이상의 역량수준을 나타낸 반면, 7-(3) 공공감사체계 재정비로 감사중복을 최소화하는 노력은 49.3% 수준으로서 1/2 이하의 낮은 역량수준인 것으로 확인되었다.

심층면담 결과를 반영하여 A기관 자체감사기구의 감사중복문제 해소노력과 관련된 역량에 대해 자세히 설명하면 다음과 같다. 첫째, 세부역량 중 7-(1) 자체감사계획 및 실행과정에서 감사중복 최소화를 추구하는 역량은 감사를 시행할 때 정책, 사업 전반에 대해 감사범위를 정하는 일을 지양하고 감사의 중점을 분명히 한 후 감사범위를 정하는 것, 3~5년 단위 장기감사계획을 수립하면서 감사대상기관의 회사운영계획, 위험관리 준거틀, 국회와 의회 등 다른 이해관계자들이 제공한 중요문서를 검토하는 한편 기존의 자체감사결과보고서, 프로그램 평가보고서 등을 검토하여 감사중복을 피하는 일, 감사를 실시한 감사대상기관, 대상 업무, 감사기간, 감사초점 등을 전자적으로 기록 및 다시 검색하는 시스템을 구축하고 새로운 감사계획 수립 시 기왕에 감사한 사항을 감사범위에서 제외시키도록 하는 일, 그리고 자체감사기구의 장은 감사중복 및 감사사각 현상이 발생하고 있는지를 주기적으로 검토하고 평가하여 감사활동의 효율성을 높이는 행동들과 관계된 역량으로서 역량수준은 3.15(53.8%)~3.45(61.3%)이고 이들의 기하평균값은 3.24(56%)이었다.

| 표 4-8 | 감사중복문제 해소와 관련한 세부역량수준 측정치 빈도분석 결과 | | | | | |

| 자체감사
세부역량
(key phrase) | 자체감사 세부역량
(competencies identified) 진술문 | 빈도분석 결과 | | | | |
		평균	변량 (분산)	범위	왜도	첨도
(1) 자체감사계획 및 실행과정에서 감사중복 최소화를 위한 노력	① 정책, 사업 전반에 대한 감사를 지양하는 한편 초점을 분명히 하고 판단기준을 정해 업무범위를 정하고 성과감사, 자문서비스 등을 실시	3.20	0.38	2	-0.12	-0.21
	② 3년~5년 단위 장기감사계획을 수립하면서 중요한 기관의 회사운영계획, 통합위험관리 준거틀, 조직이 의회 및 다른 곳에 제공한 보고서 등 중요문서를 검토하고 자체감사보고서, 프로그램 평가보고서 등을 검토하여 감사중복 피하기	3.45	1.42	4	-0.39	-0.75
	③ 감사를 한 대상기관, 대상업무, 감사기간, 감사초점 등을 전자적으로 기록 및 다시 검색하는 시스템을 구축하고 다음 감사계획수립 시 기왕에 감사한 사항을 감사범위에서 제외시키는 과정을 반드시 거치도록 절차 마련	3.15	0.66	3	-0.95	1.18
	④ 자체감사기구의 장은 감사중복과 감사사각 현상이 발생하고 있는지 정기적으로 점검 및 평가하고 그 결과를 자체감사자들이 알 수 있도록 회람시키며 자체감사자들이 감사중복 최소화를 위해 노력하도록 감독	3.15	0.45	2	-0.18	-0.55
(2) 감사기구간 지원과 협력 시스템의 정착을 통한 감사사각, 감사중복 최소화	① 감사원 등 외부감사자와 자체감사 관련 지침 및 가이드라인을 공유하고 감사업무를 위임하거나 조정	3.40	0.46	3	0.40	0.36
	② 감사원, 중앙정부, 지방정부, 기타 공공기관의 자체감사기구 모두가 참여하는 감사포럼을 구성하고 수시로 만나 업무를 조정하며, 감사계획, 감사결과보고서 및 감사사항에 대한 정보를 공유하는 관리시스템을 만들어 운영하고 서로가 관련 정보에 항상 접근 가능	2.90	0.62	3	-0.53	0.49
	③ 공통 관심사에 대해 주기적으로 만나 논의하고 대행감사, 위탁감사, 합동감사, 교차감사를 실시하며, 감사기법과 감사방법을 서로 알려주고 이를 위해 교육 및 직원교류 실시	3.00	0.74	3	-0.56	-0.08
(3) 공공감사체계 재정비로 감사중복 최소화	① 중앙행정기관, 지방자치단체, 기타 공공기관에 대한 감사는 자체감사기구의 역량을 배양시켜 자체감사기구로 하여금 수행케 하는 것을 원칙으로 하고, 중앙행정기관과 지방자치단체가 보조금을 준 사업에 대해서는 감사원이 독립적으로 감사하며 중앙행정기관이 지방자치단체를 감사하는 관행은 일본의 「지방분권일괄법」의 사례에서와 같이 과감히 축소	2.65	0.98	3	-0.28	-0.77

(3) 공공감사체계 재정비로 감사중복 최소화					
② 미국의 「단일감사법」의 사례에서와 같이 중앙행정기관이 지방자치단체에 보조금을 주었어도 일정금액 이하에 대해서는 감사를 면제하는 제도 도입	2.85	1.29	3	-0.63	-0.94
③ 국회는 연례적인 국정감사제도를 폐지하고 감사원, 중앙행정부처, 시·도의 감사결과보고서를 매년 2회 보고 받아 국정 운영상태를 분석하고 감사결과보고서에 대해 의문이 있는 사항이나 중대한 사항에 대해서만 국정조사 실시	2.70	0.75	3	-0.97	0.52
④ 지방의회는 일본의 경우와 같이 지방자치단체를 바로 감사할 수 없도록 법률에 규정하며 행정사무감사를 폐지하고 대신 시·도의 자체감사결과보고서를 보고 받아 시·도정 운영상태를 분석하고 감사결과보고서에 대해 의문이 있는 사항이나 중대한 사항에 대해서만 행정사무조사 실시	3.05	1.21	4	-0.37	-0.55
⑤ 감사원은 중앙행정기관, 지방자치단체, 기타 공공기관이 시행한 자체감사의 성과를 평가한 후 위험에 근거하여 추가 감사여부를 결정. 이때 국회, 중앙행정기관 지방자치단체, 지방의회 등이 제기한 문제점과 위험정도를 고려하여 감사를 실시	3.15	0.77	3	-0.84	0.25
⑥ 감사원 또는 자체감사기구 감독기관은 자체감사기구에 감사관련 지침 및 가이드라인을 제공하고 감사업무를 조정하며 협의기구 설치·운영	2.85	0.77	3	-0.21	-0.63
⑦ 감사원 또는 자체감사기구 감독기관은 「공공감사에 관한 법률」, 「지방자치단체에 대한 행정감사규정」, 「공공감사기준」 등에서 규정한 감사의 정의, 감사의 종류, 기타 감사관련 내용들이 국제적으로 통용되는 기준에 부합하는지 1년에 1번 이상 검토하고 관련 법률 개정	3.40	0.57	3	-0.03	-0.07
⑧ 감사원 또는 자체감사기구 감독기관은 자체감사 관련 법률, 규정, 기준, 지침 등의 위계를 정의하고 1년에 1번 이상 규정 간 통일성, 현실적용가능성 등을 검토하여 필요 시 이를 개정	3.30	0.43	2	-0.40	-0.55
⑨ 자체감사기구들이 감사관련 국제기준과 국내 법률, 규정, 기준, 지침들을 준수하고 이에 순응하도록 설계된 품질보증 개선프로그램을 마련해 운영한다면 감사원 등 외부감사기구는 자체감사결과에 상당히 많이 의지할 수 있음	3.05	0.89	4	-0.11	0.19
⑩ 장기적으로는 현행 집행기관에 소속된 자체감사기구는 폐지하고 집행기관과 의회로부터 독립되어 자체감사만을 담당할 지방감사원 등 설립	2.75	1.36	4	-0.13	-0.63

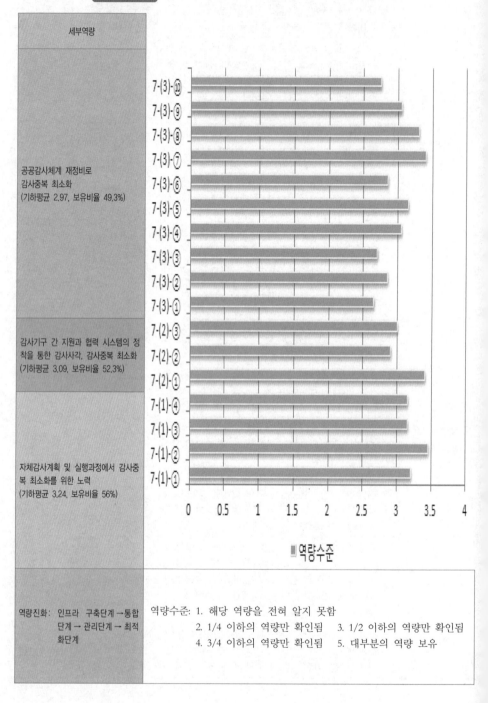

그림 4-8 A기관 자체감사기구 감사중복문제 해소 역량수준

세부역량	
공공감사체계 재정비로 감사중복 최소화 (기하평균 2.97, 보유비율 49.3%)	
감사기구 간 지원과 협력 시스템의 정착을 통한 감사사각, 감사중복 최소화 (기하평균 3.09, 보유비율 52.3%)	
자체감사계획 및 실행과정에서 감사중복 최소화를 위한 노력 (기하평균 3.24, 보유비율 56%)	

■역량수준

역량진화: 인프라 구축단계 → 통합단계 → 관리단계 → 최적화단계	역량수준: 1. 해당 역량을 전혀 알지 못함 2. 1/4 이하의 역량만 확인됨 3. 1/2 이하의 역량만 확인됨 4. 3/4 이하의 역량만 확인됨 5. 대부분의 역량 보유

둘째, 세부역량 7-(2) 감사기구 간 지원과 협력시스템 정착을 통한 감사사각, 감사중복 최소화와 관련한 역량 중 ①은 감사원이 각 기관의 자체감사기구가 공통으로 쓸 수 있는「자체감사 통합매뉴얼」을 만들어 배포함으로써 자체감사활동의 효율성을 높이는 것과 관련이 많아 3.4(60%)의 역량수준을 나타냈다.

② 감사원과 중앙행정기관, 지방행정기관, 공공기관 등의 자체감사기구가 감사와 관련된 관심사항을 논의하기 위해「공공감사에 관한 법률」제31조의 규정에 따라 감사활동조정협의회가 운영되고 있다. 위 협의회에서는 자체감사기구 간의 협조, 감사활동개선 종합대책, 중복감사 금지 및 감사계획 협의, 감사기준 등에 관한 사항을 논의할 수 있다. 그러나 A기관 자체감사자들은 현실적으로 감사기구의 장들이 위 협의회에서 수시로 만나 현안 사항을 논의할 수 없고 각자의 감사계획서, 감사결과보고서, 감사사항에 대한 정보를 서로 공유하는 데에도 어려움이 많다고 느끼고 있었다.

③ 감사기구 간 대행감사, 위탁감사, 합동감사, 교차감사 등도 활성화 되지 않았으며 이를 위한 직원교류 및 상호 교차 교육도 잘 이루어지지 않고 있었다.

셋째, 세부역량 7-(3)은 공공감사체계 재정비를 통해 감사중복문제를 해소시키려는 대안들로서 기존의 선행연구를 고찰한 결과, 선진 외국 감사기구의 모범사례, 그리고 국제적으로 통용되는 감사관련 기구에서 제시한 내용들에서 선정하였다.

A기관 자체감사자들은 ① 중앙행정기관, 지방자치단체, 기타 공공기관에 대한 감사는 자체감사기구의 역량을 배양시켜 자체감사기구로 하여금 수행케 해야 하는데 현실은 자체감사기구의 역량수준이 낮아 이를 수행할 수 없다고 답하였다. 또한 중앙행정기관, 지방자치단체 등이 보조금을 준 사업은 감사원이 전담하여 감사를 함으로써 감사중복을 줄일 수 있는데 이러한 체계가 제도적으로 뒷받침 되지 않아 중앙행정기관들이 지방자치단체를 감사하는 관행 때문에 지방자치단체의 감사부담이 줄지 않고 있다고 답하였다.

② 중앙행정기관이 지방자치단체에 준 보조금에 대해 감사를 하더라도 일정금액 이하에 대해서는 감사를 면제하는 방법이 바람직한데 이 또한 제도적으로 뒷받침 되지 않거나 정부차원에서 행정관행을 개혁하고 있지 않아 감사중복의 폐단이 많다고 의견을 냈다.

③ 국회는 감사원, 중앙행정부처, 시·도의 감사결과보고서를 정기적으로 보고 받아 국정운영 상태를 분석하고 감사결과보고서에 의문이 있는 사항이나 중대한

사항에 대해서만 국정조사를 실시하는 것도 행정기관과 공공기관의 감사부담을 줄일 수 있는 좋은 대안으로 인식하고 있었으나 이러한 대안도 국회차원에서 정치적 개혁조치를 취하지 않는 한 실현되기 어려운 것이라고 응답하였다.

이외에도 ④ 지방의회가 지방자치단체에 대해 연례적으로 시행하는 행정사무감사를 폐지하는 방안, ⑤ 감사원이 각 기관에 대해 감사를 실시하는 관행을 버리고 각 기관이 시행한 자체감사의 성과를 평가한 후 위험도에 근거하여 추가 감사여부를 결정하는 방안, ⑥~⑧ 감사원과 각 기관의 자체감사 감독기관(감사위원회 등)이 서로 협력하고 감사업무를 조정함으로써 감사중복을 줄이는 방안들, ⑨ 자체감사기구가 감사관련 국제기준, 국내법률, 규정, 기준, 지침들을 준수하고 품질개선에 힘써 감사원 등 외부감사기구가 자체감사결과에 상당히 의지하는 방안, ⑩ 장기적으로는 현행 집행기관에 소속된 자체감사기구는 폐지하고 독립적인 지방감사원 등을 설립하는 방안들 대부분이 자체감사기구의 역량증진이 선행되고 정부나 국회차원에서 행정적, 정치적 개혁을 선행하지 않으면 달성하기 어려운 역량이라고 답하였다.

Ⅲ. AHP기법에 의한 자체감사기구 역량중요도 측정

1. AHP기법 개요

본 연구의 목적은 자체감사기구 역량들을 찾아내는 것이지만 역량요소들이란 그 속성(attributes)이 객관적으로 제시되거나 정량적으로 계량화되기 어렵기 때문에 연구자는 이러한 위험을 극복하면서 역량들을 계량화할 수 있는 방법을 찾아야 한다. 특히 문제인 것은 역량들을 그룹화 하는 과정에서 확인된 7개 주요역량분야, 44개 세부역량요소들을 대상으로 주요역량분야별 상대중요도와 세부역량 요소들 간 상대중요도를 정하려 하는데 각 주요역량분야, 세부역량요소마다 서로 속성이 달라 하나의 기준만으로 상대중요도를 평가하는 것은 이론적으로 적절하지 않다는 점이다.

따라서 본 연구에서는 이러한 문제들을 극복하기 위해 다기준 의사결정(Multiple Criteria Decision Making) 기법[13])을 검토하였다. 다기준 의사결정기법은 평가요소들이

---

13) Steuer, Ralph E., *Multiple Criteria Optimization: Theory, Computation, and Application*, John Wiley, New York, 1986.

많을 경우 이들 간에 선호도 또는 상대중요도를 정할 수 있는 장점이 있기 때문이다. 다기준 의사결정기법은 다요소 의사결정분석(Multi-Attribute Decision Analysis)과 다목적계획법(Multiple Objective Programming)으로 구분되는데 본 연구에서는 다요소 의사결정분석 중 평가자의 주관적 의견을 정량화 할 수 있는 분석적 계층화 AHP(Analytic Hierarchy Process) 기법을 적용하기로 하였다.

AHP기법은 의사결정의 목표 또는 평가요소가 다수이고 개별 평가요소들에 대한 평가자들의 선호도가 다를 수밖에 없을 경우 이들의 선호들을 체계적으로 평가할 수 있게 지원하는 의사결정방법 중 하나로서 Thomas L. Saaty(1980)가 The Analytic Hierarchy Process라는 책[14]을 발간하면서 소개되었다.

AHP기법은 의사결정 시 문제를 구성하는 여러 평가요소들을 동질적인 집합으로 군집화한 후 주요요소와 세부요소 등 몇 개의 수준들(levels)로 계층화하고 높은 수준부터 낮은 수준까지 순차적으로 같은 수준 속에 포함된 서로 다른 평가요소들의 상대중요도 또는 상대선호도를 쌍대비교(pairwise comparison)를 하여 결정함으로써 평가요소들 간 상대적 우선순위를 정하는 방법이다. 이 기법은 결정하고자 하는 문제를 잘 알고 있는 관계자들이 그들의 경험과 전문성에 근거하여 평가요소들의 상대선호도를 주관적으로 정한다는 점에서 인간의 사고방법을 그대로 채택한 문제해결방식이라고 할 수 있다.

여러 연구들을 통해 AHP기법은 ① 객관적 요소뿐만 아니라 주관적 요소, 그리고 정량적 요소뿐만 아니라 정성적 요소들도 모두 융합하여 평가할 수 있다는 점, ② 관련 당사자의 집단적 의사결정이 필요한 경우 어느 특정인의 결정에 좌우되는 의사결정의 지배, 왜곡현상을 피하고 근거가 명쾌한 합리적인 의사결정을 할 수 있도록 설계되었다는 점, ③ 복잡한 의사결정의 경우조차도 이 기법을 활용하면 소요시간을 줄일 수 있고 의사결정참여자 대부분의 의견을 수용한 선호도 우위의 의사결정을 할 수 있어 의사결정참여자들의 만족도를 높일 수 있다는 점, ④ 미래상황이 변화하게 되면 의사결정의 결과가 어떤 영향을 미칠 것인지에 대해 알 수 있게 민감도분석도 할 수 있다는 점, ⑤ Linear Program, Optimization Application 같은 다른 의사결정방법들을 수용하여 함께 사용할 수 있다는 점 등 많은 장점들이 있다.[15]

---

14) Saaty, Thomas L., *The Analytic Hierarchy Process*, McGraw-Hill Inc., New York, 1980.

15) Decision Science, AHP(Analytic Hierarchy Process), http://www.expertchoice.co.kr/methodology.html, 2012. 6. 16. 검색.

그 결과 외국 국가기관과 외국기업에서는 이미 오래전부터 정책결정, 예산 및 자원의 배분, 전략계획의 수립, 법령의 제·개정 및 폐기, 군사작전계획의 수립, 신상품개발 및 디자인개발 등을 할 때 이 기법을 활용하였으며 우리나라 정책분석가 및 연구자들도 2000년 이후 이 기법을 많이 활용하고 있다.16)

일반적으로 AHP기법은 다음과 같은 7개 절차를 거쳐 수행된다고 한다. 즉 ① 평가의 개념화(conceptualizing), ② 평가기준 확정 및 계층구조설정(structuring), ③ 평가기준 가중치측정(weighting), ④ 대안 간 선호도측정(scoring), ⑤ 종합점수 산정(synthesizing), ⑥ 환류과정(feedback), ⑦ 종합판단 및 정책제언도출(concluding) 등의 절차를 거친다.17)

2. 평가자 선정 및 전문가 표본의 구성

자체감사기구의 역량 결정요인들의 상대적 중요도를 평가하는 평가자를 선정할 때는 최소한 다음 3가지 조건을 만족해야 한다.

첫째, 본 연구에서 제시된 자체감사기구의 역량의 내용과 속성을 충분히 이해하고 있는 해당분야 전문가로서 각 역량요소들이 효과적인 자체감사활동에 어떤 영향을 줄 것인지 예측할 수 있어야 한다.

둘째, 자체감사 전문가라 하더라도 평가요소들을 객관적으로 평가할 수 있어야 한다. 다시 말하면 평가결과와 이익충돌이 되지 않는 독립적인 위치에 있는 사람이 평가를 하여야 한다는 것이다.

셋째, 너무 적은 수의 평가자를 선정할 경우 특정 평가자의 평가결과가 전체 평가결과를 지배하거나 평가결과를 왜곡시키는 현상이 있을 수 있기 때문에 이를 피하기 위해 평가자의 수를 일정규모 이상으로 늘리는 것이 합리적이다.

---

16) 교육과학기술부 출연기관 한국교육학술정보원이 제공하는 학술연구정보서비스 사이트(http:// www.riss.kr/index.do)에서 'AHP'를 키워드(key word)로 입력하여 검색한 결과, 2012. 6. 16일 현재 총 6,360건의 연구자료가 검색되었고 이를 상세히 분류하면 학위논문 1,862건, 국내외 학술지논문 3,727건, 단행본 439건, 기타 332건 이었음. 구글사이트(http://www.google.co.kr/)에서 'Analytic Hierarchy Process'를 키워드로 입력하여 검색하면 760만 건의 자료가 검색됨. 이외에도 http://updates.expertchoice.com/markets/ahp_a.html에서 AHP기법의 활용처를 확인할 수 있음.

17) 한국개발연구원, 「예비타당성조사 수행을 위한 일반지침 수정·보완 연구(제5판)」, 2008년도 예비타당성조사 연구보고서, 2008. 12., 156면.

따라서 본 연구에서는 위 3가지 조건을 고려하여 자체감사의 역량요소들에 대한 상대적 중요도를 평가할 전문가를 감사실무에서 5년 이상 활동하고 있으면서 조직의 지배구조, 위험관리, 내부통제를 충분히 이해하고 있는 자와 최근 5년 내 자체감사기구와 관련한 이론을 연구하고 조직론에 정통한 자 등 20명으로 선정하였으며 평가의 객관성 유지를 위해 Case Study 대상인 A기관의 자체감사기구 전문가를 평가자 선정에서 제외하였다.

평가자로 선정된 전문가들의 인구통계학적 특성을 요약하면 (표4-9) '자체감사기구 역량의 상대중요도를 평가할 전문가 표본의 구성'과 같다.

첫째, 응답자 총 20명의 성별분포를 살펴보면 남성 19명(95%), 여성 1명(5%)으로서 남성이 대부분을 차지한다.

둘째, 나이별 분포를 살펴보면 40대가 10명(50%)으로 제일 많고 30대가 9명(45%), 50대가 1명(5%)이다. AHP 쌍대비교 설문에 참여한 감사전문가들이 대부분 30대 이상인 것은 설문에 응답한 사람들이 해당분야에서 최소 5년 이상 경력을 가진 사람들이기 때문에 나타난 자연적인 결과이며 응답자들 중 50대 이상이 적었던 것은 설

표 4-9 　자체감사기구 역량의 상대중요도를 평가할 전문가 표본의 구성

구분	내용	표본	
		빈도(명)	비율(%)
성별	남성	19	95
	여성	1	5
나이	30대	9	45
	40대	10	50
	50대	1	5
학력	대학교 졸	16	80
	대학원 이상	4	20
감사, 조사, 평가업무에 종사한 기간	5년 이상~10년 미만	10	50
	10년 이상~20년 미만	9	45
	20년 이상	1	5
직급	6급	2	10
	5급	12	60
	4급	5	25
	고위공무원	1	5

문지 내용이 복잡하고 평가할 항목이 많았기 때문에 나이가 많은 응답자의 경우 평가 시 집중도가 떨어질 것을 우려한 본 연구자가 설문에 참여할 전문가를 물색할 때 주로 경력은 충분하면서도 나이가 적은 사람들 위주로 선정하였기 때문이다.

셋째, 학력수준은 대학교 졸업이 16명(80%)이고, 대학원 졸업은 4명(20%)이다. 5년 이상 경력을 보유한 감사전문가의 경우 다른 직종에 비해 학력수준이 높았는데 그 이유를 응답자들을 상대로 심층면접 방법으로 확인하였더니 감사분야가 특히 전문성이 강조되는 직업군인데다 응답자들이 자기개발을 위해 남달리 노력하고 있기 때문인 것으로 밝혀졌다.

넷째, 응답자가 감사, 조사, 평가업무에 종사한 기간을 살펴보면 5년 이상~10년 미만이 10명(50%), 10년 이상~20년 미만이 9명(5%), 20년 이상이 1명(5%)이었다. 응답자 20명이 감사업무 등에 종사한 기간의 평균을 산출하면 9.86년이었다.

다섯째, 자체감사자의 직급은 6급이 2명(10%), 5급 이상이 18명(90%)으로서 AHP 설문응답자의 대부분이 고위직이었다.

3. AHP 분석과정

가. 평가의 개념화(conceptualizing)

평가의 개념화란 다루려고 하는 문제의 핵심을 최대한 정확하게 알아내기 위해 평가의 목표, 평가요소, 평가자, 이해관계자, 고려할 요소 등 평가에 대한 개념적 틀을 만드는 것을 의미한다. 일반적으로는 평가대상 사업과 관련한 사람들이 모여 평가목표, 평가요소, 의사결정대안 뿐만 아니라 평가와 관련한 제약조건들까지 모든 문제요소들을 가능한 많이 제안하고 열거한 후 그 결과들을 정리하는 과정을 거친다. 이러한 과정을 거치면서 평가자들은 직면한 문제의 핵심을 더욱 잘 이해하게 되고 문제를 해결하는데 기여하는 평가요소들을 알게 된다. 본 연구자는 기존의 경험적 연구물에서 찾은 자체감사 역량, 주요 선진국 감사기구의 실무사례에서 찾은 자체감사 역량, 그리고 국제적인 감사관련 기관이 만든 감사기준과 역량모형을 탐색적으로 연구하고 평가자들이 역량요소들을 최대한 쉽게 이해할 수 있도록 문구 및 진술문 형식으로 개념화 한 역량지도를 만들어 평가자들에게 제공함으로써 의미 있는 평가결과를 산출할 수 있도록 노력하였다.

나. 평가기준 확정 및 계층구조설정(structuring)

AHP 분석과정의 두 번째 단계는 개념화 과정에서 알게 된 평가요소들을 동질적인 것끼리 군집화하고 적절한 수준으로 계층화하는 단계이다. 개념화 과정에서 확인한 평가요소들은 사소한 것부터 중요한 것까지, 개념이 세부적인 것부터 포괄적인 것까지 다양하게 존재하는데 이를 중요도와 개념의 규모에 따라 서로 다른 수준들(levels)로 구분하여 계층화하고 각 수준들 아래서 적절하게 군집화 함으로써 다루려는 문제를 과학적으로 구조화하는 것이다. 연구자들이 평가요소를 구조화하는 과정에서 자주 사용하는 방법으로는 경계분석(boundary analysis), 분류분석(classificational analysis), 계층분석(hierarchy analysis), 브레인스토밍(brainstorming) 등이 있는데[18] 본 연구에서는 이러한 방법 대신 다기준 의사결정기법 중 AHP기법을 활용한다.

그런데 평가요소를 계층구조적으로 설계한 AHP 구조도가 이론적으로 또는 실제이용의 측면에서 타당성을 가지려면 동질성(homogeneity), 독립성(dependency), 역 비교성(reciprocal comparison), 기대성(expectation) 등 4가지의 공리(axioms)를 만족해야 한다고 한다.[19]

첫째, 동질성의 공리란 AHP 구조도의 평가요소들을 서로 쌍대비교할 수 있을 만큼 비교가능한 일정한 범위를 갖는 기준(bounded scale)이 존재해야 한다는 것이다. 예를 들면, 우리는 일반적으로 별과 바위를 무게라는 척도에 따라 비교하려고 하지는 않는다. 왜냐하면 아직까지 인간의 지식범위 내에서는 바위나 별의 무게에 대해서는 규모의 상한을 알 수 없기 때문이다. 그러므로 바위와 별을 비교할 척도를 찾을 수 없다면 서로 쌍대비교도 할 수 없고 따라서 동질성의 공리를 위배하게 된다.

둘째, 독립성의 공리란 상대적인 중요도의 평가대상인 같은 수준 내에 있는 평가요소들은 그 특성이나 내용에 있어 서로 관련이 없이 독립적이어야 한다는 것이다. 그렇지 않으면 특정한 평가요소에 선호도나 중요도가 집중되는 현상이 발생될 수 있기 때문이다. 이러한 독립성 공리 위배문제가 예상될 경우에는 AHP기법 대신 평가요소 간 상관관계가 존재할 경우에도 적용할 수 있는 네트워크 의사결정방법인 ANP(Analytic Network Process) 기법을 활용할 수 있다.[20]

---

18) Dunn, William N., *Public Policy Analysis: An Introduction*, 4th edition, 2008., pp.95~115.

19) 한국개발연구원, 「예비타당성조사 수행을 위한 일반지침 수정·보완 연구(제5판)」, 2008년도 예비타당성조사 연구보고서, 2008. 12., 161면.

20) 김재희(2011)는 원양어업의 감축 우선순위 결정과정을 다룬 그의 논문에서 AHP기법의 독립성 공리 위배문제를 피하기 위해 ANP기법을 사용. 김재희, "네트워크 의사결정기법을 활용한 감척 의사결정 평가요소의 가중치 산정," 『정책분석평가학회보』 제21권 제2호, 2011., 199~218면.

1계층(주요 역량분야)	2계층(세부역량분야)

그림 4-9　　자체감사기구 역량요소 평가를 위한 AHP 구조도

	1계층(주요 역량분야)	2계층(세부역량분야)
자체 감사 기구의 역량	1. 지배구조	(1) 자체감사기구 보고라인 확립
		(2) 조직의 정보, 자산, 사람에 항상 접근가능
		(3) 자체감사활동을 위한 독립적인 예산확보
		(4) 자체감사를 감독, 권고할 수 있는 메커니즘과 절차 만들기
		(5) 감사기구의 장이 최고관리자에게 보고
		(6) 자체감사활동을 독립적으로 감독
		(7) 자체감사기구의 독립성, 권한, 권위
	2. 자체감사서비스와 역할	(1) 순응감사
		(2) 성과감사 또는 value-for-money audit
		(3) 자문서비스
		(4) 지배구조, 위험관리, 통제에 대한 전반적인 보증
		(5) 변화의 주체로 인정된 자체감사
	3. 전문성(사람관리)	(1) 기량 있는 사람확인 및 채용
		(2) 개인전문성 개발
		(3) 인력사정에 맞게 감사계획 조정
		(4) 전문자격 소유자, 최소역량 보유자로 직원구성
		(5) 팀 환경에서 능력개발
		(6) 감사수행을 위한 인력계획
		(7) 감사자의 전문기구 참여지원으로 리더십 및 직업개발기회 제공
		(8) 관리자들 개발에 기여
		(9) 장래 감사수요에 맞게 인력계획 수립
		⑩ 감사기구의 장이 리더가 되도록 촉진·지원
	4. 전문적 감사활동	(1) 전문적인 감사업무 및 과정들에 관한 준거틀
		(2) 우선순위를 적용한 감사계획
		(3) 위험을 고려한 감사계획
		(4) 품질관리 준거틀
		(5) 감사전략과 조직의 위험관리를 연계
		(6) 현재와 미래요구에 부응하는 전략적 감사계획
		(7) 전문적인 감사활동의 지속적인 개선
	5. 성과관리와 책무성	(1) 감사업무 계획수립
		(2) 감사운영예산
		(3) 자체감사관리보고서
		(4) 자체감사활동과 관련한 비용정보
		(5) 감사성과 측정
		(6) 질적, 양적 성과측정치 통합
		(7) 자체감사효과성에 대한 공개보고
	6. 조직간 관계 및 조직문화	(1) 자체감사활동 안에서의 관리
		(2) 자체감사기구가 관리자 대화에 참여
		(3) 보증, 자문을 하는 다른 그룹들과 정보교환 및 활동조정
		(4) 감사기구의 장이 최고관리자에게 권고하고 영향력 행사
		(5) 감사기구의 장이 효과적, 상시적인 관계관리
	7. 감사중복문제 해소	(1) 자체감사계획 및 실행과정에서 감사중복최소화를 위한 노력
		(2) 감사기구 간 지원과 협력시스템 정착으로 감사사각, 감사 중복 최소화
		(3) 공공감사체계 재정비로 감사중복 최소화

셋째, 역 비교성의 공리란 평가자가 동일한 계층 내에 있는 2개의 평가요소를 쌍대비교할 수 있어야 하고 2개 평가요소에 대한 상대중요도는 반드시 역조건도 성립시켜야 한다는 것이다. 즉 A가 B보다 X배 중요하다면 B는 A보다 1/X배 중요하다는 역조건도 성립한다는 의미이다.

넷째, 기대성의 공리란 AHP 계층구조가 의사결정에 필요한 모든 사항들을 완전하게 포함해야 한다는 것이다. 즉 의사결정자의 합리적 기대에 부합하는 완전한 계층구조를 가져야 한다. 다만 수준(levels)의 수가 너무 많으면 계산이 복잡해질 수 있으므로 일반적으로 3~7수준으로 계층을 형성한다.

위와 같은 4가지 공리를 고려하여 설계한 자체감사기구 역량 결정요인 평가를 위한 AHP 구조도는 (그림4-9)에서 자세히 살펴 볼 수 있다. 역량 결정요인 평가의 목표는 '자체감사기구의 역량'으로 정했으며 이에 기여할 평가요소로는 제3장 Ⅳ. 에서 설명한 자체감사 역량지도의 구조에 따라 1계층은 지배구조, 자체감사서비스와 역할, 전문성(사람관리), 전문적 감사활동, 성과관리와 책무성, 조직간 관계 및 조직문화, 감사중복문제 해소 등 7개 주요역량분야로, 2계층은 각 주요역량분야별로 3개~10개씩의 세부역량으로 군집화하여 총 44개의 세부역량요소로 설계하였다.

다. 평가기준 가중치측정(weighting)

여기서는 동일 수준, 동일 군집에 속한 n개의 평가요소들을 2개씩 짝(pair)을 지어 상대중요도를 평가하는 쌍대비교를 하는데 쌍대비교 회수는 $_nC_2$번이 된다. 쌍대비교 시 평가척도는 Saaty(1980)가 인지심리학분야의 연구결과를 근거로 개발한 9점 척도를 사용하였고 (표4-10) 'AHP기법에서 사용하는 쌍대비교의 기본척도'에서 살펴 볼 수 있다. 또한 본 연구에서 사용한 설문방식은 (표4-11)과 같다.

표 4-10 AHP기법에서 사용하는 쌍대비교의 기본척도

중요도	정의	설명
1	비슷(equal importance)	평가요소 i가 평가요소 j와 중요도 비슷
3	약간중요(moderate importance)	평가요소 i가 j에 비해 약간 더 중요, 더 선호됨
5	중요(strong importance)	평가요소 i가 j에 비해 확실히 중요, 확실히 선호됨
7	매우중요(very strong importance)	평가요소 i가 j에 비해 매우 중요, 강하게 선호됨
9	극히중요(extreme importance)	평가요소 i가 j에 비해 극히 중요, 극히 선호됨
2, 4, 6, 8	위 값들의 중간값	경험과 판단에 의한 비교값이 위 값들의 중간

※ 출처: Saaty, Thomas L., Luis G. Vargas, *Models, Methods, Concepts & Applications of the Analytic Hierarchy Process*, 2012., p.6 Table 1-1 재구성.

표 4-11 AHP 쌍대비교 설문방식의 예

구분	설문내용																	
AHP (비율척도)	질문1. 자체감사기구 주요역량요소 중 '지배구조'와 '자체감사서비스 및 역할' 간의 상대적 중요도를 묻는 질문입니다.																	
	주요 역량1	극히 중요	매우 중요		중요		약간 중요		비슷		약간 중요		중요		매우 중요		극히 중요	주요 역량 2
	지배 구조	⑨	⑧	⑦	⑥	⑤	④	③	②	①	②	③	④	⑤	⑥	⑦	⑧ ⑨	자체감사 서비스와 역할
	질문2. 자체감사기구 주요역량 중 '지배구조'와 '전문성(사람관리)' 간의 상대적 중요도를 묻는 질문입니다.																	
	주요 역량1	극히 중요	매우 중요		중요		약간 중요		비슷		약간 중요		중요		매우 중요		극히 중요	주요 역량 3
	지배 구조	⑨	⑧	⑦	⑥	⑤	④	③	②	①	②	③	④	⑤	⑥	⑦	⑧	⑨	전문성 (사람관리)

Saaty(1980)는 위 9점 척도로 구한 쌍대비교 값들을 쌍대비교행렬(comparison matrix)로 구성하여 평가요소 간 상대중요도 또는 상대선호도를 얻어낼 수 있을 뿐 아니라 쌍대비교 값들의 일관성도 검토할 수 있는 주고유벡터(dominant eigen vector)를 개발하였다. 쌍대비교행렬을 A라고 하면,

$$A = [a_{ij}] = \begin{pmatrix} w_1/w_1 & w_1/w_2 & \cdots & w_1/w_n \\ w_2/w_1 & w_2/w_2 & \cdots & w_2/w_n \\ \cdots & & & \\ w_n/w_1 & w_n/w_2 & \cdots & w_n/w_n \end{pmatrix} \quad \cdots\cdots\cdots\cdots\cdots\cdots\cdots\cdots\cdots\cdots \text{(식 1)}$$

이때 행렬 A를 구성하는 a_{ij}는 AHP 쌍대비교 설문에서 평가자들로부터 얻은 평가요소 j에 대한 평가요소 i의 상대중요도 w_i/w_j를 나타내며 행렬 A를 실제로 구할 때는 각 열의 평가요소의 중요도를 1로 두고 행렬 A에 표시한 대각선을 기준으로 대각선 위에 있는 평가요소들의 상대중요도를 결정하는 것이다. 예를 들어, w_1/w_2=1로 기준했을 때 w_1/w_2=5이면 w_1은 w_2에 비해 확실히 중요하다고 평가한 것이 된다. 또한 위 대각선을 기준으로 대각선에 수직으로 마주보는 역수(reciprocal) a_{ij}와 $a_{ji}(=1/a_{ij})$를 곱하면 1이 되므로 AHP를 적용할 때 만족해야 할 4개의 공리조건 중 역 비교성(reciprocal comparison)의 공리를 설명할 수 있다. 그리고 n×n행렬 A가 있을 때 A·w=λ·w를 만족시키는 w와 λ 를 각각 고유벡터(eigen vector), 고유치(eigen value)라고 하는데 Saaty는 다음과 같이 방정식을 풀어 A의 최대고유치 λ_{mx}를 구하였다.

$A \cdot w = \lambda \cdot w$ ·· (식 2)

이때 w는 역량요소 간 상대적인 중요도를 나타내는 가중치 벡터(w_1, w_2, ···, w_n)

(식 2)로부터 $A \cdot w - \lambda I \cdot w = (A - \lambda I) \cdot w$, 이때 I는 n×n 단위행렬[21] ·············· (식 3)

그런데 w≠0 이므로 $|A - \lambda I| = 0$ ······································ (식 4)

결국, n×n행렬 A의 고유치 λ 는 (식 4)를 만족하는 고유방정식의 해가 된다.

그리고 실제 우리가 얻고자 하는 가중치 벡터는 $A \cdot w = \lambda_{max} \cdot w$ ··················· (식 5)
로 얻게 되며 λ_{max}는 행렬 A의 최대고유치를 나타낸다. Saaty(1980)는 양의 역수행
렬(positive and reciprocal matrix)에서는 λ_{max}가 n과 같거나 n보다 큰 값을 갖게 되며
$\lambda_{max} - n$값을 통해 평가의 불일치성을 측정할 수 있다고 한다. 만일 평가자가 평
가요소들을 쌍대비교를 할 때 완전한 일관성을 유지한다고 가정하면 $a_{ij} \times a_{jk} = a_{ik}$
를 만족해야 한다. 즉, i를 j보다 X배 중요하다고 생각하고 j를 k보다 Y배 중요하
다고 생각했을 때 i를 k보다 X·Y배 중요하게 평가해야 하는 것이다. 그는 이처럼
행렬이 기수적으로 정확히 일치하는 일관성행렬(consistent matrix)의 경우 $\lambda_{max} = n$이
되지만 실제 평가에서는 평가자가 이러한 일관성을 완전하게 유지하기란 기
대할 수 없다고 한다. 그래서 그는 평가자의 비일관성 정도를 나타내는 일관성지
수 CI(Consistency Index)를 제안하였다.

일관성지수 CI(Consistency Index)$= (\lambda_{max} - n) \div (n - 1)$ ····································· (식 6)

일관성검정(consistency test)은 (식 6)의 일관성지수를 평균무작위지수 RI(Random
Index)로 나눈 일관성비율 CR(Consistency Ratio)을 구하는 것으로 실시한다.

일관성비율 $CR = CI \div RI$ ·· (식 7)

이때 평균무작위지수 RI는 1에서 10까지의 정수를 무작위로 추출하여 역수행렬
을 작성한 후 이로부터 구한 CI들의 평균값이며 (표4-12)에서와 같다. 일반적으로
일관성비율 CR값이 0이면 결국 CI가 0이 되는 상황이라 평가자가 완전한 일관성
을 유지한 것이고, CR값이 0.1 미만이면 합리적인 정도의 일관성을 갖는 것이며,
0.1 이상 0.2 미만이면 용납할 수 있는 수준의 비일관성을 보인다고 한다. 본 연구

---

21) 행렬의 주대각선(왼쪽 위에서 오른쪽 아래로 가는 대각선)에 있는 원소는 전부 1이고 나머
지 원소들은 0의 값을 갖는 n×n 정사각형 행렬로서 A·I=A이고 B·I=B가 되는 성질이 있음.

표 4-12		AHP기법 활용 시 평균무작위지수								
n	1	2	3	4	5	6	7	8	9	10
RI	0	0	0.52	0.89	1.11	1.25	1.35	1.40	1.45	1.49

※ 출처: Saaty, Thomas L., Luis G. Vargas, *Models, Methods, Concepts & Applications of the Analytic Hierarchy Process*, 2012., p.9 Table 1-2 재구성.

에서는 일관성비율이 0.15를 초과하는 평가자에 대해서는 자체감사기구 역량요소의 개념정립, AHP 구조도의 설계과정, 평가자가 처음 평가한 내용의 논리적 모순성에 대해 설명한 후 평가자로 하여금 다시 평가를 하게 하는 환류(feedback) 과정을 거쳤다.

라. 대안 간 선호도측정(scoring)

이 단계는 각 평가요소와 관련해 대안들의 선호도를 측정하는 단계이다. 그런데 본 연구는 문제해결 대안들을 정해 선호도를 측정할 목적으로 수행하는 것이 아니라 자체감사 주요역량분야 7개와 각 주요역량별로 확인한 3개~10개씩의 세부역량요소에 대해 상대중요도를 측정할 목적으로 수행하는 것이므로 자체감사 주요역량분야 7개를 쌍대비교하는 한편 각 주요역량요소 범위 내에 있는 44개 세부역량요소들에 대해서도 쌍대비교를 하여야 한다.

본 연구자는 쌍대 비교할 항목이 152개로 너무 많아 평가자들이 쌍대비교를 할때 일관성 있는 평가를 하지 못할 수 있다는 점을 고려하여 최대한 일관성 있는 평가를 유도할 수 있게 하기 위해 첫 번째 단계로 평가자들에게 자체감사 역량지도와 AHP 구조도 등에 대해 자세히 설명한 후 제일 먼저 세부역량요소들의 속성을 경험적인 방법으로 설명해 주는 세부역량진술문 각각에 대해 5점 척도로 중요도를 표시하게 하였다. 그리고 역량지도를 살펴보면 하나의 세부역량요소는 2개~20개씩의 세부역량진술문으로 설명되고 있으므로 평가자들로 하여금 각각의 세부역량진술문을 읽고 표시한 중요도 점수를 세부역량요소별로 각각 더한 후 하나의 세부역량요소마다 산술평균하여 소수점 둘째자리 수까지 표현되는 평균값을 구하게 하였다. 예를 들면 평가에 참여한 전문가8은 지배구조 역량분야의 세부역량요소 중 하나인 1-(1) 자체감사기구 보고라인 확립에 대해 6개로 구성된 세부역량진술문 각각에 자신이 느끼고 있는 중요도를 1~5까지 숫자 중 하나로 표시한 후 6개의 진술문에 표시한 중요도 숫자를 더하고 산술평균 해 설문지에 3.33이라고 표시하였다. 평가자들은 44개의 세부역량요소 모두에 대해 위 같은 방법으로 세부역량진술문을 읽고 중요도 점수를 표시하게 된다.

둘째, 평가자들이 산정한 세부역량별 중요도 평가점수들을 평가자들 스스로 대조하면서 세부역량요소들 간 중요도를 쌍대비교 하도록 하였다. 쌍대비교는 주요역량분야별로 각각 3개~10개의 세부역량요소에 대해 실시했다.

셋째, 평가자들로 하여금 주요역량분야별로 3개~10개씩으로 구성된 세부역량요소의 중요도 산술평균값을 더한 후 다시 산술평균하는 방법으로 평균값을 구하게 하고 주요역량분야별로 설문지에 표시하게 하였다. 그리고 설문지에 표시한 주요역량분야별 중요도 평가점수를 대조하면서 주요역량분야 간 중요도를 쌍대비교 하도록 하였다. 이러한 조치는 평가자들 스스로 세부역량진술문을 읽으면서 역량의 내용을 숙지하게 되는 교육적 효과를 가져 왔으며, 자신이 평가한 점수를 근거로 쌍대비교를 함으로써 비교항목이 많았음에도 불구하고 일관성 높은 쌍대비교를 할 수 있게 한 효과도 있었다.

넷째, 평가자들이 쌍대비교 한 설문자료를 근거로 앞의 '다. 평가기준 가중치측정(weighting)'에서와 같은 방법으로 상대중요도를 계산하였다.

마. 종합점수 산정(synthesizing)

이 단계는 평가기준별 상대중요도와 각 기준에 대한 대안들의 선호도를 곱해서 각 대안별 종합점수(weighted sum)를 계산하는 과정이다. 특별한 사유가 없다면 비교대안들 중 가장 점수가 높은 대안이 AHP 모형에 의한 선택대안이 된다. 그런데 본 연구에서는 연구목적이 다르므로 주요역량분야들에 대한 상대중요도와 각 주요역량분야 범위 내에 속해 있는 세부역량요소들에 대한 상대중요도를 곱하여 종합점수를 산정하였다. 다만 평가자가 1명이 아닌 다수이므로 전체 평가자의 종합점수를 산정할 때 개별평가자의 종합점수를 어떻게 합리적으로 처리해야 하는지가 문제가 된다.

개별평가자의 점수를 종합하는 방법에는 2가지가 있는데 첫째, 개인평가자들의 설문으로부터 전체 평가자 수만큼 쌍대비교행렬이 구해지면 행렬의 각 원소들을 먼저 기하평균(geometric mean)하여 평가자 전체를 대표하는 쌍대비교행렬로 만든 후 주요역량분야와 세부역량요소의 상대중요도를 계산하고 이를 곱하여 종합점수를 산정하는 방법과 둘째, 개인별 쌍대비교행렬로부터 주요역량분야와 세부역량요소의 개인별 상대중요도를 계산해 낸 후 전체 평가자의 수만큼의 개인별 상대중요도 값을 기하평균하고 서로 곱하여 종합점수를 산정하는 방법이 그것이다. 그런데 두 번째 방법이 전문가집단에 의한 종합적 판단을 반영하는데 더 적합하다는 주장이 있어[22] 본 연구에서도 두 번째 방법을 적용하였다.

바. 환류과정(feedback)

환류과정이란 연구자가 평가자의 평가내용을 분석한 후 일관성이 낮은 평가자에게 논리적이지 못한 평가내용을 구체적으로 알려 주고 평가자로 하여금 평가를 다시 하도록 함으로써 의사결정의 비일관성을 줄이려는 과정이며 AHP기법이 갖는 또 하나의 장점이다.

일반적으로 AHP기법을 활용한 의사결정결과가 일관성이 있도록 하려면 ① 연구와 관련된 해당분야 전문가를 평가자로 선정하고, ② 설문을 하기 전에 평가자에게 AHP기법, 평가기준에 대한 정의, 연구물의 사용목적 등을 자세히 설명하여야 하며, ③ 평가결과에 심각한 비일관성이 있다고 판단되면 연구자는 전체 평가자들을 한 장소에 모아 각자 자신의 평가근거를 설명하게 하고 평가근거의 적절성에 대해 서로 토론하고 논쟁하게 한 후 다시 설문에 응하도록 조치하며, ④ 충분한 조치를 취했음에도 불구하고 평가결과의 비일관성이 개선되지 않으면 AHP 계층구조의 적절성, 심지어 AHP기법 적용이 적절한 것이었는지에 대해 심각하게 고민해야 한다.

그런데 연구자가 평가자에게 비일관성의 내용을 설명하는 과정에서 평가자는 연구자의 의도를 추측하게 되고 다시 설문에 응할 때 연구자의 의도에 맞추어주려는 경향을 보여 평가결과의 타당성을 해칠 수 있으니 주의해야 한다. 많은 연구자들은 이러한 연구결과의 타당성 위협문제를 피해가기 위해 비일관성이 높은 평가결과를 아예 제외시키기도 한다.

평가자의 평가 비일관성은 앞의 '다. 평가기준 가중치측정(weighting)'에서 서술한 일관성지수 CI 및 일관성비율 CR을 계산함으로써 검정할 수 있는데 본 연구에서는 일관성비율 CR이 0.15 이하일 경우에만 평가에 일관성이 있다고 보고 평가결과

---

22) 한국개발연구원, 「예비타당성조사 수행을 위한 일반지침 수정·보완 연구(제5판)」, 2008년도 예비타당성조사 연구보고서, 2008. 12., 167면.

를 연구에 채택하였다.

특히 이번 연구에서는 평가항목이 다수이어서 평가의 일관성이 떨어질 우려가 많았으므로 평가의 일관성을 제고하기 위해 평가자가 각 세부역량요소들의 속성을 자세히 파악할 수 있도록 세부역량요소마다 다수의 역량진술문으로 설명을 덧붙였으며 평가자는 각각의 역량진술문을 읽고 본인이 전문가로서 느끼는 중요함의 정도를 5점 리커트 척도로 설계된 설문지에 기록하는 방법을 사용했다. 평가자는 역량진술문을 읽고 체크한 중요도 점수들을 각 세부역량요소별로 모두 모아 합산한 후 산술평균하게 되는데 이 과정에서 평가자는 스스로 각 세부역량요소의 중요도를 수치로 계량화하게 된다. 평가자는 수치로 표현된 각 세부역량요소의 중요도를 근거로 쌍대비교 설문에 응답하게 되는데 이렇게 하면 평가의 일관성이 많이 높아진다.

만일 이러한 조치에도 불구하고 일관성비율이 0.15를 초과하면 본 연구자는 해당 평가자를 다시 방문하여 AHP 기법, 주요역량분야와 세부역량요소의 정의 및 확인과정, 연구목적물의 활용 등에 대해 자세히 설명하였으며 연구결과의 타당성 저해를 최소화하기 위해 1차례에 한해 다시 설문에 응답하도록 하였다.

주요역량분야에 대한 쌍대비교는 각 주요역량분야에 속한 3개~10개 세부역량요소의 중요도 산술평균수치를 모두 모아 더한 후 다시 산술평균하는 방법으로 주요역량분야의 중요도를 수치로 계량화한 후 이들 수치를 근거로 주요역량분야 간 중요도를 비교하게 된다.

사. 종합판단 및 정책제언

AHP기법의 마지막 단계는 종합점수를 근거로 최종 결정을 내리고 정책담당자에게 정책제안을 하는 단계이다.

4. 자체감사기구 역량중요도 결과분석

가. 주요역량분야(1차수준) 분석결과

자체감사기구의 7개 주요역량분야별 중요도 분석결과는 (표4-13)과 같다. 주요역량분야별 중요도의 합은 1(100%)이며 우선순위는 중요도의 상대적 크기에 따라 1~7로 정했다. 일관성비율(CR)은 AHP 쌍대비교 설문에 참여한 전문가의 평가 값에 대해

| 표 4-13 | 자체감사기구 주요역량분야(1차수준)별 중요도 | | | | | | |

구분	1. 지배 구조	2. 자체감사 서비스와 역할	3. 전문성 (사람관리)	4. 전문적 감사활동	5. 성과관리와 책무성	6. 조직간 관계 및 조직문화	7. 감사중복문 제 해소	일관성 비율 (CR)
중요도	0.179	0.104	0.133	0.182	0.126	0.118	0.158	0.038
우선순위	2	7	4	1	5	6	3	

일관성검증을 하여 일관성비율이 0.15 이하로 계산된 경우만을 대상으로 각 평가자의 일관성비율을 산술평균[23]한 값이다.

감사전문가들의 평가내용을 분석한 결과, 몇 가지 사실을 확인할 수 있었다. 첫째, 본 연구에서 자체감사기구의 7개 주요역량분야로 선정하였던 지배구조, 자체감사서비스와 역할, 전문성(사람관리), 전문적 감사활동, 성과관리와 책무성, 조직간 관계 및 조직문화, 감사중복문제 해소 등의 중요도가 0.104(10.4%)~0.182(18.2%)로 대체적으로 고르게 나타나 위 7개 주요역량분야 모두가 자체감사활동의 효율성 제고를 위해 필요한 역량분야임이 확인되었다. 이러한 결과는 이번 연구에서 주요역량분야를 정할 때 기존의 경험적 연구에서 증명되고 이론화된 역량분야, 주요 선진국가의 자체감사기구가 보유하고 있고 실무에서 확인되는 역량분야, 세계적으로 통용되는 국제적인 감사관련 기구인 자체감사자협회 IIA, 세계최고감사기구협회 INTOSAI 등이 만든 감사기준, 감사역량모형 등에 표현된 역량분야를 대상으로 선정하였기 때문이며 연구의 출처를 다양화하여 연구의 타당도를 높이려는 연구자의 의도와 합치된다.

둘째, 감사전문가들은 자체감사기구가 보유해야 할 주요역량분야들 중 감사자원(감사인원, 감사기간, 감사자의 전문성 등)의 한계를 극복하기 위해 위험요소가 많고 적음에 근거하여 우선순위를 정해 감사계획을 수립하고, 전문적인 감사업무과정 및 절차들에 따라 감사를 실시하며, 품질관리 준거틀에 따라 감사결과를 정리하는 등의 내용을 담고 있는 전문적 감사활동 역량분야를 0.182(18.2%)의 중요도를 가진다고 인식하고 있는 등 가장 중요한 역량으로 꼽았다. 이와 함께 자체감사기구의 독

---

23) 감사전문가들 n명이 평가한 주요역량분야별 중요도, 세부역량요소별 중요도는 조근태·조용곤·강현수(2003)에 근거하여 산술평균($a_1 \cdot a_2 \cdots a_n \div n$) 대신 기하평균($\sqrt[n]{a_1 \cdot a_2 \cdots a_n}$)을 사용하여 계산하였으나 일관성비율(CR)의 경우 0인 경우가 몇 개 있어 기하평균을 사용할 수 없어 산술평균값으로 대신했음.

립성, 권한, 권위 등의 내용을 설명하고 있는 자체감사기구의 지배구조 역량분야가 다음으로 중요하며 0.179(17.9%)의 중요도를 가진다고 인식하고 있었다. 그런데 이러한 분석결과는 그동안 자체감사를 연구해 온 학자들이 줄곧 자체감사기구의 중요한 역량으로 주장해 왔던 독립성 및 전문성에 대해 새로운 몇 가지 해석을 가능케 한다. 즉, 이번 연구에서는 자체감사기구의 독립성이 중요한 역량이라는 기존의 연구결과를 다시 한 번 확인할 수 있었으나 전문성 역량에 대해서는 전문성(사람관리) 역량분야와 전문적 감사활동 역량분야로 개념을 더 명확히 구분하여 조사하였더니 전문적 감사활동 역량분야는 중요도가 0.182(18.2%)로 중요도 우선순위가 1위로 나타난 반면, 기량 있는 사람을 채용하거나 감사자의 전문성 개발을 주된 내용으로 하는 전문성(사람관리) 역량분야는 중요도가 0.133(13.3%)로 중요도 우선순위가 상대적으로 낮은 4위로 확인되었다. 이는 전통적으로 자체감사기구의 중요한 역량분야로 주장되어 온 전문성(사람관리) 보다는 전문적 감사활동이 더 중요한 역량분야라는 의미로 해석된다. 또 다른 측면에서는 전문성 역량을 전문성(사람관리) 역량분야와 전문적 감사활동 역량분야를 모두 포괄하는 합산개념으로 본다면 전문성 역량분야의 중요도는 0.315(31.5%)로서 중요도 우선순위 2위를 나타낸 지배구조 역량분야의 중요도 0.179(17.9%) 보다도 1.8배 더 중요한 역량분야이며 7개의 주요역량분야 중 가장 중요한 역량분야라는 해석도 가능해진다.

셋째, 감사전문가들은 7개의 주요역량분야 중 각각 중요도 1위, 2위로 평가된 전문적 감사활동 역량분야와 지배구조 역량분야를 빼고는 감사중복문제 해소와 관련한 역량분야를 상대적으로 중요한 역량분야로 인식하고 있었다. 감사중복문제 해소와 관련한 역량분야의 중요도는 0.158(15.8%)로서 자체감사활동의 계획, 감사활동관리, 감사운영예산 수립, 자체감사활동과 관련한 비용정보관리, 감사성과측정, 자체감사효과성에 대한 공개 등을 내용으로 하는 성과관리와 책무성 역량분야의 중요도 0.126(12.6%)보다 높았고, 자체감사기구 내부의 소통과 상호존중 문화, 자체감사기구와 조직 내 다른 부서와의 협력, 자체감사기구와 다른 감사기구들과의 협력 및 상호 모범사례 전파 등을 내용으로 하는 조직간 관계 및 조직문화 역량분야의 중요도 0.118(11.8%)보다 높았으며, 자체감사기구의 업무범위를 설명하는 자체감사서비스와 역할 역량분야의 중요도 0.104(10.4%)보다 높았다. 감사전문가들은 차체감사활동의 효율성 제고를 위해 우리나라에서 감사중복의 문제를 반드시 풀어야 할 큰 과제로 인식하고 있음을 알 수 있었다.

표 4-14	자체감사기구 세부역량요소(2차수준)별 중요도			
세부역량요소	주요역량분야 내에서 중요도	우선 순위	일관성비율 (CR)
1-(1) 자체감사기구 보고라인 확립	0.119	5	
1-(2) 조직의 정보, 자산, 사람에 항상 접근가능	0.212	1	
1-(3) 자체감사활동을 위한 독립적인 예산확보	0.152	4	
1-(4) 자체감사를 감독, 권고할 수 있는 메커니즘과 절차 만들기	0.156	3	0.045
1-(5) 감사기구의 장이 최고관리자에게 보고	0.077	7	
1-(6) 자체감사활동을 독립적으로 감독	0.082	6	
1-(7) 자체감사기구의 독립성, 권한, 권위	0.201	2	
2-(1) 순응감사	0.215	2	
2-(2) 성과감사 또는 value-for-money audit	0.186	4	
2-(3) 자문서비스	0.101	5	0.028
2-(4) 지배구조, 위험관리, 통제에 대한 전반적인 보증	0.285	1	
2-(5) 변화의 주체로 인정된 자체감사	0.213	3	
3-(1) 기량 있는 사람확인 및 채용	0.055	10	
3-(2) 개인전문성 개발	0.111	3	
3-(3) 인력사정에 맞게 감사계획 조정	0.139	2	
3-(4) 전문자격 소유자, 최소역량 보유자로 직원구성	0.103	5	
3-(5) 팀 환경에서 능력개발	0.103	4	
3-(6) 감사수행을 위한 인력계획	0.097	7	0.029
3-(7) 감사자의 전문기구 참여지원으로 리더십 및 직업개발기회 제공	0.056	9	
3-(8) 관리자들 개발에 기여	0.066	8	
3-(9) 장래 감사수요에 맞게 인력계획 수립	0.169	1	
3-(10) 감사기구의 장을 리더가 되도록 촉진·지원	0.101	6	
4-(1) 전문적인 감사업무 및 과정들에 관한 준거틀	0.140	4	
4-(2) 우선순위를 적용한 감사계획	0.116	5	
4-(3) 위험을 고려한 감사계획	0.181	2	
4-(4) 품질관리 준거틀	0.155	3	0.022
4-(5) 감사전략과 조직의 위험관리를 연계	0.204	1	
4-(6) 현재와 미래요구에 부응하는 전략적 감사계획	0.111	6	
4-(7) 전문적인 감사활동의 지속적인 개선	0.092	7	
5-(1) 감사업무 계획수립	0.202	1	
5-(2) 감사운영예산	0.178	2	
5-(3) 자체감사관리보고서	0.138	4	
5-(4) 자체감사활동과 관련한 비용정보	0.070	7	0.033
5-(5) 감사성과 측정	0.138	5	
5-(6) 질적, 양적 성과측정치 통합	0.135	6	
5-(7) 자체감사효과성에 대한 공개보고	0.139	3	
6-(1) 자체감사활동 안에서의 관리	0.345	1	
6-(2) 자체감사기구가 관리자 대화에 참여	0.247	2	
6-(3) 보증, 자문을 하는 다른 그룹들과 정보교환 및 활동조정	0.088	5	0.022
6-(4) 감사기구의 장이 최고관리자에게 권고하고 영향력 행사	0.160	4	
6-(5) 감사기구의 장이 효과적, 상시적인 관계관리	0.160	3	
7-(1) 자체감사계획 및 실행과정에서 감사중복최소화를 위한 노력	0.356	2	
7-(2) 감사기구 간 지원과 협력시스템 정착으로 감사사각, 감사 중복 최소화	0.360	1	0.038
7-(3) 공공감사체계 재정비로 감사중복 최소화	0.284	3	

나. 세부역량요소(2차수준) 결과분석

자체감사기구의 44개 세부역량요소별 중요도 분석결과는 (표4-14)와 같다. 44개 세부역량요소는 7개 주요역량분야별로 각각 3개~10개씩의 세부역량요소로 구성된다. 그리고 AHP분석으로 산정한 각 주요역량분야에 속한 세부역량요소들의 중요도가 표시되어 있다. 각 주요역량분야별로 구분 배치된 세부역량요소들의 중요도의 합은 총 7(700%)이고 각 주요역량별로는 각각 1(100%)이다. 일관성비율(CR)은 AHP 쌍대비교 설문에 참여한 각 평가자의 일관성비율을 산술평균하였다.

감사전문가들이 자체감사기구의 세부역량요소에 대해 평가한 내용을 분석해 보면 흥미로운 몇 가지 사실을 발견할 수 있다.

첫째, 44개 세부역량요소의 중요도가 0.055(5.5%)~0.360(36%)의 값을 나타내고 있어 정도의 차이는 있으나 세부역량요소의 선정은 대체적으로 타당한 것으로 판단된다. 이는 44개 세부역량요소가 자체감사활동의 효율성에 모두 기여할 수 있음을 의미한다. 특히 0.1(10%) 이상의 중요도를 나타내고 있는 세부역량요소의 수가 35개로 총 44개 세부역량요소들의 79.5%를 차지하는데다 나머지 9개 세부역량요소들의 경우도 중요도의 값이 0.055(5.5%)~0.097(9.7%)로 이들이 속해 있는 주요역량분야마다 5개~10개의 세부역량요소가 구분 배치되어 합계 1(100%) 범위 내에서 상대적 중요도를 정했다는 점을 고려하면 이들의 중요도 값도 크게 적다고 볼 수 없기 때문이다. 또한 다수의 감사전문가들이 평가한 이 같은 결과는 AHP기법의 일관성비율(CR) 값이 0.022~0.045 범위에서 일관성 있게 얻어진 것이므로 평가의 타당성이 확보된 것으로 볼 수 있다.

둘째, 감사전문가들은 자체감사기구의 지배구조와 관련된 세부역량요소들 중에서 1-(2) 조직의 정보, 자산, 사람에 항상 접근가능, 1-(7) 자체감사기구의 독립성, 권한, 권위, 1-(4) 자체감사를 감독, 권고할 수 있는 메커니즘과 절차 만들기, 1-(3) 자체감사활동을 위한 독립적인 예산확보 순으로 중요하다고 평가하고 있다. 자체감사활동의 효율성을 높이기 위해서는 자체감사기구의 자료접근성 제고, 자체감사기구의 독립적 지위와 권한 강화, 자체감사활동을 위해 자원을 충분히 확보할 수 있는 체계 구축 등으로 설명되는 독립성을 강화시켜야 한다는 의미이다. 더구나 감사전문가들은 이러한 독립성의 강화를 위해 외부인사(재무전문가 1명 포함)가 주축이 되는 독립적인 감사위원회를 설치하여 이들 위원들로 하여금 자체감사기구의 감사계획, 감사활동과 연계된 자원 활용계획 및 예산계획, 자체감사규정 등의 적정성을 검토하여 승인하게 하고 자체감사기구를 대신해 감사활동예산에 대해 조직의 최고관리자 등과 협상하도록 하는 등 자체감사기구를 감독, 권고할 수 있는 메커니즘(mechanism) 또는 관련 절차를 만들어야 한다는 내용의 세부역량요소를 세 번째로 중요하다고 평가함으로써 자체감사기구의 독립성 강화를 위해 미국, 캐나다, 영국, 호주의 사례와 같이 전향적으로 감사기구 감독체제를 구축할 필요가 있다는 반응을 보였다.

셋째, 감사전문가들은 자체감사기구의 업무범위와 활동방법을 설명하고 있는 자체감사서비스 및 역할과 관련한 세부역량요소들 중 전통적인 합규성, 합법성 감사를 지칭하는 2-(1) 순응감사(compliance audit)와 21세기에 들어와 감사기구들이 시행하고 있는 2-(2) 성과감사(performance audit 또는 value-for-money audit)가 각각 0.215(21.5%)와 0.186(18.6%)씩 중요하다고 평가하면서도 자체감사기구가 감사대상 조직의 지배구조, 위험관리, 내부통제절차 등에 대해 전반적으로 보증할 수 있어야 한다는 내용의 2-(4) 세부역량요소와 자체감사기구가 변화의 주체로서 조직의 목표달성 및 조직의 발전에 적극 기여할 수 있도록 업무범위를 확장시켜 나가야 한다는 내용의 2-(5) 세부역량요소를 각각 0.285(28.5%)와 0.213(21.3%)의 중요도로 높게 평가함으로써 자체감사활동의 효율성 제고를 위해 앞으로 자체감사기구는 업무범위와 활동방법을 다양하게 개발하고 조직발전의 견인자로서 역할을 해야 한다는 의견을 피력하였다. 우리나라 감사전문가들도 선진국가의 자체감사기구들에서 확인되는 자체감사의 진화를 현재 경험하고 있거나 자체감사활동이 더 진화되어야 한다는 욕구를 많이 가지고 있다고 해석할 수 있다. 반면, 자체감사기구가 감사대상기관에게 자문해 주는 기능을 설명하는 2-(3) 세부역량요소에는 0.101(10.1%)의 중요도만 할당하고 우선순위도 제일 낮게 평가함으로써 자체감사기구의 자문기능은 필요는 하지만 상대적으로 제한적인 범위 내에서 실행해야 한다는 의견을 표명했다.

넷째, 감사전문가들은 자체감사기구의 전문성(사람관리) 역량분야에 속한 10개의 세부역량요소들이 대체적으로 고르게 중요하다는 반응을 보였다. 중요도 우선순위가 제일 높았던 3-(9) 장래 감사수요에 맞게 인력계획을 수립해야 한다는 내용의 역량요소는 0.169(16.9%)의 중요도를 차지하였는데 비해 중요도 우선순위가 10위로 제일 낮았던 3-(1) 기량 있는 사람을 확인하고 채용해야 한다는 내용의 세부역량요소도 0.055(5.5%)의 중요도를 차지해서 중요도 합계 1(100%)을 기준으로 할 때 10개의 세부역량요소 각각의 이상적인 중요도 0.1(10%)에서 모두 크게 벗어나지 않는 것에서 이를 유추할 수 있다. 그리고 전문성(사람관리)과 관련하여 특이한 것은 감사전문가들은 기량 있는 사람을 찾아 신규로 직원으로 채용하는 것(중요도 0.055)보다는 이미 채용된 직원들에 대해 개인전문성 개발(중요도 0.111), 팀 환경에서의 능력개발(중요도 0.103)을 시키고 인력사정에 맞게 감사계획을 조정(중요도 0.139)하는 것이 상대적으로 더 중요하다는 입장을 취했다는 점이다. 또한 감사전문가들은 위험에 근거하여 감사를 하여야 할 우선순위를 정하고 필요할 때마다 감사팀에 외부전문가를 영입하여 활용해야 한다는 내용의 3-(6) 역량요소에 0.097(9.7%)의 중요도를 부여한 반면 감사기구가 조직의 장래를 위해 해야 할 서비스와 역할을 확인하는 한편 이를 위해 필요한 기량과 자원을 예측하고 현재 감사기구가 보유하고 있는 기량 및 자원과 비교하여 차이를 메울 장기 전략을 마련하며 감사직렬을 제도화하고 기관 간에 감사자들을 서로 인사교류 할 수 있도록 제도화해야 한다는 내용의 3-(9) 역량요소에 0.169(16.9%)의 중요도를 부여함으로써 자체감사기구가 효율적으로 작동하려면 현재 못지않게 미래에 더 중점을 두고 역량 및 자원 확보를 위해 노력해야 한다는 의견을 표명했다. 이 외에도 자체감사기구가 자체감사기구의 장 또는 감사자들로 하여금 학회나 전문협회 등 전문기구에 참여할 수 있도록 지원하여 리더십, 직업개발기회를 제공해야 하며, 심지어 감사기구와 조직 내부 양쪽에 기여할 수 있는 직원후보를 찾아내 관리자가 되도록 적극적으로 돕는 전략을 구사해야 한다는 3-(7), 3-(8), 3-(10) 역량요소에도 총계 0.223(22.3%)의 중요도를 부여함으로써 자체감사기구의 전문성(사람관리) 역량의 범위를 단순히 신규직원 채용 및 교육훈련, 보유직원에 대한 교육훈련에만 한정하지 않고 조직발전에 기여할 리더를 양성하는 분야까지 확장시켜야 한다는 의견을 나타냈다.

다섯째, 감사전문가들은 자체감사기구의 전문적 감사활동 역량분야에 속한 세부역량요소들을 평가하면서 자체감사기구가 조직의 각 부서에 내재되어 있는 위험들을 상시 모니터하고 감사자원(인력, 전문성, 감사기간 등)의 한계를 고려하여 고위험으로 확인한 분야부터 우선순위를 두어 순차적으로 감사해야 하며, 감사계획을 조직의 전략목표에 맞추어 수립함으로써 자체감사활동의 결과가 조직의 목표달성에 기여할 수 있도록 해야 한다는 의견을 피력하였다. 이와 관련된 역량요소는 4-(2), 4-(3), 4-(5) 세부역량요소에 해당하며 중요도의 총계는 0.501(50.1%)로서 중요도의 대부분을 차지하였다. 이외에도 감사전문가들은 감사업무 및 감사과정들에 관한 전문적인 준거틀, 감사품질보증 및 개선 프로그램을 마련하고 이에 따라 전문적인 감사활동을 해야 한다는 내용의 4-(1), 4-(4) 세부역량요소에 대해서도 총계 0.295(29.5%)의 중요도를 부여하였다.

여섯째, 감사전문가들은 성과관리 및 책무성 역량분야에 속한 세부역량요소를 평가하면서 자체감사기구가 매년 감사계획 및 서비스계획을 수립할 때 감사의 목표와 성취해야 할 결과를 명확히 정하고 자체감사활동에서 성과로 측정할 지표를 개발하며 성과지표별 성과타겟을 정해 주기적으로 평가해야 한다는 의견을 분명히 했다. 이와 관련된 역량요소는 5-(1), 5-(5), 5-(6)으로서 중요도는 총계 0.475(47.5%)에 해당하였다. 한편, 자체감사기구가 자체감사활동을 통해 달성한 조직의 위험경감, 비용절감, 재정보전에 미친 영향 등을 확인하고 이를 더 개선시키기 위한 노력, 자체감사결과보고서 등을 외부 이해관계자 및 국민들에게 적극 공개하는 내용의 5-(7) 자체감사 효과성에 대한 공개보고 관련 역량요소도 0.139(13.9%)의 중요도를 나타내고 우선순위 3위를 차지하는 등 자체감사기구가 해당 역량을 보유해야 할 필요성이 강조되었다.

일곱째, 감사전문가들은 조직간 관계 및 조직문화 역량분야에 속한 세부역량요소들을 평가하면서 자체감사기구 및 자체감사자가 조직 내에 반드시 필요한 존재임이 인식되고 자체감사자들이 상호 존중하고 협력하는 문화가 정착되어야 한다는 내용의 6-(1) 역량요소에 0.345(34.5%)의 중요도를 부여함으로써 조직간 관계 및 조직문화와 관련한 세부역량요소 중 가장 중요한 역량요소로 꼽았다. 또한 6-(2) 자체감사기구가 조직 관리자들의 대화에 참여하는 내용의 역량요소에는 0.247(24.7%), 6-(4) 감사기구의 장이 최고관리자에게 권고하고 영향력을 행사하는 내용의 역량요소와 6-(5) 감사기구의 장이 최고관리자, 감사위원회, 이사회 등과 효과적이고 상시적으로 관계를 유지하는 내용의 역량요소에는 각각 0.16(16%), 6-(3) 자체감사기구가 보증, 자문을 하는 다른 그룹들과 정보교환을 하고 활동영역을 조정하는 내용의 역량요소에는 0.088(8.8%)의 중요도를 부여하였다.

여덟째, 감사전문가들은 감사중복문제 해결 역량분야에 속한 세부역량요소들을 평가하면서 7-(1) 세부역량요소에 0.356(35.6%)의 중요도를 부여함으로써 자체감사기구의 장은 감사중복 및 감사사각 현상이 발생하고 있는지 정기적으로 점검 및 평가하고 그 결과를 자체감사자들이 알 수 있도록 회람시키며 자체감사자들이 자체감사계획을 수립하고 실행하는 과정에서 감사중복을 최소화시킬 수 있게 꾸준히 감독해 나가는 것이 필요하다는 입장을 보였다. 또한 7-(2) 세부역량요소에 0.36(36%)의 중요도를 부여함으로써 감사중복문제 최소화를 위해 미국, 캐나다, 영국, 호주의 사례에서와 같이 감사원, 중앙정부, 지방정부, 기타 공공기관의 자체감사기구 모두가 참여하는 감사포럼을 구성하고 수시로 만나 업무를 조정하며, 감사계획, 감사결과보고서, 감사사항, 감사실무 모범사례 등에 대한 정보를 공유하는 관리시스템을 만들어 운영할 필요가 있다는 의견을 다수 표명했다. 반면, 현재 운영 중인 공공감사체계를 근원적으로 재정비하여 감사중복문제를 해소시켜야 한다는 내용의 7-(3) 세부역량요소에는 0.284(28.4%)의 중요도를 부여함으로써 근원적인 처방책이 필요하다는 의견을 내면서도 7-(1), 7-(2) 같은 현실적인 대안보다는 중요도를 적게 부여하는 현실적인 답변을 하였다.

다. 분석결과의 종합 및 정책적함의

(표4-15)에 주요역량분야(1차수준) 및 세부역량요소(2차수준)의 결과분석을 종합하여 정리하였다.

표 4-15 자체감사기구 역량에 대한 상대적 중요도 분석결과 종합

주요역량분야(1차수준)		세부역량요소(2차수준)	
구분(우선순위)	중요도(A)	구분(우선순위)	중요도(B)
1. 지배구조 (2)	0.179	1-(1) 자체감사기구 보고라인 확립(5)	0.119
		1-(2) 조직의 정보, 자산, 사람에 항상 접근가능(1)	0.212
		1-(3) 자체감사활동을 위한 독립적인 예산확보(4)	0.152
		1-(4) 자체감사를 감독, 권고할 수 있는 메커니즘과 절차 만들기(3)	0.156
		1-(5) 감사기구의 장이 최고관리자에게 보고(7)	0.077
		1-(6) 자체감사활동을 독립적으로 감독(6)	0.082
		1-(7) 자체감사기구의 독립성, 권한, 권위(2)	0.201
2. 자체감사서 비스와 역할 (7)	0.104	2-(1) 순응감사(2)	0.215
		2-(2) 성과감사 또는 value-for-money audit(4)	0.186
		2-(3) 자문서비스(5)	0.101
		2-(4) 지배구조, 위험관리, 통제에 대한 전반적인 보증(1)	0.285
		2-(5) 변화의 주체로 인정된 자체감사(3)	0.213
3. 전문성 (사람관리) (4)	0.133	3-(1) 기량 있는 사람확인 및 채용(10)	0.055
		3-(2) 개인전문성 개발(3)	0.111
		3-(3) 인력사정에 맞게 감사계획 조정(2)	0.139
		3-(4) 전문자격 소유자, 최소역량 보유자로 직원구성(5)	0.103
		3-(5) 팀 환경에서 능력개발(4)	0.103
		3-(6) 감사수행을 위한 인력계획(7)	0.097
		3-(7) 감사자의 전문기구 참여지원으로 리더십 및 직업개발기회 제공(9)	0.056
		3-(8) 관리자들 개발에 기여(8)	0.066

		3-(9) 장래 감사수요에 맞게 인력계획 수립(1)	0.169
		3-(10) 감사기구의 장을 리더가 되도록 촉진·지원(6)	0.101
4. 전문적 감사 활동 (1)	0.182	4-(1) 전문적인 감사업무 및 과정들에 관한 준거틀(4)	0.140
		4-(2) 우선순위를 적용한 감사계획(5)	0.116
		4-(3) 위험을 고려한 감사계획(2)	0.181
		4-(4) 품질관리 준거틀(3)	0.155
		4-(5) 감사전략과 조직의 위험관리를 연계(1)	0.204
		4-(6) 현재와 미래요구에 부응하는 전략적 감사계획(6)	0.111
		4-(7) 전문적인 감사활동의 지속적인 개선(7)	0.092
5. 성과관리와 책무성 (5)	0.126	5-(1) 감사업무 계획수립(1)	0.202
		5-(2) 감사운영예산(2)	0.178
		5-(3) 자체감사관리보고서(4)	0.138
		5-(4) 자체감사활동과 관련한 비용정보(7)	0.070
		5-(5) 감사성과 측정(5)	0.138
		5-(6) 질적, 양적 성과측정치 통합(6)	0.135
		5-(7) 자체감사효과성에 대한 공개보고(3)	0.139
6. 조직간 관계 및 조직문화 (6)	0.118	6-(1) 자체감사활동 안에서의 관리(1)	0.345
		6-(2) 자체감사기구가 관리자 대화에 참여(2)	0.247
		6-(3) 보증, 자문을 하는 그룹들과 정보교환 및 활동조정(5)	0.088
		6-(4) 감사기구의 장이 최고관리자에게 권고하고 영향력 행사(4)	0.160
		6-(5) 감사기구의 장이 효과적, 상시적인 관계관리(3)	0.160
7. 감사중복 문제 해소 (3)	0.158	7-(1) 자체감사계획, 실행과정에서 감사중복최소화 노력(2)	0.356
		7-(2) 감사기구 간 지원과 협력시스템 정착으로 감사사각, 감사 중복 최소화(1)	0.360
		7-(3) 공공감사체계 재정비로 감사중복 최소화(3)	0.284

이상의 분석결과를 종합해보면, 첫째, 주요역량분야에서는 3. 전문성(사람관리)과 4. 전문적 감사활동으로 설명되는 전문성 주요역량분야가 중요도 0.315(31.5%)로서 가장 중요하다는 의견이 많았다. 그리고 전문성 주요역량분야를 세부적으로 들여다 보면 전문적 감사활동과 관련된 역량이 사람관리 역량에 비해 1.36배 정도 더 중요 한 것으로 평가되었다. 한편 전문성 주요역량분야에 속한 세부역량요소들 중에서는 자체감사기구가 조직의 위험을 고려하여 감사계획을 수립하고 감사전략과 조직의 위험관리를 연계시켜야 한다는 내용과 장래 감사수요에 맞게 인력계획을 세우고 인력사정에 맞게 감사계획을 조정해야 한다는 내용이 중요하게 부각되었다.

둘째, 자체감사활동의 독립성, 권한, 권위를 포함하는 지배구조 주요역량분야는 0.179(17.9%)의 중요도를 나타내 7개 주요역량분야 중 2번째로 중요한 것으로 평가

되었다. 그리고 지배구조 주요역량분야에 속해 있는 세부역량요소들 중에는 자체감사기구가 조직의 정보, 자산, 사람에 항상 접근할 수 있어야 하고 자체감사활동에 독립성, 권한, 권위가 보장되어야 한다는 의견들과 함께 자체감사기구에 독립성을 보강해주고 자체감사기구의 활동을 감독 또는 견제할 수 있는 감사위원회 설립 및 운영 등이 필요하다는 의견이 많았다.

셋째, 감사중복문제 해결과 관련한 주요역량분야는 7개 주요역량분야 중 3번째로 중요하였다. 이번 연구에서 본 연구자는 기존 연구물들에 대한 고찰을 통해 자체감사기구가 보유해야 할 역량에 감사중복문제 해결역량을 포함시켰는데 위와 같은 평가결과는 우리나라의 경우 감사중복문제가 심각하므로 자체감사기구가 이를 해결하는 역량을 보유해야 한다는 본 연구자의 가설을 유의미한 이론으로 받아들일 수 있게 하는 충분한 근거가 된다고 할 수 있다. 특히 감사전문가들은 자체감사기구에 감사중복문제 해결을 위한 역량이 필요하다는 중요성을 피력하면서도 그 실행방법론에 대해서는 공공감사체계를 단순화시키는 정치 개혁적 대안보다는 자체감사계획을 수립하고 실지감사를 수행하는 과정에서 감사중복을 피하도록 노력하거나 감사기구 간 지원 및 협력을 강화시켜 그 상호작용 안에서 감사사각과 감사중복 문제를 줄여나가는 현실적이고 실용적인 대안을 더 강조하는 모습을 보였다.

넷째, 감사전문가들은 나머지 주요역량분야들 중 성과관리와 책무성 역량분야에는 0.126(12.6%), 조직간 관계 및 조직문화 역량분야에는 0.118(11.8%)의 중요도를 부여함으로써 이들 역량분야도 우선순위만 다를 뿐 중요하다는 평가를 하였다. 특히 조직간 관계 및 조직문화 주요역량분야에 속한 세부역량요소들 중 자체감사기구 안에서 감사자들이 서로 존중하고 협력하며 권위를 가지고 양방향으로 의사소통하는 내용의 세부역량과 자체감사기구가 조직의 관리자들 대화에 참여하여 조언하고 조직의 위험을 관찰하는 내용의 세부역량이 가장 중요한 것으로 나타났다.

Ⅳ. 역량중요도를 고려한 자체감사기구의 역량수준

1. 역량중요도를 고려한 역량수준 측정의 궁극적 목적

여기에서는 A기관 자체감사기구가 스스로 확인한 역량수준에 대한 분석결과와 20명의 감사전문가들이 자체감사기구의 주요역량분야 및 세부역량요소들에 대해 평가한 상대적 중요도에 대한 분석결과를 조합하여 A기관 자체감사기구의 역량수준을 측정하기로 한다. 본 연구자가 역량중요도를 고려하여 자체감사기구 역량수준을 측정하는 궁극적인 목적은 자체감사기구가 자신들이 보유한 역량의 수준을 주요역량분야별, 세부역량요소별로 스스로 파악하고 자체적으로 부족한 역량을 증진시킬 수 있는 구체적인 대안을 마련하여 시행하도록 하기 위함이며, 자체감사기구의 활동결과를 심사 및 감독하는 기관도 자체감사활동 결과만을 평가하는 수준에서 벗어나 자체감사기구의 역량수준을 구체적으로 확인하고 역량의 제고를 돕는 지원정책을 수립하여 집행하도록 하기 위함이다.

다만 본 연구자가 이렇게 특정한 자체감사기구에 대해 역량수준을 수치로 계량화 하는 것은 해당 분야의 역량수준을 알기 쉽게 표현하고 부족한 역량을 증진시키도록 촉구하기 위한 의도에서 시작한 연구 작업으로서 학문적으로 명확성을 높일 수 있다는 장점이 있어 긍정적이지만 앞으로 이러한 방법을 활용할 다른 어떤 정책개발자들, 정책집행자들은 본 연구자의 당초 의도를 알지 못한 채 여러 자체감사기구의 역량수준을 수치로 계량화하여 순서화하고 그 순서 만에 의미를 두어 규제행정을 하는데 사용하는 잘못을 저지를 수 있다는 점이 염려된다.

2. 역량수준 측정의 구체적 방법

자체감사기구의 역량수준을 측정하기 위해서 A기관 자체감사기구의 세부역량 보유비율을 정리한 (그림4-2)~(그림4-8), 그리고 자체감사기구 역량에 대한 상대적 중요도의 분석결과를 종합하여 정리한 (표4-15)를 일부 수정하여 활용하였다. 첫째, 세부역량요소별 역량보유율은 (그림4-2)~(그림4-8)에 이미 정리해 놓았으므로 이를 인용하면 되고 (표4-16) 'A기관 자체감사기구 역량수준 계량화결과'에 세부역량보유율(A) 항목으로 정리해 두었다. 둘째, (표4-15)에서 볼 수 있는 주요역량분야(1차수준) 중요도에 세부역량요소(2차수준)들의 중요도를 곱해 세부역량요소의 최종중요도를 구하기로 하였다. 그런데 이와 같은 방법으로 산정할 세부역량요소의 최종중요도는 각 주요역량분야에 속한 세부역량요소들의 상대적 중요도만을 나타내기 때문에 어느 특정한 세부역량요소가 총 44개 세부역량요소들 사이에서 갖는 상대적 중요도를 알려면 수정을 가해야 한다.[24] 왜냐하면 3. 전문성(사람관리) 주요역량

---

24) 주요역량분야(1차수준) 중요도×주요역량분야 내에서 세부역량요소(2차수준) 중요도×각 주

분야에 속한 세부역량요소들은 10개인데 반해 7. 감사중복문제해소 주요역량분야에 속한 세부역량요소들은 3개 밖에 되지 않는데 각 주요역량분야에 속한 세부역량요소들의 중요도의 합은 각각 1이므로 결국 세부역량요소들의 수가 상대적으로 적은 7. 감사중복문제해소 주요역량분야에 속한 세부역량요소들의 중요도가 3. 전문성(사람관리) 주요역량분야에 속한 세부역량요소들의 중요도보다 상대적으로 크게 표시될 수밖에 없기 때문이다. 수정된 세부역량요소의 최종중요도(B)를 (표4-16)에 정리해 두었다. 셋째, 자체감사기구 직원들이 스스로 확인한 세부역량보유율(A)에 수정된 세부역량요소의 최종중요도(B)를 곱하고 그 누적치를 구하면 A기관 자체감사기구의 계량화된 역량수준을 확인할 수 있다.

표 4-16 A기관 자체감사기구 역량수준 계량화결과

A기관 세부역량요소별 역량보유율		수정된 세부역량 요소	A기관 자체감사기구 역량보유율	
세부역량요소	세부역량 보유율 (A)	최종중요도 (B)	역량 보유율 (A*B)	누적치
1. 지배 구조	(1) 자체감사기구 보고라인 확립	0.635	0.024	0.015	0.015
	(2) 조직의 정보, 자산, 사람에 항상 접근가능	0.623	0.042	0.026	0.041
	(3) 자체감사활동을 위한 독립적인 예산확보	0.563	0.030	0.017	0.058
	(4) 자체감사를 감독, 권고할 수 있는 메커니즘과 절차 만들기	0.520	0.031	0.016	0.075
	(5) 감사기구의 장이 최고관리자에게 보고	0.488	0.015	0.008	0.082
	(6) 자체감사활동을 독립적으로 감독	0.488	0.016	0.008	0.090
	(7) 자체감사기구의 독립성, 권한, 권위	0.588	0.040	0.024	0.114
2. 자체 감사 서비스, 역할	(1) 순응감사	0.578	0.018	0.010	0.124
	(2) 성과감사 또는 value-for-money audit	0.585	0.015	0.009	0.133
	(3) 자문서비스	0.490	0.008	0.004	0.137
	(4) 지배구조, 위험관리, 통제에 대한 전반적인 보증	0.548	0.024	0.013	0.150
	(5) 변화의 주체로 인정된 자체감사	0.560	0.018	0.010	0.160
3. 전문성 (사람 관리)	(1) 기량 있는 사람확인 및 채용	0.468	0.012	0.005	0.165
	(2) 개인전문성 개발	0.508	0.024	0.012	0.177
	(3) 인력사정에 맞게 감사계획 조정	0.583	0.029	0.017	0.194
	(4) 전문자격 소유자, 최소역량 보유자로 직원구성	0.410	0.022	0.009	0.203

요역량분야에 속한 세부역량요소들 수×(7/44).

	(5) 팀 환경에서 능력개발	0.538	0.022	0.012	0.215
	(6) 감사수행을 위한 인력계획	0.453	0.020	0.009	0.224
	(7) 감사자의 전문기구 참여지원으로 리더십 및 직업 개발기회제공	0.485	0.012	0.006	0.230
	(8) 관리자들 개발에 기여	0.515	0.014	0.007	0.237
	(9) 장래 감사수요에 맞게 인력계획 수립	0.458	0.036	0.016	0.254
	(10) 감사기구의 장을 리더가 되도록 촉진·지원	0.540	0.021	0.012	0.265
4. 전문적 감사활동	(1) 전문적인 감사업무 및 과정들에 관한 준거틀	0.558	0.028	0.016	0.281
	(2) 우선순위를 적용한 감사계획	0.578	0.023	0.014	0.295
	(3) 위험을 고려한 감사계획	0.525	0.037	0.019	0.314
	(4) 품질관리 준거틀	0.473	0.031	0.015	0.329
	(5) 감사전략과 조직의 위험관리를 연계	0.543	0.041	0.022	0.351
	(6) 현재와 미래요구에 부응하는 전략적 감사계획	0.528	0.023	0.012	0.363
	(7) 전문적인 감사활동의 지속적인 개선	0.528	0.019	0.010	0.373
5. 성과관리 및 책무성	(1) 감사업무 계획수립	0.648	0.028	0.018	0.391
	(2) 감사운영예산	0.550	0.025	0.014	0.405
	(3) 자체감사관리보고서	0.645	0.019	0.013	0.418
	(4) 자체감사활동과 관련한 비용정보	0.490	0.010	0.005	0.422
	(5) 감사성과 측정	0.550	0.019	0.011	0.433
	(6) 질적, 양적 성과측정치 통합	0.450	0.019	0.009	0.442
	(7) 자체감사효과성에 대한 공개보고	0.480	0.020	0.009	0.451
6. 조직간 관계와 조직문화	(1) 자체감사활동 안에서의 관리	0.580	0.032	0.019	0.470
	(2) 자체감사기구가 관리자 대화에 참여	0.560	0.023	0.013	0.483
	(3) 보증, 자문을 하는 그룹들과 정보교환 및 활동조정	0.528	0.008	0.004	0.487
	(4) 감사기구의 장이 최고관리자에게 권고하고 영향력 행사	0.523	0.015	0.008	0.495
	(5) 감사기구의 장이 효과적, 상시적인 관계관리	0.518	0.015	0.008	0.503
7. 감사 중복문제 해소	(1) 자체감사계획, 실행과정에서 감사중복최소화 노력	0.560	0.027	0.015	0.518
	(2) 감사기구 간 지원과 협력시스템 정착으로 감사사각, 감사중복 최소화	0.523	0.027	0.014	0.532
	(3) 공공감사체계 재정비로 감사중복 최소화	0.493	0.021	0.011	0.543

3. 역량중요도를 고려한 자체감사기구 역량수준 측정결과 분석

(표4-16)에서와 같이 A기관 자체감사기구의 역량수준은 0.543(54.3%)이다. 전반적으로 자체감사기구가 보유하고 있어야 할 역량의 절반 정도를 보유하고 있다고 할 수 있다. 조금 더 구체적으로 표현하면 1. 지배구조 역량분야의 경우 세부역량요소

표 4-17	A기관 자체감사기구 주요역량분야별 역량수준		
주요역량분야	Σ 주요역량분야별 수정된 세부역량요소 최종중요도 ①	Σ 세부역량보유율* 수정된 세부역량요소 최종중요도 ②	②/① 비율(%)
1. 지배구조	0.198	0.114	57.6
2. 자체감사서비스 및 역할	0.083	0.046	55.4
3. 전문성(사람관리)	0.212	0.105	49.5
4. 전문적 감사활동	0.202	0.108	53.5
5. 성과관리 및 책무성	0.140	0.078	55.7
6. 조직간 관계 및 조직문화	0.093	0.052	55.9
7. 감사중복문제 해소	0.075	0.040	53.3
합계	1	0.543	54.3

의 역량보유치 누적치 0.114는 세부역량요소의 최종중요도의 누적치 0.198의 0.576을 차지하고 있어 57.6%의 역량을 보유한 것으로 해석할 수 있고, 같은 방법으로 2. 자체감사서비스 및 역할의 경우는 55.4%, 3. 전문성(사람관리)은 49.5%, 4. 전문적 감사활동은 53.5%, 5. 성과관리 및 책무성은 55.7%, 6. 조직간 관계 및 조직문화는 55.9%, 7. 감사중복문제 해소는 53.3% 정도의 역량을 보유하고 있는 것으로 해석할 수 있다. (표4-17)에 이를 정리해 놓았다.

위 역량수준분석결과에 다음과 같은 2가지 중요한 의미를 부여할 수 있다. 첫째, 본 연구에서 자체감사기구의 역량수준을 판단할 때 자체감사기구의 자가진단 결과에 주로 의존했다는 사실이다. 이번 연구를 진행하면서 확인한 사실 중 하나는 외부평가기관이 자체감사기구의 활동내용을 해당 구성원들보다 더 자세히 알기 어렵기 때문에 자체감사기구의 활동에 대해 양적 분석 또는 질적 분석을 하는데 한계가 있을 수밖에 없다. 특히 외부평가기관이 자체감사기구를 평가하는 목적이 자체감사기구 역량의 보유정도를 확인하고 이를 증진시켜 자체감사활동의 효과성을 높이는 데 있다면 외부평가에 앞서 자체감사기구 구성원들이 자체적으로 자신들이 보유한 역량을 확인하도록 하는 것이 합리적이고 타당하다는 것이다. 자체감사기구 직원들을 대상으로 한 심층면담에서 그들은 조직마다 맡고 있는 임무가 다르고 조직의 지배구조, 위험관리, 내부통제과정, 예산집행실태 등이 상이한데도 외부평가기관이 똑같은 평가기준을 사용하여 각 조직의 자체감사기구에 대해 비교평가를 하는 것은 시정되어야 하며 대신 외부평가기관은 자체감사기구로 하여금 주기적으로 스스로 보유한 역량을 절대평가 하게 한 후 이를 증진시킬 수 있는 방안을 같이 고민해 주는 역할을 담당해 달라는 의견을 내었다.

둘째, 본 연구에서 도출한 역량분석결과는 단순히 자체감사기구가 스스로 확인해 준 역량보유 수준만을 근거로 하지 않았고 여기에 감사전문가들이 자체감사기구가 보유해야 할 세부역량이라고 평가한 역량요소들의 상대적 중요도를 반영하였다.25) A기관 자체감사기구가 2012년 7월 스스로 확인한 역량보유수준을 기초로 감사전문가 20명이 같은 해 7월~9월 사이에 평가해 준 주요역량분야별 또는 세부역량요소별 중요도를 고려하여 수치로 계량하였기 때문이다.

앞으로 외부평가기관이 자체감사기구의 활동내용을 평가하고자 할 때 자체감사기구 스스로가 확인한 역량보유수준을 기본 자료로 삼는다면 자체감사기구에 어떤 역량이 얼마나 부족한지를 구체적으로 알 수 있고 이를 개선시키기 위해 어떤 조치를 취해야 하는지에 대해서도 해당 자체감사기구와 자연스럽게 논의할 수 있을 것이다. 이와 함께 자체감사기구는 매년 또는 정기적으로 자신들의 역량수준을 다시 측정해서 시간의 흐름에 따라 역량수준이 어떻게 변화하고 있는지 기록해 둘 필요가 있다.

---

25) 역량의 상대적 중요도를 기술하는 방법은 AHP기법 분석결과를 기준으로 하는 방법과 주요역량분야별 세부역량요소의 수(3~10개)의 차이를 고려한 분석결과를 기준으로 하는 방법이 있을 수 있는데 이 연구에서는 더 보편적으로 이론화 된 AHP기법 분석결과를 기준으로 기술하였고, 후자의 방법은 A기관의 역량수준을 산정할 때만 적용하였음.

제 5 장

자체감사를 위한 제언

제5장

자체감사를 위한 제언

Ⅰ. 연구결과 요약 및 정책적 함의

이번 연구의 결과를 요약하면 다음과 같으며 이로부터 정책적 함의를 이끌어 낼 수 있다.

첫째, 자체감사기구에 필요한 7개 주요역량분야, 44개 세부역량요소를 유의미하게 결정할 수 있었다.

① 7개 주요역량요소는 지배구조, 자체감사서비스와 역할, 전문성(사람관리), 전문적 감사활동, 성과관리 및 책무성, 조직간 관계 및 조직문화, 감사중복문제 해소 등이며 AHP기법을 활용한 감사전문가 평가결과 각각의 중요도가 〈표4-15〉에서와 같이 0.104(10.4%)∼0.182(18.2%)로 대체적으로 고르게 나타나 위 7개 주요역량분야 모두가 중요한 역량분야임을 확인할 수 있었다. 또한 7개 주요역량분야 중 전문성 역량분야에는 전문성(사람관리)과 전문적 감사활동이 포함될 수 있으며 따라서 그 중요도는 0.315(31.5%)로서 중요도 우선순위 2위를 나타낸 지배구조 역량분야의 중요도 0.179(17.9%) 보다도 1.8배 더 중요한 역량분야이며 7개의 주요역량분야 중 가장 중요한 역량분야임을 확인하였다. 한편, 감사전문가들은 각각 중요도 1위, 2위로 평가된 전문적 감사활동 역량분야와 지배구조 역량분야를 빼고는 감사중복문제 해소와 관련한 역량분야를 3번째로 중요한 역량분야로 인식하고 있었다. 감사중복문제 해소와 관련한 역량분야의 중요도는 0.158(15.8%)로서 감사전문가들은 차체감사활동의 효과성 제고를 위해 우리나라에서 감사중복의 문제를 반드시 풀어야 할 큰 과제로 인식하고 있었다.

② 44개 세부역량요소의 중요도는 〈표4-15〉에서와 같이 각각 0.055(5.5%)~0.360(36%)의 값을 나타내고 있어 정도의 차이는 있으나 세부역량요소가 자체감사활동의 효과성에 모두 기여할 수 있는 역량들임을 확인할 수 있었다.

(i) 감사전문가들은 자체감사기구의 지배구조와 관련된 세부역량요소들에 대한 평가에서 자료접근성 제고, 자체감사기구의 독립적 지위와 권한 강화, 자체감사활동을 위해 자원을 충분히 확보할 수 있는 체계 구축 등으로 설명되는 독립성을 강화시켜야 한다고 강조하면서도 이러한 독립성의 강화를 위해 미국, 캐나다, 영국, 호주의 경우처럼 외부인사(재무전문가 1명 포함)가 주축이 되는 독립적인 감사위원회를 설치하여 이들 위원들로 하여금 자체감사기구의 감사계획, 감사활동과 연계된 자원 활용계획 및 예산계획, 자체감사규정 등의 적정성을 검토하여 승인하게 하고 자체감사기구를 대신해 감사활동예산에 대해 조직의 최고관리자 등과 협상하도록 하는 등 자체감사기구를 감독, 권고할 수 있는 메커니즘(mechanism) 또는 관련 절차를 만들어야 한다는 내용의 세부역량요소를 3번째로 중요하다고 평가함으로써 감사기구 감독체제를 구축할 필요가 있다는 반응을 보였다.

(ii) 또한 자체감사서비스 및 역할분야 세부역량요소들에 대한 평가에서 감사전문가들은 자체감사기구가 순응감사(compliance audit)와 성과감사(performance audit or value-for-money audit)를 시행하는 한편 감사대상 조직의 지배구조, 위험관리, 내부통제절차 등에 대해 전반적으로 보증하고 변화의 주체로서 조직의 목표달성 및 조직의 발전에 적극 기여할 수 있도록 업무범위를 확장시켜 나가야 한다고 평가함으로써 자체감사활동의 효율성 제고를 위해 앞으로 자체감사기구는 업무범위와 활동방법을 다양하게 개발하고 조직발전의 견인자로서 역할을 해야 한다는 의견을 피력하였다. 반면, 자체감사기구가 감사대상기관에게 자문해 주는 기능에는 0.101(10.1%)의 중요도만 할당하고 우선순위도 제일 낮게 평가함으로써 자체감사기구의 자문기능은 제한적인 범위 내에서 실행해야 한다는 의견을 표명했다.

(iii) 그리고 감사전문가들은 자체감사기구의 전문성(사람관리) 역량분야 10개 세부역량요소들에 대한 평가에서 기량 있는 사람을 찾아 신규로 직원으로 채용하는 것(중요도 0.055)보다는 이미 채용된 직원들에 대해 개인전문성 개발(중요도 0.111), 팀 환경에서의 능력개발(중요도 0.103)을 시키고 인력사정에 맞게 감사계획을 조정(중요도 0.139)하는 것이 상대적으로 더 중요하다는 입장을 취했다. 또한 감사전문가들은 감사기구가 조직의 장래를 위해 해야 할 서비스와 역할을 확인하는 한편 이를 위

해 필요한 기량과 자원을 예측하고 현재 감사기구가 보유하고 있는 기량 및 자원과 비교하여 차이를 메울 장기 전략을 마련하며 감사직렬을 제도화하고 기관 간에 감사자들을 서로 인사교류 할 수 있도록 제도화해야 한다는 내용의 역량요소에 0.169(16.9%)의 중요도를 부여함으로써 자체감사기구가 효율적으로 작동하려면 현재 못지않게 미래에 더 중점을 두고 역량 및 자원 확보를 위해 노력해야 한다는 의견을 표명했다. 이외에도 자체감사기구의 전문성(사람관리) 역량의 범위를 단순히 신규직원 채용 및 교육훈련, 보유직원에 대한 교육훈련에만 한정하지 않고 조직발전에 기여할 리더를 양성하는 분야까지 확장시켜야 한다는 의견을 나타냈다.

(iv) 한편, 감사전문가들은 자체감사기구의 전문적 감사활동 역량분야에 속한 세부역량요소들을 평가하면서 자체감사기구가 조직의 각 부서에 내재되어 있는 위험들을 상시 모니터하고 감사자원(인력, 전문성, 감사기간 등)의 한계를 고려하여 위험이 크다고 확인한 분야부터 우선순위를 두어 순차적으로 감사해야 하며, 감사계획을 조직의 전략목표에 맞추어 수립함으로써 자체감사활동의 결과가 조직의 목표달성에 기여할 수 있도록 해야 한다는 의견을 피력하였다. 이외에도 감사전문가들은 감사업무 및 감사과정들에 관한 전문적인 준거틀, 감사품질보증 및 개선 프로그램을 마련하고 이에 따라 전문적인 감사활동을 해야 한다는 의견을 내었다.

(ⅴ) 또한 감사전문가들은 성과관리 및 책무성 역량분야에 속한 세부역량요소를 평가하면서 자체감사기구가 매년 감사계획 및 서비스계획을 수립할 때 감사의 목표와 성취해야 할 결과를 명확히 정하고 자체감사활동에서 성과로 측정할 지표를 개발하며 성과지표별 성과타겟을 정해 주기적으로 평가해야 한다는 의견을 분명히 했다. 이에 더하여 자체감사기구가 자체감사활동을 통해 달성한 조직의 위험경감, 비용절감, 재정보전에 미친 영향 등을 확인하고 이를 더 개선시키기 위한 노력, 자체감사결과보고서 등을 외부 이해관계자 및 국민들에게 적극 공개할 필요성도 강조되었다.

(ⅵ) 감사전문가들은 조직간 관계 및 조직문화 역량분야에 속한 세부역량요소들을 평가하면서 자체감사기구 및 자체감사자가 조직 내에 반드시 필요한 존재임이 인식되고 자체감사자들이 상호 존중하고 협력하는 문화가 정착되어야 한다고 강조하였다.

(ⅶ) 마지막으로 감사전문가들은 감사중복문제 해결 역량분야에 속한 세부역량요소들을 평가하면서 자체감사기구의 장은 감사중복 및 감사사각 현상이 발생하

고 있는지 정기적으로 점검 및 평가하고 그 결과를 자체감사자들이 알 수 있도록 회람시키며 자체감사자들이 자체감사계획을 수립하고 실행하는 과정에서 감사중복을 최소화시킬 수 있게 꾸준히 감독해 나가는 것이 필요하다는 입장을 보였다. 또한 감사중복문제 최소화를 위해 미국, 캐나다, 영국, 호주의 사례에서와 같이 감사원, 중앙정부, 지방정부, 기타 공공기관의 자체감사기구 모두가 참여하는 감사포럼을 구성하고 수시로 만나 업무를 조정하며, 감사계획, 감사결과보고서, 감사사항, 감사실무 모범사례 등에 대한 정보를 공유하는 관리시스템을 만들어 운영할 필요가 있다는 의견을 다수 표명했다. 이와 함께 현재 운영 중인 공공감사체계를 근원적으로 재정비하여 감사중복문제를 해소시켜야 한다는 내용의 세부역량요소에도 0.284(28.4%)의 중요도를 부여함으로써 근원적인 처방책이 필요하다는 의견을 내었다.

둘째, 본 연구에서 특정한 자체감사기구를 선정한 후 역량중요도를 고려하여 자체감사기구의 역량수준을 측정한 목적은 자체감사기구 스스로 자신들이 보유한 역량의 수준을 주요역량분야별, 세부역량요소별로 수치로 파악하고 자체적으로 부족한 역량을 증진시킬 수 있는 구체적인 대안을 마련하여 시행하도록 하고, 자체감사기구의 활동내용을 심사 및 감독하는 외부평가기관도 자체감사기구의 활동결과만을 평가하는 수준에서 벗어나 자체감사기구의 역량수준을 구체적으로 확인하고 역량의 제고를 돕는 지원정책을 수립하여 집행함으로써 궁극적으로는 자체감사기구의 역량을 높이고 자체감사활동의 효과성을 높여 감사대상기관의 자체감사기구가 해당 조직의 지배구조, 위험관리, 내부통제과정 등에 적절하게 개입하여 지원하게 하기 위함이었다.

연구결과, 본 연구에서 제시한 방법은 유의미하며 앞으로 외부평가기관이 자체감사활동 내용을 심사평가할 때 활용할 수 있는 실행력 있는 것으로 밝혀졌다. 표본으로 선정한 A기관 자체감사기구 직원들은 본 연구자가 제공한 역량지도의 세부역량진술문을 읽고 자신들이 보유한 역량의 정도를 5점 리커트 척도로 표시하였고 본 연구자는 이를 기술통계 처리하여 44개 세부역량요소별로 역량보유율을 계량화하였다. 이와 별도로 본 연구자는 감사전문가 20명을 선정하여 7개 주요역량분야별, 44개 세부역량요소별로 역량의 상대적 중요도를 평가하는 설문을 실시하였고 설문결과를 AHP기법을 활용해 상대적 중요도를 결정하였다. 그리고 위 2종류의 설문을 통해 얻어 낸 결과를 조합하여 A기관 자체감사기구의 역량수준을 수치화 할 수 있었다.

A기관 자체감사기구의 역량수준은 〈표4-17〉에서와 같이 0.543(54.3%)로서 전반적으로 자체감사기구가 보유하고 있어야 할 역량의 절반 정도를 보유하고 있다고 해석할 수 있다. 조금 더 구체적으로 표현하면 주요역량분야별로 0.495(49.5%)~0.576(57.6%) 정도의 역량수준을 나타냈고 지배구조 역량분야 수준이 0.576(57.6%)로 제일 높았으며, 전문성(사람관리) 역량분야 수준이 0.495(49.5%)로 가장 낮았다.

셋째, 기존의 경험적인 연구물들을 고찰하고 비판적 평가를 하면서 다음과 같은 연구결과를 얻었다.

① 자체감사는 인류역사에서 상품, 재화, 용역이 존재하는 곳에서 언제든지 찾아볼 수 있었으며 견제와 통제의 의미를 갖는 전통적인 감사의 개념은 특히 20세기 이후 변화를 거듭하였고 이 연구에서는 감사를 '정해진 규칙, 정책, 합의된 요구조건 등에 부합되도록 일이 행해졌는지 확신하기 위해 산출물, 일의 과정, 그리고 시스템을 점검, 평가하는 일이며, 더 나아가 조직의 목표를 달성할 수 있는 능력의 보유여부를 확인하고 조직 내 변화를 증진시키는 일까지도 포함하는 것'이라고 정의할 수 있게 되었다.

② 내부통제는 '조직이 조직의 목표와 임무를 달성하고 있다는 것을 적절하게 보증하기 위해 조직에서 함께 일하는 사람들이 보이는 행동, 계획, 태도, 정책, 시스템, 자원 및 노력의 통합'이라고 정의되는 반면, 자체감사는 '조직이 관리자의 정책에 순응하며 내부통제가 효과적이라는 것을 보증할 목적으로 기관의 활동을 검토하기 위해 관리자에 의해 만들어진 평가활동'으로 정의[1]된다는 차이를 알게 되었다.

③ 감사역량을 '특별한 감사환경 속에서 감사자와 감사기구가 어떤 상황이나 문제를 해결하는데 필요한 가장 적절하고 효과적인 지식, 기술, 태도, 가치, 행동 등을 선택 활용할 수 있는 능력을 말하며, 이는 감사자와 감사기구가 갖고 있는 내적인 특성, 즉 지식, 기술, 동기, 특질, 태도, 자아개념, 가치기준 등을 토대로 얻어지는 것으로서[2] 업무성과와 관련성이 높고, 조직에서 널리 받아들여지는 성과기준에 대비하여 측정할 수 있으며, 교육훈련과 개발을 통해 개선될 수 있는 것'이라고 정

---

1) State of New York, *Budget Policy & Reporting Manual B-350 Governmental Internal Control and Internal Audit Requirements*, http://www.budget.ny.gov/guide/bprm/b/b350.html, 2011. 11. 20. 검색.

2) Spencer, Lyle M. & Signe M. Spencer, *Competence at Work: Models for Superior Performance*, USA: John Wiley & Sons Inc., 1993.

의할 수 있었으며 감사역량이 감사의 효과성을 높이고 조직의 목표를 달성하는데 크게 기여할 수 있음을 알았다. 또한 감사역량의 개념 속에 업무의 성과를 위해 필요한 독립성, 객관성, 능률성, 전문성 등 속성요소와 완전성, 비밀유지의무 등 윤리요소가 포함될 수 있음을 확인하였다.

④ 우리나라의 경우 자체감사기구의 자체감사규정에 위와 같은 자체감사의 정의를 명시하지 않은 경우가 많고 자체감사의 정의를 명시한「공공감사기준」조차도 자체감사에 대한 정의에 독립성, 정치적 중립성, 전문성 등 자체감사활동에 필수적인 주요 역량을 포함시키지 않았으며, 감사업무가 보증활동 이외에도 조직의 내부통제, 위험관리, 지배구조 과정을 평가하는 등 자문활동 영역까지 확장되어 있음에도 불구하고 자체감사의 정의에 이러한 변화를 담지 못했음을 확인할 수 있었다. 또한 2010년에 제정된「공공감사에 관한 법률」에도 자체감사자협회 IIA등 국제적으로 통용되는 기관이 자체감사의 진화를 고려하여 제시한 자체감사의 정의가 제대로 반영되지 않았으며「지방자치단체에 대한 행정감사규정」제3조에서 규정한 감사의 종류와「공공감사에 관한 법률 시행령」제10조에서 규정한 감사의 종류가 서로 달라 혼선이 있다는 사실을 발견하였다.

한편, 자체감사의 대상범위에 대해서는 INTOSAI Lima 선언문에 따르면 감사기구가 조직내부에 편성되어 있는 경우 그 정부부서와 관련 기관을 대상으로 한다고 명확히 정의되어 있는데「공공감사기준」과 '공공감사기준 주석서'에는 자체감사의 범위를 당해 기관·단체, 그 하급기관·단체 또는 산하기관·단체로 확대하여 정의함으로써 감사주체 간 업무갈등과 감사중복의 가능성이 많아지게 되었다. 감사주체 간의 업무갈등과 감사중복을 줄이기 위해서 관련규정들이 조속히 정비되어야 할 것이다.

⑤ 과거에는 회계 및 보고과정에서만 조직 내 감시자로서 작용하던 자체감사의 기능이 현대에 들어와서는 조직의 활동전반에 대해서 사후평가뿐만 아니라 사전예측 및 자문까지 해주는 조직의 파트너 기능으로 바뀌고 있음을 확인할 수 있었다. 이에 따라 자체감사자협회 IIA와 미국, 영국, 캐나다 등 선진국에서는 자체감사의 진화를 고려하여 자체감사의 정의, 윤리규정, 감사기준, 감사실무 등을 합리적으로 수정하고 있었다.

⑥ 우리나라 공공감사체계는 최고감사기구인 감사원, 중앙부처 자체감사기구, 광역 및 기초 지방자치단체 자체감사기구, 기타 공공기관의 자체감사기구로 구성

되어 있고, 국회와 국무조정실 등이 감독차원에서 감사기능을 활용한다. 그런데 감사기구별로 업무영역이 중첩되도록 개별 법률이 만들어져 있고, 실제로도 감사기구 간 업무의 조정과 협력이 제대로 이루어지지 않고 있기 때문에 공공감사체계의 하위기구로 갈수록 여러 감사기구로부터 감사를 받게 되어 감사의 중복에 따른 업무 부담이 심각할 것으로 예상되었다. 특히 개별 법률에 근거하여 감사기구의 업무중첩 가능성을 분석해 본 바에 의하면 기초자치단체의 경우는 감사원 등 8개의 감사주체 중 6개 감사주체로부터, 광역자치단체의 경우는 5개의 감사주체로부터 외부감사 및 자체감사를 받을 수 있는 것으로 확인되었다.

우리나라에서 감사중복문제를 최소화하기 위해서는 미국, 캐나다, 영국, 호주의 모범사례와 같이 감사원, 중앙정부, 지방정부, 기타 공공기관의 자체감사기구 모두가 참여하는 감사포럼을 구성하고 수시로 만나 업무를 조정하며, 감사계획, 감사결과보고서, 감사사항, 감사실무 모범사례 등에 대한 정보를 공유하는 관리시스템을 만들어 운영하는 것이 가장 현실적인 대안이 되겠지만 이와 함께 미국의 「단일감사법」, 일본의 「지방분권일괄법」 등의 모범사례를 참고하여 공공감사체계 자체를 단순화시키는 정치 개혁적 조치를 병행해야 할 것이다.

⑦ 감사원은 감사자원의 한계 때문에 6만 6천여 개에 달하는 감사대상기관 중 매년 1.7%에 해당하는 대상기관에 대해서만 감사하고 있는 반면, 자체감사기구는 독립성, 전문성 등이 부족하고 조직의 내부통제에 대한 평가를 소홀히 하는 악순환이 계속되고 있다. 이러한 문제를 해결하기 위해 감사원은 자체감사기구의 독립성, 전문성 등을 강화시킬 수 있는 각종 수단들을 담은 「공공감사에 관한 법률」을 2010년에 제정하였다. 위 법률의 취지대로 최고감사기구, 자체감사기구, 감사관련 전문협회, 민간감사자 간의 협력이 강화되고 자체감사기구의 독립성, 전문성, 윤리성, 감사성과와 책무성 등 감사역량이 강화될 수만 있다면 최고감사기구는 자체감사기구의 감사활동 결과를 신뢰하고 의지하며 자체감사활동의 효과성을 평가하는 선순환적인 감사구조가 형성될 수 있을 것이다.

⑧ 자체감사자협회 IIA가 만든 자체감사 역량모형 IA-CM에서는 독립성(지배구조), 자체감사의 역할 및 서비스, 전문성(사람관리), 전문적 감사활동, 성과관리와 책무성, 조직간 관계 및 조직문화 등 6개 분야로 나누어 자체감사의 역량을 설명하였는데 여기에 감사중복성 해소 분야를 하나 더 추가하여 7개 분야로 분류하면 우리나라 자체감사의 역량을 설명하는데 더 효과적일 수 있다는 사실을 발견하였다.

이러한 분류체계는 '감사의 중복성 해소 문제'를 좀 더 심도 있게 다루고 개선을 위한 정책적 함의를 제시하고자 하는 노력의 일환이며 앞서 소개한 IIA가 발행한 IA-CM보다 학문적으로 진일보한 분류법이라고 할 수 있다.

⑨ 감사원이 매년 자체감사기구를 대상으로 시행하는 운영심사는 자체감사기구의 효과성을 제고시킬 목적으로 시작하였으나 운영심사항목에 자체감사기구에 필요한 역량을 제대로 포함시키지 않았을 뿐만 아니라 운영과정에서 기관별로 순서를 나열하는 방식의 비교평가에 의존한 채 각 자체감사기구의 부족한 역량이 어떻게 개선되고 있는지 확인하고 지원하는 체제를 갖추지 아니함으로써 당초 예상하던 목표를 달성하기 어렵다는 사실을 확인하였다. 앞으로 외부 평가기관이 자체감사기구를 평가할 때 그동안 해 오던 외부적 시각의 평가방법에서 자체감사기구 스스로의 역량평가로 평가방법을 전환하고 자체감사기구들에 대해 순서매기기식 비교평가를 하는 정책에서 각 자체감사기구의 역량수준을 절대평가하고 부족한 역량의 증진을 위해 지원하는 정책으로 전환하는 것이 바람직하다.

Ⅱ. 연구의 특징과 연구의 한계

1. 본 연구의 특징

본 연구자는 자체감사기구의 역량결정요인에 대한 이 연구에서 연구의 광범위성, 사용된 연구방법론, 연구내용면 등에서 그동안 이 분야에서 실행되어 왔던 국내외 연구수준의 한계를 극복하려고 노력하였다.

첫째, 국내외 학자들이 지난 20여 년 동안 자체감사에 대해 연구한 경험적 연구물들을 고찰해 본 결과, 자체감사기구의 역량들 중 독립성, 전문성에 치중하여 연구한 경우가 대부분이었다. 최근 들어 감사연구원에서 자체감사 역량모형, 자체감사서비스 및 역할에 관한 연구들을 진행하면서 연구의 폭이 넓어지고는 있으나 이 또한 자체감사기구의 역량을 총괄하여 연구했다고 하기보다는 그중 한 부분씩을 떼어내 연구를 한 경우들이었다. 그에 비하면 이 연구는 자체감사기구에 필요한 7개 주요역량분야, 44개 세부역량요소를 찾아내 그 각각에 대해 유의미성을 증명해 보인 연구로서 다수의 연구자가 분야를 나누어 연구하고 연구결과를 종합해 완성해야 하는 중범위 연구에 해당한다고 할 수 있다.

둘째, 본 연구에서는 지난 20여 년 동안 국내외 학자들에 의해 연구된 경험적 연구물을 메타분석적 방법(meta-analytic method)으로 고찰하고 이를 비판적으로 평가하였으며 이로부터 찾아낸 자체감사기구의 역량요인들이 부족하다고 판단되어 추가적으로 2개의 출처를 더 선택하여 연구하였다. 그 하나는 국제적으로 통용되는 감사관련기구, 즉 세계 최고감사기구협회 INTOSAI, 자체감사자협회 IIA 등이 만든 감사관련 기준에서 자체감사기구의 역량요인을 찾아내는 작업이었고, 다른 하나는 미국, 캐나다, 영국, 일본, 호주 등 선진국가의 자체감사기구들의 감사실례 및 모범사례를 연구하여 자체감사기구의 역량요인을 찾아내는 작업이었다. 이들 작업 역시 단순히 문구를 인용하는 차원에서 벗어나 찾아낸 역량요인을 본 연구자가 이론적 고찰을 통해 미리 설정해 놓은 자체감사기구 역량모형에 따라 분류 축적하는 메타분석 방법으로 진행하였다. 결국 본 연구자는 위 3개 출처자료들로부터 얻어낸 자체감사기구의 역량요인들로 자체감사 역량지도를 작성할 수 있었으며 감사전문가들의 평가를 통해 위 역량들이 자체감사활동의 효과성에 기여하는 유의미한 역량들임을 확인할 수 있었다. 여러 출처의 자료들을 활용하여 연구결과를 산출하면 연구의 타당도와 신뢰도가 높아진다는 이론을 다시 한 번 확인할 수 있었다.

이 연구는 또한 특정한 자체감사기구를 선정하여 Case Study로 역량보유율과 역량수준을 수치로 측정하는 과정에서 Window용 SPSS/PC 12.0K 프로그램을 활용한 기술통계, Microsoft Excel 2007로 만든 AHP기법 프로그램 등으로 양적연구를 시도하면서도 자체감사기구 직원, 조직의 관리자 등을 대상으로 심층면담을 실시하여 양적 연구에서 소홀히 할 수 있는 실무내용들을 보완해서 설명하는 질적 연구를 병행하는 등 다중연구방법을 채택·활용하였다.

한편, AHP 쌍대비교 설문지를 작성하면서도 평가의 일관성을 높이는 방법을 독창적으로 고안해 내어 연구의 타당도를 높이는 데 기여하고자 했다. 자체감사기구 역량요소들에 대한 상대적 중요도를 알아내기 위해 만든 AHP 쌍대비교 설문지 초안을 AHP 기법을 많이 사용하고 있는 한국개발연구원 공공투자관리센터에 보내 자문을 구한 결과, 본 연구에서 독립변수로 선정한 7개 주요역량분야, 44개 세부역량요소를 쌍대비교하려면 총 152개의 쌍대비교를 하여야 하고 평가항목이 많아질수록 평가의 일관성이 급격히 떨어진다는 사실을 알아냈다. 따라서 이러한 문제를 극복하기 위해 본 연구자는 1개의 세부역량요소마다 이를 더 자세히 경험적으로 설명해주는 2개~20개씩의 세부역량진술문을 만든 후 평가자들로 하여금 각 세부역량진술문을 읽고 본인들이 느끼는 중요도를 5점 척도로 구성된 설문지에 스스로 표시하도록 설문지를 구성하였다. 평가자들은 1개의 세부역량요소를 설명하는 다수의 세부역량진술문에 자신이 표시한 5점 척도 수치를 모두 더한 후 산술평균하여 해당 세부역량요소의 중요도 수치로 결정하고 같은 방법으로 총 44개 세부역량요소의 중요도 수치를 결정한다. 그리고 그 수치들을 참고하여 세부역량요소들 간 상대적 중요도를 쌍대비교 설문지에 9점 척도로 기록한다. 7개 주요역량분야들 간 쌍대비교도 비슷한 방법으로 진행시켰다. 1개의 주요역량분야별로 3개~10개씩의 세부역량요소가 분류되어 있으므로 평가자는 자신이 스스로 산술평균하여 얻어낸 각 세부역량요소의 중요도 수치들을 주요역량분야별로 다시 모아 모두 합한 후 산술평균하여 그 값을 각 주요역량분야의 중요도 수치로 삼는다. 그리고 그 수치들을 참고하여 주요역량분야 간 상대적 중요도를 쌍대비교 설문지에 9점 척도로 기록한다. 본 연구자가 이러한 방법으로 설문을 실행하고 설문결과를 AHP 기법으로 분석해 보았더니 설문내용이 많고 평가하는데 고도의 집중력이 필요한 상황이었는데도 1차 설문에서 평가자 20명 중 13명(65%)의 평가결과 일관성비율 CR이 0.15 미만으로 확인되었고 1차 설문에서 일관성비율 CR이 0.15 이상이었던 나머지 7명에 대해서도 다시 면담을 하여 평가방법을 설명하였더니 2차 설문에서 모두 일관성비율을 만족하는 좋은 연구 성과를 낼 수 있었다.

본 연구에서 사용한 설문지는 각 세부역량진술문마다 5점 척도로 기록하도록 구성되어 있어 이번 연구에서 사용한 AHP기법의 평가일관성에 관한 단점을 보완해주고 연구의 타당성과 신뢰성을 높이는 데 효과적이었음은 물론 이번 연구에서 실행하지는 않았지만 각 세부역량진술문에 대해서도 중요도를 통계처리 한다면 더 많은 연구결과를 산출할 수 있을 것으로 생각된다.

마지막으로 이 연구는 연구의 내용면에서도 괄목할 만한 발전이 있었다. 그동안 자체감사기구 역량에 관한 국내 연구 실적이 많지 않은데다 독립성, 전문성 등 특정 역량결정요인 분석에 연구가 집중되어 있었고 그나마 대부분의 연구는 국내 감사기준 등에만 근거해서 진행되어 왔다. 이러한 현상은 학계 및 연구원에서 감사관련 연구를 하는 학자들의 경우 감사 실무를 잘 알지 못하여 구체성 있는 연구를 하지 못하는 경우가 많고 감사실무 만을 주로 하는 사람들은 감사이론을 정리할 시간적 여유가 적은데다 이를 연구하는 방법론 등을 잘 알지 못하기 때문인 것으로 추정된다. 그런데 본 연구자는 24년 이상 감사실무에 종사해 왔고 이와 관련한 행정이론 축적에도 경험을 쌓아왔기 때문에 이번 연구에서 국제적인 감사기준에 부합하는 자체감사기구의 역량결정요인을 찾아내겠다고 연구문제를 진술하고 실제 연구과정에서도 국제적으로 통용되는 역량결정요인을 찾음으로써 연구의 수준을 국제적인 규범에 맞추는데 기여할 수 있었다.

  아울러 기존의 경험적 선행연구물에서는 대부분의 연구자들이 연구과정에서 확인한 자체감사기구의 역량 중 측정 또는 진단이 수월하지 아니한 역량들을 연구의 편의성을 위해 연구범위에서 제외시킴으로써 궁극적으로는 자체감사기구에 필요한 역량이 일부 다루어지지 않는 오류가 있었는데 이번 연구에서는 연구과정에서 확인한 자체감사역량을 실증적 증거에 기초한 개념의 구체화과정을 거쳐 최대한 포함시켰다. 연구과정에서 확인한 자체감사역량은 서로 중요도에만 차이가 있을 뿐 자체감사자 및 자체감사기구를 위해 필요한 역량이기 때문이다.
  한편, 이번 연구의 진행과정 및 절차, 그리고 연구의 산출물은 특정 조직의 지배구조, 위험관리, 내부통제과정 등을 분석 진단하고 부족한 역량을 찾아내 개선방안을 권고하는 조직역량분석 또는 조직기능분석의 연구 틀과 비슷하여 이번 연구의 범위를 확장 및 조정하여 추가 연구를 진행한다면 향후 실용성 높은 조직역량 분석틀을 만들어 낼 수 있을 것으로 판단된다.

2. 연구의 한계 및 향후 연구방향

  본 연구자는 연구를 진행하면서 다음과 같은 한계를 확인하였다.
  첫째, 자체감사의 역량을 연구하면서 자체감사자의 역량과 자체감사기구의 역량은 구별된다는 사실이다. 그러나 자체감사자의 역량이 결국 자체감사기구의 역량과 직접적, 간접적으로 관계된다는 점을 고려하여 자체감사 역량모형에 대한 선행연구물 고찰 과정에서도 자체감사자에 관한 역량모형과 자체감사기구에 관한 역량모형으로 나누어 연구하였다. 그리고 역량의 내용에 대해서도 자체감사자 및 자체감사기구의 자질 및 속성, 관련 법, 규정과 절차, 업무실행 과정, 업무품질 등 자체감사와 관련된 내용이라면 가능한 광범위하게 수용하여 논의하였다. 그러나 정작 본 연구의 본론부분을 지나면서 자체감사 역량준거틀을 확정할 때부터는 효율적인 연구를 위해 자체감사기구의 역량에 관한 연구로 연구범위를 한정하였다. 따라서 앞으로 자체감사자의 역량에 대해서도 더 심도 있는 연구를 진행하고 본 연구에서 논의한 자체감사기구의 역량과의 연관성 등을 규명할 필요가 있다.

둘째, 본 연구자는 자체감사기구의 역량지도를 작성하면서 주요역량분야 및 세부역량요소의 추상적 개념을 구체적인 경험적 개념으로 구조화하기 위해 세부역량진술문을 만들었고 A기관 자체감사기구 직원 20명을 대상으로 실시한 자체역량 보유 평가 및 감사전문가 20명을 대상으로 실시한 주요역량분야 간 및 세부역량요소 간 상대적 중요도 평가에서 이들로 하여금 각 세부역량진술문을 읽고 리커트(Likert) 5점 서열척도로 답하도록 하였다. 따라서 이번 연구에서 실행하지는 않았지만 표본의 수를 총 30명~40명 이상이 되도록 추가 선정하고 설문을 실시한 후 이를 활용해 여러 가지 방법으로 통계처리 한다면 1개 세부역량요소마다 2개~20개씩 세분화된 총 269개의 세부역량진술문에서 더 자세한 자체감사기구의 역량내용과 역량보유율을 분석해 낼 수 있고, 각 세부역량진술문에 기술된 역량내용이 그들이 속해 있는 세부역량요소에 어느 정도의 중요도를 가지고 기여하고 있는지도 분석해 낼 수 있어 이 연구에서 얻어낸 연구결과에 더 가치 있고 풍성한 연구결과를 덧붙일 수 있을 것으로 판단된다.

셋째, 이미 앞에서 여러 차례 강조하였지만 20세기 이후 자체감사의 기능은 급격히 확장 및 진화되고 있다. 따라서 이번 연구에서 자체감사기구의 역량결정요인을 정할 때 근거로 활용한 국제적으로 통용되는 감사 관련기관이 만든 각종 기준, 미국, 캐나다, 영국, 일본, 호주 등 선진국가의 감사모범사례 등은 생물체처럼 계속 변할 것이 예상된다. 상황이 이러하니 이 연구에서 산출한 결과물의 일부는 일정한 시간이 흐르면 더 이상 유효하지 않거나 역사 속의 장서로 남을 수 있다. 때문에 본 연구자는 우리나라 자체감사기구의 역량준거틀을 여러 어려운 과정을 거쳐 국제적인 수준으로까지 끌어 올리려 노력한 이 연구가 그 효과를 계속 유지하려면 1회성 연구로 끝나지 않고 적어도 5년~10년에 한 번씩은 다시 업데이트하는 종단적 반복 연구를 수행해야 한다고 생각한다.

부 록

(부록 2-1) 우리나라 공공감사체계 매트릭스

감사기관 \ 감사대상	국회	감사원	중앙부처	광역의회	광역시도	기초의회	시군구	기타공공기관	감사 및 유사감사 근거규정
국회		V	V		V		V	V	헌법 제61조, 국회법 제127조, 제127조의2, 국정감사 및 조사에 관한 법률 제7조
감사원	자체감사		V		V		V	V	헌법 제97조, 감사원법 제22조~제24조, 공공기관 운영에 관한 법률 제52조
중앙부처			자체감사		V		V	V	공공감사에 관한 법률, 지방자치법 제167조, 제171조, 제171조의2, 지방공기업법 제74조, 지방교육자치에 관한 법률 제3조, 지방자치단체에 대한 행정감사규정 제3조, 제22조, 공공기관 운영에 관한 법률 제48조, 제51조, 국무조정실과 그 소속기관 직제 제3조, 제11조
광역의회					V				지방자치법 제41조
광역시도				V 1)	자체감사		V	V	공공감사에 관한 법률, 지방자치법 제167조, 제171조, 제171조의2, 지방공기업법 제73조, 제74조, 제77조의4, 지방교육자치에 관한 법률 제3조, 지방자치단체에 대한 행정감사규정 제3조, 제22조
기초의회							V		지방자치법 제41조
시군구						V	자체감사	V	공공감사에 관한 법률, 지방공기업법 제73조, 제74조, 제77조의4, 자체감사규정 또는 자체감사규칙
기타공공기관								자체감사	공공감사에 관한 법률, 공공기관 운영에 관한 법률 제32조, 공기업·준정부기관 감사기준, 자체감사규정 또는 자체감사규칙

---

1) 지방의회는 「지방자치법」 제41조의 규정에 따라 지방자치단체에 대해 행정사무감사 및 행정사무조사를 할 수 있으나 동시에 같은 법 제30조의 규정에 따라 지방자치단체의 소속기관이므로 해당 지방자치단체의 자체감사기구는 의회사무처를 감사함으로써 이론적으로는 서로 견제와 균형을 이룸.

(부록 2-2) 기존의 경험적 연구에서 찾은 자체감사 역량

구분	연구자 주장들에서 볼 수 있는 자체감사 역량
	(1) 업무상 독립: 감사자가 감사 전 과정과 감사기구운영에 있어 독립성·자율성 확보
1. 독립성 (지배구조)	가. 자체감사의 업무상 독립을 확보하기 위한 지배구조 <자체감사기구를 집행기관 및 의회에 소속> ① 자체감사기구를 집행기관 기관장 직속으로 두고 감사사무만을 전담하게하며, 감사결과보고서를 자체감사기구의 장의 결재로 최종 확정하고 이사회, 감사위원회 같은 최고의사결정기구에 보고한 후 기관장에게 통보(이영균, 2007)하거나, 의회에 감사결과를 정기적으로 보고(강현호, 2004) ② 자체감사기구를 집행기관 소속으로 하고 감사위원회를 두어 견제와 균형을 유지(이주희, 1988; 이혜승·조형석, 2009) 　- 예로서 감사위원의 1/2은 의회가 추천하여 지방자치단체장이 임명(이주희, 1988) 　- (반론) 백종인(2002)과 김성호(2009)는 일본의 경우 지방자치단체 집행기관의 하나인 감사위원회가 지방자치단체 직원을 보조자로 사용하여 자체감사를 함으로써 당초 의도했던 성과를 내지 못하고 전문성과 독립성에 한계를 보이고 있는 사례를 소개하면서 감사위원회 운영에 대해 부정적 시각을 언급 ③ 자체감사기구를 집행기관 소속 감사부서로 존치하되 감사기구 및 감사기구의 장에게 조직·인사·예산편성의 독립성 최대 보장(송건섭·서보강, 2009) ④ 자체감사기구를 기관장과 수평적·병렬적으로 구성(노승용, 2010) ⑤ 자체감사기구를 지방의회 소속으로 하고 독임제보다 직무 독립성이 더 보장되는 합의제로 운영(이기우, 2002) <자체감사기구를 집행기관과 의회로부터 독립> ⑥ 장기적으로는 현행 집행기관에 소속된 자체감사기구는 폐지하고 집행기관과 의회로부터 독립된 감사위원회 설립(이주희, 2000; 하상군, 2004; 권영주, 2004; 강현호, 2004; 송건섭·서보강, 2009) 또는 지방감사원 설립(권영주, 2004; 강현호, 2004; 김명수·이영균·노승용, 2008; 노승용, 2010) 나. 감사규정을 마련하고 일관성 있게 준수 ① 자체감사기구의 설립을 법률로 정하면 예산확보 및 독립성 보장 가능(Sterck 등, 2006) ② 감사규정을 마련해 두고 이에 따라 업무집행(이영균, 2007) ③ 감사윤리규정 제정(박희정·호진원·조형석, 2008) ④ 자체감사 매뉴얼 제작 및 활용(박희정·호진원·조형석, 2008) ⑤ 감사행정의 안정성과 신뢰성, 객관성과 체계성, 감사활동의 예측가능성 증대, 감사오류 최소화, 감사결과의 평가와 책임한계 판단 등을 위해 공공감사기준 적용 필요(박희정·호진원·조형석, 2008) 다. 기타 ① 자체감사기구의 장이 직접 기관의 장에게 감사결과를 보고해야 하고 기관의 장이 자체감사기구의 활동에 관심을 가지고 지원해야 하며, 대부분의 나라에서 자체감

	사기구가 각 기관에 분산되어 설치되어 있으므로 자체감사의 정책을 총괄할 기구가 있는 것이 효과적(Sterck 등, 2006) ② 자체감사기구에 적정규모의 조직과 인원확보 제도화(이영균, 2007) ③ 독립성 확보 및 감사자세 평가항목: 감사계획 최종결재권자(더미변수), 감사자와 감사대상기관의 관련성 점검(더미변수), 감사기구의 독립성(5점척도), 예산확보 적정성(5점척도) ④ 자체감사는 관리자로부터 분리되어 독립적으로 활동해야 하지만 활동결과 발견된 사실과 권고사항이 관리자가 취하는 조치에 포함되어야 하며 이를 위해 자체감사의 역할을 여러 형태로 지원하고 그 활동을 평가하여 개선을 유도하는 감사위원회 설치 필요(Diamond, 2002)
	(2) 신분상 독립: 감사기구의 장 및 감사자는 법령에 의해 신분을 보장받고 탄핵, 건강문제 같은 특별한 경우가 아니면 정치권력 등에 의해 해임되지 아니함
1. 독립성 (지배구조)	**가. 자체감사기구의 장의 임면** ① 자체감사기구의 장은 의회동의를 얻어 임명(이주희, 1988) ② 자체감사기구의 장의 임용자격을 미리 정하고 개방형으로 임용하며 임기를 보장(송건섭, 2002; 이기우, 2002; 이혜승·조형석, 2009) ③ 자체감사기구의 장 임면 시 감독관청의 승인(이기우, 2002; 이영균, 2007) ④ 자체감사기구의 장 임용 시 감사원과 의회가 관여하고(강현호, 2004; 노승용, 2010), 감사원장이 감사기구의 장의 교체를 권고하는 등 후견자적 관여(강현호, 2004) ⑤ 중앙행정기관 자체감사기구의 장에 대한 인사추천권을 감사원장이 행사(안영훈, 2009) ⑥ 자체감사기구의 장은 감사대상기관 책임자 직급보다 상위직급으로 보임(이영균·이균범, 1998) 또는 최소 집행기관 부서책임자의 직급에 맞추어 보임(김성호, 2009) ⑦ 자체감사기구의 장의 직급·채용방식은 신분상 독립성을 확보할 수 있도록 상향조정(이혜승·조형석, 2009) ⑧ 감사위원회 위원장 임기는 4년 정도로 하여 독립성 강화(송석록, 2010) **나. 감사담당자의 배치** ① 감사담당자 임면 시 감독관청의 승인(이기우, 2002; 이영균, 2007) ② 감사담당자는 감사기구의 장의 의견을 들어 임용(강현호, 2004; 이영균, 2007) ③ 감사기구의 장이 감사직원을 구성·조직하도록 인사권 부여(안영훈, 2009) ④ 감사위원은 위원장이 추천하고 의회의 동의를 얻어 임명하며, 감사위원회 사무국 감사요원은 감사위원장과 지방자치단체의 협의로 선발·인사(송석록, 2010) ⑤ 감사담당자 전보제한기간을 기관장의 임기보다 길게 정하도록 행정감사규정에 명문화(이영균·이균범, 1998) ⑥ 감사담당자 전보제한기간(지방자치단체의 경우 2년) 확대필요(김용철, 2006) 또는 최소 2년이상 원칙(이영균, 2007) ⑦ 행정감사규정상 근무성적평정 우대조항에 감사담당자에 대해서도 일정비율 우대하도록 규정 필요(이영균·이균범, 1998), 감사수당 지급 및 감사담당자 근무평정을 자체감사기구의 장이 별도 운영·우대하고 전출 시 희망부서에 우선배치 필요(이영균, 2007), 감사인력 특별채용, 감사담당자 우대방안(이태종·송건섭, 2010) ⑧ 감사담당자에 대한 인사·보수 차별화(강현호, 2004)

	(3) 재정상 독립: 사법부, 선거기구 등과 같이 행정부나 의회로부터 예산 편성·운영의 간섭을 받지 않는 것
1. **독립성** **(지배구조)**	① 예산편성에 독립성 확보(강현호, 2004; 이영균, 2007) ② 필요한 예산은 독립적으로 편성하여 사용할 수 있어야 함(Sterck 등, 2006) - 스웨덴에서는 정부부처를 감사하는 중앙감사기구의 경우 활동예산이 수상실 (Prime Minister's Office) 예산에 포함됨 - 미국 연방정부 감찰관실 예산은 각 기관의 예산에 포함되어 편성되지만 회계는 분리 - 캐나다는 자체감사 예산이 기관예산에 포함되어 편성되지만 이와 별도로 재무위원회사무처는 변경된 감사정책의 집행 등을 위해 각 부처에 예산을 배분
2. **자체감사** **서비스와** **역할**	가. 자체감사의 진화에 따른 감사중점 변화 ① 합법성감사, 직무감찰보다는 성과감사 활성화 필요(송건섭, 2002) - 합법성과 사후적발 위주의 통제형에서 효율성과 주민편익을 중시하고 사전예방 위주의 조장형 감사(송건섭, 2002; 송건섭·서보강, 2009) - 합법성, 합규성감사에서 정책감사, 성과감사로 전환 필요(김용철, 2006) - 사후적인 감사보다는 예방차원의 감사, 성과유도를 위한 사전감사, 감찰 기능까지 담당하여 감사체계의 단순화 실현(안영훈, 2009) - 감사결과도 개선·권고 위주로 조치(송건섭·서보강, 2009) - 정책, 사업 전반에 대한 감사를 지양하고 초점을 분명히 하고 판단기준을 정해 성과감사(이태종·송건섭, 2010) ② 자체감사의 패러다임을 한 일에 대한 감사에서 해야 할 일에 대한 감사로, 사후감사에서 사전예방 감사로, 합법성·적법성감사에서 효율성·합목적성·형평성감사로 전환(이태종·송건섭, 2010) - 감사준거로 고려되는 행정이념, 즉 합법성감사와 경제성, 능률성, 효과성 외에 민주성, 형평성도 자체감사에 폭넓게 적용해야 함(송건섭, 2002) ③ 재무·합법성감사와 함께 성과감사도 수행해야 하고, 위험관리, 내부통제, 조직지배구조의 효과성을 평가하고 개선(이혜승·조형석, 2009) - 전산감사시스템 개발로 상시 내부검증(일상감사, 내부통제) 강화(이영균·이균범, 1998) - 자체감사기구는 기관의 주요 정책프로그램의 진행상황을 점검하고 기관장에게 자문하는 서비스 제공, 이를 위해 기관장과 자체감사요원 간 정례적인 회합 필요(이영균·이균범, 1998) - 법률에 의해 재무감사를 의무화한 것처럼 성과감사, 운영감사, 위험관리 등도 의무화 필요(Sterck 등, 2006) - 전자문서화를 활용한 일상감사 활성화(이태종·송건섭, 2010) 나. 자체감사기구와 감사원의 감사중점 명확화 필요 ① 자체감사기구는 본부(본청)에 대한 감사비중을 늘리고 하급기관(지방청, 지역사무소, 지점 등) 또는 산하기관에 대한 감사의 비율을 줄여야 함(김명수·이영균·노승용, 2008) ② 자체감사기구의 품질을 향상시키기 위해 감사원이 평가를 해야 함(김명수·이영균·노승용, 2008) - 감사원은 피감사기관의 자체감사 성과를 심사평가하는 것을 주요 과제로 삼고 성과 부진한 자체감사기구의 장에 대해서는 교체권고하며 자체감사기구의 감사실적 평가결과를 주민에게 공표하여 감사실효성 제고(김성호, 2009)

	③ 외부감사를 지원받는 지원형 감사방식으로 전환(안영훈, 2009)
	④ 설문조사결과, 감사원은 기관의 업무와 관련된 미래예측 및 위기관리기능(38%), 기관들이 수행하는 주요 정책에 대한 효과성 검토(47%), 기관운영의 성과평가(35%), 기관장의 정책사항 점검(39%) 등을 하여야 한다는 대답이 많은 반면,
	- 자체감사기구는 회계검사업무(55%), 공직기강 및 사정업무(56%), 진정 및 비위사항 조사처리(62%), 비위사항 요인분석(59%) 등을 하여야 한다는 대답이 다수
	- 그리고 중앙행정기관은 국가위임사무(49%)에 대한 감사를 해야 한다고 대답(김명수·이영균·노승용, 2008)
	⑤ 자체감사는 회계감사업무, 공직기강 및 사정업무, 진정 및 비위사항에 대한 조사처리, 비위사항에 관한 요인분석 등 업무에 집중하고 감사원은 외부감사를 통해 기관운영의 성과와 평가에 관한 사항을 담당(노승용, 2010)
	⑥ 감사원은 성과감사 위주로 감사, 자체감사기구는 시정·개선이 가능한 업무분야 감사(이영균·이균범, 1998)
3. 전문성 (사람관리)	**가. 감사직렬의 제도화 및 전문가 영입** ① 감사직렬을 제도화하고 기관간 인사교류(강현호, 2004; 송건섭·서보강, 2009; 노승용, 2009; 이태종·송건섭, 2010; 노승용, 2010), 감사자의 일부는 감사직렬, 일부는 토목·건축·기계 등 기술직렬로 균형있게 보임(송건섭, 2002; 이기우, 2002) ② 감사직렬의 개방형 지정(하상군, 2004; 송건섭·서보강, 2009; 김명수·이영균·노승용, 2008), 감사자의 일부를 개방형 전문직위로 운영(강현호, 2004) ③ 감사인력에 외부전문가 대폭 수용 필요(김용철, 2006; 송건섭·서보강, 2009), 담당업무의 전문성을 근거로 감사자를 임명(이영균, 2007; 김성호, 2009) ④ 자체감사기구의 장과 직원들은 일정한 기준 이상의 자격과 경험을 갖추어야 함 (Sterck 등, 2006) - 영국에서는 GIAC(Government Internal Audit Certificate) 자격을 가진 사람만이 자체감사기구의 장이 될 수 있으며 실지감사도 이 자격을 가진 사람이 지휘하도록 규정 - 호주에도 자체감사자가 지닐 최소한의 역량조건(개인자질, 교육수준, 판단력, 혁신, 활동 및 감사/평가 경력)이 있음 ⑤ 감사인의 자격 평가: 전문감사요원 확보노력(5점척도) (박희정·호진원·조형석, 2008) ⑥ 감사자는 전문지식, 업무추진력, 도덕성을 겸비한 인물로 구성(이영균·이균범, 1988; 안영훈, 2009) **나. 감사자에 대한 교육강화** ① 자체교육 및 외부 위탁교육 강화(이영균·이균범, 1988; 송건섭·서보강, 2009), 감사자들에게 전문교육 실시(하상군, 2004) ② 해외파견훈련 등 제도적 장치 마련(이영균·이균범, 1988) ③ 감사인의 연평균 교육훈련시간(시간/인)(박희정·호진원·조형석, 2008) ④ 상급감사기관과 자체감사요원 합동으로 감사를 수행하면서 감사경험과 감사지식을 공유(이영균·이균범, 1988) ⑤ 기관의 중요한 정책프로그램에 대해 외부전문가들에게 감사위탁(이영균·이균범, 1988) **다. 기타** ① 전체 공무원 수 대비 자체감사자의 수가 충분해야 함(Sterck 등, 2006) - 감사자 1인당 캐나다 979명의 공무원, 네덜란드 752명, 영국 563명, 미국 247명 비율

	※ 캐나다 자체감사자 464명(2002-2003), 네덜란드 837명(2003), 영국 900명(2003), 미국 11,229명(2004)
4. 전문적 감사활동	① 자체감사규정을 명문화(이태종·송건섭, 2010) ② 자체감사 매뉴얼을 지속적으로 개선 및 준수하도록 촉구(이혜승·조형석, 2009) ③ 동료평가, 외부평가, 자체평가 등을 통해 감사품질 제고(이혜승·조형석, 2009) ④ 주민감사 청구제도의 보완, 지역주민을 통한 감사정보의 수집, 전화제도 등의 활용(송건섭·서보강, 2009) ⑤ 자체감사기구는 국제적으로 인정된 감사기준을 적용해야 함(Diamond, 2002) - 국가마다 형태는 달라도 자체감사의 전략적 관점, 즉 순응감사, 합법성감사 이외에도 자금지출의 효율성을 확신할 수 있는 여러 형태의 감사유형을 개발하고, 이렇게 개발된 전략적 관점에 따라 감사실무를 개편 - 자체감사의 기능과 직원구성을 검토하고 조직구조와 책임을 재설계 - 자체감사서비스의 새로운 비전에 근거하여 활동에 필요한 매뉴얼을 준비하고 자체감사자들이 새로운 역할을 달성할 수 있게 돕기 위해 교육프로그램을 설계 - 자체감사서비스를 담당할 직원을 고용하는 프로그램과 직원들의 능력을 개발시키는 프로그램을 개발
5. 성과관리와 책무성	① 감사의 단기적 결과보다는 감사효과를 측정하는 노력 경주(이혜승·조형석, 2009) ② 감사원은 피감사기관의 자체감사성과를 심사·평가하고 그 결과를 주민에게 공표(김성호, 2009) - 감사결과는 공개를 원칙(이혜승·조형석, 2009) ③ 감사실시 및 결과에 대한 성과측정(박희정·호진원·조형석, 2009) - 감사계획 및 준비: 본부감사비율(%), 성과감사비율(%), 합동감사 실시빈도(3점척도) - 감사감독 및 검토: 감사만족도 조사(더미변수) - 법·규정의 준수여부 점검: 선행감사결과의 활용도(5점척도) - 감사증거의 수집 및 보존: 감사정보의 전자적 관리비율(%), 감사정보 관리의 적정성(5점척도) - 결과공개 및 모니터링: 공개방식(5점척도), 공개범위(3점척도)
6. 조직간 관계 및 조직문화	가. 자체감사와 외부감사 기구 간 협력 ① 감사원은 자체감사기구에 감사관련 지침 및 가이드라인을 제공하고 감사업무를 위임하거나 조정하며, 협의기구 설치·운영 등 지원·협력시스템 구축(노승용, 2009) ② 감사의 사각지대와 감사중복이 없도록 업무를 조정하고 감사계획과 감사사항에 대한 정보에 접근할 수 있어야 하며, 공통관심사를 논의하기 위해 주기적으로 만나는 방안을 마련하고 감사결과보고서를 서로 교환해 볼 수 있어야 하며, 감사기법과 감사방법을 교류하고 교육 및 직원교류도 할 수 있어야 하고, 외부감사자는 자체감사자의 성과, 자체감사활동의 품질 등을 평가하여 알려 줌으로써 자체감사기능을 강화시킬 수 있게 해야 함(Diamond, 2002) ③ 감사원은 과학적이고 계량화 된 감사방법을 자체감사기구에 제공(이영균·이균범, 1998) 나. 감사원과 자체감사기구의 협력 및 피감부서와의 협력 ① 자체감사기구의 정보공유 필요성, 외부 전문인력 활용, 합동·교차감사의 활성화, 감사직원워크숍, 기관 간 간담회, 감사요원 파견 및 교차근무(정윤수·추병주, 2006)

	② 이해관계자 협력 평가: 상급기관과의 협력도(5점척도), 피감기관과의 협력도(5점척도)(박희정·호진원·조형석, 2008)
	③ 감사정보가 원활히 공유되도록 통합감사정보시스템 등 제도적 장치 마련, 감사기구협의회 구성·운영, 대행·위탁감사 및 합동·교차감사 활성화(이혜승·조형석, 2009)
	④ 자체감사기구가 지방자치단체의 회계시스템에 상시 접근하여 모니터링함으로써 감사실효성 제고(김성호, 2009)
	⑤ 자체감사기구와 기관장의 관계가 견제와 감시의 관계이기 보다는 지원 관계가 되도록 개선 필요(안영훈, 2009)
	⑥ 조직에서 재무회계관리시스템을 개발할 때 자체감사기구를 참여시켜 적절한 내부통제방안을 만들도록 조장해야 함(Diamond, 2002)
7. 감사의 중복성 해소	**지방자치단체에 대한 외부감사 폐지 또는 축소**
	① 지방자치단체에 대한 감사는 감사원, 행정안전부가 담당하고 나머지 중앙행정기관 등에 의한 외부감사는 제한(하상군, 2004) - 지방자치단체에 대한 감사원 감사는 중앙행정기관이 예산을 지원하는 사무에 한정하고, 중앙행정기관의 지방자치단체에 대한 포괄적 지휘감독권은 과감히 축소(권영주, 2004) - 미국 연방의회가 제정한 단일회계법(Single Audit Act Amendment of 1996)에서와 같이 중앙행정기관이 지방자치단체에 보조금을 주었어도 일정금액 이하에 대해서는 감사면제 등 제도 도입(김성호, 2009)
	② 중앙행정기관에 대한 외부감사는 감사원이, 지방자치단체에 대해서는 지방감사원 신설 또는 지방자치단체 자체감사로 수행(김명수·이영균·노승용, 2008; 노승용, 2009; 노승용, 2010)
	③ 하급기관은 직상급기관만이 감사하는 계층감사 활성화(김성호, 2009) - 국회는 감사원, 행정안전부, 시도의 차하급기관에 대한 감사결과보고서를 매년 2회 보고받고 특이사항이 있는 경우만 별도 감사반을 편성하여 조사하고 국정감사 폐지 - 감사원은 시도의 국고보조사업과 회계부문을 중점적으로 감사하고 중앙행정기관, 지방자치단체 자체감사결과의 성과를 평가한 후 추가 감사여부를 판단 - 행정안전부는 시도의 복무인사 부문을 집중 감사 - 시도는 시군구의 국고보조사업에 대해 위임사무로 받아 감사하고, 도비 보조사업에 대해서도 감사하며 그 결과를 감사원과 행정안전부에 의무적으로 보고
	④ 외부감사는 감사원과 상급행정기관, 자체감사는 지방의회와 자체감사기구만으로 한정 - 정부합동감사, 국회 국정감사는 폐지(송건섭, 2002)
	⑤ 일본이 지방분권일괄법에 의해 지방자치단체에 대한 관여를 대폭 줄였듯이 지방자치단체에 대한 국정감사 폐지(권영주, 2004)
	⑥ 각 지방자치단체는 공인회계사 등과 감사계약을 맺어 외부감사 형태로 감사(송건섭, 2002)
	⑦ 장기적으로는 지방자치단체에 대한 감사원, 중앙행정기관, 광역자치단체의 감사권한을 폐지 또는 통합, 독립적인 감사기구 설립(송건섭·서보강, 2009) - 장기적으로는 자치사무에 대한 중앙행정기관, 상급단체의 외부감사권 폐지 타당(송건섭, 2002)

(부록 2-3) 캐나다 British Columbia주 감사원 직원들의 성과관리 및 역량개발모형

1. 직원들의 성과개발계획(사례)

• 양식A: 개인의 성과계획(Individual Performance Plan)

개인의 성과계획은 조직의 사업계획, 비전, 가치 또는 전략들에 연결되는 개개인의 성과목표, 성공수단 등을 창조하고 기록하기 위해 사용된다. "다음 해에 내가 어디에 중점을 둘 것인가? 즉, 조직의 전략계획을 위해 내가 무엇을 기여할 것인가, 어떤 행동을 취할 것인가?"

(작성 사례)

사무실의 업무계획과 부서의 주요 목표들에 관련된 사항
나의 성과목표는 사무실의 목표 1 및 목표 2를 지원하는 것이다. 특별히 내가 행할 업무는 의회와 시민들이 환경관리 및 지속발전 분야에 대해 정부의 업무성과를 평가하는데 필요한 가장 최상의 정보를 제공하도록 노력하는 것이다. 다시 말해 이 분야에서 정부의 전략목표가 안정적인지, 지속발전 가능한 환경이 구축되어 있는지를 살피고 이에 관한 정보를 의회와 시민들에게 제공함으로써 우리 사무실을 모범적인 조직으로 만드는데 기여하는 것이다.

주요 업무목표(무엇을 할 것인지 주요 목표/목적을 기술)	성과측정수단 및 달성목표(목표달성을 위해 어떻게 할 것인지 기술)	검토일
목표 1: 1. 사무실의 업무계획에서와 같이 자연환경을 지속발전시키려는 정부의 의지에 대한 시민들의 반응은 높다. 2. 따라서 정부가 환경보전정책을 준수하고 강화시키기 위해 모니터링하는 것에 대해 정부의 성과를 평가할 수 있도록 감사를 계획하고 수행하고 보고서를 작성하고자 한다. 3. 다른 프로젝트 팀에게 긍정적으로 기여하고 피드백을 제공하고자 한다.	·통제 가능한 예산범위 내에서 프로젝트를 계획된 시간 안에 완료한다. ·상사 및 동료, 그리고 자문자로부터 긍정적인 평가를 얻는다.	2005년 8월
목표 2: 1. 사무실의 매뉴얼에 명확하게 표현된 모범사례들이 감사과정에서 사용되도록 한다. 2. 현재의 모범사례를 유지하면서 더 좋은 사례로 개량한다. 3. 품질이 좋은 교육을 제공하고 프로젝트 팀을 지원한다.	·상사로부터 긍정적인 피드백을 얻는다. ·팀원들과 자문자로부터 긍정적인 피드백을 얻는다. ·전문적인 워크숍과 상위 학습과정에 시간을 투자한다. ·의회 공공감사위원회로부터 보고서내용을 인정받는다.	2005년 8월

- 양식B: 직원들의 이력목표(Employee Career Aspiration)

직원들의 의도하는 목표를 자신의 상사와 대화를 한 후 기록하도록 제공된 양식이다. 어느 방향으로 가기를 원하는지, 어떤 방향을 찾고 있는지를 기술한다.

(작성사례)

어떤 직업적 포부를 가지고 있는가?

나는 환경 및 지속발전분야 감사에서 전문가가 되고 싶다. 사무실 직원들에게 이 분야에 대한 훈련을 제공함으로써 이 분야에 대한 사무실의 역량을 높이는데 기여하고 싶다.

이런 직업적 포부를 달성하기 위해 개발할 필요가 있는 새로운 자격, 능력, 기술 등은 무엇인가?

상위 학위취득을 위한 추가교육, 그리고 연방정부 감사원에서 인턴 또는 협력근무를 통해 지속발전가능한 개발전략에 대한 감사에 더욱 깊게 노출된다면 나의 직업적 포부달성에 많은 도움이 될 것이다. 이에 더해 팀 리더십 훈련 및 감사보고서 작성능력을 개선시키기 위한 쓰기능력 보완이 필요하다.

이제까지 참여했거나 완료한 성취사례 또는 행동들 중 직업적 포부를 구체화 시키는데 도움을 줄 만한 것을 기술(교육이나 과정도 포함)

· '야생연어 보전을 위한 주정부 역할에 대한 평가감사'에 프로젝트 리더로 참여했고 효율적이고 효과적인 방법으로 프로젝트를 마감했다.

· 아주 한정된 시간 안에 SRM/WLAP 부서에 대한 회계감사를 완료했다.

· 지속발전가능분야에 대한 연구를 스스로 계속했고 성과보고서들을 숙독했다.

직업적 포부를 달성하는데 사무실이 도와주었으면 하고 희망하는 것은 무엇인가?

· 이 분야 박사학위 취득을 하고자 할 때 지원을 바란다.

· 연방정부의 환경 및 지속발전개발위원회 또는 다른 감사원에서 연수할 수 있는 기회를 제공해 주기 바란다.

· 전문적인 워크숍이나 컨퍼런스에 참여할 수 있도록 비용제공을 해 주기를 바란다.

- 양식C: 학습계획(Learning Plan)

직원들이 개발이 필요한 주요 역량(key competencies)을 확인하고 개인의 학습목표를 달성하기 위해 행동계획을 기록하는 양식이다.

(작성사례)

개선과 개발이 필요한 역량을 확인	
a) 현재 위치	b) 관심 있는 이력 분야
나는 현재의 위치에서 다음과 같은 역량에 중점을 두고자 한다. 1. 환경 및 지속발전가능 분야 성과측정 2. 보고서 작성	내가 관심 있는 이력을 위해 다음과 같은 역량들을 개발하기를 원한다. 1. 의사결정 능력 2. 리더십 개발

학습전략					
학습목표	학습방법	학습완료 목표일	학습완수 증거	직원의 투자	사무실의 투자
핵심 및 리더십 역량	·Royal Roads University팀을 코치하는 자원봉사를 계속 수행 ·부서 직원들에게 직업훈련을 계속 제공	2005년 10월까지 주기적으로 검토	개인적인 판단	비용과 시간	필요한 경우 학습을 위한 시간 허락
의사결정 능력	전문적인 저널 읽기와 워크숍에 참여	2005년 10월까지 주기적으로 검토	워크숍참여, 동료들로부터 좋은 피드백을 얻는 것	비용과 시간	비용보조, 시간 허락
보고서 작성 능력	전문서적 읽기, 동료들에게서 조언을 구하는 것, 전문적인 저널을 쓰기	2005년 10월까지 주기적으로 검토	워크숍참여, 같이 일을 한 사람들, 동료, 상사로부터 좋은 피드백을 얻는 것	비용과 시간	비용보조, 시간 허락

• 양식 D: 개인의 성과계획평가(Review of the Individual Performance Plan)

직원 개개인이 지난 해 성취한 주요 결과, 중요한 능력을 기록하는 양식이다. 직원 개개인이 무엇을 했으며 어떻게 했는지에 대하여 기술한다.

(작성사례)

평가사유	시보기간 평가	반기 평가	1년 평가	기타(사유 설명)
이 기간 동안 개인성과계획에 등장한 주요 업무목표			진술	
개인성과계획에 등장하지는 않았지만 이 기간에 발견한 중요한 업무목표			진술	
결과를 얻는데 사용된 중요한 역량들(어떻게 그것을 했나?)				
현재 학습계획에 열거된 학습목표			진술	
현재 학습계획에 등장하지는 않으나 이 기간 중 얻은 중요한 학습성과			진술	
스스로 개선시킬 수 있었던 중요한 역량들				
1.				
2.				
3.				
기타 필요한 사항 진술				

2. 역량수준(1~4)별 역량을 표현한 행동들

(1-1) 전문역량	정의
■ 각종 보증활동(감사, 분석, 평가 등) 관리	① a) 의회와 시민들이 필요하다고 느끼는 보증활동을 하고 있는가? b) 보증활동을 통해 관련기관의 가치를 높여 줄 수 있는가? c) 감사기준, 위험도, 감사가능성 등을 고려해 볼 때 감사원이 추구하는 프로젝트를 수행하고 있는가? ② 현재와 미래에 감사원이 정한 보증활동의 목표 및 범위를 수행해 낼 능력이 있는가? ③ 독립성을 유지하면서 성실하고 객관적으로 보증활동을 할 수 있는가?

수준 1	수준 2	수준 3	수준 4
1.1 일상적인 보증활동이 어떤 것인지 기본적인 설명을 할 수 있다. 1.2 특정 문제분야에 대해 기본적인 설명을 할 수 있다. 1.3 공조직에 대해 기본적인 설명을 할 수 있다. 1.4 보증활동에서 또는 부서 내에서 중요한 이슈들이 무엇인지 알고 있다. 1.5 장래 보증활동에 필요한 주제들을 제안한다. 1.6 보증활동에 개선이 필요하다고 느낀다.	2.1 보증활동에 잘 들어맞는 지식을 적용한다. 2.2 특정 문제분야에 잘 들어맞는 지식을 적용한다. 2.3 공조직에 잘 들어맞는 지식을 적용한다. 2.4 감사대상기관에 영향을 주는 위험들과 경향을 알고 있다. .2.5 업무필요성, 부서의 목표, 제안된 해결방법, 그리고 보증활동의 범위, 시간, 비용 등을 모두 고려하여 프로젝트 제안서를 만든다. 2.6 일상적인 보증활동에 대해 다른 사람들에게 설명하고 이해를 구할 수 있다. 2.7 감사과정을 통해 감사대상자들이 감사기준, 발견된 문제점 및 결론, 권고사항을 받아들이게 설득할 수 있다.	3.1 보증활동에 대해 가지고 있는 깊은 지식을 표현할 수 있고, 일반적이지 않은 경우에 잘 대처할 수 있으며 접근방법 등을 개선시킬 수 있다. 3.2 특정 문제분야에서 깊은 지식을 표현할 수 있고, 일반적이지 않은 경우에 잘 대처할 수 있으며 접근방법 등을 개선시킬 수 있다. 3.3 공조직에 대해 가지고 있는 깊은 지식을 표현할 수 있고, 일반적이지 않은 경우에 잘 대처 할 수 있으며 접근방법 등을 개선시킬 수 있다. 3.4 특정 보증활동을 위해 효과적인 팀을 구성한다. 즉, 보증활동에 필요한 지식과 특정 문제분야를 조합할 수 있다. 3.5 미래 보증활동을	4.1 보증활동을 통해 내부 또는 외부로부터 권위를 인정받는다. 4.2 특정 문제분야에 대한 지식을 통해 내부 또는 외부로부터 권위를 인정받는다. 4.3 새로운 이론, 접근방법 등을 개발한다. 4.4 사무실 및 부서의 목표에 부합하도록 프로젝트를 적절하게 선택한다. 4.5 사무실의 구도범위 내에서 부서에 맞는 보증활동 전략을 제시한다. 4.6 다른 조직들과 연계된 사무실의 보증활동 전략을 결정한다. 4.7 고객에게 품질 좋은 서비스를 제공하기 위해 사무실이 적정한 인력을 보유하고 있고, 적당한 시간에 적정한 장소에서 활동하는지 확인한다. 4.8 현재와 미래의 보증활동 프로그램을 위해 부서직원들을 어떻게 구성할 것인지 방향을 제시한다.

		수행하는데 필요한 사무실역량을 개발한다.	4.9 다른 조직들과 연계하여 사무실 직원들을 배치 구성한다.

수행하는데 필요한 사무실역량을 개발한다.

3.6 직원개발 필요성과 외부인의 전문성을 고려하면서 부서의 보증활동에 가장 적절한 역량들을 조합 또는 혼합할 수 있다.

3.7 고객이 무엇을 원하는지를 정의한 후 이로부터 프로젝트의 범위, 일정, 예산 등을 결정한다.

3.8 프로젝트의 효과성, 효율성, 품질을 평가하기 위해 보증활동 또는 프로젝트의 중요 단계에 참여한다.

3.9 팀원들에게 프로젝트에 영향을 줄 수 있는 전문정책과 사무실정책 등에 대해 조언한다.

3.10 프로젝트가 끝난 후 감사결과들이 문서화되어 전파되는 것을 확인하기 위해 분석을 실시함으로써 사무실의 생산물과 업무를 개선시킨다.

3.11 직원들을 많이 활동할 수 있게 배치한다.

3.12 감사대상자들에게 기술적인 문제(즉, 회계보고서 작성, 성과관리 이슈 등)들에 대한 지도서를 제공한다.

4.9 다른 조직들과 연계하여 사무실 직원들을 배치 구성한다.

4.10 고객의 요구에 부응할 수 있게 부서의 보증활동 프로그램을 조정한다.

4.11 폭넓은 지식과 경험으로 보증활동의 가치를 높인다.

4.12 보증활동에서 발생하는 각종 기술적인 문제를 해결하고 일상적이지 않은 견해들도 수용한다.

4.13 특정 이익집단, 언론 매체 등이 보이는 흥미에 대해 사무실에 끼칠 영향을 생각하면서 반응한다.

(1-2) 전문역량(계속)	정의
▪ 각종 보증활동(감사, 분석, 평가 등) 계획	① 보증활동의 목표, 범위는 고객의 요구와 관심사에 부합되는가? ② 적절한 평가기준을 사용하고 있는가? ③ 보증활동 팀은 해당분야의 전문가들로 구성되어 있으며 품질보증을 할 수 있는 전문지식을 가지고 있는가? ④ 보증활동 팀은 보증활동이 내포하는 위험의 중요성과 그 요소를 충분히 고려하고 있는가?

수준 1	수준 2	수준 3	수준 4
1.1 시스템 내에서 주된 통제대상, 통제하기 어려운 것, 통제를 보완하는 방법 등을 알고 있다.	2.1 보증활동의 목표와 범위를 정할 때 중요도, 위험도, 감사 가능성 등을 평가한다.	3.1 고객의 요구를 정의한 후 이에 부합하도록 보증활동을 위한 목표, 범위, 보고서 작성전략 등을 세운다.	4.1 사무실의 보증활동 전략범위 내에서 보증활동계획을 승인한다.
1.2 특정 보증활동에 적용될 평가기준에 대한 정보를 얻기 위해 연구한다.	2.2 보증활동의 목표를 달성하기 위한 평가기준이나 평가원칙을 잘 알고 있다.	3.2 프로젝트를 수행할 때 고객 및 감사대상자들이 알고 싶어 하는 정보가 무엇인지 결정할 필요가 있을 때 대화계획을 수립한다. 즉, 누가 무슨 정보를 필요로 하는지, 언제 필요한지, 어떻게 제공되어야 하는지 등을 포함한다.	4.2 이미 수립된 또는 변경된 업무에 부합하도록 프로젝트의 변경을 승인한다.
1.3 보증활동과 관련된 관리시스템(자료관리, 예산, 계약 등)을 만드는데 돕는다.	2.3 평가기준이나 평가원칙의 정당성을 뒷받침해 줄 충분하고 적절한 보증활동의 증거들을 수집한다.		4.3 사무실의 보증활동 정책을 개발하는데 기여한다.
1.4 보증활동 과정의 개선을 위해 제안한다.	2.4 가장 적절하고 효과적인 증거수집 기술을 선택한다.	3.3 보증활동계획을 개선하기 위해 가치 있는 부가적인 피드백을 제공한다.	4.4 관련 기준들을 준수하면서 산출물을 개선시키기 위해 과거의 보증업무를 변화시킨다.
	2.5 직원 개개인이 보증활동을 하는데 필요한 노력, 자원, 시간을 예측한다.	3.4 보증활동계획을 수립할 때 업무분담은 직원들의 개발요구를 충분히 반영하도록 한다.	
	2.6 프로젝트에서 자신의 역할, 책임, 보고서 작성 등에 대해 잘 이해하고 업무에 임한다.	3.5 필요하면 보증활동 계획을 수립할 때 폭넓게 자문을 받고 전문가들의 견해를 반영한다.	
	2.7 고객의 요구에 부응하는 적절한 보증활동계획을 만들고 중요한 필요사항(전문성과 특정분야 지식의 조합, 비용, 시간, 관련기준 등)을 정의한다.	3.6 업무요구가 달라지면 이에 반응하여 프로젝트 계획의 변경을 추진한다.	
	2.8 프로젝트에 영향을 줄 수 있는 업무, 조직, 기술, 자원의 변화 등을 잘 고려하여 운영한다.	3.7 프로젝트 추진일정을 당초 계획보다 앞당겨야 하는 경우 등에는 프로젝트의 범위, 일정, 비용 등을 다시 결정한다.	
	2.9 필요하면 보증활동 과정에서 새로운 접근방법을 시도한다.	3.8 기술적인 충고 및 사무실 업무가 나아가야 할 방향을 제시한다.	

(1-3) 전문역량(계속)	정의
■ 각종 보증활동(감사, 분석, 평가 등) 수행	① 충분하고 적당한 증거를 수집하였나? ② 기준이나 증거에 근거하여 어떤 질문에 대해서도 대처 가능한 결론을 얻었나? ③ 보고서의 결론을 뒷받침 할 잘 구성된 적절한 문서를 생산하였나?

수준 1	수준 2	수준 3	수준 4
1.1 보증활동자료를 만들고 사용하기 위해 워드, 스프레드시트, 데이터베이스 등 여러 종류의 컴퓨터 프로그램을 활용한다. 1.2 적절한 보증활동 증거들을 확인하고 수집하고 분석하며 공정하고 객관적인 결론을 이끌어 낸다. 1.3 재검토를 하기 위해 잘 만들어진 적절한 문서를 생산한다.	2.1 다른 보증활동에 영향을 줄 수 있는 어떤 보증활동에서 문제들을 인식한다. 2.2 잘못된 진술, 업무수행 부족, 에러 등이 전체 결론이나 의견에 영향을 주게 되었을 때 이를 인식할 수 있다. 2.3 보증활동 프로그램의 변경을 필요로 하는 팀 내 중요문제에 관심을 집중한다. 2.4 수행하고 있는 일이 사무실의 품질기준을 충족하고 있는지를 알기 위해 다른 사람이 한 일을 분석한다. 2.5 필요하면 일정을 수정하고 업무를 재분배하기 위해 개개인이 일을 하는데 쓴 총 시간을 모니터한다. 2.6 평가기준이나 평가원칙을 보증활동 중에 획득한 증거들과 비교해 보는 분석을 한다. 2.7 감사대상자에게 필요한 정보를 간결하게 그리고 적기에 만든다.	3.1 보증활동의 산출물, 비용, 적기를 개선시키기 위해 언제 보증활동 계획이나 과정을 변경해야 하는지를 결정한다. 3.2 보증활동이 관련 기준에 부합하다는 것을 확인하기 위해 문서작성을 포함한 일의 완성도나 정확도를 재검토한다. 3.3 복잡한 문제, 논쟁, 증거들을 분석하고 확고한 판단을 한다. 3.4 충분하고 적절한 보증활동 증거들이 모였는지를 확인한다. 3.5 보증활동으로부터 적절한 결론을 도출한다.	4.1 적절한 결론을 이끌어 낸다. 4.2 가장 적절한 조치를 하기 위해 논쟁거리가 될 수 있는 여러 면들을 고려한다. 4.3 보증활동의 일관성을 유지하기 위해 기준에 대한 해석을 해 준다. 4.4 보증활동의 결론들이 고객의 요구와 이익을 반영할 수 있게 한다. 4.5 보증활동의 결과를 재검토하고 각종 기준에 맞는지 확인한다.

(1-4) 전문역량(계속)	정의
■ 각종 보증활동(감사, 분석, 평가 등)의 보고	① 보증활동의 결과를 명확하고 공정하게 설명할 수 있고 그 결과는 사무실 및 각종 기준에 부합하는가? ② 권고사항들은 안정적이며 증거능력이 있는가? ③ 독립성을 유지하면서 성실하고 객관적으로 보증활동을 할 수 있는가?

수준 1	수준 2	수준 3	수준 4
1.1 증거보전, 문서작성 등과 함께 보고서 작성, 통신을 지원한다. 1.2 보고서 공개에 따른 문제들을 확인한다.	2.1 감사의견과 감사 결론의 초안을 작성한다. 2.2 복잡하고 전문적인 정보들을 명확하고 간결하고 정확한 어조로 서술한다. 2.3 개별 문제들에 대해 중요도에 따라 강조의 정도를 달리하고, 올바른 의미를 전달할 수 있게 보고서 초안을 작성한다. 2.4 일의 성과를 증진시키는 권고사항들을 만들어 낸다. 2.5 확고한 증거들을 이용하여 권고사항들을 보조한다. 2.6 글을 읽는 사람의 동의를 얻어 낼 수 있도록 보고서를 작성하여 감사에서 발견된 문제점, 결론, 권고사항들의 논리와 이론적 설명이 믿을 만하다고 평가되도록 만든다.	3.1 보고서를 통해 전달하고자 하는 메시지, 이야기 줄거리는 고객의 요구와 이익을 반영할 수 있도록 만든다. 3.2 의회소속 공공회계 위원회 및 관계자들이 충분히 이해할 수 있도록 설명 자료를 준비한다. ※ 캐나다 BC주 감사원은 업무는 독립적으로 수행할 수 있으나 법률에 의해 의회를 보조하는 조직임 3.3 각각의 보증활동보고서를 외부에 공개하기 위한 계획을 만든다(즉, 보고서를 읽는 사람들, 보고서 배포 리스트, 배포 방법 등).	4.1 보고서가 충분히 명확하게 작성되었고 수정이 필요하지 않을 정도가 되도록 한다. 4.2 권고사항들이 적절하고 타당하며 고객의 요구와 이익을 반영하고 있는지 확인한다.

(2-1) 핵심역량	정의
■ 개인의 효과성	① 자신이 얼마나 효과적으로 일하고 있는지에 대해 잘 이해하고 있는가? ② 우수한 기준을 세우고 이를 달성하거나 가까워지려고 노력하는가? ③ 자신이 이룬 결과에 대해 책임을 지는가? ④ 사무실의 가치에 기여하고 있는가?

수준 1	수준 2	수준 3	수준 4
1.1 어떤 결정을 하거나 선택을 할 때 사무실의 핵심가치를 활용한다. 1.2 사무실의 가치에 부합되지 않는 다른 직원들의 행동을 고치라고 말한다. 1.3 진실성을 보여 준다. 1.4 조직이 중요하다고 정의한 가치를 존중하고 받아들인다. 1.5 사무실 임무의 범주 내에서 개인적 목적을 분명히 한다. 1.6 목표들을 달성하느냐 못하느냐는 개개인의 책임에 달려 있음을 알고 있다. 1.7 다른 사람의 생각, 느낌, 열정에 대해 지속적이고 진실한 관심을 표명한다.	2.1 도전적인 목표를 세우고 위험을 감수한다. 2.2 개인의 요구와 관심을 사무실의 요구와 균형을 이루게 한다.	3.1 다른 사람에게 감명을 주는 훌륭한 개인적 기준을 만든다. 3.2 힘든 상황에서조차도 독립적인 판단을 하고 자신 있게 행동한다. 3.3 다른 사람의 요구와 관심을 사무실의 요구와 균형을 이루게 한다.	4.1 자신의 행동을 통해 사무실의 가치에 전념한다. 4.2 진실성을 표현하기 위해 자신의 경험, 생각, 느낌들을 말한다.

(2-2) 핵심역량(계속)	정의
▪ 일에 대한 통찰력	① 사무실의 성과를 개선시키기 위해 자신이 갖고 있는 지식을 활용하는가? ② 인적자원과 물적자원을 효과적으로 운용하고 있는가? ③ 목표를 달성하기 위해 앞장서고 꾸준히 노력하는가?

수준 1	수준 2	수준 3	수준 4
1.1 법이 정하는 민주적인 절차에 따라 감사를 해야 하는 사무실의 역할을 이해하고 있다. 1.2 사무실의 업무구조(비용, 수입, 성과측정, 우선순위)에 대해 이해하고 있다. 1.3 정해진 품질, 비용, 적시성, 요구조건을 충족하는 산출결과를 얻기 위해 발생할 수 있는 문제들을 일찍 발굴해 이야기 한다. 1.4 가정을 검증하기 위해 "만약 ~라면"이라는 질문을 하고 현재에 도전한다. 1.5 "할 수 있다"는 태도 그리고/또는 "할 수 있다"는 접근방법을 표현한다.	2.1 현재의 방법, 과정, 프로그램의 이론적 근거에 대해 의문을 갖는다. 2.2 심지어 확실성을 보장해 줄 충분한 정보가 없는 경우에도 시의 적절한 결정을 한다. 2.3 위험을 미리 계산하고 책임성 있게 위험을 감수하도록 독려한다. 2.4 장애물과 좌절에도 불구하고 목표달성을 위해 정진한다. 2.5 한꺼번에 발생한 여러 과제를 해결하기 위해 시간과 과제의 요구사항을 효과적으로 운용한다. 2.6 새로운 요구, 변화, 경쟁우선순위 등에 빨리 그리고 유연하게 적응한다.	3.1 사무실이 의회에 대해 더욱 책임감을 갖게 하기 위해 성과관리에 적극 참여한다. 3.2 스스로 책임은 지지만 책임과 권한, 의사결정 사항들을 가능한 낮은 레벨의 직원들이 대리하도록 위임한다. 3.3 사무실의 성과를 개선시키기 위해 개혁적인 사고를 한다. 3.4 사무실과 부서의 요구, 직원들의 지식과 능력들을 고려하여 생산성을 극대화시킬 수 있게 자원을 배치한다.	4.1 창조성, 미리 계산한 위험의 감수, 생산성(질, 양, 비용, 적시성)을 지원해 줄 복합문화를 만든다. 4.2 잘 운영되는 조직임을 알 수 있는 정책과 기준을 만든다. 4.3 세부적으로는 유연하게 일을 하지만 항상 사무실의 연간 활동계획의 기본골격에 충실한다.

(2-3) 핵심역량(계속)	정의
■ 대인관계	① 다른 사람들과 효과적인 관계를 만들어 가는가? ② 다른 사람들로부터 신뢰와 존경을 받는가? ③ 건설적인 방법으로 문제를 다루거나 논쟁하는가? ④ 다른 사람들을 위해 동기부여를 하는 분위기를 만드는가?

수준 1	수준 2	수준 3	수준 4
1.1 필요하다면 협력함으로써 팀을 지원한다. 1.2 스스로를 사무실의 대표자로 보고 좋은 이미지를 남기도록 행동한다. 1.3 친밀감과 신뢰를 쌓기 위해 오랜 시간관계를 유지하고 장래 상호작용의 기초를 형성한다. 1.4 도전과 질문사항에 건설적으로 반응한다.	2.1 직장 내 어려운 문제들을 다룬다. 2.2 각 팀원들을 더욱 강하게 만든다. 2.3 나서야 할 때와 물러서야 할 때를 안다. 2.4 다른 사람의 노력과 성공을 인정한다.	3.1 그룹 전체의 선을 위해 자기 자신의 의사를 보류시키는 의지를 보여 줌으로써 다른 사람과 신뢰를 쌓아 나간다. 3.2 동료, 상사, 부하직원, 조직내부, 외부 할 것 없이 여러 종류의 사람들과 잘 사귄다.	4.1 사무실을 최고로 유지시킬 의도를 가지고 기회들을 확인하기 위해 다른 사람들과 의견을 나누는 네트워크를 만들어 정보를 모으고 문제들을 풀기 위한 단서를 찾는다. 4.2 핵심관리자와 최고관리자들의 눈에 띄는 지원활동을 기록한다. 4.3 고객, 다른 조직의 관리자들, 조직 내(직급에 관계없이) 직원들과 폭넓은 대인관계를 갖는다.

(2-4) 핵심역량(계속)	정의
■ 자기개발	① 계속적이고 생산적인 학문의 기회를 통해 자기개발을 하고 있는가? ② 편견 없이 반성하고 새로운 기대들을 하는가? ③ 필요할 때 남의 지원을 요청하는가?

수준 1	수준 2	수준 3	수준 4
1.1 더 배우기 위해 더 많은 책임을 떠맡거나 다른 배움의 기회를 갖는다. 1.2 다른 사람들로부터 의견을 들어 자기 평가에 반영시킨다. 1.3 사무실의 가치를 높이기 위해 자신의 전문분야에서 새로운 접근, 도구, 방법 그리고/또는 기술을 적용한다. 1.4 배우는 과정에서 발생하는 실수를 인정한다.	2.1 자신의 경력목표에 맞게 능력을 증진시키기 위해 행동한다. 즉, 업무를 자진해서 처리하거나 더 많은 책임을 떠맡는다.	3.1 고객, 부서와 관계된 공공조직 또는 일반 조직들과 교통하면서 개인의 장래전망을 크게 넓혀 나간다. 3.2 조정할 필요가 있다면 자신의 행동패턴을 변화시킨다.	4.1 다른 사람을 지도하고 감독하고 가르치면서 스스로 배운다.

(2-5) 핵심역량(계속)	정의
■ 고객 관점	① 고객들과 효과적인 관계를 만들고 유지하는가? ② 고객들을 위한 가치창출을 위해 노력하고 있으며 상호 장기발전의 기회로 삼고 있는가? ③ 감사원에서 신뢰를 쌓아 가고 있는가?

수준 1	수준 2	수준 3	수준 4
1.1 고객의 요구에 부응하기 위해 신속성을 유지한다. 1.2 언제나 고객의 비밀을 존중한다. 1.3 고객의 이익, 기대에 반응한다. 1.4 공정하고 정직하며 일관된 행동을 통해 고객으로부터 신뢰를 쌓는다.	2.1 고객의 관심사항 또는 질문사항을 해결하기 위해 책임을 진다. 2.2 하려고 하는 일이 고객에게 가장 최상의 정보를 제공할 것인지에 대해 결정한다. 2.3 고객과 항상 정보와 지식을 교환한다. 2.4 고객의 요구에 기초한 프로젝트나 서비스를 제안한다.	3.1 산출물이나 서비스의 개선을 위해 고객정보를 활용한다. 3.2 어떤 일은 할 수 있지만 어떤 일은 할 수 없다든지, 왜 그런지 등에 대한 문제를 고객과 이야기함으로써 고객에게 실질적인 기대를 제공한다. 3.3 고객과의 장기적인 관계를 증진시키기 위해 고안된 기회들을 먼저 실행한다. 3.4 고객에게 서비스를 제공하려는 우리의 능력을 제한하는 조직 내 문화, 시스템, 업무관행들을 바꾸어 나간다.	4.1 고객이 우리 사무실의 역할을 잘 이해하도록 조치를 취한다. 4.2 고객의 요구에 부응할 최적의 프로그램을 결정한다. 4.3 우리의 행동들과 결정들이 의회의 지원을 얻을 수 있도록 한다.

(2-6) 핵심역량(계속)	정의
■ 대화	① 대화할 때 잘 청취하고 충분히 이해하는가? ② 쓰고 말함으로써 효과적으로 대화할 수 있는가? ③ 대화를 통해 필요한 사람에게 필요한 정보를 주는가?

수준 1	수준 2	수준 3	수준 4
1.1 적절한 정보를 얻고 다른 사람을 이해하기 위해 제한 없는 질문과 바꾸어 말하는 기법을 사용한다. 1.2 팀원들에게 시의 적절하게 중요정보를 제공한다. 1.3 글을 명확하고 간결하고 문법적으로 정확히 써서 아이디어를 표현한다. 1.4 부서들 사이에 정보를 주고받는 일을 담당한다. 1.5 상대방에게 존경을 나타내는 어조로 대화한다.	2.1 상대방에게 피드백을 요청하고 질문을 함으로써 대화 내용을 이해했는지 확인한다. 2.2 대화 상대자의 요구에 부응하기 위해 자신의 대화 스타일을 변화시키면서 여러 종류의 사람들과 효과적으로 대화한다. 2.3 표현하지 않았거나 적절하게 표현되지 아니한 생각, 관심, 느낌들을 이해하기 위해 조사한다. 2.4 글을 받아보는 사람이 잘 이해할 수 있게 문서의 목적에 적합한 스타일로 글을 쓴다.	3.1 글을 쓸 때 상대방을 설득시킬 수 있도록 쟁점, 제안, 권고사항 등을 표현한다. 3.2 간결하면서도 적절한 시각도구를 사용하는 프레젠테이션을 준비하되 청중에 초점을 맞춘다. 3.3 전문적인 개념과 정보를 비전문적이면서 알기 쉬운 단어들을 써서 전달한다. 3.4 논쟁의 여지가 있는 결정 뒤에 합리적인 근거와 논리가 있음을 다른 사람들이 이해할 수 있도록 한다. 3.5 사무실이 기대하고 있는 것에 대하여 명확한 진술을 한다.	4.1 의도적으로 정보를 서로 주고받는 환경을 조성한다. 4.2 고객, 고위관리자, 직원들과 의도적이고 시의적절하게 대화함으로써 그들로부터 존경을 받고 이를 유지시킨다.

(3-1) 리더십역량	정의
■ 전략 관점	① 사무실의 장래비전을 개발하고 이야기 하는가? ② 장래에 발생할 요구를 미리 느끼고 기회와 도전을 인식하는가? ③ 일의 우선순위를 장래 목표에 맞추는가?

수준 1	수준 2	수준 3	수준 4
1.1 계량이 가능한 업무 수행 기준을 사용하여 자신이 책임질 분야의 도전목표를 정한다. 1.2 일의 긴급성과 중요성을 구별한다. 1.3 부서에 영향을 줄 수 있는 기류나 문제들을 알고 있다. 1.4 업무목표에 부합하도록 일의 우선순위를 정한다.	2.1 새로운 시도와 프로젝트들을 조직의 목표와 전략에 맞추어 배열한다. 2.2 전략과 우선순위의 변경이 필요할 때 프로젝트 수행에 새로운 접근방법을 적용한다. 2.3 사무실이 변화하는 기류에 대처할 수 있게 방법을 제안한다. 2.4 개별 부서보다는 사무실 전체의 이익을 위해 무엇이 최선인지를 생각하면서 결정을 내린다.	3.1 변화기류에 반응할 수 있게 감사프로그램의 중점을 변경시킨다. 3.2 비전을 실현시킬 수 있는 전략을 개발한다. 3.3 공동의 비전을 실현시키기 위해 전념한다. 3.4 직원들이 그들 스스로를 위해, 그리고 그들이 속한 그룹을 위해 적절한 목표, 책임, 행동들을 정의할 수 있게 도와준다.	4.1 장래 요구되는 비전이 무엇인지 분명히 밝힌다. 4.2 비전을 실현시키기 위한 개념적인 로드맵을 제공한다. 4.3 국장급 이상 직원들로 구성된 팀으로 하여금 장래 나아가야 할 방향을 개발하도록 한다. 4.4 장기목표와 장기전략의 성취와 함께 조직 및 구성원의 단기 욕구도 충족시킬 수 있도록 균형을 맞춘다.

(3-2) 리더십역량(계속)	정의
▪ 팀 리더십	① 효과적이고 생산적인 팀을 구성하는가? ② 흥미와 열정을 유발하며 그룹 또는 팀 임무에 전념하는가? ③ 팀의 성취를 인정하고 찬사를 보내는가?

수준 1	수준 2	수준 3	수준 4
팀에서 나는 누구인가? 1.1 문제를 해결하고 결정을 내리기 위한 팀 미팅이나 그룹토론에 기여한다. 1.2 팀 구성원의 다양한 배경과 그들이 팀의 성공을 위해 기여하는 것에 감사한다. 1.3 그들과 일을 분담한다. 1.4 개인뿐 아니라 팀이 성취한 것이 무엇인지 잘 안다. 1.5 동료들과의 팀워크를 나타냄으로써 타의 모범이 되는 역할 모델이 된다. 1.6 개인적으로는 원하는 것이 아닐지라도 팀의 결정을 후원한다. 1.7 다른 사람이 한 일에 대해서도 무관심하지 않고 책임을 느낀다.	내가 팀에 어떻게 기여하고 있는가? 2.1 팀 구성목적이 무엇인지 분명히 안다. 2.2 다른 사람들의 가능성을 믿는다는 것을 표현하여 팀 구성원들이 리더의 기대에 부응할 수 있도록 한다. 2.3 보증활동에 참여하는 여러 사람들이 목표를 공유하고 상호 존경하며 신뢰하도록 권장함으로써 협력을 유도한다. 2.4 일에 참여하는 구성원 하나하나가 스스로 팀 내에서 중요한 역할을 담당하고 있음을 느끼도록 돕는다. 2.5 팀의 일을 돕기 위해 리더로서, 일의 수행자로서 또는 촉매제로서의 복합된 역할을 수행한다. 2.6 남으로부터 얼마나 인정받고 있는가에 기초하여 개인의 성취감을 깨닫는다. 2.7 흥미와 열정을 유발하며 사무실의 임무에 전념하는 방법으로 다른 사람과 대화한다. 2.8 기대에 못 미치게 일을 수행하는 직원에게 적절한 지도를 한다.	3.1 팀워크를 지원하기 위해 필요한 도구와 자원을 제공한다. 3.2 팀원에게 장해물이 되는 것을 제거하여 그들이 결과를 달성하도록 한다. 3.3 업무의 주요단계에 개입하되 사소한 일까지 통제하지 않는다. 3.4 팀원들과 어떻게 하면 그들의 노력이 기여할 수 있는지에 대해 대화한다. 3.5 팀의 사기, 생산성을 높이기 위한 전략(인정, 보상, 업무할당 등)을 사용한다.	4.1 팀워크가 가치 있다는 문화를 만든다. 4.2 팀워크를 조장할 수 있도록 시스템, 정책, 절차 등을 만든다. 4.3 사무실의 목표, 전략, 우선순위, 가치들의 범주 내에서 주요 문제들에 대해 분명한 입장을 취한다.

(3-3) 리더십역량(계속)	정의
■ 변화주도	① 업무상 필요한 변화를 적극적으로 유도하는가? ② 변화과정을 만나면 적극적으로 받아들이는가? ③ 스스로 변화에 적응하고 효과적인 결과를 얻기 위해 노력하며 다른 사람들도 그렇게 되도록 돕는가?

수준 1	수준 2	수준 3	수준 4
1.1 스스로의 행동을 통해 변화해야 한다는 이미지를 강화시킨다. 1.2 업무를 하는데 왜 변화가 필요한지에 대하여 대화한다. 1.3 팀원 모두가 변화에 대해 정확한 정보를 갖도록 돕는다. 1.4 어떤 변화가 진행될 것인지 사람들이 알도록 해 준다.	2.1 공개적으로 그리고 계속적으로 변화를 위한 지원을 이야기 한다. 2.2 변화가 특히 우리의 역할과 지위에 어떻게 영향을 줄 것인지에 대해 설명한다. 2.3 변화를 수행하는데 걸림돌이 되는 장애를 제거하도록 돕는다. 2.4 변화과정을 통해 다른 사람을 돕는다.	3.1 변화의 옹호자로서 행동한다. 3.2 사람들이 이해할 수 있는 용어들을 사용하여 변화를 수행하기 위한 계획을 설명한다. 3.3 요구되는 변화의 성공적인 수행을 확신하기 위해 특별하면서도 지속적인 행동을 취한다. 3.4 새로운 변화방향에 일치하는 행동을 하는 사람들을 공개적으로 인정한다. 3.5 생산성과 일관성을 확인하면서 변화의 요구를 저울질한다. 3.6 직원들의 능력으로 변화를 수행할 수 있는지 고려한다.	4.1 요구되는 변화가 무엇인지 명확하게 구도를 잡는다. 4.2 조직이 변화에 대처하도록 재배치한다. 4.3 변화과정을 완성시키기 위해 적극적으로 후원한다. 4.4 변화가 전략방향과 연결될 수 있도록 변화의 이론적 근거를 개발한다. 4.5 요구되는 변화를 성취하기 위해 신속성을 갖춘다.(변화에 부합하는 행동을 포상하거나 훈련시키는 일 등) 4.6 변화하기 위해 사람들의 능력을 측정한다. 4.7 변화를 돕기 위해 적절한 전략을 개발한다.

(3-4) 리더십역량(계속)	정의
■ 직원개발	① 직원들의 지식이나 능력을 조직의 핵심자산으로 활용하고 있는가? ② 직원들이 더 높은 단계의 기술이나 재능을 얻을 수 있도록 돕기 위해 피드백, 지식, 지원, 기회, 자원 등을 제공하고 있는가?

수준 1	수준 2	수준 3	수준 4
1.1 행동의 변화를 독려하고 성과를 증진시키기 위해 규칙적인 피드백을 제공한다. 1.2 개인적인 용어보다는 행동과 관련한 용어를 사용하여 피드백을 한다. 1.3 직원을 돕기 위해 직업훈련(On-the-job-training)을 제공한다. 1.4 좌절을 겪은 직원을 돕는다.	2.1 사람들의 잠재력을 발휘하도록 돕는다. 2.2 사람들이 어떤 능력이 강하고 어떤 능력이 모자라는지를 확인하고 더 배울 수 있는 계획을 세우도록 돕는다. 2.3 팀원들이 그들의 기술을 개발할 수 있도록 지도하고 조언한다.	3.1 적절한 성과평가와 직원개발 과정들이 진행중임을 알려준다. 3.2 직원개발과 관련하여 당사자와 서로 협의하여 적절한 기대치를 정한다. 3.3 개인의 성장, 효율성도 고려하는 한편 일을 분담시켰을 때 직장에 미칠 영향들도 균형 있게 살핀다. 3.4 팀원들이 자신이 발전하고 싶은 분야가 어떤 것인지를 알고 행동할 수 있도록 협조적인 분위기를 조장한다.	4.1 사람들이 그들 스스로를 개발시키고자 하는 조직 분위기를 만든다. 4.2 사무실에서 배움의 기회를 제공하는 등의 방법으로 배우려고 하는 조직습관을 지원한다.

3. Learning Activity Options

훈련은 배움의 욕구에 대한 해결책 중 하나이다. 아래에는 배움의 방법으로 선택할 수 있는 것들을 열거하였다.

배움의 방법	설명
행동학습(Action Learning)	조언자의 도움을 받아 실제 문제를 해결하면서 배울 점을 얻는 팀 환경에서의 문제풀이 방법
대리업무(Acting Assignment)	잠시 공석인 자리의 업무를 맡아 대신 처리
행동평가(After Action Review)	과거 행해졌던 일을 조사한 후 그로부터 장래 성과를 개선시키기 위해 배우려는 그룹 내 평가
견습(Apprenticeship)	일정기간 고용되어 일을 하면서 배우는 것
지도(Coaching)	어떤 사람에게 능력을 발휘하도록 하고 성과에 대해 피드백을 제공하는 일
컴퓨터/웹에 기초한 훈련 (Computer/Web Based Training)	컴퓨터 또는 웹을 통해 전달되는 내용으로 지도를 받거나 피드백 받는 일
자문(Consultation)	전문가에게 의견을 묻는 일
성과보고(Debriefing)	어떤 일이 끝난 후 바로 그 동안 일어난 일에 대해 토론하면서 배우는 것
시범(Demonstration/ Pilot Project)	시범 프로젝트를 수행하면서 과정 또는 어떤 것을 시험해 보는 것
토론 그룹(Discussion Group)	정보를 교환하고 서로 다른 사람의 지식과 경험으로부터 배우는 것
원거리 학습(Distance Learning)	물리적으로 다른 곳에 위치해 있는 원천으로부터 통신이나 인터넷을 통해 배우는 일
실험실(Experimental Labs)	실제세계에서 떨어져 안전하게 준비된 곳에서 기술을 익히는 일
현지출장(Field Trip)	어떤 일이 일어나고 있는지 현장에 나가 보는 일
정식교육(Formal Education)	인정된 교육기관에서 학점 이수과정에 참여
그룹연구(Group Research)	프로젝트의 한 부분에 대해 분리하여 연구하고 정보를 얻은 후 그 결과를 그룹 내로 가져오는 것
업무확장(Job Enlargement)	직원에게 새로운 기술을 익힐 기회를 제공하기 위해 업무를 추가시키는 것
업무교환(Job Swapping)	다른 직원의 기술을 배우기 위해 업무를 바꾸는 것
조언(Mentoring)	존경하는 상사나 경험 있는 직원한테서 배우는 일
관찰(Observing/Shadowing)	그 일을 어떻게 하는지 배우기 위해 다른 사람이 일을 수행할 때 지켜보는 것
직업훈련(On-The-Job-Training)	직장에서 어떤 사람으로부터 지도를 받고 가끔 배운 것을 적용하기 위해 실제 업무에 참여하는 일
파트너링(Partnering)	다른 사람과 행동 또는 책임을 공유하는 일
동료학습(Peer Learning)	같이 일하는 사람으로부터 배우는 것
읽기(Reading)	정보를 얻기 위해 프린트 자료를 읽는 일
자습(Self Study/Independent)	책, 비디오, 컴퓨터 온라인 자원 등을 사용하여 스스로 배우는 일
심포지움, 컨퍼런스 (Symposium, Conference)	최근의 연구나 새로운 사례를 재검토하기 위해 열리는 모임에 참석하는 일
팀 학습(Team Learning)	문제해결 능력을 개발하기 위해 팀원들과 지식과 경험을 공유하는 일
임시 방계활동 (Temporary Lateral Move)	일의 내용을 배우기 위해 잠시 다른 업무를 맡는 것
훈련(Training)	특별한 태도, 지식, 또는 기술을 개발하기 위해 설계된 과정에 참여하는 일

4. Targeting Area of Learning Needs

대부분의 사람들은 2~4개의 능력을 개발하는데 중점을 두는 것이 효과적이다. 자기역량 평가결과 훈련이 필요하다고 느낀다면 다음 표를 사용하여 훈련요구를 구체화 시킬 수 있을 것이다.

이름:	지위: 해당란에 O표 　1. 감사보조자(Level 1) 　2. 감사자(Level 2, 3) 　3. 프로젝트 리더(Level 4, 5) 　4. 과장(Level 6, 7) 　5. 국장(Level 7, 8) 　6. 기타 ※ 캐나다 공무원은 Level 1~10 　까지의 직원으로 구성	날짜:
가능하다면 스스로 배우고 싶은 주제, 과정, 분야를 각각의 능력과 연결하여 기술하거나 또는 기타(miscellaneous) 사항에 기술하라.	다음 질문을 사용하여 적절한 우선순위에 O표 배우려고 하는 것이 내가 맡고 있는 지위의 전략방향에 얼마나 중요한가? D=Developmental(다음 해) M=Medium(올해 또는 다음 해) H=High-critical(올해)	

전문역량			
각종 보증활동 관리			
1)	D	M	H
2)	D	M	H
각종 보증활동 계획			
1)	D	M	H
2)	D	M	H
각종 보증활동 수행			
1)	D	M	H
2)	D	M	H
각종 보증활동 보고			
1)	D	M	H
2)	D	M	H

기타(miscellaneous)

1)	D	M	H
2)	D	M	H

computer

중급워드	D	M	H
고급워드	D	M	H
중급엑셀	D	M	H
고급엑셀	D	M	H
중급 파워포인트	D	M	H
고급 파워포인트	D	M	H
액세스(Access)	D	M	H
아웃룩(Outlook)	D	M	H
윈도우	D	M	H
Caseware	D	M	H
감사언어(ACL-Audit Command Language)	D	M	H

기타(others)

조사방법	D	M	H
정부의 기능	D	M	H
입법, 규정, 훈령, 지시	D	M	H
위험관리	D	M	H
정부회계	D	M	H
프로젝트관리	D	M	H

의견 :

핵심역량			
자기평가-Meyer Briggs Type Indicator	D	M	H
자기평가-Conflict Resolution Style	D	M	H
자기평가-Work Personality Index	D	M	H
발표기술	D	M	H
쓰기기술	D	M	H
흥미로운 대화기법	D	M	H
스트레스관리	D	M	H
시간관리	D	M	H
학습 및 학습계획	D	M	H
360° 피드백과정	D	M	H
변화참여	D	M	H
직장 내 대인관계 형성	D	M	H
고객서비스를 하는데 필요한 설득력 강화	D	M	H

기타(miscellaneous)

1)	D	M	H
2)	D	M	H

의견 :

리더십역량			
변화선도	D	M	H
직업훈련지도	D	M	H
교수법	D	M	H
감독법	D	M	H
성과관리	D	M	H
360° 피드백과정	D	M	H
팀 리더십	D	M	H
리더십 사례	D	M	H

기타(miscellaneous)

1)	D	M	H
2)	D	M	H

의견 :

5. Probation Performance Assessment

이름_____ 직급 _____ 부서 _____ 최초 임용일 _____

평가자 이름 및 직위 _____ 평가기간 _____ ~ _____

> ※ 이 양식은 평가대상 직책에 요구되는 업무내용 또는 능력을 기술하도록 설계되었다. 평
> 가를 담당하는 인사담당 매니저는 직원들이 수행한 감사사항이나 프로젝트를 대상으로
> 평가하되 평가대상 직원의 감독자에게 적절한 자문을 받아야 한다.

① 업무성과

업무성과를 기술(평가기간 동안 성취한 것과 공헌한 것)

업무성과를 얻기 위해 어떤 역량을 사용했는지 기술

업무성과에 영향을 줄 수 있었던 요소들을 기술
(성공에 기여한 역량, 좀 더 개발할 필요가 있는 역량)

직원의견 기술(업무수행 시 조직, 감독자, 매니저 등으로부터 받았던 지원의 품질에 대해)

② 직원 훈련 및 개발

※ 직원 개개인이 감독자와 상의하면서 자신의 경력목표, 기대, 전략 등과 경력개발을 위
해 사용할 자원들에 대해 기술

다음 업무수행기간 동안의 개발 필요성
···

개발목표(직원 개개인의 개발계획을 포함시킬 수도 있고, 파견, 임시업무, 특별 프로젝트를 요청
할 수도 있음. 직원의 목표는 무엇인지, 감독자는 어떻게 지원할 것인지 기술)
···

어떤 역량을 개발하려는지 구체적으로 기술
···

③ 의견 및 서명

직원 의견

평가내용을 읽고 동의함. 서명_____ 날짜_____
평가내용에 동의하지 않으며 아래와 같은 의견 제출. 서명_____ 날짜_____

감독자 의견

서명_____ 날짜_____ 이름_____

과장/국장 의견

서명_____ 날짜_____ 이름_____

인사 담당 매니저 서명_____ 날짜_____ 이름_____

6. Employee Compensation Review Record

이름_____ 직급_____ 부서_____ 해당직급 근무기간_____~_____
평가자 이름 및 직위_____ 평가기간_____~_____
평가사유: 최초임용 후 시보_____ 1년 단위 평가_____ 기타_____

> ※ 이 양식은 평가대상 직책에 요구되는 업무내용 또는 능력을 기술하도록 설계되었다.
> 평가를 담당하는 인사담당 매니저는 직원들이 수행한 감사사항이나 프로젝트를 대상
> 으로 평가하되 평가대상 직원의 감독자에게 적절한 자문을 받기를 바란다.

① 업무성과

업무성과를 기술(평가기간 동안 성취한 것과 공헌한 것)

업무성과에 영향을 줄 수 있었던 요소들을 기술(성공에 기여한 능력, 좀 더 개발할 필요가
있는 역량)

직원의견 기술(업무수행 시 조직, 감독자, 매니저 등으로부터 받았던 지원의 품질에 대해)

② 연봉조정

※ 발전적인 직원과 기여도가 큰 직원(상위 20%)에 대해 연봉 상향조정. 한 곳(조정비율)
에만 O표

구분	발전적임(차상위 10% 직원을 대상)	기여도가 큼(상위 10% 직원을 대상)
특별히 뛰어남	6%	4%
만족스러움	4%	2%
발전이 필요함	2%	1%
불만족스러움	0%	0%

연봉조정에 대한 직원 의견

평가내용을 읽고 동의함. 서명_____ 날짜_____
평가내용에 동의하지 않으며 아래와 같은 의견 제출. 서명_____ 날짜_____

감독자 의견

서명_____ 날짜_____ 이름_____

과장/국장 의견

서명_____ 날짜_____ 이름_____

인사 담당 매니저 서명_____ 날짜_____ 이름_____

(부록 2-4) 영국정부의 자체감사기구 직원들에 대한 역량평가표

1. 정의

○ Internal Auditor: 자체감사자협회 IIA의 PIIA(Diploma in Internal Audit Practice) 자격
증을 소지하거나 이와 동등 이상인 자

○ Lead Internal Auditor: IIA의 MIIA(Advanced Diploma in Internal Auditing and Management)
자격증을 소지하거나 이와 동등 이상인 자

○ Senior Audit Staff(Grade 7 이상): IIA의 MIIA 자격증을 소지하고 있거나 이와 동등 이
상인 자가 선호됨

2. 역량준거틀

역량	최고 수준자의 역량묘사
위험, 통제, 지배구조	조직의 위험, 내부통제, 지배구조를 이해하고 이것들이 어떻게 자체감사와 관계되는지를 이해한다.
감사전략	자체감사기구의 장은 조직의 위험관리, 내부통제, 지배구조에 대해 조직의 관리자에게 전반적인 의견을 제시하기 위해 필요한 자체감사업무를 결정하는데 그 결정과정을 이해한다.
감사관리	감사의 목표를 달성할 수 있게 업무를 집행하는 전문적인 기량이 있다.
감사결과 보고	내부통제를 개선시키고 보증을 제공하기 위해 감사결과를 적절한 방법으로 소통할 줄 안다.
대화와 소통	명확하고 이해될 만하게 소통한다.
정부환경	중앙정부와 관계되는 특별한 요인들과 이슈들을 이해한다.
전문성 개발	자체감사기구에 영향을 주는 업무환경의 변화 및 자체감사 전문성과 관련하여 최신의 기량을 가지고 있다.

3. 역량준거틀(상세)

구분	Internal Auditor	Lead Internal Auditor	Senior Audit Staff (Grade 7 이상)
1. 위험, 내부통제, 지배구조 - 조직의 위험, 내부통제, 지배구조를 이해하고 이것들이 어떻게 자체감사와 관계되는지를 이해	① 조직의 확장된 기업속성과 함께 위험의 확인, 평가, 관리의 원칙을 이해 ② 조직의 지배구조와 위험관리 요소들을 확인하고 평가할 수 있는 능력 ③ 조직의 위험관리 전략을 알고 이해 ④ 위험관리와 조직의 지배구조와의 관계를 이해 ⑤ 위험관리전략 집행에 관해 검토하고 조언과 권고를 할 수 있는 능력 ⑥ 조직의 상위목표를 이해하고 이를 위해 어떻게 예산이 투입되며 관련되는 중요 위험은 무엇인지 이해 ⑦ 활동목표가 조직의 상위목표와 어떻게 연결되는지 확인 및 이해 ⑧ 자체감사와 위험관리와의 관계, 위험의 성숙도와 이것이 지배구조에 미칠 영향에 따른 자체감사의 역할 등을 이해 ⑨ 활동과 관계되면서 나중에라도 활동영역의 위험 검토 시 고려할 만한 특정 위험을 이해 ⑩ 조직의 위험 수용범위를 내부통제의 적정성과 연계시키고 그 효과성을 평가하기 위해 검토하며 관리자에게 보고할 수 있는 능력 ⑪ 성과측정과 산출목표의 원리를 이해	① 일반적인 위험을 관리하는 적절한 방법에 대해 지식과 경험을 확보 ② 여러 환경에서 위험을 관리하기 위해 필요한 폭넓은 내부통제 경험 확보 ③ 위험관리와 지배구조에 관한 보고서의 효과성을 평가하는 능력 ④ 조직의 전반적인 전략관점 차원에서 위험을 관리할 것인지, 수용할 것인지를 균형점을 이해하고 평가하는 능력 ⑤ 위험관리와 지배구조를 보강하는 더 진보한 이론 개념과 모범사례의 필요성을 이해하고 이를 적용 ⑥ 정보통신의 위험과 이것이 조직에 미칠 영향을 이해하며, 정보시스템이 어떻게 조직전반에 걸쳐 위험을 관리하는데 도움이 되고 보증을 제공하는데 도움이 되는지를 이해 ⑦ 효과적인 위험관리를 보강해 줄 다른 이해관계자의 관점을 이해하는 능력 ⑧ 위험평가 훈련을 조정하고 촉진	① 내부통제보고서를 지원하기 위해 회계관에게 제공되는 각종 보증의 제공처와 제공방법을 이해 ② 위험관리전략의 검토를 지휘하고 최고관리자에게 위험관리 준거틀 및 이의 집행 효과에 대해 조언할 수 있는 능력 ③ 성과검토와 지배구조에 대한 검토를 지휘하는 능력

당신이 이러한 역량들을 성공적으로 표현할 수 있다면 그 증거를 기술하시오.

개발이 더 필요한 역량

구분	Internal Auditor	Lead Internal Auditor	Senior Audit Staff (Grade 7 이상)
2. 감사전략 - 자체감사기구의 장은 조직의 위험관리, 내부통제, 지배구조에 대해 조직의 관리자에게 전반적인 의견을 제시하기 위해 필요한 자체감사업무를 결정하는데 그 결정과정을 이해	① 감사전략의 주요 측면을 알고 이해	① 감사전략의 개발과정에 공헌하기 위해 적절한 지식과 경험을 활용 ② 감사전략의 개선을 위해 지식과 경험을 활용 ③ 감사전략 목표를 달성하는데 필요한 기량과 경험을 확인할 수 있는 능력 ④ 감사전략 범위 내에서 특정 업무의 우선순위를 정하고, 주기적인 계획을 개발하기 위해 적절한 지식과 경험을 활용	① 회계관에게 조직의 위험관리, 내부통제, 지배구조의 효과성에 대한 객관적인 평가 또는 의견을 경제적이고 효과적으로 제공할 목적으로 자체감사 전략을 개발하고 유지하는데 적절한 지식과 경험을 활용 ② 자체감사기구의 업무범위, 감사위원회에 의해 부여된 한계 등을 확인하고 동의하는 능력 ③ 전략을 검토하고 감사환경의 변화를 반영할 대안전략을 탐색하는 능력

당신이 이러한 역량들을 성공적으로 표현할 수 있다면 그 증거를 기술하시오.

개발이 더 필요한 역량

구분	Internal Auditor	Lead Internal Auditor	Senior Audit Staff (Grade 7 이상)
3. 감사관리 - 감사의 목표를 달성할 수 있게 업무를 집행하는 전문적인 기량	① 자체감사가 고객에게 제공할 수 있는 서비스의 영역을 이해하고 이에 공헌하는 능력 ② 정부자체감사기준 내에서 어떻게 일을 하고 어떻게 적용하는지를 이해 ③ 특정한 감사업무 계획에 공헌 ④ 개별감사업무의 범위와 목표를 산출하여 감사매니저로부터 검토를 받을 수 있는 능력 ⑤ 사용가능한 감사자원, 시간을 알고 자체감사기구의 장의 지도를 받아 효과를 극대화시킬 수 있도록 사용 ⑥ 특정 감사목표를 달성하는데 필요한 지식과 기량 보유 ⑦ 감사를 시행할 때 중요한 개인을 확인하는 능력 ⑧ 목표, 위험, 내부통제를 확인하고 기록하는 능력 - 위험관리, 내부통제의 효과성에 대한 감사테스트를 선택하고 시행 - 과도한 통제의 약점, 사례들을 확인 - 발견사실과 권고사항을 지탱하기 위해 각 감사에서 적절한 서류기록을 유지 - 권고사항을 시행하기 위한 집행계획 및 시간표 개발에 공헌 - 감사한 영역의 위험관리 및 내부통제의 효과성에 대해 의견제시 - 감사결과에 대한 follow-up ⑨ 고객과 감사업무의 성과에 대해 논의 ⑩ 조직의 활동과 시스템에 대한 위험, 내부통제를 분석하고 문제를 푸는 해법을 제시하는 능력	① 시간과 비용이 상세하게 제시된 감사계획안 만들기 ② 특정 업무에 대한 감사계획 수립 가능 ③ 자체감사팀을 이끄는데 요구되는 과정과 절차, 기량과 역량 보유 ④ 동시에 여러 감사사항을 관리하는 능력 ⑤ 감사, 자문업무의 모든 성분, 팀원들을 잘 관리하여 산출물이 주어진 시간 안에 기대되는 품질을 확보하도록 하는 능력 ⑥ 감사활동 예산이 개별사항 또는 전체적으로 잘 관리되고, 팀원들이 시간과 예산을 적절히 사용하여 정해진 기간 내 활동을 마친다는 것을 확신시키는 능력 ⑦ 감사발의자와 역할과 책임을 명확히 함 ⑧ 고객과 활동목표, 접근법, 보고필요성에 대해 동의 ⑨ 감사발견사항을 지탱시킬 감사증거에 대한 품질검토 가능 ⑩ 고객과 권고사항 집행에 필요한 집행계획, 시간표, 그리고 follow-up을 동의 ⑪ 집행기관에서 동의하지 않는 권고사항에 대해 적절한 행동을 확인하여 수행 ⑫ 자체감사자에 대한 교육과 개발의 필요성을 확인하고 자체감사기구의 장과 적절한 계획에 동의 ⑬ 감사과정의 효과성을 개선시키기 위한 건설적인 제안서 만들기	① 자체감사기구의 일을 지도하고 중점을 정하는데 필요한 강력한 지식과 경험 보유 ② 감사업무 관리를 위해 현장에서 시행할 정책과 절차를 수립할 수 있는 적절한 지식과 경험 보유 ③ 감사활동이 정부자체감사기준에 맞게 수행된다는 것을 확신하기 위해 품질통제절차를 마련하여 시행 ④ 감사활동을 평가하고 개선 ⑤ 감사결과 확인사실, 권고사항을 위험통제 및 지배구조 문제와 연결시키기 위해 감사보고서 검토 ⑥ 감사결과 확인사실과 관리자 행동을 미래 감사계획에 반영 ⑦ 최고관리자나 회계관과 감사결과 집행계획을 협상 ⑧ 위험등록이 감사결과 확인사실과 취해진 행동을 반영하여 업데이트 되었음을 확신

당신이 이러한 역량들을 성공적으로 표현할 수 있다면 그 증거를 기술하시오.

개발이 더 필요한 역량

구분	Internal Auditor	Lead Internal Auditor	Senior Audit Staff (Grade 7 이상)
4. 감사결과와 보고 - 내부통제를 개선 시키고 보증을 제공하기 위해 감사결과를 적절한 방법으로 소통	① 조직의 내부통제보고서와 관련한 지배구조의 필요성과 보증과정에서의 연간감사보고서의 역할을 이해 ② 정해진 기준, 즉 형식, 스타일, 최소한의 편집에 필요한 여유시간 등에 맞게 감사보고서 준비 ③ 권고사항과 감사의견을 지탱해 줄 명확하고 충분한 증거 제공 ④ 중요한 확인사실은 감사 발의자에게 곧바로 보고 ⑤ 고객의 의견을 수용, 동의하고 보고항목 선정, 집행	① 감사결과 확인사실, 권고 사항들을 위험, 내부통제 및 지배구조의 문제들과 관계 지을 수 있는 능력 ② 감사업무에 적합한 보고 매체의 형식, 스타일을 확인하는 능력 ③ 연간 감사의견에 공헌할 정보, 분석을 제공 ④ 감사의견은 적정한 감사 증거, 자체감사자와의 질문 및 확인에 근거하고 있음을 확신시키는 능력	① 개별감사의 결과를 중요성과 구체성 등에 따라 분류하여 위험, 내부통제, 지배구조 시스템에 대한 의견으로 반영하는 능력 ② 회계관과 감사위원회에 조직의 위험, 내부통제, 지배구조에 대한 의견을 말하는 연간감사보고서 작성 ③ 감사결과 확인사실을 보고하는 기준과 절차를 설정 ④ 감사위원회에 감사

⑥ 감사결과 중요한 문제를 적정한 시간차이를 두고 follow up 하기 위해 감사결과를 모으고 모니터링 해야 한다는 중요성을 이해 ⑦ 감사업무의 중요한 산출물은 보고서가 아닌 동의한 사항에 대한 집행 및 통제환경의 개선이라는 사실을 이해 ⑧ 감사위원회에 보고하는 행위, 성과관리 통계, 연간보증보고서를 포함한 중요한 요약보고 절차를 이해		보고서와 감사결과 확인사실을 제출 ⑤ 중요한 확인사실, 광범위하게 번진 문제들은 최고관리자와 회계관에게 즉시 보고 ⑥ 감사보고서에 결재

당신이 이러한 역량들을 성공적으로 표현할 수 있다면 그 증거를 기술하시오.

개발이 더 필요한 역량

구분	Internal Auditor	Lead Internal Auditor	Senior Audit Staff (Grade 7 이상)
5. 대화와 소통 - 명확하고 이해될 만하게 소통	① 고객에게 가치를 더해 줄 수 있는 고객과 감사자의 관계를 만들기 위해 좋은 대화기술을 이해하고 적용 ② 직급에 관계없이 조직구성원 모두가 좋은 관계를 맺고 유지하도록 노력 ③ 직급에 관계없이 직원들과 같이 인터뷰를 수행하고 기록하는 능력 ④ 다른 사람이 표현하는 생각이나 견해를 이해하기 위해 적극적으로 청취 ⑤ 다른 사람으로부터 중요한 정보를 얻어 낼 수 있도록 질문을 잘 구성 ⑥ 청중의 요구사항과 이해력 정도에 맞는 대화스타일 적용 ⑦ 감사결과 확인사실을 감사매니저에게 직접 보고하는 모임의 장점을 이해하고 실행 ⑧ 감사결과 확인사실의 품질과 영향력을 높이기 위해 대화 시 기술이나 프레젠테이션 스타일/형식 사용 ⑨ 중요한 확인사실을 확신시키고 follow up이 필요하다는 동의를 얻기 위해 관리자와 협상 ⑩ 관리자에게 조언하고 도움 주기	① 인적네트워크를 형성하고 이해관계자들과 효과적인 업무관계를 만들어 유지하는 능력 ② 고급스럽게 영향력을 행사하고 설득하며 협상하는 능력 ③ 사람들이 공동의 목적을 위해 전략적으로 함께 일하도록 격려하고 영감을 주는 능력 ④ 사람들이 결과를 달성하고 자신들의 역량을 발휘하도록 이끌고 자극하고 권한위임 ⑤ 상대에게 이의를 제기하는 시점, 그렇게 하기 위한 능력을 언제 가질 수 있는지를 앎 ⑥ 사람들이 문제를 인식하고 창의적인 해결책을 찾고 견고한 결정을 하도록 돕는 능력 ⑦ 감사발의자와 감사목표와 범위에 대해 토론하고 합의 ⑧ 감사결과 권고사항이 합의되고 실행되도록 관리자와 협상 ⑨ 감사자가 대화소통을 위한 적정한 수단과 스타일을 개발하도록 지원 ⑩ 워크숍을 권장하고 발표하는 능력 ⑪ 대화소통은 팀구성원에게 조언하고, 그들로부터 존경을 얻으며 그들에게 다가갈 수 있는 근원	① 사람들이 듣기 싫어하는 것이 무엇인지를 묻고 이를 해소하기 위해 건설적으로 토론 ② 감사위원회와 최고관리자에게 효과적으로 프레젠테이션 ③ 감사위원회 및 최고관리자와 감사결과 중요한 발견사실에 대해 알리고 협상 ④ 자체감사 업무에 대해 언제 외부관계자들에게 설명할 것인지 결정 ⑤ 자체감사가 업무성과에 가치를 더하는 역할을 하도록 적극적으로 조장

당신이 이러한 역량들을 성공적으로 표현할 수 있다면 그 증거를 기술하시오.

개발이 더 필요한 역량

구분	Internal Auditor	Lead Internal Auditor	Senior Audit Staff (Grade 7 이상)
6. 정부환경 - 중앙정부와 관계되는 특별한 요인들과 이슈들을 이해	① 정부의 재정준거틀의 원칙을 이해 - 자원회계, 재정보고서 - 자원측정, 자원예산 - 지출검토과정 - 재무부의 역할 - 적절성과 규칙성의 원칙 - 정부 현금관리시스템 - 부처의 투자전략 ② 감사원, 하원의 공공회계위원회의 역할을 이해 ③ 의회, 내각, 장관, 공무원의 역할을 포함하여 헌법의 원칙을 이해 ④ 정책결정과정의 원칙을 이해 ⑤ 법률제정 과정을 이해 ⑥ 중요한 법률이 부처업무에 미치는 영향력을 이해 ⑦ 공공부문에서 지배구조 이슈를 이해 ⑧ 중앙정부의 성장과 중요한 목표시점이 갖는 영향력을 이해 ⑨ 공공부문에서 동등한 기회가 주어지고 윤리성이 증대되어야 함을 이해 ⑩ 감사업무에 대해 이해한 것을 적용	① 지출검토, 예산과 자원회계에 관한 업무결정이 어떤 영향력이 있는지 이해 ② 민간자본투자 PFI(Private Finance Initiative), 공공민간 공동투자 PPP(Public Private Partnership), 유럽연합 재정(EU Finance)의 원칙을 이해 ③ 공무원 조직 개혁 프로그램의 원칙을 이해 ④ 유럽연합의 역할 및 정부와의 관계를 이해 ⑤ 감사업무 관리에 대해 이해한 것을 적용	① 감사전략의 개발과 집행에 대해 이해한 것을 적용

당신이 이러한 역량들을 성공적으로 표현할 수 있다면 그 증거를 기술하시오.

개발이 더 필요한 역량

구분	Internal Auditor	Lead Internal Auditor	Senior Audit Staff (Grade 7 이상)
7. 전문성 개발 - 자체감사기구에 영향을 주는 업무 환경의 변화 및 자체감사 전문성과 관련하여 최신의 기량을 보유	① 조직과 감사전문성에 발생하는 변화에 촉각 ② 이러한 변화가 자체감사 조직이 구성되고 활동하는 방법에 어떻게 영향을 주는지 이해 ③ 상시적인 직업개발을 통해 현재의 지식을 확장	① 자체감사기구의 장에게 자체감사 전문성 개발에 관한 조언을 제공 ② 업무에 변화된 방법을 수용하고 이를 효과적으로 활용한다는 것을 확신	① 업무나 전문성에서의 변화가 자체감사에서 일어날 것이라는 사실을 적극적으로 인정 ② 직원들이 변화를 감지하도록 유도하고 변화를 다루는 데 요구되는 영향, 측정법에 대해 토론하게 함 ③ 자체감사기구 전체 직원들의 직업개발을 관리

당신이 이러한 역량들을 성공적으로 표현할 수 있다면 그 증거를 기술하시오.

개발이 더 필요한 역량

(부록 2-5) 자체감사자협회의 자체감사자 역량모형

1. 범례

○ 등급에 관한 범례: ① 자체감사기구의 장 ② 국장 ③ 감사관리자 ④ 감사감독자 ⑤ 자체
　　　　　　　　감사직원 ⑥ 1년 미만 감사자

○ 역량수준에 관한 범례: 1. 인식만 하고 있음 2. 남의 도움을 받아서 기본적인 역량과 지식
　　　　　　　　을 보유 3. 일반적인 상황에서 독립적으로 해결하는 역량을 보유
　　　　　　　　4. 독특하고 복잡한 상황에서 독립적으로 해결하는 역량을 보유

※ na는 not available을 의미

2. 역량내용과 등급별로 요구되는 역량수준

□ 역량분야 1: 대인관계 역량

역량내용	등급별로 요구되는 역량수준					
	①	②	③	④	⑤	⑥
● 영향력: 효과적인 설득전략						
의견일치, 지원을 이끌어 내기 위해 간접적인 영향력 같은 복잡한 전략을 사용할 수 있나?	4	3	2	1	1	1
다른 집행간부, 감사위원회와 네트워크를 만들어 유지하고 자리를 옮겨서도 그 영향력을 빨리 재구축할 수 있나?	4	3	2	1	1	1
회사에도 정치요소가 있다는 것을 이해하고 이에 따라 행동하는가?	4	4	4	3	2	1
복잡한 정치적 상황을 활용해 효과적으로 행동할 수 있나?	4	3	2	2	1	1
제3자의 지원과 외부자원을 요청하고 이들과 연합할 수 있나?	4	4	4	3	2	1
외교력을 확실하게 균형 있게 유지시킬 수 있나?	4	4	4	3	3	2
청중에게 어필할 수 있게 프레젠테이션을 할 수 있나?	4	4	3	3	2	1
주요 정책결정자 또는 정책에 영향을 미치는 사람을 알아 낼 수 있나?	4	4	4	4	3	2
어떤 행동에 대한 반작용, 반대를 알아내고 이를 극복할 계획을 세울 능력이 있나?	4	4	3	3	2	1
저항에 대해 효과적으로 협상하고 관계를 훼손시키지 않으면서 양해를 얻어 낼 수 있나?	4	4	3	3	3	2
관심사항, 원하는 것, 다른 사람의 요구사항을 해결하기 위해 설득적인 논박을 만들어 표현할 수 있나?	4	4	3	3	3	2

상대방의 신뢰를 빠르게 얻을 수 있나?	4	4	4	3	3	3
반대를 이끌어 내고 이에 대응할 수 있나?	4	3	3	3	2	2
다른 사람의 지원을 이끌어 내는 방법으로서 그 사람의 입장에서 생각할 수 있나?	4	3	3	2	1	1
감사에서 발견된 사실을 확신을 가지고 토론할 수 있나?	4	4	4	3	3	2
• 대화소통: 명확하고 확신 있는 메시지를 보내고 남의 말을 청취						
고위직 또는 이사회 멤버들과 명료하게 대화할 수 있나?	4	4	3	3	2	1
충분한 이해를 얻어 내기 위해 복잡한 프레젠테이션을 만들어 청중에게 적용할 수 있나?	4	3	2	2	1	1
청중 앞에 서서 메시지를 전달할 수 있나?	4	3	3	2	2	1
복잡한 문제를 간단한 방법으로 다룰 수 있나?	4	4	4	4	3	2
적극적으로 듣는가?	4	4	3	3	3	3
상호이해를 중시하고 정보를 충분히 나누기를 환영하는가?	4	4	4	4	3	2
개방된 의사소통을 지지하고 좋은 뉴스나 나쁜 뉴스 모두 잘 받아들이는가?	4	4	4	3	3	2
청중의 경험수준에 맞게 의사소통을 조절할 수 있나?	4	4	3	3	2	2
복잡한 개념을 효과적으로 대화하기 위해 비유, 영상, 다른 기법들을 사용하는가?	4	3	2	2	1	1
적절한 기회를 잡아 대화하는가?	4	4	4	3	2	1
정확한 의사결정을 위해 발견된 사실들을 충분히 제공하는가?	4	4	4	3	2	1
반대의견을 정확하게 다른 말로 바꾸어 표현할 수 있나?	4	3	2	2	2	1
질문에 대해 직접적이고 열의 있는 답변을 하기 위해 강력한 청취기술을 사용하는가?	4	4	4	3	3	2
개념을 명확하게 구성해 말로 표현하는가?	4	4	3	3	2	2
대화를 적절한 문법과 구두점 등을 사용하여 효과적이고 전문적으로 글로 표현할 수 있나?	4	3	3	3	3	3
• 관리(정책과 절차)						
다른 사람에게 가르칠 수 있을 만큼 조직의 중요 정책, 실무, 절차를 잘 이해하고 있나?	4	4	4	3	2	1
회사의 정책, 실무, 절차가 잘 지켜지고 있음을 확인할 수 있나?	4	4	4	3	2	1
자체감사 필요성을 알기 위해 시장, 생산물, 산업지식 등을 활용하는가?	4	3	3	2	1	na
• 관리(직원구성)						
지속적으로 고성과자를 고용할 수 있는 채용시스템을 만들 수 있나?	4	3	2	2	na	na
업무승계 계획을 개발하고 정기적으로 업데이트 하고 있나?	4	3	2	2	na	na
지원자의 역량을 평가할 때 여러 가지 평가도구나 시험도구를 사용하고 있나?	4	3	3	2	1	na

업무량을 모니터하고 추가 노력에 대해 고마움을 표시하는가?	4	3	3	2	1	na
직원들의 문제, 욕구, 관심사항, 질문에 민감한가?	4	4	3	2	1	na
자신이나 다른 사람의 개발필요성에 적극적으로 도움을 주는가?	4	3	3	3	2	2
다양성을 관리하고 가치를 부여하고 조장하는가?	4	3	3	2	1	1
팀구성원을 위해 개발계획을 만들고 관리하는가?	4	3	3	3	2	na

• 관리(우선순위, 계획, 성과관리, 고객중심)

조직의 비전을 지원할 행동들의 모범을 보여주고 있는가?	4	4	4	3	3	2
성과문제를 즉시 개선하는가?	4	4	3	3	na	na
다른 사람으로부터 성과피드백을 받고 다른 사람에게도 피드백을 하는가?	4	4	3	3	na	na
일에 대해 명확하고 잘 정의되고 바람직한 성과를 정하고 진전상황을 살피는가?	4	4	3	3	2	2
일과 관계된 문제에 대한 토론을 진행하고 결과들을 관리하는가?	4	4	3	3	2	1
개인문제에 관해 토론하고 결과를 관리하는가?	4	4	3	3	2	1
팀구성원에게 에너지를 주기 위해 여러 방법을 사용하는가?	4	3	2	2	1	1
중점을 강조하고 몰아가는가?	4	4	3	3	1	1

• 관리(시간관리, 목표 및 업무성취, 조직기량)

동시에 여러 일을 할 수 있나?	4	4	3	2	2	1
일과 할당된 목표를 제 때 효과적으로 완성할 수 있나?	4	4	4	3	3	2
다른 사람들이 책임감 있게 일하도록 하는 한편, 그들의 성과를 지도할 수 있나?	4	4	3	2	1	na
도전적인 목표를 세우고 집요함과 끈기를 발휘하는가?	4	4	3	2	1	na
목표를 달성하고 일을 성사시키기 위해 노력하는가?	4	3	3	3	3	3
제공된 자원을 효과적이고 효율적으로 사용하는가?	4	3	3	3	3	2
일과 생활의 균형의 중요성을 깨닫고 이해하고 유지하고 관리하는가?	4	3	3	2	2	2
시간을 효과적으로 사용하는가?	4	3	3	3	3	3
중요한 일에 에너지를 집중하는가?	4	4	4	3	3	2

• 리더십: 그룹이나 사람에게 영감을 주고 이끌어 조직몰입 달성

영감을 주는 개인비전, 그룹비전, 업무비전을 만들 수 있나?	4	3	3	2	2	1
단합을 하게 할 프로그램을 만들어 집행하고 자체감사팀에 적용할 수 있나?	4	3	3	3	2	2
자체감사팀의 목표를 달성하는 과정에 있는 중요한 위험을 감수할 수 있나?	4	3	2	2	1	na
모범사례를 실천하면서 이끌 수 있나?	4	4	4	4	4	2
다른 사람에게 자체감사기능을 대변하고 옹호하는가?	4	4	3	3	2	2
진정한 확신을 가지고 있나?	4	4	3	3	3	2

• 변화촉진: 변화를 주도하고 관리						
변화를 주도하고 다른 사람에게 이를 따르도록 요청할 수 있나? 변화추진 이정표, 시간표 등을 포함한 변화전략을 개발할 수 있나?	4	3	2	1	1	na
다른 사람에게 기대하는 변화를 먼저 보여줄 수 있나?	4	4	4	3	2	1
변화선도에 예상되는 장애물과 쓸 수 있는 자원에 대해 정확히 평가할 수 있나?	4	3	2	2	1	1
변화선도를 위해 자원을 제공하고 장애물을 걷어 내고 변화선도 옹호자로 행동하는가?	4	3	3	2	1	na
일의 효율을 유지하면서 변화하는 환경에 긍정적으로 반응하는가?	4	4	4	3	3	2
현재의 전략이 잘 작동되지 않으면 다른 전략으로 즉시 바꾸는가?	4	3	na	na	na	na
현재의 방법이 잘 작동되지 않으면 다른 방법으로 즉시 바꾸는가?	4	4	3	3	2	2
변화과정에서 방향과 중점을 제공하는가?	4	3	3	2	1	1
새로운 아이디어, 시스템, 절차를 지원하는가?	4	4	4	3	4	3
창조적인 아이디어와 행동으로 변화하는 상황에 빠르게 반응할 수 있는가?	4	4	3	3	2	2
변화의 필요성을 지지하는가?	4	4	4	3	2	2
업무환경과 일에서 변화해야 하는 이유를 알리기 위해 조치를 취하는가?	4	4	4	3	2	2
결정과 행동이 명확하지 않아도 변화를 작동시키는가?	4	4	4	3	3	3
스트레스를 잘 관리하는가?	4	3	3	3	2	1
• 갈등관리: 협상 및 갈등해소						
위기상황에서 지도력을 발휘하는가?	4	3	3	3	2	na
충돌을 찾아내고 불일치를 공개적으로 인정하며 이를 단계적으로 줄이도록 돕는가?	4	4	3	3	2	2
상생해법을 만들고 공통의견을 찾고 분열을 최소화 시키는가?	4	4	3	2	1	1
다루기 어려운 사람, 긴장된 상황을 외교력과 작전으로 잘 처리할 수 있나?	4	4	3	3	2	1
불일치, 충돌, 마음이 상한 상황을 고쳐서 관계를 형성시킬 수 있나?	4	3	3	2	2	1
갑론을박과 공개된 토론을 권장하는가?	4	4	4	3	2	1
남의 말을 잘 청취하는가?	4	4	3	3	3	3
• 유대관계형성						
광범위한 비공식 네트워크를 만들고 유지하는가?	4	4	4	3	2	2
사람들이 다른 사람들과 관계를 맺도록 돕는 기회를 제공하는가?	4	4	3	3	2	1
다른 사람을 칭찬하고 인정하는가?	4	4	3	3	2	2
자신의 경험과 관점을 교류함으로써 관계를 형성하는가?	4	4	3	3	3	2

다른 사람들을 연대그룹 안에 두고 관리하는가?	4	4	4	3	3	2
관계를 형성하는 접촉의 기회를 찾는가?	4	4	3	2	2	1
접근성, 친밀성을 높이기 위해 대화를 주도하고 참여하는가?	4	4	4	4	3	3
접근하기 쉽고 지략이 있는 사람으로 인정받고 있는가?	4	4	4	3	3	3
외교력과 재치를 활용하는가?	4	3	3	3	2	2

● 공동작업, 협력

다른 사람과 계획, 정보, 자원을 나누면서 공동작업을 하는가?	4	4	4	3	2	2
전문적이고 증거에 입각하고 협력적인 분위기를 증진시키는가?	4	4	4	3	2	2
공동작업의 기회를 찾고 육성하는가?	4	3	3	2	2	1
부처 및 다른 그룹과 협력관계를 형성하는가?	4	3	3	3	2	1
무엇을 해달라고 요청받기 전에 행동을 하는가?	4	4	4	3	2	1
고위관리자와 만나면 긴장하지 않고 편안한가?	4	4	4	3	2	1
자신의 한계를 인정하고 필요할 때 조언과 지원을 찾는가?	4	4	4	3	3	3
잘못을 인정하는가?	4	4	4	3	3	3
비밀을 지키는가?	4	4	4	3	3	3

● 팀 역량: 그룹시너지 효과

존경, 남 돕기, 협력 같은 팀 품질을 먼저 보여줄 수 있나?	4	4	3	3	2	2
모든 구성원이 적극적이고 열정적으로 참여할 수 있도록 노력을 이끌어 낼 수 있나?	4	3	3	2	2	1
팀의 정체성, 소속감, 헌신을 형성할 수 있는가?	4	3	3	2	1	1
그룹과 그룹의 평판을 보호하고 신뢰를 나눌 수 있나?	4	4	4	3	2	1
조직 안에서 팀을 옹호하는가?	4	3	3	3	2	2
조직의 장애물을 제거하고 팀을 지원할 자원을 찾는데 도움을 주는가?	4	3	3	2	2	1
다른 사람을 개인이 아닌 팀으로 활동하도록 권장하고 더 좋은 팀의 구성원이 되도록 피드백을 제공하는가?	4	4	3	2	1	na
일을 넘겨받지 않고도 노력을 투입할 수 있나?	4	3	3	2	1	1
팀이 일의 궤도를 벗어날 때 지도할 수 있나?	4	3	2	2	1	na
다른 팀 멤버의 노력을 인정하는가?	4	4	4	3	2	2
다른 팀 멤버에게 최선을 다하는가?	4	4	4	3	3	3
팀이 좋은 정신을 유지할 수 있도록 노력하는가?	4	4	4	3	3	3
다른 팀 멤버에 협력하는가?	4	4	3	3	3	3
아이디어를 서로 나누는가?	4	4	4	3	3	3

□ 역량분야 2: 도구와 기법

역량내용	등급별로 요구되는 역량수준					
	①	②	③	④	⑤	⑥
● 조직 운영관리 연구 도구						
적절한 활동연구기법을 선택하여 사용할 수 있나? (예) Markov chains or processes; Stochastic simulation; Queuing model; Risk analysis; Replacement, Inspection, and Maintenance model 등	2	2	2	2	2	1
업무문제에 최적화 기법을 사용할 때 Structured linear programs, Dynamic programming, Integer and mixed-integer programming, Heuristics for large-scale problems 같은 기법을 선택하여 사용할 수 있나?	2	2	2	2	2	1
조직의 운영, 전략, 과정설계를 개발하고 관리할 수 있나?	2	2	2	2	2	1
cycle time, capacity, waiting time에 대해 남에게 가르칠 수 있을 정도로 잘 이해하고 있나?	2	2	2	2	2	1
basic decision analysis에 대해 남에게 가르칠 수 있을 정도로 잘 이해하고 있나?	2	2	2	2	2	1
simulation에 대해 남에게 가르칠 수 있을 정도로 잘 이해하고 있나?	2	2	2	2	2	1
조직 운영연구 분야에 전문가가 필요하다는 사실을 알고 있나?	4	4	3	3	2	1
전문가에 의해 수행된 업무결론의 사용을 인정할 수 있고 이해할 수 있나?	4	4	3	3	2	1
● 예측						
미래행동에 대해 관리자의 결정을 지원하기 위해 예측기법을 적용할 수 있나?	4	3	3	2	2	1
Causal and time series 모형의 정확도를 평가하고 모형을 현실문제에 적용할 수 있나?	2	2	2	2	2	1
조직예측도구를 활용할 수 있고 특정감사에 적용할 수 있나?	4	4	3	3	3	1
예측분야에 전문가가 필요하다는 사실을 알고 있나?	4	4	3	3	2	1
전문가의 업무결과를 검토하고 그 업무결과가 감사업무를 적정하게 지원한다는 사실을 확인할 수 있나?	4	4	3	3	2	1
● 프로젝트관리						
조직에서 감사프로젝트를 관리할 수 있나? 필요한 모형을 스스로 선택하여 적용할 수 있나?	4	4	4	3	2	1
● 업무과정분석						
Six sigma 기법을 적용할 수 있나?	2	2	2	2	2	1
Workflow analysis, Bottleneck management, Theory of constraints를 잘 이해하고 적용할 수 있는가?	2	2	2	2	2	1
업무과정을 분석하고 개선하는 팀을 조직하고 이끌 수 있나?	4	4	3	3	2	1

업무과정을 개선하기 위해 바로 적용할 수 있는 전술, 방법을 제시할 수 있나?	4	4	4	4	3	1
Swim Lane Diagrams 같은 업무과정 분석도구를 활용하고 이를 이용하여 완성된 업무를 검토할 수 있나?	4	4	4	4	3	1
업무과정의 문제를 빨리 확인하는 분석기법을 찾아 사용할 수 있나?	4	4	4	4	3	1
업무과정의 효율성, 효과성을 측정할 수 있나?	4	4	4	4	3	1
내외부 기능의 상호작용 및 간섭을 확인하고 분석할 수 있나?	4	4	4	4	2	1
업무과정을 확인하고 우선순위를 정할 수 있으며 이를 flowchart로 나타낼 수 있나?	4	4	4	4	4	1

● Balance Scorecard

회사의 활동들이 비전과 전략목표와 부합하는지를 측정할 수 있나?	4	4	3	2	2	1
감사기능의 성과를 평가하기 위해 자체감사기구에 Balance Scorecard를 적용할 수 있나?	4	4	4	3	3	2

● 위험, 내부통제 평가기법

위험이론, 즉 위험의 정의, 위험과 전략목표·운영목표·과정목표와의 관계, 위험허용, 잔여위험, 노출, 위험영향도 평가 등에 대해 남을 가르칠 수 있을 만큼 잘 알고 있나?	4	4	4	4	3	2
위험관리기법(위험회피, 위험관리, 위험허용, 영향력), 비용효과분석에 대해 남을 가르칠 수 있을 정도로 잘 알고 있나?	4	4	4	4	3	2
내부통제의 설계 및 적용(통제목표 정의, 예방, 탐지, 수정, 공식 또는 비공식 통제 등)에 대해 남을 가르칠 수 있을 정도로 잘 이해하고 있나?	4	4	4	4	3	2
내부통제를 테스트하는 기법에 대해 남을 가르칠 수 있을 정도로 잘 이해하고 있나?	4	4	4	4	3	2

● 지배구조 위험 및 내부통제에 관한 도구, 기법

내부통제의 일반적 정의를 이해하는가?	4	4	4	4	3	3
COSO, COCO, Cadbury 같은 주요한 통제준거틀을 적용할 수 있나?	4	4	4	4	3	3
Deeming Award, TQM, 12 Attributes, Deep Learning Framework, Baldridge Award, ISO 900, Westinghouse Award, Northrop Award 같은 통제준거틀을 적용할 수 있나?	2	2	2	2	2	1
조직에 내부통제 준거틀이 없는 상황에서 그 조직에 대한 특별감사를 위해 임시 내부통제 서류를 만들고 이를 감사 때 적용할 수 있도록 감사대상기관과 합의할 수 있나?	4	4	4	4	4	1
내부통제의 개념을 정의할 수 있고 조직에 적용된 통제준거틀을 이해할 수 있나?	4	4	4	4	3	2
조직에서 사용하는 통제모형에 대해 팀이나 고객에게 훈련시키고 다른 대안과 비교할 수 있나?	4	4	4	3	3	1

• 자료수집, 분석에 관한 도구와 기법						
감사주제에 맞는 적정한 샘플링기법을 적용할 수 있나?	3	3	4	4	3	2
자료트렌드, correlation, deviation, gaps, age, median, average 등을 분석할 수 있나?	4	4	4	4	3	3
업무문제를 해결하기 위해 회귀분석 같은 중요한 통계기법(least square estimation, residuals and outliers, tests and confidence intervals, correlation, autocorrelation, co linearity, randomization)을 적용하고 결과를 해석하고 가정을 평가할 수 있나?	3	3	3	3	2	1
벤치마킹한 자료를 적절하게 사용할 수 있나?	4	4	3	3	2	1
자료검색시스템, 조직시스템, 자료추출소프트웨어를 사용할 수 있나?	2	2	3	3	3	2
자료저장 전문가에게 자료추출, 변형, loading 기법을 제공해 달라고 요구할 수 있나?	4	4	4	4	3	2
면담을 준비하고 면담환경을 만든 후 면담할 수 있나?	4	4	4	4	4	2
적정한 질문의 구조와 형태를 갖춘 질문서와 설문지를 만들어 사용할 수 있나?	3	3	4	3	3	2
data mining(많은 자료들에서 새로운 정보를 찾는 방법)과 자료분석 분야에 전문가가 필요하다고 인식하고 있나?	4	4	4	3	3	2
• 문제해결 도구, 기법						
중요한 문제해결기법(drill-down technique, cause and effect diagram, systems diagram, SWAT, PEST, 5 whys, affinity diagrams, Chunking, critical success factor, impact analysis, inductive reasoning, the ladder of inference and reverse brainstorming)을 적용할 수 있나?	4	4	4	4	3	2
Porter's five forces, Value Chain Analysis, SUP Analysis, the Banff matrix, Change Curve 같은 다른 문제해결기법을 적용할 수 있나?	4	4	3	2	2	1
적정한 문제해결기법을 선택할 수 있나?	4	4	4	4	3	2
문제해결 분야에 전문가가 필요하다고 생각하는가?	4	4	4	3	3	2
• 컴퓨터 지원을 받는 감사기법 CAATs(Computer Assisted Auditing Techniques)						
Microsoft office suite 이상의 워드프로세스, 스프레드시트, 프레젠테이션을 사용할 수 있나?	4	4	4	4	4	3
자료추출 프로그램(ACL, IDEA, Access 등)을 사용할 수 있나?	2	2	3	3	3	2
자동화된 working paper 소프트웨어를 사용할 수 있나?	3	3	3	3	3	2
curve data deviation, average and medium data input calculation and prediction, age analysis, gap analysis, duplicate analysis, data stratification 같은 통계패키지를 사용할 수 있나?	2	3	3	3	3	2
CAAT의 필요성을 인정하고 적정한 선택을 할 수 있나?	4	4	4	3	3	2

□ 역량분야 3: 자체감사기준·이론·방법

역량내용	등급별로 요구되는 역량수준					
	①	②	③	④	⑤	⑥
• 자체감사 실무를 위한 국제기준	4	4	3	3	2	1
• 자체감사의 정의	4	4	3	3	3	2
• 윤리규정	4	4	4	4	4	2
• 속성기준						
1000 감사의 목적, 권위, 책임	4	4	4	3	3	2
1000.A1 보증의 목적, 권위, 책임	4	4	4	3	3	2
1000.C1 자문의 목적, 권위, 책임	4	4	4	3	3	2
1010 자체감사의 정의, 윤리규정, 자체감사헌장의 기준 인식	4	4	4	3	3	2
1100 독립성, 객관성	4	4	3	3	2	2
1110 조직의 독립성	4	4	3	3	2	2
1110.A1 간섭에서 자유로워야 함	4	4	4	3	2	2
1111 이사회와 직접 접촉	4	4	4	4	2	1
1120 개인의 객관성	4	4	4	4	3	2
자기 자신의 이익과 충돌되지 않아야 함	4	4	4	4	3	2
다른 사람을 평가하는데 객관성을 유지	4	4	4	4	2	1
1130 독립성과 객관성 손상 시 외부에 공개	4	4	3	3	3	2
1130.A1 예전에 맡았던 업무에 대한 감사에서 제외	4	4	4	4	3	2
1130.A2 감사기구의 장이 책임을 맡았던 일에 대한 감사는 외부에서 감독	4	4	na	na	na	na
1130.C1~C2 예전에 맡았던 자문서비스와 관계하여 독립성, 객관성이 손상될 우려가 있으면 외부에 공개	4	4	4	4	3	2
1200 업무에 숙달하고 직업전문가로서의 정당한 주의	4	4	4	3	3	2
1210 전문적인 증명서, 자격증 등을 취득해 업무숙달 증명	4	4	4	3	3	2
1210.A1 감사기구의 장은 자체감사자가 지식, 기량, 역량이 부족할 때 외부로부터 조언과 지원을 받아야 함	4	3	na	na	na	na
1210.A2 자체감사자는 위험과 부정행위를 평가할 충분한 지식 필요						
조직레벨	4	4	3	3	2	1
거래/과정레벨	4	4	4	3	3	1
1210.A3 자체감사자는 중요한 정보기술 위험, 내부통제, 기술기반의 감사기법에 대한 충분한 지식 필요						
조직차원의 IT 위험과 내부통제	4	4	3	2	1	1
IT 위험과 내부통제과정 레벨	4	4	4	3	2	2

감사도구들	역량분야 2: 도구와 기법 참조					
1210.C1 감사기구의 장은 자체감사자들이 자문업무를 하는데 필요한 지식, 기량, 역량이 부족하면 이를 회피하거나 전문가의 조언과 지원을 받아야 함	4	3	na	na	na	na
1220 직업전문가로서의 정당한 주의	4	4	4	3	2	2
1220.A1 보증업무의 범위 이해 및 정당한 주의	4	4	4	3	2	2
1220.A2 기술을 사용한 감사, 자료분석기법 활용	2	2	4	4	3	2
1220.A3 목표, 활동, 자원에 영향을 줄 수 있는 중요한 위험에 관심	4	4	4	3	2	2
1220.C1 자문업무 범위 이해 및 정당한 주의	4	4	4	4	3	2
1230 계속된 직업개발						
자체감사자 본인의 직업개발	4	4	4	3	3	2
다른 사람의 직업개발 필요성을 평가	4	4	3	3	1	2
1300 품질보증 및 개선프로그램을 자체감사의 정의, 감사기준, 윤리규정에 부합되게 설계	4	3	2	2	1	1
1310 품질보증 및 개선프로그램에는 내외부 평가를 포함	4	3	2	2	2	1
1311 내부평가: 자체감사활동에 대한 감독차원의 일상 모니터링, 주기적으로 자체평가 및 조직 내 다른 사람이 평가	4	4	4	3	2	1
1312 외부평가: 최소 5년에 한 번 자격 있는 외부평가자에 의한 평가	4	4	4	3	2	1
1320 감사기구의 장은 품질보증 및 개선프로그램의 결과를 고위관리자와 이사회에 보고	4	3	1	1	1	1
1321 품질보증 및 개선프로그램의 결과에 따라 감사기구의 장은 보고서에 '자체감사에 관한 국제기준에 부합'하다고 표현 가능	4	3	3	2	1	1
1322 자체감사에 관한 국제기준에 부합하지 않을 경우 감사기구의 장은 그 내용과 고위관리자 및 이사회에 미칠 영향 공개	4	3	3	2	1	1
• 실행기준						
2000 감사기구의 장은 자체감사활동이 자체감사헌장에 포함된 목표와 책임을 달성하고 감사의 정의, 감사기준, 윤리규정에 순응하도록 관리	4	3	3	2	na	na
2010 감사기구의 장은 자체감사활동의 우선순위를 결정하기 위해 조직의 목표에 부합하고 위험에 기반한 계획수립	4	3	3	2	2	1
2010.A1 자체감사활동계획은 최소 1년에 한 번 서류화된 위험평가에 기초하여 수립	4	3	3	2	2	1
2010.A2 감사기구의 장은 계획세울 때 고위관리자, 이사회, 이해관계자가 제시한 기대사항을 확인하고 반영	4	3	3	2	2	1
2010.C1 감사기구의 장은 계획에 자문업무도 포함	4	3	3	2	2	1
2020 감사기구의 장은 자체감사활동계획과 자원요청을 고위관리자, 위원회에 검토와 승인해 달라고 보고	4	3	2	2	na	na

내용						
2030 감사기구의 장은 자체감사자원이 승인된 계획을 달성하기에 적정하고 충분하고 효과적으로 전개된다는 것을 확인	4	4	3	2	na	na
2040 감사기구의 장은 자체감사활동을 지도하기 위해 정책과 절차를 수립	4	3	2	na	na	na
2050 감사기구의 장은 감사사각 및 감사중복을 최소화 하도록 다른 내외부 감사조직과 정보를 교류하고 활동을 조정	4	3	2	2	na	na
2060 감사기구의 장은 고위관리자와 이사회에 자체감사의 목적, 권한과 책임, 계획 대비 성과 등을 주기적으로 보고	4	3	2	na	na	na
2100 업무의 본질: 자체감사활동은 체계적이고 훈련된 방법으로 조직의 지배구조, 위험관리, 통제과정을 평가하고 개선에 공헌	4	4	3	3	2	2
2110 지배구조과정을 평가하고 개선을 위한 적정한 권고	4	4	4	4	3	2
2110.A1 조직의 윤리관련 목표, 프로그램, 활동의 설계와 집행과 효과성을 평가	4	4	4	4	3	2
2110.A2 조직의 정보기술 지배구조가 조직의 전략과 목표를 지원하는지 평가	4	4	4	4	3	2
2110.C1 자문할 때 조직의 가치와 목표에 부합	4	4	4	4	3	4
2120 자체감사활동은 위험관리과정의 효과성을 평가하고 개선에 공헌						
전반적인 면	4	3	2	2	1	1
과정레벨	4	4	4	4	3	2
2120.A1 조직의 지배구조, 활동, 정보시스템과 관련하여 위험노출을 평가	4	4	4	4	3	2
2120.A2 부정행위의 발생가능성을 평가하고 부정행위 위험을 관리하는 방법을 제시	4	4	4	4	3	2
2120.C1 자문과정에서 있을 수 있는 위험을 확인하고 개선	4	4	4	4	3	2
2120.C2 자체감사자는 자문과정에서 얻은 위험에 관한 지식을 조직의 위험관리과정 평가 시 통합	4	4	4	4	3	2
2120.C3 자체감사자는 관리자가 위험관리과정을 수립하고 개선할 때 도울 수 있으나 실제로 위험을 관리하는 책임을 지면 안 됨	4	4	4	4	3	2
2130 자체감사활동은 조직의 통제과정의 효과성과 효율성을 평가하고 개선을 촉구하여 조직을 지원	4	4	4	4	3	2
2130.A1 통제의 적정성 및 효과성(목표달성) 평가	4	4	4	4	3	2
2130.C1 자문과정에서 얻은 통제와 관련한 지식을 조직의 통제과정 평가에 활용	4	4	4	4	3	2
2200 개별감사에 대해 감사목적, 감사범위, 기간, 자원할당을 포함한 계획을 수립하여 문서화	검토 및 평가		4	4	2	2
2201 계획시 고려사항(활동목표, 성과통제수단, 감사활동 중 위험과 이를 적절한 수준으로 통제할 수단, 활동관련 위험관리와 통제과정의 효과성, 개선기회 등)	검토 및 평가		4	4	2	2
2201.A1 외부기관을 위한 업무를 계획할 때 그 기관과 업무목표, 업무범위, 각자의 책임, 업무결과 배포, 업무자료 접근 등에 대해 양해각서 체결	검토 및 평가		4	4	2	2

2201.C1 외부기관 자문에 대해서도 그 기관과 양해각서 체결	검토 및 평가	4	4	2	2
2210 개별업무마다 목표를 세워야 함	검토 및 평가	4	4	2	2
2210.A1 업무위험을 미리 평가하고 그 결과를 업무목표에 반영	검토 및 평가	4	4	2	2
2210.A2 업무목표 개발시 중요한 실수, 부정행위, 미순응, 위험노출의 가능성을 고려	검토 및 평가	4	4	2	2
2210.A3 목표가 달성되었는지를 평가하기 위해 적정한 평가기준 개발	검토 및 평가	4	4	2	2
2210.C1 자문업무의 목표는 고객과 동의한 수준까지 지배구조, 위험관리, 통제과정을 개선하는 것	검토 및 평가	4	4	2	2
2220 업무범위는 업무목표를 달성하기에 충분하게 정해야 함	검토 및 평가	4	4	2	2
2220.A1 보증업무의 범위에는 시스템, 기록물, 인사, 물적재산 등이 포함되어야 함	검토 및 평가	4	4	2	2
2220.A2 보증업무 과정에서 중요한 자문기회가 발생하면 자문목표, 자문범위, 각자의 책임 등에 대해 양해각서 체결	검토 및 평가	4	4	2	2
2220.C1 자문업무의 범위가 자문목표 달성을 위해 충분하다는 것을 확신해야 하고 업무범위를 보류한 경우 고객과 보류업무를 계속 수행할 것인지를 토의	검토 및 평가	4	4	2	2
2230 업무의 본질과 복잡성, 시간제약, 가능한 자원을 평가해 업무목표를 달성하기에 충분한 자원을 결정	검토 및 평가 4	4	4	2	2
2240 업무목표를 달성할 작업프로그램 개발 및 문서화	검토 및 평가	4	4	3	2
2240.A1 업무과정에 정보를 확인, 분석, 평가, 문서화 하는 과정을 포함하고 집행 전 및 변경 시 승인	검토 및 평가	4	4	3	2
2240.C1 자문을 위한 작업프로그램은 업무의 본질에 따라 형식과 내용이 달라질 수 있음	검토 및 평가	4	4	3	2
2300 업무수행: 업무목표를 달성하기에 충분한 정보를 확인, 분석, 평가 및 문서화 해야 함	검토 및 평가	4	4	3	2
2310 업무목표를 달성할 수 있을 만큼 충분하고 믿을 만하고 적절하고 유용한 정보를 확인	검토 및 평가	4	4	3	2
2320 결론과 업무의 결과는 적당한 분석과 평가에 기초해야 함	검토 및 평가	4	4	3	2
2330 결론과 업무결과를 거증해 줄 적절한 정보를 문서화	검토 및 평가	4	4	3	2

2330.A1 감사기구의 장은 업무기록에 접근을 통제하고 기록을 외부에 공개하기 전에 고위관리자나 법률자문의 승인을 받음	4	3	na	na	na	na
2330.A2 감사기구의 장은 조직의 지침, 규정에 따라 기록보유요청서를 개발	4	3	na	na	na	na
2330.C1 감사기구의 장은 자문업무기록의 보유, 보관과 공개와 관련한 정책개발	4	3	na	na	na	na
2340 업무목표가 달성되고 있는지, 업무품질이 확보되는지, 직원들의 능력이 개발되는지에 대해 감독	4	4	4	4	2	1
2400 결과보고: 자체감사자는 감사결과를 보고	4	4	4	4	3	2
2410 보고서에는 업무목표, 업무범위, 적용가능한 결론, 권고사항, 집행계획을 포함	4	4	4	4	3	2
2410.A1 최종보고서에는 자체감사자의 의견, 결론이 포함되고, 발행될 때는 고위관리자, 이사회, 이해관계자의 기대사항을 고려	4	4	4	4	3	2
2410.A2 보고서에 만족할 만한 성과를 포함	4	4	4	4	3	2
2410.A3 외부에 공개할 때 보고서에는 배포장소 및 결과사용의 제한을 포함	4	4	4	4	3	2
2410.C1 자문과정보고서나 자문결과보고서는 업무본질과 고객의 요구에 따라 형태와 내용이 변화	4	4	4	4	3	2
2420 보고서 품질: 정확하고 객관적이고 명확하고 간결하고, 건설적이고 완성적이고 시기적절해야 함	4	4	4	4	3	2
2421 오자와 탈자: 최종보고서에 오자와 탈자가 있을 때 감사기구의 장은 이를 수정하여 원보고서를 받은 사람들에게 제공	4	3	3	na	na	na
2430 품질보증 및 개선프로그램의 결과가 충분할 때 보고서에 "자체감사에 관한 국제기준에 순응하여 업무를 수행했다"고 기록	4	3	2	na	na	na
2431 자체감사의 정의, 윤리규정, 감사기준에 미순응하여 특정업무에 영향을 주었을 때 미순응 내용과 영향을 공개	4	3	2	na	na	na
2440 감사결과 배포	4	3	3	na	na	na
2440.A1 감사기구의 장은 최종결과가 심사숙고한 것임을 확신케 해 줄 사람들에게 그 결과를 보고	4	3	3	na	na	na
2440.A2 감사기구의 장은 외부에 감사결과를 공개하기 전에 조직에 끼칠 위험을 평가하고 고위관리자나 법률자문으로부터 자문을 받고 결과사용을 제한	4	3	3	na	na	na
2440.C1 감사기구의 장은 고객에게 자문업무의 최종결과를 보고할 책임	4	3	3	na	na	na
2440.C2 자문업무 중에 지배구조, 위험관리, 통제문제를 확인하고 중요한 문제는 그 조직의 고위관리자와 이사회에 보고	4	3	3	na	na	na
2500 감사기구의 장은 관리자에게 보고한 감사결과의 처리를 모니터하는 시스템을 만들고 유지	4	3	3	2	na	na
2500.A1 감사결과가 어떻게 처리되고 있는지 follow-up	4	3	3	2	na	na
2500.C1 자문결과의 처리는 고객이 동의한 수준까지 되고 있는지 모니터	4	3	3	2	na	na
2600 감사기구의 장은 잔여위험을 어떻게 해결할 것인지에 대해 고위관리자와 토론하고 해결되지 않을 것으로 판단하면 이러한 내용을 이사회에 보고	4	3	2	2	na	na

□ 역량분야 4: 지식분야

역량내용	등급별로 요구되는 역량수준					
	①	②	③	④	⑤	⑥
• 재무회계와 재정						
자본상태표·손익계산서 등 문서의 구조, 전문용어 및 서류간 관계 이해	3	3	3	3	2	2
회계사이클, 회계항목, 재무보고서와 중요한 회계기록과의 관계 이해	3	3	3	3	2	2
채권, 리스, 연금, 무형자산, R&D, 영업권, 외국환 등 특별거래 이해	3	3	3	2	1	1
joint ventures, mergers, acquisitions, partnerships, consolidations 같은 특별 이벤트에 대한 회계 이해	3	3	3	2	1	1
재무보고서 분석	4	4	3	3	2	2
적용가능하다면 자본의 사용에 소요된 자본비용 평가	3	3	3	3	2	1
부채와 자기자본의 형태 이해	3	3	3	3	2	1
적용가능하다면 금융상품(financial instrument) 이해	3	3	2	2	1	1
현금관리 이해	3	3	3	3	2	2
재고가치와 기업가치 등 가치평가모형 이해	3	3	2	2	1	1
기업발전 life cycle 이해	4	4	3	2	2	1
• 관리회계						
비용개념과 비용시스템 이해: absorption, variable, full, marginal, activity based costing 등	3	3	3	2	2	1
자본예산 이해	3	3	3	2	1	1
운영예산 이해	4	4	4	3	2	1
적용가능할 때 이전가격 조작(transfer pricing) 이해	3	3	3	2	2	1
적정비용 이해	4	4	4	3	3	2
• 규정, 법률, 경제						
정부입법과 규정이 업무에 미치는 영향 이해	4	4	3	2	2	1
무역입법과 규정 이해	2	2	2	2	2	1
노동법 이해	2	2	2	2	2	1
저작권법, 프라이버시 보호법, 사이버법 이해	2	2	2	2	2	1
민법과 형법 이해	2	2	2	2	2	1
세무기법 이해	2	2	2	2	2	1
계약 이해	2	2	2	2	2	1
법적증거의 본질과 규칙 이해	2	2	2	2	2	1
미시경제 이해: 경제상태, 경제환경 평가, 경제이론 등	2	2	2	2	2	1
거시경제 이해: 상품과 서비스 사이에서 상대가격을 형성하고 한정된 자원을 배분하는 시장의 역학관계, 시장실패 등	2	2	2	2	2	1
• 품질: 조직의 품질준거틀 이해						
적용가능할 때 유럽품질관리재단 EFQM(European Foundation Quality management) 기준 적용	2	2	2	2	2	1

품질관리를 위해 ISO 9001:2000, 환경관리를 위해 ISO 14001:2004, 정보보안 ISO/IEC 27001:2005, 식품안전 ISO 22000:2005와 공급체인보안 ISO/PAS 28000:2005 적용	2	2	2	2	2	1
Six Sigma 적용	2	2	2	2	2	1
Total Quality Management 적용	2	2	2	2	2	1
• 윤리 및 부정행위						
업무윤리 개념 이해	4	4	4	4	4	2
행동 및 윤리위원회 규정 이해	4	4	4	4	4	2
윤리 및 청렴관리	4	4	3	3	3	2
부정행위(fraud) 개념의 정의와 적용	4	4	4	3	2	1
투명성 국제자원, 부패지수 등을 포함한 국제규정	3	3	3	3	1	1
구매, 판매, 회계, 봉급지급, 고정자산, 지식 등 업무사이클에서 전형적인 제도 이해	3	3	3	3	3	1
부정행위에 대한 교육 및 예방방법	4	4	3	3	1	1
위험신호나 부정행위 구역을 찾아내는 방법	3	3	3	3	3	1
부정행위 조사	2	2	3	2	2	1
• 정보기술						
정보시스템 운영	3	3	3	3	2	1
IT 인프라스트럭처 및 네트워크	2	2	2	2	2	1
컴퓨터의 물리적 보안	2	2	2	2	2	1
컴퓨터의 논리적 보안	2	2	2	2	2	1
정보시스템 개발	2	2	2	2	2	1
IT 통제 준거틀	3	3	3	3	2	1
• 지배구조, 위험, 내부통제						
효과적인 지배구조(예를 들면 OECD 원칙)의 적용 및 집행	4	4	4	3	2	1
이사회 운영과 감사위원회, 이사회 소위원회 같은 모범사례	4	3	2	2	2	1
보증서비스 기관 간 관계 및 협력	4	3	2	1	1	1
내부통제준거틀(COSO, COCO 등) 특징 이해 및 활용	4	4	4	3	3	1
전사적자원관리처럼 위험관리를 위해 조직이 활용하는 방법과 과정	4	4	4	3	3	1
여러 가지 위험평가준거틀	4	4	4	3	3	1
효과적이고 효율적인 내부통제의 설계 및 적용	4	4	4	4	3	2
• 조직이론과 행동						
조직이론: universal process(Fayol), operational approach, behavioral approach, system approach, contingency approach 등	4	3	2	2	1	1
조직구조: contingency design, structural formats 등	3	3	2	2	1	1
문화와 조직관점	4	3	3	2	2	2
마케팅 원칙: 효과적인 생산물 개발, 프로모션 활동들	2	2	2	2	2	1
판매활동	2	2	2	2	2	1
여러 부류 고객의 행동특성을 파악하고 만족도 측정	2	2	2	2	2	1

(부록 2-6) INTOSAI Capacity Building Committee가 개발한 역량모형

1. 전문적인 감사역량

감사방법 개발	① 재무감사와 합규성감사의 경우 - INTOSAI의 윤리규정과 감사기준(2001), International Federation of Accountants, 주요 국가 감사원에서 개발한 기준이나 지침 등을 참조하여 감사방법(표본추출, 위험분석, computer 지원을 받는 감사방법 등)을 개발하고 있는가? - 감사목적을 달성하기 위해 어떤 감사방법이 적정한지를 충분히 고려하는가? - 재무감사, 순응감사에 대한 경험이 많은 감사자와 외부전문가들로 구성된 자문팀이 항시 감사방법에 대해 검토하고 다른 새로운 방법들을 받아들여 매뉴얼 개발과 직원훈련 등을 통해 실무에 적용하도록 하고 있는가? - 감사방법에 변화가 생기면 즉시 직원들에게 교육을 하고 IT규정들을 바꾸는 등 신속하게 대처하는가? - 감사방법들에 따라 시간소요, 일의 비용이 달라지는데 감사방법을 정하기 전에 이를 비교 측정하여 시간과 비용이 적게 드는 방법을 선정하는 절차가 개발되어 있나? ② 성과감사의 경우 - 성과감사에 자원을 사용하기 전에 경제성, 효율성, 효과성을 검토하도록 규정되어 있나? - 성과감사를 지원해 줄 기관들이 있나? 예를 들면 재무부, 의회 내 조직 등이 성과감사의 중요성을 강조하고 있나? - 성과보고서를 일상적인 재무감사보고서의 일종이 아닌 독특한 보고서로 생산하기를 원하는가? - 어느 정도의 감사자원이 지금 또는 장래에 성과감사보고서에 활용될 수 있는지를 계획하고 알고 있나? - 직원들이 성과감사를 좋아하고 이를 수행할 만큼 훈련되고 경험이 있나? - 고위관리자가 성과감사를 지원하고 있나? - 연간계획과 예산에 성과감사자원(출장비, 외부자문비 등)이 할당되어 있나? - INTOSAI가 개발한 Implementation Guidelines for Performance Auditing(2004)과 성과감사 지침, 성과감사에 오랜 경험을 가지고 있는 주요 국가 감사원이 개발한 특별한 방법들을 참조하여 감사방법을 개발하고 있는가? - 감사방법을 개발 및 조언하고 품질보증을 감독하는 전문팀을 만들어 활용하는가?
감사매뉴얼 개발	① 감사매뉴얼은 접근가능하고, 정확하고, 명확하고, 적절하며, 최신의 것이어야 함 - 매뉴얼을 필요로 하는 직원이 쉽게 접근하여 매뉴얼을 찾을 수 있나? 예를 들면 종이문서, CD-Rom, Intranet 전자문서 등으로 언제 어디서나 찾아볼 수 있게 만들었나?(접근성) - 매뉴얼의 내용은 감사기구 내 전문가에 위해 정확도가 검토되었나?(정확성) - 매뉴얼에 대해 외부전문가 검토, 동료 검토 등을 받았나?(정확성) - 매뉴얼을 간결하고 이해하기 쉽고 전문용어를 거의 사용하지 않고 만들었나?(명확성) - 매뉴얼을 읽기에 흥미롭게, 이해하기에 더 명확하게 하기 위해 차트, 도표, 삽화 등을 넣어 만들었나?(명확성) - 매뉴얼을 사용하기 전에 명확성에 대해 피드백을 받기 위해 시험 운영해 보았나?(명확성)

감사매뉴얼 개발	- 매뉴얼을 만들 때 감사실무와 문화를 충분히 반영하였나?(적절성) - 다른 조직에 의해 만들어지거나 다른 조직의 매뉴얼을 사용하는 경우, 당해 감사기구의 권한, 업무방법에 적절하게 수정하여 적용하고 있는가?(적절성) - 매뉴얼을 사용하기 전에 적절성에 대해 피드백을 받기 위해 시험 운영해 보았나?(적절성) - 매뉴얼은 감사기준, 감사실무에 변경이 있을 때마다 즉시 이에 맞추어 변경되도록 시스템이 갖추어져 있고 실제 그렇게 하는가?(최신성) ② 매뉴얼 개발 시 고려사항 - 매뉴얼을 개발할 때에는 외부전문가의 도움을 받고, 만들어진 내용은 경험 많은 감사자로부터 업무에 적절한지 검토 받는가? - 매뉴얼을 만들 때 불필요한 노력을 피하기 위해 이미 다른 감사기구나 INTOSAI가 만든 매뉴얼이나 업무지침을 활용하는가?(예를 들어 INTOSAI와 몇몇 감사기구는 일반적인 핸드북 외에 성과감사 시 사용하는 서베이, focus groups 같은 특별한 방법론에 대한 지침과 컴퓨터의 도움을 받는 감사지침, 표본추출 및 분석지침, 부정행위, 순응감사, 위험평가, 내부통제 감사를 위한 지침들을 운용) - 매뉴얼을 만든 후 직원들에 대해 교육하고 있으며 교육에 필요한 예산도 충분히 편성했는가? - 매뉴얼에 품질보증과정이 포함되어 있는가?
직원개발 및 훈련	① 교육훈련 필요성 확인 - 현재 직원들이 보유하고 있는 기량과 경험을 확인하기 위해 개인별 역량등록자료를 만들었나?(역량등록자료는 개인의 자기평가, 관리자의 개인별 역량평가 등을 통해 생산된 정보로 만들고 최소 1년에 한 번 이상 정기적으로 업데이트) - 업무계급별로 효과적인 성과를 위한 기준이나 역량을 정의하였나?(역량은 INTOSAI와 감사관련 전문협회의 윤리규정과 감사기준 등에 의해 정의) - 역량평가 과정을 거쳐 감사기구에 필요한 역량을 결정하였나? - 현재 역량과 필요한 역량을 비교함으로써 훈련필요성을 분석하였나? - 감사기구 내외부에서 훈련을 위해 투입할 수 있는 자원, 감사기구의 핵심업무에 지장을 주지 않는 범위 내에서 훈련에 참가할 수 있는 직원의 수 등을 고려하여 훈련계획을 수립했나? - 일반적으로 훈련이 필요한 직원의 양이 훈련을 제공할 수 있는 역량을 초과하는데 역량형성전략의 우선순위를 정하고 있는가? - 훈련이 가장 필요한 계급과 전문영역, 훈련으로부터 가장 큰 혜택을 받을 사람들을 고려하는가? - 훈련의 단기목표와 장기목표를 고려하는가? 예를 들어 감사기구가 국제적으로 인정된 자격을 가진 간부단을 만들기 원한다면 국제적으로 인정되는 자격을 인증하는 교육기관을 만들거나 그렇게 할 수 있는 외부기관(대학, 전문협회 등)과 일을 같이 하거나 자격 있는 직원을 채용하는 목표를 세워야 함 - 새로운 기량과 교육을 성공적으로 전파시킬 수 있는 미래 훈련가나 코치를 고려하여 훈련계획을 세우나? - 전문분야, 자문의 경우 훈련을 시키는 것보다 전문가를 새로 채용하거나 계약에 의해 달성하는 것이 더 비용효과적인지 검토하는가?

	② 전문자격 - 감사직원들이 보유해야 할 자격이 무엇인지 알기 위해 전문협회의 제안을 듣고, 현재 보유하고 있는 자격을 확인하는가? - 감사기관이 인증된 훈련기관이 되거나, 기존의 인증된 훈련기관의 도움을 받아 교육을 시키거나, 요구되는 자격을 가진 직원을 뽑는 방법들에 대해 비용과 편익 을 비교하여 확인하는가? - 감사기구는 직원들의 몇 퍼센트가 전문자격을 가지기를 바라는가? - 직원들의 전문자격 비율을 달성하기 위해 필요한 훈련비용이 얼마인지 확인하고 예산을 확보해 놓는가? - 훈련은 인증된 것인가? - on-the-job training은 어떻게 시킬 것인지 확정해 놓았으며 그 훈련내용이 인증된 것인가? - 자격을 가진 직원이 직장을 떠나지 않도록 보상을 하거나 보수를 더 지급하는 정책을 마련하였나? ③ 훈련교관, 훈련장소 - 조직 내 훈련교관을 활용할 때 이들이 충분한 기량과 경험을 가지고 있다고 확 신할 수 있는가? - 조직 내 교관들이 역량확보전략을 완전히 이해하고 헌신하고 있는가? - 조직 내 교관들이 훈련수요를 충분히 감당해 낼 수 있나? - 다른 나라 감사기구의 훈련교관, 외부훈련자문단의 도움을 받을 경우, 이들이 충 분한 기량과 경험을 가지고 있는가? - 언어구사 능력이 있는가? 없다면 통역관을 동행케 하는가? - 다른 나라 훈련교관의 경우 현 감사기구의 역량확보전략, 문화, 제약사항에 대해 설명했는가? - 다른 나라에 감사직원을 파견 또는 훈련을 위해 보낼 경우, 그 직원은 필요한 기 량과 경험, 언어구사 능력이 있는가? - 업무문화의 차이를 이해하고 적응할 수 있는 유연성이 있나? - 파견자는 명확하고 측정할 수 있는 목표를 세우나? - 상대 감사기구는 파견자의 목표를 이해하고 동의하는가? - 상대 감사기구는 파견자에게 적절한 업무프로그램과 필요한 시설을 제공하는가? - 상대 감사기구에는 파견자와 발전정도 또는 문제점에 대해 이야기하는 충분히 연공서열이 높은 사람이 배정되는가? ④ 교육훈련 시행 - 훈련을 시행하기 전에 훈련방법과 훈련내용이 적합한지 시범적으로 확인하였나? - 고위관리자들이 교육훈련의 영향력, 조직과 업무에 관한 특정 요소 등에 대해 토 론하고 관심을 둘 수 있는 워크숍 같은 교육프로그램을 만들어 운영하는가? - 훈련학급 크기는 훈련타입에 적합하게 운영하는가? 예를 들면 특정한 기량을 훈 련시킬 때는 작은 규모의 학급이, 광범위한 메시지를 전달할 때에는 큰 규모의 학급이 적합 - 훈련목적에 맞게 훈련시간을 다양하게 조절하는가? 예를 들면 동시통역이 필요 한 훈련에서는 훈련을 받는 사람이 전문용어를 잘 이해하고 있는지를 확인해야 하므로 단위시간당 훈련 양이 적어짐 - 훈련을 지원하기 위해 개발된 문서화된 지침이 있나?

직원개발
및
훈련

직원개발 및 훈련	- 정규훈련자가 새로운 지식과 기량을 적용할 프로그램을 만들었나? - 정규훈련이 끝나면 훈련자에게 멘토링을 제공하는 등 새로운 지식과 기량을 적용하는 과정에 생기는 문제점에 대해 토론하게 하는 지원책을 강구하였나? ⑤ 훈련의 영향력 - 감사기구는 훈련참석자로부터 훈련의 효과에 대해 피드백을 받고 있는가? 훈련 참가자들이 자유롭게 작성하는 훈련효과에 관한 설문 필요 - 감사기구는 훈련의 성과를 모니터 하고 있는가? 예를 들면 현장관리자가 최근에 훈련을 받은 사람의 일과 작성한 문서를 검토하고 약점을 발견하면 원인에 대해 토론하고 tutoring, mentoring으로 약점을 해결하는 한편, 새로운 지식과 기량을 발휘하지 못하게 막는 조직 또는 문화의 장애물을 찾아 제거 - 훈련을 받은 자가 다른 직장으로 옮기는 위험을 관리하기 위한 전략, 즉 훈련받은 자에게 보너스, 빠른 승진기회, 업무의 자율성 등을 허용하는 방법 등 수립 ⑥ 훈련의 지속가능성 - 직원평가시스템에 직원에게 어떤 역량이 더 필요한지를 알 수 있게 반영하여 직업개발에 활용하는가? - 감사기구는 1년에 일정 시간동안 직원개발을 하도록 정해 직원들이 새로운 지식과 기량을 습득하도록 조치하였는가?
업무계획 및 관리	- 감사계획을 세우고 감사활동을 하는데 필요한 정보들이 무엇인지 확인하고 있으며 정보를 얻는데 소요되는 비용과 편익에 대해 검토하는가? - 정보를 수집하고 분석하고 관리자에게 정확하고 시기적절하게 보고하는 과정과 시스템을 갖추었나? - 감사를 관리하고 이끌 직원들은 팀을 이끌고 동기부여하며 프로젝트를 관리할 능력이 있는지에 대해 평가받거나 훈련되었나? - 감사자들은 효과적인 팀작업에 대해 훈련을 받나? - 효과적인 개인의 성과나 팀성과에 대해 보상하는 프로그램을 만들었나? 계급별로 기대되는 기준을 정하고 이를 초과 달성한 직원에 대해 보상하며 보상방법은 경제적인 보상과 그 노력을 인정하는 상을 주는 방법 등이 있음
품질보증	- 감사품질기준을 감사매뉴얼 등에 정의하였나? 감사활동이 품질기준을 준수하고 있다는 것을 확인할 수 있는 절차가 실행되고 있나? 품질보증절차는 체크리스트, 품질보증에 관한 보고서, 내외부평가 등을 통해 이루어지며 어느 단계에서 권위 있는 자로부터 승인을 받아야 함 - 품질보증절차가 효과적으로 작동되고 있는지, 품질보증의 효과성을 높일 방법은 없는지 등을 검토하고 있는가? 감사계획의 마지막 단계, 감사활동이 끝난 후, 감사결과 확인사실들이 공개되기 전에 품질을 검토하여 해당 감사의 품질을 높이는 hot review 및 매년 재무감사나 합규성감사, 성과감사 일부를 선정하여 품질을 검토하고 배울 점을 정리하여 장래 감사에 적용하는 cold review가 있음 - 고품질을 유지하는 것이 감사기구의 관리역량에 반영되는 기본가치라는 사실을 조직문화로 정착시켰나? 이를 위해 감사기구는 품질검토 결과를 직원들에게 전파하고 확인된 약점을 직원들이 개선하도록 교육해야 함

2. 조직역량

감사전략 및 감사계획	- 조직의 주요부서의 장들의 자문을 받아 매년 연동되는 전략계획을 수립하고 조직의 고위관리자로부터 승인을 받나? - 역량형성전략, 인적자원계획 및 전략, 정보기술계획 및 전략, 의사소통계획 및 전략, 기타 다른 주요부서 기능에 대한 계획 및 전략과 부합하고 이들 내용을 유기적으로 수용하고 있나? - 감사기구의 하위계획, 연간활동계획을 모두 통합하는가? - 3~5년 기간을 목표로 전략계획을 세우지만 매년 하위계획과 연간활동계획의 내용을 통합해 업데이트하고 있는가? - 특정 활동에 소요되는 비용과 이에 필요한 예산을 어떻게 충당할 것인지에 대해 명확히 제시하고 있나? - 계획에 필요한 정보가 사실에 입각해 숨김없이 제공되었나? - 감사기구의 일에 소요되는 비용이 허용되는 예산의 범위를 넘어설 때 감사기구의 장은 주요 목표를 정하고 우선순위에 근거하여 일을 하도록 전략계획을 수립하나? - 감사기구의 장은 업무비용과 업무량을 산출하는 정보시스템을 갖추고 이를 활용하며 그 정보의 품질을 검토하고 승인하는가? - 감사의 산출물, 성과를 계량화 하는가? 1년 동안 감사한 수, 성과보고서의 수, 소요된 비용, 감사로부터 얻은 경제적 영향력 등 - 조직의 장이 감사결과를 이행하기 위해 노력한 실적, 이를 위해 편성한 예산 등을 측정하도록 하였나? - 감사전략과 감사계획이 감사자 또는 이해관계자들에게 잘 설명되고 있나?
리더십과 관리	- 감사기구는 개발이 필요한 리더십, 관리에 관한 기량과 역량을 정의하였나? - 채용, 훈련, 평가시스템이 적절한 역량을 가진 직원을 확인하고 개발하고 보상하는 내용으로 구성되어 있는가? 예를 들면 어떤 감사기구는 리더로 성장할 수 있는 속성과 기량을 갖춘 직원을 일찍 선별해 이에 맞는 훈련을 받고 경험을 쌓게 하는 talent spotting system을 운영 - 적정한 기량을 가진 직원에게 권한과 책임을 위임하는가? - 롤모델을 확인하고 공개하는가? 예를 들면 어떤 감사기구는 외부 공공부문, 민간부문의 영향력 있는 리더를 초청하여 직원들을 위한 워크숍을 개최함으로써 직원들에게 동기부여 - 책임범위를 문서 등으로 명확히 하여 관리자들이 자신의 책임을 명확히 알고 행동하도록 하고 있나? - 직원들이 자신에게 위임된 업무책임을 알고 그 책임을 지는 문화가 형성되어 있나? - 부실한 관리사례를 빨리 확인하고 효과적으로 개선시키는 공식화된 시스템이 작동되고 있나?
자원관리	① 직원채용 - 감사기구가 필요로 하는 직원의 수, 형태, 역량, 자격 등을 명확히 결정할 수 있나? 기대치와 실제 직원에 대해 비교하여 채용 - 새로운 채용수요를 여러 방법으로 충족시키는가? 예를 들면, 필요한, 기량, 역량, 자격을 갖춘 사람을 채용하는 방법도 있지만 역량을 갖춘 사람을 채용해 훈련시켜 기량과 자격을 얻게 하는 방법, 전문가와 단기간 계약을 맺어 충족하는 방법도 있음 - 채용인터뷰, 채용시험을 잘 구성하여 필요로 하는 역량보유자를 채용하는가? - 자격을 획득할 수 있는 인증된 훈련기관이 되기를 바란다면 비용 대비 편익분석, 필요예산 검토, 자격을 취득한 직원에 대한 보상 등을 고려하고 있나?

	- 효과적이고 시기적절한 채용정책을 정의하고 집행할 권한과 자유가 있나? 이를 위해 채용절차와 과정이 통제되고 있나? ② 직원개발 - 신입직원에게 감사기구의 가치, 윤리, 정보기술 및 자원관리시스템, 감사환경, 훈 련, 품질보증 등에 대해 소개하는 업무를 설정해 놓았나? - 업무와 관련되고 기술적인 훈련프로그램을 만들고 어떤 직원을 언제 훈련에 참가 시킬 것인지를 결정하는 적절한 과정을 만들었나? - 감사기구는 서로 다른 계급, 기능별로 개인이 보유해야 할 역량을 정하고 이를 개발하는 것을 돕기 위해 훈련패키지를 만들었나? 개인역량을 위한 훈련은 면담기술, 리더십, 발표 와 쓰기, 시간관리, 프로젝트관리, 협상, 촉진, 자기주장, 코칭 등을 포함해야 함 - 감사기구는 직원들이 개인발전을 위해 실행하는 학위, 자격취득을 지원하는가? ③ 직원보상 및 직원보유 - 감사기구는 직원들의 보수를 결정하고 지불할 권한이 있는가? 기량과 역량과 자격이 있는 직원들을 감사기구가 보유하려면 외부 공공 및 민간부문 직장에 비해 동등이상 의 보수체계를 형성해야 하고 연금, 직업안정성 등 다른 인센티브가 있어야 함 - 직원들이 역량이 높아지거나 자격을 취득했을 때 보수를 더 주거나 다른 인센티 브를 주는 등 다른 직장으로 옮기지 않도록 막는 대책을 마련했는가? 작업환경 개선, 근무시간 탄력제, 휴식년제 도입 등 - 감사기구는 조직목표에 공헌하는 성과타겟, 성과기준을 정하고 이를 초과한 직원들에 대해 적절하게 보상하는가? 이러한 과정은 직원평가등급, 일회성 보상금 지급과 연계 - 직원승진을 위한 명확한 기준을 가지고 있는가? 평가테스트, 패널 등 - 직원과 장래 희망을 토론하고 개발기회를 찾도록 돕는 직원경력개발 업무가 존재하는가? - 직원들의 이직수준과 이직한 기관, 그 이유 등을 분석하고 대책을 세우는 업무가 존재하는가? ④ 직원성과관리 - 직원들이 서명해야 하는 행동규정을 만들었나? - 직원들의 성과를 1년에 한 번 이상 평가하고 있는가? 그리고 특별한 작업환경에서 일하는 직원들이 평가등급에 대해 이의를 제기하도록 하는가? 평가기준은 대부분의 감사기구에 적용되는 기준에 부합해야하고 성과를 달성하는데 효과적인지 정기적으로 검토되어야 함 - 성과가 나쁘거나 행동규정을 어긴 직원들을 훈계하는 명확한 기준을 마련하였나? - 직원들의 병가수준, 병가이유를 모니터링하고 있나? ⑤ 정보, 의사소통 전략의 개발과 집행 - 고위관리자 회의에서 결정된 사항 등이 회보, 의사록 복사본, 이메일, 인트라넷 등 에 의해 직원들에게 전달되는 절차와 과정이 매뉴얼 등에 반영되었나? - 개인에 대한 정보의 보류는 관련 규정 등에 따라 이루어지는가? - 정보의 내용에 따라 내외부에 어느 정도 알려지기를 의도하면서 의사소통 방법을 정하는가? 정규미팅, 이메일, 인트라넷, 언론, 라디오 등 - 주요감사활동과 그 영향을 설명한 연간보고서를 만드는가? - 감사고객들에 관한 정보를 얻고 유지하고 업데이트하는 절차를 정의해 놓았나? - 감사매뉴얼이나 회보에 감사정보를 업데이트하도록 규정하였나? - 감사정보를 어떻게 기록하라는 지침이나 기준을 마련했나? - 감사서류나 주요 서류를 보관, 문서저장, 폐기하도록 한 명확한 절차가 마련되었 나? 그 절차가 관련규정에 부합하는가? - 외부에 정보를 공개하는 정책이 마련되어 있고 그 정책이 관련규정에 부합하는가?
자원관리	

자원관리	⑥ 정보기술전략의 개발과 집행 - 감사기구는 정보기술전략의 투사로 활약할 고위관리자를 지정해 놓았나? - 감사기구는 정보기술시스템에 대해 전략적 검토를 하고 이에 더 투자할 가치가 있는지 검토하는가? 검토 시에는 사용자를 참여시키고 워크숍, 세미나를 개최하여 직원들의 이해를 돕는 방법 활용 - 현재의 시스템을 평가하고 개발방법을 제안할 때 내외부 전문가의 의견을 충분히 듣는가? - 새로운 시스템을 도입할 때 기존 자료를 옮기는 계획, 일의 집행이 늦어졌을 때 취할 대책들을 미리 계획하여 놓는가? - 그때 그때 기술수준에 맞는 네트워크 시스템을 구축하도록 노력하고 있나? local area network(LAN) 또는 wide area network(WAN) 등 - 업무특성을 고려하여 독특한 네트워크를 구성할지, 규격품을 사용하여 구성할지를 비용 대비 편익분석, 위험분석 등을 통해 결정하는가? - 정보기술시스템 유지관리방법, 즉 전문직원 채용, 외부전문가와 계약 등에 대해 비용효과성을 검토하는가? - 정보기술시스템의 사용법을 직원들에게 적절하게 훈련시키나? - 시스템 보안, 업무자료복구 대책이 마련되어 있나? 정기적인 암호변경, 업무자료 백업 등 - 현재의 정보기술시스템이 쓸모가 없어졌을 때 이를 개선하고 대체할 계획을 수립하였는가? - 정보기술시스템 유지와 직원훈련을 위한 예산을 충분히 확보하는가?
지배구조 및 책임성	① 지배구조 - 책임할당이 명확히 규정되어 있나? 새로운 업무가 추가될 때 책임을 할당하고 위임전결규정 등을 개정하는가? - 감사기구를 위한 지배구조, 의사결정업무가 명확히 정의되고 그대로 집행되는가? 관리이사들이 정기적으로 만나 의사결정을 하면 관리이사들이 논의한 주요 문제들을 직원들이 바로 알게 되는 구조가 형성되어 있는가? ② 예산 및 재무관리 - 감사기구는 직원들이 업무를 할 때 업무종류별로 시간을 기록해 두도록 하는 등 자원관리시스템을 마련해 주요 활동에 쓰이는 비용을 계산할 수 있나? - 업무우선순위와 비용 대비 편익 등을 고려해 예산을 확보하는가? - 예산계획대로 집행되는지 모니터하고 이행되지 않거나 비용에 차이가 날 때는 즉시 보고하는 과정이 설정되어 있는가? - 재무매뉴얼이 업데이트 되고, 최고감사기구가 자체감사에 접근할 수 있으며 매년 외부감사를 실시하는 등 최고의 재무관리사례가 정착되어 있는가? ③ 행동의 적절성 - 직원들은 행동규정에 서명하고 이익충돌이 있을 때마다 신고하는가? - 선물, 호의를 받았을 때 등록하는가? - 감사자들은 감사영역에서 적절한 시간간격마다 순환하는가? ④ 투명성 - 감사기구는 의회, 다른 이해관계자들에게 보고하기 위해 적절한 단계를 밟는가? - 감사기구는 연간보고서를 생산하고 감사기구 website를 통해 공개하는가? ⑤ 영향력 - 감사기구는 감사결과 관찰사실의 영향력을 모니터하고 보고하기 위해 그 결과를 추적하는가? - 감사원의 주장들은 입증할 만한가?

3. 외부환경을 다루는 역량

의회, 행정부와의 관계	① 의사소통 부서의 개발 - 의사소통에 대한 지식을 가지고 언론매체를 다룰 수 있는 자격 있는 직원들로 충원하였나? - 의사소통이 감사기구의 업무와 역할을 증진시키는데 도움을 줄 수 있게 활동하도록 충분한 예산을 편성했나? - 고품질의 보고서 발간시설을 사용할 수 있나? 예산도 편성해 두었나? ② 의회, 국회와 관계 - 예산지출에 대한 감독책임이 있는 의회와 공공회계위원회간의 관계가 법률이나 다른 준거틀에 명시되어 있나? - 감사기구가 의회에 보고서를 제출하는 과정이 명확하게 규정되어 있나? - 적은 인원으로 구성된 위원회를 감사기구가 얼마나 잘 돕고 있나? - 감사활동에 대한 위원회 청문내용은 잘 기록되며 위원회는 권고보고서를 생산하는가? - 감사보고서나 위원회 권고보고서의 권고사항이 잘 집행되는지를 확인해 잘 집행되지 않을 때는 이를 위원회에 보고하는 과정이 정해져 있나? - 감사기구는 감사성과에 대해 위원회로부터 정기적으로 피드백을 받는가? - 감사보고서는 명확, 간결, 공정, 사실에 근거해 작성하고 정치적 표현을 피하는가? - 감사우선순위를 정할 때 의회의 관심사를 반영하는가? - 의회에 유용한 보고서를 선별하여 제출하고 보고서에 제출이유를 적어 놓는가? - 의회와 감사기구의 접촉을 조정하고 의회의 관심사항을 잘 이해하기 위해 협력업무를 담당할 직원을 따로 두었나? 그래서 협력이 잘 되고 있나? - 정부의 정책에 대해서는 직접 언급하지 않지만 집행문제를 공개함으로써 관련 정책의 문제점을 거론하고 있는가? ③ 행정부와 관계 - 행정부가 직면한 중요문제를 파악해 이를 해결할 성과감사 등을 하는가? - 감사기구는 재무부가 어떤 방향으로 재무개혁을 하려고 하는지 알고 이를 지원할 감사를 하는가? 예를 들면 발생회계주의의 도입이 이슈가 된다면 각 부처가 재무부의 방침에 맞추어 이의 도입을 준비하고 있는지를 점검 - 각종 행정법률에 부정행위와 부패가 개입될 소지가 있는 불완전한 조항이 없는지를 중점을 두고 감사하는가? ④ 감사대상기관과의 관계 - 감사기구는 감사대상기관에게 감사기구가 그들에게 기대하는 것이 무엇인지 명확히 전달하고 있나? - 고위관리자, 감사위원회 멤버가 바뀌면 감사기구는 신규 멤버에게 감사기구의 역할에 대해 적절하게 설명하고 있나? - 계획에 없는 감사를 할 경우, 감사기구는 감사대상기관에 그 취지를 자세히 설명하는 등 감사기구의 권위를 손상 받지 않으면서 불필요한 오해 등이 없도록 조치하고 있나? - 감사기구는 감사대상기관에게 공식, 비공식 등 여러 방법으로 피드백을 제공함으로써 감사를 할 때 감사대상기관에 불편함과 혼선이 느껴지지 않도록 노력하고 있나? - 감사결과에 대해 감사대상기관이 의견을 자유롭게 내도록 하고 있고 이견이 있을 때 최종 감사결과에 반영하는가?

의회, 행정부와의 관계	- 감사기구는 감사대상기관의 덜 중요한 문제들을 열거하여 지적하는 것보다 감사 대상기관에 중요한 문제들에 중점을 두고 감사하여 권고하는 자세를 견지하는가? - 감사자들은 고객을 관리하는 방법에 대해 훈련을 받는가? - 감사기구는 감사품질, 감사자, 감사시스템에 관해 감사대상기관으로부터 피드백을 받는가? - 감사기구는 정기감사 기간 이외에도 감사대상기관과 사업성과 관리의 개선을 위 해 협력하는가?
외부감사자 와 관계	- 감사기구는 언제 어떤 종류의 외부감사가 필요한지를 확인하기 위해 외부감사자 와 정기적으로 만나 상의하는가? - 외부감사관을 고용하여 감사를 하는 조직에 감사기구의 직원을 보내 외부감사자 로부터 배우게 하는 기회를 갖는가?
지방감사 조직 및 자체감사자 와 관계	- 감사기구는 전국의 감사접근방법의 일관성, 모범사례의 전파 등을 위해 지방감사 조직, 자체감사자들과 정기적으로 만나는가? 이러한 협력활동이 법령에 규정되어 있는가? - 공공감사기구들이 함께 일하고 정보를 교류하고 직원들을 서로 파견하고 합동감 사를 하고 훈련자원을 공유하는 것이 원칙으로 정착되어 있나? - 최고감사기구와 자체감사기구의 협력이 자유로운가? 자체감사기준은 정해져 있으 며 최고감사기구는 자체감사의 품질을 보증하고 있는가? 자체감사와 최고감사기 구가 해야 할 역할이 명확히 정해져 있고 협력하는 것이 원칙으로 되어있나? - 최고감사기구는 자체감사의 성과에 많이 의존하고 있나? 최고감사기구가 자체감사 의 장점과 약점에 대해 평가하고 그 결과를 실무개선을 증진하기 위해 사용하는가? - 최고감사기구는 감사대상기관의 감사위원들과 협력하여 일을 하는가? 이들과 협력 을 하면 감사대상기관의 업무를 좀 더 이해하고 위험을 평가하며 더 영향력이 큰 감사를 담당할 수 있음
언론 및 국민과 관계	- 감사기구는 언론매체를 다루는데 참조할 명확한 정책준거를 마련하였나? - 감사기구는 모든 주요 산출물을 언론매체에 알릴 수 있게 전략을 개발하였나? - 감사기구는 고품질의 언론공개, 언론컨퍼런스를 제공하는 등 언론매체를 전문적으 로 다룰 수 있나? - 공개대상이 누구인가에 따라 전문적인 소통전략부터 일반적인 소통전략까지 서로 다른 전략을 구사하는가? - 발행문이 많은 사람에게 읽힐 수 있도록 평이한 글로 쓰도록 하고 있나? 또한 읽 는 대상에 따라 전문공동체에 알맞은 보고서부터 배움이 적은 사람들을 위한 비디 오, 라디오, 테이프까지 소통수단을 다양화 했나? - 감사기구는 국민과의 소통을 환영하고 국민과의 소통을 신중하게 다루며 장래 감 사활동에 대한 홍보의 기회로 삼는가?
전문적인 협회, 민간감사자 와 관계	- 감사기구는 직원들이 전문협회에서 중요한 역할을 하도록 권장하나? - 감사기구와 전문협회가 정기적으로 만나는 모임이 있나? - 감사기구와 민간감사회사 간에 직원을 교환근무케 하는 프로그램이 있나? - 감사기구는 민간감사회의 업무비용, 업무과정을 벤치마킹하기 위해 업무의 일부를 민간감사자와 계약을 하여 맡기는가?

(부록 3-1) 캐나다 British Columbia주 감사원이 개발한 지식관리 자체평가지침

1. 지식관리역량모형(Knowledge Management Capability Model)

역량분야	역량측정을 위한 질문
Leadership and Strategy (고위관리자가 질문에 대답)	• 모든 형태의 지식이 중요하다는 것을 조직 내에서 명확히 알고 있는가? • 전략목표를 달성하기 위해서 지식을 생산하고 공유할 인적, 물적자원을 배치해 놓았는가? • 조직의 중간관리자나 다른 직원들이 지식생산과 공유를 옹호하는 자가 되도록 지원하였는가? • 지식을 생산하고 동원하고 사용하는데 중요한 걸림돌이 되는 문제를 확인하고 제거하기 위해 노력하였나? • 지식을 관리하기 위해 개발한 전략과 실무사례가 조직의 업무목표와 부합하는가? • 지식을 관리하기 위해 실행한 전략들의 영향력을 측정하였나?
Networks and Communities (고위관리자와 중간관리자가 질문에 대답)	• 전문성이 있는 직원들과 전문성을 필요로 하는 직원들이 지식을 생산하고 공유하기 위해 자신들이 속한 그룹 이외의 그룹들과 함께 참여하고 네트워크를 형성했는가? • 지식을 적극적으로 관리하기 위해 지식저장, 대인관계형성, 부서 간 문제해결 등을 하는 실무공동체를 운영하고 있는가? • 직원들의 배움을 지원하고 전문가에 쉽게 접근하기 위해 전문지식 탐사장치, 탐색 웹사이트 같은 기술을 자주 사용하고 있는가? • 업무성과와 배움을 증진시키기 위해 퇴직자, 이해관계자, 고객, 연구자 등 외부 전문가를 업무수행에 상시적으로 포함시키는가? • 지식을 공유하면서 지적재산권, 비밀유지, 개인비밀보호 등을 위한 정책을 같이 시행하고 있는가?
Experiential Learning (여러 계층의 리더들이 질문에 답변)	• 짧은 시간동안의 학습이 장래에 더 효율적이고 효과적인 것으로 바뀐다는 것이 조직 내에서 이해되고 강조되고 있는가? • 프로그램이 시작되기 전에 행한 학습에 감사기준, 감사절차, 윤리규정 등 개발하고 저장하기 쉬운 명시적인 지식과 Know-how 같은 암묵적인 지식을 모으는 일이 포함되는가? • 프로젝트 시작 전에 미리 학습했던 과정과 내용들을 프로젝트를 수행하는 동안 직원들로 하여금 다시 검토하도록 하는가? • 프로젝트 종료 후 프로젝트 수행과정에서 배운 지식을 동료들과 공유하고 장래에 사용하기 위해 보관해 두는가? • 조직에서 학습과정이 잘 사용되고 채택되고 있는가? 아니면 일과성의 학습으로 끝나는가?
Knowledge Base (고위관리자와 중간관리자가 질문에 대답)	• 조직의 경계를 넘어 자료나 대화를 공유할 수 있게 하기 위한 표준화된 소프트웨어, 하드웨어, 소통방법들을 조직이 가지고 있는가? • 명시적인 지식을 수집, 저장, 체계화, 재생, 기록보관하고 필요한 때 접근하는 범 조직적인 지침을 가지고 있는가?

Knowledge Base (고위관리자와 중간관리자가 질문에 대답)	• 먼 거리나 서로 다른 조직에서 중요한 지식을 효과적으로 재생할 수 있는 탐색 역량이 있는가? • 다른 사람에게서 지식을 얻고 이를 먼 곳에 있는 자에게 알려주는 지식공유 사이트를 가지고 있는가? • 내부적으로, 외부적으로 지식에 접근하고 공유하는 역량을 가지고 있는가? • 모아진 지식들은 타당한지 검토되고 정기적으로 재생산되는가? 따라서 지식을 사용하는 사람들이 그 내용을 신뢰하는가? • Know-how, 배운 교훈과 직원들이 가진 전문성을 공유하는 것을 지원할 기술, 즉 Podcasts, Blogs를 사용하는가? • 조직을 떠나는 사람의 중요한 지식을 공유하고 포착할 수 있는 메커니즘을 가지고 있는가?
Culture (조직의 리더들이 질문에 대답)	• 직원들이 서로 신뢰하고 협동하는가? • 부서 간, 조직 간에, 그리고 상부계층의 고위직끼리도 편하게 대화하는가? • 직원들은 정기적으로 지식의 생산과 공유 활동에 참여하는가? 그리고 그 활동은 다른 조직, 부서, 공동체와도 관계되는가? • 직원들의 신뢰를 받지 못하는 지식분야가 무엇인지 조사하고 있나? 지식에 대한 직원들의 신뢰수준이 높아지고 있는가? • 지식을 이용하는 업무가 여전히 새롭다면 조직의 여러 계층에 변화주도자를 배치하였는가? • 지식을 이용하는 업무가 성숙된 단계라면 변화주도자들은 어느 정도 뒤로 물러나 지식관리역량의 지속성을 모니터하고 있는가? • 일을 처음 시작하는 직원은 적절한 사례를 선택해 경험으로 배울 수 있는가?

2. 성숙매트릭스(Maturity Matrix)

역량분야	Baseline	Getting Started	Improving	Advanced
Overall	• 지식생산, 공유, 모집 불가능	• 지식공유가 나타나고 있으나 조직에 의해 지원을 받지 못하는 상태	• 지식공유가 기대되는 상태	• 지식관리가 명확한 활동으로 자리 잡고 조직업무의 일부가 됨
Leadership and Strategy	• 리더의 전략, 정책, 인적 물적자원 배치 전무 • 전략이나 대화에서 지식을 활용한 업무의 개념이나 편익을 찾아 볼 수 없음 • 모든 지식과 과정이 모범사례로 규정될 수 있다고 추정하는 상태	• 일의 가치를 알고 여러 가지 전략의 필요성을 인지, 그러나 이를 위한 예산은 적음 • 지식관리전략, 위험평가, 정책작업이 임시적 • 실무일은 하위계급에게 넘기고, 일을 실행하는데 장벽이 있으며 역차별도 있음	• 상부계층이 관심을 가지고 지식의 가치가 일반적으로 인식됨 • 지식관리전략과 위험평가가 개발되고 자원이 투입됨 • 장벽이 확인되고 이를 줄이기 위한 전략이 실행됨 • 지식관리를 통한 성공을 측정	• 지식을 전략적으로 생각하고 받아들임 • 지식관리전략, 정책, 자원이 업무에 일상적으로 개입됨 • 리더십이 여러 계급에서 자연스럽게 나타나고 여러 사례가 실행됨

Leadership and Strategy	• 지식관리역량을 확립하고자 노력하는 투사도 보이지 않고 지식관리에 대한 신뢰도 쌓이지 않으며 이의 확립을 저해하는 장애물을 제거하려는 노력이 없음			• 지식관리의 영향을 측정하고 성공뿐 아니라 실패로부터 교훈을 얻음
Networks and Communities	• 지식관리 실행공동체가 거의 없고 전문가를 연결할 시스템과 과정이 없기 때문에 전문가 배치는 개인의 노력에 의존	• 지식관리 공동체가 출현하고 리더십이 발휘되지만 관리자는 단기간의 프로젝트 팀으로 인식	• 지식관리 도구가 채택되고 고위급의 투사가 생겨나 어느 정도 성공이 있음 • 그러나 지식관리 공동체는 리더에 의존하고 그로부터 배우는 것이 적음	• 전문성이 조직 내외부에 발붙이기 쉬워지고 사람들은 업무시간이나 사적시간에 사회기술로부터 배움 • 지식관리 공동체가 정기적으로 활동하고 지식과 배움의 원천으로 가치인정 받음
Experiential Learning	• 배움이 훈련처럼 보이거나 사치로 인식 • 자신이 발전하거나 남이 발전하도록 돕는 것보다 바쁜 것이 더 중요 • 조직 내외부에 존재하는 전문성이 무시됨	• 조직 내외부에 존재하는 전문성이 도움이 된다는 인식이 많아지는 단계나 그로부터 배우는 것은 임시적 • 몇몇의 투사들이 업무 전문성을 자산으로서 지식으로 만들지만 조직 전체에 넓게 확산되지 않고 보상도 안됨	• 조직 내에서는 누가 전문성을 가지고 있는지 쉽게 알지만 배움의 과정에서 외부 전문가가 정규적으로 개입하지 않음 • 업무 전, 업무 도중, 업무 후에 배운다는 모델이 조직원들에게 알려지고 여러 도구, 사례가 정규적으로 사용됨	• 외부전문가도 필요하면 배움의 과정에 자주 개입하고 개선과 혁신이 조직 내 정착 • 직원들이 업무를 수행할 때 필요한 도구를 능숙하게 사용하며 효과적으로 도구를 선택
Knowledge Base / Explicit Knowledge	• 새로운 자산을 생산, 조직화, 인증, 추가, 갱신하는 공식화된 과정 부재 • 지식이 작은 규모의 부서에만 의미가 있는 방식으로 저장되고 이메일 등 기초적인 도구로 교환됨	• 새로운 자산을 생산, 조직화, 인증, 추가, 갱신하는 공식화된 과정이 있으나 널리 알려지거나 사용되지 않음 • 사용자들이 존재하는 지식의 내용을 신뢰하지 않음	• 공식화된 과정이 필요하다는 대화가 많아지고, 지식관리 투사와 모범사례 출현 • 기술이 개발되고 정보의 접근과 재사용이 일반화됨	• 지식관리 과정이 조직의 업무에 심어지고 조직 전체에 전파됨 • 정보의 접근과 재사용이 일반화되고 몇몇의 네트워크와 공동체는 소유권한을 가지거나 조직을 지원

Know-ledge Base	Explicit Know-ledge	• 사람들은 지식관리기반으로부터 지식을 찾고 얻기보다는 지식을 생산하기를 선호	• 서류화 및 저장과정이 점차적으로 개선 중		하는 후견인처럼 행동
	Tacit Know-ledge	• 개인의 지식은 다른 사람이 사용할 수 있도록 획득하여 서류형태로 저장되는 환경	• 여러 형태의 지식이 점차 조직 내에 정착되고 여러 형태의 저장방법이 중요한 지식을 보관하고 재사용하는 동료간, 공동체 관계를 보완해 줌	• 퇴직자의 지식을 획득하려는 노력, 조직 및 정부의 다른 부서 사람들에게 편익을 줄 수 있는 모범사례를 획득하려는 노력이 여러 기술 및 접근방법을 사용하여 이루어짐	• Podcasts, Blogs 같은 많은 익숙한 기술들이 개인스타일, 조직문화, 업무본질, 자원에 부합되게 사용됨
Culture		• 지식과 배움이 개인에 의해 저장되고 집행부서 안에서만 존재 • 다른 부서 사람들이 그 지식에 대해 신뢰하지 않음 • 지식을 사용하는 것보다는 저장하도록 더 권장됨	• 연결, 대화 신뢰가 서로 관계되는 기능분야, 조직분야 사람들끼리에만 한정되어 있음	• 다른 형태의 지식의 가치에 대해 알기 시작 • 반성과 배움을 위해 시간과 공간이 제공됨 • 지식관리 투사들이 늘어나고 서로 비난하는 환경이 없고 신뢰증가	• 노동력이 서로 연계성이 있고 업무에 전념 • 조직이 탄력성 있고 혁신적 • 지식을 활용한 업무가 업무목표 및 업무사례에 효과적으로 통합되고, 높은 수준의 신뢰형성

(부록 3-2) 영국정부의 자체감사 품질평가를 위한 구체적인 질문들

1. 영국정부의 자체감사 품질평가 과정

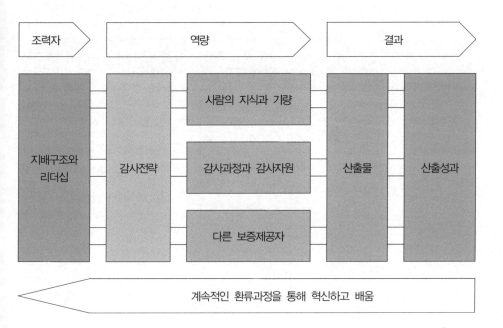

2. 구체적인 질문들

(1) 지배구조와 리더십

① 효과적인 자체감사를 촉진시킬 견고한 지배구조가 형성되어 있는가?

② 회계관, 이사회, 감사위원회, 자체감사기구가 자신들의 역할과 책임을 분명히 이해하면서 효과적인 관계를 맺도록 조장할 견고한 지배구조가 형성되어 있는가?

③ 좋은 직업윤리와 지배구조 문화를 조장하는 견고한 지배구조가 갖추어져 있는가?

(정도평가)

등급 1	등급 2	등급 3	등급 4	등급 5
□	□	□	□	□
• 이사회는 자체감사기능이 효과적인 서비스를 제공할 수 있도록 환경을 제공할 역할을 담당해야 한다는 사실을 이해하기 시작	• 이사회는 자체감사기능이 효과적인 서비스를 제공할 수 있도록 환경을 제공하기 위하여 계획을 세우는 중	• 이사회는 자체감사기능이 효과적인 서비스를 제공할 수 있도록 환경을 제공	• 이사회는 자체감사가 여러 계급단계에서 지배구조, 위험관리, 내부통제에 공헌해주는 것을 환영	• 자체감사서비스가 이사회, 감사위원회, 회계관 등에 의해 가치를 인정받고 최고 전략계층 일에 관여 • 자체감사기구의 장은 회계관과 의미 있는 관계를 계속 유지 • 감사위원회는 자체감사기구를 감사위원회가 필요로 하는 보증의 주된 제공자로 인식 • 이사회는 자체감사기구의 장으로부터 정기적으로 지원을 받는 것을 희망

증거

집행계획   목표날짜

- 회계관, 이사회, 감사위원회, 자체감사기구 간에 효과적인 관계를 맺고 있는가?
- 회계관, 이사회, 감사위원회, 자체감사기구의 장의 관계가 적절하게 문서화 되어 있고 잘 대화가 되며 다른 사람들이 이를 잘 이해하고 있는가? 또 이러한 관계가 잘 유지되는지 정기적으로 검토되고 조직의 필요에 맞게 조정되고 있는가?
- 자체감사기구의 장은 회계관에게 직접 보고하고 정기적으로 회계관을 만나고 있는가?
- 회계관은 자체감사기구의 장의 성과를 평가할 책임을 가지고 있는가?
- 회계관은 자체감사기구의 장과 위험관리, 내부통제, 지배구조에 관한 보증필요성에 대해 토론해 오고 있는가?
- 회계관은 감사위원회로부터 적절하게 자문을 받아 자체감사를 위한 일반규정을 만들고 자체감사의 예산과 자원의 관리를 위해 적절하게 노력했는가?
- 회계관은 품질보증과정의 업무와 그 결과에 대해, 그리고 자체감사의 조언과 권고에 대한 관리자의 반응의 적정성에 대해 감사위원회에 자문을 구했는가?
- 감사위원회는 2007년 3월 재무부 감사위원회 핸드북에 따라 그 효과성을 평가했을 때 최근 평가결과가 긍정적인가?
- 자체감사기구의 장 또는 그를 대신할 자는 부서 전체의 위험관리, 내부통제, 지배구조 문제와 관련한 중요한 이슈를 토론하는 이사회나 최고관리자 회의에 참석하는가?
- 자체감사기구의 장 또는 그를 대신할 자는 모든 감사위원회 회의에 참석하는가?
- 자체감사기구의 장은 감사위원회의 장과 어떤 이슈에 대해서라도 직접 만나 토론하는가?
- 감사위원회는 회계관에게 자체감사기구의 장의 직위에 필요한 기량, 경험, 역량에 대해 조언해 주는가?
- 감사위원회의 장은 회계관이 자체감사기구의 장의 성과를 평가할 때 자신의 견해를 제시하고 있는가?
- 자체감사활동의 목적, 권위, 책임들을 설명해 놓은 자체감사헌장은 감사위원회에 의해 승인되었으며 감사위원회가 이의 적정성을 정기적으로 검토하고 있는가?
- 회계관과 감사위원회는 자체감사서비스 전략 또는 계획에 동의하였나?
- 회계관과 감사위원회의 장은 자체감사서비스의 산출물을 상시 감독하고 고려하고 있나?
- 회계관과 감사위원회의 장은 자체감사 보고서에 권고된 행동들이 집행되는 것을 확신하기 위해 적절한 단계를 밟았는가?
- 감사위원회는 자체감사활동의 효과성을 모니터하고 검토하고 있는가?

- 자체감사가 활동하는 환경은 좋은 직업윤리, 공공부문 가치, 좋은 지배구조 문화를 조장하고 있는가?
- 자체감사기구의 장은 모든 새로운 조직개발에 대한 정보를 적기에 얻고 있는가?

- 조직의 모든 직원들에게 공지된 문서화된 행동규정(code of conduct)이 있는가? 이에 위반되는 것에 대해 모니터 되고 있고 적정한 행동이 취해지고 있는가?
- 모든 직원들이 내부고발을 할 수 있는가? 내부고발 정책이 모든 직원들에게 공표되었는가?
- 반 부정행위정책(anti-fraud policy)이 모든 직원들에게 회람되었는가?
- 자체감사기구 직원들은 업무를 수행할 때 윤리규정을 준수하고 있는가?
- 조직 내 부정행위에 대한 자체감사의 역할과 책임이 명확하게 문서화 되어 있고, 모든 직원들에게 공표되었으며, 정기적으로 검토되고 수정되고 있는가?
- 자체감사기구의 장은 조직 내 의심스럽거나 발견된 부정행위, 심지어 경찰 같은 외부 조직이 조사 중인 조직의 모든 부정행위에 대해 통지 받고 정보를 얻고 있는가?
- 자체감사기구의 장은 부정행위가 발생하면 이것이 미칠 영향과 내부통제의 적정성을 고려하는가? 자체감사기구의 장은 부정행위가 조직의 위험관리, 내부통제, 지배구조에 어떤 영향을 미칠 것인지를 평가한 후 일선 관리자에게 더 자세한 조사를 하게 하거나 내부통제를 개선하도록 권고하고 있는가?

• 리더십: 자체감사기구의 장은 자체감사가 조직에 가치를 더하고 있다는 것을 확신할 수 있도록 자체감사활동을 관리하고 있는가?
- 자체감사활동의 결과는 자체감사헌장에 포함되어 있는 자체감사의 목적과 책임을 달성하고 있는가?
- 자체감사활동은 자체감사의 정의와 기준을 따르고 있는가?
- 자체감사활동을 하는 개인들은 윤리규정이나 감사기준에 순응한다는 것을 나타내는 증거가 있는가?
- 자체감사기구의 장이 충분한 지위를 가지고 있고 신뢰를 받고 있으며 고위급 이해관계자들로부터 존경을 받고 있다는 것을 나타낼 증거가 있는가?

• 부적합 공개: 자체감사기구의 장은 감사위원회에 어떤 작은 부적합사항이라도 공개하고 있는가? 조금 더 심각한 부적합사항은 내부통제보고서에 포함시키는 것을 고려하고 있는가?

(1) 지배구조와 리더십

④ 지배구조 문제와 관련하여 자체감사기능이 충분히 독립적인가?

(정도평가)

등급 1	등급 2	등급 3	등급 4	등급 5
☐	☐	☐	☐	☐
• 자체감사는 집행부로부터 충분히 독립적이지 않지만 객관성이 필요	• 고위관리자들은 정식으로 승인된 자체감사헌장에 따라 자체감사가 집행부에 대해 독립적으로 활동하도록 하기 위한 계획을 수립 중	• 자체감사는 집행부에 대해 충분히 독립적으로 활동 • 회계관에게 직접 보고 • 정식으로 승인된 자체감사헌장을 가지고 있음	• 자체감사는 조직 전체에서 완전히 독립적이고 객관적인 보증제공자로 인정받고 있음	• 집행부는 자체감사로부터 독립적이고 객관적인 평가를 받도록 조장 • 자체감사는 그들의 객관적인 역할에 충실하면서 신뢰 있는 전략적 조언을 제공하는 자로 인식됨

증거

집행계획　　　　　　　　목표날짜

- 독립성: 자체감사가 감사위원회와 회계관에 의해 정식으로 승인 받은 자체감사헌장을 가지고 있는가?
- 여기에 자체감사자협회 IIA의 자체감사의 정의, 윤리규정, 감사기준에 부합하는 자체감사 목적, 권위, 책임을 정의하고 있는가?
- 조직에 제공되는 감사서비스, 자문서비스의 본질을 정의하고 있는가?
- 자체감사기구의 장, 자체감사자의 임명에 대한 사항을 포함하고 있는가? 그들이 갖추어야 할 전문성, 기량, 경험 등을 확인할 수 있는가?
- 조직 내에서 자체감사활동의 지위를 만들어 놓았는가? 즉, 일의 성과를 위해 어떤 기록, 사람, 물건에도 접근가능하다는 규정을 만들었는가? 자체감사활동의 범위를 명확히 정의해 두었는가?

- 자체감사헌장은 정기적으로 검토되고 그 적정성이 모든 고위관리자와 적절한 사람들과 함께 논의되고 있는가?
- IIA의 자체감사의 정의, 윤리규정, 감사기준들은 꼭 지켜져야 할 속성임을 인정하고 있는가?

● 자체감사기구의 장은 회계관에게 직접 보고를 하는가?
- 자체감사기구의 장이 회계관을 만나는데 완전히 자유로운가?
- 회계관은 감사위원회의 장의 자문을 받아 자체감사기구의 장에 대한 성과평가를 하고 있는가?
- 자체감사기구의 장은 자유롭게 감사위원회의 장과 토론하고 만날 수 있는가?
- 자체감사기능은 집행부의 책임에 관여하지 않고 여기에서 완전히 자유로운가?
- 지난 3년 내에 자체감사기구의 장이 조직의 위험관리, 내부통제, 지배구조 이슈에 대해 중요한 영향력을 가진 사람임을 확신하기 위해 이 사람의 직위에 대해 평가를 한 적이 있는가?

● 자체감사자들은 충분히 독립적이고 객관적인가?
- 지난해에 집행부에 있었거나 관리책임을 지던 사람이 감사활동을 하고 있지는 않는가?
- 과거에 시스템 설계자문을 맡던 사람이 시스템에 대해 감사하는 것은 아닌가?
- 자체감사의 범위를 정하고 업무를 수행하고 결과를 보고 또는 발표하는 과정에서 간섭을 받지 않는가?
- 자체감사기구의 장이 책임을 지는 보증방식에 대해 자체감사 외부로부터 감독을 받고 있는가?
- 제안된 자문서비스를 수행하기 전에 있을 수 있는 독립성, 객관성의 훼손가능성에 대해 공개하고 있는가?
- 조직의 특정분야에 대한 감사를 오랜 기간 담당한 감사자의 경우, 독립성이 훼손되지 않았다는 사실을 확인하고 있는가?
- 어느 조직에 감사서비스를 제공하는 자 또는 그들이 속해 있는 회사들이 그 조직에 다른 서비스를 제공함으로써 이해충돌이 생기는 경우를 확인하고 대책을 강구하고 있는가?
- 감사보고서를 통해 권고하는 사항의 수용도는 어느 정도인가? 즉, 관리자가 권고사항을 수용한다는 것은 집행부가 내부통제의 개선활동에 대해 책임을 진다는 뜻을 분명히 하는 것인가?
- 자체감사기구의 장은 최소한 매년 한 번 이상 회계관과 감사위원회에게 자체감사활동의 조직독립성에 대해 확인해 주고 있는가?
- 자체감사기구의 장은 독립성과 객관성이 훼손된 사실이나 현상에 대해 이를 보고받기에 적절한 자에게 통지하고 있는가?

(2) 감사전략

① 자체감사기능을 명확하게 설명할 수 있는 감사전략을 만들고 전략대로 집행하는가?

(정도평가)

등급 1	등급 2	등급 3	등급 4	등급 5
□	□	□	□	□
• 감사전략의 필요성을 느끼고 동의	• 정부 자체감사기준의 요구조건에 부합하는 감사전략 개발 중	• 이사회의 필요와 정부 자체감사기준에 적정하게 부합하는 감사전략 존재	• 이사회의 필요와 정부 자체감사기준에 적정하게 부합하는 감사전략이 존재하고, 끊임없이 자체감사 서비스의 효율성, 효과성, 경제성을 추구	• 최적의 감사성과를 달성하는 혁신적이고 최신의 감사계획

증거

집행계획　　　　　　　　　목표날짜

② 감사전략: 자체감사기구의 장은 감사위원회와 감사전략의 형식에 대해 동의해야 한다. 감사전략은 감사매뉴얼 또는 일련의 감사정책문서로서 작성되고 필요할 때마다 검토되고 개정될 수 있어야 한다.

- 전략계획은 감사보증과 자문서비스 제공의 목표에 부합되게 설계되었는가? 전략은 회계관, 이사회, 감사위원회의 보증요구를 충족할 수 있게 체계적이고 우선순위를 고려해 만들어졌으며 최적의 자원과 기량이 표현되었는가? 전략은 조직의 위험성숙도를 고려하여 만들어졌는가?
- 전략은 자체감사기능의 책임분야, 즉 조직의 변화영역과 자문업무 등에 대해 고려하고 있으며 자문업무가 전반적인 보증업무에 어떻게 공헌할 것인가에 대해 고려하고 있는가?
- 전략은 감사보증, 자문업무를 수행하는데 필요한 최적의 자원과 기량을 평가할 수 있도록 만들어졌는가? 전략은 필요한 자원이나 기량이 부족할 때 나타나는 영향력에 대해 평가할 수 있도록 되어 있는가? 전략은 자원과 기량이 부족할 때 이를 채울 다른 방도를 고려하고 있는가?

- 전략은 감사목적을 달성하는데 가장 효과적이라고 선정된 감사기술에 대해 평가할 수 있도록 만들어졌는가?
- 자체감사기능이 언제 어떻게 외부적으로 품질을 인정받도록 설계되었는가?
- 자체감사자들이 자체감사서비스를 수행하는데 적절한 기량을 가졌다고 확신하기 위해 자체감사자의 채용, 훈련, 상시 직업개발의 접근방법을 설계했는가?
- 감사기구 자체가 확인된 위험을 통제하고 경감시키기 위해 전략과 계획을 수행할 때 만나는 위험에 대한 평가를 포함하는가?
- 자체감사가 조직 내에서 기능을 담당하는 외부감사자나 다른 검토주체로 하여금 가장 효과적인 감사업무를 수행하게 하고 진보된 지식을 활용하며 노력의 중복을 최소화 할 수 있게 촉구하도록 설계되었는가?
- 자체감사가 외부감사나 다른 보증제공자에 의해 제공된 보증에 의존한다면 어떻게 의존할 것인가에 대해 고려해 놓았나?
- 자체감사서비스가 어떻게 자체성과를 측정하고 품질을 확신하며 계속적인 개발을 추구할 것인가에 대해 설계했는가?
- 전략계획이 회계관과 감사위원회에 의해 승인되었나?
- 전략계획의 내용 중 고위관리자에게만 제공해야 하는 정보를 제외시킨 내용을 감사기구의 멤버를 포함한 적절한 사람들에게 공표하였나?
- 전략계획이 적정하고 현실을 반영하고 있음을 확신하기 위해 정기적으로 검토되고 있는가?

③ 주기적인 감사계획:
- 자체감사전략에 부합하고 자체감사전략의 목표를 달성하기에 충분하며 긍정적이고 적절한 보증을 촉진하기에 충분한가? 주기적인 감사계획이 감사전략에 미치지 못하면 이런 부족함을 개선시킬 동의된 집행계획이 있는가?
- 자체감사활동의 우선순위를 위험을 근거로 정하고 있으며, 조직의 목표에 양립하는가?
- 주기적인 감사계획은 자체감사기구의 장이 조직의 위험관리 준거틀을 고려하여 개발하였나?
- 문서화된 위험평가에 근거하여 만들어 졌고 적어도 1년에 한 번 이상 만드는가? 주기적인 감사계획을 만들 때 고위관리자나 이사회의 견해가 고려되는가?
- 각각의 감사사항별로 감사목적, 감사범위, 필요한 자원과 특별한 전문기량을 포함하고 있는가?
- 공식적으로 회계관과 감사위원회로부터 승인을 받는가?
- 주기적인 감사계획이 정기적으로 검토되고 그 변화가 회계관과 감사위원회에 보고되며 적절하게 승인을 받고 있는가?
- 고위관리자와 주기적인 감사계획의 변경에 대해 대화하고 있으며 회계관, 감사위원회 의장, 고위관리자와 부족한 자원의 영향에 대해서 대화하도록 계획에 포함되어 있는가?
- 다른 내외부 보증방법을 포함하고 있는가?

(3) 사람, 지식과 기량

① 자체감사기능이 자체감사전략을 수행할 적절하고 충분한 지식과 기량을 계획하고 획득하고 전개하고 개발하고 있는가?

(정도평가)

등급 1	등급 2	등급 3	등급 4	등급 5
☐	☐	☐	☐	☐
• 자체감사는 감사전략을 달성하는데 필요한 올바른 지식과 기량을 가진 직원들이 충분하지 않다는 사실을 인식	• 필요한 자원을 얻고 감사전략의 수행에 필요한 기량을 개발하기 위해 직원채용, 외부계약에 의한 감사기능 수행, 파트너십 또는 훈련프로그램 실시 등의 전략을 개발 중에 있음 • 필요한 자원의 숫자, 기량의 양을 확인	• 자체감사기구의 장은 전문가 자격을 보유(CMIIA나 CCAB 또는 이와 동등 이상의 멤버십) • 자체감사활동은 감사전략을 수행하는데 필요한 지식, 기량, 그리고 역량을 얻기 위한 계획을 보유	• 자체감사기구의 장은 전문가 자격을 보유(CMIIA나 CCAB 또는 이와 동등 이상의 멤버십) • 자체감사기능은 감사전략을 수행하는데 필요한 적정한 지식, 기량을 가진 직원을 적정한 수만큼 보유하고 있고, 계속적으로 직업개발에 전념	• 자체감사기구의 장은 전문가 자격을 보유(CMIIA나 CCAB 또는 이와 동등 이상의 멤버십) • 자체감사기능은 감사전략을 수행하는데 필요한 적정한 지식, 기량을 가진 직원을 적정한 수만큼 보유하고 있고, 계속적으로 직업개발에 전념 • 감사기능 및 직원 개인의 개발욕구를 지원할 수 있는 혁신적인 성공계획 보유

증거

집행계획   목표날짜

② 자체감사가 목표를 달성하기에 필요한 적정한 자원을 가지고 있는가?
- 자체감사는 직원이나 예산을 충분히 확보하고 있고, 승인된 계획을 달성하거나 조직의 위험관리, 내부통제, 지배관리에 대한 보증을 하기 위해 효과적으로 자원을 활용하고 있는가? 만약 그렇지 못하다면 부족함을 개선시킬 집행계획을 가지고 있는?
- 감사위원회는 회계관에게 자체감사기능의 자원에 대해 토론하고 조언을 하고 있는가? 회계관이 자체감사로부터 충분한 의견을 듣지 못할 정도로 자원부족 문제가 발생하면 감사위원회는 후속결과에 관심을 가지며 후속결과는 회계관에 의해 받아들여지는가?
- 모든 직원들이 적절한 지능, 적절한 개인 특성, 적절한 자격을 보유하고 있음을 확신하기 위해 만든 채용전략이 있는가? 그 채용전략은 다양한 분야에서 자체감사자들을 채용하도록 되어 있나?
- 자체감사기구가 어떻게 하면 기량 있는 직원들을 보유할 수 있는지를 표현한 직원보유전략이 있는가?
- 결원이 있을 경우 적절한 자격이 있는 직원으로 충원을 하도록 하는 계획이 있는가?
- 감사활동에 필요한 자원이 부족할 때 아웃소싱을 활용하는가?

③ 자체감사기능은 감사전략을 달성하고 주기적인 감사계획을 실행하는데 필요한 지식과 기량을 보유하고 있는가?
- 자체감사기능이 모든 업무분야에서 보증을 제공할 수 있다는 것을 확신하기 위해 이에 필요한 기술적 전문성, 자격, 경험에 관심을 두고 있는가?
- 자체감사기구의 장은 MIIA, CCAB 또는 이와 동등이상의 자격을 보유하고 있는가?
- 자체감사기능이 보유한 기량이 감사목적을 달성하는데 필요한 기량과 비슷하게 유지되는가? 감사수요에 요구되는 기량을 확인하여 서류로 등록하는 장치가 마련되어 있나? 직원의 기량을 확인하여 서류로 등록하는 장치가 마련되어 있나? 이 두 가지 등록서류의 차이, 즉 실제 기량과 필요한 기량 간의 차이를 만회할 자체감사기구의 훈련계획이 마련되어 있나?
- 자체감사자들은 부정행위의 위험, 그리고 이것이 조직 내에서 관리되는 방법에 대해 평가할 수 있는 충분한 지식을 가지고 있는가?
- 자체감사자들은 자신들에게 맡겨진 일을 수행하기 위해 정보통신 위험, 내부통제, 기술기반 감사방법들에 대해 충분한 지식을 가지고 있는가? 만일 그렇지 못하다면 co-sourcing을 통해 업무를 수행하고 있는가?
- 자체감사자나 감사관리자를 위한 적절한 행정지원 기능이 존재하는가?
- 자체감사 직원들이 감사목표를 더 잘 달성할 수 있게 권한위임이 되어 있는가?
- 감사업무가 외부계약을 통해 수행되거나 파트너십으로 수행될 때 계약서에 고용인들

은 보증업무를 하는 데 필요한 기량을 갖추어야 한다는 규정을 삽입하는가? 그리고 계약자가 업무를 수행하는 동안 계속해서 기량을 갖춘 고용인들을 쓰도록 확신하기 위해 모니터링을 하고 있는가?

④ 자체감사기능이 적절한 자체감사 지식, 경험, 기량을 가지고 있음을 확신할 수 있게 규정을 만들었나?
- 모든 감사가 역량 있는 개인들에 의해 진행되고 감독되는가?
- 채용전략은 감사를 진행하고 감독하는 역량 있는 개개인을 개발하도록 목표를 두고 있는가?
- 모든 자체감사자들은 상시적인 직업개발을 수행하고 있으며 계획된 훈련과 실행한 훈련에 대한 기록을 유지하고 있는가?
- 모든 자체감사자들은 그들 개인의 개발목적이든 자체감사기능이 감사계획을 시행하기 위해 필요로 하는 기량을 개발하기 위해서든 개개인의 훈련 및 개발계획을 가지고 있는가? 그리고 그 계획은 상사에 의해 승인되고 모니터링 되며 정기적으로 검토되고 있는가?
- 자체감사기능은 자체감사기구 내에서 시행한 훈련실적을 모두 기록 관리하고 있는가?
- 감사계획을 세울 때 직원들의 훈련을 위한 충분한 시간규정을 포함시키는가?
- 신규직원들은 채용되었을 때 자체감사기능과 조직에 대해 알 수 있는 훈련을 받는가?
- 신규직원들이 자신들의 개발필요성을 조기에 평가받고 적정한 지도나 훈련을 받을 수 있도록 하는 업무가 따로 분장되어 있는가?
- 직원들은 자신이 보유하고 있는 기량을 활용하고 추가로 더 기량을 개발할 수 있는 방식으로 업무에 배당되는가?
- 자체감사기구의 장이나 고위 감사관리자는 모든 직원들이 특히 품질기준과 관련하여 자체감사 목표를 잘 알 수 있도록 하고, 그 목표가 개개인의 목표로 나누어지도록 조치하고 있는가?
- 모든 직원들은 그들이 조직, 자체감사기능, 감사실무에 대한 지식을 업데이트하기 위해 정기적인 팀 미팅, 직원회의에 참석하는가? 모든 직원들은 직원회의에서 논의되는 주제에 대해 의견을 제시하고 피드백을 줄 수 있는가?
- 자체감사부서는 지식을 조장하고 모범사례를 전파하며 조직학습을 촉구할 수 있는 시스템을 가지고 있는가?
- 자문가나 외부 계약자가 팀에서 같이 일할 때 기량의 이전이 일어나는가?
- 직원들은 그들이 가진 가능성을 다할 수 있게 개발되고 있는가?

(4) 감사과정과 감사자원

① 감사과정과 감사자원이 효과적이고 효율적인 자체감사기능을 촉진하고 있는가?

(정도평가)

등급 1	등급 2	등급 3	등급 4	등급 5
☐	☐	☐	☐	☐
● 적정한 자체감사 과정을 개발할 필요성을 인식	● 자체감사 과정과 감사자원이 정부 감사기준과 모범사례에 근거하여 개발 중	● 자체감사기능은 맡은 책임을 능숙하게 그리고 정부 감사기준에 따라 수행할 수 있을 만큼 감사과정과 감사자원이 잘 갖추어져 있음	● 자체감사기능에 효율적인 감사과정과 자원의 활용이 정착되어 있고, 이를 활용하여 성과와 역량이 많이 개선됨 ● 감사과정은 상시 개선의 목표를 가지고 정기적으로 검토됨	● 최첨단의 그리고 혁신적인 감사과정 정착 ● 조직의 지배과정에도 반영되고 정착 ● 자체감사활동은 다른 사람에게 롤 모델로 인정됨

증거

집행계획   목표날짜

---

② 감사과정이 효율적이고 효과적인 자체감사기능을 가능하게 하는가?
- 자체감사기구의 장은 자체감사활동을 지도하기 위한 정책과 절차를 만들었나?
- 훈련 중인 감사자들에 의해 행해진 일은 감사 또는 자문서비스 기준에 부합되도록 충분히 감독되고 있는가?
- 자체감사서비스는 감사방법론에 대해 계속해서 검토하고 개선시키고 있는가?
- 자체감사기구의 장은 자체감사 업무를 일선관리, 외부감사, 다른 검토주체의 일과 중복되지 않도록 조정하여 업무영역에서의 혼란이 적절한 수준까지 줄어들도록 하고 있는가?

③ 계획:
- 자체감사서비스는 각각의 보증과 자문업무를 할 때 업무범위, 업무목적, 자원, 타겟, 시간, 보고라인 등 상세한 업무계획을 수립하는가?

- 각각의 업무에 대해 감사 권고사항에 동의하고 집행프로그램을 책임질 충분한 계급을 가진 감사제안자(sponsor)가 존재하는가?
- 감사시행 전 감사고객과 만나 감사범위, 감사목적, 실지감사에 대해 토론하고 보고형식과 시기에 대해 협의하는가?
- 자체감사업무는 계획단계에서 검토되어야 할 활동의 목표, 활동성과를 통제할 수단, 활동을 할 때 목표, 자원 등과 관련한 위험, 위험의 영향력을 일정한 수준으로 유지할 수 있게 하는 수단, 적절한 내부통제 준거틀과 비교할 때 실제 활동에서의 위험관리 및 내부통제의 적정성, 실제 활동에서의 위험관리 및 내부통제가 크게 개선될 수 있는 기회 등을 고려하는가?
- 업무의 목표를 정할 때 활동에 개입될 수 있는 위험뿐 아니라 중요한 잘못, 부정행위, 미순응 등의 확률을 고려했는가?
- 업무의 범위를 정할 때 관계되는 시스템, 기록물, 인원, 물건 등에 대해 고려했는가?
- 자체감사자는 자문업무 고객과 업무의 목적, 업무범위, 각각의 책임, 다른 고객의 기대 등과 관련하여 양해를 하였나? 중요한 업무의 경우에는 서류로 양해각서 등을 체결하였나?
- 자문업무의 목표는 고객과 동의한 범위까지 지배구조, 위험, 내부통제를 개선하는 내용으로 정해졌는가?

④ 업무 프로그램:
- 자체감사자는 업무목표를 달성할 수 있는 업무프로그램을 개발하고 서류화 하고 있는가?
- 업무프로그램은 업무 도중 얻는 정보를 확인하고 분석하고 평가하고 서류화 하는 절차를 포함하고 있는가? 업무프로그램은 실행 전에 승인을 받는가? 그리고 변경이 있을 때마다 신속하게 승인을 받을 수 있는가?
- 자체감사자는 증거와 발견사실이 적절하게 문서화 되고 체계적이고 구조화된 접근법이 사용되며 접근방법에 일관성이 있다는 것을 확신하기 위해 표준화된 서류를 사용하고 있는가?

⑤ 업무수행:
- 자체감사자가 업무의 목표를 달성하기 위해 충분한 정보를 확인하고 분석하고 평가하고 서류화 한다는 증거가 있는가?
- 업무의 목표가 달성되고 품질이 보증되며 직원들의 역량이 개발되는 것을 확신하기 위하여 업무가 적정하게 감독되고 있다는 증거가 있는가?
- 관리자들이 감사의 진행과정에 대해 모두 보고를 받고 있으며 어떤 지체가 생겼을 경우 이를 즉시 보고 받고 있다는 증거가 있는가?
- 자체감사기구의 장은 조직의 가이드라인, 규정 등에 부합하게 업무기록을 보관하는 조치를 취하였나?

⑥ 감사결과에 대한 의사소통
- 업무목표, 업무범위, 결론, 권고사항, 집행계획들은 감사결과가 충분한 숙고 끝에 내려졌다는 것을 확신케 해 줄 관계자들에게 보고되었나?
- 보고나 의사소통은 정확하고 객관적이고 명확하며 간결하고 건설적이고 시기적절하게 이루어지는가?
- 업무결과에 대한 마지막 보고 시에는 자체감사자의 전반적인 의견 또는 결론이 포함되는가?
- 마지막 보고서에 있는 잘못이나 누락된 부분을 고칠 수 있는 절차가 마련되어 있나? 원 보고서를 받아보는 사람들 모두가 새로 고친 보고서를 받아 본다는 확신이 있나?
- 감사대상기관이 동의한 권고사항이 효과적으로 집행되고 있거나, 아니면 권고사항대로 집행하지 않을 경우 고위관리자가 위험을 감수한다는 것을 확인하기 위해 follow-up 감사를 하는 절차가 마련되어 있는가?
- 고위관리자가 감사 권고사항을 받아들이지 않고 잔여위험을 감수하겠다고 했을 때 자체감사기구의 장이 감사위원회와 회계관에게 이러한 사실을 알려 권고사항의 집행을 촉구하는 과정이 마련되어 있는가?
- 개별 감사자나 감사팀은 그들의 감사결과보고서를 동료들에게 회람시켜 동료들이 내부통제 환경에 대해 더 넓은 시각을 갖도록 하고 있는가?
- 자문업무 과정에서 조직의 지배구조, 위험, 내부통제 이슈들이 확인되는가? 이러한 이슈들이 중요한 것일 때 자체감사자들은 조직의 고위관리자 및 감사위원회와 대화하는가?

⑦ 업무의 본질:
- 자체감사기구는 체계적이고 훈련된 접근법을 사용하여 지배구조, 위험관리, 내부통제 과정을 평가하고 이의 개선에 공헌하고 있는가?

⑧ 지배구조:
- 자체감사활동은 지배구조를 평가하고 이를 개선시키기 위해 적정한 권고를 하고 있는가? 즉, 조직 내에 적절한 윤리와 가치를 촉진하는 행위, 효과적인 조직의 성과관리와 책무성을 확신하는 일, 위험과 내부통제 정보를 적절한 조직 내 관계자와 상의하는 일, 그리고 이사회, 내외부 감사자, 관리자 간의 활동을 조정하고 그들과 정보를 소통하는 일 등을 제대로 수행하고 있는가?
- 자체감사활동은 조직의 윤리관련 목표, 프로그램, 활동의 설계, 집행, 효과성을 평가하고 있는가?
- 자체감사활동은 조직 내 정보기술부서가 조직의 전략과 목표를 뒷받침하고 보조하고 있는지에 대해 평가하고 있는가?
- 자문업무의 목표는 조직의 전반적인 가치와 목적에 부합되는가?

⑨ 위험관리

- 자체감사활동은 위험관리과정을 평가하고 이의 개선을 위해 공헌하고 있는가?
- 자체감사활동은 조직의 지배구조, 활동, 정보시스템과 관련하여 위험노출을 평가하고 있는
  가? 즉, 재정정보와 활동정보의 신뢰성 및 진실성, 활동의 효율과 효과, 자산의 보호, 법과
  규정과 계약에 순응하는 수준 등과 관련하여 존재하는 문제들에 대해 평가하고 있는가?
- 자체감사활동은 부정행위 발생의 가능성을 평가하고 있으며 조직이 부정행위의 위험을 어
  떻게 관리하고 있는지에 대해 평가하고 있는가?
- 자체감사활동은 자문업무를 수행하면서도 위험관리를 고려하고 있는가? 즉, 업무목표와 관
  련되는 위험을 개선하고 있으며 다른 중요한 위험에도 관심을 두고 있는가? 자문업무 과정
  에서 얻은 통합지식을 그 조직의 위험관리과정에 대한 평가 시 활용하는가? 자체감사기구
  는 관리자가 위험관리과정을 만들고 개선시킬 때 이를 지원하지만 위험을 관리하는 책임을
  지는 일이 없도록 그 책임한계를 명확히 하고 있는가?

⑩ 내부통제

- 자체감사활동이 내부통제의 효율성과 효과성을 평가하고 계속적인 개선을 촉구함으로써 조
  직의 효과적인 내부통제 유지를 위해 지원하고 있는가?
- 자체감사활동은 조직의 지배구조, 활동, 정보시스템과 관련한 위험에 대해 내부통제의 적정
  성과 효과성을 평가하고 있는가? 즉, 재정정보와 활동정보의 신뢰성 및 진실성, 활동의 효율
  과 효과, 자산의 보호, 법과 규정과 계약에 순응하는 수준 등과 관련하여 존재하는 문제들에
  대해 평가하고 있는가?
- 자체감사들은 활동과 프로그램의 목적과 목표가 조직의 그것들에 부합하도록 만들어졌는
  지에 대해 확인하는가?
- 자체감사들은 활동과 프로그램의 실행결과가 당초 계획한 목적과 목표에 맞게 달성되었
  는지 확인하는가?
- 자체감사들은 자문업무를 하면서 업무목표와 관련되는 위험을 개선하고 있으며 다른 중
  요한 위험에도 관심을 두고 있는가?
- 자체감사들은 자문업무과정에서 얻은 통합지식을 그 조직의 위험관리과정에 대한 평가
  시 활용하는가?

(5) 다른 보증제공자들

① 자체감사기능은 감사부담을 줄이기 위해 다른 보증자들과 업무를 효과적으로 분담하고
   있으며 이사회가 전반적인 보증을 받도록 조치하고 있는가?

(정도평가)

등급 1	등급 2	등급 3	등급 4	등급 5
□	□	□	□	□
• 자체감사기능은 외부감사자를 포함하여 다른 보증제공자들과 협력할 필요가 있음을 인식	• 모든 보증제공자들의 일을 조정하는 업무절차가 개발 중이거나 집행 중	• 자체감사기능은 외부감사자와 다른 보증제공자의 업무를 적절하게 조정 가능	• 자체감사기능은 조직의 편익에 막대한 영향을 줄 수 있는 외부감사자와 다른 보증제공자의 업무를 모두 조정	• 외부감사자를 포함한 다른 보증제공자의 업무를 전체 보증차원의 일부로 받아들이고 그 업무를 조정하고 모니터하고 신뢰

증거

집행계획   목표날짜

② 자체감사는 다른 보증제공자와 효과적으로 협력하는가?
  - 자체감사서비스는 다른 보증제공자와 감사결과 발견사실을 상호 교환하는 노력을 기울이고 있으며, 그들의 업무를 신뢰하는가?
  - 자체감사는 내부감사와 외부감사의 업무를 조정하도록 조장하는 절차를 마련해 두었나?
  - 모든 보증제공자 사이에 의사소통하는 전략을 마련해 두었나?
  - 자체감사기구의 장은 모든 다른 보증제공자의 장과 정기적으로 만나 이야기를 나누나?
  - 자체감사는 감사업무를 가장 효과적으로 수행하고 감사중복을 최소화하기 위해 다른 보증제공자들과 주기적인 감사계획에 대해 토론하는가?
  - 자체감사기구의 장은 제3의 보증제공자의 보고서 사본을 받아 보는가?
  - 자체감사는 다른 보증제공자의 업무를 신뢰하기 위한 절차나 기준을 서류화하여 가지고 있는가?

③ 성과모니터 및 성과검토
  - 자체감사자는 보증제공자의 업무성과를 모니터하고 검토하기 위해 그들로부터 중요 이슈, 부상하는 위험, 내부통제의 약점 등에 대한 정보를 정기적으로 받고 있는가?

- 자체감사가 다른 자체감사자들이나 다른 조직과 협력을 할 필요가 있을 때 각각의 역할과 책임을 분명히 하고 이를 회계관으로부터 동의를 받는가?
- 다른 보증제공자의 일을 확인하고 그 결과를 얻고 개관해 보는 절차가 있는가?
- 자체감사자는 필요할 때 다른 보증제공자로부터 정보를 얻을 수 있는 충분한 권한을 가지고 있는가?
- 다른 보증제공자의 업무를 신뢰하기 위해 이의 품질보증을 할 수 있는 절차가 있는가?
- 자체감사기능은 일관성 있고 일반적인 자체감사 접근방법에 관한 지도서를 마련해 두었나?

(6) 산출물, 감사생산물

① 감사생산물은 조직의 여러 계층에 감사의 의견이나 조언을 주기에 효과적인가?

(정도평가)

등급 1	등급 2	등급 3	등급 4	등급 5
□	□	□	□	□
• 감사생산물이 조직의 목표에 적절한 공헌을 하지 못한다는 인식	• 적절한 감사생산물을 제공하기 위한 계획이 수립 중이거나 집행 중	• 자체감사기능은 감사의견이나 조언을 적정하게 하고 있고 시의적절	• 감사생산물이 전문성 있게 전달되고 집행부서에서는 이것을 잘 받아들이고 이해 • 계속적인 개선이 진행 중	• 감사생산물을 고객에게 의사소통하는 혁신적이고 첨예한 방법 구사

증거

집행계획   목표날짜

② 감사보고가 효과적인가?
- 자체감사기구의 장은 다음과 같은 것들을 확신하기 위하여 감사결과 확인사실의 보고에 대해 현장에서 적용할 기준과 절차를 만들어 놓았나?
- 즉, 감사결과 확인사실이 피수감자나 고객에게 전달되기 전에 감사가 심도 있게 진행되고 계획한 업무범위를 모두 수용했으며 적정한 품질기준을 만족하고 있다는 사실을 확신하기 위해 자체감사기구의 고위급 인사가 중요한 서류를 검토했는가?

- 감사결과 확인사실에 대해 토론하기 위해 감사의 마지막 단계에 감사결과 공개를 위한 모임이 열렸나?
- 감사결과 확인사실과 제안한 권고사항들을 다른 관계자로부터 충분히 자문 받았다는 것을 나타내기 위해 감사중간보고서나 감사결과보고서 초안을 서류화하여 파일철에 철해 놓았나?
- 개별 업무별로 모든 보고서는 감사제안자와 동의한 형식, 매체, 시간틀 안에서 발행되었나?
- 보고서는 명료하고 간결하게 작성되었는가? 검토된 업무영역의 목표, 조사 중인 위험, 위험관리와 통제 경감의 적정성 및 효과성에 대한 평가, 개선을 위한 감사의견과 권고사항, 확인된 모범사례와 배울 수 있는 교훈 등을 담아 작성되었는가?
- 감사보고서가 보안용으로 분류되었나?
- 관리자가 프로그램을 집행할 때 중요 분야에 대해 우선순위를 정할 수 있도록 하기 위해 감사 시 발견된 약점에 등급을 매기는 시스템이 사용되는가?
- 중요한 감사확인사실과 권고사항의 집행을 촉구하는 절차가 있으며 이러한 절차가 문서화되어 있나?
- 감사결과 확인사실에 대해 감사대상기관으로부터 동의를 얻지 못할 경우 확인사실은 감사위원회에서의 토론을 위해 보고서에 수록되는가?
- 자체감사가 감사업무 과정에서 관리조사팀(management inspection team), 순응팀(compliance team) 같은 다른 검토팀을 활용했다면 이러한 사실이 보고서에 명확하게 설시되는가?
- 자체감사가 다른 조직의 자체감사자들과 협력하여 업무를 수행했을 때 이러한 사실이 보고서에 명확하게 설시되는가?
- 자체감사기구의 장은 최종 감사결과보고서가 심사숙고 끝에 만들어졌다는 것을 확신해 줄 관계자들에게 보고서에 대해 보고하고 의사소통을 하였나?
- 감사결과보고의 원칙은 자문업무의 경우에도 똑같이 적용되나?
- 자문업무 수행과정에서도 지배구조, 위험, 내부통제에 관한 이슈들이 확인될 수 있나? 만일 그 이슈가 조직에 중요하다면 이에 대해 고위관리자, 이사회와 의사소통을 하는가?
- 회계관과 감사위원회에 지배구조, 위험관리, 통제과정에 대해 조언하기 위해 적어도 분기별로 한 번 이상 전반적인 감사활동, 자문활동에 대한 요약보고를 하고 있는가?(요약보고는 연간감사보고서를 만드는데 벽돌역할을 하는 것으로 회계관에 의해 만들어지는 내부통제보고서의 준비와 관계된 중요한 이슈, 특정한 권고 및 의견을 포함해야 한다.)
- 회계관과 감사위원회의 장에게 제공되는 권고사항의 요약은 이미 동의된 사항이며 집행 중에 있는가?
- 자체감사기구의 장은 적어도 1년에 한 번 이상 조직의 지배구조, 위험관리 및 통제과정에 대한 자체감사활동 보고서를 회계관과 감사위원회에 제출하고 있는가? 이 보고서는 회계관이 준비하는 내부통제보고서와 관계된 중요한 이슈를 다루고 있으며 계획된 감사활동 대비

실제 감사활동을 비교하는 형식으로 작성되었는가? 연간보고서는 회계관의 요구를 전부 충족하고 있는가?

- 회계관, 이사회, 감사위원회는 자체감사가 제공한 보증을 심각하게 고려하고 있으며 이에 근거하여 중요한 결정을 하고 있는가?
- 내부통제보고서는 실질적으로 자체감사 보증을 반영하고 있는가?

③ 고위관리자의 위험수용
- 자체감사기구의 장은 고위관리자가 조직이 받아들이기 어려운 잔여위험을 감수하리라는 것을 알았을 때 그와 이 문제에 대해 대화를 하는가? 만일 잔여위험 해결에 대한 문제가 동의되지 않으면 자체감사기구의 장은 이러한 상황을 감사위원회에 보고하여 해결책을 찾고 있는가?

④ 감사생산물의 확인과 정착이 효과적인가?
- 자체감사기구의 장은 조직에서의 변화와 프로젝트 진행상황을 자세히 살피고 있으며 이에 맞게 자체감사활동을 지휘하는가?
- 자체감사는 조직 전체를 통해 모범사례를 촉진함으로써 가치를 더하고 있나?
- 특별한 권고와 지침이 기록으로 남는가?

⑤ 품질보증:
- 자체감사기구의 장은 자체감사활동이 정부감사기준에 부합되게 이루어지고 목표를 달성했다는 것을 확신하기 위해 시행하는 내부평가, 외부평가를 포함하여 자체감사활동의 품질보증 및 개선 프로그램을 개발 및 유지하고 있는가?
- 주기적으로 결과가 서류로 남는 자체 품질검토와 확인된 약점을 개선하기 위해 행해지는 집행계획이 존재하는가? 평가완료 후에는 관계자들에게 그 결과가 적정하게 의사소통 되는가?
- 회계관 같은 감사제안자의 동의 아래 자격 있고 독립적인 검토자에 의해 최소 5년에 한 번 이상 수행되는 외부 품질검토 과정이 존재하는가? 자체감사기구의 장은 검토결과 약점에 대해 이를 개선할 프로그램을 만들고 집행계획을 세워 회계관의 동의를 받는가? 그런 계획에 대한 진행상황이 연간보고서에 보고되는가?
- 자체감사기구의 장은 자체감사가 직업인으로서의 정당한 주의를 다하고 있다는 사실을 보증하기 위해 그 업무를 검토하고 평가하고 있는가? 검토의 결과는 서류화 되고 있는가?
- 업무품질에 대한 보증을 증진시키기 위해 자체감사기능에 의해 사용되는 ISO 9000이나 Business Excellence Model 같은 다른 품질보증 메커니즘이 있는가?

(7) 산출성과

① 회계관과 감사위원회는 의사결정을 할 때 자체감사 업무에 의해 충분히 보증을 얻고 지원을 받는다고 믿고 있는가?

② 자체감사의 조언은 조직의 위험 우선순위 관리에 영향을 줄 만큼 변화를 이끄는가?

(정도평가)

등급 1	등급 2	등급 3	등급 4	등급 5
☐	☐	☐	☐	☐
• 자체감사기능은 조직의 지배구조, 위험관리, 내부통제과정에 영향력을 끼치지 않는다는 인식	• 자체감사서비스와 생산물이 조직의 지배구조, 위험관리, 내부통제과정에 더 나은 영향력을 갖게 하기 위하여 자체감사 서비스와 생산물을 개선시키고 변화시키는 계획을 마련	• 조직의 지배구조, 위험관리, 내부통제과정의 개선, 조직성과가 자체감사업무와 연계	• 이사회가 조직의 성과개선을 위해 자체감사기능을 활용할 정도로 자체감사의 공헌이 이사회에 의해 인정되는 증거들이 있음	• 자체감사는 항시 보증과 조언을 제공함으로써 조직이 목표를 달성하게 함 • 이것이 감사전문가들이 달성해야 하는 모범사례로 인식됨

증거

집행계획   목표날짜

③ 감사성과의 증거:

- 자체감사활동이 정부감사기준에 따라 수행되고 있는가?

- 자체감사활동이 효과적으로 관리되고 있으며 이들의 활동이 조직에 가치를 더하고 있다는 것을 표현하고 있는가?

- 최고관리자는 자체감사기구의 장과 자체감사서비스의 권고를 믿고 가치 있게 생각하는가?

- 조직 내에서 자체감사서비스가 중요한 전략파트너로 인식되고 있는가?

- 자체감사활동은 집행책임에서 완전히 독립적이며 조직 내 어느 곳이든, 어떤 자료나 자원에 접근할 수 있는가?

- 고위관리자는 자체감사업무를 이해하고 완전히 지원해 주는가?

- 자체감사는 조직 내에서 가치가 있나?
- 자체감사기능은 이사회, 회계관, 감사위원회가 관심을 가지는 이슈에 중점을 두어 일하고 있는가?
- 감사전략은 조직의 지배구조, 위험관리, 내부통제과정에 대한 긍정적이고 적절한 보증을 제공할 수 있을 만큼 적정한가?
- 자체감사업무는 다른 보증제공자의 업무와 중복되지 않았나?
- 주기적 감사계획은 완전히 달성되었나?

④ 감사성과에 대한 효과적인 모니터링과 검토:
- 자체감사서비스에 의해 제공되는 성과, 효과성, 품질, 추가되는 가치에 대한 피드백이 매년 감사위원회, 회계관, 이사회, 외부감사자에 의해 이루어지는가?
- 보증업무와 자문업무가 완성된 후에는 그 업무가 어떻게 수행되었는가에 대한 관리자의 견해를 수집하고 있는가? 얼굴을 마주보고 의견을 묻는 것이 유익하지만 만일 그렇게 할 수 없다면 자체감사팀이나 감사자가 어떻게 업무를 수행했으면 좋겠다는 관리자의 의견을 들은 적이 있는가?
- 피드백의 결과는 고려되는가? 그리고 이에 약점이 있다면 개선을 위한 행동을 하는가?
- 자체감사기능에 의해 보증을 받는 영역에서 중요한 내부통제의 실패사례나 놀랄 만한 상황이 있었나? 만일 그렇다면 자체감사기구의 장은 감사업무가 선량한 관리자로서의 의무를 다한 것인지를 확신하기 위해 감사업무를 다시 검토하는가?
- 자체감사서비스는 권고사항이 비용 효과적이며 발견된 위험에 상응한 것이라는 것을 확신하는가?
- 자체감사 권고사항이나 조언의 영향력이나 편익을 계량화하려는 시도를 하는가?
- 자체감사서비스가 자신들의 일을 모니터하고 감사위원회에 정기적으로 보고하는 것에 대해 성과를 파악할 지수를 감사위원회의 동의를 받아 정해 놓았나? 정해 놓았다면 타겟을 달성하였나?
- 자체감사서비스의 성과가 다른 감사기구의 성과와 비교되고 있고 특히 월드클래스(world class)로 인정된 감사기구의 성과들과 비교되고 있는가? 자체감사서비스의 성과가 다른 감사기구에 의해 모범사례 등으로 벤치마크 된 적이 있나?

⑤ 자체감사는 지배구조, 위험관리, 내부통제과정에 영향력을 주는가?
- 감사위원회는 감사 권고사항 중 얼마만큼이 집행되고 있고, 그 결과가 효과적인지에 대한 정보를 계속 얻고 있는가?
- 자체감사서비스가 조직의 지배구조, 위험관리, 내부통제에 영향력을 행사하고 있다는 증거가 있는가?

- 자체감사기구의 장은 연간보고서에 자체감사가 조직에 긍정적인 영향을 끼치고 있다는 것을 요약하여 표현하고 있는가?
- 자체감사서비스가 조직에 광범위하게 지배구조, 위험관리, 내부통제과정에 대해 이해시킨 증거가 있는가?
- 자체감사기능이 조직의 지배구조, 위험, 내부통제에 대해 관리자에게 적극적으로 교육시키고 있는가?
- 자체감사기능이 조직의 적정한 계급자에게 중요한 내부통제 이슈를 제기한 적이 있는가?
- 자체감사기능이 계속해서 개선된 서비스를 제공하려고 한 증거가 있는가?
- 자체감사가 조직의 중요한 위험분야에서의 개선을 위한 토론이 활발해지도록 문제를 제기하고 있는가?
- 자체감사가 조직의 요구사항에 가치를 더하고 전략목표나 조직목표에 공헌함으로써 조직 전반에 광범위한 존경을 받고 있는가?

⑥ 자체감사업무나 권고사항이 공공서비스의 개선이나 프로젝트 성공과 연계성이 있는가?

⑦ 자체감사활동은 조직분배에 긍정적 영향을 주는가?
- 회계관과 이해관계자는 자체감사활동이 조직분배의 개선에 공헌하고 있다고 믿고 있는가?
- 조직은 업무과정과 전략목표를 개선하기 위해 자체감사자의 업무지식을 받아들이고 활용하는가?
- 자체감사활동은 조직 내 업무과정, 최종결론, 책무성에 긍정적인 변화와 지속적인 개선이 가해지도록 영향을 주는 부서로 인정되고 있는가?

(8) 평가요약

구분	출현단계	개발단계	작동 중인 단계	성숙단계	모범단계
등급	1	2	3	4	5
지배구조와 리더십					
독립성					
감사전략					
사람, 지식과 기량					
감사과정과 감사자원					
다른 보증제공자					
산출물					
산출성과					

(9) 집행계획

구분	집행	타겟 일정
1		
2		
3		
…		

(부록 3-3) 호주 New South Wales 주정부 감사원의 감사활동 성과측정

감사활동에 대한 의회의 반응조사			
1. 전반적인 평가			
성과측정항목	2009-10 타겟	2009-10 실제	2010-11 실제
재무회계감사가 의회에 가치 있는 보증을 제공	-	95%	미조사
감사과정에 청렴성 인정	-	93%	〃
의회요청사항에 적극 대응	-	91%	〃
보고서의 명확성	-	87%	〃
감사보고서와 감사서비스가 고품질을 유지	-	87%	〃
2. 호주의 다른 감사기구의 성과와 비교			
성과측정항목	호주감사기구 평균	2009-10 실제	2010-11 실제
감사기구보고서 및 서비스만족도	92%	90%	-
공공기관의 성과에 대한 정보제공	96%	91%	-
공공부문 행정개선에 기여	90%	83%	-
보고서를 알기 쉽게 작성	90%	87%	-
3. 보증감사업무 평가			
성과측정항목	2009-10 타겟	2009-10 실제	2010-11 실제
감사한 기관수	-	495개	472개
감사결과 부적정, 불부합사항 기관수	-	23(5%)	24(5%)
보증감사 1개 소요비용	-	$65,000	-
감사시행 후 19주 안에 의회에 보고한 감사보고서 비율	90%	86%	85%
재무회계감사 보고서가 중요문제를 다루고 영향력 있음	90%	88%	미조사
보고서가 이해하기 쉽게 작성	90%	91%	미조사
재무회계보고서를 효과적으로 배열하고 디자인 우수	-	90%	미조사
의회가 재무회계보고서를 자주 참조	-	45%	미조사
4. 성과감사업무 평가			
성과측정항목	2009-10 타겟	2009-10 실제	2010-11 실제
성과감사수	-	14개	12개
성과감사 1개 소요비용	-	$198,000	$175,000
직원수 대비 성과감사수	-	0.73	0.62
심각한 공적자금 낭비라고 조사를 요구받은 사항	-	21개	19개
성과감사보고서가 중요문제를 다루고 영향력 있음	90%	93%	미조사
보고서가 이해하기 쉽게 작성	90%	97%	미조사
보고서를 효과적으로 배열하고 디자인 우수	-	97%	미조사
의회가 성과감사보고서를 자주 참조	-	41%	미조사

감사활동에 대한 공공기관의 반응조사			
1. 전반적인 평가			
성과측정항목	2009-10 타겟	2009-10 실제	2010-11 실제
전반적으로 재무회계감사 가치를 인정	-	66%	71%
감사원의 권고사항에 가치부여	-	81%	84%
전반적으로 성과감사 가치를 인정	-	71%	62%
2. 보증감사업무 평가			
성과측정항목	2009-10 타겟	2009-10 실제	2010-11 실제
재무회계 감사과정 개선	-	72%	76%
감사원 직원의 맡은 업무 연속성 개선	-	77%	85%
감사대상기관 조직에 대한 이해 후 감사	-	75%	85%
감사시기의 적절성	-	70%	79%
감사대상기관 직원의 시간을 배려	-	78%	75%
감사자와 감사대상기관 간 대화방법 개선	-	81%	93%
감사대상기관의 필요에 부합한 감사	-	73%	85%
감사대상기관과 미팅시간 지키기	-	72%	84%
재무회계감사보고서 만족도	-	71%	75%
감사결과 발견사실과 문제점에 대한 만족도	-	69%	89%
감사결과 발견사실이 균형 있고 공정하다는 인식	-	85%	88%
감사결과 발견사실의 정확도 인식	-	76%	82%
감사원장의 통보문이 늦지 않게 발행된다는 인식	-	71%	80%
감사대상기관의 감사결과수용도	-	97%	97%
3. 성과감사업무 평가			
성과측정항목	2009-10 타겟	2009-10 실제	2010-11 실제
성과감사과정 개선	-	76%	70%
감사대상기관 직원과 상호작용 긍정적	-	90%	90%
감사결과 발견사실과 문제점에 대한 만족도	-	74%	68%
감사원 권고사항이 실현가능하다는 인식	-	85%	93%
감사결과보고서와 언론공개물의 명확성과 균형감	-	69%	73%
감사대상기관의 감사결과수용도	-	92%	98%
4. 기타			
성과측정항목	2009-10 타겟	2009-10 실제	2010-11 실제
감사 10주 안에 감사의견을 대상기관에 전달	-	71%	75%
감사 6주 안에 management letter를 대상기관에 전달	-	48%	64%

회사직원들의 업무만족도			
성과측정항목	2009-10 타겟	2009-10 실제	2010-11 실제
종합적인 만족도	-	79%	76%
사기충만	-	86%	80%
일하고 싶은 직장이라는 인식	-	83%	90%
사무실에서 가치실현(목표가치)	-	79%	77%
사무실에서 가치실현(사람가치)	-	79%	75%
사무실에서 가치실현(전문성가치)	-	81%	79%
사무실에서 비전실현	-	-	89%
이상과 실제의 차이(개인생활과 직장생활 균형)	-	21%	27%
이상과 실제의 차이(기량과 지식개발)	-	22%	22%
업무생산율	-	65%	65%

(부록 3-4) INTOSAI 기준체계

구분	ISSAIs 번호		서류이름
Founding Principles		1	The Lima Declaration(1977)
		2	Value and Benefits of SAIs
Prerequisites for the Functioning of SAIs		10	Mexico Declaration on SAI Independence(2007)
		11	INTOSAI Guidelines and Good Practices Related to SAI Independence (2007)
		20	Principles of Transparency and Accountability(2010)
		21	Principles of Transparency-Good Practices(2010)
		30	Code of Ethics(1998)
		40	Quality Control for SAIs(2010)
Fundamental Auditing Principles		New 100	Fundamental Principles of Public Sector Auditing
		New 200	Fundamental Principles of Financial Auditing
		New 300	Fundamental Principles of Performance Auditing
		New 400	Fundamental Principles of Compliance Auditing
		100	INTOSAI Auditing Standards-Basic Principles(2001)
		200	INTOSAI Auditing Standards-General Standards(2001)
		300	INTOSAI Auditing Standards-Field Standards(2001)
		400	INTOSAI Auditing Standards-Reporting Standards(2001)
General Auditing Guidelines	Financial Audit Guidelines	1000	General Introduction to the INTOSAI Financial Audit Guidelines(2010)
		1003	Glossary to Financial Audit Guidelines(2010)
		1200	Overall Objectives of the Independent Auditor and the Conduct of an Audit in Accordance with International Standards of Auditing(2010)
		1210	Terms of an Engagement(2010)
		1220	Quality Control for Audits of Historical Financial Information(2007)
		1230	Audit Documentation(2007)
		1240	The Auditor's Responsibilities Relating to Fraud in an Audit of Financial Statements(2010)
		1250	Consideration of Laws and Regulations in an Audit of Financial Statements(2010)
		1260	Communication with those Charged with Governance(2007)
		1265	Communicating Deficiencies in Internal Control to those Charged with Governance(2010)
		1300	Planning an Audit of Financial Statements(2007)
		1315	Identifying and Assessing the Risks of Material Misstatement Through Understanding the Entity and its Environment(2007)
		1320	Materiality in Planning and Performing an Audit(2010)
		1330	The Auditor's Responses to Assessed Risks(2007)
		1402	Audit Considerations Relating to Entities using Service Organizations(2010)
		1450	Evaluation of Misstatements Identified during the Audit(2007)
		1500	Audit Evidence(2010)
		1501	Audit Evidence-Specific Considerations for Selected Items(2010)
		1505	External Confirmations(2010)
		1510	Initial Audit Engagements-Opening Balances(2010)

		1520	Analytic Procedures(2010)
		1530	Audit Sampling(2010)
		1540	Auditing Account Estimates, including Fair Value Accounting Estimates and Relating Disclosures(2010)
		1550	Related Parties(2010)
		1560	Subsequent Events(2010)
		1570	Going Concern(2010)
		1580	Written Representations(2010)
		1600	Special Considerations-Audits of Group Financial Statements(incl. the Work of Component Auditors)(2010)
		1610	Using the Work of Internal Auditors(2010)
		1620	Using the Work of an Auditor's Expert and Management(2010)
		1700	Forming an Opinion and Reporting on Financial Statements(2010)
		1705	Modifications to the Opinion in the Independent Auditor's Report(2010)
		1706	Emphasis of Matter Paragraphs and other Matter(s) Paragraphs in the Independent Auditor's Report(2010)
		1710	Comparative Information-Corresponding Figures and Comparative Financial Statements(2010)
		1720	The Auditor's Responsibilities Relating to Other Information in Documents Containing Audited Financial Statements(2010)
		1800	Special Considerations-Audits of Special Purpose Financial Statements(2007)
		1805	Special Considerations-Audits of Single Financial Statements and Specific Elements, Accounts or Items of a Financial Statement(2007)
		1810	Engagements to Report on Summary Financial Statements(2007)
	Performance Audit Guidelines	3000	Implementation Guidelines for Performance Auditing(2004)
		3100	Performance Audit Guidelines: Key Principles(2010)
	Compliance Audit Guidelines	4000	General Introduction to Guidelines on Compliance Audit(2010)
		4100	Compliance Audit Guidelines for Audits Performed Separately from the Audit of Financial Statements(2010)
		4200	Compliance Audit Guidelines Related to Audit of Financial Statements(2010)
Specific Auditing Guidelines	International Institutions	5000	Principles for Best Audit Arrangements for International Institutions(2004)
		5010	Audit of International Institutions-Guidance for Supreme Audit Institutions(2004)
	Environmental Audit	5110	Guidance on Conducting Audits of Activities with an Environmental Perspective
		5120	Environmental Audit and Regularity Auditing
		5130	Sustainable Development: The Role of Supreme Audit Institutions
		5140	How SAIs may cooperate on the Audit of International Environmental Accords(1998)
	Guidelines on Privatization	5210	Guidelines on Best Practice for the Audit of Privatization(1998)
		5220	Guidelines on Best Practice for the Audit of Public/Private Finance and Concessions(2007)
		5230	Guidelines on Best Practice for the Audit of Economic Regulation(2001)
		5240	Guidelines on Best Practice for the Audit of Risk in Public/Private Partnerships(PPP)(2004)
	Guidelines on IT Audit	5310	Information System Security Review Methodology-A Guide for Reviewing Information System Security in Government Organization

	5410	Guidance for Planning and Conducting an Audit of Internal Controls of Public Debt
Guidelines on Audit of Public Debt	5411	Debt Indicators(2010)
	5420	Public Debt: Management and Fiscal Vulnerability: Potential Roles for SAIs
	5421	Guidance on Definition and Disclosure of Public Debt
	5422	An Exercise of Reference Terms to Carry Out Performance Audit of Public Debt(2007)
	5430	Fiscal Exposures: Implications for Debt Management and the Role for SAIs
	5440	Guidance for Conducting a Public Debt Audit-The Use of Substantive Tests in Financial Audits(2007)
	5450	Guidance on Auditing Public Debt Information System
Guidelines on Audit of Disaster-related Aid	5500	Introduction to Guidance for Audit Work on Disaster-related Aid
	5510	Audit of Disaster Preparedness
	5520	Audit of Disaster-related Aid
	5530	Adapting Audit Procedures to Take Account of the Increased Risk of Fraud and Corruption in the Emergency Phase following a Disaster
	5540	Use of Geospatial Information in Auditing Disaster Management and Disaster-related Aid
Peer Reviews	5600	Peer Review Guidelines(2010)
Audit of Corruption Prevention	5700	Guideline for the Audit of Corruption Prevention in Government Agencies
Cooperative Audit between SAIs	5800	Guideline on Cooperative Audit between SAIs

구분	INTOSAI GOV 번호	서류 이름
INTOSAI Guidance for Good Governance	9100	Guidelines for Internal Control Standards for the Public Sector
	9110	Guidance for Reporting on the Effectiveness of Internal Controls: SAI Experiences in Implementing and Evaluating Internal Controls
	9120	Internal Control: Providing a Foundation for Accountibility in Government
	9130	Further Information on Entity Risk Management(2007)
Internal Control	9140	Internal Audit Independence in the Public Sector(2010)
	9150	Coordination and Cooperation between SAIs and Internal Auditors in the Public Sector(2010)
	9160	Enhancing Good Governance for Public Assets
	9200	The Importance of an Independent Standard Setting Process(2010)
Accounting Standards	9210	Accounting Standards Framework Implementation Guide: Departmental and Government-wide Reporting(1998)
	9220	Accounting Standards Framework Implementation Guide for SAIs: Management Discussion and Analysis of Financial Performance and Other Information
	9250	Integrated Financial Accountability Framework(IFAF)

※ 출처: International Standards of Supreme Audit Institutions, http://www.issai.org/about-the-issai-framework/

사항색인

인명색인

저자 약력

학력
전주신흥고등학교 졸업
한양대학교 토목공학과 졸업
서울대학교 대학원 공학박사
한양대학교 대학원 행정학석사
한양대학교 대학원 행정학박사
영국 Sheffield 대학교 연수
미국 Carnegie Mellon 대학교 연수

주요 경력
제21회 기술고등고시
감사원 국제협력담당관, 감사교육원행정과장,
자치행정감사국 과장, 전략감사본부 과장,
건설환경감사국 과장
캐나다 British Columbia 주정부 감사원 근무
감사원 전략감사단장
한국정책분석평가학회 부회장
대한토목학회 부회장

주요 논문
클레임(Claim)이 국내 건설시장에 미치는 영향(감사논집, 2000. 12.)
적극행정 면책제도의 분석 및 활성화 방안(한국행정논집, 2011. 9.)
벌금형 관련 2011년 형법개정안 분석 연구(한양법학, 2011. 11.)

빗물펌프장 운영합리화 및 도시유역의 유출억제방안
(서울대학교 공학박사 논문, 1996. 8.)
도로건설사업 투자효율성에 관한 실증적 연구
(한양대학교 행정학석사 논문, 1997. 2.)
공공기관 자체감사의 역량제고에 관한 연구
(한양대학교 행정학박사 논문, 2013. 8.)

자체감사와 조직역량

초판발행	2013년 10월 5일
초판3쇄발행	2013년 11월 15일
지은이	심 호
펴낸이	안종만
편 집	김선민·배우리
기획/마케팅	박세기
표지디자인	김지은
제 작	우인도·고철민

펴낸곳   (주) **박영사**
서울특별시 종로구 평동 13-31번지
등록 1959. 3. 11. 제300-1959-1호(倫)

전 화	02)733-6771
f a x	02)736-4818
e-mail	pys@pybook.co.kr
homepage	www.pybook.co.kr
ISBN	979-11-303-0022-1 93350

copyright©심호, 2013, Printed in Korea

정 가   29,000원